JUS PRIVATUM

Beiträge zum Privatrecht

Band 193

Michael Heese

Beratungspflichten

Eine rechtswissenschaftliche Abhandlung zur Dogmatik der Beratungspflichten und zur Haftung des Ratgebers im Zivil- und Wirtschaftsrecht

Mohr Siebeck

Michael Heese, geboren 1978; 1998–2003 Studium der Rechtswissenschaften an der Georg-August-Universität Göttingen; 2003/2005 Erstes und zweites juristisches Staatsexamen; 2008 Promotion in Göttingen; 2009 LL.M., Yale University, New Haven, USA; 2008–2015 Akademischer Rat und Habilitand an der Albert-Ludwigs-Universität Freiburg; 2015 Habilitation und Erteilung der venia legendi für die Fächer „Bürgerliches Recht, Zivilverfahrensrecht, Handels- und Wirtschaftsrecht, Europäisches Privat- und Prozessrecht sowie Rechtsvergleichung"; W3-Professur für Bürgerliches Recht, Insolvenzrecht und Zivilverfahrensrecht an der Universität Regensburg.

Gedruckt mit Unterstützung des Förderungs- und Beihilfefonds Wissenschaft der VG WORT

ISBN 978-3-16-153844-5
ISSN 0940-9610 (Jus Privatum)

Die Deutsche Nationalbibliothek verzeichnet diese Publikation in der Deutschen Nationalbibliographie; detaillierte bibliographische Daten sind im Internet über *http://dnb.dnb.de* abrufbar.

Das Buch wurde von Gulde Druck in Tübingen gesetzt, auf alterungsbeständiges Werkdruckpapier gedruckt und gebunden.

Vorwort

Beratungspflichten und die Voraussetzungen der Haftung des Ratgebers zählen zu den Jahrhundertfragen des Zivilrechts. Gleichwohl fehlt es bis heute an einer teilrechtsgebietsübergreifenden Betrachtung des Beratungsphänomens, die gleichsam der Schlüssel ist zur Entwicklung einer allgemeinen Zivilrechtsdogmatik und einer allgemeingültigen Haftungstheorie der Beratung. Die Rechtsdogmatik ist für die deutsche Rechtswissenschaft nicht nur prägend; sie ist in ihrer Tradition und gegenwärtigen Pflege weltweit wohl einzigartig. Von ihrer zugleich konfirmativen wie innovativen, vor allem aber von ihrer kritischen Funktion kann das Recht der Beratung in besonderem Maße profitieren. Dieses zeichnet sich in den vergangenen Jahrzehnten durch eine fortgesetzte gesetzgeberische und richterrechtliche Unruhe aus. Das Schrifttum beschränkt sich bisher überwiegend eher auf eine insulare Betrachtung mit einer gewissen Tendenz zum Denken in beweglichen Systemen und Topoi. Zur Schließung der dadurch bestehenden Lücke soll diese Abhandlung einen Beitrag leisten.

Die Arbeit wurde im Wintersemester 2014/2015 von der Rechtswissenschaftlichen Fakultät der Albert-Ludwigs-Universität Freiburg als Habilitationsschrift angenommen. Berücksichtigt wurden Gesetzgebung, Rechtsprechung und Literatur bis Oktober 2014 unter Einschluss des Erlasses der Wohnimmobilienkreditrichtlinie vom 4. Februar 2014 und der zweiten Finanzmarktrichtlinie vom 15. Mai 2014. Die Rechtsentwicklung bis zur Drucklegung konnte in den Fußnoten noch vereinzelt nachgetragen werden.

Das Manuskript entstand während meiner Assistentenzeit als Akademischer Rat am Institut für Deutsches und Ausländisches Zivilprozessrecht der Universität Freiburg. Seine Erstellung wäre nicht möglich gewesen ohne die fortwährende warmherzige und freundschaftliche Unterstützung und das großzügige Gewährenlassen meines hochverehrten akademischen Lehrers, Professor Dr. *Alexander Bruns*, LL.M. (Duke Univ.), mit dem mich mein gesamter bisheriger wissenschaftlicher Werdegang verbindet, der mich von Beginn an konsequent gefördert und nachhaltig geprägt hat und der mich – um im Geist dieser Abhandlung zu bleiben – stets gut beraten hat. Er hat überdies die Anregung zu der Themenstellung gegeben und ihren teilrechtsgebietsübergreifenden sowie rechtsdogmatischen Anspruch fortgesetzt bestärkt.

Für die rasche Begutachtung und wertvolle Anregungen für die Drucklegung zu besonderem Dank verpflichtet bin ich auch dem Zweitgutachter, Professor

Dr. *Hanno Merkt*, LL.M. (Chicago). Der gesamten Freiburger Fakultät danke ich sehr für die reibungslose Durchführung des Habilitationsverfahrens.

Herzlicher Dank gilt ferner all denen, die neben meinem akademischen Lehrer für ebenso hilfreiche wie kontroverse Diskussionen über das Thema zur Verfügung standen. Herausheben möchte ich Professor Dr. Dres. h.c. *Rolf Stürner*, Professor *Peter L. Murray*, *Franziska Grupp* sowie *Stefan Thönissen*. Auch Professorin Dr. *Sonja Meier*, LL.M. (London) danke ich für wertvolle Hinweise. Zu herzlichem Dank verpflichtet bin ich weiter den Mitarbeitern des Freiburger Instituts, allen voran *Susanne Schlenker*, die mich in jeder Hinsicht tatkräftig unterstützt haben. Vorarbeiten zu dieser Abhandlung sind während eines Forschungsaufenthalts im Jahr 2012 an der Harvard Law School, Cambridge, USA, entstanden, der durch die freundliche Unterstützung von Professor *Peter L. Murray* möglich und durch ein „US Fellowship" der Anwaltskanzlei *Gibson, Dunn & Crutcher*, München, gefördert wurde. Bei der Drucklegung hat mich Dr. *Annina Schramm* unterstützt, die die Mühe auf sich genommen hat, das Manuskript Korrektur zu lesen. Die Regensburger Mitarbeiter haben an den abschließenden Korrekturen mitgewirkt.

Besonderer Dank gebührt überdies dem Förderungs- und Beihilfefonds Wissenschaft der *VG Wort GmbH* für die Gewährung eines großzügigen Druckkostenzuschusses sowie der *Esche Schümann Commichau Stiftung*, Hamburg, die die Arbeit mit einem ihrer diesjährigen Förderpreise auszeichnen wird.

Meinen Eltern *Hanna* und *Friedrich Heese* sowie meiner Schwester *Ellen Heese* schulde ich schließlich herzlichen Dank für ihre liebevolle und vorbehaltlose Unterstützung und ihre durchgehende Anteilnahme auch an meinem beruflichen Werdegang. *Franziska Grupp* danke ich sehr dafür, dass sie mir die nötige Kraft gegeben hat, um das Manuskript zur rechten Zeit abzuschließen. Mein Vater *Friedrich Heese* durfte das Erscheinen der Schrift nicht mehr miterleben; ihm ist sie in Liebe und Dankbarkeit gewidmet.

Freiburg im April 2015 Michael Heese

Inhaltsübersicht

Inhaltsverzeichnis

Abkürzungsverzeichnis

a.A.	anderer Ansicht
aE.	am Ende
ABl.	Amtsblatt
Abs.	Absatz
abw.	abweichend
AbzG	Abzahlungsgesetz
AcP	Archiv für die civilistische Praxis
AEUV	Vertrag über die Arbeitsweise der europäischen Union
aF	alte Fassung
AG	Amtsgericht oder Aktiengesellschaft
AGB	Allgemeine Geschäftsbedingungen
AGBG	Gesetz zur Regelung des Rechts der Allgemeinen Geschäftsbedingungen
AHB	Allgemeine Haftpflichtversicherungsbedingungen
ALR	Allgemeines Landrecht für die Preußischen Staaten
Anh.	Anhang
Anm.	Anmerkung
AnwBl	Anwaltsblatt
AöR	Archiv des öffentlichen Rechts
Art.	Artikel
Aufl.	Auflage
AVB	Allgemeine Versicherungsbedingungen
AVB-RSW	Allgemeine Bedingungen der Berufshaftpflichtversicherung der Rechtsanwälte
BauR	Zeitschrift für das gesamte öffentliche und zivile Baurecht
BayObLG	Bayerisches Oberstes Landesgericht
BB	Betriebs-Berater
Bd.	Band
BeckRS	Beck'sche Rechtsprechungssammlung
BGB	Bürgerliches Gesetzbuch
BGB-InfoV	Verordnung über Informations- und Nachweispflichten nach bürgerlichem Recht
BGBl.	Bundesgesetzblatt
BGH	Bundesgerichtshof
BGHZ	Entscheidungen des Bundesgerichtshofs in Zivilsachen
BKR	Zeitschrift für Bank- und Kapitalmarktrecht
BMJ	Bundesministerium der Justiz
BORA	Berufsordnung für Rechtsanwälte

BR-Drucks.	Bundesratsdrucksache
BRAK-Mitt.	BRAK-Mitteilungen
BRAO	Bundesrechtsanwaltsordnung
BSG	Bundessozialgericht
BT-Drucks.	Bundestagsdrucksache
BVerfG	Bundesverfassungsgericht
BVerfGE	Entscheidungen des Bundesverfassungsgerichts
BVerwGE	Entscheidungen des Bundesverwaltungsgerichts
Cir.	Circuit
CMS	Constant Maturity Swap
D. Mass.	District of Massachusetts
DB	Der Betrieb
ders.	derselbe
Dig.	Digesten
dies.	dieselbe(n)
DJT	Deutscher Juristentag
DöV	Die öffentliche Verwaltung
DS	Der Sachverständige
DStR	Deutsches Steuerrecht
ebd.	ebenda
EG	Europäische Gemeinschaft
EGBGB	Einführungsgesetz zum Bürgerlichen Gesetzbuch
EGMR	Europäischer Gerichtshof für Menschenrechte
EGHE	Entscheidungen des Ehrengerichtshofs für deutsche Rechtsanwälte
Einf.	Einführung
Einl.	Einleitung
endg.	endgültig
EMRK	Europäische Menschenrechtskonvention
ESMA	Europäische Wertpapier- und Marktaufsichtsbehörde
EU	Europäische Union
EuGH	Europäischer Gerichtshof
EUV	Vertrag über die Europäische Union
EuZW	Europäische Zeitschrift für Wirtschaftsrecht
EWG	Europäische Wirtschaftsgemeinschaft
EWiR	Entscheidungen zum Wirtschaftsrecht
EWS	Europäisches Wirtschafts- und Steuerrecht
f., ff.	folgende
F. Supp.	Federal Supplement
FamRZ	Zeitschrift für das gesamte Familienrecht
FAO	Fachanwaltsordnung
FAZ	Frankfurter Allgemeine Zeitung
FCA	Financial Conduct Authority
Fed.	Federal Reporter
Fed. App.	Federal Appendix

FINRA	Financial Industry Regulatory Authority
FinVermV	Verordnung über die Finanzanlagenvermittlung
Fn.	Fußnote
FS	Festschrift
gem.	gemäß
GewO	Gewerbeordnung
ggf.	gegebenenfalls
GG	Grundgesetz
GmbHG	Gesetz betreffend die Gesellschaften mit beschränkter Haftung
GoA	Geschäftsführung ohne Auftrag
GRUR	Gewerblicher Rechtsschutz und Urheberrecht
GRUR-RR	Gewerblicher Rechtsschutz und Urheberrecht Rechtsprechungs-Report
GuT	Gewerbemiete und Teileigentum
GVG	Gerichtsverfassungsgesetz
HGB	Handelsgesetzbuch
hM	herrschende Meinung
HOAI	Verordnung über die Honorare für Architekten- und Ingenieurleistungen
HS	Halbsatz
i.d.R.	in der Regel
i.S.d. / i.S.v.	im Sinne des / im Sinne von
i.V.m.	in Verbindung mit
Inc.	Incorporated
insb.	insbesondere
InvG	Investmentgesetz
JA	Juristische Arbeitsblätter
JBl	Juristische Blätter
jurisPR-VersR	Juris PraxisReport Versicherungsrecht
JuS	Juristische Schulung
JW	Juristische Wochenschrift
JZ	Juristenzeitung
KAGB	Kapitalanlagegesetzbuch
Kap.	Kapitel
KG	Kammergericht
Komm	Kommentar
Krit.	Kritisch
KWG	Gesetz über das Kreditwesen
l. Sp.	linke Spalte
LeipzZ	Leipziger Zeitschrift für Deutsches Recht
LG	Landgericht
Lit.	Literatur

LLP	Limited Liability Partnership
LMK	beck-fachdienst Zivilrecht (vormals Kommentierte BGH-Rechtsprechung Lindenmaier-Möhring)
LSG	Landessozialgericht
MaComp	Mindestanforderungen an die Compliance-Funktion
MDR	Monatsschrift für Deutsches Recht
MiFID I	Richtlinie 2004/39/EG vom 21. April 2004 über Märkte für Finanzinstrumente (Erste Finanzmarktrichtlinie)
MiFID II	Richtlinie 2014/65/EU vom 15. Mai 2014 über Märkte für Finanzinstrumente (Zweite Finanzmarktrichtlinie)
MiFIR	Verordnung Nr. 600/2014 vom 15. Mai 2014 über Märkte für Finanzinstrumente
mwN.	mit weiteren Nachweisen
NASD	National Association of Securities Dealers
Neubearb.	Neubearbeitung
nF	neue Fassung
NJW	Neue Juristische Wochenschrift
NJW-RR	Neue Juristische Wochenschrift Rechtsprechungsreport
Nr.	Nummer
NStZ	Neue Zeitschrift für Strafrecht
NVersZ	Neue Zeitschrift für Versicherungsrecht
NVwZ	Neue Zeitschrift für Verwaltungsrecht
Nw.	Nachweise
NZG	Neue Zeitschrift für Gesellschaftsrecht
NZM	Neue Zeitschrift für Miet- und Wohnungsrecht
ÖBA	Zeitschrift für das gesamte Bank- und Börsenwesen
OGAW-RL	Richtlinie 2009/65/EG vom 13. Juli 2009 zur Koordinierung der Rechts- und Verwaltungsvorschriften betreffend bestimmte Organismen für gemeinsame Anlagen in Wertpapieren
OLG	Oberlandesgericht
OLGR	OLG Report
PartGG	Gesetz über Partnerschaftsgesellschaften Angehöriger Freier Berufe
Pub. L.	Public law
r. Sp.	rechte Spalte
r+s	Recht und Schaden
RabelsZ	Rabels Zeitschrift für ausländisches und internationales Privatrecht
RAK	Rechtsanwaltskammer
RDG	Rechtsdienstleistungsgesetz
RG	Reichsgericht
RGBl.	Reichsgesetzblatt
RGZ	Entscheidungen des Reichsgerichts in Zivilsachen
RIW	Recht der internationalen Wirtschaft

Rn.	Randnummer
ROHGE	Entscheidungen des Reichsoberhandelsgerichts
Rspr.	Rechtsprechung
RVG	Rechtsanwaltsvergütungsgesetz
RVG-VV	RVG Vergütungsverzeichnis
s.	siehe oder section
S.	Satz oder Seite
SchiedsVZ	Zeitschrift für Schiedsverfahren
SchKG	Gesetz zur Vermeidung und Bewältigung von Schwangerschaftskonflikten
SEC	United States Securities and Exchange Commission
SGB	Sozialgesetzbuch
Slg.	Sammlung
Sonderbeil.	Sonderbeilage
st. Rspr.	ständige Rechtsprechung
Stat.	Statutes
StGB	Strafgesetzbuch
U.S.C.	United States Code
UCC	Uniform Commercial Code
v.	versus, vom, von oder van
VersAusglG	Gesetz über den Versorgungsausgleich
VersR	Zeitschrift für Versicherungsrecht
vgl.	vergleiche
Vor.	Vorbemerkung
VuR	Verbraucher und Recht
VVG	Versicherungsvertragsgesetz
VW	Versicherungswirtschaft
WiB	Wirtschaftsrechtliche Beratung
WM	Wertpapier-Mitteilungen
WpDVerOV	Wertpapierdienstleistungs-Verhaltens- und Organisationsverordnung
WpHG	Wertpapierhandelsgesetz
WpHGMaAnzV	Verordnung über den Einsatz von Mitarbeitern in der Anlageberatung, als Vertriebsbeauftragte oder als Compliance-Beauftragte und über die Anzeigepflichten nach § 34d des Wertpapierhandelsgesetzes
WRV	Weimarer Reichsverfassung
WuB	Zeitschrift für Wirtschafts- und Bankrecht
WuM	Wohnungswirtschaft und Mietrecht
ZBB	Zeitschrift für Bankrecht und Bankwirtschaft
ZEuP	Zeitschrift für Europäisches Privatrecht
ZfCM	Zeitschrift für Controlling und Management
ZGR	Zeitschrift für Gesellschaftsrecht

ZGS	Zeitschrift für das gesamte Schuldrecht
ZHR	Zeitschrift für Handelsrecht
ZIP	Zeitschrift für Wirtschaftsrecht
ZJS	Zeitschrift für das Juristische Studium
ZMR	Zeitschrift für Miet- und Raumrecht
ZPO	Zivilprozessordnung
ZRP	Zeitschrift für Rechtspolitik
ZSR	Zeitschrift für schweizerisches Recht
zust.	zustimmend
ZVersWiss	Zeitschrift für die gesamte Versicherungswissenschaft
ZZP	Zeitschrift für den Zivilprozess
ZZPInt	Zeitschrift für den Zivilprozess International

Kapitel I

Einführung in das Thema

§ 1 Anlass der Untersuchung

I. Wirtschafts- und sozialpolitischer Hintergrund

1. Deutscher Wirtschaftsliberalismus und Interessenausgleich

Anders als noch die Weimarer Reichsverfassung[1] und die Verfassungen zahlreicher europäischer Staaten[2] bleibt das deutsche Grundgesetz „wirtschaftspolitisch neutral"[3] und dennoch nicht ohne jede Aussage für eine wirtschaftsordnende Ausgestaltung und Anwendung des einfachen Rechts. Denn Neutralität bedeutet nach Ansicht des *Bundesverfassungsgerichts* lediglich, dass die Verfassung keine über den Gewährleistungsgehalt der individuellen Freiheitsrechte hinausgehende, übergeordnete Wertentscheidung trifft[4]. Ebenso wie die Gestaltungsfreiheit des Gesetzgebers ihre Grenzen in den grundgesetzlich garantierten Wirtschaftsfreiheiten des Einzelnen, namentlich der Berufs- und Eigentumsfreiheit und der subsidiären allgemeinen Handlungsfreiheit findet, folgt ein Gestaltungs- und Schutzauftrag des Staates aus dem „Ordnungs- und Schutzzusammenhang der Grundrechte"[5]. Dieser ist allgemein einem Liberalismus verschrieben, der zunächst ausgeht von der Eigenverantwortlichkeit des Einzelnen und der selbstbestimmten Ausübung von Freiheit in der Gesellschaft, der allerdings auch in besonderer Weise sozialstaatlich geprägt ist. Für die wirtschaftlich tätigen Akteure folgt daraus eine Grundentscheidung der Verfassung für eine freiheitliche Wirtschaftsordnung[6], die in ihrer Ausgestaltung den in privatrechtlichen Beziehungen betroffenen Freiheitsrechten allseitig Rechnung zu tragen hat und dem sozialstaatlichen Gestaltungsanspruch der Verfassung genügen muss[7].

Das im Jahr 1900 in Kraft getretene Bürgerliche Gesetzbuch selbst war von Beginn an um einen verträglichen Ausgleich des Spannungsverhältnisses zwi-

---

1 Vgl. Art. 151 bis 165 WRV.

2 Überblick bei *Häberle* Jura 1987, 577, 578 ff.

3 BVerfGE 50, 290, 338.

4 BVerfGE 50, 290, 337 f.

5 BVerfGE 50, 290, 338; s. auch *Di Fabio*, in: Maunz/Dürig, GG, Art. 2 Rn. 76.

6 *Manssen*, in: v. Mangoldt/Klein/Starck, GG, Art. 12 Abs. 1 Rn. 32.

7 Zu Letzterem *Di Fabio*, in: Maunz/Dürig, GG, Art. 2 Rn. 76 im Anschluss an *Ossenbühl* AöR 115 (1990), 1, 8.

schen Wirtschaftsliberalität und den schutzwürdigen Interessen der Abnehmer von Produkten und Leistungen bemüht. Die im Rahmen schuldvertragsrechtlicher Privatrechtsgestaltung gewährte grundsätzliche Freiheit für die berufliche Verwirklichung ging mit einem gewissen Anspruch an eine ausgewogene Vertragspraxis einher. Die Typisierung gesetzlicher Schuldverhältnisse sollte nicht lediglich der Vereinfachung dienen[8]. Sie war durchaus verbunden mit der Erwartung, dass sich die Vertragsparteien an dem ausgewogenen System der gesetzlichen Ausgestaltung im Grundsatz orientieren würden[9]. Das in zeitlicher Nähe zum Bürgerlichen Gesetzbuch verabschiedete Abzahlungsgesetz[10], das verbreitete, für den Käufer nachteilige Vertragsgestaltungen in Ratenkaufverträgen zu unterbinden suchte[11], war schon ein gewisser Beleg für eine Reserviertheit gegenüber dieser Erwartung, die in der Rechtswirklichkeit der Folgejahrzehnte bekanntlich auf breiter Linie enttäuscht wurde[12]. Der verbreitete Missbrauch vertraglicher Freiheiten und die strukturelle Ausnutzung gestörter Vertragsparität haben zunächst die Zivilrechtsprechung durch entsprechende Rechtsfortbildung[13] und schließlich den deutschen Gesetzgeber durch deren Kodifizierung im AGB-Gesetz des Jahres 1976[14] zu regulierendem Eingreifen bewogen[15]. Mit Erlass der Verbraucherklauselrichtlinie[16] wurde eine nachträgliche richterliche Kontrolle gestörter Vertragsparität deutscher Provenienz schließlich zum gemeinsamen Standard der Mitgliedstaaten der europäischen Gemeinschaft[17].

2. Gemeinschaftsrechtlicher Wirtschaftsliberalismus und Marktderegulierung

Das Gemeinschaftsprimärrecht verpflichtet die Wirtschaftspolitik der Gemeinschaft und ihrer Mitgliedstaaten dem Grundsatz einer offenen Marktwirtschaft mit freiem Wettbewerb, Art. 119 Abs. 1 AEUV. Dabei bleibt auch das

---

8 Vgl. hierzu etwa *Gernhuber*, Das Schuldverhältnis, S. 154 f.

9 Zu dieser „Steuerungsfunktion" des dispositiven Rechts statt vieler *Möslein*, Dispositives Recht, S. 38 ff. mwN.; aus dem U.S.-amerikanischen Schrifttum bereits *Kennedy*, 89 Harvard Law Review 1685, 1693 (1976).

10 RGBl. 1894, S. 450.

11 Vgl. §§ 1 Satz 2, 2 Satz 3, 4, 6 AbzG aF.

12 S. auch *Westermann*, Vertragsfreiheit und Typengesetzlichkeit im Recht der Personengesellschaften, S. 56.

13 Überblick bei *Pfeiffer*, in: Wolf/Lindacher/Pfeiffer, AGB-Recht, Einl. Rn. 5 f.

14 BGBl. 1976 I, S. 3317.

15 Hierzu eingehender *Pfeiffer*, in: Wolf/Lindacher/Pfeiffer, AGB-Recht, Einl. Rn. 7; s. auch *Drexl*, Die wirtschaftliche Selbstbestimmung des Verbrauchers, S. 305.

16 Richtlinie 93/13/EWG vom 5. April 1993 über missbräuchliche Klauseln in Verbraucherverträgen, ABl. 1993, L 95/29.

17 Zum Einfluss des deutschen Rechts s. nur *Pfeiffer*, in: Grabitz/Hilf, Das Recht der Europäischen Union, Vor. Art. 1 Verbraucherklauselrichtlinie Rn. 32.

Gemeinschaftsrecht nicht ohne regulatorische Züge. Namentlich die Verbraucherschutz- und Wettbewerbspolitik[18] setzt der Ausübung von Berufsfreiheit zum Schutz der am Wirtschaftsverkehr auf Nachfrageseite Beteiligten Grenzen. Gleichwohl hat sich die Akzentuierung des Ausgleichs der im Wirtschaftsverkehr widerstreitenden Interessen beginnend mit der Errichtung einer gemeinsamen Wirtschaftspolitik der Gemeinschaft spürbar verschoben. Das der Wirtschaftspolitik der Gemeinschaft unterliegende Verständnis von Liberalität sieht allseitige Vorteile in grenzüberschreitend verfügbarer, weitgehender Produkt- und Leistungsvielfalt, auf Anbieterseite in der Beseitigung von Wettbewerbsverzerrungen und in der Förderung von Innovation[19], auf Nachfragerseite in der Erweiterung bedarfsgerechter Angebotsoptionen[20], verbunden mit der Erwartung, dass sich bei einer Verbesserung der Vergleichbarkeit konkrete Preisvorteile ergeben[21].

Insgesamt setzt die Wirtschaftspolitik der Gemeinschaft weit stärker auf eine selbstregulative Kraft des Marktes, fordert weit stärker die Eigenverantwortung des Einzelnen und setzt bei der Herstellung der Voraussetzungen selbstbestimmter Teilhabe eher auf Minimalintervention[22]. Im Zentrum der Regulierungspolitik steht die Beseitigung von Informationsasymmetrien durch Statuierung von Informationspflichten, die im Wege einer zurückhaltenden transaktionsbezogenen Steuerung die Voraussetzungen für eine eigenverantwortliche Marktteilnahme herzustellen und letztlich auch die missbräuchliche Inanspruchnahme beruflicher Freiheiten zu verhindern sucht. Präventiv wirkende Schutzmechanismen, sei es in Gestalt weitreichender aufsichtsrechtlicher Eingriffs- und Ordnungsbefugnisse, einer Typisierung, der Beschränkung von Geschäftsmodellen auf qualifizierte Abnehmerkreise oder gezielte Produkt- bzw. Leistungs- und Vertriebsformenverbote, werden zumeist im Widerspruch zu den Zielen der europäischen Wirtschaftspolitik gesehen und wurden, soweit in den Mitgliedstaaten vorhanden, im Zuge einer Marktliberalisierung vielfach beseitigt. Ein Hinweis auf die Deregulierung der Märkte für Finanzdienstleistungen und Versicherungsprodukte mag zunächst genügen.

---

[18] Bspw. durch Maßnahmen gegen unlautere und irreführende Werbung; vgl. etwa aus dem Verbraucherkreditrecht schon Art. 3 der Richtlinie 87/102/EWG und nunmehr Art. 4 der Richtlinie 2008/48/EG.

[19] Vgl. Weißbuch der Kommission über die Integration der EU-Hypothekarkreditmärkte, KOM(2007), 807 endg., S. 4.

[20] Vgl. wiederum Weißbuch der Kommission über die Integration der EU-Hypothekarkreditmärkte, KOM(2007), 807 endg., S. 4.

[21] Vgl. den Vorschlag für eine Richtlinie über Wohnimmobilienkreditverträge, KOM(2011), 142 endg., S. 8.

[22] Hierzu etwa *Kempen*, in: Streinz, EUV/AEUV, Art. 119 AEUV Rn. 15 sowie Rn. 17 zur Bedeutung der sozialen Marktwirtschaft.

3. Rückzug des Staates aus der sozialen Sicherung und Teilprivatisierung von Vorsorge

Die Wirkdimension des gemeinschaftsrechtlichen Einflusses auf die Wesenszüge des sozialstaatlich geprägten deutschen Wirtschaftsliberalismus wird erst voll sichtbar durch den gegen Ende des vergangenen Jahrhunderts eingeleiteten Paradigmenwechsel in der deutschen Sozialpolitik: den beginnenden Rückzug des Staates aus der sozialen Sicherung und einer Trendwende hin zu einem sozialstaatlichen Liberalismus angelsächsischer Prägung[23]. Mit der Rentenreform des Jahres 2001[24], die getragen war von der späten Erkenntnis der Folgen einer alternden Gesellschaft für ein umlagefinanziertes Rentensystem und der Grenzen sozialstaatlicher Leistungsfähigkeit[25], hat der Gesetzgeber die Sicherung des erreichten Lebensstandards als Grundprinzip der sozialen Rentenversicherung[26] aufgegeben[27]. Sozialstaatliche Leistungen sind erheblich zurückgefahren worden und sollen durch eine eigenverantwortliche vorausschauende Vorsorge des Bürgers ergänzt werden. Die entstandenen Bedarfslücken betreffen neben der Existenzsicherung im Anschluss an das Erwerbsleben auch das vorgelagerte Risiko der verminderten Erwerbsfähig- und Berufsunfähigkeit. Die Einführung einer gesetzlichen Pflegepflichtversicherung zum 1. Januar 1995[28] scheint auf den ersten Blick mit dem geschilderten Trend zu brechen. Indes macht nicht erst das Anwachsen der Bedarfslücke durch unausweichlich steigende Pflegekosten und die Rückläufigkeit häuslicher Pflege durch Familienangehörige den künftigen privaten Zuschussbedarf augenfällig. Durch den von vornherein begrenzten Leistungsumfang dieser staatlichen Sozialversicherung wird auch das Pflegerisiko schon heute vielfach zu einem Risiko, das den im Rahmen des Erwerbslebens begründeten bürgerlichen Wohlstand bedroht.

---

[23] Hierzu *Clasen*, Reforming European Welfare States, S. 118 ff.

[24] Gesetz zur Reform der gesetzlichen Rentenversicherung und zur Förderung eines kapitalgedeckten Altersvorsorgevermögens vom 26. Juni 2001, BGBl. 2001 I, S. 1310 und Gesetz zur Ergänzung des Gesetzes zur Reform der gesetzlichen Rentenversicherung und zur Förderung eines kapitalgedeckten Altersvorsorgevermögens vom 21. März 2001, BGBl. 2001 I, S. 403.

[25] Sondergutachten des Sozialbeirats zur Rentenreform, BT-Drucks. 14/5394, S. 2 ff.; vgl. auch den Entwurf eines Gesetzes zur Anpassung der Regelaltersgrenze an die demografische Entwicklung und zur Stärkung der Finanzierungsgrundlagen der gesetzlichen Rentenversicherung, BT-Drucks. 16/3794, S. 1 f.

[26] Hierzu noch *Ruland*, in: Eichenhofer/Rische/Schmähl, Handbuch der gesetzlichen Rentenversicherung, Kap. 5, Abschn. 19 Rn. 1, 90 ff.; *ders.* NJW 1992, 1, 2; zur dahingehenden Entwicklung der Sozialversicherungsrenten s. BVerfG NVwZ 1988, 329, 330; zur ursprünglichen Einführung dieses Prinzips im Recht der betrieblichen Altersversorgung *Rolfs*, in: Blomeyer/Rolfs/Otto, Betriebsrentengesetz, Einl. Rn. 6; zur einfach-gesetzlichen Fundierung des Prinzips s. etwa LSG Niedersachsen-Bremen BeckRS 2010, 75132.

[27] Deutlich *Ruland*, in: Eichenhofer/Rische/Schmähl, Handbuch der gesetzlichen Rentenversicherung, Kap. 9 Rn. 28.

[28] BGBl. 1994 I, S. 1014, 2797.

Mit seiner sozialpolitischen Neuausrichtung hat der deutsche Staat eine weitgehende Teilprivatisierung sozialer Sicherung eröffnet und damit der privaten Wirtschaft neue Geschäftsfelder erschlossen. Während etwa Schweden mit der Prämienrente auf eine obligatorische kapitalgedeckte ergänzende Altersvorsorge setzt, die dem Bürger eine große Auswahl zwischen verschiedenen Anlagefonds anbietet und damit die Absicherung der durch Leistungskürzungen erzeugten und durch Kostenentwicklungen wachsenden Bedarfslücken noch stärker in einem staatlich organisierten System selbst bewirtschaftet[29], überlässt der deutsche Gesetzgeber diese Aufgabe von vornherein dem privaten Bank- und Versicherungsmarkt. Die staatliche Beteiligung an privater ergänzender Vorsorge ist sektoriell und beschränkt auf ein dem Anreizgedanken verschriebenes System aus steuerlichen Vergünstigungen und staatlichen Zuschüssen für bestimmte, zur Sicherung eines Mindeststandards staatlich zertifizierter Anlageprodukte der privaten Dienstleister. Ebenso wie die Auswahl unter den auf dem Markt angebotenen Produkten zur privaten Vorsorge in der Verantwortung des Einzelnen liegt, bleibt die Beteiligung an privater ergänzender Vorsorge bisher insgesamt fakultativ. Der Wirtschaftsliberalismus gemeinschaftsrechtlicher Prägung mit seiner Beförderung von Produktvielfalt und Produktinnovation und seiner tendenziellen Reserve gegenüber einer Regulierung des Vertriebs bedarfsgerechter Leistungen greift damit letztlich auch aus auf den sensiblen Kernbereich sozialer Sicherung.

II. Systematischer Missbrauch berufsrechtlicher Freiheiten als zunehmende Folge deregulierter Märkte

Mit der Deregulierung der Märkte für Finanz- und Versicherungsleistungen erfüllt sich nicht lediglich die Erwartung einer Zunahme von Produktvielfalt und grenzüberschreitendem Wettbewerb unter den Leistungsanbietern. Auf der Grundlage der so gestärkten berufsrechtlichen Freiheiten ist es stärker als zuvor möglich geworden, Leistungen ohne Ansehen ihres Nutzens im Einzelfall werbend zu vermarkten. Wenn man sich mit der Rationalität des abstrakt informierten und mündigen Marktteilnehmers nicht zufrieden geben mag, scheint es gerechtfertigt zu sein, von einem systematischen Missbrauch berufsrechtlicher Freiheiten durch einen die Wahrung fremder Interessen vorspiegelnden beratenden Verkauf zu sprechen. Aus sozialpolitischer Sicht geradezu alarmierend ist dieser Befund im Bereich der Kapitalanlagegeschäfte sichtbar geworden, wo der im staatlichen Auftrag handelnden Verbraucherorganisation *Stiftung Warentest* zu Folge systematisch unter dem erzeugten Eindruck einer

[29] Überblick über das 1999 reformierte schwedische Rentensystem bei OECD, Renten auf einen Blick 2013, S. 342 ff.

an den Interessen der Anleger ausgerichteten „Beratung“ interessenwidrige Produkte vertrieben und nicht selten die Anlageziele der Erwerber grundlegend verfehlt wurden[30]. Zu einer entsprechenden Bewertung kam die Stiftung mehrfach auch im Bereich der Baufinanzierung[31] und bei der Vergabe von Krediten im Allgemeinen[32]. Gleiches ist im Zusammenhang mit dem Vertrieb hochspekulativer Finanzprodukte in Gestalt sog. CMS Spread Ladder Swap-Verträge etwa für die Investitionsziele von zur Daseinsvorsorge aufgerufenen Kommunen bekannt geworden[33]. Auch bei Finanzdienstleistern, die als „Strukturvertriebe“ mit „ganzheitlichen“ und „individuellen“ Beratungsleistungen werben, haben bereits zahlreiche Gerichtsverfahren systematische Beratungsfehler offen gelegt[34].

Diese Gefahren bestehen ganz allgemein im Bereich der zunehmend privatisierten sozialen Sicherung, wo die Eröffnung von bis dahin staatlich bedienten Geschäftsfeldern für den privaten Bank- und Versicherungsmarkt anfangs praktisch ohne jede regulatorische Sicherstellung eines bedarfsgerechten Leistungsvertriebs begleitet wurde. In den vergangenen Jahren wurde der Vertrieb von Bank- und Versicherungsprodukten zwar stärker auch mittels transaktionsbezogener Pflichten zur interessengerechten Auswahlberatung regulatorisch überformt. Ein Hinweis auf den von der Rechtsprechung im Zuge des Vertriebs von Bankprodukten unter geringen Voraussetzungen angenommenen Beratungsvertrag und die mit der Reform des Versicherungsvertragsgesetzes eingeführte Beratungspflicht des Versicherers mag zunächst genügen. Gleichwohl kam die *Stiftung Warentest* für den Vertrieb staatlich geförderter Altersvorsorgeprodukte auf der Grundlage einer Einzelfallstudie[35] und im Rahmen einer breiter angelegten Untersuchung des Vertriebs vorsorgeorientierter Versicherungsprodukte[36] zu dem Befund, dass die Beratung durch die Vertriebsangehörigen häufig eher am Maßstab der eigenen Provisionsinteressen als am individuellen Bedarf ausgerichtet ist. Das entspricht auch einer im Jahr 2011

---

[30] Stiftung Warentest, Finanztest, Heft 5, 2000, S. 12; Heft 1, 2010, S. 22 sowie Heft 8, 2010, S. 25.

[31] Stiftung Warentest, Finanztest, Heft 2, 2000, S. 12 sowie Heft 8, 2012, S. 52.

[32] Stiftung Warentest, Finanztest, Heft 2, 2007, S. 13; Heft 2, 2008, S. 12 sowie Heft 6, 2012, S. 13; zur verkaufsbegleitenden Kreditberatung in der Automobilbranche s. Heft 4, 2008, S. 12.

[33] Hierzu *Gundermann/Nieding*, der Gemeindehaushalt 2007, 265, auch mit Hinweis auf vergleichbare Erfahrungen in Großbritannien; vgl. auch *Wassermann*, Heimliche Selbstbedienung, Der Spiegel, Heft 45, 2010, S. 100. Zu den Anforderungen an die Beratung beim Vertrieb von CMS Spread Ladder Swap-Veträgen grundlegend BGH NJW 2011, 1949.

[34] Zur Haftung des Finanzdienstleisters selbst auch bei Zwischenschaltung selbständiger Handelsvertreter im Zusammenhang mit dem Vertrieb sog. Dreiländerfonds s. OLG Celle OLGR 2001, 122; OLGR 2002, 265; zum Ganzen auch *Reiter/Methner* VuR 2002, 398 ff.

[35] Stiftung Warentest, Finanztest, Heft 3, 2012, S. 42.

[36] Stiftung Warentest, Finanztest, Heft 10, 2009, S. 65.

durchgeführten Stichprobe der *Verbraucherzentrale Nordrhein-Westfalen*[37]. Vergleichbare Erfahrungen wurden in England gemacht[38].

III. Informations- und Aufklärungspflichten als Begleiterscheinung deregulierter Märkte

Der dargestellte wirtschafts- und gesellschaftspolitische Wandel, auch veranlasst durch gezielte Deregulierung der Märkte, ist wiederum unter regulatorischen Gesichtspunkten nicht ohne Folgen geblieben. Gewissermaßen als eine retardierte Begleiterscheinung setzt die Regulierungspolitik auf repressive Haftungsinstrumentarien in Gestalt vorvertraglicher und vertragsbegleitender Informations- und Aufklärungspflichten und – in der jüngeren Zeit – insbesondere auch auf Beratungspflichten[39]. Sowohl im Wege gesetzgeberischer Intervention auf gemeinschaftsrechtlicher und nationaler Ebene als auch im Wege richterlicher Rechtsfortbildung soll dadurch mit unterschiedlicher Akzentuierung sicher gestellt werden, dass die am Markt angebotenen Produkte und Dienstleistungen mit dem „richtigen" Marktteilnehmer zusammen gebracht werden. Der Grad der Intervention, mittels derer das in der Auswahl einer ungeeigneten Leistung liegende Risiko der Frustration des Investitionsinteresses verlagert wird, nimmt dabei stetig zu. Auf der einen Seite stehen die bloßen Informationspflichten, durch die objektbezogen und typisierend die Voraussetzungen für eine eigenverantwortliche Marktteilnahme hergestellt werden sollen[40]. Auf der anderen Seite stehen Aufklärungs- und Beratungspflichten, mit denen stärker individualisierend die Verantwortung für die bedarfsgerechte Auswahlentscheidung auf den Leistungserbringer und Vertriebsintermediäre verlagert wird. Dabei bricht sich zunehmend die Erkenntnis Bahn, dass der reine informationsbasierte Ansatz der neoklassischen Informationsökonomik, wie er anfangs auch zur Grundlage gemeinschaftsrechtlicher Regulierungspolitik wurde, die mit der Deregulierung der Märkte einhergehenden Gefährdungen nicht oder nur kaum auffangen kann[41]. Im Gegenteil lässt sich schon heute feststellen, dass solche Minimalintervention auf deregulierten Märkten dem aus ungezügeltem Streben nach Gewinnmaximierung und dem Schwinden be-

---

[37] Vgl. Pressemitteilung vom 25. März 2011, abrufbar unter: www.vz-nrw.de/Vorsorge-Test (11/2014).

[38] Hierzu instruktiv *Clasen*, Reforming European Welfare States, S. 123.

[39] Hierzu auch MünchKommBGB/*Roth*, § 241 Rn. 127; zum Zusammenhang zwischen dem Abbau präventiver Marktsteuerung und dem Ausbau repressiver Verhaltenssteuerung *Stürner*, Markt und Wettbewerb, S. 4.

[40] Zur ratio statt vieler *Pearson*, 28 Sydney Law Review, 99, 119 (2006).

[41] Hierzu *Stürner* AcP 214 (2014), 7, 48 ff.

ruflicher Moral und Ethik geborenen Missbrauch berufsrechtlicher Freiheiten kaum etwas entgegenzusetzen vermag[42].

IV. Beratungspflichten und Professionalisierungstendenzen beim kaufmännischen Vertrieb

Der Ruf nach einer weitergehenden Regulierung des kaufmännischen Vertriebs von Kapitalanlage- und Versicherungsprodukten ist nicht erst vor diesem Hintergrund folgerichtig und entgegen verbreiteter Kritik im Grundsatz auch berechtigt. Dass es ausgerechnet Beratungspflichten sein sollen, mit denen die in der stetigen Zunahme von Produktvielfalt und -komplexität liegenden Gefahren regulatorisch eingefangen werden sollen, muss vor dem Hintergrund der überkommenen Interessenstruktur solcher Verträge vielleicht etwas verblüffen. Als Umsatzgeschäfte oder diesen zumindest nahe stehend verstanden handelt es sich um Verträge des Interessengegensatzes, mit denen eine Pflicht, die auf den Vertrieb *bedarfsgerechter* Leistungen abzielt, auf den ersten Blick kaum zu vereinbaren ist. Eine solche Beratungspflicht trifft als Kardinalpflicht typischerweise die Angehörigen von Professionen, die zuvörderst der Wahrung der Interessen ihrer Klienten verpflichtet sind. Sie wird typischerweise flankiert von institutionellen Sicherungen, die auf die fachliche Qualifikation des Ratgebers und auf die präventive Vermeidung von Interessenkonflikten abzielen. Auch solche Anleihen finden sich zunehmend wieder im Werkzeugkasten vertriebsbezogener Marktregulierung. Eine gewisse Tendenz hin zur Professionalisierung des Vertriebs und zur Auflösung des Konzepts vom vertraglich gesicherten und ausgeformten Interessengegensatz ist seit langem unverkennbar. Das zeigt schon eine seit vielen Jahrzehnten gefestigte Rechtsprechung zum Kaufvertrag, der gewissermaßen den Grundfall eines Vertrags des Interessengegensatzes bildet und bei dem eine weitergehende Pflicht, den Kaufgegenstand auf die Bedürfnisse des Käufers hin auszuwählen, nach den Umständen des Einzelfalls durchaus bestehen kann[43].

---

[42] Vom „informierten Betrogenen" spricht *Stürner*, Markt und Wettbewerb, S. 91 ff.

[43] Hierzu eingehender § 17, S. 463 ff. (sub II).

§ 2 Ziel, Zuschnitt und Gang der Untersuchung

Das Problem der Aufklärungs- und Beratungspflichten ist „sehr schlecht zugänglich". Zu diesem Befund kam *Klaus Hopt* in seiner im Jahr 1975 erschienenen Habilitationsschrift zum Kapitalanlegerschutz im Recht der Banken. Den Grund dafür sah er in einer „kaum übersehbaren Kasuistik in der Rechtsprechung" und einer „sehr unsystematischen Behandlung in der Literatur". Diese versuche zwar „die über das gesamte Privatrechtsgebiet hinweg verstreuten Aufklärungs- und Beratungspflichten zu ordnen", bleibe aber „meist bei einer Zusammenstellung von Einzelfällen stehen" oder beschränke sich darauf, „allgemeinere Grundsätze nur sehr summarisch anzudeuten"[1].

Die Rechtsprechung kennzeichnet sich bis heute dadurch, dass sie innerhalb des jeweils betroffenen Teilrechtsgebiets eine wertungsmäßig stimmige Ausgestaltung des Inhalts und des Umfangs von Beratungspflichten herzustellen sucht. Beispielhaft hinzuweisen ist auf die aktuelle Diskussion zu den Aufklärungspflichten des Kapitalanlageberaters, soweit es um die Gewinnspanne und Zuwendungen Dritter wie verdeckter Innenprovisionen und Rückvergütungen geht[2]. Konvergenzüberlegungen mit Blick auf andere Teilrechtsgebiete einschließlich des Rechts der klassischen Professionen sind hier eher die Ausnahme[3]. Hinzuweisen ist auf die Rechtsprechung im Bereich der Kapitalanleger-, der Kreditnehmer- und der Versicherungsnehmerberatung, die sich gegenseitig geradezu zu ignorieren scheint. Parallelen zieht die Rechtsprechung demgegenüber seit jeher bei der Beratungshaftung von Rechtsanwälten und Steuerberatern, was sich angesichts dessen, dass es sich in beiden Fällen um klassische rechtsberatende Professionen handelt, geradezu aufdrängt. Eine weitere Ausnahme betrifft den beratenden Verkauf einer Immobilie zu Anlagezwecken, bei dem in der Rechtsprechung zahlreiche Parallelen zum beratenden Vertrieb von Bankprodukten mit Anlagezweck sichtbar werden.

Auch in der Literatur ist es bisher im Grunde bei einer auf die jeweiligen Teilrechtsgebiete beschränkten Diskussion mit einer gewissen Tendenz zur Behandlung der Pflichtenstruktur der Beratung als „bewegliches System"[4] geblie-

---

[1] *Hopt*, Der Kapitalanlegerschutz im Recht der Banken, S. 235 f.

[2] Hierzu eingehender § 13, S. 182 ff. (sub bb, cc).

[3] Deutlich zur Kapitalanlageberatung BGH NJW 2012, 2427, 2430: „Arzthaftungsrechtsprechung insgesamt mit Fällen der vorliegenden Art nicht vergleichbar".

[4] Für die vorvertraglichen Informationspflichten *Breidenbach*, Die Voraussetzungen von

ben. Die auf *Walter Wilburg* zurückgehende Lehre[5] mag gewiss auch in dem hier diskutierten Bereich einen Anwendungsfall finden. Sie trägt dem Umstand Rechnung, dass eine komplexe rechtliche Pflichtenstruktur auf Sachverhalte trifft, deren gerechte Behandlung regelmäßig in besonderer Weise die Würdigung der Umstände des Einzelfalls voraussetzt. Für die Dogmatik der Beratung ist damit allein allerdings nicht viel geleistet[6]. Soweit in der Literatur schließlich Konvergenzüberlegungen angestellt werden[7], bleiben diese auf einzelne Fragestellungen innerhalb des Pflichtenkomplexes der Beratung beschränkt. Auch wird überwiegend davon Abstand genommen, das Problem der Beratung von der Haftung für fehlerhafte Singularauskünfte und den spontan zu erfüllenden Aufklärungspflichten zu lösen, was eine grundlegendere Betrachtung kaum ermöglicht.

Informations- und Aufklärungspflichten, die funktional und inhaltlich ein gutes Stück hinter den hier interessierenden Beratungspflichten zurückbleiben, sind in den vergangenen Jahren erschöpfend monografisch aufbereitet worden[8]. Auch existiert bereits eine kaum überschaubare und doch stetig wachsende Fülle an Literatur zu beratungsrechtlichen Einzelfragen, namentlich zur Anlageberatung im Zuge des Vertriebs von Finanzinstrumenten. Schließlich ist schon manches gesagt worden über die rechtsdogmatische Begründung von Auskunfts- und Beratungspflichten als solche quasi-vertraglichen oder vertraglichen Ursprungs[9]. Die vorliegende Abhandlung will sich weder hier noch dort einreihen. Sie unternimmt dagegen erstmals den Versuch, das funktionale Potenzial von Beratung und allgemeingültige Instrumente für ihre Qualitätssicherung herauszuarbeiten sowie eine allgemeingültige (Zivilrechts-)Dogmatik der Beratung zu entfalten. Auf dieser Grundlage werden wesentliche Teilrechtsgebiete auf ihre dogmatische Konvergenz hin untersucht und bestehende Unterschiede auf ihre Berechtigung hin hinterfragt. Gleichermaßen einbezogen werden dabei die Professionen und der kaufmännische Vertrieb. Man könnte auf den ersten Blick annehmen, Beratung durch einen Rechtsanwalt habe mit Bera-

---

Informationspflichten beim Vertragsschluß, S. 61 ff.; dem folgend MünchKommBGB/*Roth*, § 241 Rn. 142; s. auch *Bydlinski* JBl 1980, 393, 397; für die Aufklärungspflicht der Bank bereits *Hopt*, Der Kapitalanlegerschutz im Recht der Banken, S. 414 ff.; dem folgend etwa *Rümker*, in: Bankrechtstag 1992, S. 29, 37; zur Beratungshaftung beim Sachkauf *Kluth/Böckmann/Grün* MDR 2003, 241.

[5] *Wilburg*, Entwicklung eines beweglichen Systems im bürgerlichen Recht, insb. S. 12 ff.

[6] Zum relativen Nutzen dieses dogmatischen Erklärungsansatzes auch *Hopt*, in: FS Gernhuber, S. 169, 185 f.

[7] Beispiel: *Schwab* NJW 2012, 3274.

[8] Vgl. nur *Breidenbach*, Die Voraussetzungen von Informationspflichten beim Vertragsschluss; *Fleischer*, Informationsasymmetrie im Vertragsrecht; *Rehm*, Aufklärungspflichten im Vertragsrecht; *Grigoleit*, Vorvertragliche Informationshaftung.

[9] Vgl. statt vieler *Köndgen*, Selbstbindung ohne Vertrag; *Jost*, Vertragslose Auskunfts- und Beratungshaftung.

tung von Kapitalanlegern, Versicherungsnehmern und Käufern nicht viel gemein. Noch weniger naheliegend scheint der Vergleich mit dem Arzt, zumal sich die medizinrechtliche Diskussion um eine die deliktische Rechtsgutsverletzung rechtfertigende ärztliche Aufklärung zentriert und die ärztliche *Beratungs*pflicht bisher überwiegend in der Haftungskategorie des Behandlungsfehlers ein Schattendasein fristet[10]. Tatsächlich verspricht aber die Herausarbeitung der grundlegenden Funktionen von Beratung, der Voraussetzungen und der konkreten Ausgestaltung von Beratungspflichten sowie der spezifischen Besonderheiten ihrer Einwirkung auf Rechtsverhältnisse des Interessengegensatzes ohne die Einbeziehung auch der Beratungspflichten von Angehörigen klassischer Professionen kaum Erkenntnisgewinn.

Im Rahmen eines Grundlagenkapitels wird zunächst dem Begriff der Beratung, den Informationsmodellen und den Strukturmerkmalen der Beratung nachgegangen[11]. Im Anschluss sollen die im geltenden Recht verwirklichten Phänotypen der Beratung und die Grundmodelle der Beratungspflicht herausgearbeitet werden[12], bevor die Funktionen der Beratung und ihre Grenzen behandelt werden[13]. Sodann werden die Beratungspflichten in den systematischen Gesamtzusammenhang einschlägiger Zivilrechtsgebiete eingeordnet[14] und es wird ein Blick auf die verhaltenswissenschaftlichen Grundlagen der Beratung geworfen[15]. Nach einem Überblick über die Haftung des Ratgebers im geltenden Recht unter Einschluss der historischen Genese des § 675 Abs. 2 BGB[16] wird die allgemeine Dogmatik der Beratungspflichten und der Haftung für fehlerhaften Rat entfaltet[17], die im Anschluss anhand ausgewählter Teilrechtsgebiete, dem Anwalts-[18] und Kapitalanlegerrecht[19] sowie dem Kaufrecht[20], auf die Probe gestellt werden soll.

---

10 Zur Pflicht des Arztes zur *Beratung und Aufklärung* aber noch explizit Palandt/*Sprau*, BGB, 72. Aufl. 2013, § 823 Rn. 138.

11 § 3, S. 13 ff.

12 § 4, S. 37 ff.

13 § 5, S. 44 ff.

14 § 6, S. 64 ff.

15 § 7, S. 74 ff.

16 §§ 8–12, S. 91 ff.

17 §§ 13–14, S. 127 ff.

18 § 15, S. 327 ff.

19 § 16, S. 381 ff.

20 § 17, S. 461 ff.

Kapitel II

Grundlagen

§ 3 Begriffe, Modelle, Strukturmerkmale

I. Begriff der Beratung und Abgrenzung zu Informationspflichten und Begutachtung

1. Begriff der Beratung

Voraussetzung einer Beratungssituation sind Entscheidungsfreiheit und Entscheidungsvermögen auf Seiten des Ratnehmers und das Bestehen von Handlungsoptionen. Dabei muss es sich nicht notwendig sämtlich um statusverändernde Optionen handeln. Die Beibehaltung des *status quo* steht einer statusverändernden Handlungsoption grundsätzlich gleich. Vor diesem Hintergrund lässt sich Beratung allgemein[1] definieren als

diskursiver rechtsgüter- und interessengeprägter sowie geschäftsadäquater Kommunikationsprozess, bei dem auf der Grundlage einer Exploration ratnehmer- und gegenstandsbezogener Umstände eine grundsätzlich an den Zielen und Präferenzen des Ratsuchenden ausgerichtete und auf dessen individuelle Umstände zugeschnittene konkrete Handlungsempfehlung abgegeben wird, die bedürfnisabhängig begleitet wird von einer Aufklärung des Ratnehmers über Gegenstand, Inhalt und Risiken der empfohlenen Handlungsoption. Abhängig vom Maß der Bindung des Ratgebers an das Interesse des Ratnehmers kommt eine Pflicht zur Aufklärung über einschlägige Handlungsalternativen und in der Person des Ratgebers bestehende Qualifikations- und Eignungsdefizite sowie konfligierende Interessen am Entscheidungsverhalten in Betracht (Selbstbestimmungsberatung). Nur im Ausnahmefall ist die Empfehlung an einem objektivierten Interesse des Ratnehmers, an Interessen Dritter oder solchen der Allgemeinheit auszurichten (Fremdbestimmungsberatung).

Gegenüber dem behaupteten Aufklärungselement könnte man versucht sein, den Einwand zu erheben, die Abgabe einer Handlungsempfehlung sei auch ohne jede komplementäre Aufklärung denkbar. Allerdings lässt sich dann nicht mehr von Beratung im hier interessierenden Begriffssinn sprechen. Beratung im funktional weiteren Sinne ist mehr als Aufklärung und doch ohne

---

[1] Allgemeine Definitionsversuche sind bisher – soweit ersichtlich – unterblieben; vgl. aber die zahlreichen, auf die Anlageberatung zugeschnittenen Definitionsansätze etwa bei *Horn*, in: FS Schimansky, S. 653, 656; *ders.* ZBB 1997, 139, 140 f.; *Steuer*, in: FS Schimansky, S. 793, 794 ff.; *Hadding*, in: FS Schimansky, S. 67, 68 ff.

Aufklärung nicht denkbar[2]. Die Charakteristika der Beratung lassen sich weiter veranschaulichen, wenn man die notwendige Abgrenzung vornimmt zu anderen Informationspflichten, die bisweilen in einem Atemzug mit dem Begriff der Beratung genannt und nicht selten undifferenziert miteinander vermengt werden.

2. Begriffserläuterung unter Abgrenzung zu anderen Informationspflichten

a) Die Gemengelage der Informationspflichten und ihre gemeinsame Grundfunktion

Beratungspflichten und die bisweilen synonym gebrauchten[3] Begriffe der Empfehlung und des Rats werden zumeist in einem Zug mit anderen Pflichten diskutiert, wie die der Information, der Aufklärung, der Erläuterung, des Hinweises und der Warnung. Die Übergänge zwischen den genannten Pflichten werden verbreitet als „fließend“[4] gesehen. Auf dieser Grundlage werden die Begriffe häufig unter dem Oberbegriff der „Informationspflichten“ zusammengefasst[5] und sodann bisweilen weniger scharf und undifferenziert gebraucht[6]. Im Ausgangspunkt lässt sich eine einheitliche Grundfunktion der Informationspflichten dahin feststellen, ein bestimmtes Risiko einer letztlich in eigener Verantwortung zu treffenden Entscheidung auf den zur Information, Aufklärung oder Beratung Verpflichteten bis zu einem gewissen Grad zu verlagern: das Risiko der bedarfs- oder interessengerechten Auswahl. Dabei ist richtig, dass zwischen diesen Pflichten insoweit ein fließender Übergang besteht, als dass die Intensität der seitens des Verpflichteten geschuldeten Bemühungen graduell zunimmt[7].

---

[2] Deutlich *Hannöver*, in: Bankrechts-Handbuch, § 110 Rn. 62; vgl. auch *Horn* ZBB 1997, 139, 141 sowie *Rümker*, in: Bankrechtstag 1992, S. 29, 30: „Die Beratung beinhaltet die Aufklärung“; s. weiter *Steuer*, in: FS Schimansky, S. 793, 795, der Beratung und Aufklärung allerdings als „zwei Pflichtenkreise“ beschreibt; im Ergebnis auch *Bydlinski*, in: FS Hadding, S. 759, 764.

[3] Vgl. *Rümker*, in: Bankrechtstag 1992, S. 29, 30 mwN.; dagegen zutreffend *Hadding*, in: FS Schimansky, S. 67, 72, der die Notwendigkeit der differenzierten Begriffsbestimmung betont.

[4] MünchKommBGB/*Roth*, § 241 Rn. 131.

[5] *Breidenbach*, Informationspflichten, S. 4; *Lang*, Informationspflichten bei Wertpapierdienstleistungen, S. 30f.; dem folgend MünchKommBGB/*Roth*, § 241 Rn. 131.

[6] Zur verbreiteten Vermischung von Aufklärung und Beratung s. etwa Darstellung und Nachweise bei *Rehm*, Aufklärungspflichten im Vertragsrecht, S. 3.

[7] Vgl. *Jost*, Vertragslose Auskunfts- und Beratungshaftung, S. 11.

b) *Informations-, Erläuterungs- und Aufklärungspflichten*

Am Anfang steht die Informationspflicht, die sich typischerweise[8] auf die Übermittlung produkt- bzw. leistungsbezogener Eigenschaftsdaten bezieht[9]. Die Erläuterungspflicht soll dazu dienen, die von der Informationspflicht erfassten Eigenschaftsdaten näher an den Verständnishorizont des jeweiligen Informationsberechtigten heranzuführen, hat also weniger Typisierungs- als Individualisierungsfunktion[10]. Inhaltlich weniger klar ist der Begriff der Aufklärungspflicht. Allgemein im Zusammenhang mit vorvertraglichen Informationspflichten, vor allem aber mit dem ärztlichen Heileingriff ist traditionell und, anders als etwa im Anwalts- und Notarrecht, nicht von Beratung, sondern von (ärztlicher) *Aufklärung* die Rede.

Die moderne Aufklärungspflicht wird allgemein als Mittel zur Herstellung der Voraussetzungen selbstbestimmter Freiheitsausübung begriffen. Dabei wird Aufklärung teilweise als Oberbegriff für bestimmte Informationspflichten (Mitteilung, Offenbarung, Benachrichtigung, Hinweis, Belehrung, Warnung, etc.) verwendet und den Beratungs- und Informationsverschaffungspflichten gegenüber gestellt[11]. Den Bezugspunkt von Aufklärung sehen einige eher auf den bestehenden Entscheidungsoptionen und damit gegenstandsbezogen und weniger individuell zugeschnitten als typisiert[12]. Andere betonen dagegen zutreffend die Individualisierungsfunktion der Aufklärungspflicht als eine Informationspflicht, die sich auf die konkreten Verhältnisse des Einzelfalls bezieht[13]. Hiernach spricht viel dafür, dass der Begriff der Aufklärung in dem in jüngerer Zeit eingeführten Begriff der Erläuterung zumindest teilweise eine moderne Entsprechung gefunden hat und es in der Sache letztlich darum geht, den Pflichteninhalt im Einzelfall auf dem Gradmesser zwischen Typisierung und Individualisierung zu konkretisieren.

c) *Beratung und Kommunikationsprozess*

Nach wohl überwiegendem Verständnis ist Beratung das Ergebnis eines wechselseitigen kommunikativen Prozesses zwischen Ratgeber und Ratnehmer[14].

---

[8] Allerdings ist auch hier zunehmend ein uneinheitlicher Bedeutungsgehalt anzutreffen, vgl. zum Ganzen *Roth*, in: Assmann/Schütze, Handbuch des Kapitalanlegerrechts, § 11 Rn. 30.

[9] Beispiel: § 491a BGB i.V.m. Art. 247 § 3 Abs. 1 EGBGB.

[10] Beispiel: § 491a BGB i.V.m. Art. 247 § 3 Abs. 3 EGBGB.

[11] *Ihle*, Der Informationsschutz des Versicherungsnehmers, S. 14 ff.

[12] MünchKommBGB/*Roth*, § 241 Rn. 131.

[13] MünchKommVVG/*Armbrüster*, Vor. §§ 6, 7 Rn. 3; s. auch *Horn* ZBB 1997, 139, 141 sowie *Hadding*, in: FS Schimansky, S. 67, 72.

[14] *Roth*, in: Assmann/Schütze, Handbuch des Kapitalanlegerrechts, § 11 Rn. 29; s. auch *Yaniv/Kleinberger*, 83 Organizational Behavior and Human Decision Processes 260, 275 (2000): „interactive social and cognitive process“.

Für die Aufklärung verhält es sich, je nachdem wie weitgehend hier die Verhältnisse des Einzelfalls zu beachten sind, im Grundsatz nicht anders. Dass es gerade dieser besondere situative Aspekt ist, der der Beratung ihre besondere Lenkungswirkung verleiht und weitgehenden regulatorischen Schutz zur Sicherung der Beratungsqualität und der Beherrschung von Interessenkonflikten und sonstiger missbräuchlicher Einflussnahme rechtfertigt, leuchtet unmittelbar ein. Dieses Merkmal echter Beratung hat in der praktischen Konsequenz etwa zur Folge, dass bestimmte Vertriebsformen den mit Beratungspflichten verwirklichten regulatorischen Zielen schon deshalb nicht genügen können, weil sie die Durchführung von solcher *diskursiver* Beratung praktisch ausschließen oder doch erheblich erschweren. Hinzuweisen ist auf die Diskussion um die Durchführung von Effektengeschäften[15] ohne persönlichen Kontakt unter Nutzung elektronischer Kommunikationsmittel („*discount broking*")[16].

Bedeutsam wird dieses Kriterium etwa auch im Rahmen der Rechtsberatung und der Diskussion um die regulatorische Privilegierung der sog. Ratgeberkonzepte der Medien[17]. Bei diesen geht es jedenfalls solange unproblematisch nicht um echte Beratung, wie lediglich abstrakte Rechtsaufklärung der Allgemeinheit betrieben wird. Soweit aus Gründen der besseren Veranschaulichung und Vertiefung konkrete Einzelfälle behandelt werden, ändert das in Bezug auf die übrigen Zuschauer[18] selbst dann nichts, wenn man davon ausgeht, es würde bisweilen der Eindruck erzeugt, der behandelte Sachverhalt lasse sich mehr oder weniger unbesehen auf andere Fälle übertragen.

d) *Beratung und Bewertung*

Beratung ist – anders als Information und Erläuterung – um eine *Bewertungskomponente* bereichert. Auch der Aufklärung, mit der Entscheidungsoptionen erklärt und in ihren Auswirkungen erläutert werden, kann bereits ein wertendes Element inne wohnen, wenn es sich um eine Entscheidung handelt, die unter Unsicherheit getroffen wird[19]. Das wird besonders deutlich im Bereich des Erwerbs spekulativer Anlagen oder am Beispiel der ärztlichen Aufklärung, bei der *jedenfalls* eine Risikobewertung hinsichtlich des geplanten Heileingriffs und zwar auch unter Berücksichtigung der aus dem Unterbleiben des Eingriffs

[15] Zum Begriff s. nur *Roth*, in: Assmann/Schütze, Handbuch des Kapitalanlegerrechts, § 10 Rn. 26.

[16] Hierzu statt vieler *Hannöver*, in: Bankrechts-Handbuch, § 110 Rn. 30 ff.; ausführlicher zur Entwicklung *Wieneke*, Discount-Broking und Anlegerschutz, S. 13 ff.; *Siller*, Rechtsfragen des Discount-Broking, S. 3 ff.

[17] Vgl. § 2 Abs. 3 Nr. 5 RDG.

[18] Von Beratung im engeren Sinne ist dagegen auszugehen, soweit es um den Ratnehmer des betroffenen Einzelfalls geht; zu den verfassungsrechtlichen Gründen der gleichwohl als zulässig erachteten Privilegierung s. BVerfG NJW 2004, 672 ff.; NJW 2004, 1855, 1856 ff.

[19] MünchKommBGB/*Roth*, § 241 Rn. 131.

folgenden Risiken geschuldet ist[20]. Bei der Beratung werden indes nicht lediglich die zur Verfügung stehenden Handlungsalternativen oder einzelne Aspekte hiervon einer Bewertung unterzogen. Der zusätzliche Wertungsaspekt bei der Beratung besteht in der auf das Entscheidungsergebnis hin ausgerichteten konkreten *Handlungsempfehlung*[21]. Der Ratgeber beurteilt weitergehend, wie sich der Ratnehmer in der konkreten Situation unter Berücksichtigung der dargestellten Unsicherheiten verhalten sollte; er erklärt, welche Entscheidung er in der Situation des Ratnehmers für richtig hält[22].

Solche individualisierten Schlussfolgerungen müssen freilich nicht ausdrücklich gezogen werden. In vielen Fällen wird aus der im Rahmen der Aufklärung erfolgten Darstellung von Risiken und Ungewissheiten ohne weiteres folgen, wie sich der Aufklärungsadressat nach dem Dafürhalten des Aufklärenden entscheiden sollte. Ist etwa das Risiko einer Gesundheitsbeeinträchtigung ohne Durchführung eines Heileingriffs besonders hoch, kommt es vielfach nicht mehr darauf an, ob der Arzt im Anschluss an die Aufklärung über das Risiko des Zuwartens noch eine ausdrückliche Empfehlung dahin abgibt, den Heileingriff durchzuführen. In solchen Fällen geht Aufklärung tatsächlich in Beratung über.

e) Beratung und Exploration

Mit der Handlungsempfehlung allein ist Beratung noch nicht umfassend charakterisiert. Den Berater trifft auch eine gegenüber der Aufklärung weitergehende Informationsbeschaffungs- oder Explorationspflicht[23] und zwar in zweifacher Richtung: Zum einen hat er in der Sphäre des Ratnehmers diejenigen Informationen zu erheben, die er zur Abgabe einer auf die subjektiven oder objektivierten Bedürfnisse des Ratnehmers zugeschnittenen Empfehlung benötigt. Zum anderen hat er sich umfassend über die jeweiligen Produkte, Leistungen oder sonstigen Handlungsalternativen zu informieren, die in die Auswahlbewertung einzubeziehen sind, um beurteilen zu können, ob und welche Handlungsoption den subjektiven oder objektivierten Bedürfnissen des Ratnehmers (am besten) Rechnung trägt. Diese zweifach gerichtete Informationsbeschaffungspflicht hat zum einen die Funktion, die Voraussetzungen für eine individualisierte Handlungsempfehlung zu schaffen, und ist zum anderen Ausdruck des Maßes der für die Beratung typischen weitergehenden Risikoverlagerung. Denn der Ratgeber kann sich nicht auf den Standpunkt stellen seine

---

[20] Vgl. nur BVerfGE 52, 131, 176 – Sondervotum Hirsch, Niebler, Steinberger.

[21] Vgl. auch MünchKommBGB/*Roth*, § 241 Rn. 131; ebenso *Horn* ZBB 1997, 139, 141; *Steuer*, in: FS Schimansky, S. 793, 796.

[22] Vgl. noch eingehender zum historischen Begriffsverständnis unter § 675 Abs. 2 BGB § 8, S. 97ff. (sub 2).

[23] Statt vieler *Horn* ZBB 1997, 139, 141.

Empfehlung sei, gemessen an den ihm liquide zur Verfügung stehenden Informationen, vertretbar gewesen.

f) Beratung durch Warnung?

Besonderer Betrachtung bedarf die Warnung, die häufig als Bestandteil der Aufklärungspflicht begriffen wird[24] und die sich auf Unsicherheiten bezieht, die einer bestimmten Handlungsoption oder ganz generell bestimmten Geschäftsarten inne wohnen. Ein zur Veranschaulichung geeignetes Beispiel ist die ein Wertpapierdienstleistungsunternehmen treffende aufsichtsrechtliche Minimalpflicht, Kunden, gegenüber denen sie *keine* Anlageberatung oder Finanzportfolioverwaltung erbringt und die, wie eine gezielte Informationsbeschaffung ergeben hat, *nicht* über die erforderlichen Kenntnisse und Erfahrungen im Zusammenhang mit der Beurteilung der geschäftstypischen Risiken verfügen, darauf „hinzuweisen", dass das gewünschte Finanzinstrument oder die Wertpapierdienstleistung für den Kunden (jedenfalls aus diesem Grund) *nicht angemessen* ist. Kann es die Erfahrungen und Kenntnisse des Kunden nicht beurteilen, muss es diesen immer noch darüber „informieren", dass eine *Beurteilung* der Angemessenheit *nicht möglich* ist[25].

Der Übergang zwischen Warnung und Beratung wird in besonderer Weise als fließend gesehen, denn der Warnung sei „das Element des Abratens immanent"[26]. Richtig ist zunächst, dass das Abraten von der Wahrnehmung einzelner Handlungsoptionen oder von der Veränderung des *status quo* insgesamt nur ein Unterfall einer für die Beratung typischen Handlungsempfehlung ist. Damit wird allerdings nicht schon jede abstrakte Warnung vor bestehenden Risiken, wie vor denen des Rauchens oder den Nebenwirkungen von Medikamenten, zu einem Fall echter Beratung, zumal diese schon außerhalb des für die Beratung typischen Kommunikations- und Individualisierungsprozesses stattfindet. Auch auf die verwendeten Begrifflichkeiten kann es letztlich nicht ankommen.

Entscheidend für die Abgrenzung zwischen der abstrakten Warnung, der Warnung als bloßem Element der Aufklärung und echter Beratung muss wiederum sein, ob nicht einmal oder bestenfalls die Voraussetzungen für eine eigenverantwortete Entscheidung hergestellt werden oder ob weitergehend auch eine *bewertende* Aussage darüber getroffen wird, wie sich der *individuelle* Adressat der Erklärung in der konkreten Situation verhalten soll, oder anders gewendet: Wird der Erklärungsempfänger mit den aufgezeigten Risiken und Ungewissheiten alleine gelassen oder werden *individualisierte* Schlussfolgerungen

---

24 MünchKommBGB/*Roth*, § 241 Rn. 131.

25 § 31 Abs. 5 WpHG.

26 *Roth*, in: Assmann/Schütze, Handbuch des Kapitalanlegerrechts, § 11 Rn. 29; MünchKommBGB/*Roth*, § 241 Rn. 131.

aus dem aufgezeigten Risiko gezogen und der Ratnehmer über Art und Umfang der Risiken aufgeklärt? Für das genannte Beispiel folgt daraus: Kann das Wertpapierdienstleistungsunternehmen die zur Beurteilung erforderlichen Informationen nicht erlangen, ist eine Beurteilung nicht möglich, so dass von Beratung schon keine Rede sein kann. Im anderen Fall wird dem Kunden nach Schaffung der hierfür notwendigen individuellen Informationsgrundlage von der Vornahme bestimmter Geschäfte zwar augenscheinlich „abgeraten". Indes handelt es sich auch hier noch nicht um einen Fall echter Beratung, weil der Kunde letztlich mit dem *unaufgeklärten* Werturteil der mangelnden „Angemessenheit" alleine gelassen wird. Nach herrschender Meinung genügt das Wertpapierunternehmen seiner Hinweispflicht nämlich bereits dann, wenn es den Hinweis in Gestalt einer Feststellung in standardisierter Form abgibt[27]. Eine Aufklärung über Art und Umfang der Risiken, mit denen der Kunde im Falle des Erwerbs der in Rede stehenden Arten von Finanzinstrumenten konfrontiert wäre, findet gerade nicht statt.

3. Zum Verhältnis von Aufklärung und Beratung ...

a) ... *aus haftungsrechtlicher Sicht*

Beratung geht – bei allen geschilderten strukturellen Gemeinsamkeiten – nach heute allgemeiner Auffassung über Aufklärung hinaus, weil sie in der Abgabe einer konkreten, individualisierten Handlungsempfehlung für den Einzelfall mündet[28]. Während sich Aufklärung nur auf die *entscheidungsrelevanten Umstände* bezieht, ist Beratung die *Umsetzung* solchen Wissens *in eine Entscheidung*[29]. Letztlich darf bei allen Schwierigkeiten einer klaren Grenzziehung nicht übersehen werden, dass zwischen Information, Erläuterung und Aufklärung einerseits und Beratung andererseits mehr als ein graduell-quantitativer, sondern vielmehr ein *funktional-qualitativer* Unterschied besteht[30]. Dieser wird indes nicht recht deutlich, wenn man zwar zutreffend, aber allein und aus einer etwas zurückgezogenen Perspektive von Beratung als einer weiteren Form der „Hilfestellung im Willensbildungsprozess des Adressaten" spricht[31]. Sowohl die Informations- als auch die Erläuterungs- und Aufklärungspflicht, die letztlich nur eine auf das subjektive Verständnis abzielende Erweiterung der Informationspflicht ist, schaffen im – theoretischen – Idealfall lediglich die Vo-

---

[27] Vgl. nur *Fuchs*, in: ders., Wertpapierhandelsgesetz, § 31 Rn. 285: „Wir weisen darauf hin, dass das von Ihnen beabsichtigte Geschäft nach Ihren von uns ermittelten Kenntnissen und Erfahrungen für Sie nicht angemessen ist".

[28] MünchKommVVG/*Armbrüster*, Vor. §§ 6, 7 Rn. 3.

[29] *Roth*, in: Assmann/Schütze, Handbuch des Kapitalanlegerrechts, § 11 Rn. 29.

[30] Vgl. auch *Steuer*, in: FS Schimansky, S. 793, 796; ebenso *Servatius* ZfIR 2014, 677, 679: Beratung als qualitives Mehr.

[31] MünchKommBGB/*Roth*, § 241 Rn. 131.

raussetzungen dafür, dass der Adressat selbst in die Lage versetzt wird, eine bedarfsgerechte Auswahlentscheidung zu treffen. Die Beratung soll durch die Auswahlempfehlung dagegen sicherstellen, dass der Adressat *tatsächlich* eine bedarfsgerechte Auswahl trifft. Aus der Perspektive der Risikozuweisung ist Beratung daher nicht lediglich mehr als Information, Erläuterung und Aufklärung, sondern insoweit etwas anderes, als dass die in den ersten Fällen beim Adressaten allein liegende und verbleibende *Auswahlverantwortlichkeit* im Fall der Beratung *mit dem Ratgeber geteilt wird.* Folgerichtig übernimmt der Ratgeber anders als im Rahmen bloßer Aufklärung in erheblichem Umfang auch haftungsrechtlich das Risiko der bedarfsgerechten Auswahl.

b) ... vor dem Hintergrund unterschiedlicher Liberalismuskonzepte

Aufklärungspflichten auf der einen und Beratungspflichten auf der anderen Seite sind damit letztlich auch Ausdruck unterschiedlicher Vorstellungen von Freiheit und Wirtschaftsliberalität[32]. Das lässt sich mit einem Seitenblick auf die Moralphilosophie *Immanuel Kants* veranschaulichen. In der modernen Diskussion um Aufklärungspflichten ist die begriffliche Anspielung auf das Zeitalter der Aufklärung, in dem der Verstand und die Vernunft zum Maß aller Dinge gemacht wurden und sich der Mensch aus seiner politischen, sozialen, religiösen und geistigen Unterdrückung befreien sollte[33], ebenso unverkennbar, wie der Versuch nahe liegt, das hinter dem Aufklärungsbegriff stehende Freiheitsideal unter Rückgriff auf die philosophischen Vertreter dieser Epoche zu erschließen[34]. Aufklärung, so *Kant*, sei „der Ausgang des Menschen aus seiner selbstverschuldeten Unmündigkeit“ und diese Unmündigkeit sei selbst verschuldet, „wenn die Ursache derselben nicht am Mangel des Verstandes, sondern der Entschließung und des Mutes liegt, sich seiner *ohne Leitung eines andern* zu bedienen“[35]. Bei *Kant* geht es um einen gesellschaftlichen Prozess, der sich nicht mehr nur gegen Paternalismus sondern gegen die *menschliche Trägheit* wendet[36] und die Freiheit des Einzelnen betont, sein Glück nach eigenem Ermessen zu besorgen[37]. Fragen der Selbstbestimmung im traditionell paternalistisch verfassten Arzt-Patientenverhältnis stehen hier zwar nicht im

32 Vgl. auch *Langenbucher* ZHR 177 (2013), 679, 685 f. sowie § 7, S. 81 f. (sub 1).

33 Eingehend zu den tragenden Grundgedanken der deutschen Aufklärung etwa *Hinske*, in: Gründer/Rotenstreich, Aufklärung und Haskala in jüdischer und nichtjüdischer Sicht, S. 67 ff.

34 Zur Anspielung auf die Philosophie *Kants* im Zuge der Diskussion um die Aufklärung des Kapitalanlegers s. etwa *Horn*, in: FS Schimansky, S. 653; vgl. auch *Katzenmeier*, Arzthaftung, S. 7.

35 Zuerst veröffentlicht in der Dezember Ausgabe der Berlinischen Monatsschrift 1784, S. 481 [Hervorhebung hier].

36 Hierzu *Hattenhauer*, Europäische Rechtsgeschichte, Rn. 1483.

37 *Hinske*, in: Gründer/Rotenstreich, Aufklärung und Haskala in jüdischer und nichtjüdischer Sicht, S. 67, 78.

Vordergrund. Dennoch will *Kant* die von ihm kritisierte Bequemlichkeit menschlicher Unmündigkeit exemplarisch auch hier nachweisen. „Habe ich [...] einen Arzt“, so *Kant*, „der für mich die Diät beurteilt usw., so brauche ich mich ja nicht selbst zu bemühen“[38].

Während der Gedanke der Aufklärung *allein* die Eigenverantwortlichkeit betont bzw. zu solcher überhaupt erst aufrufen und befähigen will, zielt der Gedanke der Beratung aufgrund der hier im Zentrum stehenden Handlungsempfehlung des Ratgebers gerade auf eine gewisse Entlastung von eigenverantwortlicher Entscheidungsfindung. Daher liegt es durchaus nahe anzunehmen, dass sich ein Konzept der Beratung geradezu abwendet vom Ideal der Aufklärung als dem „Programm eines freien und eigenständigen Denkens, das sich aus der Bindung an eine einzelne Schule oder Autorität gelöst hat und zu eigenem Urteil gelangt ist“[39]. Derjenige, der sich beraten anstatt aufklären lässt, bleibt damit notwendig ein Stück weit unmündig. Und gleichwohl hat Beratung letztlich nicht den Rückfall in eine unmündige Gesellschaft zur Folge[40]. Denn Beratung wohnt nach heutigem Verständnis stets auch Aufklärung inne, damit der Ratnehmer, *obwohl er sich durch einen anderen leiten lässt*, den Entscheidungsvorschlag nachvollziehen und sein Selbstbestimmungsrecht in voller Kenntnis der Umstände ausüben kann.

Aufklärungsbegriff und Mündigkeitspostulat sind letztlich Elemente des *kantischen* Grundverständnisses von Freiheit, wie es etwa auch Ausdruck findet in der überkommenen Annahme von dem aus sich selbst heraus „gerechten“ Vertrag, dessen innere Gewähr erst durch Unfreiwilligkeit im engeren Sinne und Betrug in Frage gestellt wird und dem im Übrigen erst ein zurückgezogener Bestand „der Sitten- oder der Rechtsordnung“[41] Grenzen setzen soll[42]. Mit einem sozialstaatlich fundierten Freiheitsverständnis, das sich der Wirkungen und Gefahren struktureller Ungleichgewichtslagen für die selbstbestimmte

---

[38] Berlinische Monatsschrift 1784, S. 481.

[39] *Hinske*, in: Gründer/Rotenstreich, Aufklärung und Haskala in jüdischer und nichtjüdischer Sicht, S. 67, 74.

[40] Hierzu auch *Langenbucher* ZHR 177 (2013), 679, 686.

[41] *Larenz*, Geschäftsgrundlage und Vertragserfüllung, S. 161.

[42] Zur Vertragsgerechtigkeit als Schlüsselfrage des Privatrechts s. nur *Jhering*, Zweck im Recht, Bd. I, S. 72: „Mittelst des Vertrages constatiren sie [die Parteien] die Coincidenz ihrer Interessen“; eingehend *Schmidt-Rimpler* AcP 147 (1941), 130, 151 ff.; relativierend *ders.*, in: FS Raiser, S. 3, 12 f.; s. auch *Larenz*, Geschäftsgrundlage und Vertragserfüllung, S. 160 ff.; zur kantschen Vertragsgerechtigkeit s. *Höffe*, Immanuel Kant, S. 219 f.; zur heute herrschenden Kritik dagegen statt vieler *Raiser*, in: v. Caemmerer/Friesenhahn/Lange, FS DJT, Bd. 1, S. 101, 118; *ders.* JZ 1958, 1, 2 f.; *Wolf*, Rechtsgeschäftliche Entscheidungsfreiheit und vertraglicher Interessenausgleich, S. 67 ff.; *Hönn*, Kompensation gestörter Vertragsparität, S. 94 ff.; *Oechsler*, Gerechtigkeit im modernen Austauschvertrag, S. 54 ff.; eingehend zur Entwicklung einer Materialisierung des Verständnisses von Vertragsgerechtigkeit *Drexl*, Die wirtschaftliche Selbstbestimmung des Verbrauchers, S. 35 ff; zur typisierenden Korrektur einer strukturellen Unterlegenheit des einen Vertragsteils als Frage der Privatrechtswirkung der Verfassung s. nur BVerfGE 89, 214, 229 ff.

Ausübung von Freiheit bewusst ist, steht beides letztlich ebenso wenig in Einklang, wie ein Wirtschaftsliberalismus neoliberaler Prägung.

4. Zum Verhältnis von Beratung und Begutachtung

Die besondere Nähe von Beratung und Begutachtung drängt sich intuitiv auf. Sowohl der Ratgeber als auch der Gutachter werden, obschon nicht notwendig[43], so doch typischerweise aufgrund besonderer Sachkunde und Erfahrung in Anspruch genommen[44]. Ebenso wie der Ratgeber gibt der Gutachter unter komplementärer Informationsvermittlung regelmäßig eine bewertende Stellungnahme ab und hat die hierzu notwendigen Tatsachen zuvor zu ermitteln[45]. Auch ist dem Gutachter vergleichbar dem Ratgeber in diesem Rahmen ein Beurteilungsspielraum zuzubilligen, der nur eingeschränkt rechtlicher Kontrolle unterliegt[46]. Dem Verhältnis von Beratung und Begutachtung wurde, soweit ersichtlich, in der rechtswissenschaftlichen Literatur und Praxis bisher keine besondere Aufmerksamkeit geschenkt. Ratgeber und Gutachter werden stattdessen begrifflich mitunter einander gleichgestellt[47]. Nach richtigem Verständnis sind Beratung und Begutachtung ungeachtet der beschriebenen Gemeinsamkeiten im Grundsatz klar voneinander zu unterscheiden. Die Abgrenzung ist dogmatisch wie praktisch von einiger Bedeutung.

Während der Ratgeber eine konkrete Handlungsempfehlung abgibt, beschränkt sich die typische Aufgabe des Gutachters darauf, zu einer bestimmten vorgegebenen Fragestellung sachverständig Stellung zu nehmen, ohne sich darüber hinaus auch in einer konkreten Handlungsempfehlung an den Auftraggeber zu ergehen. Die Begutachtung betrifft die sachverständige Bewertung von Vorfragen, die für die weitere, von einer Beteiligung des Gutachters unabhängige Entscheidungsfindung von Bedeutung sind. Beispielhaft zu nennen ist das Wertgutachten des KfZ-Sachverständigen oder die Untersuchung von zuvor industriell genutzten Baugrundstücken auf eine mögliche Kontamination hin[48]. Beim gerichtlichen Sachverständigen wäre die Annahme einer Ratgebereigen-

---

[43] Die Inanspruchnahme eines Gutachters durch in fachlicher Hinsicht gleich oder sogar besser qualifizierte Auftraggeber kommt durchaus vor und dient in diesem Zusammenhang regelmäßig der Verlagerung von Haftungsrisiken auf den Gutachter. Zum Ratgeber, der ohne Vorliegen des für die Beratung gleichfalls typischen strukturellen Ungleichgewichts in Anspruch genommen wird s. eingehender § 3, S. 30f. (sub 1).

[44] Vgl. für den gerichtlichen Sachverständigen *Bleutge* NJW 1985, 1185, 1187; s. auch BGH NJW 1984, 2365, 2366; BVerwGE 45, 235, 238.

[45] Vgl. im Einzelnen *Cramer*, in: Messerschmidt/Voit, Privates Baurecht, Rn. 116.

[46] Hierzu statt vieler *Motzke/Wolf*, Praxis der HOAI, Vor. §§ 33–34, S. 498; fragwürdig dagegen *Thole*, Die Haftung des gerichtlichen Sachverständigen nach § 839a BGB, S. 94ff., der stets eine Objektivierung für möglich hält und damit praktisch zu einem Ausschluss jedweden Wertungsspielraums kommt.

[47] Vgl. nur OLG Düsseldorf DS 2012, 321, 322.

[48] Beispiel: BGH NJW 2001, 514.

schaft schon mit den verfassungsrechtlichen Vorgaben an die Unabhängigkeit des Richters nicht zu vereinbaren[49]. Auch das Gericht wird bei seiner Entscheidungsfindung durch den Gutachter nicht beraten, sondern lediglich durch die sachverständige Klärung entscheidungsrelevanter Vorfragen unterstützt[50]. Wenn in der Praxis aufgrund der unreflektierten Übernahme sachverständiger Feststellungen bisweilen der Eindruck entsteht, dass gerichtliche Sachverständige einen weitergehenden, ratgebergleichen Einfluss auf die Gerichte ausüben, so spricht das nicht gegen die hier vertretene Abgrenzung von Beratung und Begutachtung, sondern ist vielmehr Anlass für die Rechtsprechung, das eigene Selbstverständnis zu hinterfragen und die verfassungsrechtlich vorgezeichnete Rollenverteilung zu gewärtigen.

Außerhalb des gerichtlichen Verfahrens kann und darf ein Gutachter im Einzelfall durchaus zugleich als Ratgeber auftreten, wenn er nämlich seine sachverständige Feststellung mit der Abgabe einer konkreten Handlungsempfehlung verbindet. Der in doppelter Funktion tätig werdende Gutachter muss dann auch die für die Beratung geltenden rechtlichen Vorgaben beachten. Im Rahmen der vorliegenden Abhandlung kann der Gutachter daher grundsätzlich unberücksichtigt bleiben. Aufgrund der beschriebenen Parallelen von Beratung und Begutachtung vor allem im Hinblick auf die Bewertung und den dabei bestehenden Einschätzungsspielraum bietet es sich allerdings an, im Rahmen der Konkretisierung der Beratungspflichten auch die Diskussion um die Haftung des Gutachters zu berücksichtigen[51].

II. Informationsmodelle

1. Reines Informationsmodell

Vor dem Hintergrund des entfalteten Beratungsbegriffs und seiner Abgrenzung zu anderen Informationspflichten lassen sich verschiedene Informationsmodelle beschreiben. Das reine Informationsmodell beschränkt sich im Kern auf die Auferlegung (vorvertraglicher) Informationspflichten. Der Leistungserbringer hat den (potenziellen) Vertragspartner über seine Person und bestimm-

---

[49] Zur Freiheit des Richters von Empfehlungen und anderen „vermeidbaren" Einflussnahmen als Bestandteil der richterlichen Unabhängigkeit s. BVerfGE 12, 81, 88; 26, 79, 93; vgl. auch BVerfGE 14, 56, 69; tendenziell kritisch *Hillgruber*, in: Maunz/Dürig, GG, Art. 97 Rn. 22. f., allerdings ohne dabei auf die Steuerungswirkung einer Beratung durch Sachverständige einzugehen.

[50] *Schlund*, in: Laufs/Kern, Handbuch des Arztrechts, § 118 Rn. 1 f.; vgl. auch *Thole*, Die Haftung des gerichtlichen Sachverständigen nach § 839a BGB, S. 102, der die dem Gutachter nicht zugewiesene Empfehlung unter dem Begriff gutachterlicher „Rechtsausführungen" behandelt.

[51] Hierzu eingehender § 13, S. 166 ff. (sub c).

te, typischerweise gesetzlich genau festgelegte Eigenschaften der angebotenen Produkte oder Dienstleistungen zu informieren. Informationspflichten können sich zudem beziehen auf das Bestehen von Rechten und auf unter bestimmten Voraussetzungen drohende Rechtsfolgen. Regelmäßig gelten dabei bestimmte Anforderungen an die Art und Weise der Informationsvermittlung, angefangen von formalen Vorgaben (z.B. Schriftform) bis hin zu inhaltlicher Transparenz (verständlich, eindeutig, klar). Charakteristisch ist dabei, dass Bezugspunkte der Regulierung der Vertriebsgegenstand und die Person des Leistungsanbieters sind; der Inhalt der Informationspflichten findet grundsätzlich keinen Zuschnitt auf die zu informierende Person, d.h. die konkrete Situation, in der sich diese befindet und ihre besonderen Bedürfnisse. Der zu verwirklichende Transparenzmaßstab legt den Horizont eines „durchschnittlich informierten, aufmerksamen und verständigen" Empfängers zugrunde[52]; mögliche, in der jeweiligen Person bestehende Defizite in der Informationsverarbeitung[53] bleiben somit außer Betracht[54]. Seine praktische Bedeutung hat das reine Informationsmodell vor allem im (europäischen) Verbraucherschutzrecht[55], dort etwa für die Verwendung besonderer Vertriebsformen (Fernabsatzverträge[56], elektronischer Geschäftsverkehr[57]) und für besondere Vertragstypen, wie Reiseverträge[58], bestimmte Verträge über Wohnrechte[59], für Zahlungsdienstleistungen[60] sowie für Verbraucherdarlehens-[61] und Versicherungsverträge[62].

[52] Zum Verbraucherleitbild des EuGH s. EuGH NJW 2000, 1173, 1174; EuZW 1998, 526, 528; zum Ganzen auch *Lurger*, in: Streinz, EUV/AEUV, Art. 169 AEUV Rn. 13; zum *reasonable investor* des U.S.-amerikanischen Kapitalmarktrechts etwa *Klöhn* ZHR 177 (2013), 349, 369f.

[53] Hierzu noch § 7, S. 79 (sub 3).

[54] Kritisch statt vieler *Mülbert* ZHR 177 (2013), 160, 187f.

[55] Hierzu eingehender *Reich/Micklitz*, Europäisches Verbraucherrecht, S. 23ff.

[56] Hierzu Art. 4, 5 der Richtlinie 97/7/EG vom 20. Mai 1997 über den Verbraucherschutz bei Vertragsabschlüssen im Fernabsatz sowie Art. 3ff. der Richtlinie 2992/65/EG vom 23. September 2002 über den Fernabsatz von Finanzdienstleistungen an Verbraucher; s. auch Art. 246 §§ 1, 2 EGBGB.

[57] Hierzu Art. 5, 6 der Richtlinie 2000/31/EG vom 8. Juni 2000 über bestimmte rechtliche Aspekte der Dienste der Informationsgesellschaft, insbesondere des elektronischen Geschäftsverkehrs, im Binnenmarkt; s. auch Art. 241, 246 § 3 EGBGB.

[58] §§ 4, 5 BGB-InfoV.

[59] Hierzu Art. 4 der Richtlinie vom 14. Januar 2009 über den Schutz der Verbraucher im Hinblick auf bestimmte Aspekte von Teilzeitnutzungsverträgen, Verträgen über langfristige Urlaubsprodukte sowie Wiederverkaufs- und Tauschverträgen; s. auch Art. 242 EGBGB.

[60] Hierzu etwa Art. 36, 41 der Richtlinie 2007/64/EG vom 13. November 2007 über Zahlungsdienste im Binnenmarkt; sowie Art. 248 EGBGB.

[61] Vgl. schon Art. 6 der Richtlinie 87/102/EWG vom 22. Dezember 1986 zur Angleichung der Rechts- und Verwaltungsvorschriften der Mitgliedstaaten über den Verbraucherkredit, sowie nunmehr Art. 5, 6 der Richtlinie 2008/48/EG und § 491a BGB, Art. 247 EGBGB.

[62] Vgl. etwa Art. 36 i.V.m. Anhang III der Richtlinie 2002/83/EG über Lebensversicherungen sowie Art. 31 Abs. 1 der Richtlinie 92/49/EWG vom 18. Juni 1992 zur Koordinierung der Rechts- und Verwaltungsvorschriften für die Direktversicherung (mit Ausnahme der Lebensversicherung).

2. Erläuterungsmodell als minimalinvasiver Korrekturversuch

Bei dem Erläuterungspflichtenmodell handelt es sich um eine Fortentwicklung des reinen Informationsmodells. Die (vorvertragliche) Informationspflicht wird ergänzt um eine Pflicht zur Erläuterung der geschuldeten Informationen, insbesondere von Produktmerkmalen und der sich unter bestimmten Bedingungen ergebenden Rechtsfolgen. Der Unterschied zwischen bloßer Information und erläuterter Information lässt sich veranschaulichen am Beispiel des Verbraucherkreditrechts, wo das Erläuterungsmodell – wiederum gemeinschaftsrechtlich präformiert – seinen wohl bisher einzigen praktischen Anwendungsfall gefunden hat[63]. Neben der Mitteilung etwa des effektiven Jahreszinses hat der Kreditgeber diesen – unter Verwendung eines repräsentativen Beispiels – zu erläutern. Der Begriff der „Erläuterung“ bleibt in seiner konkreten inhaltlichen Ausformung sowohl auf der Ebene des Gemeinschafts- wie des deutschen Rechts aber letztlich unklar und harrt der Konkretisierung durch den EuGH und die Gerichte der zur weiteren Anpassung der Erläuterungspflicht berufenen Mitgliedstaaten.

Ziel der Erläuterung soll es sein, den jeweiligen Kreditnehmer in die Lage zu versetzen, selbst „zu beurteilen, ob der Vertrag seinen Bedürfnissen und seiner finanziellen Situation gerecht wird“[64]. In der Erweiterung des Informationsmodells um die Erläuterungspflicht liegt damit zugleich das Eingeständnis, dass das Informationsmodell diese Funktion nicht erfüllen kann. Charakteristisch für diese Form der Vertriebsregulierung ist damit das Bemühen um einen stärkeren Zuschnitt auf die auf Seiten des Nachfragers bestehenden individuellen Bedürfnisse. Es ist allerdings zu beachten, dass der im reinen Informationsmodell geltende Horizont des „durchschnittlichen Empfängers“ nicht durch einen weitgehend subjektiven Horizont ersetzt wird. Geschuldet wird Erläuterung nur bis zur Grenze der „Angemessenheit“, so dass der potenzielle Leistungserbringer nicht die Gewähr dafür zu übernehmen hat, dass der andere Teil *tatsächlich* in die Lage versetzt wird, die Eignungsbeurteilung eigenständig zu treffen. Die Erläuterungspflicht stellt damit letztlich nur ein gewisses Mindestmaß an Beurteilungsvermögen sicher und vergrößert gegenüber dem reinen Informationsmodell bestenfalls die Chancen der Nachfrager, eine den eigenen Präferenzen entsprechende Auswahlentscheidung selbst zu treffen.

3. Beratungsmodell

Das Beratungspflichtenmodell unterscheidet sich nach dem zum Beratungsbegriff Gesagten im Wesentlichen von den vorgenannten Modellen dadurch, dass

---

[63] Hierzu Art. 5 Abs. 6 der Richtlinie 2008/48/EG; s. auch § 491a Abs. 3 BGB.

[64] Art. 5 Abs. 6 der Richtlinie 2008/48/EG; hierzu und zur Abgrenzung von Erläuterung und Beratung *Servatius* ZfIR 2014, 677, 681.

der Produktanbieter die individuellen Bedürfnisse des Ratnehmers zu erforschen und eine stärker auf dessen Horizont zugeschnittene Aufklärung jedenfalls dann zu leisten hat, wenn er tatsächlich eine Empfehlung abgibt, die sodann den individuellen Bedürfnissen des Nachfragers gerecht werden muss. Das wesentliche Charakteristikum des Beratungsmodells ist damit eine Beteiligung des Produktanbieters an der Auswahlverantwortlichkeit des Nachfragers, ohne dass diesem die Letztentscheidung aus den Händen genommen wird. Gleichzeitig ist mit diesem Modell der weitreichendste Eingriff in die Berufsfreiheit des Leistungserbringers verbunden, weil dieser seine Empfehlung typischerweise nicht oder nur begrenzt an den eigenen Profitinteressen oder, was am ehesten auch für die Professionen relevant werden dürfte, am eigenen Interesse an beruflicher Verwirklichung ausrichten darf.

4. Verhaltenswissenschaftlicher und rechtskultureller Hintergrund

a) *Informationsmodell und neoklassische Rechtsökonomik*

Das Informationsmodell in Reinform ist das wesentliche ordnungspolitische Instrument einer nach neoklassischen Grundannahmen praktizierten ökonomischen Rechtsanalyse[65]. Diese geht vereinfacht gesagt davon aus, dass ein funktionierender Marktmechanismus zu einer etwa im Sinne von *Vilfredo Pareto* effizienten Allokation der vorhandenen Ressourcen führt[66]. Dabei weisen die am Markt tätigen Akteure die Eigenschaften eines *homo oeconomicus* auf, der insbesondere auf Nutzenmaximierung bedacht ist, Informationen vollständig und richtig verarbeitet und sich bei seinen Entscheidungen stets rational verhält[67]. Die auf dieser Grundlage erstellten Modelle sollen konkrete Prognosen über das Verhalten der Marktakteure ermöglichen. Dabei ist man sich durchaus bewusst, dass das tatsächliche Verhalten selbst geschäftlich erfahrener Personen zu diesen Grundannahmen vielfach im Widerspruch steht. Die Paradigmen der neoklassischen ökonomischen Verhaltenstheorie haben indes lediglich heuristische Funktion[68]. Tatsächlich existierenden Abweichungen wird grundsätzlich keine die Aussagekraft der modellhaften Prognosen in Zweifel ziehende Bedeutung beigemessen.

---

[65] Vgl. nur *Stürner* AcP 214 (2014), 7, 48.

[66] Zum Effizienzbegriff eingehend *Eidenmüller*, Effizienz als Rechtsprinzip, S. 41 ff.

[67] Überblick bei *Eidenmüller*, Effizienz als Rechtsprinzip, S. 28 ff.; *Lüdemann*, in: Engel/Englerth/Lüdemann/Spieker, Recht und Verhalten, S. 7, 12 ff.; für das Kapitalanlegerrecht s. nur *Klöhn* ZHR 177 (2013), 349, 366 ff.; *Langenbucher* ZHR 177 (2013), 679, 680 f.; *Fleischer/Schmolke/Zimmer*, in: Fleischer/Zimmer, Beitrag der Verhaltensökonomie zum Handels- und Wirtschaftsrecht, S. 9, 12 ff.

[68] *Kirchner*, Ökonomische Theorie des Rechts, S. 13 ff.; s. auch *Lüdemann*, in: Engel/Englerth/Lüdemann/Spieker, Recht und Verhalten, S. 16 f.

Auf dieser Grundlage beruhen Bedürfnis und Rechtfertigung marktbeeinflussender Regulierung auf der Verhinderung oder der Beseitigung eines Marktversagens, also eines Zustandes, in dem eine *Pareto*-optimale Allokation der Ressourcen nicht gegeben ist. Eine solche Wirkung wird insbesondere dem Bestehen vorvertraglicher Informationsasymmetrien zugeschrieben, wie sie typisch sind im Verhältnis von Produktanbieter und -nachfrager. In der mangelhaften Information der Marktteilnehmer sieht die Informationsökonomik die Gefahr adverser Selektion, bei der gesamtgesellschaftlich erwünschte Produkte, typischerweise solche mit höheren Erwerbskosten, aber auch mit entsprechender höherer Qualität und höheren Leistungseigenschaften, mangels hinreichender Nachfrage aus dem Markt verdrängt werden[69]. Informations- bzw. Publizitätspflichten sollen solches Marktversagen verhindern und die optimale Ressourcenallokation ermöglichen. Die Auflösung der Informationsasymmetrien wird typischerweise dem Produktanbieter zugewiesen. Dies erklärt sich vor dem Hintergrund der Bedeutung von Transaktionskosten für die ökonomische Theorie[70], denn Informationspflichten sind nur dort eine unabdingbare Voraussetzung optimaler Ressourcenallokation, wo die mit der Informationsbeschaffung verbundenen Kosten nicht größer sind als der in den zusätzlichen Informationen verkörperte Wert[71]. Aufgrund der naturgemäß größeren Nähe des Produktanbieters zu dem Produkt und einem von der Person des Anbieters verschiedenen Hersteller spricht manches dafür, dass die Informationskosten auf diesem Weg am geringsten ausfallen, wobei nicht übersehen werden darf, dass das Informationsmodell Produktanbieter mit signifikanten Kosten belastet[72].

Entscheidend ist bei alledem, dass die Informationsökonomik neoklassischer Provenienz tatsächlich nicht den Anspruch erhebt, den *einzelnen* Marktteilnehmer zur Wahrung der eigenen Interessen zu befähigen. Es geht um den Schutz eines von sich aus zu richtigen Verteilungsergebnissen führenden Marktmechanismus vor einem strukturellen Versagen, der sich nach dieser Vorstellung bereits dann erreichen lässt, wenn nur eine bestimmte Anzahl rational handelnder Marktteilnehmer vorhanden ist[73].

b) Informationsmodell und U.S.-amerikanischer Utilitarismus

Die der neoklassischen ökonomischen Analyse zugrunde liegende Ideologie ist aufs engste verbunden mit dem anglo-amerikanischen Utilitarismus und seiner

---

69 Grundlegend *Akerlof*, 84 Quarterly Journal of Economics, 488 (1970); zum Ganzen ausführlich *Wied-Nebbling/Schott*, Grundlagen der Mikroökonomik, S. 304 f.

70 Zum Begriff statt vieler *Eidenmüller*, Effizienz als Rechtsprinzip, S. 97 ff.

71 *Demmler*, Grundlagen der Mikroökonomie, S. 217; *Schäfer*, in: Ott/Schäfer, Ökonomische Probleme des Zivilrechts, S. 117, 128 ff.; s. auch MünchKommBGB/*Roth*, § 241 Rn. 143.

72 Hierzu etwa *Pearson*, 28 Sydney Law Review, 99, 120 (2006).

73 Vgl. auch MünchKommBGB/*Roth*, § 241 Rn. 146.

Idealvorstellung vom eigenverantwortlich handelnden Individuum[74]. Das gilt folglich auch für den Informationstopos[75]. Das Prinzip der Eigenverantwortung ist einerseits die Grundlage für ein Verständnis von Freiheit, das äußeren und vor allem staatlichen Einflüssen und Bevormundungen entgegen tritt, anderseits dem Einzelnen aber auch ein hohes Maß an Eigenständigkeit und Initiative abverlangt. Diesem Verständnis von Freiheit immanent ist die Gefahr des Scheiterns. Solcher Misserfolg wird aber nicht als auf Kosten der Freiheit zu vermeidendes oder gar zu vergemeinschaftendes Risiko begriffen, sondern als die notwendige und grundsätzlich hinzunehmende Kehrseite der Chance auf Erfolg. Institutionen wie die Restschuldbefreiung für natürliche Personen[76] und eine Reserve gegenüber sozialstaatlich geprägten Steuerungs- und Ausgleichsmechanismen sind für eine dem Utilitarismus verschriebene Gesellschaft strukturtypisch.

c) *Informationsmodell und kontinentaleuropäischer Wertekanon*

Das reine Informationsmodell und seine Grundlagen sind mit den gesellschaftlichen Grundvorstellungen des kontinentaleuropäischen Kulturkreises dagegen kaum in Einklang zu bringen. Dieser ist traditionell skeptisch ob der vermeintlichen selbstregulativen Kraft eines freien Marktes und steht weitergehender staatlicher Lenkung und Fürsorge grundsätzlich aufgeschlossen gegenüber. Anders als in den USA, wo Pioniergeist und Risikobereitschaft ursprünglich einmal die maßgeblichen Antriebsfedern für Expansion und Wohlstand waren, gebührt der Vorzug auf dem Kontinent dem Gewinn eines gehobenen Maßes sozialer Sicherheit unter Inkaufnahme einer möglicherweise eingeschränkten Profitmaximierung. Es besteht folglich eine vergleichsweise hohe Sensibilität gegenüber strukturellen Ungleichgewichtslagen in der Verhandlungsstärke, eine eingeschränkte Bereitschaft zur Übernahme existenzbedrohender Risiken und eine generelle Bereitschaft dazu, sozialen Ausgleich auch dort herzustellen, wo vorhandene Chancen nicht eigenverantwortlich genutzt werden. Schon vor diesem Hintergrund mutet es einigermaßen merkwürdig an, dass der europäische Gesetzgeber in zahlreichen seiner Richtlinien anfänglich von einem Verbraucherleitbild ausging, das unter dem Schlagwort von der „Konsumentensouveränität“ und dem Euphemismus vom „mündigen Verbraucher“ ausgerechnet auf diejenige Regulierungsform setzt, die vielleicht angelsächsischer, kaum dagegen kontinentaleuropäischer Tradition entspricht.

---

[74] Hierzu *Stürner*, Markt und Wettbewerb, S. 35 f.; s. auch *Eidenmüller*, Effizienz als Rechtsprinzip, S. 22 f.

[75] Vgl. *Stürner* AcP 214 (2014), 7, 48.

[76] Vgl. auch *Balz* ZRP 1986, 12. Die Entschuldung natürlicher Personen zur Ermöglichung eines wirtschaftlichen Neuanfangs gilt als U.S.-amerikanische Erfindung des 19. Jahrhunderts, vgl. *Aaron*, Bankruptcy Law Fundamentals, § 2:9; zur Tradition im angelsächsischen Rechtskreis auch *Hanisch*, Rechtszuständigkeit der Konkursmasse, S. 198 ff.

d) *Informationsmodell und U.S.-amerikanische Rechtswirklichkeit*

Trotz einer grundsätzlich verschiedenen Haltung gegenüber der regulativen Kraft eines weitgehend „freien Marktes" liegt die U.S.-amerikanische Rechtswirklichkeit in vielen Bereichen nicht auf der Linie der neoklassischen Informationsökonomik. Die frühe Einführung und der stetige Ausbau der *suitability doctrine* im U.S.-amerikanischen Kapitalmarktrecht[77] sind dafür ebenso Beleg, wie die lange Tradition des kaufrechtlichen Gewährleistungsrechts und seiner *fitness for a particular purpose*-Doktrin[78]. Aus der jüngeren Zeit zu nennen sind die aus der Finanzkrise – wenn auch nur zaghaft – gezogenen Lehren etwa in Gestalt eines Vertriebsverbots von Wohnimmobilienkrediten bei negativer Rückzahlungsprognose[79] und die aktuelle Diskussion um die Verschärfung der Verhaltensstandards für Börsenmakler[80].

e) *Informationsmodell und moderne Verhaltensökonomik*

Diese Rechtsentwicklung findet auch in der theoretischen Diskussion längst Zuspruch von den Vertretern der modernen Verhaltensökonomik, die die Annahmen der Neoklassik unter Rückgriff auf verhaltenspsychologische Erkenntnisse weitgehend relativiert[81]. Eines ihrer Kernpostulate ist die nur begrenzte Rationalität des Menschen *(bounded rationality)*. Hiernach werde das Entscheidungsverhalten von verschiedenen Heuristiken und Urteilsverzerrungen *(biases)* beeinflusst, deren Folgerungen zu systematischen Abweichungen von optimalen Entscheidungen führen. Auf die Erkenntnisse dieser zunehmend an Einfluss gewinnenden[82] Strömung wird noch näher einzugehen sein[83].

---

[77] Hierzu noch § 16, S. 401 [sub (1)].

[78] § 2–315 UCC; vgl. bereits s. 15(1) Uniform Sales Act 1906; aus der Gerichtspraxis etwa Kobeckis v. Budzko, 225 A.2d 418 (Me. 1967).

[79] Vgl. den Mortgage Reform and Anti-Predatory Lending Act als Bestandteil des Dodd-Frank Wall Street Reform and Consumer Protection Act von 2010, Pub. L. No. 111–203, 124 Stat. 1376 (2010); zur Umsetzung s. 15 U.S.C. § 1639b(c)(3)(A)(i).

[80] Vgl. zum Ganzen die am 21. Januar 2011 von der SEC veröffentlichte *Study on Investment Advisers and Broker-Dealers* ("913 Study"), abrufbar unter www.sec.gov/news/studies/2011/913studyfinal.pdf (11/2014); zur Reformdiskussion statt vieler *Laby*, 65 Business Lawyer, 395, 425 ff. (2010); *ders.*, 55 Villanova Law Review, 701, 737 ff. (2010); *Hazen*, 2010 Columbia Business Law Review 710, 711 ff. (2010).

[81] Zum Aufstieg der Verhaltensökonomik s. den Überblick bei *Towfigh/Petersen*, Ökonomische Methoden im Recht, S. 168 f. sowie bei *Englerth*, in: Engel/Englerth/Lüdemann/Spieker, Recht und Verhalten, S. 60, 64 ff.; zum Ganzen auch bereits *Fleischer*, in: FS Immenga, S. 575, 576 ff.; s. noch *Langenbucher* ZHR 177 (2013), 679, 682 f.

[82] Vgl. *Stürner*, Markt und Wettbewerb, S. 91 ff.; *ders.* AcP 214 (2014), 7, 48 f.

[83] § 7, S. 74 ff.

III. Strukturmerkmale der Beratung

1. Typische strukturelle Ungleichgewichtslagen, tatsächliche Abhängigkeiten und normativer Vertrauenstatbestand

Mit dem Begriff der strukturellen Ungleichgewichtslage ist ein Umstand angesprochen, der für den Grundtypus der Beratungssituation gleichsam prägend ist[84]. Auf Seiten des Ratnehmers bestehen regelmäßig nicht nur strukturell bedingte Informationsdefizite. Es mangelt auch an den notwendigen fachlichen Kenntnissen und der Erfahrung, um vorhandene Informationen zur Umsetzung in eine bedarfsgerechte Entscheidung zu nutzen. Der im beruflichen Kontext agierende Ratgeber dagegen akkumuliert nicht lediglich die zur Entscheidung notwendigen gegenstandsbezogenen Informationen. Er verfügt zumeist auch über ein qualifiziertes Maß an Sachkunde und Erfahrung, die der Ratnehmer im Rahmen der Beratung für sich nutzbar zu machen sucht. Das Maß der strukturellen Ungleichgewichtslage im Einzelfall hängt von einer Vielzahl von Faktoren ab, von denen der Qualifikationsgrad des Ratgebers und die Komplexität des Beratungsgegenstandes nur einige sind. Berät der Versicherer über ein von ihm selbst gestaltetes Produkt, ist die Kluft zwischen ihm und dem Ratnehmer naturgemäß größer als im Falle des beratenden Weiterverkäufers[85]. Das Bestehen von Ungleichgewichtslagen ist in einigen Bereichen eine schon immer bekannte Realität. Man denke nur an die klassischen Professionen des Arztes und des Rechtsgelehrten, wo Beratung folgerichtig schon immer im Zentrum der Berufsausübung stand. In anderen Bereichen ist es ein Ergebnis fortschreitender gesellschaftlicher Entwicklung und zunehmender Arbeitsteilung der Marktakteure[86], das Phänomen zunehmender Beratung also lediglich eine folgerichtige Reaktion auf das gestiegene Bedürfnis nach einer Überbrückung des Wissens- und Kenntnisgefälles.

Strukturelle Ungleichgewichtslagen bedeuten in aller Regel auch tatsächliche Abhängigkeiten. Das betrifft nicht allein den Patienten, der auf die Beratung durch den Arzt zur Existenzerhaltung angewiesen ist. Abhängigkeiten reichen letztlich bis in die gewöhnlichen Erwerbsgeschäfte hinein. Schließlich wird man sich heute kaum mit dem Standard eines menschenwürdigen Daseins begnügen wollen[87]. In ebenso engem Zusammenhang mit der strukturellen Ungleichgewichtslage steht das vom Ratgeber in Anspruch genommene Vertrauen. Dieses wirkt nicht nur, wenn der Ratgeber dem Ratnehmer tatsächlich überlegen ist, sondern in gleicher Weise, wenn er nach außen den Anschein

---

[84] Für die Anlegerberatung *Horn* ZBB 1997, 139, 146f.

[85] Vgl. auch MünchKommVVG/*Armbrüster*, Vor. §§ 6, 7 Rn. 17.

[86] Vgl. auch *Köndgen*, Selbstbindung ohne Vertrag, S. 146; dem folgend *Rehm*, Aufklärungspflichten im Vertragsrecht, S. 216.

[87] *Köndgen*, Selbstbindung ohne Vertrag, S. 146f.

erweckt, in den Angelegenheiten des Ratnehmers eine interessengerechte Bewertung vornehmen zu können.

Auch wenn die strukturelle Ungleichgewichtslage als solche den Typus der Beratungssituation prägt, bedeutet das doch nicht, dass Beratung außerhalb struktureller Ungleichgewichtslagen nicht denkbar ist. Man denke etwa an Fachkundige wie den Arzt oder den Rechtsanwalt, die in eigenen Angelegenheiten den Rat eines Kollegen einholen und dies nicht etwa nur, weil der so Angesprochene sich in der jeweiligen Angelegenheit besonders spezialisiert hätte, sondern etwa um die Einschätzung eines Unbefangenen für die eigene Reflexion nutzbar zu machen oder – praktisch überaus bedeutsam – um das Fehlbewertungsrisiko ein Stück weit auf den Ratgeber zu verlagern. Bestehen und Ausmaß der strukturellen Ungleichgewichtslage sind für die Begründung einer Beratungssituation zwar nicht entscheidend. Auch in den letztgenannten Fällen handelt es sich daher um Beratung, so dass die Frage nach der strukturellen Ungleichgewichtslage für den Beratungsbegriff im Allgemeinen unerheblich bleibt. Denn selbst im theoretischen Fall struktureller Ausgeglichenheit oder sogar Überlegenheit auf Seiten des Ratnehmers bleibt eine normativ anzuerkennende Übernahme der Auswahlverantwortlichkeit durch den Ratgeber denkbar.

Allerdings kann dieser Umstand erhebliche Bedeutung erlangen im Rahmen der Konkretisierung des Pflichtentatbestandes. Bereits bei der Konturierung der Pflichten des Ratgebers, sei es das im Einzelfall erforderliche Maß der Exploration ratnehmerbezogener Umstände, sei es das im Einzelfall erforderliche Maß komplementärer Aufklärung, ist dieser Umstand zu berücksichtigen[88]. Auch wäre daran zu denken, den Mitverschuldenseinwand als reaktives Korrektiv auf eine Abweichung vom Typus der strukturellen Ungleichgewichtslage fruchtbar zu machen. Denn demjenigen, der es wider besseren Wissens und besserer Erfahrung unterlässt, die Empfehlung des Ratgebers in Frage zu stellen, der diesem gewissermaßen blind vertraut, ohne dass ein solches Vertrauen Anerkennung verdient, muss der Schutz der Rechtsordnung unter Umständen versagt bleiben[89].

2. Beratung auf dem Gradmesser der Interessenbindung

Grundlage der Selbstbestimmungsberatung[90] ist eine Bindung des Ratgebers an die Interessen des Ratnehmers. Der Umfang dieser Interessenbindung und damit die Unterordnung gegenläufiger Interessen des Ratgebers variieren allerdings einerseits in Abhängigkeit von der Wertigkeit des betroffenen Rechtsguts

---

[88] Zur Aufklärungsbedürftigkeit statt vieler *Hopt*, in: FS Gernhuber, S. 169, 186 f.

[89] Zum Ganzen eingehender § 13, S. 242 f. [sub (3)] und S. 250 f. (sub cc).

[90] Zum Begriff noch § 5, S. 44 f. (sub I).

und bestehender übergeordneter öffentlicher Interessen, andererseits in Abhängigkeit vom Maß des normativ anzuerkennenden Vertrauens des Ratnehmers. Auf einem Gradmesser der Interessenbindung lässt sich nahe dem einen äußeren Ende die beratende Profession verorten. Gegenstand solchen besonderen beruflichen Handelns sind typischerweise Rechtsgüter von besonderer Wertigkeit oder besondere öffentliche Interessen, denen, wie im Fall der Rechtspflege, gleichsam Verfassungsrang zukommt. Die Interessenwahrung ist hier auch Anspruch standesrechtlicher Verfasstheit und damit Ausfluss eines entsprechenden Selbstbekenntnisses der Professionen, was in gleicher Weise dazu führt, dass der Ratnehmer darauf vertrauen können soll, dass gegenläufige Interessen einschließlich solcher des Ratgebers selbst keinen Einfluss auf das Empfehlungsverhalten erlangen werden. Auf dem anderen äußeren Ende des Gradmessers zu verorten ist das Rechtsverhältnis im Interessengegensatz, in seiner Grundform das Rechtsverhältnis zwischen Käufer und Verkäufer, bei dem beide Parteien davon ausgehen müssen, dass jede Seite im Grundsatz allein mit Rücksicht auf die eigenen Interessen handelt. Voraussetzung für eine über die Pflichten zur Leistungstreue und den Grundsatz von Treu und Glauben hinausgehende Fremdinteressenwahrung ist die Inanspruchnahme besonderen Vertrauens, die es rechtfertigt, die Interessen der einen Seite denen der anderen weitergehend unterzuordnen. Ein Verkäufer, der den Käufer im Hinblick auf seine individuellen Bedürfnisse tatsächlich berät, nimmt nach überkommener Auffassung solch besonderes Vertrauen jedenfalls dann in Anspruch, wenn er überdies den Anschein besonderer Fachkunde erweckt[91]. Zwischen der weitgehenden Fremdinteressenwahrung im Rahmen professionellen Handelns und dem weitgehenden Interessengegensatz des Rechtsverhältnisses zwischen Käufer und Verkäufer sind Rechtsverhältnisse zu verorten, bei denen die Interessenbindung zwar über die des beschriebenen beratenden Verkäufers hinausgeht, jedoch in Ansehung der Verdrängung der eigenen Interessen des Ratgebers noch nicht das Ideal professioneller Interessenwahrung erreicht. Grundlage solch gesteigerter Interessenwahrung können einerseits Professionalisierungstendenzen sein, die ihren Ausdruck in einer aufsichtsrechtlichen Überformung oder einer besonderen zivilrechtlichen Fremdinteressenbindung bestimmter Berufsfelder finden. Das betrifft gegenwärtig vor allem den Vertrieb von Kapitalanlagen und Versicherungen. Andererseits steht es jedem Zivilrechtssubjekt frei, sich auf der Grundlage eines entsprechenden Leistungsversprechens den Interessen eines anderen besonders zu verpflichten und damit die an eine Profession gestellten Ansprüche bis zu einem gewissen Grad auf freiwilliger Grundlage zu erfüllen. Derjenige, der Beratung objektiv als Interessenwahrer erbringt, muss im Gegensatz zu dem, der Beratung ersichtlich nur als Vertriebsstrategie verwendet, höheren Anforderungen genügen.

[91] Hierzu eingehend § 17, S. 466 ff. (sub b).

Es liegt auf der Hand, dass das unterschiedliche Maß der Verpflichtung zur Wahrung fremder Interessen im Rahmen der Konkretisierung von Grund, Inhalt und Reichweite von Beratungspflichten und den Voraussetzungen einer Haftung wegen fehlerhafter Beratung zu Differenzierungen nötigt. Während etwa die beratende Profession den Ratnehmer auch über bestehende Handlungsalternativen zu einer empfohlenen Maßnahme und unter Umständen über im Einzelfall bestehende und nicht ohnehin verbotene Interessenkonflikte aufzuklären hat, kann selbst der zur Fremdinteressenwahrung besonders verpflichtete beratende Verkäufer solche getrost verschweigen, dem Käufer allein das für die eigenen Gewinninteressen günstigere Produkt anbieten und sich insoweit mit der Abgabe einer bedarfsgerechten Handlungsempfehlung begnügen. Gleiches gilt für den Kapitalanlageberater jedenfalls dann, wenn er eine Pflicht zur interessenwahrenden Beratung nicht besonders übernommen hat. Allerdings ist dieser nach geltender Rechtsprechung[92] unter Umständen gehalten, den Ratnehmer über verdeckte Interessenkonflikte, die Motiv für die Empfehlung gerade eines Anlageprodukts sein könnten, besonders aufzuklären, eine komplementäre Verhaltenspflicht, die man dem gewöhnlichen Verkäufer wiederum gewiss nicht auferlegen würde.

3. Rechtsgütergeprägtheit und Geschäftsadäquanz der Beratung

Beratung wurde eingangs beschrieben als ein rechtsgüter- bzw. interessengeprägter geschäftsadäquater Kommunikationsprozess. Ebenso wie das Selbstbestimmungsrecht seinen Gehalt aus dem in Bezug genommenen Freiheitsrecht bezieht, wird die Beratungspflicht bzw. die Haftung wegen fehlerhafter Beratung in Grund, Inhalt und Reichweite von ihrem Bezugsrechtsgut bzw. ihrem Bezugsinteresse geprägt (Rechtsgütergeprägtheit der Beratung). Bezugsrechtsgut der ärztlichen Beratung ist etwa allein die körperlich-seelische Integrität, wobei der Umfang der Beratungspflicht insoweit abhängig ist vom Gegenstand des jeweiligen ärztlichen Beratungs- und Behandlungsvertrags[93]. Unter Umständen Aufklärung[94], sicherlich aber keine Beratung schuldet der Arzt in Bezug auf die Vermögensinteressen des Patienten, ungeachtet der Tatsache, dass solche nicht selten zu den wesentlichen Triebfedern des Entscheidungsverhaltens zählen[95]. Das Bezugsrechtsgut der Rechtsberatung kann nach Lage der Dinge variieren. Rechtsberatung soll regelmäßig den selbstbestimmten Um-

---

[92] Hierzu eingehend kritisch § 13, S. 187ff. (sub dd).

[93] Vgl. BGH JZ 2000, 727, 728: Die Beratung über und die operative Behandlung eines orthopädischen Leidens umfasst keine Beratung und Behandlung in Bezug auf eine mögliche Schwangerschaft.

[94] Vgl. jetzt ausdrücklich § 630c Abs. 2 BGB.

[95] Das wird besonders deutlich in den Fällen der Schwangerenberatung, vgl. nur BGH JZ 2000, 727.

gang mit dem Vermögen gewährleisten, bisweilen dient sie der selbstbestimmten Wahrnehmung besonderer, auf einfach-gesetzlicher Ebene absolut geschützter Freiheitsrechte. Zu nennen sind die Abwehr von freiheitsentziehenden Maßnahmen, Eingriffen in das allgemeine Persönlichkeitsrecht sowie die Abwehr und Beseitigung von Eingriffen in das Eigentum. Rechtsberatung ist jedoch im Gegensatz zur ärztlichen Beratung im Rahmen des jeweiligen Mandats stets auch Vermögensberatung, denn der Anwalt hat die mit der Rechtswahrnehmung oder -verteidigung verbundenen Kostenrisiken im Rahmen seiner Empfehlung zu berücksichtigen. Auch im Zentrum der Beratung im Bank- und Versicherungsrecht sowie im Kauf- und Werkvertragsrecht stehen typischerweise Vermögensinteressen. Die Betroffenheit absolut geschützter Rechtsgüter ist auch hier denkbar, etwa bei der Beratung über eine Werkleistung, die Körper- und Gesundheitsinteressen zu dienen bestimmt ist oder das Eigentum des Ratnehmers (um)gestalten soll.

Im Begriff der Geschäftsadäquanz kommt zum Ausdruck, dass sich Inhalt und Umfang der Beratungspflicht einschließlich der institutionellen, auf einen Qualitätsstandard der Beratung hinwirkenden Rahmenbedingungen nach den Eigenheiten des jeweiligen Beratungsgegenstandes und damit grundlegender auch nach dem jeweiligen Vertragstyp richten[96]. Die geschäftstypische Konkretisierung der rechtlichen Rahmenbedingungen von Beratung und der Beratungspflicht, die die von der Beratung betroffenen Rechtsgüter und Interessen einzubeziehen hat, gestattet eine rationale Typisierung und ist zugleich Richtgröße einer gerechten, vornehmlich also dem verfassungsrechtlich fundierten Gebot der Gleichbehandlung gleicher Sachverhalte geschuldeten Privatrechtsgestaltung. Auch dient die Geschäftsadäquanz neben der Rechtsgütergeprägtheit als Grundlage einer sachgerechten Risikoverteilung zwischen Ratnehmer und Ratgeber. Die praktische Bedeutung des Maßstabs der Geschäftsadäquanz kann mit Blick auf die Vermögensanlageberatung skizziert werden. So wäre es etwa fragwürdig, an den beratenden Vertrieb von Finanzinstrumenten an geregelten Kapitalmärkten grundlegend andere Maßstäbe anzulegen, als an den beratenden Vertrieb von Immobilien zu Anlagezwecken[97]. Die an den Kapitalanlageberater im Einzelnen gestellten Anforderungen und die vom Ratnehmer zugleich geforderte Eigenverantwortung müssen vor dem Hintergrund der betroffenen Vermögensinteressen und dem Verdienstinteresse des Ratnehmers gerechtfertigt sein.

---

[96] Für die Anlegerberatung *Horn* ZBB 1997, 139, 146; s. auch *Hadding*, in: FS Schimansky, S. 67, 78.

[97] Hierzu eingehender § 17, S. 477 ff. (sub III).

4. Beratung als prozesshaftes Geschehen

Zur Grundlegung einer zivilrechtlichen Dogmatik ist es sinnvoll, Beratung als ein prozesshaftes Geschehen[98] zu begreifen, um dadurch die Elemente der Beratung, wie sie bereits für die Begriffsbestimmung herausgearbeitet wurden, zu veranschaulichen und ihre Beziehung zueinander zu verstehen. Am Anfang des Beratungsprozesses steht der Beratungsrahmen oder das Mandat, das sowohl das Beratungsthema als auch die bei der Beratung einzubeziehenden Handlungsoptionen festlegt und damit die inhaltliche Reichweite der Beratungspflichten umgrenzt. Auf dieser Grundlage beginnt der Beratungsprozess mit der Exploration oder Informationsgewinnung von sowohl ratnehmerbezogenen als auch von gegenstandsbezogenen Umständen. Ihr schließt sich eine interne Bewertung durch den Ratgeber an, die im Beratungsergebnis, d.h. typischerweise in der Abgabe einer konkreten Handlungsempfehlung und einer komplementären Aufklärung des Ratgebers mündet.

Die Beratungspflicht zeigt sich nicht erst vor diesem Hintergrund als mehrschichtiger, mit anderen zivilrechtlichen Pflichten kaum vergleichbarer Pflichtenkomplex. Mehr noch tritt im Rahmen komplexer Beratungsmandate nicht selten die Besonderheit hinzu, dass in sich abgeschlossene Beratungsvorgänge aufeinander aufbauen und sich dadurch Beratung, Auswahlentscheidung und Umsetzung der Entscheidung mehrfach wiederholen[99]. Denn komplexe Mandate machen bisweilen Zwischenentscheidungen und deren Umsetzung notwendig, auf die gleichfalls hinzuberaten ist. Besonders auffällig wird dies im Bereich des Arztrechts, wo bereits im Rahmen der Exploration nicht selten ärztliche Diagnoseeingriffe von einiger Tragweite angezeigt sind und ganz ähnlich wie bei einer sich anschließenden therapeutischen Behandlung verschiedene Handlungsoptionen bestehen. Die therapeutische Behandlung kann sich ihrerseits aus verschiedenen Behandlungsabschnitten zusammensetzen, denen wiederum eigenständige Beratungsvorgänge vorgeschaltet sind. Dieses Phänomen lässt sich etwa auch bei komplexen anwaltlichen Mandaten beobachten, die sich erst durch verschiedene, zeitlich aufeinanderfolgende Teilakte bewältigen lassen. Die einem reinen Umsatzgeschäft vorgeschaltete Beratung kommt typischerweise ohne beratende Zwischenentscheidungen aus. Für die Dogmatik der Beratungspflicht folgt daraus die Notwendigkeit zu einer selbständigen Betrachtung von Beratungspflichtentatbeständen innerhalb komplexer Beratungsmandate.

Die fehlerhafte Bewältigung einzelner Elemente einer selbständigen Beratungspflicht wirft unmittelbar die Frage nach ihrer Auswirkung auf die Bera-

---

98 Vgl. zur ärztlichen Beratung schon *Schmid* NJW 1984, 2601, 2604: „Verlauf der Beratung".

99 In der Entscheidungstheorie ist insoweit der Begriff des *Szenarios* geläufig, vgl. nur *Jungermann/Pfister/Fischer*, Die Psychologie der Entscheidung, S. 29.

tung als Ganzes auf. So sehr es unmittelbar einleuchtet, dass die Abgabe einer nicht bedarfsgerechten Handlungsempfehlung die Haftung des Ratgebers für die aus der Befolgung des Rates entstehenden Nachteile begründen kann, so wenig scheint es doch ohne Weiteres plausibel, den Ratgeber zur Verantwortung zu ziehen, wenn ein Explorationsfehler für das Beratungsergebnis unbeachtlich bleibt. In gleicher Weise muss die Missachtung des Beratungsrahmens, sei es durch einen thematisch zu engen Zuschnitt der Beratung, sei es durch eine pflichtwidrig begrenzte Berücksichtigung vorhandender Optionen, nicht notwendig ein fehlerhaftes Beratungsergebnis nach sich ziehen[100].

[100] Zum Ganzen eingehend § 13, S. 224 ff. [sub (1)].

§ 4 Phänotypen der Beratung und Pflichtenmodelle

I. *Phänotypen der Beratung*

1. Unabhängige Beratung

a) Charakteristika

Die in der praktischen Rechtswirklichkeit anzutreffenden Beratungsverhältnisse lassen sich fünf Phänotypen zuordnen, die sich auf dem Gradmesser der Interessenwahrung wesentlich voneinander unterscheiden. Der am weitest gehenden der Fremdinteressenwahrung verschriebene Phänotyp lässt sich als unabhängige[1] Beratung beschreiben. In diesem Fall sind die Beratung und ein sich daran möglicherweise anschließender Leistungstransfer streng voneinander getrennt. Der Ratgeber und ein potenzieller Leistungserbringer sind daher weder personenidentisch noch ist der Ratgeber formal oder materiell dem Lager eines Leistungserbringers zuzuordnen. Der Ratgeber ist unabhängig in dem Sinne, dass er weder ein unmittelbares noch ein mittelbares eigenes Interesse am Entscheidungsverhalten des Ratnehmers hat. Die Sicherung dieser Unabhängigkeit wird im Wesentlichen durch institutionelle Rahmenbedingungen hergestellt. Dabei wird dem Ratgeber zum einen eine unmittelbare oder mittelbare Beteiligung an einem Leistungsaustausch verboten, zum anderen wird durch die Regulierung der Vergütungsstruktur weitgehend sichergestellt, dass Anreize zu einem bestimmten Empfehlungsverhalten ausgeschlossen sind. Es ist dem Ratgeber daher untersagt, sich eine erfolgsbezogene Vergütung auszubedingen und monetäre oder nicht monetäre Vorteile von dritter Seite anzunehmen. Der unabhängige Berater erhält seine Vergütung für die Beratung selbst, so dass idealiter auch das Abraten, also die Empfehlung der Abstandnahme von jeder Veränderung des *status quo*, von den Vergütungsinteressen des Ratgebers unbeeinflusst bleibt. Die Qualität der Beratung wird gleichfalls institutionell abgesichert durch Berufszugangshürden, die qualifizierte Anforderungen an die Qualifikation des Ratgebers stellen. Der Ausgleich von durch

[1] Zum Begriff der Unabhängigkeit und zum Zusammenhang zwischen diesem und der Interessenwahrungspflicht s. *Kumpan*, Der Interessenkonflikt im deutschen Privatrecht, S. 138 ff., 158 ff., 614 f.

pflichtwidrige unabhängige Beratung verursachten Vermögensschäden wird typischerweise durch eine Pflichtversicherung abgesichert.

b) Anwendungsfälle

Im geltenden deutschen Privatrecht führt die unabhängige Beratung praktisch eher ein Schattendasein. Hinzuweisen ist vor allem auf die Versicherungsberatung, die Rentenberatung und die Beratung durch die Verbraucherzentralen[2].

2. Beratung durch Angehörige klassischer Professionen

a) Begriff der Profession

Ein ebenfalls weitestgehend der Fremdinteressenwahrung verschriebener Phänotyp der Beratung ist die Beratung durch Angehörige klassischer Professionen. Die Profession ist sonstigen Berufen gegenüberzustellen. Die Funktion eines gewöhnlichen Berufs erschöpft sich nach traditionellem soziologischem Verständnis in der Sicherung des Lebensunterhalts[3]. Dem modernen Menschenbild von dem sich selbst verwirklichenden Individuum entspricht es heute, auch die Ausübung eines einfachen Berufs als Quelle individueller Identitätsfindung und -verwirklichung zu begreifen[4]. Mit einer Profession wird dagegen in erster Linie die Vorstellung von einer Tätigkeit verbunden, die als besondere Herausforderung begriffen und der zugleich ein hohes soziales Ansehen und Prestige zugeschrieben wird. Profession ist hiernach eine „Sonderform beruflichen Handelns"[5]. In der Professionssoziologie ist man seit längerem um die Herausarbeitung von Merkmalen professionalisierter Berufe bemüht. Hierzu zählt etwa die Wahrnehmung von Aufgaben von grundlegender Bedeutung, d.h. solche, die dem öffentlichen Wohl und der Stabilität der Gesellschaft dienen. Abgestellt wird zudem auf das Erfordernis einer besonders qualifizierten, theoretisch fundierten akademischen Ausbildung, die Monopolisierung der entsprechenden Tätigkeit bei den Angehörigen der Profession, das Bestehen berufsständischer Verhaltensnormen und auf eine Kontrolle der Einhaltung dieser besonderen professionellen Ethik durch die Angehörigen der Profession selbst sowie ein hohes Maß an Autonomie im Rahmen der konkreten Berufsausübung[6]. Das Verständnis von einer Profession war ursprünglich nur wenigen Berufen vorbehalten, namentlich Ärzten, Rechtsgelehrten und Geistlichen.

---

[2] Hierzu noch eingehender § 9, S. 108 ff.

[3] Gleiches gilt für den verfassungsrechtlichen Berufsbegriff, vgl. nur *Manssen*, in: v. Mangoldt/Klein/Starck, GG, Art. 12 Abs. 1 Rn. 38; *Scholz*, in: Maunz/Dürig, GG, Art. 12 Rn. 29.

[4] Verfassungsrechtlich erfährt dieser Aspekt Schutz etwa durch die Freiheit der Berufswahl, der Wahl des Arbeitsplatzes und der Berufsausübung, zum Ganzen *Manssen*, in: v. Mangoldt/Klein/Starck, GG, Art. 12 Abs. 1 Rn. 51, 57, 66 ff.

[5] *Combe/Helsper*, in: dies., Pädagogische Professionalität, S. 9.

[6] Hierzu und zu weiteren Attributen etwa *Hesse*, Berufe im Wandel, S. 45 ff.; im Kontext

In neuerer Zeit melden zunehmend weitere Berufe Professionsansprüche an. Gleichzeitig bestehen Bestrebungen dahin, die Monopolisierung bestimmter Tätigkeiten bei einzelnen Professionen aufzubrechen[7] und den Unabhängigkeitsanspruch bestehender Professionen und ihrer Mitglieder regulativ zu begrenzen[8]. Im Bereich der Rechtsdienstleistung ist in besonderer Weise eine Tendenz dahin zu beobachten, das traditionelle Verständnis vom Rechtsanwalt als Organ der Rechtspflege zugunsten eines gewöhnlichen Dienstleistungsverständnisses aufzulösen[9]. Der Professionsbegriff des vorliegend entwickelten Beratungsphänotyps lässt solche Entwicklungen weitgehend außer Betracht und orientiert sich am klassischen soziologischen Begriffsverständnis. Das ist gerechtfertigt, weil dem nur hier anzutreffenden tradierten berufsständischen Selbstverständnis, dem Ethos der Profession, eine besondere Bedeutung bei der institutionellen Sicherung der Fremdinteressenwahrung zugeschrieben wird[10].

b) Charakteristika und Anwendungsfälle

Anders als bei der unabhängigen Beratung zeichnet sich die Beratung durch Angehörige klassischer Professionen dadurch aus, dass Beratung und Leistungserbringung voneinander grundsätzlich nicht getrennt sind. Der professionelle Ratgeber berät über alle tatsächlich zur Verfügung stehenden Handlungsoptionen und dabei typischerweise auch über die eigene Leistung. Dem damit gleichsam grundlegend angelegten potenziellen Interessenkonflikt wird unter anderem dadurch begegnet, dass die Angehörigen einer Profession in besonderer Weise einem der Fremdinteressenwahrung verschriebenen Standesethos unterworfen sind. Dem Ideal des freien Berufs entspricht zudem die – allerdings durch arbeitsteilige Organisation zunehmend von Auflösung bedrohte – persönliche Unabhängigkeit bis hin zu einer strafrechtlichen Absicherung der Freiheit des beratenden Mandats von gewichtigen Interessenkonflikten. Für den Rechtsanwalt ist insoweit auf die Strafbarkeit des Parteiverrats hinzuweisen, § 356 StGB. Die Sicherung der Fremdinteressenwahrung spielt schließlich auch eine mehr als nur untergeordnete Rolle bei der Regulierung der Vergütung. Die Qualität der Beratung wird in besonderer Weise institutionell abgesichert durch vergleichsweise hohe Berufszugangs- und Qualifikationshürden. Durch

---

der ärztlichen Profession s. auch *Havighurst/Blumstein/Brennan*, Health Care Law and Policy, S. 293 f.

[7] Für die Diskussion um das Notariat kontinentaleuropäischer Prägung s. nur *Bruns* EuZW 2010, 247.

[8] Als eher zaghaften Versuch staatlicher Beschränkung berufsständischer Selbstverwaltung im Bereich der Rechtsberatung mag man aus jüngerer Zeit die gesetzliche Vorgabe einer bundeseinheitlichen außergerichtlichen Schlichtungsstelle sehen, vgl. § 119f BRAO; hierzu im Überblick *Heese* SchiedsVZ 2011, 30, 34.

[9] Grundlegend EuGH NJW 1975, 513 (Reyners); hierzu eingehend kritisch *Stürner/Bormann* NJW 2004, 1481.

[10] Hierzu eingehend kritisch § 14, S. 311 ff. (sub aa).

eine Pflichtversicherung wird häufig die tatsächliche Einstandsfähigkeit des Ratgebers gewährleistet. Der Phänotyp professioneller Beratung findet sich im geltenden deutschen Recht sowohl im Arztrecht wie auch im Anwalts- und Notarrecht wieder. Auch die beratende Tätigkeit des Steuerberaters und die beratende Tätigkeit des Wirtschaftsprüfers lassen sich hier einordnen.

3. Vertragsberatung

Der Phänotyp der Vertragsberatung gründet ebenfalls auf dem Prinzip der Fremdinteressenwahrung. Anders als im Rahmen der unabhängigen Beratung oder der Beratung durch Angehörige klassischer Professionen zeichnet sich dieser allerdings dadurch aus, dass die Qualität der Beratung nicht oder nur in geringem Maße durch institutionelle Rahmenbedingungen gesichert wird. Grundlage der Fremdinteressengebundenheit der Beratung ist im Kern ein dahin gerichtetes vertragliches Versprechen. Vergleichbar den vorgenannten Phänotypen haftet der Vertragsberater im Falle einer fehlerhaften Beratung, weil er die Haftung durch privatautonomen Willensakt übernommen hat. Die vertragliche Pflichtengebundenheit des Ratgebers steht folglich ganz im Vordergrund. Die Reichweite der Beratungspflicht ist im Einzelfall durch Auslegung zu bestimmen, was eine gewisse Typisierung nicht ausschließt.

4. Beratender Verkauf

Während die vorgenannten Phänotypen der Beratung durchweg Rechtsverhältnisse der Fremdinteressenwahrung betreffen, soll mit dem Begriff des beratenden Verkaufs das Phänomen der Beratung im Interessengegensatz beschrieben werden. Der Interessengegensatz ist die Grundlage des gewöhnlichen Austauschverhältnisses. Wenn Beratung in diesem Rahmen tatsächlich stattfindet, handelt es sich zumeist nicht um Beratung im eigentlichen Sinne, sondern um eine zur Steigerung des Waren-, Werk- und Dienstleistungsabsatzes verwendete Vertriebstechnik, mit der der anderen Partei der – regelmäßig unzutreffende – Eindruck vermittelt wird, es gehe dem Leistungserbringer nicht in erster Linie um die Optimierung seiner Verdienstinteressen, sondern mehr oder minder darum, eine auf die Bedürfnisse des Ratsuchenden weitgehend zugeschnittene Leistung zu erbringen. Beratung ist hier eine Form der Anpreisung, als solche Scheinberatung und gerade Ausdruck des bestehenden Interessengegensatzes.

Nach traditionellem Verständnis greift die deutsche Rechtsordnung in den beratenden Verkauf durch die Regelung des § 123 BGB und durch den Grundsatz von Treu und Glauben „nur in zurückgezogener Frontlinie ein“[11]. Allerdings hat ein gewandeltes Verständnis der Vertragsgerechtigkeit aufgrund zu-

---

[11] Vgl. bereits *Hopt*, Der Kapitalanlegerschutz im Recht der Banken, S. 239.

nehmender Sensibilität für eine gestörte Verhandlungsparität frühzeitig die Entwicklung spontan zu erfüllender Aufklärungspflichten ebenso befördert, wie eine weitergehende Zurückdrängung des Prinzips des *caveat emptor* durch erhöhte Gewährleistungsstandards beim Kauf- und Werkvertrag. Die Annahme weitergehender Beratungspflichten durch den Umstand überobligatorischer Beratung wird mit dem Grundsatz des Interessengegensatzes längst nicht mehr von vorneherein im Widerspruch gesehen. Die entscheidende und noch eingehender zu behandelnde Frage besteht in der Klärung des Verhältnisses des Gewährleistungsrechts zu einer jenseits des Gewährleistungsrechts zu verortenden fremdinteressenwahrenden Pflichtenbindung des beratenden Verkäufers[12]. Anders als bei der Beratung durch Angehörige klassischer Professionen oder im Fall des Vertragsberaters haftet der beratende Verkäufer jedenfalls nicht, weil er dies will, sondern allenfalls auf gesetzlicher Grundlage.

5. Moderne Hybridformen der Beratung

a) Charakteristika

Unter dem Begriff der modernen Hybridformen der Beratung soll schließlich ein Beratungsphänotyp zusammengefasst werden, der sich in seiner fremdinteressenwahrenden Ausgestaltung weitaus stärker als andere Beratungsphänotypen im Fluss befindet. Dabei ist die fremdinteressengerichtete Beratung hier nur *ein* Ausdruck der insgesamt zunehmend von der Fremdinteressenwahrung geprägten Rechtsverhältnisse. Dem Ursprung nach handelt es sich eher um Rechtsverhältnisse im Interessengegensatz, denen eine der Beratung durch die Angehörigen klassischer Professionen vergleichbare Pflichtenbindung sowohl dem Selbstverständnis der handelnden Akteure als auch den Anforderungen der Rechtsordnung nach eher fremd ist. In neuerer Zeit werden diese Berufsgruppen zunehmend Professionalisierungstendenzen unterworfen, die eine immer weitergehende Auflösung des Interessengegensatzes zur Folge haben. Kennzeichen dieser Entwicklung ist gesetzgeberische und richterliche Intervention gegen den Willen der Berufsgruppen. Dabei werden diese zunehmend vergleichbaren institutionellen Rahmenbedingungen und zivilrechtlichen Pflichten unterworfen, wie es für die Angehörigen klassischer Professionen traditionell der Fall ist. Zu nennen sind institutionelle Anforderungen an die Qualifikation der Ratgeber und an die Vermeidung von und den Umgang mit Interessenkonflikten sowie eine Durchsetzung und Überwachung durch staatliche Aufsicht. Eine überobligatorisch erbrachte Beratung wird nicht als Form der Anpreisung geringer inhaltlicher Kontrolle unterworfen, sondern muss durchaus vergleichbar der Angehörigen klassischer Professionen hohen inhaltlichen, das Ratnehmerinteresse in den Vordergrund rückenden Anforderungen und einem hohen

12 § 17, S. 463ff. (sub II).

berufsspezifischen Sorgfaltsmaßstab genügen. Der Begriff der Hybridform rechtfertigt sich daraus, dass die handelnden Akteure sich selbst traditionell als beratende Verkäufer im Interessengegensatz sehen, die gegen ihren Willen weitgehend einer fremdinteressenwahrenden Beratung unterworfen werden. Auf dem Gradmesser der Fremdinteressenwahrung ist der Phänotyp moderner Hybridformen gewissermaßen zwischen dem beratenden Verkauf und der Beratung durch Angehörige klassischer Professionen einzuordnen.

b) Anwendungsfälle

Zu den Anwendungsfällen ist die Beratung durch Versicherungen und Versicherungsvermittler und die Kapitalanlageberatung zu rechnen, die, soweit es um Finanzinstrumente der geregelten Kapitalmärkte geht, von den beschriebenen Professionalisierungstendenzen bisher am stärksten betroffen ist. Auch der beratende Vertrieb von Wohnimmobilienkrediten ist aufgrund der jüngeren europäischen Richtlinienvorgaben zu einem Anwendungsfall moderner Hybridformen geworden[13]. Die Entwicklung der letzten Jahre rechtfertigt die Annahme, dass noch weitere Bereiche, wie etwa der Vertrieb anderer, bisher nicht besonders regulierter Anlageprodukte, aus dem beratenden Verkauf noch weitergehend herausfallen und künftig ganz den modernen Hybridformen der Beratung zuzuordnen sein werden.

II. Grundmodelle der Beratungspflicht

1. Beratungspflicht im engeren Sinne

Die innerhalb der Phänotypen der Beratung vorkommenden Beratungspflichten lassen sich zwei Grundmodellen zuordnen, die sich nach Maßgabe des pflichtenauslösenden Tatbestandes voneinander grundlegend unterscheiden. Dem als Beratungspflicht im engeren Sinne beschriebenen Grundmodell liegt entweder eine unter bestimmten Voraussetzungen gesetzlich vorgeschriebene oder eine durch Vertrag besonders übernommene Beratungspflicht zugrunde. Der Ratgeber berät also, weil er unter bestimmten Voraussetzungen beraten soll bzw. weil er die Beratung vertraglich besonders verspricht. Die Entstehungstatbestände schließen sich dabei nicht gegenseitig aus. Das Bestehen einer Beratungspflicht ist im konkreten Anwendungsfall daher sowohl auf gesetzlicher wie auf vertraglicher Grundlage denkbar.

---

[13] Hierzu im Überblick § 12, S. 120ff. (sub II).

2. Beratungssorgfaltspflicht

Der Beratungspflicht ist die Beratungssorgfaltspflicht gegenüber zu stellen. Hierbei geht es um die Haftung des Ratgebers für eine überobligatorisch erbrachte Beratung. Der Ratgeber ist also weder aufgrund Gesetzes noch aufgrund vertraglicher Übernahme zur Beratung verpflichtet. Wenn er gleichwohl tatsächlich berät, ist er dabei bestimmten Verhaltensanforderungen unterworfen, die in ihrer Ausgestaltung der Beratungspflicht strukturell entsprechen. Hinter dem Begriff der Beratungssorgfaltspflicht stehen somit besondere beratungsspezifische Verhaltensanforderungen.

3. Anwendungsfälle

Den Phänotypen der unabhängigen Beratung, der Beratung durch Angehörige klassischer Professionen und der Vertragsberatung entspricht das Grundmodell der Beratungspflicht. Im Rahmen des beratenden Verkaufs kommt dagegen *de lege lata* allenfalls die Annahme einer Beratungssorgfaltspflicht in Betracht. Für die modernen Hybridformen der Beratung ist ebenfalls das Grundmodell der Beratungssorgfaltspflicht typisch. Das leuchtet auf den ersten Blick ein, da sich die hier handelnden Akteure traditionell als beratende Verkäufer im Interessengegensatz verstehen. Die Bindung des beratenden Verkaufs an eine fremdinteressenwahrende Beratungssorgfaltspflicht hat in erster Linie die Funktion, der beratungsweisen Verstärkung des Interessengegensatzes entgegen zu wirken. Bisher geht lediglich das geltende Versicherungsrecht weiter und kennt insoweit auch die Beratungspflicht, §§ 6, 61 VVG. Die Diskussion um die Einführung von Beratungspflichten im engeren Sinne, wie sie etwa im Bereich der Verbraucherkreditrechts geführt wurde[14], zeigt, dass eine noch weitergehende Annäherung der Hybridformen an die beratenden Professionen durchaus denkbar ist.

[14] Hierzu § 12, S. 122 (sub II).

§ 5 Funktion der Beratung und Grenzen ihrer Verwirklichung

I. *Steuerungsfunktion: selbstbestimmte und fremdbestimmte Freiheitsausübung*

Beratung ist funktional im Kontext der Ausübung von Freiheit zu verorten. Es handelt sich um eine Form der Entscheidungshilfe, mit der der Ratgeber Einfluss auf das Entscheidungsverhalten des Ratnehmers ausübt. Diese Einflussnahme kann einerseits die selbstbestimmte Ausübung von Freiheit[1] ermöglichen und fördern, sie kann anderseits aber auch das Gegenteil bewirken. Die erste Zielrichtung soll daher als Selbstbestimmungsberatung, die zweite als Fremdbestimmungsberatung beschrieben werden. Die verfassungsrechtlich determinierte Freiheitsrechtsordnung gründet auf den Prinzipien der selbstbestimmten Freiheitsausübung und der Eigenverantwortung des Einzelnen. Vor diesem Hintergrund lässt sich der Grundsatz der Selbstbestimmungsberatung formulieren. Sie basiert auf den Zielen und Präferenzen des Ratnehmers und beginnt nach richtigem Verständnis bereits dort, wo die Beratung erst der Ermittlung und Herausarbeitung dieser Präferenzen dient[2].

Sobald sich der Ratgeber aber von den Präferenzen des Ratnehmers abwendet und sich an abweichenden Interessen ausrichtet, wird sie zum Instrument fremdbestimmter Freiheitsausübung[3]. Solche abweichenden Interessen können ausnahmsweise[4] objektivierte Interessen des Ratnehmers selbst sein. Man denke nur an den Patienten, der mit seiner Gesundheit, den Kapitalanleger, der mit seinem Vermögen objektiv unvernünftig umzugehen sucht[5]. In Betracht kommen zudem konfligierende Interessen Dritter, was am Beispiel der Schwanger-

---

[1] Zum Verhältnis von Selbstbestimmung und Freiheit instruktiv *Hollerbach*, Selbstbestimmung im Recht, S. 8ff.: durch Selbstbestimmung wird Freiheit aktiviert und vollzogen und damit auf ein bestimmtes Ziel hin verwirklicht.

[2] Vgl. allgemeiner *Schmolke*, Grenzen der Selbstbindung im Privatrecht, S. 87, der insoweit von „weichem Paternalismus" spricht.

[3] Zum Begriff der Fremdbestimmung *Hollerbach*, Selbstbestimmung im Recht, S. 16.

[4] Vgl. auch *Schmolke*, Grenzen der Selbstbindung im Privatrecht, S. 87f., 267f.

[5] Im Kapitalanlegerrecht wird folglich die Frage gestellt, „wieweit Verbraucher und Anleger gegen ihre eigene Leichtfertigkeit und Uneinsichtigkeit vom Gesetz geschützt werden können und sollen", vgl. *Horn*, in: FS Schimansky, S. 653, 655 sowie eingehender § 16, S. 437f. [sub (1)].

schaftskonfliktberatung wohl am deutlichsten wird[6]. Konfligierende Interessen der Allgemeinheit beanspruchen Geltung, wenn etwa der Rechtsuchende gesetzwidrige Ziele verfolgt oder wiederum der sorglose Kapitalanleger seine wirtschaftliche Existenz in objektiv unvertretbarer Weise aufs Spiel setzt und damit das System der sozialen Sicherung zu belasten droht[7]. Schließlich wird nicht selten auch der Ratgeber eigene Interessen am Entscheidungsverhalten haben, angefangen von Verdienstinteressen bis hin zu einem fachlichen Interesse, sei es wissenschaftlicher Erkenntnisfortschritt oder bloßer beruflicher Geltungsdrang. Aus der Perspektive der auf Selbstbestimmung gründenden Freiheitsrechtsordnung versteht sich Fremdbestimmungsberatung in Reinform als rechtfertigungsbedürftige Ausnahme[8]. Ob und inwieweit Selbstbestimmungsberatung mit Blick auf die eigenen Interessen des Ratgebers in Fremdbestimmung übergeht bzw. Spuren von Fremdbestimmung in sich tragen darf, ist letztlich wiederum eine Frage des Maßes der Interessenbindung des Ratgebers.

II. Verlagerung des Bewertungsrisikos und Ablehnung einer Garantiefunktion

Neben der Steuerungsfunktion ist die Übernahme des Bewertungsrisikos durch den Ratgeber die zweite individualschützende Funktion der Beratung. Mit der Abgabe einer Handlungsempfehlung übernimmt der Ratgeber bis zu einem gewissen Grad das Risiko der Bedarfsgerechtigkeit der vom Ratnehmer getroffenen Auswahlentscheidung. Obschon der Ratnehmer Herr seiner Entscheidung bleibt, trifft er diese, wenn er der Empfehlung des Ratgebers folgt, nicht mehr in eigener Verantwortung. Der Entscheidungsfreiheit des Ratnehmers tritt eine Auswahlverantwortlichkeit des Ratgebers hinzu.

Von der Risikoübernahmefunktion abzugrenzen ist eine Garantiefunktion, die der Beratung gerade nicht zugeschrieben werden kann. Hierzu muss man sich klarmachen, dass es sich bei beratenden Entscheidungsprozessen zumeist um Prognoseentscheidungen handelt. Im Rahmen der Entscheidungstheorie ist

---

6 Vgl. § 5 Abs. 1 SchKG. Zum Ganzen bereits BVerfG NJW 1975, 573, 576, 578: Schutz des werdenden Lebens durch individuelle, die Eigenverantwortung der Frau stärkende Beratung; s. auch BVerfG NJW 1993, 1751, 1759: Beratungskonzept soll Bereitschaft für das Kind „bekräftigen und fördern"; Abbruchverlangen als „verantwortungvolle und von rechtlichen Maßstäben gesteuerte Entscheidung" sowie aaO. S. 1760: Das Beratungskonzept sucht die Frau „als Verbündete bei dem Schutz des ungeborenen Lebens zu gewinnen"; Beratung, die sich darum bemüht, die Frau zum Austragen der Schwangerschaft zu ermutigen, ist „eine von außen kommende Fremdbestimmung".

7 Hierzu noch § 16, S. 437 f. [sub (1)].

8 Zum Ganzen weiterführend *Schmolke*, Grenzen der Selbstbindung im Privatrecht, S. 42 ff., 87 ff.

hierfür der Begriff der *Entscheidung unter Unsicherheit* geläufig[9]. Dem Ratgeber sind zwar die entscheidungserheblichen Umstände bekannt. Deren Eintreten hängt indes von der Verwirklichung bestimmter Eintrittswahrscheinlichkeiten ab, die dem Ratgeber ihrerseits bekannt (Entscheidung unter Risiko) oder unbekannt sein können (Entscheidung unter Ungewissheit). Die Funktion der Beratung besteht lediglich darin, das Risiko der Bewertung der Unsicherheit, nicht jedoch die beschriebene Unsicherheit selbst auf den Ratgeber zu verlagern. Es ist weder die Aufgabe des Arztes, das einer Behandlung innewohnende Risiko zu übernehmen, noch die des Kapitalanlageberaters, anstelle des Anlegers das für das Anlagegeschäft typische Spekulationsrisiko zu tragen.

Die Grenzziehung zwischen der hier beschriebenen Risikoübernahmefunktion der Beratung und der ihr nicht zugeschriebenen Garantiefunkion ist im Rahmen der Ausgestaltung einer Haftungstheorie der Beratung fortgesetzt zu beachten. Andernfalls besteht durchaus die Gefahr, dass es im Zuge des Bemühens um die Verwirklichung einer selbstbestimmten Entscheidungsfindung *tatsächlich* zu einer garantieähnlichen Risikoverlagerung kommt. Am deutlichsten ist das Problem wohl im Rahmen der Kapitalanlageberatung sichtbar geworden. Ungeachtet des Umstandes, dass Kapitalanlageberater interessierten Anlegern in vertretbarer Weise bedarfsgerechte Anlageprodukte empfohlen hatten, haben Kapitalanleger die den Anlagegeschäften inne wohnenden Risiken, *nachdem* diese sich verwirklicht hatten, in den vergangenen Jahren *de facto* auf die Kapitalanlageberater verlagert. Grundlage hierfür ist die sog. Kickback-Rechtsprechung des BGH, die den Kapitalanlageberater auch dazu verpflichtet, im Zuge der Beratung ungefragt verdeckte Rückvergütungen offen zu legen. Diese Rechtsprechung beruht auf der vordergründig durchaus zutreffenden Annahme, dass es sich dabei um einen erheblichen potenziellen Interessenkonflikt handelt, der, wenn man ihn nicht von vorneherein regulatorisch zu unterbinden sucht, dem Anleger zur Förderung selbstbestimmten Entscheidungsverhaltens bekannt sein sollte, damit dieser selbst entscheiden kann, ob er gleichwohl auf eine seine Interessen priorisierende Beratung vertrauen will. Dabei bleibt allerdings einerseits völlig unklar, ob und in welchem Ausmaß Anleger im Falle der Offenlegung tatsächlich von dem Erwerb der empfohlenen Anlage Abstand genommen hätten, wie andererseits auffällig ist, dass sich nur solche Anleger auf die unterlassene Aufklärung berufen, deren Anlagerisiko sich tatsächlich verwirklicht hat. Vor diesem Hintergrund spricht manches dafür, dass diese Aufklärungspflicht des Kapitalanlageberaters *tatsächlich* mehr als Vehikel fungiert, um das Spekulationsrisiko in systemwidriger Weise auf den Kapitalanlageberater zu verlagern. Vor dem Hintergrund der der Beratung gerade nicht zugewiesenen Garantiefunktion drängt sich eine wertungsmäßige

---

[9] Vgl. statt vieler *Jungermann/Pfister/Fischer*, Die Psychologie der Entscheidung, S. 141 ff.; *Laux/Gillenkirch/Schenk-Mathes*, Entscheidungstheorie, S. 81 ff.

Korrektur im Rahmen der Zivilrechtsdogmatik der Anlegerberatung geradezu auf. Die U.S.-amerikanischen Gerichte haben dieses Problem zutreffend erkannt[10].

III. Grenzen des Individualschutzes durch Beratung

1. Systemimmanente Grenzen

a) Selbstbestimmung und Eigenverantwortung

Die Kehrseite des Schutzes der Selbstbestimmung ist die Forderung nach Eigenverantwortung. Selbstbestimmung ist ohne Eigenverantwortung nicht denkbar[11]. Im Rahmen der Beratung kommt die Eigenverantwortung des Ratnehmers bereits dadurch zum Ausdruck, dass dieser in letzter Konsequenz selbst zu entscheiden hat, ob er der Empfehlung des Ratgebers folgt. Für das Maß der im Rahmen der Beratung geforderten Eigenverantwortung ist damit allein noch nicht viel gesagt. Sowohl im Rahmen des organisatorischen Umfelds, in dem Beratung stattfindet, als auch im Rahmen der transaktionsbezogenen Vorgaben an die Beratung kann Eigenverantwortung des Ratnehmers mit unterschiedlicher Akzentuierung gefordert werden. Das lässt sich am Beispiel des Umgangs mit Interessenkonflikten veranschaulichen. Bestehende Interessenkonflikte gefährden eine an den Interessen des Ratnehmers ausgerichtete Beratung. Daher könnte sich die Rechtsordnung darum bemühen, bereits die Entstehung von Interessenkonflikten weitgehend durch organisatorische Rahmenbedingungen, Verbotstatbestände und deren Absicherung mit den Mitteln des Strafrechts auszuschließen. Andererseits wäre es denkbar, der Entstehung bestimmter Interessenkonflikte nicht von vorneherein entgegen zu wirken, den Ratgeber aber zu deren Offenlegung zu verpflichten oder es dem Ratnehmer weitergehend zuzumuten, Bestehen und Ausmaß nicht schon offensichtlicher Interessenkonflikte selbst zu erforschen. Unabhängig vom Grad der Bindung des Ratgebers an das Interesse des Ratnehmers kann eine Rechtsordnung von diesem im Rahmen der Beratung also mehr oder auch weniger Eigenverantwortung verlangen.

b) Selbstbestimmung und individuelle Bilanzentscheidung

Mittels einer rechtlich regulierten Beratung lassen sich ihre beschriebenen Funktionen bei allem vorhandenen Potenzial naturgemäß nur in Grenzen ver-

---

[10] Zum Ganzen noch eingehender § 13, S. 192 ff. [sub (b)].

[11] Zur Untrennbarkeit *Hesse*, Verfassungsrecht und Privatrecht, S. 42 f.; *Hillgruber*, Der Schutz des Menschen vor sich selbst, S. 153; eingehender *ders.*, in: Riesenhuber, Das Prinzip der Selbstverantwortung, S. 165, 166 ff.

wirklichen. Die auf die Ermöglichung und Förderung von Selbstbestimmung abzielende Steuerungsfunktion der Beratung findet eine wesentliche Grenze etwa im Prinzip der individuellen Bilanzentscheidung[12]. Hinter diesem Begriff stehen zwei zentrale Erkenntnisse des Entscheidungsverhaltens. Zum einen lässt sich nur in Grenzen objektivieren, welche Umstände für das individuelle Entscheidungsverhalten bedeutsam sind, zum anderen lässt sich nur begrenzt verallgemeinern, welche Bedeutung ein Umstand im Zusammenwirken mit anderen im Rahmen eines bilanzierenden Entscheidungsprozesses erlangt. Die Unaufklärbarkeit entscheidungserheblicher Faktoren und ihrer Wirkweise ist nur eine notwendige Folge. Die Rechtsordnung ist mit einer optimalen Verwirklichung der Selbstbestimmung durch regulierte Beratung daher von vorneherein ein Stück weit überfordert. Es bedarf letztlich einer normativierenden Typisierung der Bedeutsamkeit entscheidungsrelevanter Umstände und zugleich einer Zuweisung des Risikos ihrer Unaufklärbarkeit.

Die ständige Rechtsprechung verlangt für das Bestehen einer spontan zu erfüllenden Aufklärungspflicht so etwa auch, dass der in Rede stehende Umstand für den Betroffenen *erkennbar von wesentlicher Bedeutung* für seine Dispositionsentscheidung ist[13]. Die objektivierende Typisierung aufklärungsrelevanter Umstände hat notwendig zur Folge, dass andere, individuell selbstbestimmungsrelevante Faktoren im Rahmen der Beratung unbeachtet bleiben. Erkennt man das Prinzip der individuellen Bilanzentscheidung an, stellt sich überdies die Frage, ob die Haftung wegen fehlerhafter Beratung ohne weiteres unter dem Gesichtspunkt von Normzwecküberlegungen normativen Einschränkungen unterliegen kann. An dieser Stelle soll insoweit nur die entsprechende Diskussion im Rahmen der ärztlichen Eingriffsaufklärung angedeutet werden. Verwirklicht sich zwar nicht das Risiko, über das Aufklärung pflichtwidrig unterlassen wurde, wohl aber ein anderes Risiko, über das hinreichend aufgeklärt wurde oder über das aufgrund seiner Außergewöhnlichkeit nicht aufzuklären war, mag man auf den ersten Blick geneigt sein, eine Haftung des Ratgebers auszuschließen[14]. Allerdings bleibt letztlich unklar, ob der Ratnehmer in voller Kenntnis auch des aufklärungsbedürftigen Risikos zu einer abweichenden Entscheidungsbilanz gelangt wäre. Eine vielerorts befürwortete Differenzierung zwischen einer Grundaufklärung einerseits, deren Fehlen den normativen Zurechnungszusammenhang in jedem Fall unberührt lassen soll und einer spezifischen Risikoaufklärung, bei der Defizite nur dann zur Haftung führen,

---

[12] Zum Begriff der Bilanzentscheidung im Rahmen der Diskussion um die ärztliche Aufklärung s. nur *Giesen*, Arzthaftungsrecht, Rn. 292 im Anschluss an *Schmid* NJW 1984, 2601, 2604 Fn. 37.

[13] BGH NJW 2010, 3362 mwN.; s. auch BGH NJW 2001, 3331, 3332; NJW 1992, 1222; NJW 1979, 2243.

[14] In dieser Richtung *Kern/Laufs*, Die ärztliche Aufklärungspflicht, S. 151 f.; *dies.* JZ 1984, 631, 632; s. auch RGRK/*Nüßgens*, BGB, § 823 Anh. II Rn. 165 ff.

wenn sich das betreffende Risiko tatsächlich verwirklicht hat[15], sucht den wertungsgerechten Kompromiss zwischen der Realität der Bilanzentscheidung, der Unaufklärbarkeit entscheidungserheblicher Umstände und dem Bedürfnis nach einer Begrenzung der Ratgeberverantwortung.

c) Strukturelles Ungleichgewicht und begrenztes Ausgleichspotenzial

Auch der von der Beratung erstrebte Ausgleich des zwischen Ratgeber und Ratnehmer bestehenden strukturellen Ungleichgewichts lässt sich tatsächlich nur in Grenzen verwirklichen. So sind die Informationsverarbeitungskapazitäten des Ratnehmers von vorneherein eingeschränkt. Ratnehmer unterliegen zahlreichen Urteilsverzerrungen und sind nur höchst unvollkommen in der Lage, ihre Präferenzen diszipliniert zu verfolgen. Im Rahmen einer Beratung können solche Defizite zwar Berücksichtigung finden. Man wird diese vor allem bei komplexen Beratungsgegenständen letztlich aber nicht vollständig überwinden können. Auf dieses Problem ist noch eingehender im Zusammenhang mit den Erkenntnissen der modernen Verhaltenswissenschaften zurückzukommen[16]. In gleicher Weise wird man auch das Qualifikations- und Erfahrungsgefälle zwischen Ratgeber und Ratnehmer dem Ideal einer Selbstbestimmungsberatung entsprechend nur eingeschränkt durch Aufklärung nivellieren können[17]. Die Vorstellung etwa, dass ein optimal aufgeklärter Patient seine gesundheitliche Lage in gleicher Weise beurteilen kann wie der Arzt selbst, wäre geradezu lebensfremd. Schließlich spielen Zumutbarkeitsgesichtspunkte eine Rolle. Nicht jeder tatsächlich mögliche Ausgleich des Ungleichgewichts lässt sich mit vertretbarem Aufwand erreichen.

d) Risikoübernahme und Ratgeberermessen

Während die komplementäre Aufklärungspflicht des Ratgebers am Maßstab der Richtigkeit, Vollständigkeit und Transparenz gemessen werden kann, muss diesem im Zuge der Überprüfung der Empfehlung im Grundsatz notwendig ein Ermessensspielraum eingeräumt werden[18]. Das folgt bereits daraus, dass die der Empfehlung zugrunde liegende Bewertung der Bedarfsgerechtigkeit als Werturteil einer Überprüfung am Maßstab der Richtigkeit nicht zugänglich ist. Entscheidungen unter Unsicherheit verlangen zudem nach Risikoprognosen, d.h. nach einer Bewertung von Eintrittswahrscheinlichkeiten und nach einer folgenorientierten Gesamtabwägung, nicht selten unter Berücksichtigung ver-

---

[15] In dieser Richtung BGH NJW 1989, 1533, 1535; NJW 1991, 2346, 2347; NJW 1996, 777, 779; NJW 2001, 2798; s. auch *Giesen*, Arzthaftungsrecht, Rn. 292.

[16] § 7, S. 79 (sub 3).

[17] Für das Arzthaftungsrecht etwa *Schmid* NJW 1984, 2601, 2604 sowie *Steindorff* JZ 1960, 139, 140.

[18] Hierzu § 13, S. 166 ff. (sub c).

schiedener mit Unsicherheiten behafteter Handlungsoptionen. Es liegt auf der Hand, dass ein Haftungsmodell, das Bewertungsspielräume des Ratgebers ungebührlich verkürzt, zu einer unausgewogenen Verlagerung des Auswahlrisikos und *de facto* zu einer Garantiefunktion der Beratung führen kann.

2. Nachteilige Auswirkungen einer zu weitgehenden Verrechtlichung von Beratung

a) Beratung durch Angehörige klassischer Professionen: Gefährdung der Vertrauensbeziehung?

In der jüngeren Zeit wurde in der zunehmenden Verrechtlichung von Beratungsvorgängen eine Gefahr für die Vertrauensbeziehung zwischen Ratgeber und Ratnehmer gesehen. Hiervon seien insbesondere die Professionen betroffen, in deren Zentrum die Wahrung von Fremdinteressen steht und die zur funktionsgerechten Wahrnehmung ihrer Aufgaben auf eine intakte Vertrauensbeziehung zwischen Ratgeber und Ratnehmer angewiesen sind. Für das Verhältnis zwischen Anwalt und Mandant geht etwa die Rechtsprechung ohne weitere Begründung davon aus, dass (bereits) die Einführung einer Pflicht des Anwalts zur Dokumentation des Beratungsvorgangs das Vertrauensverhältnis zwischen Anwalt und Mandant gefährde[19]. Den von den Gerichten entwickelten und stetig konkretisierten Anforderungen an die Eingriffsaufklärung wird in der Literatur seit längerem eine Gefährdung des Vertrauensverhältnisses zwischen Arzt und Patient zugeschrieben[20]. Unter der zunehmenden Verrechtlichung drohe das Arzt-Patientenverhältnis insgesamt zu einer reinen Geschäftsbeziehung herabzusinken. Recht wird hiernach als „bedrohlicher Hintergrund" wahrgenommen, der das ärztliche Ethos deformiere[21]. Dem Ausbau des Schutzes der Selbstbestimmung des Patienten wird eine ärztliche Therapiefreiheit entgegengehalten. Diese erhalte das Verhältnis von Arzt und Patient als eine funktionierende Partnerschaft und bewahre davor, dass dieses zu einer „Gegnerschaft im Recht" wird[22].

Wenn man es allerdings mit dem Schutz der Selbstbestimmung ernst meint, wird man, in Ergänzung zu den unstreitig notwendigen rechtlichen Standards für eine auf Beratung hin durchgeführte Maßnahme, um eine weitgehende

---

[19] BGH NJW 1985, 264, 264; s. auch OLG Hamm, Urteil vom 4. März 2008, 28 U 94/07, juris Rn. 29; dem folgend LG Braunschweig GRUR-RR 2010, 262, 264; zu Recht kritisch dagegen *Heinemann* NJW 1990, 2345, 2354.

[20] Deutlich *Schmid* NJW 1984, 2601, 1604: Vertrauensverhältnis spreche gegen die Begründung weitgehender Beratungspflichten; aus ärztlicher Perspektive auch *Demling* MedR 1983, 207.

[21] *Katzenmeier*, Arzthaftung, S. 37 im Anschluss an *Ellscheid*, in: Neue Hefte der Philosophie 17: Recht und Moral, S. 37, 44 f.

[22] *Katzenmeier*, Arzthaftung, S. 61.

rechtliche Konturierung des Beratungsvorgangs nicht umhin kommen. Das Vertrauensverhältnis zwischen Ratnehmer und professionellem Ratgeber muss darunter tatsächlich nicht leiden. Man muss sich hierzu klarmachen, dass die moderne Entwicklung des Schutzes der Selbstbestimmung notwendig mit einer Einschränkung der Berufsfreiheit des Ratgebers einhergeht. Für ein therapeutisches Privileg des Arztes als Grenze der Selbstbestimmung des Patienten über seine leiblich-seelische Integrität ist vor diesem Hintergrund im Grunde kein Raum. Es spricht daher manches dafür, dass die professionelle Vertrauensbeziehung weniger durch rechtliche Rahmenbedingungen der Berufsausübung in Mitleidenschaft gezogen wird, als dass dieser Konflikt seine Ursache in einem überkommenden berufsständischen Selbstverständnis findet, das mit den modernen Anforderungen an die selbstbestimmungsschützende Funktion der Berufspflichten noch längst nicht in Einklang gebracht wurde. Die Lösung kann letztlich nicht darin liegen, von einer gebotenen Verrechtlichung der Beratung Abstand zu nehmen. Vielmehr muss sich das Selbstverständnis professioneller Ratgeber noch stärker dahingehend ändern, dass der Förderung und dem Schutz selbstbestimmten Entscheidungsverhaltens ein klarer Vorrang vor einer beruflichen Selbstverwirklichung und einem benevolenten Paternalismus eingeräumt wird.

b) Moderne Hybridformen der Beratung: Systematischer Rückzug aus der überobligatorischen Beratung?

Es wurde bereits darauf hingewiesen, dass im Rahmen der modernen Hybridformen der Beratung zunehmend hohe Anforderungen an eine überobligatorisch erbrachte Beratung gestellt werden. Den hier zu beobachtenden Professionalisierungstendenzen wird die Gefahr zugeschrieben, dass die bisher praktizierte Beratung künftig zu Lasten der Nachfragerseite unterbleiben könnte. So wird etwa angenommen, dass sich Wertpapierfirmen zunehmend aus der bisher überobligatorisch erbrachten Anlegerberatung zurückziehen und auch außerhalb des insoweit privilegierten Online-Broking dazu übergehen würden, sich auf das reine Ausführungsgeschäft zu beschränken. Ob diese Einschätzung tatsächlich berechtigt ist und wie auf eine solche Entwicklung reagiert werden könnte, soll eingehender im Rahmen der Kapitalanlageberatung behandelt werden[23].

Sollten sich die geäußerten Befürchtungen entgegen der dort vertretenen Einschätzung bestätigen, bleibt in letzter Konsequenz als reaktiver Regulierungsschritt immer noch die Möglichkeit, den Vertrieb von Kapitalanlagen zumindest an das Publikum der Kleinanleger und jedenfalls im Bereich von Anlageprodukten, die der sozialen Sicherung dienen, an die Pflicht zur Anlegerberatung zu binden. Der bisherige regulative Ansatz ist von dem Vertrauen

[23] Hierzu § 16, S. 404 ff. (sub bb).

getragen, dass sich ein hinreichender Anlegerschutz durch die Regulierung tatsächlich stattfindender Beratung erreichen lässt. Sollte das wider Erwarten nicht der Fall sein, wäre die (bereichsspezifische) Einführung einer an den Vertrieb gebundenen Beratungspflicht vergleichbar der geltenden Rechtslage im Versicherungsrecht durchaus bedenkenswert.

3. Beratungspflichten als Substitut jedweder Produktinhaltsregulierung?

a) Zur funktionalen Verschiedenheit von Beratungspflichten und Produktinhaltsregulierung

Eine Haftungstheorie der Beratung kann individuellen Rechtsgüter- und Interessenschutz durchaus auch dort leisten, wo die am Markt tätigen Akteure schlechthin schädliche Produkte und Leistungen vertreiben. Wenn es bei der Beratung auch um die Gewährleistung der individuellen Bedarfsgerechtigkeit geht, liegt dem allerdings die Annahme zugrunde, dass überhaupt ein relevanter Personenkreis existiert, der mit dem jeweiligen Produkt etwas anfangen kann bzw. dass das Produkt als solches überhaupt gesellschaftlich erwünscht ist. Eine Haftungstheorie der Beratung korrigiert hieran anknüpfend die fehlerhafte Zuweisung einer objektiv nicht schlechthin unerwünschten Leistung im Einzelfall. Dabei nimmt diese Haftungstheorie in Kauf, dass sich der Ratnehmer vom Erwerb eines nicht bedarfsgerechten Produkts unter Umständen nachträglich nicht mehr lösen kann, weil ihm ein Verständnishorizont zugeschrieben wird, vermittels dessen es in seiner Verantwortung liegt, sich durch Abstandnahme vom Erwerb selbst zu schützen. Folglich entspricht es nicht der Funktion dieses regulatorischen Regimes, Produkte und Leistungen danach zu beurteilen, ob sie als solche überhaupt normativ erwünscht sind.

b) Produkterfindungsfreiheit, Abbau präventiver Steuerungsmechanismen und neoliberaler Zeitgeist

aa) Inhaltliche Produktregulierung im Widerspruch zum rechtspolitischen Zeitgeist

Es entspricht dem aktuellen rechtspolitischen Zeitgeist, den Märkten bei der Erfindung und Verbreitung von Produkten und Leistungen weitgehend freie Hand zu lassen. Vor allem auf der Ebene der gemeinschaftsrechtlichen Rechtsetzung ist allenthalben die Rede von den Vorzügen ungehinderter Produkterfindungsfreiheit, die Innovation und Wertschöpfung im gesamtgesellschaftlichen Interesse fördere und letztlich auch dem einzelnen Abnehmer zugutekommen soll[24]. Regulative Steuerungsmechanismen beschränkten sich

[24] Zur durchaus erreichbaren Vereinbarkeit von stärkerer Typisierung und einem Erhalt

dabei lange Zeit auf den Abbau von Informationsasymmetrien und neuerdings zunehmend auch auf die Förderung eigenverantwortlicher Marktteilnahme durch eine interessenwahrende aufklärende Beratung[25]. Präventiv-regulative Marktsteuerungsmechanismen in Gestalt von Typenzwang oder Genehmigungsvorbehalten und Produktverboten für den Einzelfall werden mit den hinter dieser rechtspolitischen Grundhaltung stehenden neoliberalen Prämissen angloamerikanischer Provenienz[26] als unvereinbar gesehen[27] und selbst in der rechtswissenschaftlichen Diskussion überwiegend geradezu tabuisiert[28]. Unter führenden Ökonomen ist überdies die Vorstellung verbreitet, eine präventive Vorabkontrolle etwa hochkomplexer Finanz- und Versicherungsprodukte sei nicht, jedenfalls nicht ohne eine unverhältnismäßige Behinderung des Marktes, zu leisten. Der von solcher Regulierung unbelastete Markt wird ohnehin als am besten geeignet gesehen, für den Marktaustritt schlechthin unerwünschter Produkte und Leistungen zu sorgen. Die Vorstellung, dass sich im Vertrauen auf die regulative Kraft des freien Marktes und eines weithin repressiv wirkenden regulativen Minimalismus die Verbreitung gesellschaftlich schlechthin schädlicher Produkte und Leistungen verhindern lasse, ist tatsächlich unzutreffend und einigermaßen lebensfremd. Allerdings ist hier nicht der Ort, diese Diskussion umfassender zu führen; ein Verweis auf die zutreffende Kritik an der gegenwärtigen Entwicklung soll daher genügen[29].

bb) Produktintervention und Bedürfniskontrolle – der Anfang vom Ende unbegrenzter Marktliberalisierung?

(1) Präventive und reaktive Produktintervention durch ESMA und mitgliedstaatliche Aufsichtsbehörden

Nun handelt es sich bei dem aktuellen rechtspolitischen Zeitgeist naturgemäß nur um die Momentaufnahme eines Pendelschlags auf dem Gradmesser der Marktderegulierung. Und tatsächlich sind im Bereich der Finanzmarktregulierung bereits erste Anzeichen dafür erkennbar, den etwas unreflektiert beschrittenen Weg der nahezu unbegrenzten Marktliberalisierung zu korrigieren[30].

---

von Innovationsfähigkeit selbst im Bereich der Finanzinstrumente des Kapitalmarktrechts etwa *Kern*, Typizität als Strukturprinzip des Privatrechts, S. 535 f.

[25] Hierzu auch *Stürner*, Markt und Wettbewerb, S. 4; zur Geschichte der Liberalisierung des Kapitalmarkts s. den Überblick bei *Kern*, Typizität als Strukturprinzip des Privatrechts, S. 416 ff.

[26] Zum Ganzen *Stürner*, Markt und Wettbewerb, S. 33 ff.; ferner *Kern*, Typizität als Strukturprinzip des Privatrechts, S. 416 f.

[27] Hierzu *Stürner*, Markt und Wettbewerb, S. 3; s. auch *Köndgen* BKR 2011, 283, 285.

[28] Eine – immer noch zaghafte – Diskussion zum Rückgriff auf Mittel der Produkt- und Vertriebsregulierung findet sich in neuerer Zeit auch bei *Köndgen* BKR 2011, 283, 285 f.

[29] Zum Ganzen eingehend *Stürner*, Markt und Wettbewerb, S. 87 ff., 254 ff., 260 ff.; in dieser Richtung auch *Kern*, Typizität als Strukturprinzip des Privatrechts, S. 527 ff.

[30] Zu den schon bisher bestehenden Eingriffsbefugnissen nach Markteinführung im

Dabei hatte die globale Finanzkrise nicht nur gezeigt, dass die bestehende Regulierung erhebliche Defizite hat. Der europäische Gesetzgeber räumt erstmals auch ein, dass eine bloße Verschärfung der Wohlverhaltensregeln, die vornehmlich aus Regeln für den Umgang mit Interessenkonflikten und Informations- sowie Beratungsstandards bestehen, nicht ausreicht, um einen angemessenen Anlegerschutz zu gewährleisten[31].

Die Europäische Wertpapier- und Marktaufsichtsbehörde (ESMA) ist unter anderem dafür zuständig, Finanzprodukte zu überprüfen, und kann diese unter Umständen verbieten[32]. Allerdings war die Kompetenz der ESMA bisher auf reaktive Verbote nach Markteinführung beschränkt. Das reformierte europäische Finanzmarktrecht sieht nun erstmals auch die Kompetenz zur Produktintervention vor Markteinführung vor, um damit der Gefahr für den Anlegerschutz, die ordnungsgemäße Funktionsweise und die Integrität der Finanzmärkte oder die Stabilität des Finanzsystems der Union zu begegnen[33]. Entsprechend werden die Kompetenzen der mitgliedstaatlichen Aufsichtsbehörden erweitert[34].

(2) Bedürfniskontrolle durch mitgliedstaatliche Aufsichtsbehörden

Nach der zweiten Finanzmarktrichtlinie[35] werden die Mitgliedstaaten künftig weitergehend dafür Sorge zu tragen haben, dass Wertpapierfirmen, die Finanzinstrumente zum Verkauf an Kunden konzipieren, dafür sorgen, dass diese „so ausgestaltet sind, dass sie den Bedürfnissen eines bestimmten Zielmarkts von Endkunden innerhalb der jeweiligen Kundengattung entsprechen". Daneben sind „zumutbare Schritte" zu unternehmen, „um zu gewährleisten, dass das Finanzinstrument an den bestimmten Zielmärkten vertrieben wird", Art. 24 Abs. 2 MiFID II. Wieder entfallen ist indes die noch in der Fassung des Änderungsvorschlags vom 26. Oktober 2012 enthaltene Ergänzung, dass überdies zu gewährleisten ist, „dass Verkaufsziele und interne Anreizsysteme dem Verkauf oder dem Vertrieb des Anlageprodukts außerhalb der Zielgruppe keinen Vorschub leisten"[36].

Überblick *Möllers/Poppele* ZGR 2013, 437, 455; s. auch den geplanten § 5b VermAnlG nF (Nichtzulassung von Vermögensanlagen mit Nachschusspflicht), BT-Drucks. 18/3994, S. 10.

[31] Vgl. Erwägungsgrund 51a MiFID II in der Fassung des Änderungsvorschlags vom 26. Oktober 2012.

[32] Vgl. Art. 9 Abs. 2, 5 VO Nr. 1095/2010, ABl. 2010, L 331/84; hierzu bereits *Mülbert* ZHR 177 (2013), 160, 199 f.; s. auch *Langenbucher* ZHR 177 (2013), 679, 697 f.

[33] Art. 31 MiFIR; hierzu auch *Grigoleit* ZHR 177 (2013), 264, 305 f.

[34] Vgl. Art. 32 MiFIR.

[35] Hierzu noch § 16, S. 383 (sub a).

[36] Art. 24 Abs. 1a MiFID II in der Fassung des Änderungsvorschlags vom 26. Oktober 2012.

(3) Ausblick

Die Folgen dieser Reform lassen sich längst noch nicht absehen. Obschon die Regelungen in ihrer Formulierung mehr als vage bleiben, handelt es sich jedenfalls um einen bedeutsamen Kurswechsel im Rahmen der europäischen Regulierungspolitik. Denn eine bisher grundsätzlich abgelehnte inhaltliche (Vorab-) Regulierung von Finanzinstrumenten wird auf dieser Grundlage erstmals wieder vorsichtig eröffnet. Die konkrete inhaltliche Ausgestaltung liegt im Fall der Bedürfniskontrolle allein in den Händen der Mitgliedstaaten, was die mitgliedstaatliche Autonomie zur Marktregulierung nicht unerheblich stärkt und, abhängig von der dort jeweils bestehenden Regulierungsmentalität, spürbare Verzerrungen für die Binnenmarktharmonisierung mit sich bringen könnte. Die europäischen Rechtsetzungsorgane nehmen solche Effekte offenbar in Kauf, vermutlich auch, weil es dort an einem konkreten Regulierungskonzept mangelt. Man wird die Umsetzung dieser Vorgaben in den einzelnen Mitgliedstaaten aufmerksam zu verfolgen haben. Denn mehr noch als mit Blick auf die anderen regulativen Neuerungen wird an dieser Stelle deutlich, dass der Erlass der zweiten Finanzmarktrichtlinie nicht mehr als den Beginn einer Reaktion auf die Folgen der globalen Finanzkrise und die bisherigen regulativen Defizite kennzeichnet. Die Reform könnte insoweit auch zu einer notwendigen Enttabuisierung der Diskussion um die Produktregulierung beitragen, was allerdings die Diskussion über funktionsäquivalente oder ähnliche zivilrechtliche Ansätze nicht entbehrlich macht.

c) Beratungshaftung anstelle repressiv-regulativer Vertragsnichtigkeit? – Zum Ansatz der Rechtsprechung am Beispiel des Kapitalanlegerrechts

aa) Produktregulierung durch Vertragsnichtigkeit: Die zunehmende Bedeutung der Rechtsprechung

Nach der hier vertretenen Auffassung kann eine Haftungstheorie der Beratung Schutz vor schlechthin unerwünschten Produkten und Leistungen nicht in adäquater Weise gewährleisten. Da der Gesetzgeber die hierfür geeigneten präventiven Regulierungsmechanismen in den vergangenen Jahren weitgehend abgebaut hat und ein rechtspolitischer Kurswechsel vorerst zaghaft bleibt, konzentriert sich der Blick *de lege lata* auch auf die Rechtsprechung, die mittels der Anwendung generalklauselartiger Nichtigkeitsgründe wenigstens auf den Marktaustritt objektiv schlechthin unerwünschter Produkte hinwirken könnte. Dabei versteht sich, dass es im Rahmen des § 138 Abs. 1 BGB nicht um Feinsteuerung vergleichbar der früheren Vorabkontrolle allgemeiner Versicherungsbedingungen, sondern lediglich darum gehen kann, den Verkehr vor evidentem Missbrauch einer ungezügelten Produkterfindungsfreiheit zu schützen. Allerdings wird die Rechtsprechung ihrer durch den weitgehenden gesetzgeberischen Rückzug aus der Marktregulierung gesteigerten Verantwortung bisher nicht gerecht. Das lässt sich veranschaulichen am Beispiel des Kapitalanlegerrechts, wo der ungehinderte Vertrieb sog. Constant-Maturity-Spread (CMS) Ladder Swap-Verträge zahlreiche mittelständische Unternehmen und Kommunen in den finanziellen Ruin getrieben hat[37].

bb) Der CMS Spread Ladder Swap-Vertrag

Beim CMS Spread Ladder Swap-Vertrag (im Folgenden nur noch Swap-Vertrag) handelt es sich – vereinfacht gesagt – um ein Finanzprodukt, bei dem ein „Tausch“ fixer gegen variable Zinsen auf eine abstrakt vereinbarte Geldsumme stattfindet. Während dabei die Bank über einen bestimmten Zeitraum hinweg auf diese Geldsumme den festen Zins entrichtet, hat der Anleger variable Zinsen zu zahlen. Die variablen Zinssätze, die sich ihrerseits aus der Differenz unterschiedlicher Zinssätze ergeben, bauen nach einer von der Bank vorgegebenen komplexen mathematischen Formel aufeinander auf. Zugleich vereinbaren die Parteien die Saldierung der wechselseitigen Zinszahlungen, so dass nur derjenige, der zu dem festgelegten Saldierungstermin den höheren Betrag schuldet, die Differenz an die jeweils andere Partei zu zahlen hat. Das Vertragsverhältnis ist ohne Vorliegen eines wichtigen Grundes typischerweise erst nach einer mehrjährigen Laufzeit und dann nur gegen eine Ausgleichszahlung in Höhe des aktuellen Marktwertes des Vertrags durch den Anleger kündbar. Im Übrigen nutzen die Banken die Möglichkeit, den Vertrag unter Einbeziehung beliebiger Faktoren frei zu gestalten[38].

Für den unerfahrenen wie auch für den erfahrenen Anleger ist dieses Finanzprodukt letztlich immer ein Missgriff[39]. Problematisch ist nicht allein, dass er mit dem Erwerb des Produkts das Risiko einer unbegrenzten Haftung eingeht. Beim Swap-Vertrag handelt es sich der Sache nach um ein hochspekulatives Zinswettgeschäft, bei dem der Anleger der Bank typischerweise strukturell hoffnungslos unterlegen ist. Denn der selbst für in Finanzgeschäften besonders erfahrene Anleger nur schwer nachvollziehbare Berechnungsmodus der variablen Zinssätze wird von den Finanzmathematikern großer Finanzhäuser so gestaltet, dass die Entwicklungswahrscheinlichkeiten klar zugunsten der Bank stehen. Der Anleger geht mit anderen Worten eine Wette ein, deren Grundparameter und Wahrscheinlichkeiten er nicht im Ansatz überblickt und bei der er

[37] Vgl. auch *Köndgen* BKR 2011, 283: „großer volkswirtschaftlicher Schaden“.

[38] Beispiele bei BGH NJW 2011, 1949; OLG Stuttgart BKR 2010, 208f.

[39] Etwas verhaltener *Köndgen* BKR 2011, 283, 284: Ein „den Interessen des nichtprofessionellen Anlegers typischerweise diametral zuwiderlaufendes Finanzprodukt“; verharmlosend OLG Bamberg BKR 2009, 288, 293: „begrenztes Gewinnpotential des Kunden; geradezu euphemistisch *Wiechers* WM 2012, 477, 480: Klägerin war „wohl nicht von vorneherein gänzlich chancenlos“.

– nach menschlichem Ermessen – nur verlieren kann[40]. Letztlich kann kein Zweifel daran bestehen, dass Struktur, Präsentation und beratender Vertrieb dieses Produkts von vorneherein darauf angelegt sind, den Anleger über den wahren Charakter des Produkts und den erheblichen strategischen Vorsprung der Bank in die Irre zu führen. Nur auf diesem Wege kann der Absatz eines solchen Produkts letztlich überhaupt gelingen. Die Haftung des Anlageberaters wegen Betrugs ist vorliegend geradezu indiziert. Aber auch unabhängig von den subjektiven Umständen auf beiden Seiten, dem defizitären Verständnishorizont des Anlegers, den bei diesem erzeugten und unterhaltenen Fehlvorstellungen und der verwerflichen Gesinnung auf Seiten des Beraters und des Produktanbieters, dürfte vieles dafür sprechen, dass der Swap-Vertrag dem objektiven Verdikt der Sittenwidrigkeit anheimfällt.

cc) Regulierungsansatz der Rechtsprechung

Die Rechtsprechung hatte in jüngerer Zeit verschiedentlich die Gelegenheit, das Wesen und die Praxis des beratenden Vertriebs von Swap-Verträgen an mittelständische Unternehmen und Kommunen zu beurteilen. Der BGH hat dabei ausdrücklich offen gelassen, ob dieser Vertrag als solcher gem. § 138 Abs. 1 BGB gegen die guten Sitten verstößt oder der Anleger im konkreten Fall arglistig getäuscht wurde[41]. Einigen Oberlandesgerichten lag das objektive Verdikt der Sittenwidrigkeit offenbar sogar ganz fern. Festgestellt wurde hier lediglich, dass ein auffälliges Missverhältnis zwischen Leistung und Gegenleistung im Sinne des besonderen Wuchertatbestandes nicht gegeben sei[42]. Vergleichbares ist zu berichten für den von § 826 BGB geforderten Schädigungsvorsatz[43]. Sofern die Rechtsprechung Anlegern Schadensersatz zugesprochen hat, wurde dies bisher ausnahmslos auf eine Haftungstheorie der Beratung gestützt[44].

Nach einer inzwischen vom BGH eingenommenen Position ist allerdings davon auszugehen, dass Darlegung und Beweis der Haftungsvoraussetzungen für den Anleger in aller Regel unproblematisch sind. Während sich einige Gerichte anfänglich noch auf den Standpunkt gestellt haben, es sei allein Sache des in Finanz- und anderen komplexen Bankgeschäften allgemein erfahrenen Anle-

---

[40] Instruktiv OLG Stuttgart BKR 2010, 208, 210: Chancen und Risiken derart intransparent; „Spiel mit ungleich verteilten Mitteln".

[41] BGH NJW 2011, 1949, 1950; s. auch *Köndgen* BKR 2011, 283, ablehnend OLG Bamberg BKR 2009, 288, 293; LG Wuppertal WM 2008, 1637, 1640; zur besonderen Rechtslage spekulierender Kommunen im Hinblick auf § 134 BGB s. OLG Naumburg WM 2005, 1313, 1315 f.; LG Düsseldorf BKR 2013, 166, 171: mögliches kommunalrechtliches Spekulationsverbot jedenfalls kein Verbotsgesetz.

[42] OLG Hamm BKR 2011, 68, 73 f.; s. auch OLG Bamberg BKR 2009, 288, 293.

[43] OLG Frankfurt, Urteil vom 8. Juli 2013 – 23 U 132/12 (juris).

[44] BGH NJW 2011, 1949, 1950 ff.; OLG Stuttgart BKR 2010, 208 ff.; OLG Koblenz BKR 2010, 197, 198; s. auch LG Düsseldorf BKR 2013, 166, 171.

gers, die Struktur und das Risiko des Swap-Vertrags zu überschauen[45], geht der BGH *obiter* von einer gesteigerten Aufklärungsbedürftigkeit selbst geschäftlich besonders erfahrener Anleger aus. Die beratende Bank müsse „bei einem so hoch komplexen Produkt gewährleisten, dass der Kunde im Hinblick auf das Risiko des Geschäfts im Wesentlichen den gleichen Kenntnis- und Wissensstand hat, wie die ihn beratende Bank“. Dabei müsse ihm die Bank auch „in verständlicher und nicht verharmlosender Weise ... klar vor Augen führen, dass das für ihn nach oben nicht begrenzte Verlustrisiko ... real und ruinös sein kann“[46]. Im konkreten Fall war es der Bank bereits vorzuwerfen, dass sie den Anleger nicht über einen von ihr in das Produkt besonders einstrukturierten anfänglichen negativen Marktwert aufgeklärt hatte. Dieser zählte zu den Grundlagen der Gewinnprognose der Bank, die als Partnerin der Zinswette dem Anleger unmittelbar gegenüber steht, und war damit Ausdruck eines zwischen den Parteien des Beratungsverhältnisses bestehenden erheblichen Interessenkonflikts. Auf die Frage, ob der Anleger im Allgemeinen den Charakter des Geschäfts so verstanden hatte, dass ihm eine eigenverantwortliche Entscheidung möglich war, mit anderen Worten, ob die Beratung objektgerecht war, kam es daher ebenso wenig an, wie darauf, ob mit dem Swap-Vertrag im konkreten Fall überhaupt ein bedarfs- bzw. anlegergerechtes Produkt empfohlen wurde. Die haftungsorientierte Linie des BGH ist in der öffentlichen Diskussion ganz überwiegend positiv aufgenommen worden[47] und auch der dabei beschrittene haftungsdogmatische Weg findet, anders als mitunter das vom BGH geforderte Maß der dem Anleger geschuldeten Aufklärung[48], in der rechtswissenschaftlichen Literatur durchweg Zustimmung[49].

d) Kritik an der Rechtsprechung: § 138 Abs. 1 BGB als Instrument zur Bewirkung des Marktaustritts schlechthin gemeinschädlicher Produkte

aa) Zur rechtsdogmatischen Offenheit der Ausgangslage

Es lässt sich eine Reihe von Gründen diskutieren, die den BGH dazu bewogen haben mögen, den Swap-Vertrag nicht erst am Maßstab des § 138 Abs. 1 BGB zu messen und stattdessen die auf den konkreten Einzelfall weitaus stärker zugeschnittene Beratungslösung zu wählen. Zunächst ist allerdings klarzustel-

---

[45] Vgl. OLG Hamm BKR 2011, 68, 73; OLG Frankfurt BKR 2009, 378, 382; OLG Celle WM 2009, 2171, 2173 f.; OLG Frankfurt WM 2010, 1790, 1795; OLG Bamberg BKR 2009, 288, 296.

[46] BGH NJW 2011, 1949, 1952.

[47] Hierzu *Wiechers* WM 2012, 477.

[48] Für gegenüber der Rechtsprechung des BGH geringere Anforderungen an die Beratungspflicht etwa *Langen* DB 2009, 2710; *Lehmann* BKR 2008, 488, 496; *Wolf* EWiR 2009, 763, 764.

[49] *Spindler* NJW 2011, 1920, 1924; *Klöhn* ZIP 2011, 762; im Grundsatz auch *Lange* BB 2011, 1678, 1679 sowie *Grigoleit*, in: Bankrechtstag 2012, S. 25, 45, 58 ff.

len, dass die Erörterung des § 138 Abs. 1 BGB nicht schon aus rechtsdogmatischer Sicht zwingend vorrangig ist, weil sich ein Beratungsschaden im Falle der tatsächlichen Nichtigkeit des Swap-Vertrags keineswegs allenfalls auf die mit der Durchsetzung des Bereicherungsanspruchs im Zusammenhang stehenden Kosten beschränkt[50]. Andererseits kann auch der vom Vorsitzenden des 11. Zivilsenats dagegen vorgetragene Einwand, die Parteien hätten den Swap-Vertrag „einvernehmlich aufgehoben und glattgestellt"[51], nicht verfangen[52]. Soll das etwa heißen, es wäre der Bank zu gestatten, den Charakter eines anfänglich sittenwidrigen Geschäfts unter Ausnutzung der späteren Notlage des Anlegers, der die Aufhebung des Vertrags geradezu herbeisehnt, zu nivellieren? Dogmatisch gesehen berührt sich die Haftung aus einem – zweifellos wirksamen – Beratungsvertrag[53] mit der bereicherungsrechtlichen Rückabwicklung des nichtigen Swap-Vertrags nach richtigem Verständnis nicht.

bb) Vorrang der Beratungslösung aus Gründen der Prozessökonomie?

Aus prozessualer Sicht ist immerhin einzuräumen, dass der Begründungsaufwand für eine Haftung wegen fehlerhafter Beratung im konkreten Fall und allgemein sicherlich weitaus geringer ist. Denn hiernach ist es ausreichend, das Wesen des in Rede stehenden Finanzprodukts eher generisch zu beschreiben. Auf seine genaue Funktionsweise und das exakte Maß des strategischen Ungleichgewichts als Folge seiner mathematischen Beschaffenheit kommt es letztlich nicht an. Das Sittenwidrigkeitsverdikt ruft dagegen nach einem weit tiefer gehenden Verständnis, mittels dessen sich die These erhärten lässt, dass die Zulassung dieses Produkts am Markt sowohl aus der Perspektive des individuellen Anlegerschutzes als auch den normativ gewichtigen gesamtgesellschaftlichen Interessen unvertretbar ist. Eine solche Durchdringung der Funktionsweise des Finanzmarktes und seiner immer komplexer werdenden Produkte ist von den Gerichten ohne sachverständigen Beistand ebenso wenig zu leisten, wie im Rahmen der vorliegenden Abhandlung, jedenfalls dann nicht, wenn man darum bemüht ist, den Maßstab der Sittenwidrigkeit weniger durch ein subjektiv gefärbtes Bauchgefühl, als durch objektivierte Wertungen auf breiter rationaler Basis zu konkretisieren. Allerdings wäre es verfehlt, sich auf solche prozessökonomische Erwägungen, die den Instanzgerichten noch anstehen mögen, zurückzuziehen. Der dem BGH zugewiesenen Funktion der Fortbildung und Vereinheitlichung des Rechts lässt sich bisweilen nur durch eine Hintanstellung solcher Wirtschaftlichkeitserwägungen gerecht werden, zumal zweifelhaft ist,

---

50 So aber *Lehmann* JZ 2011, 749.

51 *Wiechers* WM 2012, 477, 480.

52 Richtig *Köndgen/Sandmann* ZBB 2010, 77, 92.

53 Wenn man einen solchen überhaupt annehmen wollte, vgl. hierzu kritisch § 13, S. 135 ff. (sub bb).

ob die Verfahrensökonomie für sich die Bedeutung eines Verfahrensgrundsatzes überhaupt beanspruchen kann.

cc) Gemeinschaftsrechtliche Grenzen einer rigoroseren mitgliedstaatlichen Intervention?

Weniger rasch von der Hand zu weisen sind dagegen mögliche unausgesprochene Bedenken gegenüber etwaigen gemeinschaftsrechtlich begründeten Grenzen einer rigoroseren mitgliedstaatlichen Intervention. Zum einen stellt sich die Frage, ob und inwieweit die aus dem sekundären Gemeinschaftsrecht folgenden aufsichtsrechtlichen Vorgaben einer weitergehenden zivilrechtlichen Beschränkung der Produkterfindungsfreiheit entgegenstehen. Im Ergebnis sind solche Bedenken nicht angezeigt, was noch eingehender im Zusammenhang mit den Entwicklungen im sekundären Gemeinschaftsrecht zu erörtern ist[54]. Zum anderen geht es immer auch um die Konformität einer solchen Rechtsfortbildung im Hinblick auf die europäischen Grundfreiheiten, namentlich die Kapitalverkehrsfreiheit. Unter der deutschen Verfassung wäre eine über § 138 Abs. 1 BGB bewirkte Produktregulierung letztlich mit Rücksicht auf die auch von der Rechtsprechung zu verwirklichenden Schutzpflichten im Ergebnis wohl unbedenklich. Ungeachtet der unter den Grundfreiheiten schon unmittelbar eröffneten prinzipiellen Rechtfertigungsfähigkeit beeinträchtigender Maßnahmen wäre die Schutzpflichtendiskussion allemal auch im Rahmen des gemeinschaftsrechtlichen Primärrechts zu führen. Vor diesem Hintergrund erscheint es durchaus lohnenswert, der Versuchung eines vorauseilenden Gehorsams zu widerstehen und sich darum zu bemühen, einen solchen Ansatz auch gegen etwaige gemeinschaftsrechtlich radizierte Regulierungsgrenzen zu behaupten.

dd) Funktionale Bedenken aus dem Verhältnis von Gesetzgebung, Finanzmarktaufsicht und Rechtsprechung?

Möglicherweise sieht sich der BGH aber auch funktional nicht dazu berufen, anstelle des Gesetzgebers oder einer von diesem hierzu besonders ermächtigten Finanzaufsicht über die objektivierte Nützlichkeit von Finanzprodukten zu befinden[55]. Dagegen muss man sich zunächst klarmachen, dass es im Rahmen des § 138 Abs. 1 BGB tatsächlich nicht darum gehen kann, den allgemeinen Nutzen von am Markt befindlichen Produkten und Leistungen gegen bestehende Risiken abzuwägen. Es handelt sich um ein Instrument zum Schutz vor unvertretbaren vertraglichen Bindungen, die sowohl individuell wie auch gesamtgesellschaftlich betrachtet zu ihrem möglichen Nutzen in keinem vernünftigen Verhältnis stehen, nicht mehr. Eine funktional begründete Zurückhaltung der Gerichte würde der diesen zugewiesenen gesamtgesellschaftlichen Verantwor-

---

[54] Hierzu § 16, S. 415 ff. (sub bb).

[55] In dieser Richtung *Grigoleit* ZHR 177 (2013), 264, 307.

tung im System der Gewalten nicht gerecht[56]. Dort, wo der neoliberale Zeitgeist zu einem weitgehenden Versagen präventiver gesellschaftlicher Steuerung auf dem Gebiet der Finanzdienstleistungen geführt hat, steht und fällt mit dem Selbstverständnis der Rechtsprechung der Erhalt eines Kernbestandes unternehmerischer Redlichkeit. Eine am Maßstab der Sittenwidrigkeit entwickelte objektive Grenze der Produktvielfalt darf daher gerade im Bereich der Finanzdienstleistungen nicht grundsätzlich ausgeschlossen werden. Wenn man sich schließlich klarmacht, unter welchen vergleichsweise geringen typisierten Voraussetzungen Gerichte das Verdikt der Sittenwidrigkeit in anderen Bereichen des Vertragsrechts fällen[57], drängt sich die eingehende Befassung mit der Norm im Kapitalanlegerrecht geradezu auf.

ee) § 138 Abs. 1 BGB als Instrument zur Bewirkung des Marktaustritts schlechthin gemeinschädlicher Produkte

Der vom BGH beschrittene haftungsdogmatische Weg verdient nach der hier vertretenen Ansicht somit grundsätzliche Kritik. Es wäre angezeigt gewesen, die Frage nach der objektiven Sittenwidrigkeit des Wettgeschäfts aufzuwerfen und die Regelung des § 138 Abs. 1 BGB am Beispiel des CMS Spread Ladder Swap-Vertrags – und ganz ungeachtet des zudem bestehenden eklatanten Interessenkonflikts[58] – zu einem Instrument gezielter Bewirkung des Marktaustritts schlechthin gemeinschädlicher Finanzprodukte fortzubilden[59]. Es spricht

---

[56] Gegen *Grigoleit*, in: Bankrechtstag 2012, S. 25, 60.

[57] Vgl. aus dem Bürgschaftsrecht, wo das Problem freilich nicht unmittelbar der Vertragsgegenstand, sondern die Umstände in der Person des Bürgen sind, nur BVerfG NJW 1994, 36; NJW 1994, 2749 und BGH st., vgl. BGHZ 125, 206, 210ff.; NJW 2001, 815; zum Sittenwidrigkeitsverdikt aufgrund des Vertragsinhalts selbst vgl. etwa die Rspr. zu den sog. Knebelungsverträgen, statt vieler BGHZ 19, 12, 17ff.; BGHZ 44, 158, 161; NJW 1993, 1587, 1588; zum Sittenverstoß aufgrund Kommerzialisierung s. OLG Hamm NJW 1985, 679 (entgeltliche Patientenvermittlung) und KG NJW 1989, 2893 (entgeltliche Mandantenvermittlung); zum gewandelten Umgang mit Verträgen, die eine heterologe Insemination durch den Arzt zum Gegenstand haben s. dagegen *Kern*, in: Laufs/Kern, Handbuch des Arztrechts, § 38 Rn. 50: Wirksamkeit im Grundsatz heute nicht mehr in Frage gestellt.

[58] Zum Interessenkonflikt als „zusätzliches Sittenwidrigkeitselement" *Köndgen/Sandmann* ZBB 2010, 77, 88.

[59] Gegen *Grigoleit*, in: Bankrechtstag 2012, S. 25, 58f., der dies allerdings maßgeblich an der insoweit folgerichtig defizitären Tatsachengrundlage der BGH-Entscheidung fest macht; allgemeiner *ders.* ZHR 177 (2013), 264, 307 sowie gegen *Herresthal* ZIP 2013, 1049, 1051ff., der die Grenzen richterlicher Rechtsfortbildung verletzt sieht; für einen gesetzgeberischen Eingriff *Koch* BKR 2012, 485, 491ff. Dagegen scheint eine Produktinhaltsregulierung auf dem Weg über die AGB-Kontrolle nicht empfehlenswert; kritisch wie hier *Grigoleit* ZHR 177 (2013), 264, 306. Entgegen *Köndgen* scheitert diese zwar nicht bereits an der Kontrollfreiheit der Zinsformel oder anderer wesentlicher Regelungen, die dem synthetischen Finanzprodukt seine Gestalt geben, vgl. BKR 2011, 283, 286. Das Maß der Kontrollfreiheit der Leistungsbeschreibung ist tatsächlich – das zeigt etwa das Recht der allgemeinen Versicherungsbedingungen – eher ein Willensakt mit zumeist kaum mehr als theoretischer Bedeutung; vgl. zum Ganzen MünchKommVVG/*Bruns*, Vor. §§ 307–309 BGB Rn. 19ff.; § 307 BGB Rn. 5ff.; einen Sonderfall betrifft das Gegenbeispiel BGH NJW 2014, 2038ff.

vieles dafür, dass eine objektiviert-rationale Analyse hier und in vergleichbaren Fällen das Verdikt der Sittenwidrigkeit rechtfertigt[60]. Im Rahmen der sich anschließenden bereicherungsrechtlichen Rückabwicklung wird man der Bank ihrerseits die Kondiktion bereits geleisteter Zahlungen versagen, § 817 S. 2 BGB[61]. Aus den äußeren Umständen heraus dürfte zudem der Schluss auf den Schädigungsvorsatz im Rahmen des § 826 BGB nahe liegen. Der vorgeschlagene Weg ist jenseits einer stärker als bisher typisierend-regulierenden Gesetzgebung eine angemessene Reaktion auf den systematischen Missbrauch unternehmerischer Freiheiten und lässt in ihrer Fernwirkung den Marktaustritt solcher Produkte wie auch eine Zurückhaltung bei der Einführung vergleichbarer Produkte, anders als die weitaus stärker einzelfallbezogene Beratungshaftung, tatsächlich erwarten.

ff) Zur Unzulänglichkeit der Beratungslösung

Im Übrigen bleibt anzumerken, dass die vom BGH favorisierte Beratungslösung isoliert betrachtet auch aus der Perspektive der Finanzdienstleister unangemessen sein dürfte[62]. Denn die vom BGH *obiter* aufgestellten gesteigerten Anforderungen an die objektgerechte Anlegerberatung dürften tatsächlich praktisch kaum, allenfalls nur mit schwer vertretbarem Aufwand, zu gewährleisten sein[63]. Umgekehrt stellt sich für die Anlegerseite die Frage, ob die geforderte Informations- und Erklärungsmenge von diesen überhaupt noch sachgerecht verarbeitet werden kann[64]. Hier zeigt sich die Inadäquanz der Beratungslösung besonders deutlich. Es bleibt zu hoffen, dass mit dem Ver-

---

(Kontrollfreiheit der Definition des Versicherungsfalls in Nr. 1.1 AHB). Entscheidend ist, dass es im Bereich der modernen Finanzdienstleistungen regelmäßig an einem typisierten Maßstab fehlt, der einer Inhaltskontrolle die notwendige rationale Grundlage geben könnte, vgl. insoweit auch *Köndgen* BKR 2011, 283, 286. Das AGB-rechtliche Transparenzgebot hat schließlich eine zu große Schnittmenge mit dem Prinzip der objektgerechten Beratung und bleibt damit letztlich in gleicher Weise vor dem eigentlichen Problem, dem Produkt als solchem, stehen.

[60] Gegen *Wiechers* WM 2012, 477, 480: „keineswegs eindeutig". Dieser räumt aber aaO. immerhin ein, dass Vertragsbedingungen denkbar wären, die das Verdikt der Sittenwidrigkeit auch im Bereich der Finanzdienstleistungen tragen.

[61] Vgl. auch *Köndgen* BKR 2011, 283; *ders./Sandmann* ZBB 2010, 77, 92.

[62] Gegen *Grigoleit* ZHR 177 (2013), 264, 307, der das Sittenwidrigkeitsverdikt nur in Betracht ziehen will, wenn eine Informationshaftung „aus besonderen Gründen ausgeschlossen ist".

[63] Kritisch auch *Köndgen* BKR 2011, 283, 284; *Koch* BKR 2012, 485, 490; sowie *Lehmann* JZ 2011, 749, 750; *Grigoleit*, in: Bankrechtstag 2012, S. 25, 42 ff.; *ders.* ZHR 177 (2013), 264, 283; *Möllers/Poppele* ZGR 2013, 437, 469; *Klöhn* ZIP 2011, 762, 763: Anforderungen „fast prohibitiv"; dies wiederum einräumend *Wiechers* WM 2012, 477, 480; noch weitergehend *Herresthal* ZIP 2013, 1049, 1051 ff.: unzulässige Rechtsfortbildung.

[64] Zutreffend *Grigoleit* ZHR 177 (2013), 264, 284; hierzu auch *Klöhn* ZIP 2011, 762, 764 mit Hinweis auf die Erkenntnisse aus den Verhaltenswissenschaften; ebenso *Mülbert* ZHR 177 (2013), 160, 187. Zu den kognitiven Restriktionen noch eingehend § 7, S. 79 (sub 3).

such, diesen Anforderungen künftig gerecht zu werden, immerhin der Effekt verbunden ist, dass sich Abnehmer für dieses und ähnliche Produkte kaum mehr noch gewinnen lassen. Ein Anleger, dem mit hinreichender Deutlichkeit vermittelt werden muss, dass sich die Gewinn- und Verlustchancen des Swap-Vertrags überhaupt nur auf der Grundlage von in der Finanzwirtschaft vorgeschriebenen hochkomplexen Wahrscheinlichkeitsberechnungen mit Risikomodellen beurteilen lassen[65], sollte durchaus erahnen können, dass er mit einem Wettgeschäft konfrontiert wird, mittels dem ihm der strategische Beurteilungsvorteil der Bank gezielt verschleiert wird. Schließlich ist nur schwer vorstellbar, dass die Empfehlung eines CMS Spread Ladder Swap-Vertrags und vergleichbarer Finanzprodukte anstelle des entgegengesetzten Abratens im konkreten Fall jemals dem Maßstab einer anlegergerechten Beratung entsprechen könnte[66]. Alles in allem ist jedoch nicht zu erwarten, dass die Beratungslösung des BGH in ihrer Wirkung auf den Markt dem im vorliegenden Fall bevorzugten Verdikt der Sittenwidrigkeit nahe kommt.

---

[65] Anders noch OLG Hamm BKR 2011, 68, 71 f.

[66] Gegen *Langen* DB 2009, 2710: CMS Spread Ladder Swap-Vertrag wirtschaftlich geeignet, eine ernsthafte und nachhaltige Verringerung bestehender Zinslasten zu bewirken; in dieser Richtung auch *Bausch* BKR 2009, 304, 305.

§ 6 Beratungspflichten im systematischen Kontext

I. Bedeutung und Ebenen des systematischen Gesamtzusammenhangs

Die Diskussion über die Haftung für eine den Vertrieb von Produkten und sonstigen Leistungen begleitende Beratung befindet sich seit einigen Jahren im Fluss, wobei eine klare Tendenz zu einer zunehmenden Verrechtlichung der Beratung mit zugleich deutlichen Professionalisierungstendenzen besteht. Diese Entwicklung mit ihrer in den einzelnen Teilrechtsgebieten teilweise erheblich unterschiedlichen Akzentuierung wird letztlich nur vor dem Hintergrund des systematischen Gesamtzusammenhangs verständlich, aus dem der vermehrte Bedarf für eine fremdinteressenwahrende Beratung erwächst. Dieser ist zunächst abhängig von der Vielfalt und Komplexität der am Markt angebotenen Produkte und Leistungen und ihrer Bedeutung für den Rechtsgüter- und Interessenschutz auf der Nachfragerseite. Dieser Umstand wurde in einigen Teilrechtsgebieten in besonderer Weise durch die gemeinschaftsrechtlich präformierte Marktliberalisierung befördert. Daneben sind funktionsähnliche Rechtsinstitute in den Blick zu nehmen, also solche, die ihrerseits darauf gerichtet sind, die selbstbestimmte Ausübung von Freiheit zu unterstützen, die einer gezielten Manipulation des Entscheidungsverhaltens durch den Ratgeber entgegenwirken oder die ihrerseits zu einer Verlagerung des Risikos des Erwerbs einer nicht bedarfsgerechten Leistung führen. Das Fehlen oder die begrenzte Reichweite solcher Rechtsinstitute kann Anlass sein für weitergehende, unmittelbar an die (beratende) Absatztätigkeit anknüpfende Verhaltenspflichten. Ihr Bestehen kann umgekehrt der weitergehenden Verrechtlichung von Beratung entgegenstehen. Am deutlichsten wird dies wohl mit Blick auf das kauf- und werkvertragsrechtliche Gewährleistungsrecht, das die Rechte des Abnehmers nach traditionellem Verständnis weithin abschließend regelt.

II. Optionenvielfalt, Optionenkomplexität und Marktliberalisierung

Optionenvielfalt, Optionenkomplexität und ein daraus resultierender unabweisbarer Beratungsbedarf ist einigen Lebensbereichen schon seit der frühen Menschheitsgeschichte immanent. Das belegt die Entwicklung der klassischen Professionen des Arztes und des Rechtsgelehrten, zu deren Kernaufgaben neben der Anwendung der Kunst schon immer die Beratung zählte. Der Fortschritt der modernen Medizin und die wachsende Nachfrage nach alternativen Behandlungsmethoden bedeutet eine stetige Zunahme dieser Komplexität und mit ihr des Spezialisierungsbedarfs auf Ratgeberseite und des Beratungsbedarfs auf Ratnehmerseite. Für die moderne Rechtsentwicklung, die letztlich auf die zunehmende Komplexität und Internationalität ihrer Regelungsmaterien reagieren muss, gilt Entsprechendes.

Im Bereich der Finanz- und Versicherungsprodukte besteht die Besonderheit, dass es sich um Rechtsprodukte handelt[1]. Im Gegensatz zu körperlichen Produkten und physisch greifbaren Dienstleistungen sind solche für die (rechtsunkundige) Abnehmerseite von vorneherein schlechter verständlich. Hinzu kommt, dass der Erwerbszweck in solchen Fällen zukunftsgerichtet ist. Anders als bei körperlichen Produkten fällt der Umstand einer nicht bedarfsgerechten Auswahl typischerweise erst auf, wenn der Erwerbszweck tatsächlich verfehlt wurde. Abhängig vom Eintritt des bei Anlageprodukten produktimmanenten Risikos oder des versicherten Risikos kann die Verfehlung des Verwendungszwecks auch unentdeckt bleiben. Der ohnehin typischerweise bestehende evidente Beratungsbedarf wurde zum anderen gerade in diesen Bereichen durch die gemeinschaftsrechtlich radizierte Marktliberalisierung verschärft. Auf die Ziele der europäischen Wirtschaftspolitik, die wettbewerbsbegünstigende Förderung der Produkterfindungsfreiheit und den Abbau von Marktzutrittsschranken wurde bereits hingewiesen[2]. Für den Bereich des Versicherungsrechts soll an dieser Stelle der Hinweis auf die Abschaffung der Vorabkontrolle allgemeiner Versicherungsbedingungen genügen[3]. Im Bereich der Finanzprodukte zählen zu den wesentlichen binnenmarktharmonisierenden Maßnahmen gleichfalls der Abbau der Produktinhaltsregulierung und die Öffnung des Kapitalmarkts für das breite Anlegerpublikum[4]. Die Auswirkungen dieser De-

---

[1] Vgl. bereits *Dreher*, Die Versicherung als Rechtsprodukt, S. 147f.; zum Ganzen auch MünchKommVVG/*Armbrüster*, Vor. §§ 6, 7 Rn. 12.

[2] § 1, S. 2ff. (sub 2).

[3] Zur rechtshistorischen Entwicklung der Vorabkontrolle und ihrer Abschaffung im Jahr 1994 s. den Überblick bei MünchKommVVG/*Bruns*, Vor. §§ 307–309 Rn. 3f.

[4] Hierzu noch eingehender § 16, S. 381f. (sub I).

regulierung auf die Produktvielfalt und -komplexität sind unbestritten[5]. Ein gesteigerter Beratungsbedarf und die zunehmende Entdeckung der Beratungspflicht und ihrer institutionellen Sicherungen als Korrektiv zugunsten der Nachfragerseite waren die insoweit konsequente Folge.

III. Produktstandard durch Typisierung, gesetzliche Leitbilder und objektive Gewährleistungsstandards

Das Bedürfnis nach einer beratungsweisen Hilfestellung bei der Auswahl einer bedarfsgerechten Leistung wird durch den Mangel eines objektiven Produktstandards nach alledem erheblich befördert. Die Ausbildung von Produktstandards wird dabei wohl am weitestgehenden durch Typisierung[6] verwirklicht. Typisierung birgt allerdings immer die Gefahr eines spürbaren Hemmnisses für Innovation und Entwicklung bis hin zur Erdrosselung. Für den Bereich der Medizin wäre sie etwa geradezu undenkbar. Daneben steht eine Typisierung in diametralem Gegensatz zu den Zielen der Marktliberalisierung und ist folgerichtig auch im Bereich der Umsatzgeschäfte im weiteren Sinne nur noch selten anzutreffen. Die Pflichtversicherung im Bereich des Privatversicherungsrechts mag als Beispiel dienen. Zur Sicherung des mit der jeweiligen Pflichtversicherung verfolgten Zwecks stehen die Beschreibung des Versicherungsfalls, seiner Ausschlussgründe und die Deckungssummen im Grundsatz nicht zur Disposition des Versicherers oder des Versicherungsnehmers[7]. Der Versicherungsnehmer kann sich insoweit auf die durch den Gesetzgeber vorweggenommene typisierte Bedarfseinschätzung verlassen. Die Produktausgestaltungsfreiheit der Versicherer beschränkt sich auf eine Erweiterung des gesetzlich vorgeschriebenen Produktstandards, so dass auch ein erheblicher Beratungsbedarf insoweit wieder auftreten kann.

Die Ausbildung eines objektiven Produktstandards erfolgt daneben und dies praktisch weitaus bedeutsamer durch die Schaffung gesetzlicher Leitbilder. Anders als im Rahmen des Typenzwangs unterliegt ein so erzeugter Produktstandard zwar der Disposition der Vertragsparteien. Die am gesetzlichen Leitbild ausgerichtete Inhaltskontrolle allgemeiner Geschäftsbedingungen schränkt die Dispositionsfreiheit allerdings erheblich ein[8]. Wo ein solcher Produktstandard existiert und dieser sich im Allgemeinwissen der Gesellschaft verankert hat,

---

[5] Vgl. für das Versicherungsrecht *Römer* NVersZ 2002, 532ff.; *Dörner*, in: Karlsruher Forum 2000, S. 39; MünchKommVVG/*Armbrüster*, Vor. §§ 6, 7 Rn. 15.

[6] Vgl. *Kern*, Typizität als Strukturprinzip des Privatrechts, S. 7f., 508ff.

[7] Hierzu und zu den verfassungsrechtlichen Implikationen eingehend *Hedderich*, Pflichtversicherung, S. 184ff.; im Einzelnen S. 322ff.

[8] Zur Leitbildfunktion im Rahmen der Inhaltskontrolle eingehender *Pfeiffer*, in: Wolf/Lindacher/Pfeiffer, AGB-Recht, § 307 Rn. 104ff.

fällt es den Teilnehmern des Rechtsverkehrs typischerweise zugleich leichter, die individuelle Bedarfsgerechtigkeit der Leistung selbst zu beurteilen. Die Gefahr, dass sich ein Produkt gänzlich nicht als den Vorstellungen entsprechend erweist, ist weitaus geringer. Der Marktliberalisierung entspricht demgegenüber auch ein weitgehender Verzicht auf solche gesetzliche Leitbilder, die im Zusammenwirken mit der Inhaltskontrolle abweichender allgemeiner Geschäftsbedingungen der Produkterfindungsfreiheit hinderlich sind. Als Beispiel mag neben dem Kapitalmarktrecht wiederum das Versicherungsrecht dienen, das auch in seiner reformierten Form trotz einiger gegenläufiger Tendenzen[9] weitgehend auf die Vorgabe klarer gesetzlicher Leitbilder verzichtet[10].

Eine vergleichbare Produktstandardisierungsfunktion kommt schließlich dem Gewährleistungsrecht des Kauf- und des Werkvertragsrechts zu, soweit es einen objektiven Mangelbegriff verwirklicht. Ein Kaufgegenstand oder ein Werk muss sich hiernach wenigstens für die gewöhnliche Verwendung eignen und eine Beschaffenheit aufweisen, die bei Sachen oder Werken der gleichen Art üblich ist und die der Erwerber nach der Art der Sache oder des Werkes erwarten kann, §§ 434 Abs. 1 S. 2 Nr. 2, 633 Abs. 2 S. 2 Nr. 2 BGB. Ein objektivierter Produktstandard wird nicht immer, aber doch häufig auch die individuelle Bedarfsgerechtigkeit einer Leistung sicherstellen. Wo ein gewährleistungsrechtlich erzeugter Produktstandard fehlt, wie es wiederum im Bereich des Kapitalanleger- und Versicherungsrechts der Fall ist, tritt das Bedürfnis nach einer vorvertraglichen Gewährleistung der Bedarfsgerechtigkeit durch Beratung besonders in den Vordergrund[11].

IV. Funktionsnahe Rechtsinstitute

1. Wahrheitspflicht, Auslegung von Willenserklärungen und Transparenzgebot

Die die Selbstbestimmung sichernde Funktion der Beratung wird ganz rudimentär bereits im Rahmen der Grundsätze der Wahrheitspflicht, der Vertragsauslegung und durch das Transparenzgebot des AGB-Rechts mitadressiert. Der Grundsatz der Wahrheitspflicht findet seine Konkretisierung in den Regelungen über die Täuschungsanfechtung und der nach herrschender Meinung[12]

[9] Vgl. die Vorgaben zum Produktstandard der Berufsunfähigkeitsversicherung, §§ 172 ff. VVG.

[10] Vgl. etwa zur Rechtsschutzversicherung §§ 125, 117 VVG; zum Zusammenhang zwischen Produktstandard und Erwerberschutz am Beispiel des Versicherungsrechts s. den vergleichenden Überblick bei *Bruns*, Privatversicherungsrecht, § 35 Rn. 112.

[11] Vgl. *Bruns*, Privatversicherungsrecht, §§ 3 Rn. 14 f.; 6 Rn. 16.

[12] BGH st., vgl. NJW-RR 2007, 257, 258; aus der Lit. statt vieler MünchKommBGB/*Armbrüster*, § 123 Rn. 90 f.

konkurrierenden Haftung aus *culpa in contrahendo*, aus § 823 Abs. 2 BGB sowie wegen sittenwidriger vorsätzlicher Schädigung. Manipulationshandlungen des Ratgebers, die die Schwelle der arglistigen Täuschung erreichen, wird auf diesem Wege wegen der damit verbundenen Beweisschwierigkeiten für den Getäuschten allerdings praktisch nur unzureichend entgegen gewirkt.

Bereits der am objektiven Empfängerhorizont ausgerichtete Auslegungsgrundsatz steht nach richtigem Verständnis in einem engen funktionalen Zusammenhang zu einem die eigenverantwortliche Wahrnehmung der Vertragsfreiheit befördernden Informationsmodell. Für die Auslegung von Verträgen wird allgemein darauf abgestellt, wie der Empfänger die Erklärung nach Treu und Glauben und mit Rücksicht auf die Verkehrssitte verstehen durfte, §§ 133, 157 BGB[13]. Folgerichtig bleibt dabei ein subjektiv defizitärer Verständnishorizont auf Nachfragerseite zunächst völlig unberücksichtigt und auch der Verweis auf die Möglichkeit der Anfechtung wegen Inhaltsirrtums läuft praktisch zumeist leer. Defizite bei der Klarheit und Verständlichkeit von Vertragsinhalten können sich auf das Auslegungsergebnis auswirken, haben grundsätzlich jedoch keine weitergehenden Konsequenzen zur Folge.

Ein strengerer, die Wirksamkeit einer Regelung bedingender Maßstab gilt dagegen für allgemeine Geschäftsbedingungen in Gestalt des wohl im Jahr 1988 vom BGH erstmals als solches bezeichneten Transparenzgebots[14]. Dieses hat Bedeutung vor allem dort, wo es sich bei dem Gegenstand des Leistungstransfers um ein Rechtsprodukt handelt, das seine konkrete Gestalt erst durch eine Vielzahl von Kautelen erhält, zumal dem Gebot im Gegensatz zur Inhaltskontrolle im engeren Sinne[15] auch der Hauptgegenstand des Vertrags und das Preis-Leistungs-Verhältnis unterliegen. Zu differenzieren ist heute zwischen dem Transparenzgebot der Art. 4 Abs. 2, 5 Verbraucherklauselrichtlinie[16] und dem des § 307 Abs. 1 S. 2 BGB. In beiden Fällen findet das Gebot Ausdruck in den Grundsätzen der Klarheit und Verständlichkeit. Im Anwendungsbereich der Verbraucherklauselrichtlinie gebührt der gemeinschaftsrechtlich autonomen Begriffsauslegung der Vorrang[17]. Der Funktion nach soll das Transparenzgebot sicherstellen, dass der Kunde den Sinn und die Tragweite einer Regelung einschließlich ihrer Folgen durchschauen kann[18]. Damit verwirklicht auch dieser Grundsatz im Kern bereits das Anliegen des Informationsmodells[19]. In-

---

[13] Eingehender *Flume*, Das Rechtsgeschäft, S. 307 ff.; s. auch *Wolf/Neuner*, BGB Allgemeiner Teil, § 35 Rn. 2 ff.

[14] BGH NJW 1988, 1726, 1728; hierzu und zu seiner Entwicklung *Heinrichs*, in: Bankrechtstag 1990, S. 101, 102 ff.

[15] Vgl. MünchKommVVG/*Bruns*, Vor. §§ 307–309 BGB Rn. 19 ff.; § 307 BGB Rn. 6 f.

[16] Richtlinie 93/13/EWG vom 5. April 1993, ABl. 1993, L. 95/29.

[17] Hierzu weiterführend MünchKommVVG/*Bruns*, Vor. §§ 307–309 BGB Rn. 43 ff., 47 ff.

[18] Statt vieler *Pfeiffer*, in: Wolf/Lindacher/Pfeiffer, AGB-Recht, § 307 Rn. 253.

[19] MünchKommVVG/*Bruns*, Vor. §§ 307–309 BGB Rn. 37.

soweit sind allerdings wiederum keine allzu hohen Erwartungen gerechtfertigt. Denn der Maßstab der Transparenzkontrolle ist der Verständnishorizont des für die jeweilige Vertragsart typischen Durchschnittskunden[20], für Versicherungsverträge also der durchschnittliche Versicherungsnehmer. Kunden ohne ein wie auch immer zu bestimmendes „normales“ Sprachverständnis, mit unterdurchschnittlichem Alltagswissen und Defiziten im Bereich der einfachen Logik profitieren vom Transparenzgebot daher von vorneherein nur eingeschränkt. Wenn man sich zudem klarmacht, dass allgemeine Geschäftsbedingungen wohl in der ganz überwältigenden Mehrzahl der Fälle nicht einmal auszugsweise tatsächlich gelesen werden[21], wird man die Regelung kaum mehr als Vehikel ansehen können, einen nachträglich nicht als bedarfsgerecht erkannten Leistungserwerb zu revidieren. Im Zuge des vorvertraglichen Auswahl- und Entscheidungsprozesses spielt das Transparenzgebot daher praktisch keine Rolle[22].

2. Informations- und Aufklärungspflichten

Demgegenüber ist die weitaus stärkere Nähe der reinen Informations- und Aufklärungspflichten zur selbstbestimmungsfördernden Funktion der Beratung unverkennbar. Die Informationspflichten finden sich als Ausdruck des reinen Informationsmodells[23] bereichsspezifisch statuiert. Ihr Gegenstand sind regelmäßig die Person des Leistungserbringers, die Art des Entgelts und seine Zusammensetzung, die wesentlichen Charakteristika des Leistungsgegenstandes und das Bestehen spezifischer Rechte. Dem Inhalt nach werden diese Informationen objektiviert und zumeist formalisiert übermittelt, so dass auch hier der subjektive Verständnishorizont des Adressaten weitgehend unberücksichtigt bleibt. Aufgrund der zunehmenden Verwendung von Formblättern und des wachsenden, die Informationsverarbeitungskapazitäten strapazierenden Umfangs teilen diese Informationspflichten mehr und mehr das Schicksal allgemeiner Geschäftsbedingungen, d.h. sie werden von den Empfängern kaum noch tatsächlich zur Kenntnis genommen und fließen daher entweder nicht oder nur selektiv in die Entscheidungsfindung ein.

---

[20] Vgl. *Pfeiffer*, in: Wolf/Lindacher/Pfeiffer, AGB-Recht, § 307 Rn. 244.

[21] Vgl. bereits Staudinger/*Schlosser*, BGB, 12. Aufl. 1982, § 10 Nr. 3 AGBG Rn. 1: „Einer der Anlässe für die Schaffung des gesamten Gesetzes [war] die Überlegung ..., daß AGB nicht gelesen zu werden pflegen“; s. auch *Leenen*, BGB Allgemeiner Teil, § 20 Rn. 19; *Boemke/Ulrici*, BGB Allgemeiner Teil, § 11 Rn. 81; zur entsprechenden Lage in den USA s. *Bakos/Marotta-Wurgler/Trossen*, 43 Journal of Legal Studies, 1 ff. (2014); *Marotta-Wurgler*, 168 Journal of Institutional and Theoretical Economics, 94, 95 (2012).

[22] A.A. MünchKommVVG/*Armbrüster*, Vor. §§ 6, 7 Rn. 46: „Transparenzgebot ... ermöglicht ... informationelle Eigenvorsorge“; im Anschluss an *Ihle*, Der Informationsschutz des Versicherungsnehmers, S. 84, 90, 94 und *Römer* NVersZ 2002, 532, 533.

[23] Hierzu eingehend § 3, S. 23 ff. (sub 1).

Eine die Selbstbestimmung auch praktisch stärker fördernde Wirkung kann demgegenüber den spontan zu erfüllenden Aufklärungspflichten zugeschrieben werden. Hierbei handelt es sich um das Ergebnis richterlicher Rechtsschöpfung, die konstruktiv mal im Tatbestand der arglistigen Täuschung[24] mal unter der Figur des Verschuldens bei Vertragsschluss[25] verortet wurde, die sich in anderem Zusammenhang im Rahmen der Interpretation des Begriffs der guten Sitten wiederfindet[26] und ihre gemeinsame dogmatische Wurzel letztlich aus dem Grundsatz von Treu und Glauben bezieht[27]. Hiernach wird in ständiger Rechtsprechung eine Pflicht zur Aufklärung des Erwerbsinteressenten über spezifische Umstände angenommen, wenn diese geeignet sind, den von diesem verfolgten Vertragszweck zu vereiteln und aus diesem Grund für den Erwerbsentschluss von wesentlicher Bedeutung sind. Zudem muss der Erwerbsinteressent die entsprechende Aufklärung nach der Verkehrssitte erwarten dürfen[28]. Die Aufklärungspflicht kann sich hiernach durchaus auf eine ganze Reihe von Umständen erstrecken und bisweilen ein beachtliches Ausmaß annehmen.

Gleichwohl bleibt auch die anlassbezogene punktuelle Aufklärungspflicht hinter einer Beratungspflicht deutlich zurück. Bereits der Begriff der Aufklärungspflicht ist in diesem Zusammenhang unscharf. Es wurde schon darauf hingewiesen, dass sich die Aufklärungspflicht von der bloßen Informationspflicht dadurch unterscheidet, dass im letzten Fall eine Ausrichtung am Verständnishorizont des Empfängers unterbleibt. Aufklärung bedeutet demgegenüber eine, wenn auch zu einem gewissen Grad notwendig typisierte Berücksichtigung individueller Verständnis- und Verarbeitungskapazitäten[29]. Das ist vorliegend aber gerade nicht der Fall. Die hier in Rede stehenden spontan zu erfüllenden (vorvertraglichen) Aufklärungspflichten sind von der im Rahmen der Beratung erfolgenden komplementären Aufklärung daher auch strukturell zu unterscheiden. Überdies ist der zur Aufklärung Verpflichtete in diesen Fällen nicht gehalten, einen vom Erwerbsinteressenten nicht oder nur unvollständig offen gelegten Verwendungszweck zu erforschen oder bestehende Unklarheiten durch Nachfragen zu beseitigen, noch geht diese Aufklärungspflicht grundsätzlich über diejenigen Umstände hinaus, die dem zur Aufklärung Verpflichteten positiv bekannt sind[30]. Würde man es dabei belassen, so könnte ein

[24] Beispiel: BGH NJW 1979, 2243.

[25] Beispiel: BGH NJW 1974, 849, 851.

[26] BGH NJW 1997, 2230f.: Aufklärungspflicht einer Bank über verbürgtes Risiko.

[27] Deutlich BGH NJW 1973, 752, 753: „Denn die Rechtspflicht zu redlichem Verhalten bei Vertragsverhandlungen verlangte von beiden Teilen nach Treu und Glauben unter Berücksichtigung der Verkehrssitte (§ 242 BGB) ein auch die Interessen des anderen berücksichtigendes Verhalten. So mußte jeder Teil Umstände, die für den anderen bei den Verhandlungen mutmaßlich von Bedeutung sein konnten, diesem mitteilen".

[28] BGH st., vgl. nur NJW 1974, 849, 851; NJW 1979, 2243; NJW 2001, 2021.

[29] Zum Ganzen § 3, S. 15 (sub b).

[30] Vgl. BGH NJW 1979, 2243.

Leistungsanbieter in diesem Rahmen freiwillig eine Empfehlung abgeben, ohne dass er gehalten wäre, diese selbst an bekannten Präferenzen des Erwerbsinteressenten auszurichten. Er könnte eigene Vertriebs- und Gewinninteressen bis zur Grenze der Täuschung zum alleinigen Maßstab seiner Empfehlung erheben. Es läge in der alleinigen Verantwortung des Erwerbsinteressenten, einen solchen Rat als „schlechten Rat" zu entlarven.

3. Warnung vor nicht bedarfsgerechter Leistung mit und ohne Leistungsverweigerungspflicht

Die für die Beratung charakteristische interessengerichtete Bewertung durch den Ratgeber findet sich neuerdings in einigen Teilrechtsgebieten ansatzweise verwirklicht durch eine Pflicht zur Warnung vor der Inanspruchnahme einer aus bestimmten Gründen nicht bedarfsgerechten Leistung. Zu unterscheiden ist dabei die isolierte Warnpflicht und die Prüfung der Bedarfsgerechtigkeit ergänzt um eine Leistungsverweigerungspflicht. Den erstgenannten Fall verwirklicht das geltende Kapitalanlegervertriebsrecht mit Ausnahme des Vertriebs von Kapitalanlagen im Rahmen des Online-Broking. Dieser besondere Vertriebsweg ist stattdessen für den Vertrieb bestimmter, besonders komplexer Finanzprodukte schon nicht eröffnet, § 31 Abs. 7 WpHG. Wird im Zusammenhang mit dem Vertrieb von am geregelten Kapitalmarkt gehandelten Finanzinstrumenten eine Anlegerberatung nicht durchgeführt, hat das Wertpapierdienstleistungsunternehmen daher grundsätzlich zu prüfen, ob die anvisierten Finanzinstrumente für den Kunden „angemessen" sind, d.h. ob der Kunde über die für das jeweilige Finanzinstrument erforderlichen Kenntnisse und Erfahrungen verfügt, § 31 Abs. 5 WpHG. In eine ähnliche Richtung geht das allgemeine Verbraucherkreditrecht, das die Prüfung der Kreditwürdigkeit durch den Unternehmer vorschreibt, § 509 BGB. Nach umstrittener Ansicht trifft den Kreditgeber in diesem Rahmen eine vorvertragliche Warnpflicht, wenn dieser zu dem Befund gelangt, dass eine eindeutig positive Rückzahlungsprognose nicht getroffen werden kann[31]. Die unlängst verabschiedete Wohnimmobilienkreditrichtlinie[32] sieht Entsprechendes vor, verpflichtet das Kreditinstitut im Falle negativer Rückzahlungsprognose aber weitergehend sogar zur Verweigerung des beantragten Kredits[33].

Gemeinsam ist diesen Regelungen, dass ihre Adressaten dazu verpflichtet werden, die zur Beurteilung notwendigen Umstände in der Sphäre des Erwerbsinteressenten oder unter Inanspruchnahme anderer Quellen zu ermitteln und teilweise auch zu verifizieren. Während die Bewertung im Rahmen der Bera-

[31] Vgl. MünchKommBGB/*Schürnbrand*, § 509 Rn. 7; a.A. Palandt/*Weidenkaff*, BGB, § 509 Rn. 1: Pflicht besteht nur im öffentlichen Interesse.

[32] Richtlinie 2014/17/EU vom 4. Februar 2014, ABl. 2014, L 60/34.

[33] Vgl. Art. 18 Abs. 5a) Richtlinie 2014/17/EU.

tung allerdings im Grundsatz zu einer positiven Feststellung der Bedarfsgerechtigkeit einer Auswahlentscheidung führen soll, geht es im Rahmen dieses Rechtsinstituts lediglich um den Ausschluss einer aus bestimmten Gründen nicht bedarfsgerechten Leistung. Auch steht in diesem Rahmen ein öffentliches Interesse, wie etwa die Stabilität des kreditfinanzierten Wohnimmobilienerwerbs, insgesamt eher im Vordergrund als individuelle Interessen, denen wiederum die Beratung zuvörderst zu dienen verpflichtet ist. Die Pflicht zur Warnung vor einer aus bestimmten Gründen nicht bedarfsgerechten Leistung kann einen Beratungsbedarf teilweise auffangen, bleibt im Verhältnis zur Beratungspflicht aber letztlich auf halbem Wege stehen.

4. Sicherung individueller Bedarfsgerechtigkeit durch Gewährleistungsrecht und gewohnheitsrechtliche Erfüllungshaftung

Die Sicherung der individuellen Bedarfsgerechtigkeit im Rahmen einer Auswahlentscheidung ist nicht allein ein Anliegen der Beratung, sondern wird im Kern auch durch den subjektiven Fehlerbegriff des kauf- und werkvertragsrechtlichen Gewährleistungsrechts adressiert. Nach geltendem deutschen Recht ist die Sache oder das Werk nur dann frei von Mängeln, wenn sie sich auch für die nach dem Vertrag vorausgesetzte Verwendung eignet, §§ 434 Abs. 1 S. 2 Nr. 1, 633 Abs. 2 S. 2 Nr. 1 BGB. Durch den mittels des objektiven Fehlerbegriffs geschaffenen Produktstandard einerseits und die mittels des subjektiven Fehlerbegriffs angesprochene individuelle Bedarfsgerechtigkeit der Leistung andererseits wird, abhängig von der konkreten Ausgestaltung vor allem des subjektiven Fehlerbegriffs, das Bedürfnis für vorvertragliche Beratungspflichten nach alledem erheblich nivelliert, zumal, wenn man vorvertragliche spontan zu erfüllende Aufklärungspflichten, anders als die wohl herrschende Meinung[34], weitgehend in Konkurrenz zum Gewährleistungsrecht anerkennen wollte. Vor diesem Hintergrund ist es richtig, das Gewährleistungsrecht in besonderer Weise als funktionsnahes Rechtsinstitut zur Beratungssorgfaltspflicht zu verstehen. Der Pflichtenkreis eines typischen Ratgebers geht freilich insgesamt auch über den geltenden Gewährleistungsstandard hinaus, was vor allem auf die ratgebertypische Pflicht zur Exploration der beratungsrelevanten Umstände zurückzuführen ist.

Im Bereich des Versicherungsrechts, dem ein dem Kauf- und Werkvertragsrecht vergleichbares Gewährleistungsrecht unbekannt ist, wurde dem Mangel der individuellen Bedarfsgerechtigkeit eines Versicherungsvertrags in bestimmten Fällen traditionell mit dem Rechtsinstitut der gewohnheitsrechtlichen Erfüllungshaftung begegnet. Dabei geht es um solche Fälle, in denen der Versicherungsnehmer einen Versicherungsvertrag im Vertrauen auf fehlerhafte, im

[34] Hierzu eingehender § 17, S. 463 (sub a).

Widerspruch zu den einschlägigen Versicherungsbedingungen stehende Auskünfte eines Versicherungsvermittlers abgeschlossen hatte. Die Rechtsprechung sprach dem Versicherungsnehmer in solchen Fällen Deckungsschutz gegen den Versicherer nach Maßgabe der durch den Agenten vorvertraglich erzeugten Fehlvorstellungen zu, wenn sich die Diskrepanz dem Versicherungsnehmer nicht auf der Grundlage klarer und eindeutiger Versicherungsbedingungen hätte aufdrängen müssen[35]. Das Rechtsinstitut der gewohnheitsrechtlichen Erfüllungshaftung lässt sich mit dem Gewährleistungsrecht insoweit vergleichen, als dass ein individuell vermittelter Produktstandard gewährleistet wird. Die Folgen der fehlerhaften überobligatorischen Beratung durch den Versicherungsvermittler werden bereits mit diesem Rechtsinstitut, dessen Fortgeltung unter dem reformierten Versicherungsvertragsrecht bezweifelt werden kann[36], in nicht unerheblicher Weise aufgefangen.

[35] Vgl. BGHZ 2, 87, 92; BGH NJW 1989, 3095, 3096, vgl. bereits RGZ 27, 151, 152; im Überblick *Kollhosser* r+s 2001, 89ff.

[36] Dagegen MünchKommVVG/Armbrüster, § 6 Rn. 334; *Lorenz*, in: FS Canaris, S. 757, 772f.; a.A. OLG Frankfurt VersR 2012, 342, 343; *Ebers*, in: Schwintowski/Brömmelmeyer, VVG, § 6 Rn. 56.

§ 7 Verhaltenswissenschaftliche Grundlagen

I. *Grundansatz der modernen Verhaltenswissenschaften und Verhältnis zur neoklassischen Ökonomik*

Die modernen Verhaltenswissenschaften haben sich in den vergangenen Jahrzehnten in besonderer Weise darum verdient gemacht, die für das Entscheidungsverhalten signifikanten Wirkungen begrenzter Rationalität nachzuweisen. Dabei geht es im Kern um die Widerlegung der wohl wichtigsten[1] Grundannahme der neoklassischen ökonomischen Entscheidungstheorie, die vom *homo oeconomicus*, d.h. einem stets im eigenen Interesse und dabei rational handelnden Individuum, ausgeht[2]. Im Ausgangspunkt ist allerdings die lediglich *heuristische Funktion* dieser Annahmen zu berücksichtigen[3]. Auch die Anhänger dieser Strömung sind sich bewusst, dass das Ziel eines Menschen nicht zwingend in der Nutzenmaximierung zum unmittelbar eigenen Vorteil bestehen muss, dass Menschen die zur Entscheidung relevanten Informationen nicht stets perfekt verarbeiten können oder wollen und dass Entscheidungen nicht immer auf rationalen, sondern auch auf anderen, vielschichtigen Erwägungen beruhen können. Entscheidend ist vielmehr, dass diesen Faktoren entweder schon kein systematischer Einfluss zugeschrieben wird, jedenfalls aber keine Bedeutung dahingehend, dass sie die auf der Grundlage der klassischen Grundannahmen gewonnenen Prognosen systematisch verfälschen könnten. Demgegenüber stellen die Vertreter der Verhaltensökonomik, einer auf die Erkenntnisse und Methoden der Sozialpsychologie zurückgreifenden und im Vordringen befindlichen Schule innerhalb der Wirtschaftswissenschaften, gerade die Modelltauglichkeit der von der neoklassischen ökonomischen Verhaltenstheorie zugrunde gelegten Annahmen in Frage[4]. Mittels eines stetig wachsenden Bestandes an empirischen Studien und Analysen wurde inzwischen nachgewiesen, dass Urteilsverzerrungen systematisch auftreten und einen jedenfalls so signifikanten Einfluss auf das Entscheidungsverhalten haben, dass vieles für

[1] Vgl. *Ulen*, 1997 Wisconsin Law Review, 433, 436 (1997).

[2] Hierzu statt vieler *Fleischer/Schmolke/Zimmer*, in: Fleischer/Zimmer, Beitrag der Verhaltensökonomie zum Handels- und Wirtschaftsrecht, S. 9, 12ff.

[3] Vgl. hierzu die Nw. § 3 Fn. 67.

[4] Zur Relativierung der Realitätsannahme statt vieler *Becker*, Der ökonomische Ansatz zur Erklärung menschlichen Verhaltens, S. 167ff.

eine erhebliche Unzulänglichkeit der den neoklassischen Modellen zugrunde liegenden Grundannahmen spricht.

II. Wesentliche Erkenntnisse der modernen Verhaltenswissenschaften

1. Begrenztes Eigeninteresse

a) Experimenteller Befund

Zu den wesentlichen Erkenntnissen der deskriptiven Verhaltenswissenschaften zählen ein begrenztes Eigeninteresse, eine begrenzte Selbstdisziplin, kognitive Restriktionen und zahlreiche, unter dem Begriff der begrenzten Rationalität zusammengefasste Heuristiken und Urteilsverzerrungen. Der Begriff des begrenzten Eigeninteresses *(bounded self-interest)*, bisweilen auch als Fairness-Heuristik bezeichnet, beschreibt eine systematische Abweichung von der neoklassischen Verhaltensmodellen zugrunde liegenden Annahme, dass Menschen nur ihren eigenen Vorteil suchen und der Nutzen anderer auf ihre Entscheidung keinen signifikanten Einfluss hat[5]. Der psychologische Befund stellt damit nicht die Annahme des Strebens nach subjektiver Nutzenmaximierung in Frage, wohl aber den auf den eigenen Nutzen beschränkten Präferenzrahmen. Dass soziale Präferenzen wie Altruismus, Missgunst und ein – wie auch immer beschaffener – Fairness- und Gerechtigkeitssinn bei der Entscheidungsfindung tatsächlich eine signifikante Bedeutung gewinnen, wurde von Ökonomen und Psychologen experimentell nachgewiesen[6].

Warum folgen Menschen bei ihrem Entscheidungsverhalten nicht ausschließlich – im engeren Sinne verstandenen – eigenen Interessen oder, anders gewendet, warum besteht ein eigenes Interesse gerade darin, auch die Interessen anderer zu berücksichtigen? Diese Form der Fairness und insbesondere das als gerecht empfundene Prinzip der Gegenseitigkeit[7] und die Aversion gegenüber

---

[5] Zur neoklassischen Lehre vom Eigeninteresse im Überblick *Englerth*, in: Engel/Englerth/Lüdemann/Spieker, Recht und Verhalten, S. 60, 66 ff.

[6] Vgl. zum insoweit klassischen Ultimatum-Spiel *Güth/Schmittberger/Schwarze*, 3 Journal of Economic Behavior & Organization, 367 ff. (1982); s. auch *Jolls/Sunstein/Thaler*, 50 Stanford Law Review 1471, 1489 ff. (1998); zum Diktator-Spiel etwa *Camerer/Thaler*, 9 Journal of Economic Perspective 209, 216 (1995); zusammenfassender Überblick bei *Englerth*, in: Engel/Englerth/Lüdemann/Spieker, Recht und Verhalten, S. 60, 70 ff.; s. auch *Fleischer/Schmolke/Zimmer*, in: Fleischer/Zimmer, Beitrag der Verhaltensökonomie zum Handels- und Wirtschaftsrecht, S. 9, 29 ff.

[7] Zur besonderen Bedeutung des Prinzips der Gegenseitigkeit *(reciprocity)* als Motivgeber menschlichen Verhaltens etwa *Fehr/Gächter*, 14 Journal of Economic Perspectives, 159 (2000).

Schuldgefühlen[8] dürften letztlich in einer Gemengelage aus kulturellen und evolutionsbiologischen Umständen wurzeln[9]. Für das behandelte Thema ist entscheidend, dass soziale Präferenzen für die Erklärung und Vorhersage menschlichen Entscheidungsverhaltens bisweilen erhebliche Bedeutung erlangen können. Folgerichtig werden solche heute auch in der ökonomischen Modellwelt berücksichtigt[10]. Stellt man dagegen die Frage nach der Belastbarkeit dieser Erkenntnisse für die Vorhersage von Entscheidungsverhalten und eine sich daran möglicherweise anschließende rechtliche Intervention, so wird man allgemein zu berücksichtigen haben, dass sich Ergebnisse, wie sie die bisherigen Experimente hervorgebracht haben, als vergleichsweise leicht manipulierbar erwiesen haben. Versuchsbedingungen wie eine Suggestion des Erwerbs durch eigene Leistung, aber auch das Maß der sozialen Bindung an das Gegenüber haben beachtliche Auswirkungen auf die Bereitschaft zu eigener Leistung. Ähnliches lässt sich aufgrund schlichter Stimmungsschwankungen vorstellen. Aus diesem Grund lässt sich letztlich auch unter Zuhilfenahme von Modellen nur schwer prognostizieren, welche konkreten Auswirkungen soziale Präferenzen auf das Entscheidungsverhalten haben. Ganz anders ist das Potenzial dieses psychologischen Befundes zu beurteilen, wenn das normativ erwünschte Ziel in der weitgehenden Förderung einer nutzenmaximierenden Entscheidung durch bestmögliche Eliminierung sozialer Präferenzen besteht. Denn *dass* soziale Präferenzen insoweit „negativen" Einfluss haben, ist, anders als das *Wie*, eine durchaus belastbare Erkenntnis.

b) Selbstbestimmungsberatung und Altruismus zugunsten des Ratgebers

aa) Selbstbestimmungsberatung außerhalb persönlicher Näheverhältnisse

In der Beratungssituation wird der psychologische Befund des begrenzten Eigeninteresses bedeutsam mit Blick auf die dem Ratsuchenden *bekannten* eigenen Interessen des Ratgebers. Vielfach sind dessen unmittelbare oder mittelbare Erwerbsvorteile vom Entscheidungsverhalten des Ratsuchenden abhängig. Das ist typischerweise der Fall, wenn die Beratung lediglich ein – wenn auch unmittelbar unentgeltliches – Komplementärangebot darstellt, das einen anderweitigen Leistungsaustausch mit dem Berater, den Absatz eines Produkts oder den einer Dienstleistung, katalysieren soll. Aber auch wenn die Beratung im Zentrum des Leistungsaustauschs steht und die rechtliche Beziehung zwischen Ratsuchendem und Berater mit der (ggf. wiederholten und eigenständig

---

[8] Zu *letdown* bzw. *guilt aversion* im Zusammenhang mit Trinkgeldzuwendungen *Charness/Dufwenberg*, 74 Econometrica, 1579, 1583f. (2006) und *Parrett*, 73 Southern Economic Journal, 489ff. (2006).

[9] *Wagner* ZZP 121 (2008), 5, 18; *Englerth*, in: Towfigh/Petersen, Ökonomische Methoden im Recht, S. 176f.

[10] Grundlegend *Rabin*, 83 American Economic Review, 1281ff. (1993).

vergüteten) Raterteilung abschließt, können weitergehende eigene Interessen des Ratgebers in Gestalt von Provisionen oder anderweitigen mittelbaren Vorteilen hinzutreten.

Es dürfte danach zu differenzieren sein, ob dem Ratsuchenden die Eigeninteressen des Ratgebers am Entscheidungsverhalten lediglich bekannt sind oder ob eine besondere persönliche Nähebeziehung zwischen Ratnehmer und Ratgeber hinzutritt. Angenommen von zweien zur Auswahl stehenden Produkten A und B sind beide im Grundsatz bedarfsgerecht. Angenommen weiter, der Berater legt gegenüber dem Ratsuchenden offen, dass er bei Entscheidung für Produkt B eine deutlich höhere Provision bekomme, als bei Entscheidung für Produkt A. Lässt sich ausschließen, dass sich eine signifikante Anzahl von Ratsuchenden auf der Grundlage altruistischer Motive für Produkt B entscheidet, bei dem es sich möglicherweise um ein gegenüber Produkt A weniger optimales Produkt handelt?

Psychologische Studien haben gezeigt, dass äußere Anhaltspunkte für ein Eigeninteresse des Ratgebers bei den Ratsuchenden dazu führen, dass diese signifikant weniger häufig der Empfehlung folgen, als diejenigen, die für einen möglichen Interessenkonflikt keine äußeren Anhaltspunkte hatten[11]. Wenn man so davon ausgeht, dass ein erkanntes Eigeninteresse im Allgemeinen einen gewissen Selbstschutzinstinkt des Ratsuchenden auf den Plan ruft, spricht tatsächlich wenig dafür, dass sich dieser aus altruistischen Motiven heraus zugunsten des Ratgebers bewusst gegen ein möglicherweise optimaleres Produkt entscheiden würde.

bb) Selbstbestimmungsberatung innerhalb persönlicher Näheverhältnisse

Im Rahmen eines qualifizierten persönlichen Näheverhältnisses zwischen Ratsuchendem und Ratgeber dürfte dieser allgemeine Befund allerdings an Überzeugungskraft verlieren. Dafür spricht jedenfalls, dass deren gezielte Ausnutzung zur Förderung des Produktabsatzes als wesentliches Kennzeichen der Vorgehensweise im Rahmen so genannter Strukturvertriebe beschrieben wurde. Hiernach wurden für den Vertrieb von Finanzprodukten und Produkten zur privaten Vorsorge akquirierte und ausschließlich auf Provisionsbasis tätige Vertriebsmitarbeiter systematisch und gezielt zu Vertragsanbahnungen in ihrem nahen privaten Umfeld ermutigt. Dahinter steht ganz offenbar das Kalkül, dass es den Ratnehmern aufgrund der altruistischen menschlichen Veranlagung in diesem Kontext schwerer fällt, Erwerbsempfehlungen des Ratgebers zurückzuweisen[12]. Eine experimentelle empirische Analyse der Auswirkungen

---

[11] *Jodlbauer/Jonas* 27 International Journal of Forecasting 121 ff. (2011); in dieser Richtung auch *Chater/Huck/Inderst*, EU Final Report Consumer Decision-Making in Retail Investment Services, S. 9, 376 f.; s. noch *Sniezek/van Swol*, 84 Organizational Behavior and Human Decision Processes, 288, 290, 304 (2001).

[12] Vgl. hierzu den Beitrag der ZDF-Sendung Wiso vom 18. Oktober 2010 (Fall Südfinanz).

persönlicher Näheverhältnisse steht soweit ersichtlich aber noch aus. Vor dem Hintergrund der beschriebenen Missbräuche im Rahmen solcher Strukturvertriebe spricht intuitiv allerdings manches dafür, dass sich persönliche Näheverhältnisse nachteilig auf eine interessengerechte Beratung auswirken können.

c) Fremdbestimmungsberatung und Drittinteressen

Für den Sonderfall der Fremdbestimmungsberatung ist zunächst festzuhalten, dass eine Ausrichtung des Ratnehmers an den in diesem Rahmen anzuerkennenden legitimen Drittinteressen gerade erwünscht ist. Das wohl eindringlichste Beispiel ist die Schwangerschaftskonfliktberatung, die die Schwangere gerade von den eigenen Interessen abzulenken versucht und um eine vorrangige Berücksichtigung des Lebensinteresses der Leibesfrucht bemüht ist, vgl. § 5 Abs. 1 SchKG. Fremdbestimmungsberatung knüpft an den allgemeinen Befund des begrenzten Eigeninteresses an und zielt darauf ab, diesen durch gezielte Lenkung zu verstärken.

2. Begrenzte Selbstdisziplin

Mit dem Begriff der begrenzten Selbstdisziplin wird eine weitere grundlegende Abweichung von der neoklassischen Grundannahme beschrieben[13]. Das Problem tritt in besonderer Weise in den Fällen einer vorausschauenden Selbstbindung hervor. So fällt es beispielsweise vielen Menschen schwer, für ihre zukünftigen Bedürfnisse ihren Präferenzen entsprechend Vorsorge zu treffen. Das betrifft den gesundheitlichen Bereich, die vorausschauende Risikoabsicherung, mit dem Rückzug des Staates aus der sozialen Sicherung zunehmend aber auch den Bereich der Vermögensvorsorge. Anders als der *homo oeconomicus*, der den zukünftigen Nutzen exponentiell diskontiert und auf diese Weise Präferenzkonflikte vermeiden kann, kommt es bei vielen Menschen tatsächlich zu einer Kollision zwischen kurzfristigen Präferenzen (mehr Geld heute zur Verfügung haben) und längerfristigen Präferenzen (Altersvorsorge). Die Verfolgung kurzfristiger Präferenzen wird tendenziell stärker betrieben, als das mit den eigenen längerfristigen Präferenzen vereinbar ist. Hinzu kommt, dass dem Einzelnen die Kenntnisse und Fähigkeiten zur Einschätzung ihrer zukünftigen Bedürfnisse häufig fehlen.

[13] Anschaulicher Überblick bei *Towfigh/Petersen*, Ökonomische Methoden im Recht, S. 193 ff.; s. auch *Fleischer/Schmolke/Zimmer*, in: Fleischer/Zimmer, Beitrag der Verhaltensökonomie zum Handels- und Wirtschaftsrecht, S. 9, 25 ff.

3. Kognitive Restriktionen

Der Ausgleich bestehender Informationsasymmetrien durch Informations- und Aufklärungspflichten zählt zu den Kernforderungen einer ökonomischen Theorie neoklassischer Provenienz. Diese geht in ihren Grundannahmen von einem rational agierenden Entscheidungsträger aus, der überdies in der Lage ist, die zur Verfügung gestellten Informationen optimal aufzunehmen und zu verarbeiten. Die Verhaltenspsychologie hat demgegenüber die tatsächliche Bedeutung und das Ausmaß begrenzter individueller Informationsverarbeitungskapazitäten nachgewiesen und steht auf dem Standpunkt, dass diese kognitiven Restriktionen für die modellhafte Vorhersage des Entscheidungsverhaltens nicht unbeachtet bleiben können[14]. Auch in der juristischen Diskussion um den Verbraucherschutz wurden die Grenzen der Informationsvermittlung bereits eingehend behandelt[15]. Dieses Problem stellt sich für die Beratung, die den Einzelnen im Grundsatz zur selbstbestimmten Freiheitsausübung durch komplementäre Aufklärung befähigen soll, folgerichtig in gleicher Weise. Die Erkenntnisse moderner Verhaltenspsychologie lassen sich dahin zusammenfassen, dass die menschliche Fähigkeit, in einem bestimmten Zeitraum Informationen aufzunehmen und zu verarbeiten, eng begrenzt ist. Die Überlastung des individuellen Informationsverarbeitungssystems führt zu Konfusion und irrationaler Selektion, d.h. einem teilweisen Ausblenden an sich entscheidungsrelevanter Umstände und damit letztlich zu einer Fehlsteuerung des Entscheidungsprozesses[16]. Mit der Zunahme von Handlungsoptionen und Optionseigenschaften sinkt auf diese Weise gleichsam die Chance, mittels bloßer Information und Aufklärung Hilfestellung für die selbstbestimmte Freiheitsausübung zu leisten.

4. Begrenzte Rationalität: Heuristiken, Urteilsverzerrungen und soziale Einflussnahme

Es ist hier nicht der Ort, den beachtlichen Umfang der verhaltenswissenschaftlichen Forschung zu den in Entscheidungssituationen wirksam werdenden Heuristiken und Urteilsverzerrungen zu entfalten. Ein Hinweis auf typische in den Verhaltenswissenschaften diskutierte Fallgruppen muss daher genügen[17]. Mit

---

[14] Hierzu am Beispiel der Information von Anlegern *Fleischer/Schmolke/Zimmer*, in: Fleischer/Zimmer, Beitrag der Verhaltensökonomie zum Handels- und Wirtschaftsrecht, S. 9, 50 f.

[15] Vgl. *Drexl*, Die wirtschaftliche Selbstbestimmung des Verbrauchers, S. 418 ff.; *Kind*, Die Grenzen des Verbraucherschutzes durch Information, S. 513 ff.; *Pfeiffer* NJW 2011, 1, 2 ff.; aus dem Bereich der Anlegerberatung statt vieler *Mülbert* ZHR 177 (2013), 160, 187 f.; *Möllers/Kernchen* ZGR 2011, 1, 7 ff.

[16] Überblick bei *Kroeber-Riel/Weinberg/Gröppel-Klein*, Konsumentenverhalten, S. 320 ff., 420 f.; vgl. bereits *Silberer*, Warentest, Informationsmarketing, Verbraucherverhalten, S. 50 ff.

[17] Für einen Überblick s. *Jolls/Sunstein/Thaler*, 50 Stanford Law Review, 1471 (1998)

dem Begriff der Heuristiken werden „kognitive Daumenregeln“ beschrieben, die Menschen in komplexen Entscheidungssituationen verwenden und die häufig in einer Wechselbeziehung zueinander stehen und sich gegenseitig verstärken, aber auch neutralisieren[18] können. Dabei liegt es in der Natur der Sache, dass solche Regeln rationales Entscheidungsverhalten begünstigen können, in vielen Fällen allerdings auch zu Fehlentscheidungen führen. Beispielhaft hierfür steht ein tendenziell unrealistischer Optimismus (*overoptimism bzw. overconfidence bias*). Dieser betrifft sowohl ein objektiv ungerechtfertigtes Vertrauen in die eigenen Fähigkeiten und das eigene Wissen als auch eine Verkennung der Eintrittswahrscheinlichkeit vorhandener Risiken ungeachtet der Bekanntheit ihrer statistischen Wahrscheinlichkeit[19]. Mit dem Begriff der Verfügbarkeitsheuristik (*availability heuristic*) wird ein Phänomen selektiver Wahrnehmung beschrieben. Im Rahmen der Einschätzung von Wahrscheinlichkeiten werden individuell bekannte Beispiele ebenso stärker und damit verzerrt gewichtet, wie zeitnahen Ereignissen eine höhere Eintrittswahrscheinlichkeit zugeschrieben wird als länger zurückliegenden Ereignissen[20]. Ganz ähnlich neigen Menschen dazu, den Eintritt von Ereignissen dann für wahrscheinlicher zu halten, wenn diese tatsächlich eingetreten sind (*hindsight bias*)[21]. Trägheit beschreibt die menschliche Neigung, den *status quo* oder die von Dritten vorgegebenen Optionen einer Statusveränderung bzw. einer abweichenden Auswahlentscheidung vorzuziehen (*status quo-bias*)[22]. Ganz ähnlich wird einem bereits geschaffenen Besitzstand häufig kein rationaler spezifischer Wert zugewiesen, und es fällt schwerer, sich von etwas zu trennen, als etwas hinzuzuerwerben (*endowment effect*)[23]. Vor der Verwirklichung eines Verlusts schrecken Menschen tendenziell in besonderer Weise zurück, was etwa zu einem unvernünftigen Halten von Kapitalanlagen führen kann (*lossaversion bzw. regret bias*)[24]. Der Präsentati-

---

sowie die Zusammenfassung in deutscher Sprache bei *Towfigh/Petersen*, Ökonomische Methoden im Recht, S. 173 ff. und bei *Englerth*, in: Engel/Englerth/Lüdemann/Spieker, Recht und Verhalten, S. 60, 81 ff., 92 ff.; für Anlageentscheidungen im Besonderen etwa *Mülbert* ZHR 177 (2013), 160, 169 f.; s. weiter *Tversky/ Kahneman*, in: Kahneman/Slovic/Tversky, Judgment unter Uncertainty: Heuristics and biases, S. 3 ff.; *Thaler*, 1 Journal of Economic Behavior and Organization, 39 (1980); *Korobkin/Ulen*, 88 California Law Review, 1051 (2000); aus popularwissenschaftlicher Sicht eingehend auch *Thaler/Sunstein*, Nudge, S. 38 ff.

18 Hierzu noch § 7, S. 81 ff. (sub 1).

19 Zum Ganzen etwa *Oskamp*, in: Kahneman/Slovic/Tversky, Judgment unter Uncertainty: Heuristics and biases, S. 287 ff.

20 Überblick bei *Tversky/Kahneman*, in: Kahneman/Slovic/Tversky, Judgment unter Uncertainty: Heuristics and biases, S. 163 ff.

21 Hierzu *Fischhoff*, in: Kahneman/Slovic/Tversky, Judgment unter Uncertainty: Heuristics and biases, S. 335 ff.

22 Überblick bei *Samuelson/Zeckhauser*, 1 Journal of Risk and Uncertainty, 7, 8 ff. (1988); *Kahneman/Knetsch/Thaler*, 5 Journal of Economic Perspectives, 193, 197 ff. (1991).

23 *Kahneman/Knetsch/Thaler*, 5 Journal of Economic Perspectives, 193, 194 ff. (1991).

24 *Tversky/Kahneman*, 106 Quarterly Journal of Economics, 1039 ff. (1991); *Kahneman/ Knetsch/Thaler*, 5 Journal of Economic Perspectives, 193, 199 ff. (1991).

onseffekt beschreibt eine Abhängigkeit des Entscheidungsverhaltens von der Art und Weise der Informationsdarstellung (*framing effect*)[25]. Die negative Darstellung eines Umstandes wirkt im Gegensatz zu seiner positiven Darstellung eher abschreckend[26]. Auch neigen Menschen dazu, einen vorgegebenen Richtwert selbst dann zur Grundlage ihrer Entscheidung zu machen, wenn dieser offensichtlich keine rationale Grundlage hat (*anchoring*)[27]. Ganz ähnlich besteht eine Aversion gegenüber Extremen (*extremeness aversion*)[28]. Dieser Effekt lässt sich etwa im Rahmen des beratenden Verkaufs dahin instrumentalisieren, dass durch das Aufzeigen einer weiteren extremen Handlungsoption in Gestalt eines hochpreisigen Kaufgegenstandes die Auswahlentscheidung zugunsten einer Handlungsoption im mittleren Preissegment beeinflusst wird[29]. Die Verzerrung menschlichen Entscheidungsverhaltens kann ihre Ursache auch in sozialer Einflussnahme finden. Menschen neigen etwa zu konformistischem Verhalten und folgen in ihren Entscheidungen mitunter selbst dann einer Mehrheit, wenn diese ersichtlich einem Fehlurteil unterliegt[30]. Das vielfach beschriebene Herdenverhalten am Kapitalmarkt mag als Beispiel genügen[31]. Der Begriff der sozialen Informationsgewinnung beschreibt schließlich das Phänomen, dass Informationen, die aus dem sozialen Umfeld und aus persönlichen Gesprächen gewonnen werden, tendenziell im Rahmen der Entscheidungsfindung höher bewertet werden[32]. Insoweit ist erneut auf die ambivalente Wirkung persönlicher Näheverhältnisse in der Beratung hinzuweisen[33].

III. Normative Konsequenzen

1. Gezielte Neutralisierung „berechenbarer Irrationalität" durch debiasing-Strategien?

Nach der Vorstellung der Anhänger der modernen Verhaltenswissenschaften handelt es sich bei den dargestellten Defiziten und Verzerrungen durchaus um

---

[25] Überblick bei *Altmann/Falk/Marklein*, in: Fleischer/Zimmer, Beitrag der Verhaltensökonomie zum Handels- und Wirtschaftsrecht, S. 63, 71 ff.

[26] Zum Ganzen *Tversky/Kahneman*, 211 Science, 453, 454 ff. (1981).

[27] Statt vieler *Chapman/Johnson*, 79 Organizational Behavior and Human Decision Processes, 115, 116 ff. (1999) mwN.

[28] Hiezu etwa *Chernev*, 31 Journal of Consumer Research, 249 ff. (2004).

[29] Zum Ganzen *Simonson/Tversky*, 29 Journal of Marketing Research, 281 ff. (1992).

[30] Hierzu etwa *Akerlof*, 65 Econometrica 1005, 1007 ff. (1997).

[31] Hierzu *Grinblatt/Titman/Wermers* 85 American Economic Review, 1088 ff. (1995).

[32] Zum Ganzen etwa *Bearden/Etzel*, 9 Journal of Consumer Research, 183, 184 ff. (1982); *Crawford/Haaland*, 23 Journal of Personality and Social Psychology, 112, 116 f. (1972).

[33] Hierzu § 7, S. 77 f. (sub bb).

eine Form der „berechenbaren Irrationalität“[34]. Hieran anknüpfend wurde unter dem Begriff des *debiasing* vorgeschlagen, eine Neutralisierung unerwünschter Effekte mittels gezielter Gegensteuerung herbeizuführen[35]. Dieser Vorstoß ist im Zusammenhang mit der Grundidee eines „libertären Paternalismus“ (*libertarian paternalism*) zu sehen, den prominente U.S.-amerikanische Vertreter der Verhaltenswissenschaften als ein erhofft konsensfähiges Gegenmodell dem vom Utilitarismus geprägten U.S.-amerikanischen Gesellschaftsverständnis entgegen zu setzen suchen. Anstelle rigider freiheitsbeschränkender Verbote und staatlicher Bevormundung soll auf diese Weise die Entscheidungsfreiheit des Einzelnen erhalten bleiben und dieser gleichwohl, nur gewissermaßen auf „sanftem Wege“, in die „richtige Richtung“ gelenkt, d.h. bei der Findung und Verwirklichung seiner Präferenzen unterstützt werden[36]. Die *debiasing*-Strategie zielt daher nicht darauf ab, begrenzte Rationalität durch eine Einschränkung der Entscheidungsfreiheit zu vermeiden oder durch schärfere Haftungsstandards auszugleichen. Vielmehr geht es darum, gezielten Einfluss auf die Entscheidungssituation auszuüben, um die beschriebenen psychologischen Effekte gleichsam zu neutralisieren. Als Mittel solcher neutralisierender Einflussnahme bedienen sich einige Vertreter der Verhaltenswissenschaften wiederum typischer Heuristiken und Urteilsverzerrungen. Das lässt sich am Beispiel des verschiedentlich diskutierten Zusammenwirkens von unrealistischem Optimismus und der Verfügbarkeitsheuristik veranschaulichen: In empirischen Studien wurde etwa nachgewiesen, dass Frauen dazu neigen, ihr individuelles Risiko an Brustkrebs zu erkranken, trotz Informationen über die statistischen Wahrscheinlichkeiten erheblich zu unterschätzen. Weiter wurde nachgewiesen, dass die Einschätzung dann signifikant realistischer ausfällt, wenn die Frauen zuvor mit detaillierten Berichten über Frauen gleichen Alters und mit vergleichbarer Lebenssituation konfrontiert wurden[37]. Die gezielte Ansprache der Verfügbarkeitsheuristik zeigte sich hier als erfolgreiche Strategie zur Neutralisierung eines unrealistischen Optimismus.

So bedeutsam die verhaltenspsychologischen Erkenntnisse für die Potenziale der Steuerungsfunktion der Beratung sind[38], so problematisch erscheint es

---

[34] Zum Begriff vgl. etwa die popularwissenschaftliche Abhandlung von *Ariely*, Predictably Irrational, S. 53, 232, 239, 243.

[35] Hierzu *Jolls/Sunstein*, 35 Journal of Legal Studies, 199 (2006); s. auch bereits *Fischhoff*, in: Kahneman/Slovic/Tversky, Judgment unter Uncertainty: Heuristics and biases, S. 422 ff.

[36] Hierzu eingehend *Sunstein/Thaler*, 70 University of Chicago Law Review, 1159 (2003); s. auch bereits *Camerer/Issacharoff/Loewenstein/O'Donoghue/Rabin*, 151 University of Pennsylvania Law Review, 1211 (2003); aus dem deutschen Schrifttum eingehend *Schmolke*, Grenzen der Selbstbindung im Privatrecht, S. 215 ff.; kritisch etwa *Mülbert* ZHR 177 (2013), 160, 174.

[37] Vgl. *Weinstein*, 39 Journal of Personality and Social Psychology, 806, 810 (1980); hierzu auch *Jolls/Sunstein*, 35 Journal of Legal Studies, 199, 210 (2006).

[38] Vgl. auch zu dem beachtlichen Erkenntnisgewinn über die in Konfliktsituationen wirk-

gleichwohl, aus diesen Erkenntnissen allgemeingültige *feingliedrige* normative Schlussfolgerungen zu ziehen[39]. Man muss sich zudem klarmachen, dass die den Heuristiken innewohnende ambivalente Wirkung einer pauschalen negativen Bewertung entgegensteht. Eine generelle Neutralisierung der vorgestellten und durchaus im Einzelfall auch selbstbestimmungsfördernden Effekte ist daher alles andere als wünschenswert[40]. Schließlich ist bei genauerer Betrachtung festzustellen, dass solche *debiasing*-Strategien nach dem gegenwärtigen Stand der deskriptiven Verhaltenswissenschaften in ihren Wirkungen wenigstens so unklar und kaum verallgemeinerungsfähig bleiben, wie das bereits im Ausgangspunkt für den Befund der begrenzten Rationalität der Fall ist[41]. Dennoch spricht vieles dafür, dass die begrenzte Rationalität im Rahmen des menschlichen Entscheidungsverhaltens einer gezielten rechtlichen Feinsteuerung, wie sie von den Vertretern des *debiasing* mitunter ersonnen wird, in bestimmten Fällen zugänglich ist. Das betrifft namentlich das Problem des Überoptimismus im Zusammenhang mit der Eintrittswahrscheinlichkeit von Risiken. Der Nutzen solcher gezielter *debiasing*-Strategien ist allerdings ins Verhältnis zu setzen zu einem dadurch entstehenden zusätzlichen Beratungsaufwand, namentlich mit einer für wirksame Kontrolle notwendigen begleitenden Dokumentation.

2. Ungezielte Neutralisierung „berechenbarer Irrationalität" durch verbesserte Allgemeinbildung und Marktzutrittshürden?

Während die Vorschläge zu einer gezielten Neutralisierung berechenbarer Irrationalität mittels gezielter *debiasing*-Strategien über Maßnahmen zur Art und Weise der Informationsaufbereitung hinausgehend im deutschen Schrifttum bisher nur vereinzelt Anhänger gefunden haben, wird dagegen eher auf die positiven Wirkungen einer Verbesserung der Allgemeinbildung auf der Nachfragerseite gesetzt. Diese Diskussion findet bisher vor allem im Bereich des Kapitalanlegerrechts statt, was sich vor dem Hintergrund erklärt, dass die deskriptive verhaltenswissenschaftliche Forschung in Gestalt der *behavioral finance* hier am weitesten vorangeschritten ist[42]. In diesem Rahmen wurde

sam werdenden Heuristiken und Urteilsverzerrungen den Überblick in deutscher Sprache bei *Wagner* ZZP 121 (2008), S. 5; aus dem U.S.-amerikanischen Primärschrifttum etwa *Gould*, 2 Journal of Legal Studies, 279 ff. (1971); *Shavell*, 11 Journal of Legal Studies, 55 ff. (1982); *Golann/Folberg*, Mediation, S. 177 ff.

[39] Für das Kapitalmarktrecht ablehnend *Fleischer*, Gutachten F für den 64. DJT, F 29 f., F 37 f.; im Grundsatz befürwortend dagegen etwa *Mülbert* ZHR 177 (2013), 160, 181 f.

[40] Vgl. *Towfigh/Petersen*, Ökonomische Methoden im Recht, S. 198.

[41] Deutlich wird das etwa am beschriebenen Beispiel des unrealistischen Optimismus, vgl. *Jolls/Sunstein*, 35 Journal of Legal Studies 199, 207 ff. (2006). Zu den erfolglosen Versuchen einer Neutralisierung des Ankereffekts in Konfliktsituationen *Wagner* ZZP 121 (2008), S. 5, 31 f.; kritisch auch *Klöhn*, Kapitalmarkt, Spekulation und Behavioral Finance, S. 254.

[42] Zu Entwicklungsgeschichte und Erkenntnissen der *behavioral finance* s. eingehender *Shleifer*, Inefficient Markets – An Introduction to Behavioral Finance; aus dem deutschspra-

verschiedentlich befürwortet, den experimentell bei Anlegern nachgewiesenen Verhaltensanomalien allgemein durch eine Verbesserung des Wissens über die Wirkungsweise von Kapitalmärkten zu begegnen[43]. Diese Forderung findet ein rechtsvergleichendes Vorbild in der britischen Finanzmarktregulierung, die *public awareness* seit dem *Financial Services and Markets Act* des Jahres 2000 zu den Zielvorgaben der Regulierungspolitik erhoben hat[44]. Mit dem Reformgesetz des Jahres 2010 wurde diese Form der Regulierung mit der Einrichtung eines *consumer financial education body* als Abteilung der Finanzaufsicht weiter ausgebaut. Seit April 2011 wird die Aufgabe vom *Money Advice Service* als unabhängige staatliche Behörde wahrgenommen[45]. Neben der U.S.-amerikanischen Finanzmarktregulierung[46] setzt auch das europäische (Kapitalmarkt-)Recht inzwischen verstärkt auf einen solchen staatlichen Bildungsauftrag[47]. Ergänzend hierzu wird vielerorts vorgeschlagen, den Marktzugang für Investoren stärker zu regulieren. Kognitiven Fehleinschätzungen soll auf diesem Wege durch einen „Anlegertest" begegnet werden, der von den Aufsichtsbehörden administriert wird und an eine gegenüber der bisherigen Rechtslage vergleichsweise feingliedrigere Kategorisierung von Anlegertypen anknüpft[48].

Die fortgesetzte Förderung der Allgemeinbildung auf Nachfragerseite könnte als komplementäre regulative Maßnahme durchaus hilfreich sein; als zentrale oder gar alleinige Reaktion auf das Problem kognitiver Restriktionen ist sie allerdings offensichtlich untauglich. Es sind schon Zweifel angebracht, dass eine Mehrheit der Nachfrager tatsächlich die notwendige Eigenverantwortung aufbringen wird, solche Bildungsangebote aktiv und in der gebotenen Intensität wahrzunehmen. In der konkreten Erwerbssituation, die regelmäßig von überobligatorischer Beratung begleitet sein wird, droht ein aus solcher Allgemeinbildung erlangter Gewinn zudem einer missbräuchlichen Einflussnahme des beratenden Verkäufers anheim zu fallen. Es bestünde durchaus die Gefahr,

---

chigen Schrifttum s. etwa *Klöhn*, Kapitalmarkt, Spekulation und Behavioral Finance, S. 80ff. sowie *Schmies*, in: Engel/Englerth/Lüdemann/Spieker, Recht und Verhalten, S. 165ff.

[43] Vgl. *Fleischer*, Gutachten F für den 64. DJT, F 30; *ders*., in: FS Immenga, S. 575, 584 im Anschluss an *Müller*, Die Bank 2001, 836, 844; dem folgend auch *Schmies*, in: Engel/Englerth/Lüdemann/Spieker, Recht und Verhalten, S. 165, 180; ebenso *Mülbert* ZHR 177 (2013), 160, 205, 207.

[44] Vgl. Sec. 2, 4 Financial Services and Markets Act 2000; weitergehend zur Einführung eines „consumer financial education body" nunmehr Sec. 2 Financial Services and Markets Act 2010; zum erstgenannten bereits *Fleischer* RIW 2001, 817, 821.

[45] Vgl. www.moneyadviceservice.org.uk.

[46] Hierzu § 13, S. 194 [sub (aa)].

[47] Vgl. etwa die Mitteilung der Kommission "Vermittlung und Erwerb von Finanzwissen", KOM(2007) 808 endg., S. 1ff.

[48] Eingehend *Choi*, 88 California Law Review, 279, 300ff., 310ff. (2000); s. bereits *Thompson*, 75 Washington University Law Quarterly, 779, 782ff. (1997); ohne inhaltliche Konturierung fordert dies auch *Klöhn*, Kapitalmarkt, Spekulation und Behavioral Finance, S. 253f., der die Administration dabei den Finanzintermediären überlassen will; s. dagegen *Mülbert* ZHR 177 (2013), 160, 188.

dass sich die Politik durch bloße staatliche Angebote zur Stärkung der Allgemeinbildung ihrer Regulierungsverantwortung zu entziehen sucht. Dem Vorschlag der Einführung eines qualifizierten Anlegertests wurde zutreffend entgegen gehalten, dass dieser mit erheblichen administrativen Kosten verbunden wäre, die zu dem erhofften Nutzen kaum in einem ausgewogenen Verhältnis stehen[49]. Als wirksame Maßnahme gegenüber kognitiven Verzerrungen erscheint dieser zudem insgesamt kaum vielversprechend. Interessant ist insoweit allerdings, dass der Glaube an den Nutzen einer weitgehenden Beseitigung von Markzutrittsschranken bereits nach wenigen Jahren zunehmend zu schwinden scheint. Der im Zusammenhang mit den jüngeren Maßnahmen zur vorbeugenden Produktinhaltsregulierung beschriebene Pendelschlag auf dem Gradmesser der Marktderegulierung[50] lässt sich jedenfalls auch hier beobachten.

3. Tendenzielle Überwindung „berechenbarer Irrationalität" durch Beratungspflichten

Eine zwar nicht sehr feingliedrige, im Vergleich zu den bisher vorgeschlagenen Vorgehensweisen aber in der Breite eher[51] vielversprechende normative Antwort auf das Phänomen der berechenbaren Irrationalität dürfte im Kern in der konsequenten Abkehr vom reinen Informationsmodell hin zum Beratungspflichtenmodell zu sehen sein[52]. Das wird besonders anschaulich mit Blick auf die diskutierte begrenzte Selbstdisziplin und die kognitiven Restriktionen. Das Problem kognitiver Restriktionen ist einer gezielten Auflösung zwar nicht von vorneherein entzogen. So können Vorgaben an die konkrete Ausgestaltung von Informations- und Aufklärungspflichten durchaus dazu beitragen, dass der Adressat die Informationen besser verarbeiten kann. Hierzu bietet es sich etwa an, verschiedenen Handlungsoptionen den daraus jeweils resultierenden Nutzen direkt zuzuordnen (*mapping*). Komplexe Gebühren- und Kostenstrukturen lassen sich auf diese Weise verständlicher vermitteln, ein Ansatz, den etwa der australische Gesetzgeber im Bereich des Vertriebs von Kapitalanlagen verfolgt[53]. Daneben könnten zwischen der Beratung und der Umsetzung einer be-

[49] Vgl. *Prentice*, 51 Duke Law Journal, 1397, 1402ff. (2002); *Rachlinski*, 97 Northwestern University Law Review, 1165, 1184f. (2003); zustimmend *Fleischer*, in: FS Immenga, S. 575, 584.

[50] § 5, S. 53ff. (sub bb).

[51] Zu den Grenzen s. *Mülbert* ZHR 177 (2013), 160, 193f. am Beispiel der Selbstüberschätzung.

[52] In dieser Richtung auch *Mülbert* ZHR 177 (2013), 160, 207f.; kritisch demgegenüber für den Bereich der Kapitalanlageberatung *Hackethal/Haliassos/Jappelli*, 36 Journal of Banking & Finance, 509, 521f. (2012).

[53] Hierzu *Pearson*, 28 Sydney Law Review, 99, 125ff. (2006); in dieser Richtung deutlich auch *Chater/Huck/Inderst*, EU Final Report Consumer Decision-Making in Retail Investment Services, S. 8ff.; s. noch *Möllers/Kernchen* ZGR 2011, 1, 17ff.; vgl. auch die popularwissenschaftliche Darstellung des Ansatzes bei *Thaler/Sunstein*, Nudge, S. 132ff. In eine

ratenen Entscheidung einzuhaltende Wartezeiten[54] verbunden mit einem über die Beratung anzufertigenden Protokoll die Folgen kognitiver Restriktionen verringern[55], immer auch vorausgesetzt, dass der Ratnehmer bestehende Möglichkeiten zur Nachfrage nutzt.

Eine *umfassende* Auflösung des Problems erscheint dagegen tatsächlich kaum möglich[56]. Schließlich wäre der selbstbestimmten Entscheidungsfindung nicht allein damit gedient, den Informationsfluss auf ein – wie auch immer zu ermittelndes – aufnehmbares und verarbeitbares Maß zu reduzieren, wenn dem Ratnehmer gleichzeitig wesentliche Umstände und Zusammenhänge vorenthalten werden müssten, zumal eine völlige Ausrichtung an dem Ratnehmerkreis, der von kognitiven Restriktionen am stärksten betroffen ist, letztlich zu einseitig und zudem kaum praktikabel ist. Wenn es nun gerade dem Ideal der Selbstbestimmungsberatung entspricht, dass der Ratnehmer die Empfehlung des Ratgebers einer eigenständigen Überprüfung unterziehen kann, um seine Entscheidung informiert und damit tatsächlich selbstbestimmt ausüben zu können, bleibt es in jedem Fall dabei, dass die kognitiven Restriktionen des Ratnehmers der Steuerungsfunktion der Beratung Grenzen setzen.

Unter diesem Vorbehalt spricht allerdings manches dafür, dass kognitive Restriktionen bei Entscheidungen, die unter Beratung getroffen werden, insgesamt weniger ins Gewicht fallen als im Rahmen reiner Informations- und Aufklärungspflichtenmodelle[57]. Die Empfehlung des Ratgebers soll gerade sicherstellen, dass dem Ratnehmer eine seinen Präferenzen entsprechende Handlungsoption aufgezeigt wird. Auch wird der Ratgeber der mangelnden Selbstdisziplin des Ratnehmers mangels eigener Betroffenheit kaum vergleichbar unterliegen und diesen von vorneherein zu einer Entscheidung motivieren, die kurzfristige und längerfristige Präferenzen eher miteinander in Einklang bringt. In gleicher Weise kann die Bewertung durch einen Ratgeber dazu beitragen, dass der Ratnehmer der begrenzten Rationalität nicht in gleicher Schär-

---

ähnliche Richtung gehen Bemühungen, verhaltenswissenschaftliche Erkenntnisse über die Verarbeitung statistischer Riskoinformationen im Rahmen des präventiven Infektionsschutzes nutzbar zu machen; hierzu *Spiecker/Kurzenhäuser*, in: Engel/Englerth/Lüdemann/Spieker, Recht und Verhalten, S. 133, 144ff.

[54] Hierzu auch *Chater/Huck/Inderst*, EU Final Report Consumer Decision-Making in Retail Investment Services, S. 9.

[55] Hierzu mit gewissen Bedenken auch *Drexl*, Die wirtschaftliche Selbstbestimmung des Verbrauchers, S. 419; zum Ganzen eingehender § 13, S. 203ff. (sub 7).

[56] Das wird auch deutlich in den auf den Verbraucher ausgelegten Überlegungen von *Pfeiffer* NJW 2011, 1, 3ff. Zu dem fatalen Zusammenspiel zwischen einem unrealistischen Ratgeberoptimismus und der Richtigkeitsannahme des Ratnehmers (*confidence heuristic*) s. noch *Price/Stone*, 17 Journal of Behavioral Decision Making, 39ff. (2004).

[57] Zur Eindämmung des *framing*-Effekts durch zuverlässige Beratung s. etwa *Druckman*, 17 Journal of Law, Economics and Organization, 62ff. (2001); zur Wirkung eines *egocentric advice discounting* s. *Yaniv*, 93 Organizational Behavior and Human Decision Processes, 1ff. (2004); s. noch den Überblick bei *Bonaccio/Dalal*, 101 Organizational Behavior and Human Decision Processes 127, 129f. (2006).

fe unterliegt, wie das ohne Beratung der Fall gewesen wäre. Ein erfahrener Ratgeber dürfte von solchen Urteilsverzerrungen tendenziell weniger betroffen sein[58]. Beratungspflichten sind vor diesem Hintergrund gleichsam ein zwischen der vorliegend nur vorsichtig befürworteten gezielten und der eher kritisch gesehenen ungezielten Neutralisierung zu verortendes Mittel des Ausgleichs der durch bloße Informationen drohenden Fehlsteuerung des Entscheidungsprozesses.

4. Ratgebermissbrauch als Herausforderung

Während in der Beratung damit durchaus ein effektives Mittel zum Ausgleich der beschriebenen Defizite des menschlichen Entscheidungsverhaltens gesehen werden kann, besteht gleichsam die Gefahr eines diese Defizite verstärkenden Missbrauchs durch den Ratgeber[59]. Verhaltenspsychologisch erfahrene Ratgeber nutzen die beschriebenen Phänomene bisweilen gezielt aus, um das Entscheidungsverhalten des Ratnehmers nach Maßgabe vorhandener Eigeninteressen zu beeinflussen[60]. Im Bereich des Vertriebs lässt sich unter dem Schlagwort vom *consultative selling* durchaus von einer etablierten Absatzstrategie sprechen. Auch im Bereich der klassischen beratenden Professionen, die aufgrund des ihnen immanenten Standesethos nach traditionellem Verständnis stärker Missbrauchstendenzen widerstehen sollten, ist eine zunehmende Ökonomisierung und damit zugleich eine Zunahme des Missbrauchspotenzials erkennbar[61]. Auf eine besondere Ausprägung dieses Problems wurde im Rahmen des Phänomens des begrenzten Eigeninteresses bereits hingewiesen[62]. Besonderes Augenmerk verdient in diesem Zusammenhang auch ein dem Ratnehmer gegenüber dargestellter unrealistischer Optimismus. Verhaltenswissenschaftlichen Studien zur Folge tendieren Ratnehmer eher dazu solchen Ratgebern zu folgen, die sich ihnen gegenüber betont selbstsicher geben (*confidence heuristic*)[63]. Eine Rechtsordnung, die sich eines Beratungspflichtenmodells bedient, bleibt daher nicht allein eine Antwort auf die Frage schuldig, in welchem Maße der Ratgeber an die Interessen des Ratnehmers gebunden ist. Es sind zugleich rechtliche Vorgaben erforderlich, um den aus unerwünschten Interessenkonflikten resultierenden Gefahren für den Ratnehmer im Rahmen des Möglichen

---

[58] Kritisch *Klöhn*, Kapitalmarkt, Spekulation und Behavioral Finance, S. 253; s. auch *Möllers/Kernchen* ZGR 2011, 1, 15.

[59] Vgl. auch *Langenbucher* ZHR 177 (2013), 679, 693; ähnlich, wenn auch etwas zurückhaltender *Mülbert* ZHR 177 (2013), 160, 208.

[60] Hierzu allgemein *Hanson/Kysar*, 74 New York University Law Review, 630, 721 ff. (1999); am Beispiel des Vertriebs von Krediten an Verbraucher s. *Iossa/Palumbo*, 62 Oxford Economic Papers, 374, 376, 387 ff. (2010).

[61] Hierzu eingehender § 14, S. 311 ff. (sub b).

[62] § 7, S. 77 f. (sub bb).

[63] Hierzu *Price/Stone*, 17 Journal of Behavioral Decision Making, 39 ff. (2004).

und Zumutbaren zu begegnen. In der ökonomischen Literatur wird die Diskussion bekanntlich unter dem Schlagwort des *principal-agent*-Problems geführt[64].

In diesem Zusammenhang war lange Zeit die Tendenz erkennbar, sich anstelle der Vermeidung solcher Interessenkonflikte mit deren Offenlegung zu begnügen. Damit ist die Vorstellung verbunden, dass auf diesem Wege zwar nicht der Anreiz zur Abgabe einer nicht oder weniger optimalen Empfehlung selbst beseitigt würde, wohl aber der Ratnehmer in die Lage versetzt wird, diese mit besonderer Wachsamkeit unter dem Eindruck der bestehenden Interessenkollision zu überprüfen und eigenständig zu bewerten, ob der Ratgeber mit seiner Empfehlung tatsächlich den eigenen Interessen am ehesten Rechnung trägt. Eine solche Selbstaufklärung der beratenen Partei auf entsprechenden Anhaltspunkt hin ist aber doch schon auf den ersten Blick kaum vielversprechend, zumal wenn man sich klarmacht, dass der Ratnehmer eine solche Überprüfung selbst vielfach kaum wird leisten können und überdies der Ratgeber durch geschickte Verkaufsstrategien das so verlorene Vertrauen des Ratnehmers mehr oder weniger unbemerkt zurückgewinnen wird können. Eine effektive Antwort auf das Bestehen von Interessenkonflikten und deren Wirkungen auf das Verhalten von Ratgeber und Ratnehmer liegt in aller Regel wohl in der Implementierung institutioneller Schutzvorkehrungen. Zu nennen ist die obligatorische Einschaltung eines vom Leistungserbringer tatsächlich unabhängigen Beraters oder eine Regulierung des beratenden Vertriebs dergestalt, dass die Zahlung einer vom Inhalt der Empfehlung abhängigen zusätzlichen Vergütung an Vertriebshelfer des Leistungserbringers (Angestellte und Intermediäre) verboten und die Einhaltung dieses Verbots aufsichtsrechtlich, ggf. auch ordnungswidrigkeitenrechtlich wirksam abgesichert wird[65]. Alles in allem stellt sich der Umgang mit Interessenkonflikten als die wohl größte regulatorische Herausforderung im Recht der Beratung dar.

5. Begrenzte Verallgemeinerbarkeit verhaltenspsychologischer Erkenntnisse und verbleibendes Forschungspotenzial

Bei allen aus den vorliegenden verhaltenswissenschaftlichen Erkenntnissen gewinnbaren normativen Konsequenzen ist schließlich vor einer zu weitgehenden Verallgemeinerung Zurückhaltung geboten. Die Sachverhalte, in denen Beratung pflichtgemäß oder überobligatorisch stattfindet, sind dafür letztlich zu unterschiedlich. Hierzu wäre es vielmehr erforderlich, die in Entscheidungssi-

---

64 Hierzu im Überblick etwa *Eisenhardt*, 14 Academy of Management Review 57, 58ff. (1989) mwN.; zu dem in seiner Ausprägung in besonderer Weise vom Vergütungssystem abhängigen *principal-agent*-Problem im Verhältnis zwischen Mandant und Anwalt etwa *Wagner* ZZP 121 (2008), 5, 11f.

65 Hierzu eingehend § 14, S. 315ff. (sub c).

tuationen wirkenden Defizite und das durch Beratung entstehende Missbrauchspotenzial gezielt innerhalb der einzelnen Teilrechtsgebiete zu untersuchen[66]. Vorbehaltlich weitergehender empirischer Forschung können die Verhaltenswissenschaften so vorerst nur die Plausibilität einer Normativierung von Beratungsvorgängen bestätigen. Die Rechtsentwicklung, das wird die weitere Behandlung des Themas zeigen, geht (intuitiv) längst in diese Richtung.

66 Zum weitergehenden Forschungsbedarf im Bereich der *behavioral finance* s. etwa auch *Chater/Huck/Inderst*, EU Final Report Consumer Decision-Making in Retail Investment Services, S. 11.

Kapitel III

Überblick über die Haftung des Ratgebers im geltenden deutschen Zivilrecht

§ 8 Keine Haftung für Rat und Empfehlung, § 675 Abs. 2 BGB

I. Regelungsgehalt und Anwendungsbereich des § 675 Abs. 2 BGB

Ein Überblick über die Haftung des Ratgebers im geltenden Recht muss mit § 675 Abs. 2 BGB beginnen. Immerhin bestimmt das Gesetz hier allgemein und ausdrücklich, dass derjenige, der einem anderen einen Rat oder eine Empfehlung erteilt, unbeschadet der sich aus einem Vertragsverhältnis, einer unerlaubten Handlung oder einer sonstigen gesetzlichen Bestimmung ergebenden Verantwortlichkeit, zum Ersatz des aus der Befolgung des Rates oder der Empfehlung entstehenden Schadens nicht verpflichtet ist. Die Regelung entspricht nicht mehr ganz der Ursprungsfassung des § 676 BGB aF, die fast einhundert Jahre Geltung hatte. Durch das Gesetz zur Umsetzung der Überweisungsrichtlinie vom 21. Juli 1999[1] wurde sie vom Auftragsrecht in das Recht der Geschäftsbesorgung verschoben und um den Zusatz „oder einer sonstigen gesetzlichen Bestimmung" ergänzt. Der Gesetzgeber wollte damit dem Umstand Rechnung tragen, dass die Regelung „inzwischen durch eine Reihe sondergesetzlicher Vorschriften im Bereich des Wertpapier- und Anlagegeschäfts überholt" sei[2]. Hiernach war allerdings weder mit der Neufassung noch mit der Standortveränderung in der Sache eine Änderung bezweckt[3].

Aus heutiger Sicht scheint die Regelung aus verschiedenen Gründen überflüssig, der Erkenntnis vielleicht sogar eher hinderlich. Während eine ganz vereinzelt gebliebene Auffassung der Norm einen echten Regelungsgehalt dahin zuerkennt, dass sie eine restriktive Handhabung des Vertragsrechts gebiete[4], stellt sie nach ganz überwiegender Auffassung lediglich klar, dass Rat und Empfeh-

---

[1] BGBl. 1999 I, S. 1642.

[2] BT-Drucks. 14/745, S. 15.

[3] Vgl. auch BT-Drucks. 14/745, S. 15: „§ 676 soll inhaltlich unverändert bleiben".

[4] *Wiegand*, Die „Sachwalterhaftung" als richterliche Rechtsfortbildung, S. 90; hierzu noch § 8, S. 100 ff. (sub c).

lung als solche nicht mehr als Gefälligkeiten[5] sind und damit aus sich heraus keine rechtliche Relevanz haben[6]. Hiernach bedarf es *selbstverständlich* weitergehend eines vertraglichen oder gesetzlichen Haftungsregimes, das an die Abgabe einer Empfehlung Haftungsfolgen knüpft. Ein Sonderrecht der Haftung für fehlerhaften Rat, das mit einem eigenständigen Regelungsgehalt der Norm wohl verbunden wäre, existiert daher nach herrschender Meinung nicht[7]. Vielerorts wird betont, die Norm sei immerhin Ausdruck des Grundsatzes, wonach *im Regelfall* für Rat und Auskunft nicht gehaftet werde[8]. Vor dem Hintergrund dieser überwiegenden Einschätzung erklärt sich, dass die Frage nach dem Anwendungsbereich der Norm, danach also was unter Rat und Empfehlung zu verstehen ist, kaum eingehender diskutiert wird[9]. Man erfährt, dass Rechtsprechung und Schrifttum die bloße Auskunft, obwohl nicht ausdrücklich genannt, dem Rat und der Empfehlung seit jeher gleichgestellt haben[10]. Zudem hätten Rat und Empfehlung gemein, dass sie aufgrund der ihnen innewohnenden wertenden Stellungnahme über die Auskunft als bloße Informationsvermittlung hinausgingen[11]. Die Intensität der wertenden Stellungnahme sei es zudem, was Rat und Empfehlung voneinander unterscheide[12]. Ohne ausdrücklich dazu Stellung zu beziehen, geht der moderne Gesetzgeber offenbar davon aus, dass die Regelung nicht lediglich auf die Beratung im fremden Interesse, sondern gleichsam auf die ausschließliche beratungsweise Verwirklichung der Ratgeberinteressen zutrifft. Der erwähnte Hinweis auf die sonstigen Bestimmungen aus dem Bereich des Wertpapier- und Anlagegeschäfts lässt tatsächlich keinen anderen Schluss zu, als dass der moderne Gesetzgeber die Regelung des § 675 Abs. 2 BGB auch als Ausgangspunkt für die Frage nach der

---

[5] Vgl. MünchKommBGB/*Heermann*, § 675 Rn. 113: didaktisch bemerkenswertes Beispiel für eine Gefälligkeitshandlung.

[6] Zur bloßen Klarstellungsfunktion statt nahezu aller Soergel/*Häuser*/*Welter*, BGB, 12. Aufl. 1999, § 676 Rn. 1; MünchKommBGB/*Heermann*, § 675 Rn. 112; Staudinger/*Martinek*, BGB, Neubearb. 2006, § 675 Rn. C 2; Jauernig/*Mansel*, BGB, § 675 Rn. 13; Palandt/*Sprau*, BGB, § 675 Rn. 33.

[7] Vgl. MünchKommBGB/*Heermann*, § 675 Rn. 113.

[8] *Grunewald* JZ 1982, 627; *Schulze* JuS 1983, 81, 82; Staudinger/*Martinek*, BGB, Neubearb. 2006, § 675 Rn. C 8, C 10; Bamberger/Roth/*Fischer*, BGB, § 675 Rn. 79; s. auch *Honsell* JuS 1976, 621: „im Allgemeinen"; vgl. aus der Rechtsprechung OLG Frankfurt NJW 1965, 1334, 1335: im Zweifel keine Haftung für Winkzeichen im Straßenverkehr.

[9] Vgl. *pars pro toto* Palandt/*Sprau*, BGB, § 675 Rn. 32.

[10] Statt aller Soergel/*Häuser*/*Welter*, BGB, 12. Aufl. 1999, § 676 Rn. 1; aus der Rspr. s. bereits RGZ 126, 50, 51; 148, 268, 293 und vor dem Inkrafttreten des BGB ROHGE 19, 196, 197; RGZ 27, 118, 122; s. auch die Erwähnung des Begriffs in den Motiven der ersten Kommission, abgedruckt bei *Mudgan*, Die gesamten Materialien, Bd. 2, S. 310; einschränkend aber *Wolff*, Die Haftung des Ratgebers, S. 8.

[11] Soergel/*Häuser*/*Welter*, BGB, 12. Aufl. 1999, § 676 Rn. 4.

[12] Soergel/*Häuser*/*Welter*, BGB, 12. Aufl. 1999, § 676 Rn. 4: bei einem Rat noch stärker ausgeprägt; gleich schon RGRK/*Steffen*, BGB, § 676 Rn. 3; s. auch bereits Soergel/*Mühl*, BGB, 11. Aufl. 1980, § 676 Rn. 1, aufgegriffen von *Hadding*, in: FS Schimansky, S. 67, 70 sowie S. 75: „Eine Empfehlung ist ein intensiverer Rat".

Haftung für Beratungshandlungen im Zusammenhang mit Umsatzgeschäften im Interessengegensatz sieht. Die zeitgenössische Literatur teilt ganz augenscheinlich dieses Verständnis. Zum einen wird die gesetzgeberische Klarstellung mit Hinweis auf den Grundsatz *lex specialis derogat legi generali* als überflüssig angesehen[13], zum anderen die Haftung des beratenden Verkäufers ausgehend von der vermeintlich lediglich klarstellenden *ratio* der Regelung nach dem Prinzip von gedachtem Grundsatz und Ausnahmen systematisiert und im Rahmen des § 675 Abs. 2 BGB kommentiert[14]. Der Anwendungsbereich der Norm und ihre Funktion erschließen sich letztlich nur aus dem historischen Kontext. Dieser räumt zugleich auf mit der Vorstellung, dass es sich bei der Haftung für fehlerhafte Beratung im Grundsatz um eine moderne Rechtsentwicklung handeln könnte.

II. Historische Genese des § 676 BGB aF

1. Haftung für fehlerhaften Rat im römischen und gemeinen Recht sowie unter den Partikularrechtsordnungen

a) Haftung für fehlerhaften Rat im römischen Recht

Die erste Kommission kam zu dem Befund, die vorgeschlagene gesamtdeutsche Regelung stehe „im Wesentlichen in Übereinstimmung mit dem richtig verstandenen römischen und gemeinen Rechte und den bezüglichen Bestimmungen der modernen Kodifikationen"[15]. Vor diesem Hintergrund ist ein kurzer Blick auf die Vorgängerrechtsordnungen zur Aufklärung von Anwendungsbereich und Regelungszweck angezeigt. Unter römischem Recht konnte im Zuge der unentgeltlichen Erteilung eines Rats oder einer Empfehlung ein wirksames Rechtsverhältnis mit Haftungsfolgen für den Ratgeber nicht ohne weiteres begründet werden. Dies erklärte sich aus den Eigenheiten des römischen Auftragsrechts. Im Ausgangspunkt entsprach es einem allgemeinen Grundsatz, dass sich der Auftragnehmer nicht gegenüber dem Auftraggeber dazu verpflichten können sollte, ausschließlich seine eigenen Angelegenheiten wahrzunehmen. Ein solches unzulässiges *mandatum tua tantum gratia* konnte das *consilium* sein, die Erteilung eines Rats oder einer Empfehlung[16]. Die Perspek-

---

13 MünchKommBGB/*Heermann*, § 675 Rn. 112 im Anschluss an *Gößmann/van Look*, WM-Sonderbeilage Nr. 1/2000, S. 3, 15.

14 Deutlich Palandt/*Sprau*, BGB, § 675 Rn. 36; 48 ff.; s. auch MünchKommBGB/*Heermann*, § 675 Rn. 122 (stillschweigend geschlossener Auskunftsvertrag bei eigenem wirtschaftlichem Interesse), Rn. 125 ff. (Prospekthaftung); gleich schon bei RGRK/*Steffen*, BGB, § 676 Rn. 24 f., 31 ff.

15 Vgl. *Mugdan*, Die gesamten Materialien, Bd. 2, S. 310.

16 *Kaser/Knütel*, Römisches Privatrecht, S. 252; *Honsell/Mayer-Mali/Selb*, Römisches

tive, die das römische Recht dabei einnahm, stellt die Dinge aus heutiger Sicht geradezu auf den Kopf, denn der Ratgeber und nicht der Ratnehmer wurde in der Person des Auftraggebers, der Ratnehmer umgekehrt in der des Auftragnehmers gesehen[17]. Einen solchen Auftrag, mithin die Ausführung des erteilten Rates, rechtsverbindlich erteilen zu dürfen, hätte aus dieser Perspektive bedeutet, dass der Ratnehmer im Verhältnis zum Ratgeber seine Entscheidungsfreiheit verlöre. Die Unwirksamkeit dieses *mandatum* war somit Ausdruck des Schutzes der Selbstbestimmung des Ratnehmers[18], freilich um den Preis, dass dieser auch die Folgen eines fehlerhaften Rats in ungeteilter Verantwortung zu tragen hatte. In Ermangelung eines ausdrücklichen Garantieversprechens[19] handelte der, der nur auf Grund der Empfehlung agierte, auf eigenes Risiko[20]. Aus dem Gesagten wurde später, insbesondere im gemeinen Recht und offenbar auch im Zuge der Vorarbeiten zum BGB, der Schluss auf eine rigide Rechtsregel gezogen, wonach Beratung im römischen Recht gleichsam im rechtsfreien Raum stattfand und für fehlerhafte Beratung nicht gehaftet wurde[21]. Hiervon unberührt blieben freilich die Grundsätze der römischen *actio doli*[22]. Nach einer augenscheinlich späteren Erkenntnis rechtsgeschichtlicher Forschung war das Eigeninteresse des beauftragten Ratnehmers tatsächlich solange unschädlich, wie mit der Empfehlung zugleich ein, wenn auch untergeordnetes eigenes Interesse des Ratgebers selbst oder eines Dritten verfolgt wurde. In diesen Fällen konnte auch die Erteilung eines Rates Grundlage eines wirksamen Auftrags mit entsprechenden Haftungsfolgen sein[23].

b) Haftung für fehlerhaften Rat im gemeinen Recht

Für das gemeine Recht wird berichtet, dieses differenzierte bei der Haftung für fehlerhaften Rat im Großen und Ganzen zwischen der gemeinrechtlichen *actio doli*, der Erteilung des Rates auf der Grundlage eines stillschweigenden oder

Recht, S. 336; s. auch *Hückstädt*, Die Haftung des Ratgebers, S. 11 ff.; *Jacoby*, Die Crediterkundigung, S. 8 f.; *Zahnen*, Die Haftung des Ratgebers, S. 6.

[17] Staudinger/*Martinek*, BGB, Neubearb. 2006, § 675 Rn. C3; *Jost*, Vertragslose Auskunfts- und Beratungshaftung, S. 16.

[18] Staudinger/*Martinek*, BGB, Neubearb. 2006, § 675 Rn. C3; zu einer anderen Deutung kommt HK-BGB/*Lammel*, §§ 662–675b Rn. 58.

[19] Hierzu *Jacoby*, Die Crediterkundigung, S. 10.

[20] *Luther*, Die Haftung des Ratgebers, S. 45.

[21] Hierzu MünchKommBGB/*Heermann*, § 675 Rn. 110; s. auch ROHGE 19, 196, 198; dezidiert a. A. HK-BGB/*Lammel*, §§ 662–675b Rn. 57 ff.

[22] Vgl. *Glück*, Ausführliche Erläuterung der Pandecten, § 960, S. 366 f.; s. ferner *Hückstädt*, Die Haftung des Ratgebers, S. 38; *Jacoby*, Die Crediterkundigung, S. 12 f.; s. auch *Honsell/Mayer-Mali/Selb*, Römisches Recht, S. 336 Fn. 13 sowie ROHGE 19, 196, 198.

[23] MünchKommBGB/*Heermann*, § 675 Rn. 110 mit Hinweis auf Dig. 17, 1, 16; vgl. auch *Honsell/Mayer-Mali/Selb*, Römisches Recht, S. 336; eingehend auch HK-BGB/*Lammel*, §§ 662–675b Rn. 58.

ausdrücklichen Vertrags, der Beratung aufgrund einer entsprechenden Amtspflicht und dem Garantievertrag, wenn also der Ratgeber die nachteiligen Folgen eines fehlerhaften Rats übernehmen wollte. Berichtet wird daneben von einem örtlich unterschiedlich gehandhabten Handelsgewohnheitsrecht, wonach Kaufleute auch unterhalb der Vorsatzschwelle für ihre Empfehlungen einzustehen haben konnten[24]. Schon das gemeine Recht kannte das vertragliche Versprechen, einen Rat mit der gebotenen Sorgfalt zu erteilen. Eine solche, zumeist stillschweigend übernommene Haftung wurde demgegenüber nicht ohne weiteres bejaht. Unterstellt wurde sie auch bei gewerbsmäßiger Beratung regelmäßig offenbar erst, wenn der Ratgeber aus dieser Tätigkeit ein Gewerbe gemacht hatte *und* sich für den Rat besonders vergüten ließ[25]. In der Wissenschaft wurde die Forderung erhoben, die Haftung im außervertraglichen Bereich allgemein nicht auf Vorsatz zu begrenzen[26]. Die Frage war allerdings auch später noch höchst umstritten[27], was eine Einlassung *Jherings* deutlich macht, der schon die Einbeziehung von *culpa lata* in die *actio doli* vehement als rechtspolitisch verfehlt zurückwies[28].

c) Haftung für fehlerhaften Rat unter den Partikularrechtsordnungen

Die Partikularrechtsordnungen zeichneten die gemeinrechtlichen Grundsätze im Ausgangspunkt mit einigen Differenzierungen nach, wobei der Solvenzauskunft, die offenbar schon früh herausgehobene praktische Bedeutung hatte, besondere Aufmerksamkeit zukam[29]. Mit dem überkommenen Begriff der Kreditauskunft wurden die Solvenz betreffende Auskunftstätigkeiten von Banken bezeichnet, wobei die bezügliche Anfrage von dem Betroffenen selbst zur weiteren Verwendung im Geschäftsverkehr oder durch einen interessierten Dritten stammen konnte. Auch war es üblich, dass Kaufleute sich untereinander Auskunft über die Solvenz eines Dritten erteilten, mit denen der Erklärende schon geraume Zeit Geschäftsbeziehungen unterhalten hat. Insoweit war der Begriff der kaufmännischen Empfehlung gebräuchlich[30]. Bei den Solvenzauskünften

---

[24] Vgl. *Thibaut*, System des Pandekten-Rechts, § 448, S. 380; *Luther*, Die Haftung des Ratgebers, S. 24 ff., 87 ff.; *Jacoby*, Die Crediterkundigung, S. 19 ff.; s. auch *Jost*, Vertragslose Auskunfts- und Beratungshaftung, S. 22 f.; ablehnend *Magdalinski*, Die Haftung des Ratgebers, S. 45 ff.

[25] Vgl. *Dernburg*, Pandekten, Bd. II, Obligationenrecht, § 115, S. 319 Fn. 8; s. auch *Hückstädt*, Die Haftung des Ratgebers, S. 24 f.; weitergehend *v. Völderndorff*, Busch's Archiv, Bd. 35, S. 5.

[26] Vgl. *Mommsen*, Erörterungen aus dem Obligationenrecht, Heft II, S. 175 ff.; zum Ganzen auch *Jost*, Vertragslose Auskunfts- und Beratungshaftung, S. 18 f.

[27] Zum Streitstand etwa *Wolff*, Die Haftung des Ratgebers, S. 25 mwN.

[28] Vgl. *Jhering*, Culpa in Contrahendo, in: Jahrbücher für die Dogmatik des heutigen römischen und deutschen Rechts (Jhering Jahrbücher), S. 7, 12 f.; zu deren Wortlaut § 8, S. 102 (sub c); dem folgend etwa *Luther*, Die Haftung des Ratgebers, S. 25.

[29] Hierzu eingehender *Jacoby*, Die Crediterkundigung, S. 2 ff., 38 ff., 42 ff.

[30] Hierzu nur *Magdalinski*, Die Haftung des Ratgebers, S. 41.

handelte es sich, wie bei der entsprechenden Tätigkeit der *SCHUFA Holding AG* und anderer Auskunfteien auch heute noch, zumeist um einen Rat im ausschließlich fremden Interesse. Banken ließen ihn sich besonders vergüten, während Kaufleute ihn nicht selten unentgeltlich zur allgemeinen Pflege bestehender Geschäftsverbindungen erbrachten oder um sich im Nachgang zu einem Geschäftsabschluss erkenntlich zu zeigen[31] und ohne notwendig eigene unmittelbare Vorteile aus der Befolgung des Rats zu erzielen. Ein Kaufmann, der seinen Geschäftsfreunden solche Gefälligkeiten erwies, nahm in solchen Fällen die Gefahr auf sich, „für nichts und wieder nichts" in Regress genommen zu werden[32]. Vor diesem Hintergrund erklärt sich durchaus die Berechtigung der seinerzeit geführten Diskussion um eine auf Vorsatz begrenzte Haftung und die Üblichkeit von Zusätzen wie „ohne Obligo", die offenbar einer zeitweise unberechenbaren Rechtslage geschuldet waren[33]. Daneben kam es allerdings auch vor, dass der Empfehlende aufgrund der mit dem Dritten getroffenen Vereinbarung einer prozentualen Beteiligung ein unmittelbares eigenes Interesse an der Kreditgewährung hatte[34].

Die Haftung für unrichtige Kreditempfehlungen ging auch unter den Kodifikationen zumeist über die allgemeine deliktische Vorsatzhaftung hinaus. Unter dem Preußischen Allgemeinen Landrecht führte die unrichtige Bankenauskunft ungeachtet eines vertraglichen Haftungsversprechens etwa bereits dann zu einer bürgenähnlichen Ausfallhaftung, wenn der schriftlichen Erteilung der Auskunft ein grobes Versehen zugrunde lag[35]. Bei der kaufmännischen Empfehlung genügte schon die Verletzung „gewöhnlicher Aufmerksamkeit"[36]. Allerdings wurde auch unter dem Allgemeinen Landrecht anerkannt, dass es allgemein einen Unterschied macht, wenn der Ratgeber seinen Rat gegen Vergütung erteilt. Jedenfalls für den Sachverständigen galt, dass er bei unentgeltlichem Rat erst bei „grobem Versehen", im anderen Fall bereits für ein „mäßiges Versehen" einstehen musste[37]. Diese Wertung lag etwa auch dem österreichischen Allgemeinen Gesetzbuch zugrunde. Dieses bestimmte in § 1300, der mit diesem Inhalt bis heute fort gilt, dass die Haftung des Sachverständigen dann nicht auf wissentlich verursachte Schäden begrenzt ist, wenn er in Angelegenheiten seiner Kunst oder Wissenschaft gegen Belohnung versehentlich ei-

---

31 Hierzu *Jacoby*, Die Crediterkundigung, S. 2; *Magdalinski*, Die Haftung des Ratgebers, S. 43.

32 Instruktiv *Luther*, Die Haftung des Ratgebers, S. 5.

33 Hierzu *Magdalinski*, Die Haftung des Ratgebers, S. 47 f.; s. auch *Jacoby*, Die Crediterkundigung, S. 27 und allgemeiner *Wolff*, Die Haftung des Ratgebers, S. 42.

34 Hierzu und zu den Fällen eines kollusiven Zusammenwirkens mit dem Betroffenen *v. Völderndorff*, Busch's Archiv, Bd. 35, S. 1 f.

35 Vgl. § 209, I, 14 ALR.

36 Vgl. § 704, II, 8 ALR.

37 §§ 219, 220, I, 13 ALR; s. auch §§ 57, 58, I, 13 ALR.

nen nachteiligen Rat erteilt hatte[38]. Das Bürgerliche Gesetzbuch für das Königreich Sachsen sah mit § 1301 Entsprechendes vor.

2. Anwendungsbereich und Interesse

Mit den Begriffen des Rats und der Empfehlung verband der historische Gesetzgeber im theoretischen Ausgangspunkt offenbar unterschiedliche Arten willensbeeinflussender Äußerungen. In den Motiven selbst werden die Begriffe zwar nicht behandelt. „Einen Rath gebe ich", so liest man aber in *Christian Friedrich Glücks* Erläuterung der Pandekten, „wenn ich dem Andern zu erkennen gebe, was ich für ihn, und in seiner Lage für das zuträgliche halte, und selbst thun würde, wenn ich an seiner Stelle wäre"[39]. Mit der vom Rat verschiedenen Empfehlung beschreibt *Glück* demgegenüber das Hervorheben der guten Eigenschaften einer Person oder eine Sache „in der Absicht, den Andern dadurch zu Etwas zu bestimmen"[40], d.h. mit der betreffenden Person, etwa einem Dienstboten oder einem Rechtsanwalt, in ein bestimmtes Rechtsverhältnis zu treten oder eine Sache käuflich zu erwerben[41]. Während der Rat hiernach offenbar eher generisch bleiben kann, zielt die Empfehlung auf eine spezifische Handlung und erfährt daraus ihre gegenüber dem Rat gesteigerte Intensität. Dementsprechend bestand schon früher Einigkeit, dass es sich bei der Empfehlung lediglich um einen Unterfall des Rats handelt[42]. Vor diesem Hintergrund scheint es, dass das heute herrschende Begriffsverständnis der Vorstellung des historischen Gesetzgebers entspricht.

Etwas unklar ist allerdings, ob die zwischen Ratgeber und Ratnehmer bestehende Interessenlage für die Begriffe des Rats und der Empfehlung ursprünglich bedeutsam werden sollte. Jedenfalls soweit es den Rat betrifft, spricht nach allgemeinem Verständnis manches dafür, dass ein solcher im Ausgangspunkt überhaupt nur vorliegt, wenn weder der Ratgeber selbst noch ein ihm nahestehender Dritter am Entscheidungsverhalten des Ratnehmers ein eigenes Interesse haben. So liest man auch weiter bei *Christian Friedrich Glück*, dass der Ratgeber „kein weiteres Interesse hat", weil „der Rath ... die eigenen An-

---

[38] Hierzu *Jacoby*, Die Crediterkundigung, S. 39; zur Relativierung des Entgeltlichkeitskriteriums *Jost*, Vertragslose Auskunfts- und Beratungshaftung, S. 28 mwN.

[39] *Glück*, Ausführliche Erläuterung der Pandecten, § 960, S. 366; s. auch *Hückstädt*, Die Haftung des Ratgebers, S. 12; *Wolff*, Die Haftung des Ratgebers, S. 8, der dabei besonders das imperative Moment betont.

[40] *Glück*, Ausführliche Erläuterung der Pandecten, § 960, S. 368; ferner *Hückstädt*, Die Haftung des Ratgebers, S. 42.

[41] Vgl. *Hückstädt*, Die Haftung des Ratgebers, S. 42; s. auch *Magdalinski*, Die Haftung des Ratgebers, S. 41 f.

[42] Vgl. *Wolff*, Die Haftung des Ratgebers, S. 10; *Zahnen*, Die Haftung des Ratgebers, S. 1; *Magdalinski*, Die Haftung des Ratgebers, S. 42; s. auch *Brinckmann*, Lehrbuch des Handelsrechts, S. 515.

gelegenheiten desjenigen [betrifft], welchem der Rath erteilt wird"[43]. Noch anschaulicher erläuterte das *Ernst Wolff*, wonach beim Rat die Aufforderung im alleinigen Interesse des Aufgeforderten geschehe. Ein Ratgeber erkläre dem Ratnehmer: „thue dies, aber nicht weil es für mich, sondern weil es für Dich am besten ist". Deshalb, so *Wolff*, „ist eine Anpreisung, etwa eigener zum Verkauf gestellter Waren, kein Rat, denn sie geschieht erkennbar im egoistischen Interesse, und der andere weiss, dass ihm zu dem Kaufe nicht aus Wohlwollen für ihn, sondern deshalb geraten wird, weil der Anpreisende seine Waren gern los werden möchte"[44]. Mit dem Wesen der auf eine bestimmte Person oder Sache bezugnehmenden Empfehlung verhält es sich hiernach nicht anders. Auch diese umfasste nach *Wolffs* Vorstellung nicht die Empfehlung eines Verkäufers, sondern lediglich einen besonderen Fall des von eigenen Interessen losgelösten Rates[45].

Gleichwohl spricht letztlich wenig dafür, dass der historische Gesetzgeber Absatzhandlungen im Rahmen gewöhnlicher Umsatzgeschäfte, die in dem Gewand eines „guten Rates" daherkommen, von den Rechtsbegriffen des Rats und der Empfehlung ausgenommen wissen wollte. So bezieht sich schon *Wolff* bei seiner Begriffsbestimmung nicht unmittelbar auf den Entwurf des § 676 BGB aF, sondern zunächst nur auf den „Sprachgebrauch des täglichen Lebens"[46], der Ratgeber und Verkäufer aufgrund der im theoretischen Ausgangspunkt diametral entgegengesetzten Interessenausrichtung auch heute noch klar voneinander unterscheidet. Auch das gemeine Recht und das geschriebene Recht der Partikularstaaten, das die erste Kommission der Regelung zugrunde legte, kannte die – praktisch zumal selten mögliche – strikte Trennung des guten Rats vom Rat im erkennbar egoistischen Interesse letztlich nicht. Man kommt schließlich nicht umhin, den Regelungszweck des § 675 Abs. 2 BGB schon bei der Bestimmung des Anwendungsbereichs zu berücksichtigen. Wenn man zunächst einmal mit der ganz überwiegenden Ansicht davon ausgeht, dieser stelle tatsächlich lediglich klar, dass Rat und Empfehlung ohne das Hinzutreten weiterer Umstände haftungsrechtlich unbeachtlich sind, ist eine weitergehende Differenzierung nach der Interessenlage wegen der mit dieser Aussage verbundenen Allgemeingültigkeit nämlich nicht angezeigt. In diesem Sinne ging auch das *Reichsgericht* von einem weiten, gegen den allgemeinen Sprachgebrauch gerichteten Begriffsverständnis aus. Ohne zwar ausdrücklich auf das unmittelbar bevorstehende Inkrafttreten des § 676 BGB aF Bezug zu nehmen, führte es in einer im Jahr 1898 erlassenen Entscheidung gleichwohl in diesem

---

[43] *Glück*, Ausführliche Erläuterung der Pandecten, § 960, S. 366.

[44] *Wolff*, Die Haftung des Ratgebers, S. 8 f.; ähnlich *Zahnen*, Die Haftung des Ratgebers, S. 2: kein Rat, „wo die Ermunterung zum eigenen Vorteil ... geschieht oder gewerbsmäßig zugunsten eines anderen betrieben wird".

[45] Vgl. *Wolff*, Die Haftung des Ratgebers, S. 10.

[46] *Wolff*, Die Haftung des Ratgebers, S. 8.

Sinne aus: „Wenn das Recht den Satz ausgebildet hat, daß für Rat und Empfehlung an und für sich nicht gehaftet wird, so wird dabei unterstellt, daß zwischen den Parteien etwas anderes als Rat und Empfehlung nicht vorgefallen ist“[47]. In dem zur Entscheidung stehenden Sachverhalt hatte ein Bankier seinem Kunden Wertpapiere als sichere Anlage empfohlen. Es ging also gerade um solche Absatzhandlungen im Gewand der Beratung, die *Wolff* vom Rat im natürlichen Begriffssinn abgrenzen wollte.

3. Regelungszweck

a) Motive der ersten Kommission

Während die Motive der Kommissionen für den Anwendungsbereich der Regelung unmittelbar wenig ergiebig sind, ist ihre Bedeutung für die Ermittlung des Regelungszwecks anerkanntermaßen ungleich größer. Nach der Vorstellung der ersten Kommission galt es Stellung zu beziehen zu einer zeitgenössischen Diskussion, in der Uneinigkeit über den Maßstab außervertraglicher Haftung für Raterteilung bestand. Unter Bezugnahme auf die dargestellten Vorgängerrechtsordnungen erklärte die erste Kommission, dass die „in Theorie und Praxis noch nicht verschwundene Ansicht, es müsse auch für *culpa*, mindestens für *culpa lata*, eingestanden werden, zurückgewiesen“ werden sollte. Fortgeschrieben werden sollte die dem gemeinen Recht und den Partikularrechtsordnungen bekannte Haftung wegen fehlerhaften Rates jenseits der *actio doli* aber, soweit es „Vertragsfälle“ betraf. Das bedeutete nach dem Verständnis der Kommission die Empfehlung aufgrund eines ausdrücklichen oder stillschweigenden Vertrags, wozu allerdings auch solche „kraft Gewerbes oder Berufs“, namentlich „Erkundigungen nach Solvenz und Kreditwürdigkeit“ gerechnet wurden[48].

b) Motive der zweiten Kommission

Die zweite Kommission hatte sich mehrheitlich dagegen entschieden, die Regelung unter Hinweis auf die von einigen behauptete Entbehrlichkeit insgesamt zu streichen. Lediglich der in der Ursprungsfassung enthaltene ausdrückliche Vorbehalt der Arglist wurde im revidierten zweiten Entwurf zugunsten des bis heute geltenden Pauschalverweises auf das Deliktsrecht gestrichen. Zuvor griff die zweite Kommission den von der ersten Kommission benannten Regelungszweck auf und bestätigte, es gehe darum klarzustellen, dass der Ratgeber außerhalb eines Vertragsverhältnisses nicht für die Anwendung ordnungsgemä-

---

[47] RGZ 42, 125, 129.

[48] Zum Ganzen Motive der ersten Kommission, abgedruckt bei *Mugdan*, Die gesamten Materialien, Bd. 2, S. 310; s. auch *Schubert*, Vorlagen der Redaktoren, S. 800.

ßer Sorgfalt, sondern lediglich für Vorsatz einzustehen habe[49]. Ebenso, wie die außervertragliche *culpa*-Haftung für Vermögensschäden im Allgemeinen ausdrücklich nicht eröffnet werden sollte[50], war es das erklärte Ziel der Kommission, bestehende gegenläufige Tendenzen in der Wissenschaft und der Reformdiskussion für den besonderen Bereich von Auskunft und Beratung zu beschneiden[51]. Hierzu nahm sie ausdrücklich auf eine schon seiner Zeit verbreitete Auffassung Bezug, die in der Erteilung eines Rats *ohne weiteres* den stillschweigenden Abschluss eines Vertrages sah, der den Ratgeber zur Anwendung ordentlicher Sorgfalt verpflichten sollte. Die entscheidende Passage der Beschlussfassung der Begründung lautet:

> „Andererseits empfehle es sich nicht, über die Haftung wegen Rathserteilung ganz zu schweigen. Eine solche Haftung lasse sich nämlich nicht nur aus den Grundsätzen über unerlaubte Handlungen ableiten, sondern werde von einer verbreiteten Ansicht darauf gegründet, daß derjenige, welcher sich zur Ertheilung eines Rathes herbeilasse, sich durch stillschweigenden Vertrag zur Anwendung ordentlicher Sorgfalt bei der Rathsertheilung verpflichte. Von dieser Grundlage gelange man zur Haftung des Rathertheilenden für jede Fahrlässigkeit. Soll daher die Haftung auf Arglist beschränkt werden, so bedürfe es einer ausdrücklichen Vorschrift, welche, da sie sich gegen die Annahme einer vertragsmäßigen Verpflichtung richte, in die Lehre von den Verträgen gehöre…“[52].

c) Schlussfolgerungen

Die Ausführungen der zweiten Kommission machen zunächst verständlich, warum der zwischen den Kommissionsmitgliedern geführte Streit um die Verortung der Regelung im Recht des Auftrags bzw. im Recht der unerlaubten Handlung letztlich zugunsten des ersteren entschieden wurde[53]. Allerdings lässt sich die teilweise vertretene Ansicht, der historische Gesetzgeber habe zwar nicht der Möglichkeit eines stillschweigenden Auskunfts- und Beratungsvertrags als solcher[54], wohl aber der fern der Rechtsgeschäftslehre liegenden künstlichen Konstruktion eines Haftungsvertrags eine Absage erteilen wollen[55], auf der Grundlage der vorstehenden Äußerungen letztlich nicht halten.

---

[49] Protokolle der zweiten Kommission, abgedruckt bei *Mugdan*, Die gesamten Materialien, Bd. 2, S. 959f.

[50] Vgl. die Protokolle der zweiten Kommission, abgedruckt bei *Mugdan*, Die gesamten Materialien, Bd. 2, S. 1072ff.; deutlich zur Ablehnung einer allgemeinen *culpa*-Haftung für Vermögensschäden aaO., S. 1077: „Die Schaffung einer allgemeinen *actio culpae* könne zu großem Mißbrauche und zu einer erheblichen Gefährdung des Verkehrslebens führen“.

[51] Ebenso schon *Luther*, Die Haftung des Ratgebers, S. 48f.

[52] Protokolle der zweiten Kommission, abgedruckt bei *Mugdan*, Die gesamten Materialien, Bd. 2, S. 960.

[53] Vgl. hierzu die Protokolle der zweiten Kommission, abgedruckt bei *Mudgan*, Die gesamten Materialien, Bd. 2, S. 959.

[54] Vgl. hierzu bereits die Motive der ersten Kommission § 8, S. 99 (sub a).

[55] Vgl. *Wiegand*, Die „Sachwalterhaftung“ als richterliche Rechtsfortbildung, S. 90; vgl.

Auch wenn die erste Kommission die Regelung gleichsam auf die Prinzipien des römischen Rechts mit seiner vermeintlichen Unverbindlichkeit der Raterteilung zu stützen schien, kann doch kein Zweifel daran bestehen, dass die Vorstellung beider Kommissionen von der unter dem BGB künftig geltenden Rechtslage maßgeblich durch die Partikularrechtsordnungen geprägt war[56], und (auch) diese stellten den beruflich motivierten Ratgeber jenseits der *actio doli* nicht von der Haftung frei. Der Gegenansicht zu folgen hieße nun, dass die zweite Kommission, ohne dies mit hinreichender Deutlichkeit zum Ausdruck zu bringen, von den klaren Regelungen der Partikularrechtsordnungen, allen voran denen zur Solvenzauskunft, hätte abweichen und den Haftungsmaßstab in diesem wichtigen Bereich und damit mit erheblichen praktischen Konsequenzen gegenüber der früheren Rechtslage abändern wollen. Die vorgeschlagene Regelung wäre dann entgegen der ausdrücklich geäußerten Stellungnahme der ersten Kommission gerade nicht mehr in Übereinstimmung mit den Partikularrechtsordnungen gewesen. Auch hatte die erste Kommission mit dem Hinweis auf die Empfehlungen kraft Gewerbes und Berufs als „Vertragsfälle" keinen Zweifel daran gelassen, dass sie von einem weiten vertragsrechtlichen Haftungsverständnis ausgeht[57]. Darin wurde bereits die Anerkennung einer quasivertraglichen Haftung deutlich, wie sie später vor allem mit dem Institut der *culpa in contrahendo* weiter verselbständigt und verallgemeinert wurde.

Dieses weite vertragsrechtliche Haftungsverständnis, das sich von der Bindung nur aufgrund konkreter rechtgeschäftlicher Willensübereinstimmung entfernt hatte, hatte zu dieser Zeit in der Rechtsprechung längst seinen Niederschlag gefunden. So führte das *Reichsgericht* in der bereits erwähnten Entscheidung aus dem Jahr 1898 aus: „Im allgemeinen besteht keine Haftung dafür, daß bei einem Rate oder einer Empfehlung nicht ein Versehen unterläuft. Wo kein Vertragsverhältnis besteht, bedarf es besonderer Umstände, wenn eine Rechtspflicht zur Anwendung von Sorgfalt entstehen soll. Solche besonderen Umstände hat [der erkennende Senat] *unter anderem* darin gefunden, daß zwischen dem Ratsuchenden und dem Raterteilenden eine Geschäftsverbindung besteht, wobei dann nicht nur die einzelnen Geschäfte, losgelöst voneinander, obligatorische Wirkung hervorriefen, sondern auch die auf gegenseitigem Vertrauen beruhende Verbindung als solche eine Verpflichtung zur Anwendung gehöriger Sorgfalt auch außerhalb des besonderen Gebietes der Einzelgeschäfte

---

schon *Luther*, Die Haftung des Ratgebers, S. 48 f.; im Ansatz, aber ohne Konsequenzen auch Staudinger/*Martinek*, BGB, Neubearb. 2006, § 675 Rn. C5.

56 Den römisch-rechtlichen Hintergrund betont *Lammel* AcP 179 (1979), 337, 347; *ders.*, HK-BGB, §§ 662–675b Rn. 58 ff.

57 Im Ergebnis wie hier *Hirte*, Berufshaftung, S. 175, 414: Regelung betrifft nur den privaten Ratgeber.

erzeuge"[58]. Es ist nun davon auszugehen, dass die zweite Kommission zu den Prämissen der ersten Kommission und dieser Rechtspraxis ausdrücklich Stellung bezogen hätte, wenn ein solcher wesentlicher Kurswechsel beabsichtigt gewesen wäre. Über die Zurückweisung eines eigenständigen, vom Vertrags- und Deliktsrecht gesonderten Konzepts der Berufshaftung, wie es in der zweiten Hälfte des 20. Jahrhunderts wiederholt gefordert wurde[59], hinaus, lässt sich den Motiven daher tatsächlich keine Aussage entlocken. Im Gegenteil spricht so alles dafür, dass sich die Kommissionen einhellig lediglich dagegen aussprechen wollten, die *dolus*-Schwelle als allgemeine Grenze aufzugeben und den privaten Rat in gleicher Weise wie Beratung im beruflichen oder geschäftlichen Kontext mit Haftung zu bewehren. Damit lag der Gesetzgeber, obwohl er sich seinerzeit zur Anerkennung der ihm wohlbekannten Rechtsfigur der *culpa in contrahendo* letztlich nicht durchringen konnte, insoweit voll auf der Linie *Jherings*, der bestehenden Tendenzen in der Wissenschaft zu einer pauschalen Haftungsverschärfung leidenschaftlich entgegen getreten war: „Wohin würde es führen, wenn Jemand in außercontractlichen Verhältnissen schlechthin, wie wegen *dolus*, auch wegen *culpa lata* in Anspruch genommen werden könnte! Eine unvorsichtige Äußerung, ... ein schlechter Rath, ... würde in einer solchen Ausdehnung zu einer wahren Geißel des Umgangs und Verkehrs werden, alle Unbefangenheit der Conversation wäre dahin, das harmloseste Wort würde zum Strick!"[60]

III. Zusammenfassung und Folgerungen

1. § 675 Abs. 2 BGB als Norm ohne Regelungsgehalt

Die historische Genese hat den Befund der überwiegenden Auffassung bestätigt. Bei § 675 Abs. 2 BGB handelt es sich um eine Norm mit lediglich klarstellender Funktion ohne eigenständigen Regelungsgehalt. Die Rechtsprechung hat sich in der Folgezeit daher zu Recht nicht daran gehindert gesehen, die Haftung namentlich für singuläre Auskünfte außerhalb bestehender Vertragsbeziehungen auch bei bloßer Fahrlässigkeit weiterhin im beschriebenen Wege zu realisieren[61]. Während die Partikularrechtsordnungen den zu beachtenden Sorgfalts-

[58] RGZ 42, 125, 130 [Hervorhebung hier] mit Verweis auf RGZ 27, 119.

[59] Vgl. etwa *Lammel* AcP 179 (1979), 337, 345 ff.

[60] *Jhering*, Culpa in Contrahendo, in: Jahrbücher für die Dogmatik des heutigen römischen und deutschen Rechts (Jhering Jahrbücher), S. 7, 12 f.

[61] Zur Auskunftshaftung vgl. BGH NJW 1953, 60; BGH WM 1979, 548, 549 f.; WM 1990, 1990, 1991; WM 1998, 1771 f.; s. bereits RGZ 101, 297, 301 f.; zurückhaltender dagegen noch ROHGE 19, 196, 197 ff. Überblick bei MünchKommBGB/*Heermann*, § 675 Rn. 122; s. auch *Jost*, Vertragslose Auskunfts- und Beratungshaftung, S. 41 ff. mit zahlr. Nw.

maßstab noch scheinbar[62] davon abhängig machten, ob die Beratung gegen Vergütung erbracht wird, hat die Rechtsprechung diesem Umstand später kaum noch Bedeutung beigemessen[63]. Sowohl die Rechtsprechung des *Reichsgerichts*[64] als auch die des *Bundesgerichtshofs*[65] ist damit im Kern letztlich Ausdruck von Kontinuität bei der haftungsrechtlichen Beurteilung berufsbezogener Raterteilung jenseits tatsächlicher Willensübereinstimmung. Der zentrale und für sich wenig aussagekräftige haftungsbegründende Umstand der Inanspruchnahme besonderen Vertrauens hat dann allerdings zunehmend Bedeutung gewonnen. *Pars pro toto* steht eine Entscheidung aus dem Jahr 1953, in der der *Bundesgerichtshof* ausführte:

„Das Reichsgericht hat bereits mehrfach eine vertragsmäßige Haftung in Fällen angenommen, in denen ein Rechtsanwalt einem Dritten, der nicht sein Klient war, oder der bei der von ihm als Notar vorgenommenen Beurkundung eines Vertrages einem Beteiligten außerhalb seiner Amtspflicht als Notar eine unrichtige Auskunft unentgeltlich erteilt hatte. Hierbei wurde für die Haftung des Anwalts als entscheidend angesehen, daß die gewünschte Auskunft für die Entschließung des Befragenden von wesentlicher Bedeutung war und als sachlich zuverlässige, nicht nur als einseitige Vertretung der Interessen eines anderen verstanden werden konnte. Das Reichsgericht hat auch in anderen Fällen ausgesprochen, daß in der Erteilung einer Auskunft der Abschluß eines zur sorgfältigen Auskunft verpflichtenden Auskunftsvertrages liegt, wenn der um Auskunft Angegangene erkennt, daß der Fragende von der Auskunft entscheidende Maßnahmen, insbes. eine Vermögensverschiebung abhängig machen will. In einem solchen Fall kommt es nicht darauf an, daß zwischen dem Anfragenden und dem Befragten bis dahin ein vertragliches Band nicht gegeben war. In der Entscheidung des Reichsgerichts [...] wird für unerheblich erklärt, ob die Erteilung der Auskunft zu den Berufsgeschäften eines Rechtsanwalts zu rechnen war. [...] Für die Annahme eines so verpflichtenden Auskunftsvertrages ist es in Übereinstimmung mit der Rechtsprechung des Reichsgerichts als unerheblich anzusehen, ob die Angestellten der Kläger in Ansehung dieser Auskünfte die Herstellung von Vertragsbeziehungen zum Beklagten beabsichtigten und ob der Beklagte, als er die Auskünfte erteilte, Entsprechendes beabsichtigte; es genügt, daß der Beklagte zu der Klägerin in Beziehungen getreten ist, die, wenn sie einmal vorliegen, nach Maßgabe der bürgerlichen Rechtsordnung als vertragliche anzusehen und dementsprechend in ihren rechtlichen Auswirkungen zu beurteilen sind“[66].

---

[62] Der Begriff der „Belohnung“, wie er etwa im noch heute geltenden ABGB Österreichs Verwendung findet, wurde offenbar schon früh nicht im Sinne strikter Entgeltlichkeit begriffen; vgl. hierzu *Jost*, Vertragslose Auskunfts- und Beratungshaftung, S. 28 mwN.

[63] Vgl. BGH WM 1969, 36, 37; WM 64, 117, 118: Unentgeltlichkeit der Auskunft schließt Annahme eines stillschweigenden Vertragsschlusses nicht aus; ebenso bereits RG LeipzZ 20, 889; RG JW 18, 90, 91.

[64] Vgl. RG JW 18, 90, 91; RG LeipzZ 15, 435; 20, 889.

[65] Statt vieler BGH WM 1979, 548, 549 f.: „Vertragliche oder vertragsähnliche Beziehungen entstehen bei einer Bankauskunft nach gefestigter Rechtsprechung zwischen dem Anfragenden und dem Kreditinstitut stillschweigend bereits dann, wenn die Auskunft der sachverständigen Bank für den Anfragenden erkennbar von erheblicher Bedeutung ist und er sie zur Grundlage wesentlicher Vermögensverfügungen machen will“; s. auch RGRK/*Steffen*, BGB, § 676 Rn. 31.

[66] BGH NJW 1953, 60.

2. Zum weiten Beratungsbegriff des § 675 Abs. 2 BGB und zu den Haftungsgrundlagen beratungsmäßiger Absatzstrategien

Mit Rat und Empfehlung beschreibt die Regelung mehr als nur den „guten Rat“ im ausschließlichen Interesse des Ratnehmers. Im Gegensatz zum Sprachgebrauch des alltäglichen Lebens unterfallen der Norm auch der seine Ware anpreisende Verkäufer sowie entsprechende Absatzstrategien in anderen Geschäftsfeldern. Da § 675 Abs. 2 BGB aber auch insoweit selbst keine Regelung trifft, stellt sich die Frage, wonach sich die Haftung in solchen Fällen im Ausgangspunkt beurteilt. Eine allgemeingültige Antwort auf diese Frage existiert freilich auch hier nicht. Sie ist in gleicher Weise zu suchen im Rahmen des jeweils betroffenen Teilrechtsgebiets unter Berücksichtigung der jeweiligen Besonderheiten des Geschäftsgegenstandes und der jeweils getroffenen Risikozuweisung[67], was sich an den Beispielen des Anlagegeschäfts in Gestalt des Aktienerwerbs und des gewöhnlichen Sachkaufs wiederum historisch belegen und veranschaulichen lässt. Soweit es nämlich den gewöhnlichen Verkauf betrifft, wird bereits aus der Stellungnahme *Wolffs*[68] eine seinerzeit geltende liberale Anschauung deutlich, wonach es allein Sache des Erwerbers ist, das Eigeninteresse des beratenden Verkäufers zu erkennen und sich aus eigener Verantwortung vor einem interessewidrigen Erwerb zu schützen. Ganz auf dieser Linie führte das *Reichsgericht* im Jahr 1898 aus, im allgemeinen werde „eine Verantwortung des Verkäufers für Versehen bei einer für den Kaufabschluß kausalen Raterteilung nicht anzunehmen sein“[69], ein Befund, der übereinstimmt mit dem überkommenen Grundsatz des *caveat emptor*, der durch das Gewährleistungsrecht des seit dem Jahr 1900 vereinheitlichten deutschen Zivilrechts erst noch mit einiger Zurückhaltung durchbrochen wurde, und der bis heute in Anspruch genommenen Maxime, wonach der Käufer jenseits des Gewährleistungsrechts das Verwendungsrisiko der Kaufsache zu tragen habe[70].

Gleichfalls am Vorabend des Bürgerlichen Gesetzbuchs anerkannte die Rechtsprechung für das Recht der Anlageberatung eine hierzu diametral entgegengesetzte Risikozuweisung. Für die Haftung des Bankiers, der seinem laufenden Kunden Aktien als sichere Kapitalanlage empfohlen hatte, führte das *Reichsgericht* aus, es gehöre „zum Gewerbe eines Bankiers, zinstragende Wertpapiere an das Publikum, das Belegung für seine Kapitalien sucht, abzugeben“. Dabei sei es „Verkehrssitte, daß der Bankier den Kunden berät“. „Raterteilung und Empfehlung“, so das *Reichsgericht*, „bilden ein notwendiges Glied in diesem Zweige des Bankgeschäfts, und ein Bankier, der sich der Beratung seiner

[67] Ebenso schon *Zahnen*, Die Haftung des Ratgebers, S. 2.
[68] § 8, S. 98 (sub 2).
[69] RGZ 42, 125, 131.
[70] Vgl. nur BGH NJW 2004, 2301, 2302.

Klienten entschlagen wolle, würde seine Effektenabteilung bald schließen können. Die Vorteile, die für den Bankier aus den Geschäftsabschlüssen entstehen, bilden zugleich das Entgelt für die Dienste, die er dem Kunden bei den Vorbereitungen zu den Geschäften leistet. In Fällen dieser Art mischt sich daher mit den Kaufgeschäften selbst die Leistung von Diensten [...]. Diese Dienste sind ein Teil des entgeltlichen Geschäfts, und wer sie leistet, wird daher auch dafür einzustehen haben, daß er sie ohne Fahrlässigkeit leistet“[71].

3. Bekenntnis zur Haftung „zwischen Vertrag und Delikt“: stillschweigend geschlossener Haftungsvertrag statt quasi-vertraglicher Vertrauenshaftung?

In den historischen Vorläufern des BGB und seinen Motiven bereits angelegt ist die auch für die weitere Abhandlung zentrale Unterscheidung zwischen einer Pflicht zur Beratung im Sinne einer (zumeist) vertraglichen Leistungspflicht und der bloßen Haftung im Zusammenhang mit einer überobligatorischen, tatsächlich erbrachten fehlerhaften Beratung. Dabei gibt die Genese der Regelung Aufschluss darüber, dass sich der historische Gesetzgeber ausdrücklich zu der bereits im gemeinen Recht anerkannten Rechtsfigur des stillschweigend geschlossenen Haftungsvertrags ohne primäre Leistungspflichten[72] und damit letztlich zu einer Haftungstheorie zwischen Vertrag und Delikt bekannt hatte, wennschon die Motive zu den entscheidenden haftungsbegründenden Kriterien im Einzelnen schweigen. Die den Kommissionen zu dieser Zeit wohl bekannte Schöpfung der *culpa in contrahendo* musste wegen der damit verbundenen Folgen für die Vermögenshaftung konsequent unbeachtet bleiben. Vom Standpunkt der klassischen Rechtsgeschäftslehre muss diese Vertragskonstruktion seit jeher fragwürdig wirken, lässt sich doch ein rechtsgeschäftlicher Wille des Ratgebers dahin, über die deliktsrechtlichen Grundsätze hinausgehend haften zu wollen, tatsächlich kaum begründen. Die Rechtsprechung hat die Figur des stillschweigenden Haftungsvertrags in der Folgezeit bekanntlich aufgegriffen und fortgeschrieben, wobei diese dogmatische Entwicklung mit der Bond-Entscheidung des BGH aus dem Jahr 1993[73] zum stillschweigend geschlossenen Anlegerberatungsvertrag zusammen mit der Anerkennung einer stillschweigenden Bevollmächtigung zum Abschluss desselben[74] vorerst ihren Höhepunkt erreicht haben dürfte. Anders als der *Bundesgerichtshof* heute[75] hat sich das

---

[71] RGZ 42, 125, 131.

[72] Vgl. BGH WM 1969, 36, 37: „haftungsbegründender Auskunftsvertrag“.

[73] BGH NJW 1993, 2433 – Bond Anleihe.

[74] BGH NJW 2013, 1873, 1874; s. bereits BGH NJW 2003, 1811, 1812; NJW 2007, 1874, 1875.

[75] Die historischen Ursachen der gekünstelten Vertragskonstruktion und ihr Wegfall sind der Rechtsprechung längst nicht mehr gewärtig; vgl. hierzu die vielsagenden Ausführungen

Reichsgericht allerdings bisweilen nicht damit begnügt, einen solchen Vertragsschluss einfach zu behaupten, sondern hat den lediglich vertragsähnlichen Charakter der Haftung etwa noch am Vorabend des Inkrafttretens des BGB mit bemerkenswerter Klarheit offen gelegt[76]. Dass der spätere Siegeszug der quasivertraglichen Vertrauenshaftung von der Rechtsprechung nicht zum Anlass genommen wurde, die zur scheinbaren Wahrung des in § 675 Abs. 2 BGB zum Ausdruck gebrachten gesetzgeberischen Willens bemühte unnatürliche Vertragskonstruktion zugunsten dogmatischer Klarheit aufzugeben[77], erklärt und legitimiert die bis heute andauernde Kritik in der Wissenschaft[78]. Spätestens die im Zuge der Schuldrechtsmodernisierung erfolgte Kodifikation der *culpa in contrahendo* und der quasi-vertraglichen Haftung Dritter gem. § 311 Abs. 3 BGB[79] gibt Anlass, die Vertragskonstruktion grundlegend in Frage zu stellen[80].

4. Streichung des § 675 Abs. 2 BGB de lege ferenda

Wenn man mit der auch hier vertretenen Ansicht davon ausgeht, dass der Regelung schon ursprünglich lediglich klarstellende Funktion zukam, ist sie heute allemal überflüssig. Als Ausdruck eines rechtlichen oder praktischen Regelfalls

---

von *Wiechers* WM 2012, 477, 480: Vorwurf des Konstruktionsfehlers abwegig und „hanebüchen".

[76] Vgl. RGZ 27, 118, 121 f.: „Tatsächliche Vorgänge werden nicht nur, insoweit sie Abschluss und Erfüllung von Geschäften betreffen, zu rechtlich wirksamen, sondern es erstreckt sich dies auch auf gewisse *zur Vorbereitung von Rechtsgeschäften vorgenommene Handlungen*, insbesondere auf Empfehlungen und Auskunftserteilungen. Der Bereich, innerhalb dessen die Kontrahenten des einzelnen Geschäfts sich unter rechtlich realisierbarem Präjudize Vertrauen schenken dürfen, wird erweitert. Vorgänge, welche unter Fremden an sich indifferent sein würden, *werden wie Rechtsgeschäfte bzw. als solche behandelt*" [Hervorhebung hier]; zurückhaltender auch BGHZ 74, 281, 290: „rechtsgeschäftliche Komponente".

[77] Deutlich etwa BGH NJW 2007, 1362, 1363: Tatbestand einer Eigenhaftung des Vertreters bei Schadensersatzansprüchen aus Verschulden bei Vertragsschluss (*culpa in contrahendo*) ist gegenüber den Voraussetzungen für den stillschweigenden Abschluss eines Auskunftsvertrags enger.

[78] Vgl. statt vieler *Lammel* AcP 179 (1979), 337, 339 ff.; *Honsell* JuS 1976, 625; *Jost*, Vertragslose Auskunfts- und Beratungshaftung, S. 79 ff.; *Köndgen*, Selbstbindung ohne Vertrag, S. 354 ff.; MünchKommBGB/*Roth*, § 241 Rn. 133; s. auch bereits *Canaris*, Bankvertragsrecht, Rn. 100 sowie *Gaede* NJW 1972, 926, 927 ff.; *Hohloch* NJW 1979, 2369, 2373; s. auch *Lorenz*, in: FS Larenz, S. 575, 618: blutleere Fiktion; aus jüngerer Zeit *Grigoleit*, in: Bankrechtstag 2012, S. 25, 31 f.; *Krüger* NJW 2013, 1845 ff.; für die Vertragskonstruktion dagegen *Musielak*, Haftung für Rat, Auskunft und Gutachten, S. 9 ff.; *ders.* WM 1999, 1593, 1594; *Hirte*, Berufshaftung, S. 425; Soergel/*Mühl*, BGB, 11. Aufl. 1980, § 676 Rn. 1; für die aktuelle Rechtsprechung des 11. Senats *Wiechers* WM 2012, 477, 480; zum Ganzen noch § 13, S. 131 ff. (sub aa).

[79] Hierzu grundlegend BGH NJW 1978, 1374.

[80] HK-BGB/*Lammel*, §§ 662–675b Rn. 67; vgl. bereits *Lorenz*, in: FS Larenz, S. 575, 618. Hierzu eingehender § 13, S. 135 ff. (sub bb).

ist die Norm zudem schlicht irreführend, denn die haftungsbewehrte Beratung hat seit langem Eingang in die vertragliche und außervertragliche Haftungsdogmatik gefunden, ist teilweise sogar spezialgesetzlich ausgeformt und hat selbst einen historisch noch denkbaren Regelfall der haftungsfreien Beratung längst in den Schatten gestellt[81]. So wenig wie es der Klarstellung eines allgemeinen Grundsatzes dahin bedarf, dass aus Verhalten im Zweifel keine wie auch immer geartete Haftung erwächst, bedarf es einer solchen klarstellenden Regelung für die fehlerhafte Beratung[82]. Angesichts des Umstandes, dass erst der Blick auf die Entstehungsgeschichte und die weitere Rechtsentwicklung erhebliche Unklarheiten ausräumen muss, die die Existenz der Regelung für das Verständnis des geltenden Rechts veranlasst, bleibt allemal unverständlich, warum sich der Gesetzgeber bisher nicht zu ihrer Streichung durchringen konnte. Im Gegenteil wurde die Norm am Vorabend der Schuldrechtsmodernisierung noch mit geringfügiger Änderung[83] aus dem Recht des Auftrags entnommen und – systematisch verfehlt[84] – dem Recht der Geschäftsbesorgung zugeordnet. Es empfiehlt sich, die Regelung bei nächster Gelegenheit zu streichen, zumal die Exportfähigkeit des deutschen Zivilrechts im Zuge der weiterhin aktuellen Diskussion um eine europäische Zivilrechtsharmonisierung auch entscheidend von seiner Klarheit, und das bedeutet auch von einem sich möglichst ohne umständlichen Rückgriff auf historische Zusammenhänge erschließenden Gesetzestext, abhängig sein dürfte.

---

[81] Ebenso schon Soergel/*Häuser*/*Welter*, BGB, 12. Aufl. 1999, § 676 Rn. 6; Staudinger/*Martinek*, BGB, Neubearb. 2006, § 675 Rn. C 9; s. aber noch RGRK/*Steffen*, BGB, § 676 Rn. 10.

[82] Ebenso Staudinger/*Martinek*, BGB, Neubearb. 2006, § 675 Rn. C 10: Auslegung folgt nach heutigem Verständnis bereits aus den allgemeinen Grundsätzen der Rechtsgeschäftslehre sowie der Darlegungs- und Beweislast; s. auch HK-BGB/*Lammel*, §§ 662–675b Rn. 57.

[83] Hierzu § 8, S. 91 (sub I).

[84] Der *entgeltliche* Geschäftsbesorgungsvertrag, der eine Beratungsleistung zum Gegenstand hat, ist ja gerade unproblematisch haftungsbewehrt; vgl. zur Kritik an der Neuverortung auch MünchKommBGB/*Heermann*, § 675 Rn. 111; Erman/*K.P. Berger*, BGB, § 675 Rn. 125; s. weiter die Stellungnahme des Bundesrates BT-Drucks. 14/1067, S. 1; a. A. HK-BGB/*Lammel*, §§ 662–675b Rn. 60.

§ 9 Unabhängige Beratung

I. Versicherungsberatung

Die unabhängige Beratung findet einen wichtigen Anwendungsfall in der Versicherungsberatung. Der geschützte Begriff des Versicherungsberaters bezeichnet Personen, die „gewerbsmäßig Dritte über Versicherungen beraten, ohne von einem Versicherungsunternehmen einen wirtschaftlichen Vorteil zu erhalten oder von ihm in anderer Weise abhängig zu sein", § 34e Abs. 1 GewO. Aufgrund der ihm verbotenen Vermittlungstätigkeit berät der Versicherungsberater „objektiv und neutral"[1]. Die Tätigkeit steht unter Erlaubnisvorbehalt. Die Erlaubnis berechtigt dazu, „Dritte bei der Vereinbarung, Änderung oder Prüfung von Versicherungsverträgen oder bei der Wahrnehmung von Ansprüchen aus dem Versicherungsvertrag im Versicherungsfall rechtlich zu beraten", § 34e Abs. 1 GewO. Versicherungsberatung ist damit auch Rechtsberatung. Die Unabhängigkeit von Beratung und Leistung ist bei der Versicherungsberatung lediglich insoweit verwirklicht, als die Beratung nicht die Wahrnehmung von Rechten aus dem Versicherungsvertrag betrifft. Der Versicherungsberater unterliegt dabei einem Provisionsannahmeverbot, dessen Einhaltung aufsichtsrechtliche Kontrolle erfährt, vgl. § 34e Abs. 3 GewO. Die Vergütung dieser unabhängigen Beratungsleistung erfolgt daher auf der Grundlage eines erfolgsunabhängigen Beratungshonorars, das zwischen Ratgeber und Ratnehmer weitgehend frei aushandelbar ist. In der praktischen Rechtswirklichkeit der Versicherungsvermittlung hat die Versicherungsberatung ungeachtet ihrer traditionsreichen Vergangenheit[2] nur geringe Bedeutung erlangt. Nach den statistischen Erhebungen des *Deutschen Industrie- und Handelskammertags e.V.* standen zum 31. März 2014 rund 244.000 registrierten Versicherungsvermittlern lediglich 283 registrierte Versicherungsberater gegenüber[3].

[1] BVerfG NJW 1988, 543, 544.
[2] Hierzu BVerfG NJW 1988, 543.
[3] Abrufbar unter www.dihk.de (11/2014).

II. Rentenberatung

Auch die Rentenberatung kommt dem Idealtyp der unabhängigen Beratung nahe. Diese findet statt durch private Rentenberater auf dem Gebiet der gesetzlichen Renten- und Unfallversicherung, des sozialen Entschädigungsrechts, des übrigen Sozialversicherungs- und Schwerbehindertenrechts mit Bezug zu einer gesetzlichen Rente sowie der betrieblichen und berufsständischen Versorgung, vgl. § 10 Abs. 1 Nr. 2 RDG. Rentenberater dürften schließlich auch im Bereich der (staatlich geförderten) privaten Altersvorsorge beratend tätig werden[4]. Neben der beratenden Tätigkeit umfasst der Begriff der Rentenberatung allerdings auch eine entsprechende außergerichtliche und gerichtliche Vertretung[5], so dass eine Trennung von Beratung und Leistung vergleichbar der Rechtslage beim Versicherungsberater *insoweit* von vorneherein nicht gegeben ist. Soweit es die beratende Tätigkeit im Übrigen betrifft, mangelt es an vergleichbaren klaren rechtlichen Vorgaben, die die Unabhängigkeit des Rentenberaters von potenziellen Leistungserbringern außerhalb des Sozialversicherungsrechts gewährleisten. Die Registrierungsbehörde kann die Zulassung allerdings allgemein aufgrund mangelnder persönlicher Eignung versagen (§ 12 Abs. 1 Nr. 1 RDG), was insbesondere aufgrund von dauernden Interessenkollisionen in Betracht kommt[6]. Dabei hatte der Gesetzgeber vor allem die gleichzeitige Tätigkeit als Rentenberater und als Versicherungsvermittler im Blick[7]. Die Vergütung der beratenden Tätigkeit erfolgt entweder auf der Grundlage des RVG oder, wie in der Praxis regelmäßig, durch ein frei ausgehandeltes Beratungshonorar. Erfolgshonorarvereinbarungen unterfallen dem gesetzlichen Verbot des § 4a RVG; der auf die außergerichtliche und gerichtliche Vertretung zugeschnittene Ausnahmetatbestand kommt für die Rentenberatung im engeren Sinne nicht zum Zuge. Wenn man davon ausgeht, dass die Registrierungsbehörden konsequent im beschriebenen Sinne verfahren und die persönliche Eignung auch fortgesetzt überprüfen, ist die Einordnung dieses Teilbereichs der Rentenberatung als unabhängige Beratung durchaus vertretbar. *De lege ferenda* wünschenswert wären indes ausdrückliche rechtliche Vorgaben einschließlich eines Zuwendungsverbots für den Einzelfall.

[4] Hierzu nur *Schmidt*, in: Krenzler, Rechtsdienstleistungsgesetz, § 10 Rn. 39; zur Abgrenzung der Tätigkeit des Versicherungsberaters s. auch aaO. Rn. 40.

[5] *Schmidt*, in: Krenzler, Rechtsdienstleistungsgesetz, § 10 Rn. 47 mit Hinweis auf BT/Drucks. 16/3655, S. 63 r. Sp.

[6] Vgl. *Schmidt*, in: Krenzler, Rechtsdienstleistungsgesetz, § 12 Rn. 12.

[7] BT/Drucks. 16/3655, S. 67 l. Sp.

III. Beratung durch Verbraucherzentralen

Daneben ist auf die Beratung durch Verbraucherzentralen und durch andere mit öffentlichen Mitteln geförderte Verbraucherverbände hinzuweisen. Das Themenspektrum, zu dem Verbraucherzentralen Beratung anbieten, ist umfassend. Neben der Produktauswahlberatung auf den Gebieten der Versicherungen und der Anlage- und Kreditgeschäfte bieten diese etwa auch Rechtsberatung im Rahmen der außergerichtlichen Besorgung der Rechtsangelegenheiten von Verbrauchern an. Im Zentrum der satzungsmäßigen Aufgabenerfüllung steht dabei die Unabhängigkeit von Anbieterinteressen. Diese wird im Rahmen der Finanzierung der als Vereine organisierten Verbraucherzentralen insbesondere dadurch sichergestellt, dass Fördergelder von privater Seite nur angenommen werden, wenn diese damit keine erwerbswirtschaftlichen Zwecke verfolgen[8]. Eine Förderung durch Produktanbieter und durch mit diesen verbundene Unternehmen ist daher ausgeschlossen. Daneben trägt der öffentliche Haushalt zu einem wesentlichen Teil zur Finanzierung der Verbraucherzentralen bei. Mittels Rahmenvereinbarungen zwischen den Bundesländern und den jeweiligen Landesverbraucherzentralen werden die öffentlichen Zuwendungen unter anderem davon abhängig gemacht, dass die Verbraucherzentralen ihr Beratungsangebot entsprechend ihrem Leitbild der Unabhängigkeit während der Laufzeit der Vereinbarungen aufrecht erhalten. Ein Verstoß gegen das satzungsmäßige Gebot der Unabhängigkeit hätte daher unter Umständen die Rückforderung der öffentlichen Gelder zur Folge. Die Vergütung eines Beratungsgesprächs erfolgt auf der Grundlage pauschaler Beratungshonorare, die sich sowohl am Beratungsgegenstand als auch am zeitlichen Aufwand orientieren. Vor diesem Hintergrund handelt es sich auch bei der Produktauswahlberatung durch Verbraucherzentralen nach der hier vorgenommenen Begriffsbildung um unabhängige Beratung im Sinne einer strikten Trennung von Beratung und Leistungstransfer.

IV. Schwangerschaftskonfliktberatung

Von den beschriebenen Fällen abgesehen, ist eine institutionell abgesicherte Trennung von Beratung und Leistungstransfer für das Recht der Beratung eher untypisch. So zeichnet sich etwa die Beratung durch Angehörige klassischer Professionen gerade durch eine Beratung auch über das eigene Leistungsspektrum aus. Lediglich das Arztrecht kennt mit der Schwangerschaftskonfliktberatung einen Sonderfall unabhängiger Beratung. Ärzte, die gem. § 8 SchKG

[8] Vgl. etwa § 4 der Satzung der Verbraucherzentrale Baden-Württemberg (Stand 2. Juli 2013).

neben anderen staatlich anerkannten Einrichtungen als Beratungsstellen fungieren können, dürfen „mit keiner Einrichtung, in der Schwangerschaftsabbrüche vorgenommen werden, derart organisatorisch oder durch wirtschaftliche Interessen verbunden [sein], daß hiernach ein materielles Interesse der Beratungseinrichtung an der Durchführung von Schwangerschaftsabbrüchen nicht auszuschließen ist“, § 9 Nr. 4 SchKG. Eine vergütungsbedingte Fehlsteuerung ist durch die Unentgeltlichkeit der Beratungsleistung weitgehend ausgeschlossen, vgl. § 6 Abs. 4 SchKG[9]. Ebenso sichert das Gesetz die fachliche Qualifikation der Beratung durch die bedarfsgerechte Einbeziehung ärztlich, psychologisch, sozialpädagogisch und juristisch ausgebildeter Fachkräfte, vgl. §§ 6 Abs. 3, 9 Nr. 2 SchKG.

V. *Entwicklungsperspektiven*

In der rechtspolitischen Diskussion spielt die Frage der Ausweitung unabhängiger Beratung praktisch keine Rolle. Die gegenwärtig im Kapitalanlegerrecht zur Umsetzung anstehenden Reformen zur Stärkung der Honoraranlageberatung haben mit unabhängiger Beratung im hier verwendeten Begriffssinn letztlich nichts zu tun, da eine strikte Trennung von Beratung und Leistungstransfer gerade nicht vorausgesetzt wird. Es ist dem Honoraranlageberater, der sich als „unabhängiger Berater“ bezeichnet, ausdrücklich gestattet, auch Produkte in sein Beratungsspektrum einzubeziehen, die von Anbietern emittiert oder zur Verfügung gestellt werden, zu denen die beratende Wertpapierfirma in enger Verbindung steht[10].

Zur thematischen Abgrenzung ist abschließend noch ein Hinweis auf die jüngere Diskussion zur Regulierung der Abschlussprüfung angezeigt. Die Abschlussprüfung durch die Profession der Wirtschaftsprüfer leistet einen wesentlichen Beitrag zur Sicherung der Unternehmenspublizität und damit zugleich zur Stabilität des Finanzsystems und der Kapitalmärkte. Die Unabhängigkeit des Abschlussprüfers von gegenläufigen Interessen ist für die Qualität der Abschlussprüfung daher zweifelsohne von besonderer Bedeutung. Um diese zu stärken, hatte zunächst der U.S.-amerikanische Gesetzgeber mit Erlass des *Sarbanes-Oxley Act* des Jahres 2002 die Durchführung sog. Nichtprüfungsleistungen durch den aktuellen Abschlussprüfer, zu denen auch Beratungsleistungen zählen, unter den Vorbehalt der Genehmigung durch das *audit committee*, den Prüfungsausschuss des Leitungs- und Kontrollgremiums des Unternehmens, gestellt[11]. Auf europäischer Ebene wurde daraufhin weitergehend über

---

[9] Zur Unabhängigkeit als Verfassungsgebot insoweit BVerfG NJW 1993, 1751, 1762.

[10] Zum Ganzen eingehender § 16, S. 400 [sub (1)].

[11] Vgl. Sec. 202 Sarbanes-Oxley Act 2002; hierzu etwa *Stürner/Bormann* NJW 2004, 1481, 1487.

eine Trennung von Abschlussprüfung und Nichtprüfungsleistungen einschließlich jedweder Beratungstätigkeit durch aktuelle Wirtschaftsprüfer diskutiert[12]. Die Interessenverbände der Wirtschaftsprüfer konnten sich gegen diesen rigiden Regulierungsansatz allerdings einstweilen und mit Blick auf die verfassungsrechtlichen Vorgaben an die Einschränkung der Berufsfreiheit wohl nicht ganz zu Unrecht[13] erfolgreich zur Wehr setzen. Nach dem im Rahmen der Trilogverhandlungen gefundenen Kompromiss sind Wirtschaftsprüfern bestimmte parallele Nichtprüfungsleistungen, wie etwa die Steuerberatung, künftig untersagt, wobei die Mitgliedstaaten solche Beratungsleistungen unter bestimmten Bedingungen von diesem Verbot wieder ausnehmen können[14]. Für das hier behandelte Thema ist entscheidend, dass es in diesem Fall nicht um die Ausweitung unabhängiger Beratung geht. Ziel der Regulierung ist gerade nicht Sicherung der Unabhängigkeit der Beratung durch Wirtschaftsprüfer, sondern umgekehrt die Sicherung der Unabhängigkeit der Abschlussprüfung. Die Fragestellung ist daher nicht im Kontext der Beratung, sondern andernorts im Zusammenhang mit der Abschlussprüfung zu diskutieren.

---

[12] Vgl. Art. 10 des Vorschlags für eine Verordnung über spezifische Anforderungen an die Abschlussprüfung bei Unternehmen von öffentlichem Interesse, KOM(2011), 779 endg.; s. auch bereits das Grünbuch Weiteres Vorgehen im Bereich der Abschlussprüfung: Lehren aus der Krise, KOM(2010) 561 endg., S. 13f.; vergleichsweise zurückhaltend noch Ziff. 7 der Empfehlungen der Kommission vom 16. Mai 2002 zu den Grundprinzipien der Unabhängigkeit des Abschlussprüfers in der EU (2002/590/EG).

[13] In empirischen Untersuchungen zu der Frage des Einflusses paralleler Beratungsleistungen auf die Unabhängigkeit der Prüfungsurteile konnte bisher kein eindeutiger negativer Zusammenhang nachgewiesen werden; vgl. den Überblick bei *Leibfried/Häuptli* Der Schweizer Treuhänder 2012, 8f.; zu den Vorteilen der Vereinbarkeit von Beratungs- und Prüfungsleistungen s. *Winkeljohann/Scholz/Eibelshäuser* DB 2012, 529, 530f.

[14] Überblick bei *Geberth* AG 2014, R127.

§ 10 Beratung durch Angehörige klassischer Professionen

I. Arztrecht

1. Beratungspflicht oder bloße Aufklärungspflicht?

Die Diskussion im Rahmen der Haftung für ärztliches Fehlverhalten zentriert sich bekanntlich seit langem um den Begriff der ärztlichen Aufklärung. „Der Arzt berät nicht, er klärt (nur) auf". So oder so ähnlich könnte ein vorschneller Einwand gegen die These von der ärztlichen Beratungspflicht lauten. Indes weiß es schon der Volksmund besser, der sich bekanntlich anschickt, „ärztlichen Rat" einzuholen[1]. Dass der Arzt seinen Pflichten mit einer Eingriffsaufklärung im Sinne von Information und Erläuterung bei tatsächlichem Eingriff allein nicht genügt, sondern dem Patienten nach ausführlicher Exploration grundsätzlich auch einen Auswahlvorschlag unterbreiten muss, über den zu entscheiden der Patient allein berufen ist, wird dann auch in der juristischen Diskussion in der Sache letztlich nicht bestritten[2]. Tatsächlich ist auch der Begriff der ärztlichen Beratung, dem ist sich die betroffene Ärzteschaft bewusst[3], im Recht der Arzthaftung verankert, obschon er in der Dogmatik der Arzthaftung bisher nicht richtig positioniert wurde und folglich vergleichsweise seltener Verwendung findet.

2. Ärztliche Beratungspflicht – ein Fallbeispiel

Die Selbstverständlichkeit der ärztlichen Beratungspflicht lässt sich letztlich auch in der Rechtsprechung nachweisen[4]. Besonders treffend veranschaulicht

---

[1] Vgl. auch *Rehm*, Aufklärungspflichten im Vertragsrecht, S. 217.

[2] Zur Beratungspflicht des Arztes geradezu selbstverständlich *Larenz*, Lehrbuch des Schuldrechts, Bd. II/1, § 56 VI 1; *Zeuner*, Karlsruher Forum, VersR 1989, Beiheft, 3, 4; s. auch *Schmid* NJW 1984, 2601, 2603 f., der zwischen Aufklärungspflicht und vertraglicher Beratungspflicht differenziert; s. weiter *Brügmann* NJW 1977, 1473, 1474. Verfehlt sieht dagegen *Glatz* in seiner gleichnamigen Dissertationsschrift den Arzt „zwischen" Aufklärung und Beratung, zumal die Abhandlung tatsächlich zur *Beratung* des Arztes nichts enthält, geht sie über die ärztlichen Offenlegungspflichten schon nicht hinaus.

[3] Vgl. *Demling* MedR 1983, 207, 208: „Schon die ärztliche Beratung kann in einen Behandlungsfehler münden".

[4] Vgl. BGHZ 86, 240 (Leitsatz) sowie BGHZ 89, 95, 98 ff.

dies eine Entscheidung des BGH aus dem Jahr 1989[5]: Der Kläger litt ursprünglich an einer Netzhautablösung des linken Auges. Nach vergeblichen Therapieversuchen wurde das Auge schließlich operativ entfernt und zum Zweck der Vornahme einer histologischen Untersuchung an eine Universitätsaugenklinik übersandt. Dessen Direktor kam auf Grund vorläufiger Untersuchungen zu dem Befund, es könne sich um ein Retikulumzellsarkom, eine bösartige Erkrankungen des lymphatischen Systems, handeln und erklärte zeitnah gegenüber dem behandelnden Arzt, es sei „unbedingt notwendig", den Patienten „gründlich internistisch zu untersuchen". Konkret schlug der Leiter der Universitätsklinik vor, nach vergrößerten Lymphknoten zu fahnden, ein großes Blutbild zu erstellen und eventuell eine Beckenkammbiopsie durchzuführen. Rund einen Monat später teilte dieser dem behandelnden Arzt das endgültige Ergebnis der histologischen Untersuchung mit, bei der sich das Vorliegen eines bösartigen lymphatischen Tumors in Gestalt eines High-grade-non-Hodgkin-Lymphoms vom zentroblastischen Typ bestätigt hatte. Der Leiter der Augenklinik erkundigte sich in diesem Zuge auch danach, welche Ergebnisse die empfohlenen weiteren Untersuchungen ergeben hatten, namentlich ob vergleichbares Tumorgewerbe noch an anderen Stellen des Körpers nachgewiesen werden konnte. Erst im Nachgang zu dieser Mitteilung ließ der behandelnde Arzt beim Kläger anstatt der angemahnten Untersuchungen ein Computertomogramm des Schädels und des Bauchraumes durchführen, das keine malignen Befunde erbrachte. Rund drei Jahre später stellte sich der Kläger erneut und diesmal mit Beschwerden am rechten Auge zur Untersuchung vor. Das erneute Computertomogramm des Schädels zeigte einen Herdbefund, also eine örtliche Veränderung der elektrischen Aktivität des Gehirns, die auf einen krankhaften Prozess hindeutet. Nach Überweisung in die Universitätsaugenklinik wurden eine beim Kläger nachgewiesene Metastasenbildung und Tumorerkrankung mit Zytostatika behandelt. Im anschließenden Rechtsstreit macht der Kläger den behandelnden Arzt dafür verantwortlich, dass die Erkrankung in dieser Weise fortschreiten konnte.

Auf der Grundlage der sachverständigen Feststellungen stellt der BGH fest, die von dem Histologen empfohlene Vorgehensweise war die aus medizinischer Sicht einzig richtige, die Behandlung, die der Kläger tatsächlich erfahren hat, dagegen nicht ausreichend. „Das Unterlassen einer entsprechenden Beratung", so der BGH, „unter Aufklärung insbesondere über die Dringlichkeit weiterer Befunderhebungen und der dann mit seiner Zustimmung vorzunehmenden Untersuchungen ... war ein eindeutiger Verstoß gegen den medizinischen Standard". Dem Beklagten, der sich der offensichtlichen Haftung mit Verweis auf eine angebliche „psychische Labilität" des Klägers zu entziehen sucht, entgegnet der BGH: „Der Kläger war ein erwachsener, im Leben stehender Mann. Er

[5] BGH NJW 1989, 2318.

war deshalb aufzuklären, er war zu beraten, und seine Mitwirkung als Patient war gefragt". Der Arzt „hätte dem Kläger den Befund und die sich daraus ergebenden Konsequenzen .... eröffnen können und müssen. Er hätte sodann mit ihm das aus ärztlicher Sicht Notwendige besprechen und ihn, wenn ihm dessen Bereitschaft zur Mitwirkung zweifelhaft erschienen wäre, mit allem Nachdruck auf die Dringlichkeit und die Gefahren einer Unterlassung von Untersuchungen und Kontrollen hinweisen müssen". „Nichts", so der BGH, „spricht dafür, dass der Kläger sich einem Informationsgespräch mit dem [behandelnden Arzt] über den histologischen Befund am herausoperierten linken Auge und die daraus aus ärztlicher Sicht zu ziehenden Konsequenzen verschlossen hätte".

Der Sachverhalt beschreibt einen klaren Haftungsfall, eine grobe ärztliche Falschberatung oder – um in der Terminologie der überkommenen Dogmatik zu bleiben – einen schweren ärztlichen Behandlungsfehler. Die Entscheidungsgründe sind mustergültig, denn in ihnen findet sich das ganze Wesen der (ärztlichen) Beratungspflicht, die von der Entscheidungszuständigkeit des Patienten ausgeht, dem Arzt die Pflichten zur Informationsgewinnung, zur Abgabe einer individualisierten begründeten Handlungsempfehlung und zur erläuternden Aufklärung zuweist und dabei letztere nicht als eigenständiges, sondern als komplementäres Element begreift. Vor diesem Hintergrund ist es richtig, dass der Arztvertrag ein Vertrag über die Beratung und Behandlung des Patienten ist, bei dem der Arzt nicht lediglich dazu verpflichtet ist, ein aufgeklärtes Einverständnis vom Patienten einzuholen und die entsprechende Maßnahme durchzuführen, sondern diesen auch „umfassend über die erforderlichen therapeutischen Maßnahmen beraten muss"[6].

II. Anwalts- und Steuerberatungsrecht

Dass Anwälte und Steuerberater zur Beratung ihrer Mandanten verpflichtet sind, bedarf im Grunde keiner weiteren Diskussion. „Der um Rat ersuchte Rechtsanwalt", so der BGH in ständiger Rechtsprechung, „ist zu einer umfassenden und möglichst erschöpfenden Belehrung seines Auftraggebers verpflichtet. Er hat dem Mandanten diejenigen Schritte anzuraten, die zu dem erstrebten Ziel zu führen geeignet sind, und Nachteile für den Auftraggeber zu verhindern, soweit solche voraussehbar und vermeidbar sind. Dazu hat er dem Auftraggeber den den Umständen nach sichersten und ungefährlichsten Weg vorzuschlagen und ihn über mögliche Risiken aufzuklären, damit der Mandant eine sachgerechte Entscheidung treffen kann"[7]. Das Recht der Anwaltsbe-

[6] BGH NJW 1983, 2630.
[7] BGH NJW 1996, 2648, 2649.

ratung, das in seiner Struktur dem der Steuerberatung entspricht, wird noch eingehender behandelt[8].

[8] § 15, S. 327ff.

§ 11 Beratender Verkauf

Die Grundlagen und Grenzen der Verlagerung des Verwendungsrisikos einschließlich des Risikos der Auswahl eines bedarfsgerechten Produkts folgen im Bereich des Kaufrechts traditionell aus dem Gewährleistungsrecht. Allerdings erkannte die Rechtsprechung bereits unter dem alten Schuldrecht eine über das Gewährleistungsrecht hinausgehende Haftung des Verkäufers an, der dem Käufer im Rahmen eingehender Vertragsverhandlungen und auf Befragen des Käufers einen ausdrücklichen Rat erteilt hatte. Gestützt wurde die Haftung des fahrlässig falsch beratenden Verkäufers zumeist auf die Verletzung einer „im Rahmen des Kaufvertrags übernommenen Nebenpflicht“[1], bisweilen auf die Verletzung der Pflichten eines selbständigen Beratungsvertrags[2]. Auch auf die Entwicklung der Haftung des beratenden Verkäufers und ihre Berechtigung unter dem reformierten Schuldrecht wird noch eingehender zurückzukommen sein[3].

---

[1] Vgl. BGH NJW 1984, 2938.

[2] Hierzu BGH NJW 1997, 3227, 3228 f. – Irokoholz I; s. auch BGH DB 2004, 2472.

[3] § 17, S. 461 ff.

§ 12 Moderne Hybridformen der Beratung

I. Kapitalanleger- und Versicherungsrecht

Vom beratenden Verkauf zu den modernden Hybridformen der Beratung migriert ist neben der noch eingehender zu behandelnden Kapitalanlageberatung[1] längst auch die Beratung von Versicherungsnehmern. Im Zuge der grundlegenden Reform des Versicherungsvertragsgesetzes im Jahr 2007[2] hat der Gesetzgeber Versicherer und Versicherungsvermittler erstmals ausdrücklich Beratungspflichten unterworfen, §§ 6, 60ff. VVG[3]. Pflichtenbegründend ist ein Beratungsanlass. Dieser kann aus der Schwierigkeit folgen, die angebotene Versicherung zu beurteilen oder „aus der Person des Versicherungsnehmers und dessen Situation“, §§ 6, 61 VVG. Im Fall der Pflichtverletzung ist der Ratgeber zum Schadensersatz nach besonderen Vorschriften verpflichtet, §§ 6 V, 63 VVG. Das gesetzliche Beratungsschuldverhältnis zwischen prospektivem Versicherungsnehmer und Versicherer wird vielfach als Sonderfall der *culpa in contrahendo* gesehen[4]; das den Versicherungsvermittler treffende deckungsgleiche Pflichtenprogramm sei als Konkretisierung der Grundsätze zur Inanspruchnahme besonderen Vertrauens durch Dritte zu begreifen, § 311 III BGB[5]. Der Vertrieb von Versicherungsprodukten einschließlich solcher, die funktional ganz oder teilweise eher dem Bereich der Kapitalanlagen zuzuordnen sind, wurde aus beratungsrechtlicher Sicht damit weitgehend lückenlos reguliert[6].

Die zuvor verabschiedete erste Versicherungsvermittlerrichtlinie[7] statuiert keine Verpflichtung der Mitgliedstaaten, für den Versicherungsvermittler eigenständige Produktinformations- und Erläuterungspflichten zu begründen. Auch verlangt das Richtlinienrecht nach richtigem Verständnis nicht, dem Versicherer zum Schutz des Versicherungsnehmers eine Beratungspflicht im Hinblick auf eine seinen Präferenzen und Bedürfnissen entsprechende Versiche-

---

[1] § 16, S. 381ff.

[2] Gesetz zur Reform des Versicherungsvertragsrechts vom 23.11.2007, BGBl. I, S. 2631.

[3] Überblick bei *Bruns*, Privatversicherungsrecht, § 8 Rn. 2ff.

[4] Statt vieler MünchKommVVG/*Armbrüster*, § 6 Rn. 298; *Dörner/Staudinger* WM 2006, 1710, 1711 und *Franz* VersR 2008, 298, 300.

[5] MünchKommVVG/*Reiff*, § 63 Rn. 22f.

[6] Zum Ganzen weiterführend *Stöbener* ZVersWiss 96 (2007), 465ff.

[7] Richtlinie 2002/92/EG vom 9. Dezember 2002 über Versicherungsvermittlung, ABl. 2002, L 9/3.

rung aufzuerlegen[8]. Der Richtliniengeber geht allerdings offensichtlich auf der Grundlage der praktischen Gegebenheiten davon aus, dass Versicherungsvermittler ihre Kunden tatsächlich beraten und schreibt einige Regeln vor, die im Rahmen einer solchen auf freiwilliger Grundlage erbrachten Beratung zu beachten sind.

Eine klare Definition dessen, was unter Beratung zu verstehen ist, enthält die Richtlinie allerdings hierzu nicht. Aus den Regelungen lässt sich immerhin entnehmen, dass der Rat nach der Vorstellung des Richtliniengebers in der Empfehlung eines geeigneten Versicherungsprodukts mündet, das den Wünschen und Bedürfnissen des Kunden entspricht[9]. Die Beratungsstandards gelten grundsätzlich ungeachtet des in Rede stehenden Versicherungsprodukts und gegenüber allen Kunden. Eine Ausnahme macht die Richtlinie lediglich, wenn es um die Versicherung von Großrisiken geht und für die Rückversicherungsvermittlung[10]. Bei den anzuwendenden Beratungsstandards, die insgesamt eher rudimentär bleiben, differenziert die Richtlinie im Grundsatz zwischen dem gebundenen Vermittler, dem nicht gebundenen Vermittler sowie einem Vermittler, der dem Kunden im konkreten Fall mitteilt, „auf der Grundlage einer objektiven Untersuchung" zu beraten.

Der Versicherungsvermittler, der dem Kunden gegenüber eine solche Mitteilung macht, ist nach Richtlinienrecht zu verpflichten, seinen Rat auf die Untersuchung „einer hinreichenden Zahl von auf dem Markt angebotenen Versicherungsverträgen zu stützen"[11]. Unerheblich ist dabei, ob es sich tatsächlich um einen gebundenen oder ungebundenen Vermittler handelt. Nach dem klaren Wortlaut der Richtlinie soll es allein darauf ankommen, ob sich der Vermittler als unabhängiger Vermittler geriert. Im Weiteren hat dieser dem Kunden vor Abschluss des Vertrags auch ausdrücklich mitzuteilen, ob er dieser Verpflichtung tatsächlich entsprochen hat[12]. Der gebundene Vermittler, der nicht in dieser Weise den Eindruck von Unabhängigkeit erweckt, hat dem Kunden dagegen lediglich mitzuteilen, dass er verpflichtet ist, Versicherungsvermittlungsgeschäfte ausschließlich mit einem oder mehreren Versicherungsunternehmen zu tätigen[13]. Offenbar soll der Kunde auf der Grundlage dieser Mitteilung ohne

---

[8] Str., wie hier *Reiff*, Versicherungsvermittlerrecht im Umbruch, S. 75; *ders.* VersR 2004, 142, 149; MünchKommVVG/*Reiff*, § 61 Rn. 3, 33; *Stöbener* ZVersWiss 96 (2007), 465, 474; MünchKommVVG/*Armbrüster*, Vor. §§ 6, 7 Rn. 34; ähnlich *Miettinen*, Die vorvertraglichen Pflichten des Versicherers, S. 173; *dies.* VersR 2005, 1629, 1633; zum Kommissionsentwurf bereits *Matusche-Beckmann* NVersZ 2002, 385, 388; a.A. die VVG-Reformkommission, vgl. Abschlussbericht S. 13; dem folgend *Ebers*, in: Schwintowski/Brömmelmeyer, VVG, § 6 Rn. 35; *Römer* VersR 2006, 740, 742; s. auch *Dohmen*, Informations- und Beratungspflichten vor Abschluss des Versicherungsvertrags, S. 282 f.

[9] Vgl. Art. 12 Abs. 2, 3 Richtlinie 2002/92/EG.

[10] Art. 12 Abs. 4 Richtlinie 2002/92/EG.

[11] Art. 12 Abs. 2 Richtlinie 2002/92/EG.

[12] Art. 13 Abs. 1 e) i) Richtlinie 2002/92/EG.

[13] Art. 12 Abs. 1 e) ii) Richtlinie 2002/92/EG.

weiteres darüber im Klaren sein, dass die Beratung durch den Vermittler nicht auf der Grundlage einer objektiven Untersuchung erfolgt ist. Der ungebundene Vermittler schließlich, der sich gleichfalls nicht als unabhängiger Vermittler gegenüber dem Kunden geriert, soll verpflichtet sein diesem mitzuteilen, dass eine exklusive vertragliche Bindung an ein oder mehrere Versicherungsunternehmen nicht besteht und dass er gleichwohl seinen Rat nicht auf der Grundlage einer objektiven Untersuchung einer hinreichenden Zahl von auf dem Markt angebotenen Versicherungsverträgen erteilt. Auf diese Weise möchte der Richtliniengeber augenscheinlich erreichen, dass der Kunde aus dem Umstand, dass es sich um einen ungebundenen Vermittler handelt, nicht ohne weiteres dem Fehlschluss einer unabhängigen Beratung unterliegt.

Mit Blick auf die gegenwärtige Reform der Versicherungsvermittlerrichtlinie sind jedenfalls für den Vertrieb von Versicherungen mit Anlagecharakter verschärfte Verhaltensanforderungen für Versicherungsunternehmen und Versicherungsvermittler zu erwarten[14]. Der europäische Gesetzgeber ist sich darüber im Klaren, dass Versicherungsprodukte funktional vielfach den von den Finanzmarktrichtlinien regulierten Finanzinstrumenten entsprechen. Um insoweit einen widerspruchsfreien Anlegerschutz zu gewährleisten, sollte die unlängst verabschiedete zweite Finanzmarktrichtlinie[15] die Reform der Versicherungsvermittlerrichtlinie für Versicherungsanlageprodukte zwischenzeitlich vorwegnehmen. Letztlich ist man von diesem Vorhaben jedoch abgerückt, so dass die endgültige Fassung der neuen Versicherungsvermittlerrichtlinie auch insoweit abzuwarten ist.

II. Kreditrecht

Wohl kaum in einem anderen Bereich des deutschen Zivilrechts hatte sich das Prinzip des *caveat emptor* auf breiter Ebene so hartnäckig gehalten, wie im Bereich des Kreditrechts. Beratungstypische Verhaltenspflichten im Zuge des beratenden Vertriebs von Krediten erkannte die Rechtsprechung nicht an, namentlich besteht bis heute keine allgemeine Pflicht zur Einholung der für die bedarfsgerechte Auswahl notwendigen Informationen beim Kreditnehmer[16]. Selbst Aufklärungspflichten sind im Grundsatz allgemein auf solche Fälle beschränkt, in denen eine Informationsasymmetrie von der Bank selbst verursacht wurde, etwa weil diese einen schweren Interessenkonflikt geschaffen hatte[17].

---

[14] Vgl. KOM(2012) 352 endg., S. 22.

[15] Richtlinie 2014/65/EU vom 14. Mai 2014 über Märkte für Finanzinstrumente, ABl. 2014, L 173/349.

[16] Vgl. *Rohe* BKR 2003, 267, 270.

[17] Vgl. OLG Hamm WM 1998, 1230, 1234; OLG Stuttgart WM 1999, 844, 846; WM 2000, 133, 134f.

Die entscheidenden Impulse für eine Interessenbindung beratender Kreditgeber und Kreditvermittler und die Einführung beratungstypischer Verhaltenspflichten gehen auf das europäische Verbraucherschutzrecht zurück. Die erste Verbraucherkreditrichtlinie[18] hatte für den Vertrieb von auf die Bedürfnisse des Kreditnehmers hin zugeschnittenen Finanzierungsformen allerdings kaum erwähnenswerte Bedeutung. Die Richtlinie fand u.a. schon keine Anwendung auf Finanzierungsverträge zum Zweck des Grundstückserwerbs oder der baulichen Modernisierung, auf zins- und gebührenfrei zur Verfügung gestellte Kredite, auf Kredite ab einer bestimmten Summe und ganz überwiegend nicht auf Überziehungskredite für laufende Konten[19]. Das wesentliche Instrument, mit dem Selbstbestimmung des Kreditnehmers gewährleistet werden sollte, war das reine Informationsmodell, wie es dem Grunde nach dem *disclosure*-Konzept des U.S.-amerikanischen Verbraucherkreditrechts entspricht[20]. Für den vorvertraglichen Bereich erschöpfte sich die Informationspflicht aber auf die Mitteilung des effektiven Jahreszinses im Zuge von Werbung oder auf den Aushängen in den Geschäftsräumen der Kreditgeber. Nur für die Gewährung von Überziehungskrediten mussten spätestens bei Vertragsschluss weitere essenzielle Bedingungen mitgeteilt werden[21]. Für den Vertragsabschluss selbst wurde das Schriftformerfordernis begründet und die Angabe der wesentlichen Vertragsbedingungen vorgeschrieben[22]. Der Schwerpunkt der ersten Verbraucherkreditrichtlinie lag demgegenüber auf dem Schutz des Verbrauchers vor typischen nachteiligen Vertragsbedingungen[23].

Im September 2002 legte die Kommission den Vorschlag zur Reform der ersten Verbraucherkreditrichtlinie vor[24]. Anlass war der Befund eines gesellschaftlichen Wandels hin zu mehr finanziertem Konsum. Es bestand, so die Kommission, die Gefahr der Übervorteilung und Verschuldung einer immer größer werdenden Zahl von Verbrauchern. Die Regularien der ersten Verbraucherkreditrichtlinie hatten sich dagegen als wirkungslos erwiesen und einige Mitgliedstaaten hatten das Schutzniveau in eigener Regie angehoben. Das hat-

---

18 Richtlinie 87/102/EWG vom 22. Dezember 1986 zur Angleichung der Rechts- und Verwaltungsvorschriften der Mitgliedstaaten über den Verbraucherkredit, ABl. 1986, L 42/48.

19 Art. 2 I a), c), e), f) Richtlinie 87/102/EWG.

20 Truth in Lending Act vom 29. Juni 1968, 15 U.S.C. §§ 1601 ss. Einen umfassenden Überblick in deutscher Sprache gibt *Bergmann*, Truth in Lending?, S. 47 ff.

21 Art. 6 Abs. 1 Richtlinie 87/102/EWG.

22 Art. 4 Richtlinie 87/102/EWG.

23 Vgl. im Überblick *Hoffmann*, Die Reform der Verbraucherkredit-Richtlinie, S. 20 ff., 37 ff.

24 Vorschlag für eine Richtlinie des Europäischen Parlaments und des Rates zur Harmonisierung der Rechts- und Verwaltungsvorschriften der Mitgliedstaaten über den Verbraucherkredit vom 11. September 2002, KOM(2002), 443 endg. Zur Reformgeschichte im Überblick *Siems* EuZW 2008, 454 f.

te aus Sicht der Kommission wiederum binnenmarktverzerrende Wirkung und habe die Inanspruchnahme grenzüberschreitenden Kredits durch Verbraucher erschwert[25]. Ungeachtet zahlreicher kritischer Stimmen in der Literatur[26] war die beschriebene zwingende Kreditwürdigkeitsprüfung in der Endfassung der zweiten Verbraucherkreditrichtlinie[27] in etwas abgeschwächter Form erhalten geblieben. Die Mitgliedstaaten haben hiernach sicherzustellen, dass der Kreditgeber die Kreditwürdigkeit des Verbrauchers vor Abschluss des Kreditvertrags anhand ausreichender Informationen bewertet. Die Informationen sollen entweder vom Verbraucher selbst oder anhand von Auskünften aus einschlägigen Datenbanken erlangt werden[28]. Der Richtliniengeber verzichtet allerdings auch letztlich darauf, an die Prüfungspflicht ausdrücklich eine weitergehende Verhaltenspflicht zu knüpfen. Weder besteht unter bestimmten Voraussetzungen eine Pflicht zur Verweigerung des beantragten Kredits[29] noch ist der Verbraucher über das Ergebnis der Kreditwürdigkeitsprüfung wenigstens zu informieren oder gar vor der Inanspruchnahme des anvisierten Kredits aufgrund des Bestehens einer negativen Rückzahlungsprognose zu warnen[30].

Im Übrigen konnte sich die Kommission mit ihren Regelungsvorschlägen nur ganz eingeschränkt durchsetzen. Das Herzstück des Vorschlags, die allgemeine Beratungspflicht von Kreditgebern und Kreditvermittlern, wurde in der Literatur ganz überwiegend kritisiert[31] und fand auch politisch letztlich keine Mehrheit. Eine Pflicht zur Einholung kreditnehmerbezogener Informationen blieb in der Endfassung der zweiten Richtlinie nur noch im Rahmen der Pflicht zur Beurteilung der Kreditwürdigkeit relevant[32]. Stattdessen wurde die vorvertragliche Informationspflicht um eine richtlinienrechtliche Erläuterungspflicht ergänzt. Diese soll den Verbraucher weitergehend als durch bloße Information in

[25] KOM(2002) 443 endg., S. 3f.; zum Ganzen auch *Rott* BKR 2003, 267f.

[26] *Rott* BKR 2003, 851, 858; *Riesenhuber* ZBB 2003, 325, 332f.; *Rohe* BKR 2003, 267, 270f.; *Franck* ZBB 2003, 334, 342; *Danco* WM 2003, 853, 857f.; s. auch *Nobbe* ZBB 2008, 78, 80

[27] Richtlinie 2008/48/EG vom 23. April 2008 über Verbraucherkreditverträge, ABl. 2008, L 133/66.

[28] Art. 8 Richtlinie 2008/48/EG; hierzu auch *Hofmann* NJW 2010, 1782, 1783; zur Durchführung im Einzelnen auch *Rott* BKR 2003, 851, 854ff.

[29] Im Überblick auch *Hofmann* NJW 2010, 1782, 1785; *Siems* EuZW 2008, 454, 456; ablehnend gegenüber einem Kreditvergabeverbot *Rott* BKR 2003, 851, 853.

[30] Palandt/*Weidenkaff*, BGB, 72. Aufl., § 509 Rn. 1: Pflicht besteht nur im öffentlichen Interesse; a.A. *Hofmann* NJW 2010, 1782, 1786; MünchKommBGB/*Schürnbrand*, § 509 Rn. 7; für eine schadensersatzbewehrte vorvertragliche Aufklärungspflicht auch *Rott* BKR 2003, 851, 857; s. noch *Riesenhuber* ZBB 2003, 325, 330; hierzu nunmehr EuGH EuZW 2014, 514.

[31] *Riesenhuber* ZBB 2003, 325, 329; *Franck* ZBB 2003, 334, 341; *Nobbe* ZBB 2008, 78, 80; *Horn*, Europäisches Finanzmarktrecht, S. 79.

[32] Vgl. Art. 8 Abs. 1 Richtlinie 2008/48/EG.

die Lage versetzen, selbst zu beurteilen, ob der angebotene Vertrag seinen Bedürfnissen und seiner finanziellen Situation gerecht wird. Diese Pflicht ist zu erfüllen durch „angemessene Erläuterungen“ bezogen auf die vorvertraglich zu verschaffenden Informationen, die Hauptmerkmale der angebotenen Produkte und deren mögliche spezifische Auswirkungen einschließlich des Zahlungsverzugs auf den Verbraucher[33]. Die Richtlinie überlässt es dabei den Mitgliedstaaten, diese Erläuterungspflicht weiter zu konkretisieren, d.h. spezifische Vorgaben zu treffen über die Art und Weise der „Unterstützung“ und deren Umfang und eines Zuschnitts auf die Umstände der Angebotssituation, der Person des Kreditnehmers und der Art des angebotenen Kredits[34].

Mit Rücksicht auf die soziale Bedeutung der Wohnimmobilienkredite zählte das Fehlen qualifizierter Vertriebsvorgaben auf europäischer Ebene zu den großen und mit Hinweis auf die Notwendigkeit eigenständiger Regelungen[35] bewusst offen gelassenen Widersprüchen der europäischen Verbraucherschutzpolitik. Ziel der Kommission war es sodann, die gesamte in der Gemeinschaft verfügbare Produktpalette für die Finanzierung von Wohnimmobilien in den Inlandsmärkten verfügbar zu machen. Es ging damit auch hier zunächst um die Beseitigung von Vertriebshemmnissen, die nach der Vorstellung der Kommission zugleich im Interesse der Kreditnehmer zu einem Angebot neuer und bedarfsgerechter Produkte führen soll[36]. Allerdings reagierte die Kommission auch auf die Folgen der Krise auf dem U.S.-amerikanischen *Subprime*-Markt. Es habe sich gezeigt, dass unverantwortliches Verhalten bei der Kreditvergabe sowohl durch die Kreditgeber selbst als auch durch „skrupellose Kreditvermittler“ „die ganze Wirtschaft in Mitleidenschaft ziehen“ könne[37]. Der in ganz Europa festzustellende Anstieg des Verschuldungsniveaus der Privathaushalte wird letztlich auch, obschon vorsichtiger, als Indiz für eine Praxis unverantwortlicher Kreditvergabe gesehen[38]. Ein Kernziel der Reform war daher die Stärkung der Finanzmarktstabilität durch die Einführung von Regeln, die eine verantwortungsvolle Kreditvergabe gewährleisten sollen. Daneben soll auch das Verbrauchervertrauen in die Kreditvergabepraxis verbessert werden. Über die aus dem allgemeinen Verbraucherkreditrecht bekannten Informations- und Erläuterungspflichten hinaus sei hierzu ein hoher Standard bei der Hypothekarkreditberatung zu etablieren, auch wenn nicht in allen Fällen tatsächlich ein hoher Beratungsbedarf bestehe[39]. Der Verbraucher müsse Zugang zu einer „ob-

---

[33] Hierzu etwa *Rott* WM 2008, 1104, 1109.

[34] Art. 5 Abs. 6 Richtlinie 2008/48/EG.

[35] Vgl. Erwägungsgrund 14 Richtlinie 2008/48/EG.

[36] KOM(2011) 142 endg., S. 7.

[37] KOM(2011) 142 endg., S. 2 f.; s. bereits das Weißbuch über die Integration der EU-Hypothekarkreditmärkte, KOM(2007) 807 endg., S. 5.

[38] KOM(2011) 142 endg., S. 3.

[39] Weißbuch über die Integration der EU-Hypothekarkreditmärkte, KOM(2007) 807 endg., S. 5.

jektiven Beratung" erhalten und die Wahl zwischen einem „unabhängigen Berater" und einer Beratung durch den Kreditgeber haben. Allerdings spricht sich die Kommission von vorneherein gegen eine gesetzliche Beratungspflicht aus, weil sich diese „nachteilig auf die Hypothekarkreditpreise auswirken" und das Produktspektrum einschränken würde. Die von der Kommission geforderten „hohen Beratungsstandards" werden stattdessen davon abhängig gemacht, dass *tatsächlich* beraten wird[40].

Die unlängst verabschiedete und bis zum 21. März 2016 von den Mitgliedstaaten umzusetzende Wohnimmobilienkreditrichtlinie überträgt die im Rahmen der zweiten Verbraucherkreditrichtlinie vorgesehenen Informations- und Erläuterungspflichten der Kreditgeber und Kreditvermittler auf den Wohnimmobilienkredit[41], überlässt die entscheidende Konkretisierung des Umfangs und der Art und Weise der Erläuterungen einschließlich der Frage des Zuschnitts auf die Person des Verbrauchers allerdings den Mitgliedstaaten[42]. Noch im Gegensatz zum Reformvorschlag sieht die Endfassung der Richtlinie eine verbindliche Definition des Begriffs der „Beratungsdienste" vor. Hierbei handelt es sich um „die Erteilung individueller Empfehlungen an einen Verbraucher in Bezug auf ein oder mehrere Geschäfte im Zusammenhang mit Kreditverträgen die eine von der Gewährung eines Kredits ... getrennte Tätigkeit darstellt"[43]. Im Ausgangspunkt ist der Verbraucher darüber zu informieren, „ob Beratungsdienste ... erbracht werden oder erbracht werden können"[44]. Vor Erbringung einer solchen Beratungsdienstleistung oder dem Abschluss eines entsprechenden Vertrags haben Kreditgeber und Kreditvermittler den Verbraucher darüber zu informieren, ob sich die Empfehlung nur auf die eigene Produktpalette oder eine „ausreichende Zahl" von auf dem Markt verfügbaren Kreditverträgen bezieht, sowie über ein ggf. zu entrichtendes Beratungsentgelt[45]. In allen Fällen haben die Mitgliedstaaten sicher zu stellen, dass beratende Kreditgeber und Kreditvermittler die erforderlichen Informationen über die persönliche und finanzielle Situation sowie über die Präferenzen und Ziele des Verbrauchers erhalten und diesem einen *geeigneten* Kreditvertrag empfehlen, der auf die finanzielle Situation und die persönlichen Ziele des Verbrauchers

[40] Weißbuch über die Integration der EU-Hypothekarkreditmärkte, KOM(2007) 807 endg., S. 8; vgl. die Zusammenfassung der Stellungnahmen im Rahmen der öffentlichen Konsultation zur verantwortlichen Kreditvergabe und Kreditaufnahme in der EU vom 30. November 2009, S. 12; abrufbar unter http://ec.europa.eu/internal_market/finservices-retail/docs/credit/resp_lending/feedback_summary_en.pdf (11/2014); unzutreffend dagegen *König* WM 2013, 1688, 1693, der von einer von der Kommission ursprünglich propagierten Beratungspflicht ausgeht.

[41] Zu den vorvertraglichen Informationspflichten s. Art. 14, zur Erläuterungspflicht s. Art. 16 Richtlinie 2014/17/EU.

[42] Art. 16 Abs. 2 Richtlinie 2014/17/EU.

[43] Art. 4 Ziff. 21 Richtlinie 2014/17/EU.

[44] Art. 22 Abs. 1 Richtlinie 2014/17/EU.

[45] Art. 22 Abs. 2 Richtlinie 2014/17/EU.

zugeschnitten ist[46]. Ausweislich der Erwägungsgründe sollte es den Mitgliedstaaten gestattet sein, Kriterien für die Beurteilung der Eignung eines bestimmten Produkts „klarzustellen“[47].

Interessenkonflikte und vergütungsbedingte Fehlanreize, die in der Person des Vermittlers und seiner benannten Vertreter bestehen und die nicht von vorneherein unterbunden wurden, müssen dem Verbraucher gegenüber offen gelegt werden. Die Offenlegungspflicht besteht dabei allgemein und nicht etwa erst auf der Grundlage einer als gesonderte entgeltliche Dienstleistung angebotenen Beratung. Gebundene Kreditvermittler, also solche, die im Namen und unter voller Verantwortung nur eines Kreditgebers handeln[48], müssen sich dem Verbraucher als solche zu erkennen geben. Kreditvermittler sind ungefragt zur Offenlegung einer etwaigen Provision verpflichtet, die dieser von dem Kreditgeber für die Vermittlung des anvisierten Kreditgeschäfts erhält[49]. Auf Verlangen des Verbrauchers ist der ungebundene Kreditvermittler zudem zur Offenlegung der Höhe der verschiedenen Provisionen verpflichtet, die ihm von den verschiedenen Kreditgebern, deren Produkte er vertreibt, in Aussicht gestellt werden. Über das Bestehen dieses Informationsanspruchs ist der Verbraucher aufzuklären[50].

Im Gegensatz zu der zeitgleich verabschiedeten zweiten Finanzmarktrichtlinie[51] hat der Richtliniengeber nicht vorgeschrieben, dass sich Kreditgeber und Kreditvermittler darüber explizit erklären müssen, ob die Beratung „unabhängig“ erfolgt oder nicht. Allerdings haben die nicht gebundenen Kreditvermittler auf der Grundlage einer „ausreichenden Zahl“ von auf dem Markt verfügbaren Kreditverträgen zu beraten[52]. Sofern die Mitgliedstaaten die Verwendung der Bezeichnung „Berater“ durch Kreditgeber und gebundene Vermittler nicht von vorneherein untersagen, haben diese die Verwendung des Begriffs des „unabhängigen Beraters“ mindestens davon abhängig zu machen, dass der Ratgeber für die Beratung keinerlei Vergütung von einem oder mehreren Kreditgebern erhält[53].

Anders als ihr Entwurf stellt die Endfassung der Wohnimmobilienkreditrichtlinie den Mitgliedstaaten anheim vorzusehen, dass nicht beratende Kreditgeber und Kreditvermittler den Verbraucher warnen müssen, „wenn ein Kreditvertrag unter Berücksichtigung der finanziellen Situation des Verbrauchers möglicherweise ein spezifisches Risiko für ihn birgt“[54]. Vergleichbar der

---

[46] Art. 22 Abs. 3a) Richtlinie 2014/17/EU.
[47] Vgl. Erwägungsgrund 65 Richtlinie 2014/17/EU.
[48] Vgl. Art. 4 Ziff. 7 Richtlinie 2014/17/EU.
[49] Art. 15 Abs. 1 Richtlinie 2014/17/EU.
[50] Art. 15 Abs. 2 Richtlinie 2014/17/EU.
[51] Hierzu § 16, S. 382 (sub a).
[52] Art. 22 Abs. 3c) Richtlinie 2014/17/EU.
[53] Art. 22 Abs. 4 Richtlinie 2014/17/EU.
[54] Art. 22 Abs. 5 Richtlinie 2014/17/EU.

Rechtslage unter den Finanzmarktrichtlinien wäre eine solche Pflicht zur Warnung als eine gegenüber einer Beratungspflicht abgeschwächte Pflicht zur Interessenwahrung zu sehen, die gleichsam zwischen der Pflicht zur verantwortungsbewussten Kreditvergabe und den bei tatsächlicher Beratung zu gewährleistenden Beratungsstandards zu verorten wäre. Mit Rücksicht auf die im Rahmen der Pflicht zur verantwortungsbewussten Kreditvergabe ohnehin bestehenden Ermittlungspflichten wäre eine solche Warnpflicht letztlich nicht einmal mit einem zusätzlichen Aufwand für Kreditgeber und -vermittler verbunden. Hinzuweisen ist darauf, dass es sich bei der Wohnimmobilienkreditrichtlinie nicht um Regelungen einer auf das mitgliedstaatliche Aufsichtsrecht beschränkten Harmonisierung handelt. Vergleichbar der Rechtslage unter der ersten und zweiten Verbraucherkreditrichtlinie ist eine Umsetzung der transaktionsbezogenen Verhaltenspflichten im Rahmen des nationalen Zivilrechts zu erwarten.

Kapitel IV

Allgemeine Dogmatik

§ 13 Zivilrechtsdogmatik

I. Anspruch an eine allgemeine Zivilrechtsdogmatik und Maßgeblichkeit von Parteiwille, Kontext und gesetzlicher Risikoverteilung

Die nachfolgenden Überlegungen zu einer allgemeinen Zivilrechtsdogmatik gründen auf der These, dass teilgebietsspezifische Besonderheiten einer gewissen Verallgemeinerung nicht entgegenstehen. Im Gegenteil handelt es sich bei der Beratung um einen zivilrechtlichen Pflichtenkomplex, der einschließlich seiner Rechtsfolgen und prozessualen Besonderheiten weitgehend unabhängig von seinem jeweiligen teilrechtsspezifischen Gegenstand betrachtet werden kann und sollte. Diese Verallgemeinerung ist zugleich die Grundlage dafür, Wertungswidersprüche zu erkennen, aufzulösen oder mit Rücksicht auf verbleibende Eigenheiten des Teilrechtsgebiets zu erklären. Der Anspruch an eine allgemeine Zivilrechtsdogmatik der Beratung muss ungeachtet dessen dem Umstand Rechnung tragen, dass Beratung in einer Vielzahl von Lebenssachverhalten bedeutsam wird. Dabei hängt es entscheidend vom Willen der Parteien und der gesetzlichen Risikoverteilung ab, welche Reichweite und welche konkrete inhaltliche Ausformung Beratungspflichten gewinnen.

II. Typen und Entstehungsgründe

1. Pflicht zur Beratung

Im Rahmen der Dogmatik des zivilrechtlichen Verhaltensstandards ist im Ausgangspunkt zu unterscheiden zwischen einer Pflicht zur Beratung und einer Beratung, die als solche rechtlich erst dann erheblich wird, wenn tatsächlich (überobligatorisch) eine konkrete Handlungsempfehlung erteilt wird[1]. Im Fall der Pflicht zur Beratung knüpft das Zivilrecht Verhaltensanforderungen regelmäßig an ein besonderes vertragliches Beratungsversprechen, ausnahmsweise

[1] Hierzu bereits unter § 4, S. 42 f. (sub II).

auch daran, dass bestimmte Leistungen kraft Gesetzes *per se* nicht oder jedenfalls unter bestimmten weitergehenden Voraussetzungen nicht ohne begleitende Beratung angeboten und erbracht werden sollen. Die Pflicht zur Beratung kann ihre Grundlage daher entweder in einem reinen Beratungsvertrag haben oder, wie etwa im Fall des Arzt- und des Anwaltsrechts, in einem Vertrag, der sowohl die Beratung als auch weitere, erst auf der Grundlage einer Beratung vom Ratnehmer konsentierte Leistungen umfasst.

Daneben ist eine Pflicht zur Beratung auf gesetzlicher Grundlage denkbar. Soweit es den Bereich der quasi-vertraglichen gesetzlichen Schuldverhältnisse betrifft, existiert bisher lediglich im Versicherungsrecht eine Sonderregelung, die eine Pflicht zur Beratung unter bestimmten Voraussetzungen ausdrücklich normiert, vgl. §§ 6, 61 VVG. Im Übrigen ist auf allgemeine vorvertragliche und vertragsbegleitende Schutzpflichten und die Geschäftsführung ohne Auftrag abzustellen, wobei ihr Verhältnis zur vor- bzw. quasi-vertraglichen Haftung dogmatisch weiterhin etwas im Unklaren bleibt[2]. Die Regeln über die Geschäftsführung ohne Auftrag greifen nach allgemeinem Verständnis immer dort, wo jemand ein fremdes Geschäft außerhalb eines besonderen Rechtsverhältnisses führt[3]. Nach heute ganz überwiegender Auffassung geht es dabei längst nicht nur um Geschäftsführungen aus altruistischen Motiven[4]. Die herrschende Meinung macht von diesem Grundsatz nicht einmal dann eine Ausnahme, wenn der Geschäftsführer das Geschäft in der irrigen Annahme eines wirksamen Vertragsschlusses führt[5]. Nun entspricht es der Funktion der quasivertraglichen Haftung, die ihrer historischen Genese nach nur bestimmte, jenseits der GoA zwischen Vertrags- und Deliktsrecht verbleibende Haftungslücken auffüllen sollte, diese im Anwendungsbereich der GoA zurücktreten zu lassen. Auf die tatbestandlichen Grenzen der in § 311 Abs. 2, 3 BGB kodifizierten Anwendungsfälle der Vertrauenshaftung kommt es daher letztlich nicht an. Auf dieser Grundlage entsprechen die Pflichten desjenigen, der ein fremdes Geschäft ohne vertragliche Grundlage übernimmt, nach richtigem Verständnis inhaltlich grundsätzlich dem berufstypischen vertraglichen Pflichtenprogramm. Der ohne wirksame vertragliche Mandatierung tätig werdende Rechtsanwalt schuldet daher, den wirklichen oder mutmaßlichen Willen und die Überbrückungsfunktion der GoA[6] immer berücksichtigend, der Sache nach

---

[2] Vgl. *pars pro toto* die Ausführungen zu den Konkurrenzen bei MünchKommBGB/*Seiler*, Vor. § 677ff. Rn. 15ff. Die gesetzliche Konkretisierung der quasi-vertraglichen Vertrauenshaftung hat das Konkurrenzproblem eher noch verschärft.

[3] Vgl. statt aller Soergel/*Beuthin*, BGB, Vor §§ 677ff. Rn. 1.

[4] Zur Ablehnung einer Theorie der Menschenhilfe s. nur MünchKommBGB/*Seiler*, Vor. § 677 Rn. 1; Soergel/*Beuthin*, BGB, Vor §§ 677ff. Rn. 4.

[5] Vgl. BGH NJW 1997, 47; ablehnend etwa MünchKommBGB/*Seiler*, § 677 Rn. 48; a.A. Jauernig/*Mansel*, BGB, § 677 Rn. 6; differenzierend *Martinek/Theobald* JuS 1997, 992, 993 Fn. 8.

[6] Hierzu Soergel/*Beuthin*, BGB, § 677 Rn. 29.

Vergleichbares wie im Rahmen eines entsprechenden wirksamen Mandats. Gleiches gilt für den eine Behandlung ohne wirksamen Vertragsschluss übernehmenden Arzt. Die tatsächliche Möglichkeit einer Beratung insbesondere in Notlagen immer vorausgesetzt, besteht auch in diesen Fällen eine Pflicht zur Beratung des Geschäftsherrn[7].

Das Deliktsrecht tritt zu einer vertraglichen oder quasi-vertraglichen Pflicht zur Beratung konkurrierend hinzu. Seine Bedeutung ist mit Rücksicht auf die Ablehnung eines allgemeinen primären Vermögensschutzes in der Breite ungleich geringer. Der deliktsrechtlichen Dogmatik ist eine Pflicht zur Beratung daher vor allem im Rahmen der Arzthaftung bekannt. Dabei ist es einerseits der abwehrrechtlichen Konstruktion des Deliktsrechts, andererseits der zwischen Aufklärungs- und Behandlungsfehler mäandernden Dogmatik der Arzthaftung geschuldet, dass die an die Behandlungsübernahme geknüpfte deliktsrechtliche Pflicht zur Beratung im Rahmen des § 823 Abs. 1 BGB bisher nicht mit der gebotenen Deutlichkeit hervortritt. Aber auch in anderen Bereichen ist eine Haftung des Ratgebers auf der Grundlage des § 823 Abs. 1 BGB denkbar, nämlich immer dann, wenn durch die pflichtwidrige Beratung eines der genannten Rechtsgüter verletzt wurde[8]. Zu denken ist etwa an den Rechtsanwalt, der seinen Mandanten nicht mit der gebotenen Sorgfalt vor einer drohenden Freiheitsentziehung bewahrt. Daneben kann eine im Berufs- und Aufsichtsrecht verankerte Pflicht zur Beratung auch deliktsrechtliche Bedeutung erlangen, wenn es sich insoweit um ein Schutzgesetz i. S. v. § 823 Abs. 2 BGB handelt. Die Verletzung einer Pflicht zur Beratung kann sich schließlich als sittenwidrige vorsätzliche Schädigung darstellen, § 826 BGB.

2. Beratungssorgfaltspflicht bei überobligatorischer Beratung

a) Voraussetzungen und dogmatische Einordnung

Ein nicht oder insoweit nicht zur Beratung verpflichteter Ratgeber kann beratungstypischen Verhaltensanforderungen gleichwohl dann unterliegen, wenn er tatsächlich überobligatorisch berät. Voraussetzung ist typischerweise, dass dies im beruflichen Kontext erfolgt bzw. dass der Ratgeber nach außen den Anschein erweckt, als professioneller Ratgeber zu agieren. Der im privaten Umfeld abgegebene Rat oder der Rat eines Laien lösen Haftungsfolgen dagegen grundsätzlich nicht aus[9]. Die Schwelle zu einer beratungstypische Verhal-

---

[7] Vgl. auch § 630 Abs. 5 BGB.

[8] Kategorisch ablehnend dagegen noch *Luther*, Die Haftung des Ratgebers, S. 55 ff.; ebenso *Zahnen*, Die Haftung des Ratgebers, S. 49 ff.

[9] Vgl. zu einem Grenzfall BGH NJW-RR 2007, 1271, 1272: keine Anwendung der Grundsätze professioneller Anlegerberatung auf Familienmitglieder; *in casu* aber abzulehnen, weil der Ratgeber einschlägig ausgebildet war und sich einen Gewinnanteil iHv. 30% versprechen ließ.

tenspflichten auslösenden überobligatorischen Beratung ist dabei nach geltendem Recht typischerweise erst dann überschritten, wenn es im Rahmen eines beratungstypischen Kommunikationsprozesses zur Abgabe einer konkreten Handlungsempfehlung kommt. Öffentliche „Empfehlungen" an einen unbestimmten Personenkreis etwa begründen beratungstypische Pflichten regelmäßig nicht. Umgekehrt zieht nicht jede überobligatorische Abgabe einer konkreten Handlungsempfehlung beratungstypische Verhaltensanforderungen zwingend nach sich. Zu berücksichtigen ist vielmehr die Risikoverteilung innerhalb des betroffenen Teilrechtsgebiets und der systematische Kontext, der bereits hinreichende oder abschließende funktionsnahe bzw. funktionsäquivalente Rechtsinstitute vorsehen kann[10].

Die beratungstypischen Verhaltensanforderungen sind, wenn sie zum Zuge kommen, nach wohl allgemeiner Ansicht jedenfalls dann mit Rücksicht auf § 241 Abs. 2 BGB gesetzlichen Ursprungs, sofern zwischen Ratgeber und Ratnehmer bereits ein Vertragsverhältnis besteht. Umstritten ist demgegenüber, ob die überobligatorische Beratung in anderen Fällen, vornehmlich im Vorfeld des Abschlusses eines auf einen Leistungsaustausch gerichteten Vertrags, einen selbständigen vorgelagerten Beratungsvertrag begründet. Während die Rechtsprechung vor allem im Bereich der Kapitalanlageberatung in der tatsächlichen Durchführung eines Beratungsgesprächs den konkludenten Abschluss eines Beratungsvertrags sieht, lehnt die wohl herrschende Lehre diese Konstruktion bekanntlich als mit der Rechtsgeschäftslehre unvereinbar ab und geht stattdessen überwiegend von einer quasi-vertraglichen Vertrauenshaftung des Ratgebers aus. Dieser dogmatisch zentralen Rechtsfrage soll sogleich eingehender am Beispiel der Kapitalanlageberatung nachgegangen werden[11]. Um die Besonderheit dieser Beratungspflicht und die Abgrenzung zwischen ihr und der Pflicht zur Beratung deutlich zu machen, soll im Weiteren der Begriff der *Beratungssorgfaltspflicht* verwendet werden.

Die Beratungssorgfaltspflicht ist auch als deliktische Sorgfaltspflicht denkbar. Allerdings geht es im Rahmen der einschlägigen Fallkonstellationen typischerweise um die beratungsweise Beeinträchtigung des Vermögens, so dass § 823 Abs. 1 BGB insoweit insgesamt nur eine untergeordnete Rolle spielt. Vergleichbar der Rechtslage bei der Pflicht zur Beratung kommen indes auch hier berufs- und aufsichtsrechtliche Verhaltensanforderungen in Betracht, die an eine überobligatorische Beratung geknüpft werden und für die sich gleichfalls die Frage nach der Schutzgesetzqualität stellt, § 823 Abs. 2 BGB. Ebenso kann die überobligatorische Beratung eine sittenwidrige vorsätzliche Schädigung begründen, § 826 BGB.

---

[10] Hierzu schon eingehender § 6, S. 67 ff. (sub IV).
[11] Hierzu § 13, S. 131 ff. (sub b).

b) Beratungssorgfaltspflicht und quasi-vertragliche Vertrauenshaftung

aa) Überblick über den Stand der Diskussion

(1) Rahmenvertrag bei auf Dauer angelegten Vertragsbeziehungen

Die Haftungsgrundlagen fehlerhafter Beratung im Vorfeld eines Vertragsschlusses sind allgemein und vor allem im Bereich der Kapitalanlageberatung seit langem Gegenstand der Auseinandersetzung. In der Literatur wird die Haftung wegen fehlerhafter Beratung bisweilen an die Konstruktion eines mögliche Einzeltransaktionen überformenden Rahmenvertrags geknüpft[12]. Die typischerweise verschiedene einzelne Schuldvertragsverhältnisse umfassende geschäftliche Beziehung zwischen der Bank und ihrem Kunden wird dabei als allgemeiner Bankvertrag charakterisiert[13]. Vergleichbare Rahmenverträge seien aber auch in anderen auf längere Dauer angelegten geschäftlichen Beziehungen denkbar, wie etwa mit mehrfach eingeschalteten Finanzvermittlern[14]. Für diese Konstruktion wird im Wesentlichen angeführt, dass sich auf diesem Wege die Interessenwahrungspflicht der Bank oder des Vermittlers erklären lasse, die mit dem typischerweise als Kaufvertrag einzuordnenden Einzelgeschäft schwer vereinbar sei. Auch werde damit der andernfalls notwendige, aber künstlich erscheinende Übergang zwischen unterschiedlichen vertraglichen bzw. teils auch gesetzlichen Verhaltenspflichten vermieden[15]. In den Fällen eines nur singulären oder jedenfalls weniger verdichteten geschäftlichen Kontakts müssen sich die Anhänger dieser Auffassung allerdings zwischen anderen Konstruktionen entscheiden, wobei wohl eine gewisse Tendenz zur Annahme einer Geschäftsverbindung als quasi-vertragliche Sonderverbindung eigener Art besteht[16].

Die Konstruktion des allgemeinen Bankvertrags war in der Lehre anfänglich verbreitet, wird heute allerdings nur noch vereinzelt vertreten[17]. Unter den Gegnern im Schrifttum ist etwa *Canaris* besonders hervorgetreten. Er sieht in dieser Konstruktion vor dem Hintergrund der fortgesetzten Entwicklung der

---

[12] Zur Rechtsfigur des Rahmenvertrags allgemeiner *Henrich*, Vorvertrag, Optionsvertrag, Vorrechtsvertrag, S. 117; *Weber* ZSR NF 106 (1987), 403, 410ff.

[13] Vgl. statt vieler RGRK/*v. Godin*, HGB, § 365 Anm. 1, 4ff.; *Pikart* WM 1957, 1238ff.; *Bunte* WM 1983, 430, 431; *Nebelung* NJW 1959, 1068, 1069; *P. Ulmer*, Der Vertragshändler, S. 318f.; *Gaede*, Die Haftung der Banken für Kreditauskünfte, S. 29ff.; *Hopt*, Der Kapitalanlegerschutz im Recht der Banken, S. 393ff.

[14] *Hopt*, in: FS Gernhuber, S. 169, 175f.

[15] *Hopt*, in: FS Gernhuber, S. 169, 175; s. auch *ders.*, in: Baumbach/Hopt, Handelsgesetzbuch, Bankgeschäfte Rn. A/6.

[16] Vgl. *Hopt*, in: FS Gernhuber, S. 169, 174; anschaulich wird die Erklärungsnot dieser Auffassung bei *ders.*, Der Kapitalanlegerschutz im Recht der Banken, S. 402ff.

[17] Vgl. *Hopt*, in: Baumbach/Hopt, Handelsgesetzbuch, Bankgeschäfte Rn. A/6; *ders.*, in: Bankrechts-Handbuch, § 1 Rn. 17ff.; *Bunte*, in: Bankrechts-Handbuch, § 2 Rn. 2; *Claussen*, in: ders., Bank- und Börsenrecht, § 1 VI 4, *Roth* WM 2003, 480ff.; *Lwowski*/*Roth*, in: Hellner/Steuer, Bankrecht und Bankpraxis, Bd. I, Rn. 2/1bff.

culpa in contrahendo einen „inakzeptablen dogmatischen Rückschritt“. Geltungsgrund etwaiger vorvertraglicher Verschwiegenheits-, Aufklärungs- und Beratungspflichten sei nicht der Wille der Vertragsparteien, sondern das objektive Recht. Der dagegen angenommene Bankvertrag setze selbst keine Rechtsfolgen in Geltung und habe damit keinen eigenständigen, nicht anderweitig befriedigend einzuordnenden Inhalt[18]. Auch der BGH hat sich schließlich gegen die Figur eines allgemeinen Bankvertrags entschieden und ihn in diesem Zusammenhang explizit auch als Grundlage einer Beratungspflicht abgelehnt[19], ohne sich allerdings der von *Canaris* statt dessen befürworteten gesetzlichen Vertrauenshaftung kraft Geschäftsverbindung hinzuwenden.

(2) Eigenständiger Beratungsvertrag

Stattdessen geht die ständige Rechtsprechung vor allem, aber nicht nur im Bereich der Kapitalanlageberatung von einem dem möglichen späteren Kapitalanlagenerwerbsgeschäft vorgeschalteten und hiervon unabhängigen[20] Beratungsvertrag aus. Immer bereits dann, wenn ein Anlageinteressent an eine Bank oder einen Anlageberater herantritt, um sich über die Anlage eines Geldbetrags beraten zu lassen, sei darin das konkludente Angebot zum Abschluss eines Beratungsvertrags zu sehen, das regelmäßig ebenfalls konkludent durch die Aufnahme des Beratungsgesprächs angenommen werde. Unerheblich sei, ob die Initiative ursprünglich von dem Ratnehmer oder dem Ratgeber ausging[21]. Der BGH macht dabei keinen Unterschied, ob die Beratung im Rahmen des Eigenhandels, durch gebundene oder durch ungebundene Vermittler von Kapitalanlageprodukten erfolgt[22]. Dagegen komme die Annahme eines stillschweigend

[18] *Canaris*, Bankvertragsrecht, Rn. 2ff., 11; ablehnend statt vieler auch MünchKomm-BGB/*Heermann*, § 675 Rn. 52; *Schwark* ZHR 151 (1987), 325, 329f.; *Merz/Peterek*, in: Kümpel/Wittig, Bank- und Kapitalmarktrecht, Rn. 6.9ff.; *Bamberger*, in: Handbuch zum deutschen und europäischen Bankrecht, § 50 Rn. 34; *Nobbe*, in: Horn/Schimansky, Bankrecht 1998, S. 235, 239: „ohnehin überflüssiges, unergiebiges Konstrukt“; s. auch *v. Gelder* WM 1995, 1253, 1257: „sicher missglückte Lehre vom allgemeinen Bankvertrag“.

[19] BGH NJW 2002, 3695, 3696f. Der Terminus fand in seinen Entscheidungen zuvor zwar hin und wieder Verwendung, ohne dass jedoch eine Auseinandersetzung mit dem in der Lehre damit verbundenen dogmatischen Konzept erfolgte, vgl. BGH BB 1953, 993; WM 1956, 920, 922 und später wieder BGH WM 2004, 1237, 1238.

[20] Eine Aufgabe des Selbständigkeitsdogmas in der Rechtsprechung zugunsten einer Abhängigkeit vom anschließenden Erwerbsgeschäft meint neuerdings *Buck-Heeb* erkennen zu können, vgl. WM 2012, 625, 631.

[21] BGH NJW 1993, 2433 – Bond Anleihe und ständig, vgl. BGH NJW 1996, 1744; NJW-RR 2000, 1497, 1498; NJW 2002, 3093, 3095; NJW 2005, 2917, 2919; NJW 2008, 3700, 3701; NJW 2011, 3227, f.; NJW-RR 2013, 98; s. auch bereits BGH NJW 1987, 1815, 1816; WM 1983, 263, 264; WM 1984, 1075, 1076; WM 1984, 1216f.; aus der Instanzrechtsprechung statt vieler OLG München WM 2010, 1798, 1799f.; s. auch *Wiechers* WM 2012, 477, 480: Vorwurf des „Konstruktionsfehlers“ abwegig.

[22] Zur Anlageberatung durch Kreditinstitute und durch Anlageberater einer Bank BGH NJW 1993, 2433 – Bond Anleihe; BKR 2008, 199, 200; zum freien, nicht bankmäßig gebundenen Anlageberater BGH NJW-RR 2001, 913, 914.

geschlossenen Beratungsvertrags nicht in Betracht, wenn der Anleger gezielt an eine Bank herantritt und dieser den Auftrag zum Kauf bestimmter Wertpapiere gibt, die ihm von einem Dritten empfohlen worden sind[23]. Diese Vertragskonstruktion hat in der Literatur einige Anhänger gefunden[24] und wurde in die vertragsrechtliche Dogmatik zwischen Interessengegensatz und Fremdinteressenwahrung eingeordnet[25]. Vielerorts findet man sich inzwischen mit dem Dogma der Vertragshaftung ab[26].

(3) Gesetzliche Vertrauenshaftung kraft Geschäftsverbindung und gesteigerte Anforderungen an den Abschluss eines Beratungsvertrags

Die herrschende Lehre lehnt diese Rechtsprechung in ihrer Undifferenziertheit dagegen seit jeher ab. Die Kritik richtet sich im Kern gegen eine übereilte Annahme eines rechtsgeschäftlichen Bindungswillens des Anlageberaters[27]. Dieser werde vom BGH in den Fällen, in denen der Anlageberater erkennbar im wirtschaftlichen Eigeninteresse auftritt und sich nicht als im Interesse des Anlegers handelnder Berater, sondern lediglich als „Verkaufsberater" geriert, fingiert[28]. Vergleichbar der gegen den Bankvertrag vorgebrachten Kritik erschöpfe sich auch der Beratungsvertrag regelmäßig in einer objektiv-normativen Pflichtenkonkretisierung, ohne dass im Einzelnen eine Rückführung auf einen rechtsgeschäftlichen Willensakt erfolge. Für einen Rückgriff auf das Vertragsrecht bestehe keine Notwendigkeit, weil sich das haftungsrechtlich relevante

---

[23] BGH NJW 1996, 1744.

[24] MünchKommHGB/*Nobbe-Zahrte*, Anlageberatung Rn. 75 ff.; *Ellenberger* WM 2001, Sonderbeil. Nr. 1, S. 2, 3; *Siol*, in: Bankrechts-Handbuch, § 43 Rn. 7; *Hannöver*, in: Bankrechts-Handbuch, § 110 Rn. 22 ff.; *Bamberger*, in: Handbuch zum deutschen und europäischen Bankrecht, § 50 Rn. 17, 23; *v. Heymann* NJW 1999, 1577, 1579; Palandt/*Grüneberg*, BGB, § 280 Rn. 47; *Servatius* ZfIR 2014, 677, 678; *Forschner*, Wechselwirkungen von Aufsichtsrecht und Zivilrecht, S. 105 ff., 113; wohl auch *Weller* ZBB 2011, 191, 192; s. noch *Musielak* WM 1999, 1593, 1594.

[25] Vgl. *Weller* ZBB 2011, 191, 192 ff.; *Forschner*, Wechselwirkungen von Aufsichtsrecht und Zivilrecht, S. 107 f.

[26] Vgl. MünchKommBGB/*Emmerich*, § 311 Rn. 115; *Reinelt* NJW 2009, 1, 5; *Balzer* WM 2001, 1533, 1535; *Heinsius* ZBB 1994, 47, 49.

[27] *Krüger* NJW 2013, 1845, 1846; *Grigoleit*, in: Bankrechtstag 2012, S. 25, 31 f. *Bausch* NJW 2012, 354; *Spindler* NJW 2011, 1920, 1921; *Roth*, in: Assmann/Schütze, Handbuch des Kapitalanlegerrechts, § 11 Rn. 16; zur Paralleldiskussion um den konkludent geschlossenen Auskunftsvertrag *Hirte*, Berufshaftung, S. 387 f. und die Nw. oben § 8 Fn. 78; s. auch *Mansel*, in: Gedächtnisschrift Lüderitz, S. 487, 508 f. sowie *Mülbert* ZHR 177 (2013), 160, 175.

[28] MünchKommBGB/*Roth/Bachmann*, § 241 Rn. 133; *Herresthal* ZBB 2012, 89, 92 ff.; *Krüger* NJW 2013, 1845, 1846; Soergel/*Hönn*, BGB, § 826 Rn. 172; s. auch bereits *Canaris*, Bankvertragsrecht, Rn. 88, 100; *ders.* ZHR 163 (1999), 206, 213; deutlich *ders.*, in: FS Schimansky, S. 43, 48; s. auch *Wagner* DStR 2003, 1757; *Schäfer*, in: Horn/Schimansky, Bankrecht 1998, S. 27, 29; *Zeuner*, Karlsruher Forum, VersR 1989, Beiheft, 3, 5; etwas widersprüchlich *Buck-Heeb* BKR 2010, 1, 8 einerseits und WM 2012, 625, 628 andererseits.

Verhalten in solchen Fällen ohne Not im Rahmen der Dogmatik anerkannter gesetzlicher Schuldverhältnisse abbilden lasse[29].

Die aus der Erteilung von Auskunft und Rat folgenden Verhaltenspflichten werden dogmatisch bisweilen als Fallgruppe einer Berufshaftung verstanden[30]. Während sich die Forderung nach einer Berufshaftung als eigene gesetzliche Haftungsgrundlage im deutschen Recht letztlich nicht durchsetzen konnte[31], besteht eine gewisse Tendenz dahin, diese Haftungstheorie mit den anerkannten, zwischen Vertrag und Delikt liegenden gesetzlichen Schuldverhältnissen zu versöhnen und den Gedanken der Berufshaftung als deren Konkretisierung zu begreifen[32]. Überwiegend wird indes das Kriterium des selbständigen beruflichen Auftretens am Markt nicht weiter aufgegriffen oder allein als nicht maßgeblich angesehen[33] und stattdessen auf die Rechtsfigur der Geschäftsverbindung rekurriert, die für das Bankrecht etwa bereits von *Raiser* fruchtbar gemacht wurde[34]. Diese ist nach herkömmlichem Verständnis und vergleichbar der Rechtsfigur der Vertragsverhandlung Grundlage eines gesetzlichen Schuldverhältnisses und gewinnt ihre Legitimation in besonderer Weise aus dem Gedanken der Vertrauenshaftung[35]. Das Schuldverhältnis entstehe zwar ohne primäre Leistungspflichten, bringe aber eine Fülle unterschiedlicher Schutzpflichten mit sich. Der von der Rechtsprechung im Rahmen des konkludenten Beratungsvertrags konkretisierte Pflichteninhalt entspreche dabei der im Rahmen der Vertrauenshaftung kraft Geschäftsverbindung vorzunehmenden objektiv-normativen Pflichtenkonkretisierung[36]. Nachdem der Gesetzgeber die wesentlichen *praeter legem* anerkannten Linien der Haftung zwischen Vertrag und Delikt im Zuge der Schuldrechtsmodernisierung rudimentär kodifiziert hat, stellt die jüngere Literatur für die Haftung der beratenden Bank

---

[29] *Herresthal* ZBB 2012, 89, 94; MünchKommBGB/*Roth/Bachmann*, § 241 Rn. 133; s. bereits *Canaris*, Bankvertragsrecht, Rn. 12.

[30] Vgl. *Köndgen*, Selbstbindung ohne Vertrag, S. 210 ff., 352 ff.; *Hopt* AcP 183 (1983), 608, 634 ff.; einen umfassenden Überblick über die diskutierten selbständigen und unselbständigen Haftungsmodelle gibt *Hirte*, Berufshaftung, S. 386 ff.

[31] *Balzer* ZBB 1997, 260, 263; vgl. auch *Canaris* ZHR 163 (1999), 206, 219 mit zutreffendem Hinweis auf die Grenzen richterlicher Rechtsfortbildung. Nach der in § 311 BGB erfolgten Kodifikation der Haftung zwischen Vertrag und Delikt unterliegt die Annahme eines weiteren eigenständigen Haftungsinstituts zwischen Vertrag und Delikt durchgreifenden Bedenken.

[32] *Hopt*, in: FS Gernhuber, S. 169, 176; s. auch *Balzer* ZBB 1997, 260, 263: „lediglich ein pflichtendifferenzierendes Haftungselement"; offen bei *Zeuner*, Karlsruher Forum, VersR 1989, Beiheft, 3, 5 f.

[33] Deutlich *Jost*, Vertragslose Auskunfts- und Beratungshaftung, S. 237 ff.

[34] *Raiser*, Das Recht der Allgemeinen Geschäftsbedingungen, S. 135 f.

[35] Zur „Erklärungshaftung" als Vertrauenshaftung s. bereits *Canaris*, Die Vertrauenshaftung im deutschen Privatrecht, S. 532 ff.

[36] *Herresthal* ZBB 2012, 89, 94.

ausdrücklich auf §§ 311 Abs. 2 Nr. 3, 241 Abs. 2 BGB ab[37]. Für den selbständig tätigen beratenden Vermittler wird im Einklang mit den hergebrachten Grundsätzen auf die in § 311 Abs. 3 S. 2 BGB kodifizierte Sachwalterhaftung zurückgegriffen[38].

An den (konkludenten) Abschluss eines Beratungsvertrags werden folgerichtig weitergehende Anforderungen gestellt, wobei diese nicht immer klar konturiert sind[39]. In der Tendenz wird allerdings vorausgesetzt, dass sich die Beratung entweder nicht lediglich als Begleiterscheinung eines eigennützigen Absatzgeschäfts darstellen darf[40] oder dass der gesetzlich ohnehin bestehende Pflichtenkanon hinsichtlich Gegenstand, Inhalt und Umfang konkretisiert oder erweitert wird. Letzteres wird insbesondere angenommen, wenn der Anlageinteressent erkennbar Wert auf eine „neutrale" Beratung legt und der Anlageberater objektiv zu erkennen gibt, dieser Vorstellung zu entsprechen, wovon etwa auszugehen sei, wenn die Parteien eine Entgeltabrede treffen[41]. In diesem Zusammenhang wurde auch bereits darauf hingewiesen, dass die mit dem Gesetz zur Förderung der Honoraranlageberatung vorweggenommenen europäischen Richtlinienvorgaben die Abgrenzung von beratendem Verkauf und „echtem" Beratungsvertrag befördern dürften[42].

bb) Ablehnung des Dogmas vom Beratungsvertrag

(1) Wider die Fiktion eines Rechtsbindungswillens bei Beratung durch Verkäufer und gebundene selbständige Absatzhelfer

Gegen den vertragsrechtlichen Ansatz der Rechtsprechung wird in der Literatur überwiegend der Einwand einer Willensfiktion erhoben[43]. Der Vorwurf ist berechtigt, soweit es den beratenden Verkauf betrifft, also solche Fälle, in denen der Ratgeber nach außen hin Eigenhandel betreibt oder als gebundener Vertriebsberater auftritt. Ein ausdrücklicher Wille des Ratgebers, sich einer vertraglichen Haftung und möglicherweise noch weitergehend einer vertraglichen Leistungspflicht zu unterwerfen, ist in diesen Fällen nicht ersichtlich. Die Rechtsprechung muss daher notwendig einen *konkludenten* Vertragsschluss unterstellen. Allerdings gilt auch hier, dass das tatsächliche Verhalten den

---

[37] *Herresthal* ZBB 2012, 89, 94; *Krüger* NJW 2013, 1845, 1847f.; *Wagner* DStR 2003, 1757, 1760; Soergel/*Hönn*, BGB, § 826 Rn. 172.

[38] Vgl. MünchKommBGB/*Emmerich*, § 311 Rn. 138; *Wagner* DStR 2003, 1757, 1760; Soergel/*Hönn*, BGB, § 826 Rn. 172; zur Einbeziehung der Sachwalterhaftung in § 311 Abs. 3 BGB statt vieler Jauernig/*Stadler*, BGB, § 311 Rn. 49.

[39] Vgl. etwa *Herresthal* ZBB 2012, 89, 96.

[40] *Krüger* NJW 2013, 1845, 1849.

[41] *Herresthal* ZBB 2012, 89, 96; s. auch *Krüger* NJW 2013, 1845, 1847.

[42] *Krüger* NJW 2013, 1845, 1849.

[43] Für den Auskunftsvertrag blumig *Gernhuber*, Das Schuldverhältnis, S. 572: künstliches Produkt juristischen Denkens „ohne jede Realität", denen sich die Justiz „wider besseren Wissens" zuwendet.

Schluss auf einen bestimmten *Rechtsfolgewillen* zulassen muss[44]. Lediglich schlüssiges Verhalten wird man im Allgemeinen nur dann zur Annahme einer für den Betroffenen ungünstigen rechtsgeschäftlichen Erklärung hinreichen lassen, wenn *besondere Umstände im Einzelfall* hinzutreten[45]. Dass ein Verkäufer oder ein im Lager des Verkäufers stehender Vertriebsvermittler, der sich solche Absatzbemühungen nicht gesondert vergüten lässt, nach außen gerade keinen Rechtsbindungswillen, zumal mit der Folge eines so weitreichenden Pflichteninhalts bekunden will, liegt unter Berücksichtigung der Lehre vom Empfängerhorizont geradezu auf der Hand[46]. Die Wahl eines Beratungsvertrags als haftungsrechtlicher Anknüpfungspunkt ist methodisch daher in höchstem Maße unehrlich[47]. Der Verkaufsberater haftet in Wahrheit nicht, „wo er will, sondern wo er soll"[48]. Die im Rahmen der zivilrechtlichen Pflichten zum Ausdruck kommende weitreichende Interessenbindung hat ihren Ursprung daher nicht in einem objektiv erkennbaren Willen des Anlageberaters. Sie ist diesem vielmehr von Rechts wegen oktroyiert[49]. Darin liegt gerade einer der wesentlichen Unterschiede zwischen dem interessengebundenen Vertrieb von Kapitalanlagen und den klassischen Professionen, deren Selbstverständnis es seit jeher ist, die eigenen Interessen denen ihrer Klienten im Grundsatz unterzuordnen. Insoweit entspricht die Rechtslage bei der Kapitalanlageberatung durchaus weiterhin dem Kaufrecht. Auch dem Verkäufer wird das Verwendungsrisiko mittels des Gewährleistungsrechts teilweise nicht deshalb zugewiesen, weil er dies will, sondern weil es die Rechtsordnung von ihm verlangt.

Einige Vertreter der Vertragsthese weisen demgegenüber darauf hin, dass Banken ihren Kunden gegenüber längst nicht mehr als bloße Verkäufer auftreten, sondern sich im Rahmen des werbenden Außenauftritts als deren „Berater" bezeichnen. Sogar allgemeinste Werbephrasen wie die Selbstbezeichnung einer Bank als „Die Beraterbank" werden dafür hergenommen, um den angenommenen Willen zum Abschluss eines Beratungsvertrags zu legitimieren[50].

---

[44] Palandt/*Ellenberger*, BGB, Einf. v. § 116 Rn. 6; MünchKommBGB/*Armbrüster*, Vor. § 116 Rn. 6; s. bereits *Savigny*, System des heutigen römischen Rechts, Bd. 3, S. 245.

[45] Vgl. Jauernig/*Mansel*, BGB, Vor. § 116 Rn. 8; *ders.*, in: Gedächtnisschrift Lüderitz, S. 487, 509.

[46] Für die allgemeine Auskunftshaftung auch *Medicus*, Bürgerliches Recht, Rn. 371: „Erfordernis des Rechtsbindungswillens ... der Sache nach aufgegeben"; a.A. *Forschner*, Wechselwirkungen von Aufsichtsrecht und Zivilrecht, S. 105.

[47] Zumal widersprüchlich, vgl. *Bausch* NJW 2012, 354, der zutreffend darauf hinweist, dass die Rechtsprechung hiernach auch in anderen Geschäftsfeldern und bei anderen Branchen ohne Weiteres vom Abschluss eines Beratungsvertrags ausgehen müsste, dies aber tatsächlich nicht tut.

[48] Pointiert für die Haftung wegen unrichtiger Auskunft *Medicus*, Bürgerliches Recht, Rn. 371.

[49] Vgl. dagegen die Kritik von *Mülbert* ZHR 177 (2013), 160, 175 ff., der weitergehenden Erklärungsbedarf sieht und dabei verfassungsrechtlich radizierte Gestaltungsgebote ablehnt.

[50] So der Vorsitzende des 11. Zivilsenats *Wiechers* WM 2012, 477, 480; ebenso bereits

Diese Argumentationslinie vermag nicht nur nicht zu verfangen; sie ist im Grunde geradezu unjuristisch[51]. Dass ein Verkäufer sich hinsichtlich seiner allgemeinsten Anpreisungen und Loyalitätsbekundungen beim Wort nehmen lassen müsste, wäre wohl nicht nur im deutschen Vertrags- und Wettbewerbsrecht ein Novum. Die Vertreter dieser Ansicht mögen sich selbst ausmalen, welche Folgen die naheliegende Übertragung dieser These auf den werbenden Vertrieb von Verkäufern, Werkunternehmern und Dienstleistern im Allgemeinen haben würde.

(2) Verlust der rechtshistorischen Legitimation einer hypertrophen Überdehnung der Rechtsgeschäftslehre

Die Rechtsprechung hat die Wurzeln ihrer Vertragskonstruktion, die aus einer Zeit stammt, in der die Legitimierung richterlicher Rechtsfortbildung durchaus noch problematischer war[52], längst aus den Augen verloren. Bei diesem Ansatz handelt es sich bekanntlich nicht um ein Novum des modernen Kapitalanlegerrechts, sondern vielmehr um die vordergründig durchaus konsequente Fortsetzung der Judikatur zur Haftung für fehlerhafte Singularauskünfte[53].

Es wurde bereits darauf hingewiesen, dass sich der Haftungsvertrag ohne primäre Leistungspflichten im Zusammenhang mit der Haftung für unrichtige Auskünfte bis ins gemeine Recht zurückverfolgen lässt. Der historische Gesetzgeber hatte sich zwar gegen die Anerkennung der *culpa in contrahendo* und zugunsten einer restriktiven außervertraglichen Vermögensschädenhaftung entschieden, war im gleichen Zuge aber davon ausgegangen, dass die schon bisher anerkannten Auskunftshaftungsfälle im Rahmen der vertraglichen Haftung weiterhin abzubilden sind[54]. Das *Reichsgericht* hatte die Haftung wegen fehlerhafter Auskünfte und der Verletzung von Aufklärungspflichten anfänglich bisweilen gesetzlich verankert[55], später jedoch die bereits in den Materialien angelegte Vertragslösung aufgegriffen und den fern des Erfordernisses des Rechtsbindungswillens liegenden Haftungstatbestand mit seiner berühmten Formel bis heute geprägt. Hiernach besteht die Pflicht zu einer vollständigen und richtigen Auskunft, wenn diese für den Empfänger erkennbar von erheblicher Bedeutung ist und dieser die Auskunft erkennbar zur Grundlage wesentlicher Dispositionsentscheidungen machen wollte[56]. Damit ging typischerweise

Nobbe, in: Horn/Schimansky, Bankrecht 1998, S. 235, 239; *ders.* WuB I G 1 – Anlageberatung 5.10.

[51] Etwas zurückhaltender *Herresthal* ZBB 2012, 89, 93 Fn. 54: „Hinweis ... auf Außenauftritt ... vermag eine so weitreichende Typisierung keinesfalls zu rechtfertigen".

[52] In ähnlichem Kontext auch *Gernhuber*, Das Schuldverhältnis, S. 519.

[53] Überblick bei *Gernhuber*, Das Schuldverhältnis, S. 572 ff.

[54] § 8, S. 99 (sub a); s. auch *Zeuner*, Karlsruher Forum, VersR 1989, Beiheft, 3, 5.

[55] Vgl. RGZ 162, 129, 156: „vertragsähnliche Haftung".

[56] Vgl. RG JW 1918, 90, 91, LeipzZ 1915, 435; LeipzZ 1920, 889; JW 1928, 1134, 1135; s. auch BGH NJW 1953, 60; WM 1955, 230, 233.

einher, dass der Erklärende auf Grund tatsächlicher oder vorgespielter Sachkunde besonderes Vertrauen in Anspruch nahm[57] oder mit der Auskunftserteilung ein eigenes wirtschaftliches Interesse verfolgte. Neben dem Beratungsvertrag erkennt die Rechtsprechung zum modernen Kapitalanlegerrecht auch weiterhin den fiktiven Auskunftsvertrag an. So soll etwa mit dem Kapitalanlagevermittler, der ein Anlageprodukt erkennbar ohne Beratung vertreibt, stillschweigend ein Auskunftsvertrag zustande kommen[58], der den Vermittler „zu richtiger und vollständiger Information über alle tatsächlichen Umstände verpflichtet [...], die für den Anlageinteressenten von besonderer Bedeutung sind“[59].

Mit der *praeter legem* erfolgten Anerkennung der *culpa in contrahendo*, der Haftung aus Geschäftsverbindung und der quasi-vertraglichen Haftung Dritter war die anfängliche Legitimation der Hypertrophie der Rechtsgeschäftslehre im Grunde bereits entfallen. Spätestens nach der gesetzlichen Kodifikation der quasi-vertraglichen Haftung ist es an der Zeit, das Vertragsrecht auf die Grundlagen der Rechtsgeschäftslehre zurückzuführen und die genannten Fälle außervertraglicher Auskunfts- und Beratungshaftung dogmatisch zwischen Vertrag und Delikt zu verorten[60], eine Forderung, die auch in anderen Bereichen Geltung beansprucht. Hinzuweisen ist etwa auf die Rechtsfigur des Vertrags mit Schutzwirkung zugunsten Dritter mit ihren gesetzesgleich abstrahierten Begründungskriterien. Dass auch ihre Legitimation in Wahrheit nicht aus dem Willen des Haftenden gewonnen werden kann, wurde bereits von *Gernhuber* überzeugend nachgewiesen[61]. Für das bereits erwähnte Gefälligkeitsverhältnis ohne primäre Leistungspflichten gilt Entsprechendes[62].

(3) Vertragslösung als Legitimationsgrundlage einer unterschiedslosen Interessenbindung?

Der Beratungsvertrag der Rechtsprechung wird von seinen Anhängern unterschiedslos im Hinblick darauf angenommen, welche Art von Abwicklungsgeschäft am Ende der Empfehlung steht und folgerichtig stets als Vertrag der Fremdinteressenwahrung qualifiziert[63]. Bei dem sich an die Beratung anschließenden Durchführungsgeschäft verhält es sich indes nicht notwendig gleich. Es ist vielmehr zu unterscheiden: Mündet die Beratung im Abschluss eines Effektenkommissionsgeschäfts, das die bevorzugte Art der Abwicklung von Anle-

---

[57] BGH NJW 1953, 60.

[58] BGH NJW 2008, 3700, 3701; NJW 2011, 3227, 3228.

[59] Vgl. BGH NJW 2004, 1732, 1733, dort auch zur Pflicht einer „Plausibilitätsprüfung“ eines dem Vertrieb zugrunde gelegten Prospekts.

[60] Vgl. auch *Wagner* DStR 2004, 1883, 1885.

[61] *Gernhuber*, Das Schuldverhältnis, S. 518 ff., 540; dem folgend etwa *Heese/Rapp/Thönissen* JA 2014, 251, 258.

[62] Kritisch bereits *Flume*, Das Rechtsgeschäft, S. 90 ff.: „reine Fiktion“.

[63] Zum Ganzen *Weller* ZBB 2011, 191, 196 ff.

geraufträgen in Bezug auf an den geregelten Märkten gehandelte Finanzinstrumente ist, unterliegt die als Kommissionär tätige Bank, die im eigenen Namen und für Rechnung des Kunden Finanzinstrumente erwirbt oder veräußert, zwar insoweit auch einer umfassenden Sorgfalts- und Interessenwahrungspflicht[64]. Mündet die Beratung dagegen in einem Eigenhandels- oder Festpreisgeschäft (Propergeschäft), so finden die kaufrechtlichen Vorschriften Anwendung, denen eine umfassende Interessenwahrungspflicht gerade fremd ist[65]. Vor dem Hintergrund des unterschiedlichen Interessenwahrungscharakters von Kommissions- und Propergeschäft scheint es einer besonderen dogmatischen Legitimation zu bedürfen, die jeweils an die Beratung geknüpfte Interessenbindung zu begründen[66]. Dass es hierzu indes gerade nicht der Annahme eines (eigenständigen) Vertrags mit Fremdinteressenwahrungscharakter bedarf, sondern es ausreicht, von einem jedenfalls durch die tatsächlich stattfindende Beratung begründeten besonderen gesetzlichen Vertrauensverhältnis auszugehen, versteht sich nach dem Gesagten von selbst[67].

(4) Vertragslösung als tauglicher und legitimer Versuch einer Immunisierung des Zivilrechts vor gemeinschaftsrechtlicher Rechtsharmonisierung?

Die europäische Rechtsharmonisierung schreitet gerade auch im Bereich des Kapitalanlegerrechts stetig voran. Dass das Zivilrecht bisher von einer gemeinschaftsrechtlichen Überformung weitgehend unberührt blieb, ist alles andere als selbstverständlich. Für die Rechtsprechung hat der geltende Rechtszustand den unbestreitbaren Vorteil, dass ein kompetenzieller Auslegungsvorrang des EuGH nicht besteht. Demgegenüber wird die von ihr betonte Eigenständigkeit der zivilrechtlichen Haftung von den gemeinschaftsrechtlich präformierten Wohlverhaltenspflichten in der Literatur längst kritisiert, nicht unbedingt weil man dem europäischen Gesetzgeber eher einen interessengerechten Anlegerschutz zutraut, aber doch zumindest weil man sich auf diesem Weg gesteigerte Rechtssicherheit und – zugunsten des Verpflichteten – eine gewisse Praktikabilität erhofft[68]. Man wird davon auszugehen haben, dass die Gemeinschaft schlussendlich auf die Binnenmarktkompetenz zurückgreifen wird, um neben dem Aufsichtsrecht auch das Zivilrecht zu harmonisieren. Ein entsprechender politischer Wille mag derzeit nicht feststellbar sein. Allerdings dürfte das Kernziel eines funktionierenden Binnenmarktes mit dem gewählten Konzept der auf

---

[64] Vgl. § 384 Abs. 1 HGB; zum Effektenkommissionsgeschäft s. nur *Bliesener*, Aufsichtsrechtliche Verhaltenspflichten beim Wertpapierhandel, S. 23f.

[65] *Bliesener*, Aufsichtsrechtliche Verhaltenspflichten beim Wertpapierhandel, S. 24f.; zum Ganzen auch *Hopt*, Der Kapitalanlegerschutz im Recht der Banken, S. 248.

[66] Hierzu eingehend *Hopt*, Der Kapitalanlegerschutz im Recht der Banken, S. 248f.

[67] Vgl. hierzu bereits die Überlegungen von *Hopt*, Der Kapitalanlegerschutz im Recht der Banken, S. 250ff.

[68] *Herresthal* ZBB 2012, 89, 95, der überdies unzutreffend von einer Vollharmonisierung durch die MiFID ausgeht, aaO. 103.; s. auch *ders.* WM 2014, 773, 780.

das Aufsichtsrecht beschränkten und zudem am Herkunftslandprinzip ausgerichteten Maximalharmonisierung eher verfehlt werden[69].

Die bisher nur aus dem Blickwinkel der deutschen Zivilrechtsdogmatik geführte Kritik an der Vertragslösung muss diese Entwicklung berücksichtigen. Denn es liegt alles andere als fern, dass die Rechtsprechung an ihrem methodischen Ansatz auch deshalb vorerst festhalten könnte, weil sie sich von ihm eine gewisse Widerstandskraft gegenüber einer weitergehenden gemeinschaftsrechtlichen Harmonisierung erhofft. Während die Vertragslösung ursprünglich dazu gedient hat, eine allgemein als verfehlt empfundene gesetzgeberische Wertentscheidung im Bereich der Haftung für fahrlässig verursachte Vermögensschäden zu korrigieren, könnte sie künftig zu einem Vehikel werden, um das Zivilrecht vor einer gemeinschaftsrechtlichen Rechtsharmonisierung zu immunisieren. Ob es sich hierbei tatsächlich um ein taugliches und legitimes Instrument handelt, hängt maßgeblich davon ab, ob und inwieweit die Gemeinschaft auf der Grundlage des geltenden Kompetenzgefüges in die Vertragsfreiheit eingreifen könnte.

Bisher hat der europäische Gesetzgeber den Erlass der Finanzmarktrichtlinien ausschließlich auf die sektorielle Rechtsangleichungskompetenz der Niederlassungsfreiheit gestützt[70]. Auch wenn der Gemeinschaft eine allgemeine Kompetenz zur Regelung des Zivilrechts nicht zugewiesen wurde, lässt sich auf dieser Grundlage auch eine Harmonisierung des Zivilrechts durch transaktionsbezogene Verhaltensanforderungen herbeiführen. Die gegenteilige Auffassung[71] verkennt zum einen, dass die Harmonisierungskompetenzen funktional zu verstehen sind[72] und daher nicht allein den Zugriff auf das mitgliedstaatliche Aufsichtsrecht eröffnen. Zum anderen geht die Kommission erklärtermaßen davon aus, dass die den Anlegerschutz vorzeichnenden Vorgaben ihrerseits dazu beitragen können, dass Kapitalmarktprodukte auch eher grenzüberschreitend nachgefragt werden[73]. Selbst hinreichend auf den Parteiwillen zurückführbare Vertragsinhalte könnten der Kompetenz zur Binnenmarktharmonisierung damit anheimfallen. Es ist nach alledem kaum wahrscheinlich, dass die Wahl eines vertragsrechtlichen Ansatzes dazu beitragen könnte, die

---

69 Vgl. hierzu noch § 16, S. 413 ff. (sub b).

70 Vgl. zu MiFID I *Fleischer* BKR 2006, 389, 391; kritisch *Honsell* ZIP 2008, 621, 624; zu MiFID II s. KOM(2002) 625 endg., S. 6, 9; aus der Lit. *Balzer* ZBB 2003, 177, 186.

71 *Assmann*, in: FS U.H. Schneider, S. 37, 45.

72 Vgl. *Kahl*, in: Calliess/Ruffert, EUV/AEUV, Art. 114 AEUV Rn. 14.

73 Insoweit handelt es sich um eine allgemeine kompetenzielle Erwägung; vgl. Erwägungsgründe 3, 4 erste Verbraucherkreditrichtlinie sowie Erwägungsgründe 2 bis 5 Verbrauchsgüterkaufrichtlinie; zum Ganzen mit weiteren Beispielen *Krebber*, in: Calliess/Ruffert, EUV/AEUV, Art. 169 AEUV Rn. 6; zur Binnenmarktrelevanz einer Stärkung der Nachfragerseite auch *Lurger*, in: Calliess/Ruffert, EUV/AEUV, Art. 169 AEUV Rn. 15.; zur Parallele im Bereich des europäischen Versicherungsrechts s. KOM(2012), 360 endg., S. 12.

zivilrechtliche Haftung des Kapitalanlageberaters künftig vor gemeinschaftsrechtlichen Harmonisierungsbestrebungen zu bewahren.

cc) Gesetzliche Vertrauenshaftung kraft Geschäftsverbindung als Grundlage eines stimmigen dogmatischen Gesamtkonzepts

(1) Rechtsnatur der Beratungspflicht: Leistungspflicht oder haftungsbewehrte Schutzpflicht?

Die Vertragslösung der Rechtsprechung steht nicht allein im Widerspruch zu dem richtig verstandenen Grundprinzip der Rechtsgeschäftslehre. Dieses setzt den Rechtsbindungswillen der Vertragsparteien voraus, welcher nur in den Grenzen der Lehre vom objektiven Empfängerhorizont objektivierbar ist. Sie muss sich daneben auch den Vorwurf fortgesetzter dogmatischer Unstimmigkeiten und Friktionen gefallen lassen. Die Haftungsfigur der gesetzlichen Vertrauenshaftung kraft Geschäftsverbindung ist als Grundlage eines stimmigen dogmatischen Gesamtkonzepts dagegen insgesamt vorzugswürdig. An dieser Stelle sollen nur einige Fragestellungen beispielhaft herausgegriffen werden. Die Friktionen der Vertragslösung beginnen bereits bei der Frage nach der Rechtsnatur der Beratungspflicht. Die Verortung im System der quasivertraglichen Vertrauenshaftung lässt nach herkömmlichem Verständnis von vorneherein nur die Annahme einer haftungsbewehrten Schutzpflicht zu[74]. Der vertragsrechtliche Ansatz legt dagegen zunächst einmal die rechtsdogmatische Einordnung der Beratungspflicht als klagbare Leistungspflicht nahe. In der Rechtsprechung bleibt allerdings unklar, ob der Beratungsvertrag auch stets eine Primärpflicht zur Beratung zur Entstehung bringt[75] oder ob es sich jedenfalls beim Eigenhandel oder im Fall der Beratung durch gebundene Vertriebsvermittler bestenfalls um einen Haftungsvertrag handelt, der vergleichbar dem ebenfalls im Widerspruch zur Rechtsgeschäftslehre weithin befürworteten Gefälligkeitsverhältnis[76] keine primären Leistungspflichten beinhaltet. Die Haftungskonstruktion der Rechtsprechung und die Rechtsnatur der daraus hergeleiteten Beratungspflicht werden insoweit in der Praxis naturgemäß nicht auf die Probe gestellt. Der Umstand fehlerhafter Beratung wird den Betroffenen zumeist erst nachträglich klar, wenn sich nämlich das Anlagerisiko verwirk-

---

[74] Zum „Schuldverhältnis ohne primäre Leistungspflicht" s. bereits *Larenz*, Lehrbuch des Schuldrechts, Bd. I, § 2 I a.E., § 9; dem folgend etwa *Canaris*, Bankvertragsrecht, Rn. 12.

[75] Anders als der für das Bankrecht zuständige 11. Senat verwendet soweit ersichtlich nur der für das Immobilienrecht zuständige 5. Zivilsenat in seiner parallelen Rechtsprechung zum Beratungsvertrag beim Immobilienerwerb zu Anlagezwecken Begrifflichkeiten, die die Annahme einer Beratungsleistungspflicht implizieren, vgl. BGH NJW 2003, 1811, 1812; s. auch BGH NJW 1999, 638, 639; für die Annahme einer Hauptleistungspflicht *Siol*, in: Bankrechts-Handbuch, § 43 Rn. 3, 9; *Bamberger*, in: Handbuch zum deutschen und europäischen Bankrecht, § 50 Rn. 23.

[76] Vgl. BGHZ 21, 102, 106 ff. mit deutlicher Anknüpfung an den fingierten Auskunftsvertrag; RGRK/*Steffen*, BGB, Vor. § 104 Rn. 9; kritisch *Flume*, Das Rechtsgeschäft, S. 90 ff.

licht hat oder sich zu verwirklichen droht. Das enttäuschte Vertrauen in die Sorgfältigkeit der Beratung lässt jedes Interesse daran schwinden, den Berater auf Erfüllung etwa im Wege einer „Nachberatung" in Anspruch zu nehmen. Die Klärung der Frage nach der Rechtsnatur dieser Beratungspflicht harrt in der Rechtsprechung des BGH ihrer Entscheidungserheblichkeit.

Nun spricht manches dafür, dass der BGH eine klagbare, auf Beratung gerichtete Leistungspflicht des Verkaufsberaters letztlich nicht annehmen würde. Die Konsequenz, dass der Anlageinteressent diesen im Anschluss an den Abbruch eines einmal begonnenen – unvergüteten – Beratungsgesprächs erfüllungsweise auf Durchführung der Beratung in Anspruch nehmen könnte, erscheint geradezu fernliegend, zumal der Gesetzgeber bei den Verkaufs- und Vertriebsberatern selbst in solchen Fällen, in denen er diesen eine Pflicht zur Beratung auferlegt hat, nicht von einer Leistungspflicht ausgeht, sondern lediglich eine schadensersatzbewehrte *gesetzliche* Pflicht statuiert hat[77]. So bleibt der Beratungsvertrag der Rechtsprechung letztlich ein primärpflichtenloser Haftungsvertrag, der, wie sogleich zu zeigen sein wird, auch im Übrigen keinen über die gesetzliche Haftung hinausgehenden privatrechtsgestaltenden Inhalt hat und damit als solcher schlicht überflüssig ist.

(2) Disponibilität und gesetzliches Leitbild

Der Abschluss des Beratungsvertrags müsste nach allgemeinen Grundsätzen der Parteidisposition unterliegen. Folgerichtig kommt der von der Rechtsprechung favorisierte Vertrag nicht zustande, wenn die Bank dem Anleger erklärt, keine Beratung erbringen zu wollen. Die Rechtsprechung nimmt dies regelmäßig im Zusammenhang mit den Absatzbemühungen von sogenannten Direktbanken und Discount-Brokern an, die bereits bei Aufnahme der Geschäftsverbindung erklären, sich nur an ein gut informiertes Anlegerpublikum zu wenden[78]. Ein Vertrag komme allerdings gleichwohl zustande, wenn die Bank den Anleger im (vermeintlichen) Widerspruch zu ihrem Marktauftritt tatsächlich berät[79]. In der Literatur wird weitergehend angenommen, dass der Umstand, dass sich die Bank als „nicht sachkundig" oder sich der Anleger umgekehrt als „vollständig informiert" bezeichnet, nach den Grundsätzen der Privatautonomie der Annahme eines Beratungsvertrags entgegenstehe[80]. Im letztgenannten Fall ist tatsächlich nicht davon auszugehen, dass die Rechtspre-

---

[77] Vgl. §§ 6 Abs. 5, 63 VVG.

[78] BGH NJW 2013, 3293, 3294; WM 2014, 24, 25; s. auch *Balzer* WM 2001, 1533, 1535.

[79] BGH WM 2014, 24, 25; s. auch BGH NJW 2013, 3293, 3294; *Ellenberger* WM 2001, Sonderbeil. Nr. 1, S. 5; vgl. auch *Hannöver*, in: Bankrechts-Handbuch, § 110 Rn. 31 Fn. 76; *Nobbe*, in: Horn/Schimansky, Bankrecht 1998, S. 235, 240.

[80] *Einsele*, Bank- und Kapitalmarktrecht, § 8 Rn. 25 mit nicht tragendem Hinweis auf BGH NJW 1998, 2675, wo gerade keine Beratung stattfand, sondern lediglich Aufklärungspflichten in Rede standen.

chung im Falle eines gleichwohl stattfindenden Beratungsgesprächs von einem konkludenten Abschluss eines Beratungsvertrags absehen würde. Vor diesem Hintergrund bleiben allgemeine Geschäftsbedingungen, mittels derer eine Haftung wegen fehlerhafter Beratung ausgeschlossen werden soll, allemal unerheblich[81].

Unter der gesetzlichen Vertrauenshaftung kraft Geschäftsverbindung wäre etwa auch mit einem rechtsgeschäftlichen Haftungsausschluss zu operieren. Die Parteien des gesetzlichen Schuldverhältnisses könnten die Haftung aufgrund der gesamten Geschäftsbeziehung entweder durch Vereinbarung eines Haftungsausschlusses oder durch einseitig gestellte Freizeichnungsklauseln auszuschließen suchen. Wer die gesetzliche Haftung entscheidend unter dem Gesichtspunkt der Vertrauenshaftung zu legitimieren sucht, müsste indes fragen, ob im Falle einer solchen Freizeichnung nicht bereits die Entstehung des Vertrauenstatbestandes ausgeschlossen ist[82]. Dies wurde – soweit ersichtlich – erstmals im Zusammenhang mit Kreditauskünften von Banken erörtert, die häufig unter Vorbehalten wie „unverbindlich" oder „ohne Obligo" erfolgten. Vereinzelt wurde dabei tatsächlich angenommen, dass derartige Erklärungen die immanenten Voraussetzungen der Vertrauenshaftung hinfällig machten[83]. *Canaris* hat demgegenüber zutreffend eingewendet, dass sich das tatbestandliche Vertrauen des Empfängers der Auskunft nicht auf den – explizit zurückgewiesenen – Willen der Einstandspflicht, sondern darauf richtet, dass die Erklärung mit der gebotenen Sorgfalt abgegeben wurde[84]. Hiernach wäre also das Vertrauen in den Anschein der Professionalität zu beseitigen, indem der Kapitalanlageberater etwa hinreichend deutlich zum Ausdruck bringt, dass er nicht die erforderliche Sachkunde besitzt, um die Bedarfsgerechtigkeit eines bestimmten Anlageprodukts beurteilen zu können. In allgemeinen Geschäftsbedingungen enthaltene Freizeichnungsklauseln halten einer Inhaltskontrolle nicht stand, da sie mit dem gesetzlichen Leitbild der Haftung aus Geschäftsverbindung nicht zu vereinbaren sind. Die bloße Erklärung der Unverbindlichkeit der Beratung ändert auch an der gesetzlichen Haftung damit letztlich nichts[85].

---

[81] Bei der Begründung besteht insoweit allerdings Uneinigkeit, vgl. einerseits nur *Weller* ZBB 2011, 191, 193: AGB-mäßiger Ausschluss wird durch tatsächliche Beratung stillschweigend aufgehoben; andererseits LG Köln ZIP 1997, 1328, 1329, das bei einem formularmäßigen Verzicht auf „jede Form der Beratung" von einer unangemessenen Benachteiligung gem. § 9 AGBG aF. ausging. Zum Ganzen noch eingehender § 13, S. 251 ff. (sub VIII).

[82] *Canaris*, Bankvertragsrecht, Rn. 32; s. auch *Zeuner*, Karlsruher Forum, VersR 1989, Beiheft, 3, 5.

[83] *Stoll*, in: FS Flume, S. 741, 769.

[84] *Canaris*, Bankvertragsrecht, Rn. 84; s. auch *Zeuner*, Karlsruher Forum, VersR 1989, Beiheft, 3, 5; das verkennt etwa *v. Gelder* WM 1995, 1253, 1257, wenn er meint, das gesetzliche Schuldverhältnis habe eine „rechtsgeschäftliche, also im Parteiwillen begründete Fundierung".

[85] Hierzu auch noch § 13, S. 251 ff.(sub VIII).

Tatsächlich lässt sich der Abschluss eines Beratungsvertrags im Falle eines im Widerspruch zum ausdrücklich dagegen geäußerten Willen des Ratgebers aufgenommenen Beratungsgesprächs unter der Rechtsgeschäftslehre nicht begründen. Der Hinweis auf die *protestatio facto contraria* ginge fehl. Das mag angehen in den Fällen, in denen der Schuldner eine nur gegen Vergütung angebotene Leistung entgegen seiner Erklärung, diese nicht vergüten zu wollen, gleichwohl in Anspruch nimmt[86]. Wer dagegen wie in den vorliegenden Fällen ausdrücklich erklärt, eine Leistung ohne Obligo erbringen zu wollen, setzt sich zu seinem tatsächlichen Verhalten gerade nicht in Widerspruch. Wenn die Rechtsprechung gleichwohl vom Abschluss eines Beratungsvertrags ausgeht, begründet sie damit in systemwidriger Weise *de facto* einen Abschlusszwang. Nur eine Theorie der gesetzlichen Haftung kann die Haftung des explizit nicht haftungswilligen Anlageberaters stimmig erklären.

Zwar wird unter beiden dogmatischen Begründungslinien sichergestellt, dass eine tatsächlich durchgeführte Anlageberatung einem Haftungsmindeststandard unterliegt, dem sich der Berater weder durch einseitig erklärte Freizeichnungsklauseln noch ohne weiteres durch zweiseitig vereinbarte Haftungsausschlüsse entziehen kann. Allerdings wird in diesem Zusammenhang in besonderer Weise offenbar, dass der von der Rechtsprechung behauptete Beratungsvertrag keinen Inhalt hat, der sich auf den privatautonomen Willen der Vertragsparteien zurückführen lässt. Der im Rahmen des beratenden Verkaufs angenommene Beratungsvertrag inkorporiert notwendig aber zugleich auch nicht mehr als das ungeschriebene gesetzliche Leitbild der Anlegerberatung.

(3) Haftungspluralismus und Haftungszurechnung

Die praktisch überaus entscheidende Frage nach den Parteien des haftungsbewehrten Beratungsverhältnisses und der Zurechnung schuldhafter Pflichtverletzung von Hilfspersonen lässt sich unter beiden dogmatischen Haftungskonzepten sachlich befriedigend lösen, wobei die Theorie der gesetzlichen Haftung insoweit nicht ganz ohne Anleihen aus der Rechtsgeschäftslehre auskommt. Im Rahmen des (konkludenten) Abschlusses eines Beratungsvertrags gelten diese allgemeinen Regeln unmittelbar. Der Ratgeber kann den Vertrag daher im eigenen Namen abschließen, aber auch im fremden Namen handeln, so dass Schuldner des Beratungsvertrags ein an der Beratung tatsächlich nicht Beteiligter würde, der sich das schuldhaft pflichtwidrige Verhalten des Ratgebers gem. § 278 BGB zurechnen lassen müsste. Eine unmittelbare Inanspruchnahme des tatsächlichen Ratgebers scheidet dann an sich aus. Dieser sähe sich vielmehr Regressansprüchen des Prinzipals ausgesetzt, wobei unselbständig beschäftigte Vermittler unter Umständen in den Genuss einer Haftungsfreistellung nach

[86] Zu diesem eigentlichen Anwendungsfall der *protestatio* eingehend kritisch *Köhler* JZ 1981, 464ff.

den arbeitsrechtlichen Grundsätzen zum innerbetrieblichen Schadensausgleich kämen[87]. Allerdings erkennt die Rechtsprechung bei der Abgabe von Willenserklärungen im Allgemeinen[88] und im Rahmen des beratenden Vertriebs von Anlageprodukten im Besonderen[89] die Rechtsfigur des Handelns zugleich im eigenen und im fremden Namen an.

Die praktische Bedeutung dieser Rechtsfigur ist gerade im Bereich des Beratungsvertrags erheblich, weil der BGH auffallend geringe Anforderungen zum einen an die Annahme einer konkludenten Bevollmächtigung und zum anderen an ein nach außen erkennbares Handeln in doppelter Funktion stellt. Sofern der Anlageinteressent dem Vermittler seinerseits keinen Maklerauftrag erteilt hat, soll es für die Annahme einer konkludenten Bevollmächtigung durch den Verkäufer bereits ausreichen, „dass die individuelle Beratung ... eine wesentliche Voraussetzung für den erfolgreichen Abschluss der Verkaufsbemühungen war"[90]. Dass „der Verkäufer den Vermittler mit dem Vertrieb ... beauftragt hat und dabei wusste oder jedenfalls nicht ausschließen konnte, dass dieser gegenüber Interessenten die ... Vorteile ... herausstellen würde", sei stets dann anzunehmen, wenn „sich bereits nach dem Vertriebskonzept die Aufgabe stellt, den [Interessenten] über die finanziellen Vorteile ... zu beraten"[91]. Die Vertretungsmacht auch zum Abschluss eines Erwerbsgeschäfts wird weitergehend nicht für erforderlich gehalten[92]. Dass der Vermittler dabei nach außen erkennbar *zugleich* im fremden Namen handelt, werde etwa dadurch deutlich, dass er keine selbständige Analyse eines fremden Anlageprodukts erstellt, sondern die in einem Prospekt des Verkäufers enthaltenen Angaben erläutert, konkretisiert und ergänzt[93]. Hieran anknüpfend muss sich der Vertragspartner eines Kapitalanlagenerwerbsgeschäfts nicht nur das pflichtwidrige und schuldhafte Verhalten des mit ihm verbundenen Vermittlers einschließlich der von diesem eingesetzten Erfüllungsgehilfen zurechnen lassen[94]. Der Vermittler kann dem Anleger samtverbindlich aus einem eigenständigen Beratungsvertrag haften, so dass es auf die vergleichsweise engen Voraussetzungen, die Rechtsprechung und Literatur traditionell an die Eigenhaftung von im Bereich des Vertriebs eingebundenen Personen stellen, nicht ankommt.

---

87 Hierzu im Überblick MünchKommBGB/*Henssler*, § 619a Rn. 5ff.

88 BGH NJW 1988, 1908, 1909; s. auch BGH NJW 1991, 2556 2557; aus der Literatur statt vieler Erman/*Palm*, BGB, 12. Aufl. 2008, § 164 Rn. 7.

89 BGH NJW 2013, 1873, 1874.

90 BGH NJW 2003, 1811, 1812f.; s. auch BGH NJW 2007, 1874, 1875.

91 BGH NJW 2013, 1873, 1874.

92 Vgl. BGH WM 1955, 230, 233; 1973, 635. Das ist entgegen *Canaris* aufgrund der angenommenen Eigenständigkeit des Beratungsvertrags durchaus konsequent, vgl. Bankvertragsrecht, Rn. 90.

93 BGH NJW 2013, 1873, 1874.

94 Zur Erfüllungsgehilfeneigenschaft des mit den Vertragsverhandlungen betrauten Maklers s. BGH NJW 2003, 1811, 1813. Im Allgemeinen steht die Selbständigkeit des Maklers seiner Einordnung als Erfüllungsgehilfe indes entgegen, vgl. BGH NJW 1996, 451, 452.

Auch im Rahmen der gesetzlichen Haftung kraft Geschäftsverbindung konzentriert sich die Haftung nicht notwendig auf die Person des tatsächlichen Ratgebers. So soll das gesetzliche Schuldverhältnis etwa unmittelbar mit der Bank zustande kommen[95] und nicht lediglich mit dem von der Bank zur Beratung eingesetzten Angestellten. In der Konstruktion besteht allerdings Uneinigkeit. Teilweise wird schon im Rahmen der Begründung der gesetzlichen Haftung eine Zurechnung des tatsächlich mit Willen der Bank agierenden Angestellten oder selbständigen Vermittlers auf § 278 BGB gestützt. Auf ein bestehendes Rechtsverhältnis zwischen der Bank und ihrer Hilfsperson soll es nicht ankommen[96]. Die Gegenauffassung betont demgegenüber, dass die Regelung des § 278 BGB ein bestehendes Schuldverhältnis voraussetze. Hierzu seien die Regelungen der §§ 164ff. BGB entsprechend heranzuziehen. In diesem Rahmen sei es ausreichend, dass die Hilfsperson lediglich zur Begründung der Geschäftsverbindung zuständig sei; eine Bevollmächtigung zum Abschluss eines Vertrags sei darüber hinausgehend nicht erforderlich. Erst nachdem das gesetzliche Schuldverhältnis hiernach begründet sei, richte sich die Einstandspflicht für die schuldhafte Verletzung einer Schutzpflicht nach § 278 BGB[97].

Soweit es die Haftung des den Beratungsvorgang an eine Hilfsperson übertragenden Hintermannes geht, kommen Rechtsprechung und Literatur damit letztlich zu vergleichbaren Ergebnissen. Unterschiede ergeben sich für eine mögliche Haftung unselbständiger oder selbständiger Hilfspersonen. Werden diese ohne die erforderliche Vollmacht zum Abschluss eines Beratungsvertrags tätig, kann die Rechtsprechung auf § 179 BGB zurückgreifen. Die Gegenauffassung kann dieses Ergebnis nur erzielen, soweit sie die entsprechende Anwendung der §§ 164ff. BGB bejaht[98]. Aufgrund der Vertragskonstruktion und der Rechtsfigur des Handelns zugleich im eigenen und im fremden Namen kommt die Rechtsprechung zudem jedenfalls bei den als selbständig auftretenden Vermittlern leichter Hand zu einer eigenständigen vertraglichen Haftung. Die von der Literatur vertretene Haftungsdogmatik wäre indes für ein vergleichbares Ergebnis durchaus offen. So spricht manches dafür, beim selbständig tätigen beratenden Vermittler, mit dem der Anlageinteressent keinen (Makler-)Vertrag schließt und der das ihm vorgegebene Vertriebskonzept durch Beratung konkretisiert, erweitert oder ergänzt, ohne weiteres von der Begründung einer eigenständigen gesetzlichen Haftung auszugehen und hierzu auf die Grundsätze der Sachwalterhaftung zu rekurrieren, § 311 Abs. 3 S. 2 BGB.

---

[95] Vgl. *Herresthal* ZBB 2012, 89, 94.

[96] MünchKommBGB/*Schramm*, § 164 Rn. 10; Soergel/*Leptien*, BGB, 12. Aufl. 1988, § 164 Rn. 5; s. auch RGRK/*Steffen*, BGB, Vor. § 164 Rn. 31; vgl. auch BGH DStR 2013, 2186, 2189.

[97] Eingehend *Canaris*, Bankvertragsrecht, Rn. 17f.; Staudinger/*Schilken*, BGB, Neubearb. 2009, § 164 Rn. 11; Erman/*Maier-Reimer*, BGB, § 164 Rn. 21; s. auch *Larenz*/*Wolf*, BGB Allgemeiner Teil, § 31 Rn. 33, § 46 Rn. 153; ferner RGZ 162, 129, 156.

[98] Vgl. *Canaris*, Bankvertragsrecht, Rn. 18 und bereits RGZ 162, 129, 156.

Alles in allem verdient das Rechtsinstitut der gesetzlichen Vertrauenshaftung kraft Geschäftsverbindung für eine Anknüpfung der Haftung des beratenden Verkäufers und der im Lager eines Verkäufers stehenden unabhängigen Absatzmittler gegenüber der Vertragslösung klar den Vorzug. Es war und ist zwar nicht die Aufgabe der Rechtsprechung, ein in sich stimmiges dogmatisches Gesamtkonzept zu entwickeln. Erkennbar ohne Not beschrittene Irrwege sollten allerdings auch für die Rechtsprechung Anlass zu einer Neuausrichtung sein, zumal sich gezeigt hat, dass sich die von der Rechtsprechung erstrebten Ergebnisse ohne weiteres auch auf diesem Wege erreichen lassen.

III. Rechtsnatur

1. Pflicht zur Beratung

a) Leistungspflicht oder (leistungsbezogene) Schutzpflicht

Soweit die Pflicht zur Beratung ihre Grundlage in einem Vertrag findet, handelt es sich um eine *naturaliter* einklagbare (Haupt-)Leistungspflicht, § 241 Abs. 1 BGB. Für die auf gesetzlicher Grundlage bestehende Pflicht zur Beratung ist dagegen zu differenzieren: Eine sondergesetzliche Pflicht zur Beratung kann sowohl als klagbare Leistungspflicht als auch als lediglich haftungsbewehrte Schutzpflicht i. S. v. § 241 Abs. 2 BGB ausgestaltet sein. Im Falle des Versicherungsrechts hat der Reformgesetzgeber nach verbreiteter Ansicht letzteren Weg gewählt[99], vgl. §§ 6 Abs. 5, 63 VVG. Auch im Übrigen ist regelmäßig von einer lediglich haftungsbewehrten Pflicht auszugehen. Hierbei kann es sich sowohl um eine leistungs-[100] als auch um eine rechtsgüter- und interessenbezogene Schutzpflicht handeln. Die deliktische Beratungspflicht des Arztes etwa versteht sich als Ausprägung der allgemeinen deliktischen Sorgfaltspflicht. Eine weitere Einschränkung ist lediglich für die einen Geschäftsführer ohne Auftrag treffende Pflicht zur Beratung angezeigt, die wie die Pflicht aus § 677 BGB im Allgemeinen zunächst einmal als Primäranspruch ausgestaltet ist. Seine praktische Bedeutung ist indes schon deshalb gering, weil der ohne Auftrag tätig werdende Geschäftsführer nach heute wohl allgemeiner Ansicht grundsätzlich nicht zur Fortführung eines einmal begonnenen Geschäfts verpflichtet ist[101]. Ausnahmsweise wird man eine Pflicht zur Fortführung auch der Beratung anzunehmen haben, wenn, wie nicht selten etwa im Falle des nicht auf (wirksamer) vertraglicher Grundlage tätig werdenden Arztes, ein Behandlungsabbruch für den Geschäftsherrn mit erheblichen Nachteilen verbunden wäre[102].

---

[99] Vgl. MünchKommVVG/*Armbrüster*, Vor. §§ 6, 7 Rn. 18.
[100] Vgl. allgemein MünchKommBGB/*Roth*, § 241 Rn. 135.
[101] Zum Ganzen statt vieler MünchKommBGB/*Seiler*, § 677 Rn. 53, 55.
[102] Allgemeiner zu einer Fortführungspflicht unter dem Gesichtspunkt von Treu und

b) Beratung als Leistungspflicht und gesetzliche Schuldvertragstypen

aa) Überblick über den Stand der Diskussion

Über die Rechtsnatur der vertraglich begründeten Beratungspflicht ist damit indes noch nicht viel gesagt. Hier stellt sich vielmehr die Frage, ob und wie sich die Beratungspflicht den Schuldvertragstypen des BGB zuordnen lässt. Die denkbaren Ansätze liegen dabei auf der Hand. In Betracht kommt die Einordnung als Werk-, Dienst- oder Geschäftsbesorgungsvertrag und schließlich als Vertrag *sui generis*. Mit Rücksicht auf die häufige Verbindung von Beratung und anderen Leistungen ist zudem an typengemischte Verträge zu denken. Rechtsprechung und Literatur zeichnen dabei kein einheitliches Bild, was angesichts der Vielgestaltigkeit der Beratung, aber auch angesichts der im Einzelfall ohnehin schwierigen und häufig zweifelhaft bleibenden Abgrenzung von Dienst- und Werkvertrag kaum überrascht. Allgemein gehaltene Aussagen gehen etwa dahin, dass es sich bei Beraterverträgen in der Regel um Geschäftsbesorgungsverträge handle; auch eine Ausgestaltung als Werkvertrag sei möglich[103]. Andere meinen, ein Beratervertrag könne zwar Werkvertrag sein, sei jedoch im Regelfall eher als Dienstvertrag einzuordnen, der im Einzelfall mit andersvertraglichen Elementen gemischt sein könne[104]. Selbst wenn es lediglich um die Einordnung einer bestimmten Beratungstätigkeit geht, bleibt das Meinungsbild mitunter diffus. So wird der Unternehmensberatungsvertrag von der Rechtsprechung im einen Fall als Dienst-[105] und im anderen als Werkvertrag[106] behandelt. Die Literatur sieht in ihm dagegen einen aus beiden Elementen bestehenden typengemischten Vertrag oder will danach differenzieren, ob es sich um eine „Projektberatung“ (dann: Werkvertrag) oder eine „Dauerberatung“ (dann: Dienstvertrag) handelt[107]. Diese Differenzierung wird etwa auch für den Auskunftsvertrag fruchtbar gemacht[108]. Einigkeit besteht immerhin beim Anwalts- und Arztvertrag, der auch hinsichtlich seiner Beratungspflicht grund-

---

Glauben MünchKommBGB/*Seiler*, § 677 Rn. 53; s. auch bereits *Larenz*, Lehrbuch des Schuldrechts, Bd. II/1, § 57 Ia).

[103] So Bamberger/Roth/*Voit*, BGB, § 631 Rn. 12b.

[104] So MünchKommBGB/*Busche*, § 631 Rn. 289; s. auch Erman/*Schwenker*, BGB, Vor. §§ 631 - 651 Rn. 24.

[105] LG Memmingen NJW-RR 2000, 870: Management- und Personalberatung.

[106] OLG Düsseldorf NJW-RR 1997, 105, 106: Unternehmensberatung (allerdings ohne Abdruck der ausdrücklich auf die Regelungen des Werkvertragsrechts abstellenden Gründe, vgl. hierzu OLG Düsseldorf, Urteil vom 8. Februar 1996 (5 U 76/95), juris Rn. 30.

[107] Vgl. *Steding*, Betrieb und Wirtschaft 2002, 698; *Exner*, Der Unternehmensberatungsvertrag, S. 18 f.; Staudinger/*Martinek*, BGB, Neubearb. 2006, § 675 Rn. B 84.

[108] Vgl. Bamberger/Roth/*Voit*, BGB, § 631 Rn. 11g mwN.: Auskunftsvertrag i.d.R. Werkvertrag; Dienstvertrag aber bei dauerhaft bestehender Auskunftsverpflichtung.

sätzlich umfassend als Dienstvertrag, ersterer dabei mit Geschäftsbesorgungscharakter, qualifiziert wird[109].

bb) Beratungspflicht als dienstvertragliche Pflicht im Rahmen reiner Dienst- oder typengemischter Verträge

Man kann sich dem Problem der typisierenden Einordnung der Beratungspflicht auf unterschiedlichen Wegen nähern. Als Ausgangspunkt durchaus hilfreich, wenn schon allein nicht hinreichend, erscheint die für die Abgrenzung von Dienst- und Werkverträgen allgemein bemühte Frage nach einem Tätigkeits- bzw. einem Erfolgsschwerpunkt der Pflicht[110]. Mit einem gewissen argumentativen Aufwand lässt sich Beratung hiernach augenscheinlich sowohl als Werk- wie auch als Dienstleistung qualifizieren und zwar unabhängig davon, ob der Ratgeber über die Beratung hinausgehend auch noch an der Umsetzung seiner Empfehlung(en) beteiligt sein soll. Den Tätigkeitsschwerpunkt der Beratung könnte man in der vom Ratgeber zu erwartenden Exploration sehen, mit der dieser die Grundlage einer von ihm regelmäßig abzugebenden Handlungsempfehlung schafft. Die Abgabe der Empfehlung selbst und die in diesem Zusammenhang vom Ratgeber geforderte Aufklärung über den Empfehlungsgegenstand und die mit ihm verbundenen Risiken sprechen demgegenüber auf den ersten Blick für eine erfolgsgerichtete Tätigkeit[111], was allerdings durch den Umstand, dass die Entscheidungszuständigkeit beim Ratnehmer verbleibt, deutlich relativiert wird. Die erfolgsorientierte Einordnung legt zudem der Vergleich mit dem sich auf eine Singularauskunft beziehenden Auskunftsvertrag nahe, der, ebenso wie der gleichfalls dem Ratgeber nahestehende Gutachtervertrag, wohl nach allgemeiner Ansicht und ohne vergleichbare Diskussionen dem Werkvertragsrecht zugerechnet wird[112]. Das gilt auch dann, wenn ein typischer Ratgeber, wie etwa ein Anwalt, im Einzelfall die Erstattung eines Rechtsgutachtens verspricht[113]. Während die Pflicht zur Erstattung eines Gutachtens mit guten Gründen als erfolgsbezogene Pflicht begriffen wird, trifft das auf den typischerweise eher offen gestalteten Beratungsprozess gerade nicht zu. Der Ratgeber verspricht nach allgemeinem Verständnis von vorneherein nicht etwa

[109] Vgl. statt vieler MünchKommBGB/*Busche*, § 631 Rn. 272 (Anwaltsvertrag); § 631 Rn. 238 (Arztvertrag), s. hierzu jetzt ausdrücklich § 630b BGB.

[110] Allgemein kritisch zu diesem Ansatz *Mäsch* JuS 2013, 1033, 1034.

[111] Vgl. dagegen BGH NJW 2002, 1571, 1572: nicht schon jede zu erbringende Einzelleistung wird als Erfolg im Sinne des Werkvertragsrechts geschuldet, selbst wenn sie, für sich gesehen, einen „Erfolg" hervorbringt.

[112] Vgl. zum Auskunftsvertrag bereits RGZ 115, 122, 125; aus der Literatur MünchKommBGB/*Busche*, § 631 Rn. 246; Bamberger/Roth/*Voit*, BGB, § 631 Rn. 11g; zum Gutachtervertrag MünchKommBGB/*Busche*, aaO. § 631 Rn. 261.

[113] Vgl. BGH NJW 1965, 106; RGZ 162, 171, 173; s. auch Bamberger/Roth/*Voit*, BGB, § 631 Rn. 11b.

einen bestimmten Beratungserfolg, sondern lediglich das Bemühen um einen solchen.

In diesem Zusammenhang überzeugt auch die teils vertretene Differenzierung zwischen einer mehr punktuell angelegten Beratungspflicht und einer für eine gewisse oder unbestimmte Dauer geschuldeten Beratung nicht. Dahinter steht offenbar die Vorstellung, dass es sachgerecht sei, den Ratgeber dann mit einem werkvertragstypischen Ergebnisrisiko zu belasten, wenn der Beratungssachverhalt im Vorhinein in den Grundzügen bekannt ist. Dagegen wurde bereits zu Recht eingewandt, dass sich punktuelle Beratung und Dauerberatung mehr graduell voneinander unterscheiden, wobei auch bei einer auf gewisse Dauer angelegten Beratung das Beratungsprogramm von den Parteien im Vorhinein hinreichend umrissen wird[114]. Das „Ergebnisrisiko" ist letztlich in beiden Fällen identisch. Diese Abgrenzung bleibt damit im Grunde willkürlich.

Die hier vertretene dienstvertragsrechtliche Qualifikation der Beratung wird durch eine funktionale Betrachtung gestützt. In diesem Rahmen ist es allerdings nicht ausreichend, lediglich die für das Dienst- und Werkvertragsrecht bestehenden Besonderheiten in den Blick zu nehmen. Während das Dienstvertragsrecht für den Fall der mangelhaften Leistung kein besonderes Gewährleistungsrecht, insbesondere keinen Anspruch auf „Gutarbeit" und – von der Leistung Dienste höherer Art einmal abgesehen – auch keine Minderung der Vergütung vorsieht und eine Schlechtleistung lediglich im Rahmen des Schadensersatzes berücksichtigt, kennt das Werkvertragsrecht ein allgemeines Gewährleistungsrecht einschließlich eines – verschuldensunabhängigen – Anspruchs auf Nacherfüllung und Minderung. Die pflichtwidrig unterlassene Mitwirkung des Leistungsempfängers, die im Rahmen der Exploration eine besondere Bedeutung bei der Beratung erlangt, wird in beiden Vertragstypen dagegen ähnlich behandelt, vgl. §§ 615, 642 BGB. Lediglich das Werkvertragsrecht sieht eine auch für den Ratgeber durchaus sachgerechte Möglichkeit zur Kündigung bei unterlassener Mitwirkung vor, § 643 BGB. Der als Dienstleister eingeordnete Ratgeber wäre insoweit auf die ordentliche Kündigung verwiesen, wollte man in der Verweigerung nicht im Einzelfall einen wichtigen Grund i. S. d. § 626 BGB sehen. Über die für die Beratung dagegen kaum passende, die Fälligkeit der Werklohnforderung bedingende Voraussetzung der Abnahme ließe sich hinwegkommen, indem man stattdessen auf eine Vollendung der Beratung etwa mit Abgabe einer Empfehlung und Aufklärung abstellt, vgl. § 646 BGB. Aus verfahrensrechtlicher Sicht ist die Regelung des § 888 Abs. 3 ZPO zu bedenken, die im Falle einer dienstvertragsrechtlichen Einordnung der Beratungspflicht deren vollstreckungsweise Durchsetzung ausschließt. Das gilt indes nur, sofern man die Beratung nicht von vorneherein als vertretbare Dienst-

[114] Vgl. zur Unternehmensberatung *Müller-Feldhammer* NJW 2008, 1777, 1778.

leistung i.S.d. § 887 ZPO begreift[115]. Letzteres dürfte der Regelfall sein. Schließlich herrscht außerhalb des Arbeitsrechts[116] im Allgemeinen ein eher enges Begriffsverständnis der Unvertretbarkeit vor, von dem regelmäßig nur höchstpersönliche, namentlich künstlerische oder wissenschaftliche Dienste umfasst werden[117].

Die zwischen beiden Vertragstypen bestehenden Unterschiede zentrieren sich nach alledem mehr oder minder auf das werkvertragliche Gewährleistungsrecht. Ob man es nun allgemein für sachgerecht hält, dass sich der Ratnehmer gleich einem Käufer oder gewöhnlichen Werkvertragsgläubiger den Vorrang der Nacherfüllung gefallen lassen muss, ist eine Wertungsfrage, für die *isoliert betrachtet* letztlich weder in die eine oder die andere Richtung zwingende Gründe sprechen. Man muss sich allerdings klarmachen, dass die Anwendung des Werkmängelgewährleistungsrechts jedenfalls in solchen Fällen, in denen der Ratgeber nicht lediglich Beratung schuldet, sondern ihm darüber hinaus, wie das regelmäßig der Fall ist, auch die Umsetzung seiner Empfehlung übertragen wird, zu unauflösbaren Widersprüchen führen kann. Selbst diejenigen, die eine Anwendung des werkvertraglichen Gewährleistungsrechts im Grundsatz befürworten, müssen einräumen, dass solche, unmittelbar an eine fehlerhafte Beratung anknüpfende Gewährleistungsansprüche an den Interessen der Parteien in diesen Fällen regelmäßig vorbeigehen[118]. Eine fehlerhafte Beratung wird in der Praxis zumeist erst auffällig werden, nachdem eine auf die Beratung hin ergangene Entscheidung durch den Ratnehmer, den Ratgeber selbst oder einen Dritten umgesetzt wurde. Ist die Neuvornahme dieser Umsetzung unmöglich, schlägt dies notwendig auf einen Anspruch auf Nacherfüllung der Beratung durch, § 275 BGB. Besteht an der Neuvornahme der Umsetzung lediglich kein Interesse mehr, könnte der Ratgeber den Ratnehmer unter Hinweis auf den Vorrang der Nacherfüllung blockieren und zwar selbst dann, wenn ein Vorrang der Nacherfüllung hinsichtlich der Umsetzungsmaßnahme selbst nicht besteht. Demgegenüber erscheint es wertungsmäßig allein richtig, die Frage nach dem Interessefortfall umfassend nach den rechtlichen Regeln zu entscheiden, die für die Umsetzungsmaßnahme gelten. Handelt es sich bei der Umsetzungsmaßnahme um eine Dienstleistung, ist kein Grund dafür ersichtlich, dass der Ratnehmer einerseits auf die Neuvornahme dieser Dienstleistung verzichten können und andererseits an den Vorrang der Nacherfüllung der Beratung gebunden sein sollte. Handelt es sich dagegen insoweit um eine Werkleistung, muss der Vorrang der Nacherfüllung *der Sache nach* auch für die Beratung

115 Hierzu statt vieler MünchKommZPO/*Gruber*, § 888 Rn. 20.

116 Vgl. hierzu die Darstellung zum Streitstand bei MünchKommZPO/*Gruber*, § 887 Rn. 15.

117 Zum Ganzen MünchKommZPO/*Gruber*, § 888 Rn. 20 mwN.

118 Vgl. *Müller-Feldhammer* NJW 2008, 1777, 1781.

gelten. Allerdings bedarf es hierzu dann gerade nicht der unmittelbaren Anwendung der werkvertraglichen Regeln auf die Beratungspflicht.

Das lässt sich am Beispiel des Architektenrechts veranschaulichen, das einen wichtigen Anwendungsfall der Beratung bildet: Beim Grundtypus des Architektenvertrags handelt es sich um die „Vollarchitektur". Diese umfasst in Anlehnung an die in § 3 Abs. 3 HOAI beschriebenen unterschiedenen Leistungsphasen sämtliche typischen Architektenleistungen angefangen von der Planung eines Objekts über die Vorbereitung und Mitwirkung bei der Vergabe, die anschließende Bauüberwachung bis hin zur Objektbetreuung und Dokumentation[119]. Die (fortgesetzte) Beratung des Bauherrn zählt dabei zu den integralen Bestandteilen der architektentypischen Leistungsphasen, was im Fall der Bauplanung wohl am deutlichsten wird. Damit der Bauherr die Entscheidung über die Durchführung des Bauvorhabens treffen kann, hat der Architekt diesen grundsätzlich sowohl in planerischer wie auch in wirtschaftlicher Sicht zu beraten[120]. Nach heute wohl allgemeiner Ansicht ist der auf Bauplanung gerichtete Architektenvertrag aber als Werkvertrag zu qualifizieren[121]. Sofern der Architekt dabei eine mangelhafte Bauplanung vorlegt, kann der Bauherr diesen auf Nacherfüllung in Anspruch nehmen, § 635 BGB. Die dabei geschuldete Beseitigung vorhandener Mängel oder die erneute Planung ist, wie schon die anfängliche Planung, bisweilen ohne eine erneute Beratung des Bauherrn und die Umsetzung der daraufhin getroffenen Entscheidungen undenkbar. Die Pflicht zu einer erneuten Vornahme der Beratung folgt damit bereits aus der Pflicht zur Nacherfüllung der Planungsleistung selbst. Nur aus dieser lässt sich sinnvoller Weise auch der Umfang der notwendigen Nachberatung entnehmen. Einer gesonderten Pflicht zur Nacherfüllung der Beratung bedarf es nicht.

Die hier vertretene Auffassung erweist sich auch in anderen Fällen als stimmig. Als weiteres Beispiel sei auf die anwaltliche Beratung hingewiesen. Der Anwalt ist nach allgemeiner Ansicht Dienstleister. Der Vertrag zwischen Anwalt und Mandant unterfällt dabei den besonderen Regeln für Geschäftsbesorgungsverträge. Dabei hat der Anwalt „seinen Mandanten im Rahmen des erhaltenen Auftrags allgemein und umfassend zu belehren sowie seine Belange in einer Weise wahrzunehmen, dass Nachteile für ihn möglichst vermieden werden"[122]. Besteht dabei aufgrund einer fehlerhaften Beratung oder sonstigen fehlerhaften Mandatsbearbeitung durch den Anwalt die Gefahr, dass der Mandant einen Nachteil erleidet, hat der Anwalt jeden vertretbaren Aufwand zu unternehmen, um solche Nachteile zu vermeiden. Auf dieser Grundlage kann neben anderen Maßnahmen etwa auch eine zusätzliche Beratung notwendig

[119] Hierzu statt vieler MünchKommBGB/*Busche*, § 631 Rn. 198 f.

[120] MünchKommBGB/*Busche*, § 631 Rn. 201.

[121] BGH NJW 1965, 1175, 1176; s. bereits BGH NJW 1960, 431 f.; aus der Literatur statt vieler MünchKommBGB/*Busche*, § 634 Rn. 198 f.; kritisch noch *Ganten* NJW 1970, 687.

[122] BGH NJW 1994, 1472, 1473.

werden[123]. Auch im Bereich des Anwaltsvertrags, der als reines Dienstverhältnis werkvertragsgleiche Gewährleistungsrechte nicht kennt, bedarf es daher in Ansehung der Beratung keines gewährleistungsrechtlichen Nacherfüllungsanspruchs, um zu interessengerechten Ergebnissen zu kommen.

Wenn man diese Besonderheiten berücksichtigt, spricht letztlich auch wenig dafür, auf die Fälle, in denen ausschließlich eine Beratung geschuldet ist, Werkvertragsrecht anzuwenden. Vielmehr ist es wertungsmäßig vorzugswürdig, die Pflicht der Beratung ungeachtet des Bestehens weiterer Umsetzungspflichten einheitlich in die Schuldvertragstypen des BGB einzuordnen. Wird der Architekt beispielsweise ausschließlich beratend außerhalb einer planerischen oder überwachenden Tätigkeit hinzugezogen und schuldet keine weitere erfolgsbezogene Tätigkeit, die ihrerseits ohne Beratung schlechthin nicht geleistet werden kann, kommt nach zutreffender Ansicht Dienstvertragsrecht zur Anwendung[124]. Der Architekt, der einen Bauherrn erst nach der Erstellung eines Bauwerks im Hinblick auf die Mängelfreiheit beraten soll, wird daher ausschließlich im Rahmen eines Dienstvertrags tätig[125] mit der Folge, dass ein Anspruch auf Nacherfüllung im Falle mangelhafter Beratung nicht besteht bzw. sich der Ratnehmer umgekehrt einen Vorrang der Nacherfüllung nicht entgegen halten lassen muss. Ebenso wenig besteht ein vom Verschulden des Ratgebers unabhängiges Minderungsrecht.

Festzuhalten bleibt damit, dass die Beratungspflicht grundsätzlich abseits besonderer Regelungen durchweg als Dienstleistung zu qualifizieren ist. Aus den für die Umsetzung einer beratenden Entscheidung geltenden Regeln, insbesondere aus der besonderen Rechtsnatur des Geschäftsbesorgungsverhältnisses, kann sich im Einzelfall indes eine Pflicht zur Nachberatung ergeben, die einem Nacherfüllungsanspruch strukturell nahe kommt.

2. Beratungssorgfaltspflicht bei überobligatorischer Beratung

Die in den Fällen einer überobligatorischen Beratung unter Umständen bestehende Beratungssorgfaltspflicht, ist der Rechtsnatur nach entweder als leistungsbezogene oder als rechtsgüter- und interessengerichtete Schutzpflicht einzuordnen. Das gilt unabhängig davon, ob man hinsichtlich ihres Entstehungsgrundes der Rechtsprechung oder der herrschenden Lehre folgt. Die von der Rechtsprechung bisher favorisierte Konstruktion des Beratungsvertrags legt auf den ersten Blick zwar die Annahme nahe, dass es dieser dabei auch um die Begründung einer *naturaliter* einklagbaren Hauptleistungspflicht geht. Tatsächlich spricht indes vieles dafür, dass der Rechtsprechung lediglich ein pri-

123 BGH NJW 1994, 1472, 1473; s. auch BGH NJW 2000, 3560, 3562.

124 MünchKommBGB/*Busche*, § 631 Rn. 202.

125 OLG Hamm NJW-RR 1995, 400, 401; s. auch *Bindhardt/Jagenburg*, Die Haftung des Architekten, § 2 Rn. 81; *Locher*, Das private Baurecht, Rn. 368.

märpflichtenloser Haftungsvertrag vorschwebt, wie er etwa auch unter dem Schlagwort des Gefälligkeitsverhältnisses diskutiert wird[126].

3. Zeitliche und gegenständliche Dimension der Beratungspflichten

a) *Punktuelle Beratung, umfassende Beratung und Dauerberatung*

Zur Rechtsnatur der Beratungspflichten lässt sich auch deren zeitliche Dimension rechnen. Soweit es die Pflicht zur Beratung betrifft, kommt es maßgeblich auf den durch die Beratung in Bezug genommenen Geschäftstyp und eine Parteivereinbarung an. Dem Ratnehmer kann zum einen lediglich an einer nur punktuellen, gegenständlich klar begrenzten Beratung gelegen sein, an die sich von vorneherein keine weiteren Leistungspflichten anschließen. Zum anderen kommt eine gegenständlich umfassende Beratung mit möglicherweise weitergehenden Leistungspflichten oder eine auf eine gewisse Dauer angelegte Beratung in Betracht. Die Beratungssorgfaltspflicht knüpft dagegen an eine überobligatorische tatsächliche Empfehlung an und ist daher regelmäßig punktueller Natur. Die wiederholte Abgabe einer Empfehlung bringt damit jedes Mal aufs Neue die beratungstypischen Verhaltensanforderungen zur Entstehung.

b) *Nachsorgende Beratungspflichten?*

Gesonderter Betrachtung bedarf die Frage nach dem Bestehen nachsorgender Beratungspflichten. Hierbei geht es zum einen darum, ob und in welchem Umfang der Ratgeber dann eine nachsorgende Beratung schuldet, wenn sich die Beratungsgrundlage im Anschluss an eine pflichtgemäße Beratung in einer Weise geändert hat, dass eine abweichende Empfehlung und Aufklärung angezeigt wäre. Zum anderen kann eine (vorzeitige) Beendigung des Rechtsverhältnisses zu einer nachsorgenden Beratung Anlass geben. Die Antwort auf diese Frage kann wiederum nicht einheitlich ausfallen, sondern ist unter Berücksichtigung der vertraglichen oder gesetzlichen Risikoverteilung im jeweiligen Kontext zu lösen[127]. Für die vertragliche Pflicht zur Beratung mag das Anwaltsrecht als Beispiel dienen. Nach der Rechtsprechung des BGH endet die vertragliche Interessenwahrungspflicht des Anwalts grundsätzlich mit der Beendigung des Mandats. Etwas anderes gilt, wenn das Mandat, und sei es nur aus Gründen eines vom Mandanten verantworteten vorzeitigen Entzugs, zu einem Zeitpunkt endet, in dem diesem aufgrund eines alsbaldigen Fristablaufs Nachteile drohen. Dann kommt es ausnahmsweise zu einer Fortwirkung der Interessenwahrungspflicht mit der Folge, dass der Anwalt den Mandanten wei-

[126] Hierzu bereits eingehender § 13, S. 138 [sub (3)].

[127] Vgl. allgemein zur Frage nachsorgender Vertragspflichten eingehend zuletzt *Binder* AcP 211 (2011), 587.

terhin auch über die künftige Behandlung der Sache Beratung schulden kann[128]. Die nachsorgende Beratungspflicht ist daher selbst im Rahmen professioneller Beratungsverhältnisse eher die Ausnahme.

Für die Beratungssorgfaltspflicht bietet sich als Beispiel die Kapitalanlageberatung an. Angenommen ein Kapitalanlageberater empfiehlt einem Kunden den Erwerb eines im Empfehlungszeitpunkt als „sicher" einzuordnenden Anlageprodukts. Nur wenige Tage nach dem Erwerb treten Informationen in die Öffentlichkeit, die einen baldigen Kursverfall des Anlageprodukts wahrscheinlich machen[129]. Es stellt sich die Frage, ob der Anlageberater den Kunden nachsorgend zu beraten hat, etwa indem er ihm die sofortige Veräußerung der Anlage empfiehlt. Die Antwort ist zu suchen im Rahmen der für den Kapitalanlagenerwerb geltenden Risikoverteilung. Zwar handelt es sich beim (beratenden) Vertrieb von Kapitalanlageprodukten des geregelten Finanzmarkts, anders als beim gewöhnlichen Kauf, nach geltendem Recht ungeachtet der Ausgestaltung des Vertriebs als Kommissions- oder Effektenpropergeschäfts nicht (mehr) um ein Verhältnis im Interessengegensatz. Der beratende Wertpapierdienstleister und der unabhängige Anlageberater schulden vielmehr die vorrangige Wahrung der Erwerberinteressen[130]. Der Umstand, dass das Rechtsverhältnis insgesamt auf einen einmaligen Leistungsaustausch abzielt, bleibt gleichwohl für die Grenzen dieser Interessenwahrungspflicht bedeutsam. Denn das weitergehende Verwendungsrisiko liegt vergleichbar der Rechtslage beim Kauf trotz einer im Vorfeld abweichenden Risikoverteilung auch hier beim Erwerber der Kapitalanlage[131]. Diesem ist es unbenommen, sich gegen eine lediglich punktuelle Beratung zu entscheiden und stattdessen eine – typischerweise besonders zu vergütende – fortlaufende Vermögensanlagenbetreuung mit weitergehenden Beratungspflichten in Anspruch zu nehmen. Vor diesem Hintergrund ist es richtig, eine nachsorgende Beratungssorgfaltspflicht des Kapitalanlageberaters unter der geltenden Rechtslage abzulehnen und zwar unabhängig davon, welcher Zeitraum zwischen der Empfehlung, dem daraufhin erfolgten Anlagenerwerb und der Änderung der Beurteilungsgrundlage vergangen ist[132].

---

[128] Vgl. BGH NJW 1997, 254: keine nachvertragliche Pflicht des Anwalts zur Beratung bei nicht fristgebundener Angelegenheit; zurückhaltender noch BGH NJW 1997, 1302: nachsorgende Beratung jedenfalls dann, wenn der Anwalt die Gefahr erkennbar mitverursacht hat.

[129] Vgl. zu diesem Beispiel *Binder* AcP 211 (2011), 587, 590.

[130] Hierzu § 16, S. 390f. (sub b); S. 400f. [sub (1)].

[131] Ebenso *Binder* AcP 211 (2011), 587, 610f.

[132] A.A. aber *Binder* AcP 211 (2011), 587, 620f., der eine zeitlich beschränkte „Warnpflicht" des Beraters befürwortet und damit letztlich zu einer dem Produkthaftungsrecht vergleichbaren Produktbeobachtungspflicht kommt.

IV. *Pflichtumfang*

1. Beratungsprogramm: Fachliche Zuständigkeit, Beratungsthema und Optionenspektrum

Der Ratgeber schuldet typischerweise keine allumfassende Beratung. Der Inhalt der Beratungspflicht wird vielmehr maßgeblich von einem Beratungsprogramm vorgezeichnet, das die äußeren Grenzen absteckt, innerhalb deren die den Ratgeber treffenden Pflichten greifen. Damit ist das Beratungsprogramm das wohl bedeutendste Strukturmerkmal zur Vermeidung einer untunlichen Risikoverlagerung auf den Ratgeber. Dieses Programm wird im Einzelnen gekennzeichnet durch die dem Ratgeber zugewiesene oder von diesem in Anspruch genommene *fachliche Zuständigkeit,* durch das *Beratungsthema* sowie durch das vom Ratgeber einzubeziehende *Optionenspektrum*[133]. Die Ratgeberzuständigkeit kennzeichnet den fachlichen Bereich selbst sowie die fachliche Tiefe mit der der Ratgeber zu beraten hat. Man könnte insoweit auch von der Berufsrolle sprechen, in der der Ratgeber als solcher nach außen erkennbar auftritt[134]. Auf dieser Grundlage beschreibt das Beratungsthema den der Beratung zugrunde liegenden Sachverhalt, wie er entweder vom Ratnehmer oder vom Ratgeber selbst im Rahmen des beratungstypischen Kommunikationsprozesses aufgebracht wurde. Dabei lässt sich im Groben zwischen allgemeinen und spezifischen Beratungsmandaten unterscheiden. Das Optionenspektrum, über das der Ratgeber dabei zu beraten hat, kann sich vergleichbar allgemein auf alle nach dem objektiven fachlichen Standard in Betracht kommenden Handlungsoptionen erstrecken, auf eine spezifische von den Parteien des Beratungsverhältnisses oder vom Ratgeber allein eingegrenzte Optionenpalette oder weitergehend auf nur eine positive Handlungsoption beschränkt sein.

Das Beratungsprogramm und seine Konkretisierungen lassen sich anhand einiger Beispiele veranschaulichen: Die anwaltliche Beratung ist typischerweise gekennzeichnet durch eine die rechtliche Bewertung teilrechtsgebietsübergreifende Ratgeberzuständigkeit, ein grundsätzlich auf den Beratungssachverhalt bezogenes allgemeines Beratungsmandat und die Einbeziehung aller in Betracht kommender Handlungsoptionen. Ähnliches gilt für die ärztliche Beratung, wobei für diese eher eine fachgebietsspezifische Begrenzung typisch ist, die in der fachärztlichen Ausbildung ihre berufsrechtliche Entsprechung findet. Die Kapitalanleger- und Versicherungsnehmerberatung zeichnet sich demge-

---

[133] Im Ansatz angelegt ist die hier vorgenommene Strukturierung bereits bei *Hopt*, in FS Gernhuber, S. 169, 187, der insoweit allerdings das wenig greifbare und wenig konturierte Kriterium der „Absprache“ formuliert und in diesem Rahmen weitergehend die Frage nach der geschuldeten Aufklärungsintensität verortet wissen will (vgl. insoweit auch *ders.*, Der Kapitalanlegerschutz im Recht der Banken, S. 420 f.).

[134] Vgl. in dieser Richtung *Hopt*, in FS Gernhuber, S. 169, 187.

genüber regelmäßig durch ein beschränktes Optionenspektrum aus, über das im konkreten Fall beraten wird. Für den beratenden Verkauf im Allgemeinen kommt neben einer beschränkten fachlichen Zuständigkeit (Hersteller, Fachhändler, Händler) zudem häufig weitergehend die Beschränkung des Beratungsprogramms auf nur eine an den Ratgeber herangetragene positive Handlungsoption in Betracht.

2. Zuweisung der Entscheidungszuständigkeit

Maßgeblich für den Umfang der Beratungspflicht ist überdies die Reichweite der dem Ratnehmer zugewiesenen Entscheidungszuständigkeit. Nur soweit der Ratnehmer im konkreten Fall entscheidungszuständig ist, ist er zu beraten. Im Bereich des Zivilrechts ist im Ausgangspunkt von einer umfassenden Entscheidungszuständigkeit des Ratnehmers auszugehen. Es steht ihm jedoch frei, diese ganz oder in einem bestimmten Umfang, etwa soweit es untergeordnete Aspekte einer Handlungsoption betrifft, auf den Ratgeber zu übertragen. Zum einen kann dies durch die unmittelbare Übertragung der Entscheidungszuständigkeit geschehen. Im Bereich des Kapitalanlegerrechts steht insoweit dem beratenden Erwerb eines Anlageprodukts die Vermögensverwaltung gegenüber, bei der dem Vermögensverwalter umfassend die Zuständigkeit zum Treffen von Investitionsentscheidungen nach eigenem Ermessen übertragen sein kann[135]. Zum anderen kann sich eine partielle Entscheidungszuständigkeit des Ratgebers bereits aus seiner bloßen Inanspruchnahme ableiten und muss daher nicht explizit auf dem Willen des Ratnehmers beruhen. Das wird bisher eher für die Beratung durch Angehörige klassischer Professionen als im Bereich der Umsatzgeschäfte diskutiert. Im Bereich des Arztrechts ist in diesem Zusammenhang etwa die Rede von der ärztlichen „Therapiefreiheit". Nach dem derzeitigen Diskussionsstand hat der Arzt den Patienten nicht über alle untergeordneten Alternativen im Rahmen der Inanspruchnahme der empfohlenen Handlungsoption zu beraten und aufzuklären, sofern diese aus medizinischer Sicht keine erheblichen Unterschiede aufweisen. Dieser Grundsatz wird bereits auf die Metaebene, also das Bestehen verschiedener Handlungsoptionen übertragen[136]. Dass es eine aus der bloßen Inanspruchnahme abzuleitende partielle Entscheidungszuständigkeit des Ratgebers geben muss, wird man schon aus Praktikabilitätsgründen nicht in Abrede stellen können. Es ginge nicht an, mit dem Patienten oder dem Mandanten jede untergeordnete Vorgehensweise abzusprechen. Es entspricht schon regelmäßig dem Willen eines Ratnehmers, dass dieser sich nicht mit allen notwendigen Auswahlentscheidungen auseinandersetzt,

---

135 Hierzu etwa *Schäfer/Sethe/Lang*, Handbuch der Vermögensverwaltung, § 1 Rn. 10 f. sowie Rn. 18, 20 zur Abgrenzung gegenüber der Vermögens- und Anlageberatung.

136 Hierzu statt vieler *Katzenmeier*, Arzthaftung, S. 331 f.

selbst wenn er die Entscheidungszuständigkeit im Grundsatz nicht aus der Hand gibt. Das Problem liegt vielmehr darin, den notwendigen Vorrang der selbstbestimmten Freiheitsausübung gegenüber der Berufsfreiheit des Ratgebers nicht aus dem Blick zu verlieren und nicht vorschnell davon auszugehen, ein Umstand sei für die selbstbestimmte Freiheitsausübung des Ratnehmers nicht von hinreichender Bedeutung.

V. *Pflichtinhalt*

1. Beratungpflicht als Verhaltenspflicht und beratungstypische Pflichtenstruktur

Der Begriff der Beratungspflicht beschreibt eine spezifische Verhaltenspflicht, die, wie dargestellt, im einen Fall Leistungspflicht, im anderen Fall (leistungsbezogene) Schutzpflicht sein kann. Der Beratungsvorgang ist ein strukturierter Prozess[137]. Das in diesem Rahmen geschuldete Verhalten lässt sich aufgrund seines konkreten Inhalts, seiner Wechselbezüglichkeit und seiner Zielrichtung typisieren und systematisieren. Dabei bietet es sich insoweit an, von Elementen bzw. Bestandteilen der Beratungspflicht zu sprechen. Dabei sollte zwischen konstitutiven Elementen und solchen unterschieden werden, die ein Ratgeber nicht notwendig schuldet, damit noch von Beratung im eigentlichen Begriffssinn die Rede sein kann. Zu den konstitutiven Elementen zählen die Exploration ratnehmer- und transaktionsbezogener Umstände, die fachspezifische Prüfung, die pflichtgemäße Abgabe einer konkreten, nicht notwendig auch begründeten Handlungsempfehlung sowie eine bedürfnisabhängige handlungsbezogene Aufklärung des Ratnehmers. Darüber hinaus kann der Ratgeber zur Begründung seiner Empfehlung sowie zur Dokumentation verpflichtet sein, wobei die Dokumentation unterschiedlichen Zwecken dienen kann. Im Einzelfall kann den Ratgeber überdies Aufklärung auch über entscheidungserhebliche ratgeberbezogene Umstände schulden sowie die Einhaltung einer zwischen der Beratung und der Umsetzung der Entscheidung des Ratnehmers liegenden Karenzzeit.

Einige der beschriebenen Elemente der Beratungspflicht kommen als Verhaltenspflichten auch in anderem Zusammenhang vor. Das trifft bekanntlich auf die Aufklärungspflicht, aber auch auf die Explorationspflicht zu, wenn etwa die Entscheidungszuständigkeit umfassend(er) übertragen wird. Das ändert nichts daran, dass es sich im Rahmen des Pflichtenprogramms des Ratgebers nach richtigem Verständnis um unselbständige Elemente einer einheitlichen Beratungspflicht handelt. Diese Betrachtung ist dogmatisch nicht zwingend. Mit

[137] Hierzu bereits § 3, S. 35 ff. (sub 4).

Rücksicht auf das geltende VVG ließe sich etwa eine Unabhängigkeit zwischen der Pflicht zur Beratung und der Pflicht zur Begründung einer Empfehlung behaupten. Denn hiernach hat der Versicherer den Versicherungsnehmer unter bestimmten Voraussetzungen „zu beraten *sowie* die Gründe für jeden zu einer bestimmten Versicherung erteilten Rat anzugeben“[138]. Indes spricht schon wenig dafür, dass der Wortlaut des Gesetzes auf entsprechenden dogmatischen Vorüberlegungen beruht.

Im Übrigen trägt nur das Verständnis von einem einheitlichen Pflichtentatbestand letztlich dem Umstand hinreichend Rechnung, dass die einzelnen Elemente der Beratungspflicht teilweise aufeinander aufbauen, miteinander verwoben sind und in einer Wechselbeziehung zueinander stehen. Ein zur Beratung verpflichteter Ratgeber hat zunächst die Pflicht zur Exploration. Die Pflicht zur fachspezifischen Prüfung wird regelmäßig bereits in diesem Rahmen relevant, um die Beratungsgrundlage hinreichend ausermitteln zu können. Sie setzt sich sodann im Anschluss an die Exploration fort. Exploration und Prüfung sind überhaupt erst die Grundlage für sich daran anschließende Empfehlungen und Aufklärungen. Was in diesem Rahmen zu tun ist, bis hin zur Art und Weise, beurteilt sich wiederum auf der Grundlage pflichtgemäßer Exploration und fachspezifischer Prüfung. Zudem wird der Inhalt der Aufklärungspflicht entscheidend davon beeinflusst, in welchem Umfang dem Ratgeber im Rahmen der Empfehlung ein Ermessen zusteht und wie er dieses Ermessen ausübt.

Das Verständnis von der Beratungspflicht als ein Bündel verschiedener konstitutiver und fakultativer Elemente ändert umgekehrt nichts daran, dass mehrere selbständige Verletzungen der Beratungspflicht denkbar sind. Insoweit gilt nichts anderes als im Zusammenhang mit anderen verhaltensgerichteten Pflichten. Der Ratgeber kann neben einer pflichtwidrigen Empfehlung etwa auch pflichtwidrig aufgeklärt haben. Selbst innerhalb eines Pflichtenelements kommen verschiedene selbständige Pflichtverletzungen, verschiedene Aufklärungsfehler etwa, in Betracht[139]. Jeder Verstoß gegen den Tatbestand der Beratungspflicht ist sodann im Rahmen des Anspruchs auf Schadensersatz eigenständig daraufhin zu untersuchen, ob der geltend gemachte Schaden kausal und zurechenbar auf diesen zurückzuführen ist. Dabei ist wiederum zu berücksichtigen, dass die Verhaltenspflichten des Ratgebers teilweise aufeinander aufbauen[140].

---

138 § 6 Abs. 1 VVG [Hervorhebung hier].
139 Hierzu noch § 13, S. 208 f. (sub 5); S. 245 f. (sub ff).
140 Hierzu § 13, S. 224 ff. [sub (1)].

2. Exploration

a) *Begriff und Funktion der Exploration*

Im Folgenden sollen die Verhaltenspflichten des Ratgebers mit Rücksicht auf den typischen prozesshaften Verlauf der Beratung konkreter untersucht werden. Dabei ist der Ratgeber zunächst einmal und dies auf der Grundlage des im Einzelfall geltenden Beratungsprogramms zur Ermittlung bzw. Exploration der beratungsrelevanten Tatsachen und Umstände verpflichtet. Die Exploration ist von der am Ende des Beratungsvorgangs stehenden Pflicht zur Aufklärung des Ratnehmers zu unterscheiden[141]. Die Exploration erschöpft sich nicht notwendig in der Erlangung von in der Sphäre des Ratgebers nicht bereits liquide verfügbare Informationen. Denn die Pflicht zur Exploration kann neben der Informationsgewinnung unter Umständen auch die Verifizierung vorhandener oder gewonnener Informationen umfassen.

Erst die Exploration versetzt den Ratgeber in die Lage, eine auf den konkreten Fall zugeschnittene bedarfsgerechte Handlungsempfehlung abzugeben und den Ratnehmer adäquat aufzuklären. Es handelt sich daher um eine Vorbereitungshandlung. Neben dieser Hilfsfunktion handelt es sich um ein wesentliches Instrument zur Begrenzung der Ratgeberverantwortlichkeit. Denn die Pflichtgemäßheit des weiteren Vorgehens beurteilt sich auf der Grundlage dessen, was der Ratgeber pflichtgemäß zu ermitteln hatte.

Im Rahmen der Exploration ist zu unterscheiden zwischen Umständen, die die Sphäre des Ratnehmers betreffen und transaktionsbezogenen Umständen. Für den erstgenannten Fall ist vor allem im Bereich der Kapitalanlageberatung das aus dem angloamerikanischen Recht übernommene Schlagwort des „*know your customer*“ gebräuchlich, für den zweitgenannten Fall das des „*know your product*“. Der Grundidee nach lassen sich diese Begriffe durchaus rechtsgebiets- und gegenstandsunabhängig verwenden.

b) *Bewertungs- und aufklärungsrelevante ratnehmerbezogene Umstände („know your customer“)*

aa) *Ziele und Präferenzen*

Zu den vom Ratgeber zu ermittelnden bewertungsrelevanten Umständen in der Sphäre des Ratnehmers zählen zunächst dessen Ziele und Präferenzen, was sich vor dem Hintergrund des Regelfalls der Selbstbestimmungsberatung ohne Weiteres versteht. Aber auch im Rahmen der Fremdbestimmungsberatung sind diese Umstände zu erheben, denn Fremdbestimmung ist stets nur insoweit erforderlich, als sich die Ziele und Präferenzen des Ratnehmers mit den vorrangig

---

[141] Mitunter wird der Begriff der Aufklärung unscharf bereits für die Ermittlungs- bzw. Explorationspflicht des Ratgebers verwendet, vgl. etwa im Bereich der anwaltlichen Beratung *Vollkommer/Greger/Heinemann*, Anwaltshaftungsrecht, § 10 Rn. 3ff.

zu beachtenden objektiven Interessen oder Interessen Dritter nicht in Einklang bringen lassen. Die Ziele beschreiben dabei grundlegend die Richtung, in der der Ratnehmer seine Freiheit auszuüben wünscht. In einigen beratungstypischen Bereichen kommt vernünftiger Weise nur ein Ziel in Betracht. Im Bereich des Arztrechts etwa bedarf die erstrebte Herstellung der Gesundheit keiner besonderen Ermittlung. Vielmehr wäre es dann Sache des Ratnehmers, von sich aus ein abweichendes Ziel zu äußern, wobei sich der Ratgeber daran nicht notwendig auszurichten hätte[142].

Der Begriff der Präferenz, dem besondere Bedeutung etwa auch im Bereich der Entscheidungstheorie zukommt[143], beschreibt weitergehend, welchen Eigenschaften der Ratnehmer im konkreten Fall den Vorzug geben würde, und ist damit vor allem von Bedeutung, wenn mehrere zielgerichtete Entscheidungsoptionen Bestandteil des Beratungsprogramms sind. Eine den Zielen und Präferenzen des Ratgebers entsprechende Empfehlung soll im Weiteren auch als *bedarfsgerecht* bezeichnet werden. Am Beispiel der Kapitalanlageberatung illustriert wäre das mögliche Ziel eines ratsuchenden Anlegers der Erwerb eines Anlageprodukts zur komplementären privaten Altersvorsorge; die Präferenz beträfe etwa unterschiedliche Kursrisiken, entscheidungserhebliche Ausgestaltungsunterschiede und die steuerrechtlichen Folgen möglicher, zielentsprechender Anlageoptionen[144].

bb) Sachverhalt und ratnehmerbezogene Umstände

Auch die personenbezogenen empfehlungserheblichen Umstände variieren naturgemäß bereits mit dem Gegenstand der Beratung. Während es etwa im Bereich der ärztlichen Beratung um die gesundheitsbezogenen Umstände geht, kommt es im Bereich der Kapitalanlageberatung auf die vermögensmäßigen Umstände in der Person des Ratnehmers an. Die Ermittlung personenbezogener Umstände ist dabei regelmäßig aufs engste mit der Ermittlung der Ziele und Präferenzen verbunden. Bei dem um ein geeignetes Altersvorsorgeprodukt nachsuchenden Ratnehmer bedarf es etwa der Ermittlung bereits bestehender Vorsorgebeteiligungen, um mögliche Versorgungslücken erkennen zu können. Diesen Umstand wird man bei einem Anleger, der mit eher geringen Beträgen unter Inkaufnahme hoher Risiken hohe Renditen zu erwirtschaften sucht, möglicherweise eher vernachlässigen können.

cc) Ratnehmerhorizont im Besonderen

Aus dem Verhältnis von Ratnehmerhorizont und der Erfahrung sowie der Qualifikation des Ratgebers ergibt sich das Ausmaß der zwischen beiden im

---

142 Hierzu etwa *Kern*, in: Laufs/Kern, Handbuch des Arztrechts, § 50 Rn. 6.

143 Vgl. *Jungermann/Pfister/Fischer*, Die Psychologie der Entscheidung, S. 3, 47 ff.

144 Weiterführend *Mülbert* ZHR 177 (2013), 160, 166 ff.

Einzelfall bestehenden Ungleichgewichtslage, wie sie für die Beratungssituation typisch, aber keinesfalls zwingend ist[145]. Beim Ratnehmerhorizont geht es zum einen um die Erfahrung und das Fachwissen, das der Ratnehmer seinerseits im Hinblick auf das Beratungsprogramm, namentlich das Beratungsthema, das Optionenspektrum und die Optionen im Einzelnen hat. Zum anderen geht es um den subjektiven Verständnishorizont.

Der Ratnehmerhorizont, der aufgrund seiner Besonderheiten von den übrigen personenbezogenen Umständen losgelöst betrachtet werden sollte, ist häufig, wenn auch nicht zwingend, bereits empfehlungsrelevant. Ein Kapitalanlageberater wird etwa nicht erst die Aufklärung, sondern bereits seine Empfehlung davon abhängig zu machen haben, ob der Ratnehmer mit der Komplexität eines bestimmten Anlageprodukts intellektuell überfordert ist. Daneben ist der Ratnehmerhorizont regelmäßig auch aufklärungsrelevant. Es wurde bereits darauf hingewiesen, dass die Aufklärung im Rahmen der Beratung weniger nach Typisierung als nach einer individuell auf den jeweiligen Verständnishorizont des Ratnehmers zugeschnittenen Informationsvermittlung verlangt[146]. Ebenso wie die Erfahrung des Ratnehmers ist etwa auch das Wissen des Ratgebers um dessen (Vor-)Bildung insoweit von entscheidender Bedeutung.

dd) Art und Weise der Exploration: Nachfrage oder auch Verifikation?

Mit dem Hinweis auf das Bestehen einer Explorationspflicht des Ratgebers ist im Grunde schon entschieden, dass der Ratnehmer die bewertungs- und aufklärungsrelevanten Umstände nicht von sich aus sämtlich zu offenbaren hat. Das Explorationsrisiko trägt im Grundsatz der Ratgeber. Für die Reichweite dieser Risikoverlagerung, die Art und Weise, also wie die Exploration zu erfolgen hat, ist damit im Grunde noch nicht viel gesagt. Im Kern geht es darum, ob sich der Ratgeber mit den auf Nachfrage beim Ratnehmer erhobenen Informationen begnügen kann und sich auf deren Richtigkeit verlassen darf oder ob er die Angaben des Ratnehmers verifizieren und weitergehende eigene Nachforschungen anstellen muss, etwa unter Inanspruchnahme Dritter oder objektiver Quellen. Im ersten Fall trägt der Ratnehmer das Risiko, dass die Empfehlung des Ratgebers und eine komplementäre Aufklärung auf unzutreffender Grundlage aufbauen und das Beratungsergebnis damit bestenfalls nur noch zufällig bedarfsgerecht ist.

Für den Regelfall der Selbstbestimmungsberatung folgt aus der dieser immanenten Eigenverantwortlichkeit eine klare Tendenz gegen eine weitergehende Pflicht des Ratgebers zur Verifikation der vom Ratnehmer mitgeteilten Umstände. Abhängig von der Wertigkeit des von der Beratung betroffenen Rechtsguts und der Gefährdungslage kann es allerdings selbst in diesen Fällen ange-

---

145 Hierzu schon § 3, S. 30f. (sub 1).

146 § 3, S. 15 (sub b).

zeigt sein, dem Ratgeber weitergehend das Explorationsrisiko zuzuweisen. Dass sich der beratende Arzt auf gesundheitsbezogene Angaben des Patienten selbst dann nicht ohne weiteres wird verlassen dürfen, wenn dieser seinerseits über ein gewisses Maß an Fachkenntnis verfügt, leuchtet etwa unmittelbar ein. Für den Ausnahmefall der Fremdbestimmungsberatung, wenn also die Ziele und Präferenzen des Ratnehmers erkennbar von den vorrangig zu beachtenden objektiven Interessen und Interessen Dritter abweichen, wäre der Verzicht auf eine Verifikationspflicht des explorierenden Ratgebers dagegen von vorneherein eher zweckwidrig.

c) Bewertungsrelevante transaktionsbezogene Umstände („know your product")

aa) Gegenstand

Mit dem Begriff der bewertungsrelevanten transaktionsbezogenen Umstände sollen solche Umstände zusammengefasst werden, die von der Person des Ratnehmers unabhängig sind. In erster Linie geht es dabei um Art, Umfang, Risiken und Eigenheiten der im Rahmen der Beratung zu berücksichtigenden Handlungsoptionen. Welche Umstände dies im Einzelnen sind, hängt damit regelmäßig von den Zielen und Präferenzen des Ratnehmers und den personenbezogenen Umständen ab, denn erst auf dieser Grundlage wird das in Betracht kommende Optionenspektrum zu identifizieren sein. Im Gegensatz zu den personenbezogenen Umständen wird ein Ratgeber die bewertungsrelevanten transaktionsbezogenen Umstände vielfach nicht besonders zu ermitteln haben, sondern aufgrund seiner Fachkompetenz und Erfahrung bereits liquide über diese verfügen.

bb) Art und Weise der Exploration: Anlass und Verifikation

Während es im Zusammenhang mit der Exploration ratnehmerbezogener Umstände in erster Linie um die Verteilung des Explorationsrisikos zwischen Ratnehmer und Ratgeber geht, stellt sich bei den transaktionsbezogenen Umständen vor allem die Frage, welchen Aufwand der Ratgeber zu betreiben hat, um diese aus externen Quellen zu ermitteln. Konkret stellt sich die Frage, unter welchen Voraussetzungen ein Anlass zur Exploration besteht und ob Informationen, die aus „unabhängigen" öffentlich zugänglichen Quellen (Presse, Fachliteratur) oder aus der Sphäre eines Drittanbieters einer Leistungsoption stammen, unbesehen zugrunde gelegt oder weitergehend verifiziert werden müssen.

Eine Differenzierung zwischen Selbstbestimmungs- und Fremdbestimmungsberatung, wie sie im Rahmen der ratnehmerbezogenen Umstände angezeigt ist, wäre insoweit kaum zielführend. Von einer Eigenverantwortlichkeit des Ratnehmers kann insoweit keine Rede sein, liefe das doch darauf hinaus, dass dieser neben dem Ratgeber *grundlegend* das Explorationsrisiko tragen müsste. Das Maß, in dem objektive Anhaltspunkte und Gerüchte Anlass zu weitergehender Erhebung und Verifizierung geben, wird man vielmehr allein in Abhängigkeit zu den von der Beratung betroffenen Rechtsgütern und Interessen zu bestimmen haben. Für die aus der Sphäre eines Drittanbieters einer Leistungsoption stammenden Informationen kommt hinzu, dass eine gewisse Vermutung für Beschönigungen, Einseitigkeit und Lückenhaftigkeit besteht. Daher dürfte auch der erkennbare Ursprung der Information als Kriterium zur Bestimmung des Ausmaßes der Explorationslast heranzuziehen sein.

d) Umfang und Grenzen der Explorationspflicht und Verhältnis zur Risikoaufklärung

Der Umfang der geforderten Exploration ist wiederum im Einzelnen unter Berücksichtigung der von der Beratung betroffenen Rechtsgüter und der zwischen Ratnehmer und Ratgeber im jeweiligen Teilrechtsgebiet geltenden Risikoverteilung zu bestimmen. Nach richtigem Verständnis ist dabei auch das Verhältnis zwischen dem Explorationsaufwand einerseits und den unmittelbaren und mittelbaren Vergütungsinteressen von Bedeutung, arg. ex § 6 Abs. 1 S. 1 VVG. Wenn die Exploration tatsächlich unmöglich oder aufgrund des damit verbundenen Aufwands klar außer Verhältnis zu den Interessen des Ratnehmers steht, wird man es zulassen, dass der Ratgeber seine Empfehlung auf einer entsprechenden lückenhaften Grundlage abgibt. Allerdings ist der Ratnehmer sodann kompensatorisch über die aufgrund der Explorationslücken bestehenden Unsicherheiten und Risiken aufzuklären[147]. Der Unmöglichkeit der Exploration gleichzustellen sind solche Fälle, in denen eine an sich mögliche umfassende Exploration aus Gründen eines bestehenden zeitlichen Handlungsdrucks untunlich ist. Man denke etwa an eine ärztliche Behandlungssituation, in der das Ergreifen von Maßnahmen bei allen Unklarheiten aus medizinischer Sicht eher angezeigt wäre als die Beibehaltung des *status quo*.

Mit dem vorgenannten Grundsatz ist zugleich eine wesentliche Aussage über das Verhältnis von Exploration und Risikoaufklärung getroffen. Die Exploration geht der Risikoaufklärung grundsätzlich vor; sie dient gerade dazu, vorhandene Unsicherheiten zu beseitigen. Es ist dem Ratgeber daher nicht gestattet, von einer Exploration außerhalb der beschriebenen Zumutbarkeitsgrenze ganz oder teilweise abzusehen und den Ratnehmer stattdessen lediglich über das entsprechende Explorationsrisiko aufzuklären. *Idealiter* ist der Ratnehmer daher letztlich nur noch über solche Risiken aufzuklären, die ihrem Wesen nach im Wege der Exploration nicht beseitigt werden können. Hierzu zählen vor allem die dem Empfehlungsgegenstand inhärenten Risiken[148].

---

[147] Zu einem Beispielsfall aus dem Bereich der Steuerberatung, in dem die Rechtsprechung so verfahren ist vgl. BGH WM 1962, 932 f.

[148] Hierzu eingehender § 13, S. 174 f. [sub (2)].

e) *Besonderheit stufenweiser Exploration bei aufeinander aufbauenden Beratungsvorgängen*

Vom Grundsatz der umfassenden Exploration abzugrenzen ist die Besonderheit der Notwendigkeit einer stufenweisen Exploration in den Fällen aufeinander aufbauender Beratungsvorgänge. Es ist zu berücksichtigen, dass eine weitergehende Exploration bisweilen von Zwischenentscheidungen des Ratnehmers abhängig ist. Es wurde bereits mit Blick auf die ärztliche Beratung darauf hingewiesen, dass in sich abgeschlossene Beratungsvorgänge nicht selten aufeinander aufbauen und damit selbständiger Bestandteil eines komplexeren Beratungsvorgangs sind. Für die ärztliche Beratung ist eine unter Anwendung ärztlicher Maßnahmen durchzuführende stufenweise und besonders umfangreiche Exploration, die ärztliche Diagnostik, geradezu kennzeichnend[149]. Schon vor diesem Hintergrund versteht sich, dass Explorationslücken einer Empfehlung nicht notwendig hinderlich sein müssen, sondern gerade Anlass für eine auf weitergehende Exploration gerichtete Handlungsempfehlung sein können.

3. Prüfung

Auf der Grundlage der pflichtgemäßen Exploration und wiederum im Rahmen des jeweils geltenden Pflichtenumfangs ist der Ratgeber dazu verpflichtet zu prüfen, ob und welche Handlungsoptionen dem Ratnehmer zur Verfügung stehen. Im Grundfall der Selbstbestimmungsberatung muss er sich dabei an den Präferenzen und Zielen des Ratnehmers orientieren; im Ausnahmefall der Fremdbestimmungsberatung an jeweils vorrangigen Interessen. Wie schon bei der Explorationspflicht handelt es sich auch bei dieser Prüfung um eine bloße Vorbereitungshandlung. Sie ist das Bindeglied zwischen Exploration einerseits und den weitergehenden Pflichten der Empfehlung und Aufklärung.

4. Empfehlung

a) *Begriff der Empfehlung einschließlich des Abratens*

Während die Exploration dem Beratungsverfahren zuzuordnen ist und ihr im Hinblick auf das Beratungsergebnis lediglich eine Hilfs- und Risikobegrenzungsfunktion zukommt, ist die nach interner Prüfung des Ratgebers durch diesen abgegebene Empfehlung Bestandteil des Ergebnisses der Beratung. Der Begriff der *Empfehlung*, wie er nachfolgend verwendet werden soll, beschränkt sich nicht nur auf einen statusverändernden Handlungsvorschlag oder die Auswahl zwischen mehreren statusverändernden Handlungsalternativen. Einen

---

[149] § 3, S. 35 (sub 4).

Fall der Empfehlung stellt im Grundsatz vielmehr auch das einstweilige oder endgültige *Abraten* von der Veränderung des *status quo* bzw. von der Inanspruchnahme einer vom Ratnehmer selbst an den Ratgeber herangetragenen Handlungsoption dar. Denn das Ziel der Beratung liegt allgemein darin, das Treffen einer bedarfsgerechten Auswahlentscheidung zu fördern. Abhängig von den Umständen des Einzelfalls kann es am ehesten bedarfsgerecht sein, keine von mehreren bestehenden Handlungsoptionen in Anspruch zu nehmen. Im Idealfall der unabhängigen interessengebundenen Beratung sind positive und negative Handlungsoptionen daher notwendig gleichwertig. Diese Gleichwertigkeit löst sich umgekehrt dann auf, wenn man dem über eigene oder fremde Leistungen beratenden Ratgeber gestattet, im Rahmen der Beratung auch eigene Absatzinteressen zu verfolgen. Auch solche Ratgeber bleiben indes in erheblichem Umfang an die Interessen des Ratnehmers gebunden, so dass das Abraten als Fall einer Empfehlung durchaus auch hier bedeutsam sein kann.

b) Empfehlungsmaßstab

Die Empfehlung hat sich dabei im Fall der Selbstbestimmungsberatung allein an den Zielen und Präferenzen des Ratnehmers auszurichten. Der Empfehlungsgegenstand muss daher unter Berücksichtigung der zu ermittelnden transaktions- und ratnehmerbezogenen Umstände einschließlich des Ratnehmerhorizonts *subjektiv bedarfsgerecht* sein. Im besonders begründungsbedürftigen Ausnahmefall der Fremdbestimmungsberatung bestimmt sich die Bedarfsgerechtigkeit nach Maßgabe der vorrangig zu berücksichtigenden objektiven Interessen bzw. vorrangigen Interessen Dritter[150]. Der Empfehlungsmaßstab ist damit Ausdruck der Interessengebundenheit der Beratung. Grundlage der Bewertung der Bedarfsgerechtigkeit sind allerdings nur die Umstände, die im Rahmen einer ordnungsgemäßen Exploration hätten zugrunde gelegt werden müssen[151].

c) Bewertungs- und Prognosespielraum: Grundlagen, Funktionen, Grenzen

aa) Grundlagen des Bewertungs- und Prognosespielraums, Verhältnis zur Aufklärung

Nach richtigem Verständnis ist dem Ratgeber im Hinblick auf die von ihm abgegebene Empfehlung ein Bewertungs- und Prognosespielraum zuzugestehen, der einer zivilgerichtlichen Kontrolle entzogen ist[152]. Das gilt im Grundsatz unabhängig davon, in welchem Maß der Ratgeber den Interessen des Rat-

[150] Hierzu bereits § 5, S. 44f. (sub I).
[151] Vgl. schon § 13, S. 160 (sub a).
[152] Vgl. *Canaris*, in: Bankvertragsrecht, Rn. 101; s. auch *Koller*, in: Assmann/Schneider, Wertpapierhandelsgesetz, § 31 Rn. 156.

nehmers im Rahmen des jeweiligen Beratungsverhältnisses Vorrang vor eigenen Interessen oder Drittinteressen zu gewähren hat. Der Begriff des Prognosespielraums bezieht sich dabei auf die der jeweiligen Entscheidung innewohnenden Ungewissheiten und Risiken, während der Bewertungsspielraum die – ggf. auch von Unsicherheiten unabhängige – Beurteilung der Bedarfsgerechtigkeit der Empfehlung betrifft. Im Rahmen des Bewertungs- und Prognosespielraums lässt sich weitergehend unterscheiden zwischen dem Ob einer Handlungsempfehlung (Handlungsermessen) und der Frage, welche Handlungsempfehlung der Ratgeber geben darf (Auswahlermessen). Das Handlungsermessen bezieht sich auf die Frage der Veränderung des *status quo*. In diesem Zusammenhang wird erneut der Begriff des Abratens relevant. Das Auswahlermessen setzt dagegen eine positive Handlungsempfehlung voraus und bezieht sich darauf aufbauend auf die Wahl zwischen mehreren möglichen Handlungsalternativen.

Zu berücksichtigen ist allerdings ein aus dem Bewertungs- und Prognosespielraum folgender spezifischer Zusammenhang zwischen Empfehlung und Aufklärung. Haben sich innerhalb der jeweiligen fachlichen Disziplin unterschiedliche Bewertungen von im Wesentlichen gleich gelagerten Sachverhalten etabliert, so ist der Ratgeber, wie etwa auch ein Gutachter, abhängig vom Maß der Interessenbindung gehalten, den Ratnehmer darüber besonders aufzuklären. Ein Ratgeber hat unter Umständen etwa die Existenz unterschiedlicher fachlicher Bewertungen offen zu legen. Bei diesen handelt es sich letztlich um ein für den Ratnehmer bestehendes Risiko.

bb) Funktionen des Bewertungs- und Prognosespielraums und Bedeutung von Absatzinteressen

Die Notwendigkeit der Anerkennung eines Bewertungs- und Prognosespielraums folgt allgemein aus dem Umstand, dass die Einschätzung der Bedarfsgerechtigkeit im Kern eine wertende Stellungnahme ist, der sich eine Beurteilung allein nach dem Maßstab der Richtigkeit naturgemäß entzieht. Es handelt sich dabei nicht um einen Wesenszug der Beratung allein. Dieser ist in gleicher Weise aus der Gutachterhaftung bekannt. Auch der in § 839a BGB niedergelegte Begriff des „unrichtigen“ Gutachtens kann nach richtigem Verständnis nicht darüber hinwegtäuschen, dass der Gutachter nicht notwendig allein auf die Richtigkeit hin überprüfbare Tatsachen und Erkenntnisse vermittelt, sondern diese darüber hinaus regelmäßig auch einer eigenen fachlichen Bewertung unterziehen muss[153]. Vor diesem Hintergrund versteht es sich, dass sowohl ver-

---

[153] Vgl. Erman/*Mayen*, BGB, § 839a Rn. 6 *Motzke*/*Wolf*, Praxis der HOAI, Vor. §§ 33–34, S. 498; in der Sache auch *Katzenmeier*, in: Laufs/Katzenmeier/Lipp, Arztrecht, Rn. 48; am Beispiel des Verkehrswertgutachtens auch MünchKommBGB/*Wagner*, § 839a Rn. 17: kleinere Diskrepanzen zwischen dem wahren Verkehrswert und der Schätzung des Sachverständigen wirken sich nicht zu dessen Lasten aus; s. hierzu auch OLG Schleswig MDR 2008, 25. Einen Bewertungs- und Prognosespielraum erkennt dagegen *Thole* nicht an, wenn er sich

schiedene Ratgeber als auch verschiedene Gutachter zu unterschiedlichen Bewertungen kommen können, die, eine Einhaltung der nachfolgend zu erörternden Grenzen vorausgesetzt, jeweils aus haftungsrechtlicher Sicht unbedenklich sind[154].

Die Beratung durch Angehörige klassischer Professionen hat sich nach allgemeinem Verständnis im Grundsatz ausschließlich am Interesse des Ratnehmers zu orientieren. Vor diesem Hintergrund versteht sich, dass der zuzuerkennende Bewertungs- und Prognosespielraum nicht die Funktion hat, der Verwirklichung von Absatzinteressen des über eigene Leistungen beratenden professionellen Ratgebers Raum zu verschaffen. Die Gefahr, dass der Bewertungs- und Prognosespielraum gleichwohl dazu missbraucht wird, solche Absatzinteressen zu verwirklichen, ist evident. Die Lösung des Problems kann indes nicht in einer Verkürzung des Ratgeberermessens liegen. Vielmehr sind Rahmenbedingungen zu schaffen, die einen Beitrag dazu leisten können, dass der professionelle Ratgeber den Interessen des Ratnehmers trotz praktisch letztlich nicht ganz auszuräumender Anreize zur Förderung des eigenen Absatzes im Rahmen seiner Bewertung Vorrang gewährt. Darin liegt eine wesentliche Bedeutung des Berufs- und Aufsichtsrechts, auf das noch einzugehen ist[155].

Bei der Beratung im Rahmen gewöhnlicher Umsatzgeschäfte würde diese funktionale Beschreibung des Ratgeberermessens indes zu kurz greifen. Man muss sich hierzu klarmachen, dass die rechtlichen Anforderungen, die an den Ratgeber etwa im Bereich des Vertriebs von Kapitalanlagen, Versicherungen oder sonstigen körperlichen Gegenständen und Werken gestellt werden, nicht dazu führen dürfen, dass der diesen Vertriebsverhältnissen immanente Interessengegensatz vollständig nivelliert wird. Den gegenteiligen Eindruck vermittelt bisweilen die jüngere Diskussion um die Kapitalanlageberatung, bei der geradezu eine bedingungslos anmutende Ausrichtung an den Interessen des Anlegers postuliert wird[156]. Wenn man damit tatsächlich ernst machen würde, hätte dies zur Folge, dass Anlage- und Versicherungsberater vom Erwerb von Kapitalanlagen und dem Abschluss von Versicherungsverträgen weitaus eher abraten müssten, als das unter dem geltenden Recht tatsächlich der Fall ist. Auch für den Bewertungs- und Prognosespielraum solcher Ratgeber gilt indes nach richtigem Verständnis ein weiter Vertretbarkeitsmaßstab. Die Funktion

---

auf eine vom objektiven Standpunkt aus erfolgende Überprüfung der Richtigkeit des Gutachtens beschränkt, vgl. Die Haftung des gerichtlichen Sachverständigen nach § 839a BGB, S. 94ff.; ähnlich auch *Hartmann*, Honorarordnung für Architekten und Ingenieure, § 33 Rn. 3; hierzu schon § 3, S. 22 (sub 4).

[154] Vgl. etwa das Beispiel zum medizinischen Sachverständigengutachten bei OLG Köln VersR 2012, 1128, 1129.

[155] § 14, S. 306ff.

[156] Das betrifft vor allem die im Bereich des Wertpapieraufsichtsrechts geläufige Formulierung, der Anlageberater habe im „bestmöglichen" Kundeninteresse zu handeln, vgl. statt vieler *Fuchs*, in: ders., Wertpapierhandelsgesetz, § 31 Rn. 33ff.

dieses Bewertungs- und Prognosespielraums beschränkt sich bei der Beratung im Rahmen solcher Vertriebsverhältnisse und im Gegensatz zur Beratung durch Angehörige klassischer Professionen nicht allein darauf, dem Ratgeber einen aufgrund der bestehenden Unsicherheiten und Beurteilungsmöglichkeiten notwendigen Spielraum zu verschaffen. Vielmehr verwirklicht sich auf diesem Wege auch das Absatzinteresse, das der Ratgeber im Rahmen von gewöhnlichen Vertriebsverhältnissen in gewissem, wenn auch beschränktem Umfang zulässiger Weise verfolgen darf.

cc) Grenzen des Bewertungs- und Prognosespielraums

(1) Erfordernis der Vertretbarkeit

Die Zuerkennung eines Bewertungs- und Prognosespielraums macht es notwendig, gerichtlich überprüfbare Grenzen zu konturieren. Typischerweise findet das Ratgeberermessen seine Grenze im Kriterium der Vertretbarkeit. Eine Empfehlung, die allgemein vertretenen Ansichten widerspricht, erscheint hiernach zumindest *prima vista* nicht vertretbar und damit als fehlerhaft. Grundlage der Vertretbarkeit ist der in der jeweiligen Fachdisziplin vorherrschende Meinungsstand. Damit gilt umgekehrt, dass ein Ratgeber von vorneherein größere Bewertungsspielräume dort haben kann, wo er sich auf bisher nicht erschlossenem Terrain bewegt. In solchen Fällen findet der Bewertungsspielraum des Ratgebers seine Vertretbarkeitsgrenze jedenfalls in den allgemein anerkannten Erfahrungssätzen etwa der Logik und Physik[157].

(2) Erfordernis der Evidenzbasiertheit

Von der Vertretbarkeit zu unterscheiden, aber gleichwohl sich an diese anlehnend ist das Erfordernis der Evidenzbasiertheit zu sehen, das als eine weitere allgemeine Ermessensgrenze in Betracht kommt. Dabei geht es um die Frage, ob die vom Ratnehmer ausgesprochene Empfehlung sich nicht lediglich im Rahmen individueller fachlicher Vertretbarkeit halten, sondern sich darüber hinaus etwa durch Studien in einem bestimmen Maß belegen lassen muss. Die Evidenzbasiertheit wird praktisch besonders dort bedeutsam, wo mehrere verschiedene Handlungsalternativen bestehen, die Erfolgsträchtigkeit indes lediglich bei einer davon experimentell überhaupt oder auf breiterer Basis nachgewiesen wurde. Daneben ist auch eine negative Evidenz denkbar, wenn also bisherige Studien nachgewiesen haben, dass ein bestimmtes Vorgehen keine signifikanten Auswirkungen in die erstrebte Richtung hatte. Schließlich ist zu berücksichtigen, dass die Qualität von Evidenz unterschiedlich sein und sich im Fluss befinden kann. Beispielhaft kann auf die Evidenzklassen der evidenzbasierten Medizin hingewiesen werden.

---

[157] Vgl. auch *Canaris*, Bankvertragsrecht, Rn. 101.

Der Umstand, dass vorhandene Evidenz im Rahmen der Beratung zu berücksichtigen ist, kann kaum zweifelhaft sein. Indes ist ihre umfängliche Berücksichtigung bereits im Rahmen des Empfehlungsermessens nicht zwingend. So wird man es im Rahmen der ärztlichen Beratung mit Rücksicht auf die im medizinischen Bereich bestehenden allgemeinen Unwägbarkeiten eher als sachgerecht ansehen, von einem weiten Ratgeberermessen auszugehen und Empfehlungen auch dann noch als vertretbar anzusehen, wenn gegen ihre Zweckmäßigkeit eine nicht unerhebliche Anzahl klinischer Studien spricht. Allerdings erscheint es dann auch angezeigt, die Aufklärungspflichten kompensatorisch zu steigern.

(3) Raum für Innovation und Erkenntnisgewinn

Das Erfordernis der Vertretbarkeit steht allerdings ebenso wie das weitergehende Erfordernis der Evidenzbasiertheit in einem Spannungsverhältnis mit dem Ziel der Förderung von Innovation und wissenschaftlichem Erkenntnisgewinn, der vor allem für die beratenden Professionen wesentliche Bedeutung hat. Vor diesem Hintergrund nimmt es nicht wunder, dass die Diskussion um die evidenzbasierte Medizin, d.h. die Frage nach der Notwendigkeit einer auf empirische Belege gestützten Heilkunde, zu den wohl umstrittensten Fragen der jüngeren Medizingeschichte zählt[158]. Das Beschreiten unkonventioneller und von der allgemeinen fachlichen Meinung bis *dato* als nicht gangbar bezeichneter, nicht nachgewiesener oder experimentell bereits widerlegter Wege ist bisweilen die Voraussetzung dafür, tatsächlich falsche Vorstellungen zu widerlegen, neue Lösungswege zu entdecken und den Erkenntnisgewinn für die jeweilige Disziplin auch im Interesse des Ratnehmers zu befördern. Für den Bereich der ärztlichen Beratung leuchtet das unmittelbar ein, trifft aber etwa auch für die anwaltliche Beratung zu, wenn man insoweit analog auf eine gefestigte obergerichtliche Rechtsprechung abstellen wollte, die ihrerseits nicht unveränderlich ist. Vor diesem Hintergrund wird man sich der Vertretbarkeit bisher für nicht erfolgversprechend gehaltener Handlungsoptionen nicht gänzlich verschließen können, wie eine gewisse Zurückhaltung vor dem Erfordernis der Evidenzbasiertheit geboten scheint.

Selbst für die Beratung im Rahmen des gewöhnlichen Vertriebs ist eine gebotene Einschränkung nicht von vorneherein von der Hand zu weisen. Das lässt sich anhand einer zur Beratung beim Kauf ergangenen Entscheidung des BGH aus dem Jahr 1958 veranschaulichen[159]: Der Ratgeber, ein Hersteller und Ver-

---

[158] Zur Entwicklungsgeschichte der evidenzbasierten Medizin *Weßling*, Theorie der klinischen Evidenz, S. 33 ff.; im Überblick auch *Raspe* ZaeF 1996, 553, 555; einen Überblick über die Kritik an ihr gibt *Raspe* aaO., 558 f. zur Bedeutung der evidenzbasierten Medizin im Rahmen der ärztlichen Sorgfaltspflicht s. *Hart*, in: Kunz/Ollenschläger/ Raspe/Jonitz/Donner-Banzhoff, Lehrbuch Evidenzbasierte Medizin, S. 393, 394 f.

[159] BGH BeckRS 1958, 31198158 – Melaminharz-Leim.

käufer von Leimen, hatte einem Kaufinteressenten geraten, zur Verleimung von Holzplatten, die als Verschalungen bei Betonarbeiten zum Einsatz kommen sollten, einen bestimmten Leim zu verwenden. Zuvor hatten Ratgeber und Ratnehmer gemeinsam verschiedene Versuche mit einigen vom Ratgeber gelieferten Brettern unternommen, die sämtlich zur Zufriedenheit ausfielen. Die Kunden des Ratnehmers reklamierten indes später die auf diese Weise hergestellten Holzplatten als fehlerhaft. Dabei stellte sich heraus, dass der empfohlene Leim aufgrund seiner Zusammensetzung nach dem im Empfehlungszeitpunkt geltenden Stand der Wissenschaft für das vom Ratnehmer verfolgte Ziel ungeeignet war. Nun hatten die von Ratgeber und Ratnehmer gemeinsam angestellten Versuche die bisherige wissenschaftliche Meinung zunächst augenscheinlich widerlegt. In anderen Fällen mögen solche Versuche dagegen auch letztlich zum Erfolg führen mit der Konsequenz, dass der Stand der Wissenschaft seinerseits den neuen Erkenntnissen anzupassen wäre. Das Beispiel zeigt, dass ein zu rigides Verständnis der Vertretbarkeit und eine sich daran anknüpfende zivilrechtliche Haftung auch außerhalb professionellen Handelns zu einer Erstarrung von Innovation und Entwicklung beitragen könnten, die tatsächlich weder im Interesse des Ratnehmers noch im gesamtgesellschaftlichen Interesse liegt.

Der BGH ging seiner Zeit davon aus, dass dem Ratgeber die Empfehlung des Leims dann nicht hätte vorgeworfen werden können, wenn er den Ratnehmer über dessen Zusammensetzung und die hierzu bestehende fachwissenschaftliche Meinung aufgeklärt hätte *und* aus den angestellten Versuchen ohne Fahrlässigkeit den Schluss auf eine bessere Erkenntnis hätte ziehen können[160]. Dieser Weg scheint einer Verallgemeinerung im Grundsatz zugänglich. Mittels der Aufklärungspflicht ist sichergestellt, dass der Ratnehmer die mit der Abweichung von bisherigen Erkenntnissen verbundene Gefahr erkennen kann. Der gleichfalls zum Ausdruck gebrachte notwendige Rückgriff auf die in der jeweiligen Fachdisziplin anerkannten Methoden zur Widerlegung bisher gewonnener Erkenntnisse lässt solche Ratschläge zutreffend als unvertretbar erscheinen, die auf irrationalen Vorstellungen und Übermut beruhen, und scheint zum Schutz des Ratnehmers grundsätzlich durchaus hinreichend.

5. Aufklärung

a) Grundsätze

aa) Begriff und Typisierung beratungstypischer Aufklärung

Die Aufklärung durch den Ratgeber soll den Ratnehmer dabei unterstützen, seine Entscheidungsfreiheit selbstbestimmt auszuüben. Dabei lassen sich abhängig von ihrem Bezugspunkt verschiedene Arten beratungstypischer Aufklä-

160 BGH BeckRS 1958, 31198158 – Melaminharz-Leim.

rungspflichten unterscheiden. Im Grundsatz allgemein anerkannt sind Aufklärungspflichten, die auf eine konkrete Handlungsempfehlung bzw. bestehende Handlungsoptionen Bezug nehmen (handlungsbezogene Aufklärung). Im Zusammenhang mit einer konkreten Handlungsempfehlung lässt sich weitergehend die Frage nach einer Pflicht zur Begründung der Auswahl durch den Ratgeber stellen (aufklärungsübersteigende Begründung).

Von der handlungsbezogenen Aufklärung sind Aufklärungspflichten abzugrenzen, die sich allein auf die Person des Ratgebers beziehen. Gegenstand solcher Aufklärungspflichten sind typischerweise Qualifikationsdefizite und das Bestehen sowie der Umfang von nicht schon für den Ratnehmer offenkundigen Interessenkonflikten. Das Bestehen qualifikatorischer Defizite und Interessenkonflikte birgt die Gefahr, dass die Beratung als solche oder, im Falle eines an die konkrete Handlungsempfehlung gebundenen Interessenkonflikts zumindest diese, den Interessen des Ratnehmers tatsächlich nicht entspricht oder andere Handlungsoptionen diesen besser gerecht werden, die dem Ratnehmer gegenüber jedoch aufgrund mangelnder Kompetenz oder aufgrund der Verfolgung eigensüchtiger Motive nicht empfohlen oder gänzlich verschwiegen werden.

bb) Pflicht zur Beratung und Beratungssorgfaltspflicht

Im Ausgangspunkt hängt der Entstehungstatbestand der nachfolgend zu behandelnden beratungstypischen Aufklärungspflichten wiederum vom Entstehungstatbestand der Beratungspflicht selbst ab. Eine Person, die den Verhaltensanforderungen eines interessengebundenen Ratgebers nur unterliegt, weil sie eine konkrete Handlungsempfehlung tatsächlich abgegeben hat, ist daher nur dann auch zu einer beratungstypischen Aufklärung verpflichtet. Hinzuweisen ist darauf, dass auch solche Personen, die nicht zur Beratung verpflichtet sind oder den beratungstypischen Verhaltensanforderungen mangels Abgabe einer konkreten Handlungsempfehlung nicht unterliegen, Aufklärungspflichten mit ähnlichem Inhalt treffen können. Das hat indes mit der im Rahmen dieser Abhandlung allein interessierenden Beratung nichts mehr zu tun.

Umgekehrt treffen den zur Beratung verpflichteten Ratgeber Aufklärungspflichten im Grundsatz unabhängig davon, ob er seiner Pflicht zur Abgabe einer Empfehlung tatsächlich nachkommt. Denn bei dieser Pflicht und den ratgeberspezifischen Aufklärungspflichten handelt es sich im Grundsatz um eigenständige Pflichtinhalte, die einen jeweils eigenständigen Beitrag zur Förderung selbstbestimmten Entscheidungsverhaltens leisten, ungeachtet dessen, dass zwischen beiden eine gewisse Wechselbeziehung besteht. Ein gegenteiliges Verständnis ist schwerlich vertretbar, zumal andernfalls ein erheblicher Anreiz zu gesteigertem pflichtwidrigem Handeln bestehen würde. Denn ein nur auf der Grundlage einer tatsächlichen Empfehlung auch zur Aufklärung verpflichteter Ratgeber könnte sich seinen Aufklärungspflichten dadurch entziehen, dass er bereits die Abgabe einer Empfehlung in vertretbarer Weise unterlässt.

Ob und welche Aufklärungspflichten im konkreten Fall bestehen, hängt auf dieser Grundlage von dem im Einzelfall bestehenden Aufklärungsbedarf ab. Dieser richtet sich nach der Person des Ratnehmers, nach den im konkreten Fall bestehenden bedarfsgerechten Handlungsoptionen und etwaigen im konkreten Fall aufklärungsbedürftigen Umständen in der Person des Ratgebers. Insoweit bedarf es nachfolgend weitergehender Konkretisierung.

cc) Richtigkeitsmaßstab als Grundsatz, Beurteilungsspielraum als Ausnahme

Im Gegensatz zur Empfehlung, die eine Meinungsäußerung des Ratgebers darstellt und die aufgrund des diesem zuzubilligenden Beurteilungs- und Prognosespielraums nur eingeschränkt überprüfbar ist, gilt für die Aufklärung des Ratgebers grundsätzlich eine uneingeschränkte Kontrolle anhand des Richtigkeits- und Vollständigkeitsmaßstabs[161]. Das versteht sich vor dem Hintergrund, dass es bei der Aufklärung grundsätzlich um Tatsachen geht. Eine Einschränkung wird man lediglich dort machen können, wo sich die Aufklärung auf das Bestehen von Risiken bezieht und über diese keine hinreichenden Erkenntnisse in Gestalt externer Evidenz vorliegen. In diesem Fall wird man dem Ratgeber wiederum einen Beurteilungsspielraum zugestehen[162], wobei eine innerhalb der jeweiligen Berufsgruppe vorherrschende Auffassung zu berücksichtigen ist.

b) Handlungsbezogene Aufklärung

aa) Aufklärungsbedürfnis, Ratnehmerhorizont und Wechselspiel zwischen Aufklärungspflicht und Nachfragelast

Das Bestehen eines grundsätzlichen Aufklärungsbedürfnisses ist ungeachtet des Bestehens eines Kenntnis- oder Erfahrungsgefälles nach richtigem Verständnis zunächst einmal zu unterstellen[163]. Inhalt und Reichweite der Aufklärung sind sodann abhängig vom Aufklärungsbedürfnis des jeweiligen Ratnehmers zu bestimmen. Daher ist zunächst der individuelle Verständnis- und Erfahrungshorizont des Ratnehmers von besonderer Bedeutung, den der Ratgeber bereits im Rahmen seiner Explorationspflicht zu ermitteln hatte[164]. Dem Anliegen, die individuelle Selbstbestimmung zu ermöglichen und zu fördern, lässt sich sodann nur dadurch Rechnung tragen, dass der Ratnehmer unter Berücksichtigung eines vertretbaren Aufwands tatsächlich in die Lage versetzt

---

161 Vgl. etwa für die Kapitalanlageberatung BGH NJW 2009, 3429, 3433.

162 Vgl. etwa BGH NJW-RR 2010, 115, 117: Prognose über künftiges Mietausfallwagnis und Vertretbarkeitsspielraum.

163 Vgl. BGH NJW 2001, 517, 518.

164 § 13, S. 161 f. (sub cc).

wird, den Gegenstand, die Bedeutung und die der empfohlenen Handlungsoption innewohnenden Risiken zu verstehen. Im Rahmen der auf den Ratnehmerhorizont zugeschnittenen Aufklärung wird man allerdings nicht auf eine gewisse Typisierung verzichten können. Die Anforderungen an die Beratung wären letztlich überspannt, wollte man dem Ratgeber weitgehend das Risiko dafür aufbürden, dass der Ratnehmer die Ausführungen des Ratgebers tatsächlich versteht und zutreffend gewichtet.

Die inhaltliche Reichweite der Aufklärungspflicht hängt daneben von der Bedeutung des zugrunde liegenden Rechtsguts und der Interessenbindung des Ratgebers ab. Der Gefahr, die Aufklärungspflichten von vorneherein inhaltlich zu stark auszudehnen und damit die begrenzten Informationsverarbeitungskapazitäten des Ratnehmers[165] zu ignorieren oder eine letztlich unnötige Vereinfachung in der Darstellung zu verlangen, lässt sich durch ein Wechselspiel zwischen einer *ad hoc* bestehenden Pflicht zur Aufklärung und einer weitergehenden nachfrageabhängigen Aufklärungspflicht begegnen. Man wird daher zwischen Umständen zu unterscheiden haben, über die der Ratnehmer ungefragt aufzuklären ist, und solchen, die erst auf entsprechende Nachfrage hin mitzuteilen sind. Entsprechendes gilt für individuelle Unklarheiten. Auf der Grundlage einer typisierten Betrachtung des Empfängerhorizonts ist es dem Ratnehmer zuzumuten, gemessen an seinem Bildungs- und Erfahrungsstand ungewöhnliche Verständnisdefizite aktiv offen zu legen und den Ratgeber um weitergehende Erläuterung zu ersuchen.

bb) Aufklärung über den Gegenstand einer konkreten Handlungsempfehlung: Eigenschaften und Risiken

(1) Aufklärung über Eigenschaften

Im Zentrum der handlungsbezogenen Aufklärung steht die Aufklärung über den Gegenstand einer ausgesprochenen Empfehlung. Dabei lässt sich zwischen Eigenschaftsaufklärung und Risikoaufklärung differenzieren. Bei der Eigenschaftsaufklärung geht es darum, die Handlungsoption als solche für den Ratnehmer verständlich zu machen. Was das im Einzelnen voraussetzt, hängt in erster Linie von der Art der jeweiligen Handlungsoption ab. Im Falle eines körperlichen Produktes wird es etwa eher um die technische Funktionsweise gehen, während bei Rechtsprodukten die Erläuterung der produktbildenden rechtlichen Parameter im Vordergrund steht.

(2) Aufklärung über immanente Risiken

Im Rahmen der Risikoaufklärung geht es darum, etwaige, der empfohlenen Handlungsoption immanente Risiken darzustellen und deren Eintrittswahrscheinlichkeit zu prognostizieren. Letzteres wird man davon abhängig machen,

---

[165] Hierzu grundlegender § 7, S. 79 (sub 3).

dass zur Beurteilung der Eintrittswahrscheinlichkeit externe Evidenz vorhanden ist oder innerhalb der jeweiligen Berufsgruppe hierzu ein Meinungsbild existiert. Über Risiken mit geringer Eintrittswahrscheinlichkeit ist mit Rücksicht auf die Gefährdung höherrangiger Rechtsgüter eher aufzuklären als etwa bei bloßer Vermögensrelevanz. Im Rahmen der verhaltenswissenschaftlichen Grundlagen wurde dargelegt, dass Ratnehmer im Rahmen der Beurteilung von Risiken und deren Eintrittswahrscheinlichkeit vielfach dazu neigen, zu optimistische Prognosen zu stellen und individuell bekannte Beispiele stärker und damit verzerrt gewichten. Je weiter die mögliche Verwirklichung eines Risikos in der Zukunft liegt, umso stärker wird die an sich zur Kenntnis genommene Eintrittswahrscheinlichkeit unterschätzt[166]. Diese Befunde geben durchaus Anlass zu einer rechtlichen Feinsteuerung. Es ließe sich daran denken, den Ratgeber dazu zu verpflichten, einen strukturell vorhandenen Überoptimismus durch eine eindringlichere Schilderung des Risikos oder mittels einer Veranschaulichung anhand von Beispielen zu nivellieren[167].

(3) Aufklärung über explorationslückenbedingte Risiken

Im Zusammenhang mit der Exploration wurde dargelegt, dass der Ratgeber die Ermittlung bewertungsrelevanter gegenstandsbezogener Umstände nicht nach seinem Belieben durch die bloße Aufklärung des Ratnehmers über solche Ermittlungsdefizite ersetzen darf. Allerdings ist eine Aufwands- und Zumutbarkeitsgrenze unter Berücksichtigung des von der Beratung betroffenen Rechtsguts und der teilrechtsgebietsimmanenten Risikoverteilung unabdingbar[168]. Auf dieser Grundlage wandelt sich die Explorationspflicht des Ratgebers zu einer risikobezogenen Aufklärungspflicht. Der Ratgeber ist gehalten, den Ratnehmer über die jeweiligen zulässigen Explorationslücken zu unterrichten und auch auf die sich daraus ergebenden Risiken hinzuweisen.

cc) Aufklärung über Handlungsalternativen

Abhängig vom Beratungsrahmen, dem von der Beratung betroffenen Rechtsgut und der Interessenbindung des Ratgebers ist dieser ergänzend zur Aufklärung über vorhandene im Grundsatz ebenfalls bedarfsgerechte Handlungsalternativen verpflichtet[169]. Inhaltlich gilt insoweit im Grundsatz das zur Aufklärung über den Empfehlungsgegenstand Gesagte. Der Ratgeber muss daher, abhängig vom Aufklärungsbedarf und ausgerichtet am Ratnehmerhorizont, die Eigenschaften solcher Handlungsalternativen beschreiben und ihre immanenten sowie die explorationslückenbedingten Risiken darstellen. Daneben sind der Empfehlungsgegenstand und die Handlungsalternativen mit

166 § 7, S. 78 (sub 2).
167 § 7, S. 81 ff. (sub 1).
168 § 13, S. 164 (sub d).
169 Hierzu noch eingehend § 13, S. 224 ff. [sub (b)].

Rücksicht auf das Ratnehmerinteresse vergleichend zueinander ins Verhältnis zu setzen. Der Ratnehmer muss in die Lage versetzt werden zu verstehen, worin sich die Handlungsalternativen im Wesentlichen voneinander und vom Gegenstand einer ausgesprochenen Empfehlung unterscheiden. Im Vergleich zur Aufklärung über einen konkreten Empfehlungsgegenstand wird man es allerdings bei einer stärker generischen Beschreibung solcher Handlungsalternativen belassen können. Schließlich übernimmt der Ratgeber mit seiner Auswahlempfehlung für deren individuelle Bedarfsgerechtigkeit erkennbar keine Verantwortung.

c) Aufklärungsübersteigende Begründung einer Empfehlung – Rechtspflicht oder nobile officium?

aa) Begriff der Begründung und Verhältnis zur handlungsbezogenen Aufklärung

Die Begründung wird in der juristischen Diskussion zumeist im Zusammenhang mit gerichtlichen oder administrativen Entscheidungen bedeutsam[170]. Die Frage, ob auch der Ratgeber seine Empfehlung zu begründen hat, wurde dagegen bisher kaum behandelt. Eine solche Begründungspflicht würde auf die Mitteilung von Gründen abzielen, die den Geltungsanspruch der in der Empfehlung zum Ausdruck gebrachten Auffassung des Ratgebers stützen. Es geht mit anderen Worten um das „Warum" der Empfehlung und damit darum, dass und wie die Empfehlung aus der Sicht des Ratgebers mit den Zielen und Präferenzen des Ratnehmers im Einklang steht. Solche Gründe bestehen naturgemäß sowohl aus Tatsachen als auch aus Werturteilen. Aus der Tatsachenbezogenheit der Begründung folgt unweigerlich eine Nähe zur empfehlungsbezogenen Aufklärungspflicht und zur Aufklärung über Handlungsalternativen. Abhängig davon, wie man eine Begründungspflicht inhaltlich konturieren wollte, kann diese die Aufklärungspflichten des Ratgebers teilweise oder zur Gänze in sich aufnehmen[171]. Da sich die Begründung auch auf die Empfehlung als Werturteil bezieht, kann sie aber durchaus über die empfehlungsbezogene Aufklärung hinausgehen.

bb) Empfehlungsbegründung in Recht und Praxis

(1) Rechtspflicht zur Begründung als Ausnahmeerscheinung

Die Forderung nach einer allgemeinen, über etwaige Aufklärungspflichten hinausgehenden und überdies noch zivilrechtlich haftungsbewehrten Pflicht des

---

170 Einen umfassenden rechtsvergleichenden Überblick geben insoweit die einzelnen Länderberichte bei *Tichy/Holländer/Bruns*, Die Begründung von Gerichtsentscheidungen.

171 Vgl. auch MünchKommVVG/*Armbrüster*, § 6 Rn. 117; *Pohlmann*, in Looschelders/Pohlmann, VVG, § 6 Rn. 71.

Ratgebers zur Begründung der von ihm abgegebenen Empfehlung wurde, soweit ersichtlich, bisher nicht erhoben. Dass eine solche indes nicht von vorneherein völlig fernliegend ist, zeigt die jüngere Gesetzgebung im Bereich des Versicherungsrechts. Die erste Versicherungsvermittlerrichtlinie schreibt ausdrücklich vor, dass der Versicherungsvermittler vor Abschluss des Versicherungsvertrags unter anderem „die Gründe für jeden [...] zu einem bestimmten Versicherungsprodukt erteilten Rat genau anzugeben" hat, vgl. Art. 12 Abs. 3. Die Regelung sieht unmittelbar zunächst eine Dokumentationspflicht für einen tatsächlich erteilten Rat vor, impliziert damit allerdings auch, dass ein solcher, tatsächlich abgegebener Rat besonders zu begründen ist. Der deutsche Gesetzgeber ist über die Vorgaben der Richtlinie insoweit hinausgegangen, als er überhaupt eine unter bestimmten Voraussetzungen bestehende Pflicht zur Beratung geschaffen hat, die neben den Versicherungsvermittler auch den Versicherer selbst trifft. Die Begründung für den erteilten Rat hat hiernach grundsätzlich vor Abschluss des Versicherungsvertrags in Textform zu erfolgen, wenn nicht der Versicherungsnehmer eine lediglich mündliche Übermittlung wünscht oder der Versicherer vorläufige Deckung gewährt, vgl. §§ 6 Abs. 2, 61 Abs. 1, 62 VVG.

Im Bereich der Kapitalanlageberatung spielt der Begriff der Begründung zwar gleichfalls eine rechtserhebliche Rolle. Indes wird diese hier lediglich aufsichtsrechtlich und bisher nicht auch als Element der von den aufsichtsrechtlichen Vorgaben unabhängigen zivilrechtlichen Beratungspflicht behandelt. Das dem Anleger vor Abschluss des Anlagengeschäfts zur Verfügung zu stellende Beratungsprotokoll hat hiernach nicht nur die im Verlauf des Beratungsgesprächs erteilten Empfehlungen, sondern auch die für diese Empfehlungen genannten „wesentlichen Gründe" zu enthalten, § 14 Abs. 6 Nr. 5 WpDVerOV. Die BaFin hat die geltenden Vorgaben dahingehend konkretisiert, dass es sich dabei um die vom Berater „tatsächlich genannten" Gründe handelt, „mit denen er den Kunden von seiner Empfehlung zu überzeugen beabsichtigt, wie beispielsweise der Verweis auf die vergangene Wertentwicklung, die besondere Expertise des Fondsmanagements, eine besondere steuerliche Gestaltung oder die Sicherheit der empfohlenen Anlage"[172]. Auch in der Literatur wird hervorgehoben, dass für den Anleger insoweit etwaige Steuervorteile, die Veräußerbarkeit, Ausgabekosten und Gebühren, Zins- und Kursschwankungen, ein etwaiger Inflationsschutz sowie Insolvenz- und Totalverlustrisiken von Interesse sein könnten[173]. Während anders als im Bereich des Versicherungsrechts zunächst keine europäischen Vorgaben existierten, sieht die reformierte Finanzmarktrichtlinie nunmehr selbst auch eine solche Begründungspflicht vor. Eine

[172] MaComp, BT 6.2. Nr. 6 S. 2 (Fassung vom 30.11.2012); hierzu auch *Möllers*, in: Kölner Kommentar zum WpHG, § 34 Rn. 109, 111.

[173] *Möllers*, in: Kölner Kommentar zum WpHG, § 34 Rn. 111.

Wertpapierfirma, die Anlageberatung erbringt, „erläutert“ hiernach vor Durchführung des Geschäfts, „wie die Beratung auf die Präferenzen, Ziele und sonstigen Merkmale des Kleinanlegers abgestimmt wurde“, vgl. Art. 25 Abs. 6 MiFID II. Die im Aufsichtsrecht geltenden inhaltlichen Anforderungen an die Begründung machen die bereits bestehende große Schnittmenge mit der im Rahmen der zivilrechtlichen Beratungspflicht bereits anerkannten gegenstandsbezogenen Aufklärungspflicht deutlich[174].

(2) Begründung als Regelfall der Ratgeberpraxis

In diametralem Gegensatz zu einer nicht allgemein anerkannten, über die handlungsbezogene Aufklärung hinausgehenden zivilrechtlichen Begründungspflicht des Ratgebers steht die Ratgeberpraxis. In der praktischen Wirklichkeit pflegen Ratgeber ihre Empfehlungen unabhängig vom betroffenen Teilrechtsgebiet tatsächlich regelmäßig mit mehr oder weniger großem Aufwand über die Aufklärungspflichten hinausgehend zu begründen. So dürfte es durchaus einer Regel entsprechen, dass der Arzt seinem Patienten mitteilt, warum eine von ihm vorgeschlagene Therapie seiner Meinung nach für den Patienten die richtige Vorgehensweise wäre und warum er sich in der Lage des Patienten gegen eine alternativ in Betracht kommende Therapie entscheiden würde. In gleicher Weise beschränkt sich ein Kapitalanlageberater zumeist nicht darauf, eine konkrete Empfehlung auszusprechen und den Ratnehmer über die Eigenschaften des empfohlenen Finanzinstruments und die diesem innewohnenden Risiken zu erläutern. Er wird vielmehr ungeachtet des geltenden Aufsichtsrechts auch seine Meinung darüber zum Ausdruck bringen, warum er dieses Produkt als individuell geeignet ansieht und möglicherweise auch mitteilen, warum andere Arten von Finanzprodukten seiner Meinung nach zu vernachlässigen sind. Nach dem gegenwärtigen Stand der Diskussion ist der Ratgeber zivilrechtlich grundsätzlich nicht nur nicht zur Abgabe einer Begründung verpflichtet. Wenn er eine solche auf freiwilliger Grundlage abgibt, bewegt er sich damit überdies mehr oder minder im rechtsfreien Raum. Für die Überprüfung der Empfehlung sind die vom Ratgeber tatsächlich mitgeteilten werturteilsbezogenen Gründe soweit ersichtlich ohne Belang. Es kommt lediglich darauf an, ob die Empfehlung selbst im Einklang mit den im Rahmen der jeweiligen Berufsgruppe geltenden objektiven Verhaltensanforderungen steht.

cc) Funktion der Begründung

Man kann sich der Grundfrage letztlich nur über die Funktion annähern, die die Begründung der Empfehlung erfüllen kann. Vor dem Hintergrund der beschriebenen Steuerungsfunktion der Beratung wäre die Annahme einer Begründungspflicht durchaus konsequent. Die Beratung soll hiernach nicht ledig-

---

[174] Vgl. hierzu auch *Möllers*, in: Kölner Kommentar zum WpHG, § 34 Rn. 109 ff.

lich das Entscheidungsrisiko bis zu einem gewissen Grad auf den Ratgeber verlagern. Sie soll den Ratnehmer auch in die Lage versetzen, die Empfehlung einer eigenständigen Überprüfung zu unterziehen[175]. Nach dem gegenwärtigen Stand der Dogmatik der Beratung soll das indes vornehmlich durch die handlungsbezogenen Aufklärungspflichten des Ratgebers erreicht werden, die sich im Kern auf die für den Ratnehmer verständliche Mitteilung und Erläuterung der Tatsachen und Risiken beschränken, die die empfohlene Handlungsoption und etwaige Alternativen hierzu einer eigenständigen laienhaften Überprüfung der Empfehlung zugänglich machen. Eine darüber hinausgehende, zur Bewertungstransparenz führende und in erster Linie auf Meinungsbekundungen des Ratgebers abzielende Begründungspflicht dürfte für den Ratnehmer durchaus wünschenswert sein. Ihm ist in der praktischen Wirklichkeit zweifelsohne daran gelegen zu erfahren, wie der Ratgeber die mitgeteilten Tatsachen mit seiner Empfehlung verknüpft hat, mithin *warum* der Ratgeber die empfohlene Handlungsoption in der Lage des Ratnehmers ergreifen würde. Dieser Gedanke steht augenscheinlich bei aller Überschneidung von Aufklärung und Begründung auch hinter der im geltenden Versicherungs- und Kapitalmarktaufsichtsrecht kodifizierten Begründungspflicht[176]. Ihre Verletzung allein verpflichtet den Ratgeber allerdings lediglich im Bereich des Versicherungsrechts auch zum Schadensersatz, vgl. §§ 6 Abs. 5, 63 VVG. Unterstellt der Ratnehmer hätte den empfohlenen Versicherungsvertrag bei nicht unterlassener oder nicht „unrichtiger“ Begründung nicht abgeschlossen, so soll er vom beratenden Versicherer neben der Aufhebung des Vertrags die Rückzahlung der Prämien verlangen können[177].

dd) Nobile officium statt Rechtspflicht

Eine über die empfehlungsbezogene Aufklärung hinausgehende allgemeine zivilrechtlich haftungsbewehrte Rechtspflicht des Ratgebers zur Begründung seiner Empfehlung ist nach richtigem Verständnis jedoch letztlich abzulehnen. Dem Interesse des Ratnehmers, eine Hilfestellung im Rahmen der eigenverantwortlichen Beurteilung der Empfehlung zu erhalten, lässt sich im Weg der inhaltlichen Ausformung der Aufklärungspflichten bereits hinreichend Rechnung tragen. Der Ratnehmer ist schon auf dieser Grundlage nicht dazu genötigt, der Empfehlung des Ratgebers „blind zu vertrauen“. Eine weitergehende Begründungspflicht überspannt demgegenüber die an den Ratgeber gerichteten Verhaltensanforderungen und steht zu dem dadurch zu erzielenden Gewinn für die selbstbestimmte Freiheitsausübung in keinem vernünftigen Verhältnis. Man muss sich hierzu klarmachen, dass die Annahme einer Begründungs-

175 § 13, S. 171 (sub aa).

176 Vgl. MünchKommVVG/*Armbrüster*, § 6 Rn. 117.

177 Vgl. nur *Pohlmann*, in Looschelders/Pohlmann, VVG, § 6 Rn. 113; MünchKommVVG/*Armbrüster*, § 6 Rn. 299.

pflicht des Ratgebers nur der erste Schritt wäre. In einem zweiten Schritt wäre nach den inhaltlichen Anforderungen zu fragen und ein teilrechtsgebietsspezifischer Qualitätsstandard der Begründung herauszuarbeiten. Da werturteilsbezogene Umstände im Gegensatz zu den von der Aufklärung umfassten Tatsachenbekundungen von vorneherein einer inhaltlichen Überprüfung entzogen sind, könnte es letztlich insoweit nur darum gehen, zusätzliche quantitative Anforderungen an die Bekundung einer Meinung des Ratgebers aufzustellen. Demgegenüber erscheint es vorzugswürdig, die über die handlungsbezogene Aufklärung hinausgehende Begründung des Ratgebers von vorneherein als *nobile officium* zu begreifen. Das entspricht ganz offenbar – vom geltenden Versicherungs- und Kapitalanlegeraufsichtsrecht einmal abgesehen – auch bisher dem allgemeinen Verständnis. Hiernach steht es dem Ratgeber ebenso frei, die Empfehlung weitergehend zu begründen, wie es dem Ratnehmer unbenommen ist, eine solche einzufordern. Weigert sich der Ratgeber, eine aufklärungsübersteigende Begründung auf Nachfrage zu liefern oder fällt eine abgegebene Begründung nicht zur Zufriedenheit des Ratnehmers aus, mag der Ratnehmer dies zum Anlass nehmen, von der Befolgung der Empfehlung Abstand zu nehmen oder eine „zweite Meinung" einzuholen[178].

Die bisher auf das Versicherungsrecht beschränkte Diskussion um eine auch zivilrechtlich haftungsbewehrte Begründungspflicht muss vor dem Hintergrund einer teilrechtsgebietsübergreifenden Betrachtung der Beratung geradezu verwundern. Mit Rücksicht auf das von der ärztlichen Beratung betroffene ungleich höher zu gewichtende Rechtsgut der körperlichen Integrität wäre es zunächst einmal angebracht gewesen, eine Begründungspflicht des Ratgebers im Bereich der ärztlichen Beratung zu diskutieren. Dort wird bekanntlich indes vielerorts bereits das geltende Ausmaß der Aufklärungspflichten beklagt[179]. Wenn man mit Rücksicht auf das schon erhebliche Maß der geltenden Verhaltensanforderungen allerdings für den Arzt ebenso wie für andere professionelle Ratgeber zu einer gegenteiligen Einschätzung kommt, erscheint die Annahme einer (zivilrechtlich haftungsbewehrten) Begründungspflicht im Bereich des beratenden Vertriebs von Versicherungsprodukten und Kapitalanlagen geradezu fernliegend. Es spricht tatsächlich manches dafür, dass die mangelnde dogmatische Durchdringung der Beratung ihren Ausdruck auch in der Begründungspflicht des beratenden Versicherers gefunden hat. Das zeigt sich bereits darin, dass die für die Beratung konstitutive empfehlungsbezogene Aufklärung im Versicherungsrecht keinen expliziten Niederschlag gefunden hat und notwendig in der Begründungspflicht aufgehen muss[180].

---

178 Zu dieser eingehend § 13, S. 267 ff. (sub X).

179 Überblick zum Diskussionsstand bei *Katzenmeier*, Arzthaftung, S. 350 ff.

180 Hierzu *Pohlmann*, in Looschelders/Pohlmann, VVG, § 6 Rn. 71.

d) *Ratgeberbezogene Aufklärung*

aa) *Begriff und Funktion*

Auf die Person des Ratgebers bezogene Aufklärungspflichten sind bereits in verschiedenen beratungsrelevanten Teilrechtsgebieten anerkannt. Sie werden vor allem dann diskutiert, wenn Umstände bestehen, die aus der Sicht eines verständigen Ratnehmers erhebliche Zweifel darüber begründen, ob der Ratgeber den Interessen des Ratnehmers pflichtgemäß den Vorrang vor eigenen Interessen oder den Interessen Dritter einräumt[181]. Dabei handelt es sich letztlich um eine Konkretisierung des im Bereich schuldrechtlicher Beziehungen allgemein geltenden Grundsatzes, wonach der andere Teil über Umstände aufzuklären ist, die für seine Entschließung von wesentlicher Bedeutung sein können[182].

Da für den Ratnehmer selbst im Fall einer solchen Aufklärung typischerweise unklar bleibt, ob sich der jeweilige aufklärungsbedürftige Umstand auf die Beratung tatsächlich auswirkt, handelt es sich nach richtigem Verständnis um einen besonderen Fall der Risikoaufklärung[183]. Die Aufklärung kann und soll den Ratnehmer nur in die Lage versetzen, das bestehende ratgeberbezogene Risiko zu erkennen. Gleichzeitig handelt es sich um einen Ausdruck gesteigerter Eigenverantwortung, denn es ist Sache des Ratnehmers zu beurteilen, mit welcher Wahrscheinlichkeit sich das Risiko verwirklicht und ob er gleichwohl bereit ist, in die Qualifikation des Ratgebers und die Interessengerichtetheit der Beratung zu vertrauen.

Im Bereich der Kapitalanlageberatung kommt solchen Aufklärungspflichten bisher die größte praktische Bedeutung zu. Nicht nur, aber auch vor diesem Hintergrund ist es angezeigt, ihre für die Beratung allgemeine Berechtigung zu hinterfragen und die sich in diesem Rahmen stellenden spezifischen Probleme unter einem vorgezogenen Blick auf die entsprechende Entwicklung und die geltende Rechtslage bei der Kapitalanlageberatung zu betrachten. Im Anschluss soll der Frage nachgegangen werden, ob diese Rechtslage dem Grundgedanken nach verallgemeinerungsfähig ist und Bestandteil einer allgemeinen Beratungslehre sein könnte. Sodann sollen ratgeberbezogene Aufklärungspflichten einer grundsätzlichen Kritik unterzogen und dabei in den systematischen Kontext der Regulierung der Beratung eingeordnet werden.

---

[181] Vgl. BGH NJW 2013, 3725, 3727.

[182] Vgl. im Zusammenhang mit den vorvertraglichen anwaltlichen Pflichten BGH NJW 2008, 1307, 1308.

[183] In dieser Richtung für die Pflicht zur Aufklärung über Interessenkonflikte im Bereich der Kapitalanlageberatung auch *Fuchs*, in: ders., Wertpapierhandelsgesetz, § 31 Rn. 61, 71.

bb) Überblick über die Diskussion um ratgeberbezogene Aufklärungspflichten am Beispiel der Kapitalanlageberatung

Nach ständiger Rechtsprechung des BGH schuldet ein Kapitalanlageberater, der einem Kunden gegenüber eine konkrete Erwerbsempfehlung abgibt[184], neben einer empfehlungsbezogenen Aufklärung unter bestimmten Voraussetzungen auch die Aufklärung über das Vorliegen eines besonderen (vergütungsbedingten) Interessenkonflikts[185]. Im Zentrum stand dabei lange Zeit der Begriff der „aufklärungsbedürftigen Rückvergütung" im Zusammenhang mit der Empfehlung nicht hauseigener Anlageprodukte[186]. Von einer aufklärungsbedürftigen Rückvergütung war immer dann auszugehen, wenn der Fremdanbieter an den Anlageberater eine typischerweise umsatzabhängige Provision zahlte, die er etwa den Aufgabenaufschlägen oder den Verwaltungsgebühren entnahm, die der Kunde zuvor an den Fremdanbieter gezahlt hatte. Mittels dieser Konstruktion wird der Kunde über den Umstand der Rückvergütung und deren Höhe im Unklaren gelassen. Dadurch entstehe bei diesem der Eindruck, dass der Anlageberater kein besonderes eigenes Interesse daran habe, dem Kunden ein bestimmtes Anlageprodukt zu empfehlen[187]. Das BVerfG hat die gegenüber dieser Rechtsprechung vereinzelt geäußerten verfassungsrechtlichen Bedenken im Rahmen eines Nichtannahmebeschlusses zurückgewiesen[188].

Von dieser Kickback-Rechtsprechung zunächst abzugrenzen war eine nur unter bestimmten Voraussetzungen angenommene Aufklärungspflicht über „verdeckte Innenprovisionen" im Rahmen des beratenden Vertriebs von Fondsanteilen. Hierbei handelt es sich um dem Kunden gegenüber gleichfalls nicht ersichtliche Zahlungen, die allerdings im Vergleich zu den beschriebenen Rückvergütungen aus dem Anlagevermögen selbst entnommen werden. Der innere Grund für die Aufklärungspflicht wurde vom BGH lange Zeit nicht in einem Interessenkonflikt sondern darin gesehen, dass der Anleger andernfalls einer Fehlvorstellung über die Werthaltigkeit der Anlage unterliegt[189]. Von einer relevanten Fehlvorstellung wurde zumeist erst ausgegangen, wenn die Innenprovision 15% oder mehr des Anlagebetrags umfasst. Ausgehend von der früheren inneren Rechtfertigung dieser Aufklärungspflicht handelte es sich der Systematik nach nach richtigem Verständnis nicht um eine ratgeberbezogene Aufklärungspflicht, sondern um einen Fall der empfehlungsbezogenen Aufklä-

---

[184] Zur Nichtanwendbarkeit der folgenden Überlegungen auf den Vertrieb ohne Beratung klarstellend *Zingel/Rieck* BKR 2009, 353, 356.

[185] Im Überblick auch *Kumpan*, Der Interessenkonflikt im deutschen Privatrecht, S. 252 ff.

[186] Zur anfänglichen Entwicklung der Rechtsprechung s. den Überblick bei *Habersack* WM 2010, 1245 ff.

[187] BGH st., vgl. NJW 2007, 1876, 1878 f.; NJW 2009, 1416, 1417; NJW 2011, 3227, 3228; NJW 2011, 3229, 3230; NJW 2012, 66, 70.

[188] BVerfG NJW 2012, 443.

[189] BGH NJW 2012, 66, 70; NJW 2011, 3227, 3228.

rung, denn es geht dabei um einen Umstand, der das empfohlene Produkt selbst betrifft. Allerdings hat der BGH diese Rechtsprechungslinie unlängst unter dem Eindruck der jüngeren Reformen des Kapitalmarktaufsichtsrechts aufgegeben und *obiter* ausgesprochen, dass die beratende Bank ab dem 1. August 2014 „stets über den Empfang versteckter Vertriebsprovisionen von Seiten Dritter aufklären muss“[190].

Eine *allgemeine* Pflicht zur Aufklärung über (vergütungsbedingte) Interessenkonflikte erkennt die Rechtsprechung demgegenüber (noch) nicht an. So lehnt der BGH eine Aufklärungspflicht über verdeckte Rückvergütungen schon für freie, bankungebundene Anlageberater bisher ab, dies wiederum aber nur, sofern diese nicht als Wertpapierdienstleistungsunternehmen dem Tatbestand des – dem öffentlich-rechtlichen Aufsichtsrecht zugehörigen – § 31d WpHG unterfallen. Begründet wird dies damit, dass der Kunde einer Bank mit dieser „in der Regel“ eine Reihe von kostenpflichtigen Vertragsverhältnissen unterhalte und damit eher als von einem freien Anlageberater auch ohne besondere Nachfrage Aufklärung erwarten könne[191]. Auf grundsätzliche Ablehnung stößt in der Rechtsprechung auch eine Pflicht des Anlageberaters zur Aufklärung über die im Rahmen der Empfehlung hauseigener Produkte veranschlagten Gewinnmargen. Dies wird damit begründet, dass sich der Kunde von vorneherein darüber im Klaren sein müsse, dass hinter der Empfehlung auch eine Gewinnerzielungsabsicht steht[192]. An der Vergleichbarkeit mit der Kick-back-Rechtsprechung fehle es zudem, weil diesen Fällen kein Dreipersonenverhältnis zugrunde liege[193].

In der Literatur besteht kein einheitliches Meinungsbild. Die umfangreiche Diskussion lässt sich, soweit vorliegend von Interesse, auf drei Grundlinien reduzieren. Einige stehen bereits einer Aufklärungspflicht über verdeckte Rückvergütungen kritisch gegenüber[194], während andere diese befürworten[195] ihre Ausdehnung auf Gewinnmargen im Einklang mit der Rechtsprechung aber ablehnen[196]. Dabei wird etwa angeführt, eine solche Aufklärungspflicht sei mit den Grundsätzen der freien Marktwirtschaft nicht vereinbar[197]. Zunehmend verbreitet ist eine Auffassung, der die auf verdeckte Rückvergütungen beschränkte Aufklärungspflicht nicht weit genug geht. Die in der Rechtsprechung

---

[190] BGH WM 2014, 1382, 1385.
[191] BGH NJW 2011, 3227, 3228f.
[192] BGH NJW 2011, 1949, 1953; NJW-RR 2012, 43, 46; NJW 2012, 66, 70.
[193] BGH NJW 2012, 66, 70.
[194] Vgl. *Schäfer/Schäfer* BKR 2007, 163, 166; *Mülbert* WM 2007, 1149, 1160.
[195] Vgl. statt vieler *Koller* ZBB 2007, 197, 199; *Möllers/Wenninger* LMK 2007, 220857.
[196] *Bausch* NJW 2012, 354, 355f.; *Mülbert* WM 2007, 1149, 1160; *Assmann* ZIP 2009, 2125, 2130; *Spindler* WM 2009, 1821, 1824ff.; *ders.* NJW 2011, 1920, 1922; *Lang/Balzer* ZIP 2009, 456, 457; *Lang/Bausch* WM 2010, 2101, 2106f.; *Jooß* WM 2011, 1260, 1263; MünchKommHGB/*Nobbe-Zahrte*, Anlageberatung, Rn. 185ff.
[197] *Schäfer/Schäfer* BKR 2007, 163, 166.

vorherrschende Differenzierung sei wertungsmäßig verfehlt. Da es dieser der Sache nach darum gehe, den Kunden in die Lage zu versetzen, die Umsatzinteressen des Anlageberaters und deren potenzielle Auswirkungen auf das Empfehlungsverhalten einschätzen zu können[198], sei eine Ausdehnung der Aufklärungspflicht insbesondere auch auf besagte Gewinnmargen angezeigt[199]. Der Hinweis auf die allgemeine marktwirtschaftliche Risikoverteilung gehe fehl, weil dem Interesse des Anlegers innerhalb der in Rede stehenden Rechtsbeziehungen der Vorrang gebühre[200].

cc) Versuch einer teilrechtsgebietsunabhängigen Verallgemeinerung der Kickback-Rechtsprechung

Für die vorliegende Abhandlung stellt sich zunächst die Frage, ob die hinter der Kickback-Rechtsprechung des BGH und ihrer in der Literatur diskutierten Ausdehnung stehenden Wertungen einer teilrechtsgebietsübergreifenden Verallgemeinerung zugänglich sind oder ob die Aufklärungspflicht über verdeckte Rückvergütungen und nunmehr umfassender auch über verdeckte Innenprovisionen lediglich eine Besonderheit im Rahmen der Kapitalanlageberatung bleiben muss. Dabei soll zunächst der in der Literatur vertretenen Ausdehnung der Kickback-Rechtsprechung innerhalb der Kapitalanlageberatung nachgegangen werden. Grundlage der Aufklärungspflicht über Rückvergütungen ist die Bindung des Anlageberaters an das vorrangige Interesse des Ratnehmers. Ihre *ratio* lässt sich daran anknüpfend auf folgende allgemeine Formel bringen: Über (qualifizierte) Anreize, die geeignet sind, das Empfehlungsverhalten des Anlageberaters im Widerspruch zu den vorrangigen Anlegerinteressen zu beeinflussen und die für den Anleger nicht schon offensichtlich sind, muss der Anlageberater aufklären. Die gegen die stringente Verwirklichung dieses Grundsatzes vorgetragenen Einwände bilden letztlich die Widersprüchlichkeit des geltenden Aufsichtsrechts ab und sind zumeist eher formaljuristischer Natur[201]. So kann es entgegen der Rechtsprechung des BGH nicht entscheidend darauf ankommen, ob der Anlageberater über Fremdprodukte oder über hauseigene Produkte berät. Die Zurückhaltung gegenüber einer Aufklärungspflicht über Gewinnmargen im Eigenhandel lässt sich zwar durchaus noch mit dem überkommenen Verständnis der Interessenlage beim Eigenhandel in Einklang bringen. So führte der BGH in einer Entscheidung aus dem Jahr 1959 noch etwas gewagt aus, dass die Bank als Eigenhändlerin jede wirtschaftliche Chance des Geschäfts

---

[198] Deutlich etwa BGH NJW 2007, 1876, 1878.

[199] Statt vieler *Hoffmann/Bartlitz* ZIP 2014, 1505, 1511f.; *Koller* ZBB 2007, 197, 199; *Geßner* BKR 2010, 89, 95f.; *Maier* VuR 2009, 369, 371; *Märker* NJOZ 2010, 524, 528; *Zingel/Rieck* BKR 2009, 353, 354; ebenso wohl *Buck-Heeb* BKR 2010, 1ff., allerdings unter Hinweis auf ein „wirtschaftlich fragwürdiges Ergebnis".

[200] Vgl. *Märker* NJOZ 2010, 524, 528.

[201] Ebenso *Jooß* WM 2001, 1260, 1262.

„ausnutzen kann"[202]. Im Lichte der modernen Rechtsentwicklung, die den Interessen des Kapitalanlegers tendenziell *ungeachtet der Besonderheiten der Vertriebsform* zunehmend den Vorrang zuweist, lässt sich dieser Grundsatz gegen eine Aufklärungspflicht über Gewinnmargen nach richtigem Verständnis nicht mehr ins Feld führen[203]. Tatsächlich ist die auf die allgemeine Zivilrechtsdogmatik zurückgehende Grundannahme, im Rahmen des Kommissionsgeschäfts werde der Anlageberater als interessenwahrender Agent, im Rahmen des Eigenhandels dagegen als Verkäufer im Interessengegensatz tätig[204], bereits seit der Rechtsprechung des *Reichsgerichts* zu den Aufklärungs- und Beratungspflichten im Rahmen des Effektenpropergeschäfts[205] weitgehend überholt[206]. Dahinter steht letztlich die zutreffende Erkenntnis, dass dem Ratnehmerhorizont die feinsinnige rechtliche Differenzierung zwischen Eigenhandel im Interessengegensatz und Kommissionshandel unter Fremdinteressenwahrung typischerweise abgeht. Wenn man den Ratnehmer in beiden Fällen gleichermaßen als schutzwürdig ansieht, überzeugt eine differenzierte Behandlung nicht. Im Fall des Eigenhandels besteht der Verdienst der beratenden Bank in der Gewinnmarge, die für verschiedene, im konkreten Fall gleichermaßen geeignete Produkte unterschiedlich ausfallen kann. Im Fall der Beratung über fremde Produkte besteht der Verdienst des Anlageberaters in der Provision, die der Drittanbieter an diesen zahlt[207]. Es liegt auf der Hand, dass unterschiedliche Gewinnmargen, die ggf. als monetäre und nicht monetäre Anreize an den angestellten Berater weitergegeben werden, von den Interessen des Ratnehmers in gleicher Weise ablenken, wie der Höhe nach unterschiedliche Provisionen. Die Konfliktlage ist noch problematischer, wenn sowohl über hauseigene Produkte wie über Fremdprodukte beraten wird, zumal hier die Gefahr besteht, dass mit der Einbeziehung von Fremdprodukten nur deshalb geworben wird, um den Anschein einer weniger parteiischen Beratung zu vermitteln. Der Hinweis darauf, es sei für den Ratnehmer bereits offenkundig, dass die Bank im Rahmen von Eigengeschäften Gewinn erzielen wollte, greift demgegenüber nicht durch. Damit ließe sich die Kickback-Rechtsprechung selbst in Frage stellen, denn ein Ratnehmer muss immer damit rechnen, dass ein im beruflichen

---

202 BGH MDR 1959, 829.

203 Gegen *Lang/Bausch* WM 2010, 2101, 2106.

204 So etwa noch *Spindler* WM 2009, 1821, 1824.

205 Vgl. RGZ 42, 125, 131.

206 Hierzu bereits eingehend *Hopt*, Der Kapitalanlegerschutz im Recht der Banken, S. 244 ff. zur allgemeinen Zivilrechtsdogmatik und S. 248 zur Nivellierung des Interessengegensatzes durch Aufklärungs- und Beratungspflichten; deutlich auch OLG Frankfurt, Urteil vom 3. Februar 2014 – 23 U 78/12 –, juris Rn. 46.: Es bleibt „ohne Belang, ob es sich bei der Wertpapiertransaktion um einen Kaufvertrag oder ein Kommissionsgeschäft handelt, da dieser Umstand für die Schutzbedürftigkeit des Anlegers im Rahmen des Beratungsvertrags ersichtlich unerheblich ist"; s. auch *Sethe* AcP 212 (2012), 80, 92 f.

207 Vgl. *Koller*, in: Assmann/Schneider, Wertpapierhandelsgesetz, § 31d Rn. 27.

Kontext agierender Ratgeber im Zweifel nicht ohne finanzielle Hintergedanken vorgeht, zumal dann, wenn die Beratung nicht gesondert vergütet wird. Mit einer Offenlegung des bloßen Umstandes eines bestehenden Anreizes begnügt sich die Kickback-Rechtsprechung gerade nicht; vielmehr ist gerade auch die Höhe der verdeckten Rückvergütung zu offenbaren. Trotz eines als solchen offenkundigen Gewinnerzielungsinteresses des beratenden Eigenhändlers bleiben dem Ratnehmer gewinnmargenbedingte Anreize und ihr Ausmaß tatsächlich in vergleichbarer Weise verborgen. Die im geltenden Kapitalanlegerrecht angelegte Differenzierung zwischen Zuwendungen Dritter und regulären Gewinnmargen entbehrt letztlich einer tragfähigen sachlichen Grundlage.

Der hinter der Kickback-Rechtsprechung stehende Grundgedanke ließe sich sodann durchaus auch über die Grenzen der Kapitalanlageberatung hinausgehend als allgemeiner Grundsatz einer interessengebundenen Beratung formulieren. Ein Ratgeber, der auch die Auswahl zwischen mehreren in Betracht kommenden Handlungsoptionen vorrangig an den Interessen des Ratnehmers auszurichten hat, müsste hiernach nicht schon offensichtliche Interessenkonflikte offen legen, wenn sie der Art und Intensität nach geeignet sind, das Empfehlungsverhalten des Ratgebers zu beeinflussen. Wenn man etwa auch im Bereich des Vertriebs von Versicherungsprodukten so weit gehen wollte, die Verdienstinteressen von Versicherern und Versicherungsvermittlern den Interessen des prospektiven Versicherungsnehmers weitergehend unterzuordnen, läge auch in diesem Bereich die Offenlegung spezifischer Provisionsanreize und Gewinnmargen auf der Hand. Für die beratenden Professionen stellt sich die Frage vielleicht etwas weniger eindringlich. Die Annahme von Zuwendungen ist für die Angehörigen klassischer Professionen typischerweise bereits berufsrechtlich untersagt, wenn solchen Verboten *de lege lata* bisweilen auch die strafrechtliche Flankierung fehlt[208]. Die Diskussion um gewinnmargenbedingte Fehlanreize lässt sich indes durchaus auch insoweit übertragen. Kommt etwa im Rahmen einer ärztlichen Beratung neben einer konservativen Behandlung auch ein finanziell regelmäßig weitaus lukrativerer operativer Eingriff in Betracht, stellt sich für den Patienten vergleichbar der Lage des Kapitalanlegers die Frage, ob der Arzt mit der auf einen operativen Eingriff gerichteten Empfehlung tatsächlich eigene Interessen verfolgt. Für den Patienten bleibt häufig bereits das Bestehen eines solchen Konflikts, regelmäßig jedenfalls sein konkretes Ausmaß verborgen. Das Tarifsystem für ärztliche Leistungen schafft für den konkreten Beratungsfall keine hinreichende Transparenz. Im Gegensatz zu Privatpatienten nehmen Kassenpatienten die in Rechnung gestellten Behandlungskosten aufgrund der unmittelbar mit der Krankenkasse erfolgenden Abwicklung typischerweise nicht einmal im Nachhinein zur Kenntnis. Vergleichbare aufklärungsbedürftige Interessenkonflikte lassen sich in der anwaltlichen

[208] Hierzu noch eingehender § 14, S. 309 (sub a).

Beratung nachweisen[209]. Die zunehmende Verbreitung alternativer Streitbeilegungsmechanismen hat die Konfliktlage insoweit noch befördert. Denkbar wäre es hiernach, den beratenden Anwalt, der anstelle der Inanspruchnahme eines Systems außergerichtlicher Streitschlichtung die Rechtsdurchsetzung im ordentlichen Zivilrechtsweg empfiehlt, zur Aufklärung über das Ausmaß des damit zusammenhängenden Verdienstinteresses zu verpflichten. Der Einwand, der Mandant müsse mit einem allgemeinen Verdienstinteresse des Anwalts rechnen[210], ginge auch hier fehl, weil der Anwalt, anders als der Kapitalanlageberater, selbst jedes gewöhnliche Umsatzinteresse den Interessen seines Mandanten unterzuordnen hat.

Die vorstehenden Ausführungen haben gezeigt, dass die Kickback-Rechtsprechung schon innerhalb der Kapitalanlageberatung zu wertungsmäßigen Schieflagen führt und ihr tatsächlich ein über die Grenzen der Kapitalanlageberatung hinaus verallgemeinerungsfähiger Gedanke zugrunde liegen würde. Die besseren Gründe sprechen gleichwohl nicht nur gegen die Ausdehnung und Übertragung der Kickback-Rechtsprechung auf andere beratungsrelevante Teilrechtsgebiete, sondern für eine weitgehend zugunsten des Berufs- und Aufsichtsrechts zu übende Zurückhaltung gegenüber ratgeberbezogenen Aufklärungspflichten. Um dies zu verdeutlichen bietet es sich zunächst an, die haftungsbewehrten zivilrechtlichen Verhaltenspflichten in den Kontext des Berufs- und Aufsichtsrechts einzuordnen. Anschließend soll nachgewiesen werden, dass eine auf die Offenlegung beschränkte Bewältigung von tatsächlich vermeidbaren Interessenkonflikten Ausdruck einer halbherzigen Professionalisierungstendenz ist, die sich vor dem Hintergrund der konsequenten Weiterentwicklung des Interessenwahrungsgedankens teilweise erledigen könnte. Nachdem die für den Ratnehmer nur eingeschränkte Nützlichkeit solcher Aufklärungspflichten dargestellt wurde, soll wiederum am Beispiel der Kapitalanlageberatung nachgewiesen werden, dass die haftungsbewehrte Pflicht zur Aufklärung über Interessenkonflikte zu einer kaum vertretbaren Fehlsteuerung im Rahmen der zwischen Ratgeber und Ratnehmer vorgegebenen Risikozuweisung führt.

dd) Grundsätzliche Kritik gegenüber ratgeberbezogenen Aufklärungspflichten

(1) Systematische Einordnung in den Kontext des Berufs- und Aufsichtsrechts

Man muss sich zunächst klarmachen, dass ein hinreichender Qualitätsstandard einer Beratung abhängig vom betroffenen Rechtsgut und der Komplexität

---

[209] Hierzu eingehend § 15, S. 333ff. (sub b).

[210] Vgl. etwa die entsprechende Gesetzesbegründung zu § 49b Abs. 5 BRAO, BT-Drucks. 15/1971, S. 232 r. Sp.; hierzu eingehender § 15, S. 345 (sub c).

des Beratungsgegenstandes nicht allein durch die bisher beschriebenen zivilrechtlich-haftungsbewehrten Verhaltensanforderungen gewährleistet werden kann, sondern regelmäßig nicht ohne Mindestanforderungen an die berufliche Qualifikation, institutionelle Schutzvorkehrungen gegenüber Interessenkonflikten und weitergehende Verhaltenspflichten auskommt. Die Schaffung solcher Rahmenbedingungen ist im Kern die Aufgabe des Berufs- und Aufsichtsrechts, auf das noch näher einzugehen ist[211]. Abhängig von der Strenge der berufs- und aufsichtsrechtlichen Vorgaben, namentlich den Vorgaben zur Vermeidung von Interessenkonflikten, sowie dem tatsächlich Möglichen bleibt für eine Aufklärung über entscheidungserhebliche ratgeberbezogene Umstände entweder mehr oder weniger Raum. Im Übrigen sieht auch das Aufsichtsrecht die Pflicht zur Aufklärung über Interessenkonflikte vor, die als solche erlaubt bleiben oder die sich tatsächlich nicht bzw. nicht mit vertretbarem Aufwand vermeiden lassen, und knüpft an deren Verletzung Sanktionen.

(2) Ausdruck halbherziger Professionalisierung

Die Kapitalanlageberatung zeichnet sich in den vergangenen Jahren, wie das Kapitalanlegerrecht allgemein, durch eine zunehmende Professionalisierung aus. Ebenso wie die mit der Anlageberatung betrauten Mitarbeiter von Wertpapierunternehmen heute qualifikatorische Mindestanforderungen erfüllen müssen, werden branchentypische Interessenkonflikte zunehmend problematisiert und im Rahmen eines Systems von Vermeidungs- und Offenlegungspflichten regulatorisch eingefangen. Vor diesem Hintergrund ist das geltende Aufsichtsrecht, das die der Kickback-Rechtsprechung zugrunde liegenden Interessenkonflikte erlaubt und lediglich zur Aufklärung über diese verpflichtet, nur Ausdruck einer halbherzigen Professionalisierungstendenz, die mit dem Postulat, wonach der Anlageberater den Interessen des Anlegers den Vorrang einzuräumen habe, kaum zu vereinbaren ist. Die reformierte Finanzmarktrichtlinie, auf die noch näher einzugehen ist, nimmt sich der vergütungsbedingten Interessenkonflikte verstärkt an, indem branchentypische monetäre und nicht monetäre Anreize weitergehend als bisher von vorneherein unterbunden werden[212]. Das Maß der offenlegungsbedürftigen Interessenkonflikte ist daher abhängig vom Grad der mit den Mitteln des Aufsichtsrechts vorangetriebenen Professionalisierung der Anlegerberatung.

(3) Aufklärung als untaugliches Instrument zur Interessenwahrung

Der BGH sieht in der Aufklärungspflicht über verdeckte Rückvergütungen einen Ausdruck des „auch zivilrechtlich allgemein anerkannten Grundsatzes der

---

211 § 14, S. 308 ff. (sub III).
212 Hierzu eingehender § 16, S. 392 ff. (sub bb, cc).

Vermeidung von vertragswidrigen Interessenkonflikten“[213]. Selbst wenn man die Aufklärungsbedürftigkeit des Anlegers insoweit erst einmal unterstellt[214], ist diese Aussage zumindest einigermaßen fragwürdig. Denn die Aufklärung über einen bestehenden Interessenkonflikt ist tatsächlich nicht geeignet diesen zu beseitigen[215]. Vielmehr geht es lediglich darum, den Ratnehmer für das Bestehen eines grundsätzlich zugelassenen Interessenkonflikts zu sensibilisieren. *Mülbert* spricht in diesem Zusammenhang anschaulich von einer Erweiterung der Beratungspflicht um die Angabe von Seriösitätsindizien[216]. Gleichzeitig wird der Ratnehmer mit der Bewertung, ob sich der Interessenkonflikt tatsächlich in der konkreten Empfehlung niedergeschlagen hat, alleine gelassen. Dieser soll selbst beurteilen, ob der Ratgeber die Empfehlung aus Eigennutz ausgesprochen hat oder dem bestehenden Anreiz gegenüber resistent geblieben ist. Die Aufklärung über den Interessenkonflikt lässt den Ratnehmer damit letztlich in einem diffusen Szenario zurück, das sich einer rationalen Bewertung von vorneherein entzieht[217]. Ein auf den Schutz der eigenen Interessen bedachter Ratnehmer müsste im Zweifel wohl immer davon ausgehen, dass der Ratgeber dem Interessenkonflikt erlegen ist oder diesem noch erliegen könnte. Verhaltenswissenschaftliche Studien haben tatsächlich belegt, dass Ratnehmer dem Rat eines Ratgebers, der klar erkennbar eigene Interessen verfolgt, tendenziell weniger folgen[218]. Die Konsequenz wäre, dass der Ratgeber entweder ohne Beratung auskommen und etwa stärker öffentlich zugängliche Informationsquellen nutzen oder sich an einen anderen Ratgeber wenden müsste. Angesichts der branchenweiten Verbreitung bestimmter Interessenkonflikte ist allerdings vielfach nicht damit zu rechnen, dass er anschließend auf einen Ratgeber treffen wird, der sich nicht in einem vergleichbaren Konflikt befindet.

Man muss sich zudem darüber im Klaren sein, dass die Offenlegung von Interessenkonflikten in der praktischen Wirklichkeit mit Bekundungen einhergehen wird, wonach sich der Ratgeber in besonderer Weise als resistent gegenüber solchen Interessenkonflikten erklärt. Ein nicht zur Vermeidung, sondern lediglich zur Aufklärung verpflichteter Ratgeber wird den Ratnehmer beschwichtigen und die der Aufklärung immanente Warnung durch *sales talk* zu

213 BGH NJW 2009, 1416, 1417.

214 Hierzu noch eingehend kritisch § 16, S. 445 ff. [sub (c)].

215 Deutlich bereits *Schwark*, in: Schwark, Kapitalmarktrechtskommentar, 3. Aufl. 2004, § 31 WpHG Rn. 27; ebenso *Möllers*, in: Kölner Kommentar zum WpHG, § 31 Rn. 151; s. auch *Kumpan*, Der Interessenkonflikt im deutschen Privatrecht, S. 246; tendenziell anders *Rothenhöfer*, in: Schwark/Zimmer, Kapitalmarktrechtskommentar, § 31 WpHG Rn. 66: Risiko der Interessenverletzung werde „reduziert“.

216 *Mülbert* WM 2007, 1149, 1159; kritisch auch *ders.* ZHR 177 (2013), 160, 191.

217 Zutreffend *Mülbert* WM 2007, 1149, 1160; *ders.* ZHR 177 (2013), 160, 191; kritisch ebenso *Koller*, in: Assmann/Schneider, Wertpapierhandelsgesetz, § 31d Rn. 3; anders offenbar *Kumpan*, Der Interessenkonflikt im deutschen Privatrecht, S. 230 f., 245 ff., 615.

218 Hierzu § 7, S. 77 (sub aa).

nivellieren wissen. Vor diesem Hintergrund zeigt sich die verbreitete Vorstellung, dass Aufklärungspflichten über Interessenkonflikte zu ihrer Vermeidung führen, als geradezu naiv. Die Zulassung von Interessenkonflikten in der interessengebundenen Beratung unter Verpflichtung zur Aufklärung führt tatsächlich zu einer Perpetuierung und Verschärfung[219] der Konfliktlage.

(4) Fehlzuweisung von Risiken als Folge

(a) Fehlzuweisung beratungsimmanenter Risiken durch die Kickback-Rechtsprechung

Ratgeberbezogene Aufklärungspflichten zeigen sich nicht allein aus dem Blickwinkel ihrer zweifelhaften Effektivität als problematisch. Sie führen überdies auch zu einer Fehlzuweisung der beratungsimmanenten Risiken, was sich wiederum am Beispiel der Kickback-Rechtsprechung zur Kapitalanlageberatung veranschaulichen lässt. Verletzt der Anlageberater hiernach seine Pflicht zur Aufklärung, kann der Anleger Schadensersatz in Gestalt der Rückabwicklung des Erwerbsgeschäfts verlangen[220]. Entscheidend ist dabei, ob der Anleger im Fall richtiger Aufklärung von diesem Erwerbsgeschäft Abstand genommen hätte. In diesem Rahmen kommt ihm die Vermutung „aufklärungsrichtigen" Verhaltens zugute, die nach aktueller Rechtsprechung des BGH nicht einmal mehr an den Nachweis eines Entscheidungskonflikts gebunden ist, sondern bereits eingreift, sobald die Verletzung der Aufklärungspflicht fest steht[221]. Man muss sich hierzu klarmachen, dass es sich bei der Verletzung der ratgeberbezogenen Aufklärungspflicht um einen gegenüber der Pflicht zur Abgabe einer bedarfsgerechten Empfehlung sowie der Pflicht zur empfehlungsbezogenen Aufklärung eigenständigen Haftungstatbestand handelt. Der Anleger kann die Rückabwicklung des Anlagenerwerbsgeschäfts daher unabhängig davon verlangen, ob die empfohlene Kapitalanlage als solche bedarfsgerecht war und er über die Risiken der Anlage zutreffend ins Bild gesetzt wurde[222].

In der praktischen Rechtswirklichkeit wird die Verletzung der Aufklärungspflicht naturgemäß nur von solchen Kapitalanlegern geltend gemacht, die mit der erworbenen Anlage Kursverluste erlitten haben[223]. Verständlicherweise käme niemand auf die Idee zu monieren, er sei über eine an den Berater geflossene verdeckte Rückvergütung nicht aufgeklärt worden, wenn sich der Kurs des Anlageprodukts anschließend günstig entwickelt oder die Anlage mit Gewinn weiterveräußert werden konnte. Die Kickback-Rechtsprechung eröffnet

---

219 Vgl. auch *Koller*, in: Assmann/Schneider, Wertpapierhandelsgesetz, § 31d Rn. 3: wiegt „Kunden in trügerischer Sicherheit".

220 Vgl. statt vieler BGH NJW 2007, 1876, 1879; eingehender hierzu noch § 16, S. 450 (sub aa).

221 Vgl. BGH NJW 2012, 2427, 2430; hierzu weiterführend § 13, S. 297 ff. (sub bb).

222 Vgl. auch *Nikolaus/d'Oleire* WM 2007, 2129, 2131.

223 Vgl. auch *Edelmann* BB 2010, 1163.

damit *de facto* die Verlagerung des an sich allein dem Anleger zugewiesenen Spekulationsrisikos auf den Anlageberater[224]. An dieser Konsequenz wäre an sich wenig auszusetzen, wenn nicht auf der Hand liegen würde, dass sich die Masse der unaufgeklärten Kapitalanleger tatsächlich wenig an der unterlassenen Aufklärung stört[225], sondern diese vielmehr als willkommenes Vehikel dafür in Anspruch nimmt, das Anlagenrisiko auf den Anlageberater zu verlagern. Dagegen wurde bereits grundlegender herausgearbeitet, dass die Funktion der Beratung gerade nicht in einer solchen Garantiefunktion zu sehen ist[226]. Es ist nicht Sache des Ratgebers, die produktimmanenten Risiken für den Ratnehmer zu schultern. Dieser muss mithilfe des Ratgebers vielmehr selbst beurteilen, ob er das typische Geschäftsrisiko einzugehen bereit ist und die sich mit der Verwirklichung dieses Risikos ergebenden Konsequenzen tragen will. Das in der Sache berechtigte Anliegen der Kickback-Rechtsprechung kann daher nicht darüber hinwegtäuschen, dass es dadurch in der Folge zu einer systemwidrigen Fehlsteuerung in Gestalt einer faktischen Garantiefunktion der Beratung gekommen ist. Wenn aber auf diesem Wege letztlich keine schutzwürdigen privaten Interessen bedient werden, ist es gerechtfertigt, insoweit von einem Anwendungsfall des *private law enforcement* zu sprechen[227].

In der deutschen Rechtsprechung und Literatur wurde dieses Problem vereinzelt aufgeworfen. Unternommen wurde der Versuch, den Haftungstatbestand unter dem Eindruck der beschriebenen Konsequenzen mittels typisierender Kausalitäts- und Schutzzweckerwägungen einschränkend auszulegen. Dabei wurde damit argumentiert, dass zwischen der Verletzung der Aufklärungspflicht und dem geltend gemachten Schaden nicht der erforderliche innere Zusammenhang bestehe. Nicht das aus dem aufklärungsbedürftigen Interessenkonflikt herrührende Risiko habe sich verwirklicht, sondern lediglich das Spekulationsrisiko, über das indes in den vorliegenden Fällen typischerweise aufgeklärt wurde[228]. Der BGH und mit ihm die überwiegende Literatur sind dem nicht gefolgt. Hiernach komme es im Falle umfassender Beratungs- und Aufklärungspflichten nicht auf den Kursverlust als das letzte Glied der Ursachenkette an, sondern auf die Anlageentscheidung selbst. Die Frage nach dem inneren Zusammenhang sei zwischen dieser und der Pflichtverletzung zu suchen[229].

---

224 *Edelmann* BB 2010, 1163, 1169.

225 Vgl. *Hannöver*, in: Bankrechts-Handbuch, § 110 Rn. 75.

226 § 5, S. 45 ff. (sub II).

227 S. auch *Witte/Hillebrand* DStR 2009, 1759, 1765: nicht gerechtfertigter Sanktionscharakter.

228 In diesem Sinne die von BGH NJW 2001, 962, 963 aufgehobene Entscheidung des OLG Köln, Urteil vom 25. November 1999 (12 U 27/99), unveröffentlicht; ebenso *Witte/Hillebrand* DStR 2009, 1759, 1765; *Brocker* BKR 2007, 365, 370; *Balzer* ZIP 2001, 232 f.; *Nikolaus/d'Oleire* WM 2007, 2129, 2131, 2135.

229 Vgl. BGH NJW 2001, 962, 963; NJW-RR 1991, 599, 600; NJW 1990, 2461, 2463;

(b) Überblick über die Rechtslage in den USA

(aa) Aufklärungspflichten über Interessenkonflikte bei unentgeltlicher Beratung

Anders als in Deutschland begegnet die Verschiebung des Spekulationsrisikos in den USA erheblichen Bedenken. Im Rahmen des U.S.-amerikanischen Kapitalanlegerrechts sind zwei Ebenen des Umgangs mit dem beschriebenen Problem zu unterscheiden. Zunächst besteht gegenüber der Rechtslage in Deutschland schon eine stärkere Zurückhaltung davor, Kapitalanlageberater zur Aufklärung über vergütungsbedingte Interessenkonflikte zu verpflichten, wie man sich allgemein schwerer damit tut, den Interessengegensatz in der Anlegerberatung zu begrenzen. Im Zusammenhang mit dem provisionsbasierten Vertrieb von Wertpapieren durch Broker, d.h. Personen, die geschäftsmäßig Wertpapiertransaktionen für Rechnung Dritter ausführen[230], wurde zwar frühzeitig auch eine Pflicht zur Offenlegung bestimmter Interessenkonflikte diskutiert. Auch hierbei geht es darum, den Anleger in die Lage zu versetzen, selbst beurteilen zu können, ob sich die Anlageempfehlung des Brokers trotz des bestehenden Interessenkonflikts an den Anlegerinteressen orientiert oder anders gewendet, ob der Broker trotz des bestehenden Interessenkonflikts vertrauenswürdig ist. Dem Anleger soll die Freiheit erhalten bleiben, auf der Grundlage aller entscheidungsrelevanten Umstände zu handeln[231]. Die Vergütungsinteressen stehen dabei in gleicher Weise im Zentrum der Diskussion. Die vielfältigen Geschäftsbeziehungen, insb. die Janusköpfigkeit des im einen Fall nur vermittelnden, im anderen Fall verkaufenden Broker-Dealers und die bestehenden selektiven Vergütungsanreize können diesen dazu verleiten, bestimmte Anlageprodukte anderen vorzuziehen. Daher wurde der Broker schon vor der jüngsten Finanzkrise überwiegend für verpflichtet gehalten, den Umstand der Empfehlung eines Produkts aus eigenem Bestand offen zu legen. Entsprechendes gilt im Fall des qualifizierten Eigenhandels als *securities underwriter* oder Market Maker[232]. Weitergehend haben einige Gerichte auch eine Pflicht zur Offenlegung besonderer Verkaufsanreize bejaht[233], so etwa, wenn der Broker neben seiner regulären Provision noch verdeckte Sonderzuwendungen erhalten hatte, um den Verkauf bestimmter Anlageprodukte zu befördern[234]. Entsprechendes

---

zur Begrenzung des Haftungsumfangs aus Schutzzweckerwägungen im Falle der Verletzung punktueller Aufklärungspflichten s. aber BGH NJW 1992, 555, 556.

[230] Section 3(a)(4) Securities and Exchange Act.

[231] Vgl. Chasins v. Smith, Barney & Co., 438 F.2d 1167, 1171 (2nd Cir., 1971).

[232] Shamsi v. Dean Witter Reynolds, Inc., 743 F.Supp. 87, 92 (D. Mass., 1989); ebenso bereits Troyer v. Karcagy, 476 F.Supp. 1142, 1146 (S.D. N.Y., 1979); Chasins v. Smith, Barney & Co., 438 F.2d 1167, 1171–72 (2nd Cir., 1971); zur Offenlegungspflicht des Market Maker Status s. auch Pearce v. UBS PaineWebber, Inc., 2003 WL 25518056 (D. S.C., 2003) im Anschluss an Bischoff v. G.K. Scott & Co., Inc., 687 F.Supp. 746, 751 (E.D. N.Y., 1986).

[233] Zum Ganzen *Hazen*, Treatise on the Law of Securities Regulation, § 14.14[4].

[234] In the Matter of Coram, 2007 WL 207436 (N.A.S.D.R. 2007).

wurde entschieden für verheimlichte Rückerstattungen von an den Produktanbieter geleisteten Zahlungen des Anlegers (*kickback scheme*)[235]. Offen zu legen war hiernach auch der Umstand, dass der Broker für die Vermittlung bestimmter Anlageprodukte exorbitante Provisionszahlungen erhält, die unter gewöhnlichen Wettbewerbsbedingungen nicht geflossen wären[236]. Allerdings besteht in der Rechtsprechung letztlich keine klare Linie. So hat der *Court of Appeals for the 10th Circuit* etwa unlängst die Haftung eines Brokers verneint, der gegenüber dem Anleger nicht offen gelegt hatte, dass er für die Vermittlung des empfohlenen Produkts eine Sonderzuwendung erhalten würde und dass seine Geschäftsbeziehung zu dem Produktanbieter unter dem Druck einer gewissen Erfolgsquote stand. Anders als im Fall eines Investment Advisors, also einer Person, die gegen Entgelt Anlageberatung betreibt[237], treffe den Broker eine entsprechende Offenlegungspflicht gerade nicht[238]. Selbst das Aufsichtsrecht und das Recht der sich selbst verwaltenden Berufsgruppen waren gegenüber entsprechenden Offenlegungspflichten lange Zeit zurückhaltend. Die *National Association of Securities Dealers* (NASD) hatte zwar im Jahr 2003 eine Pflicht zur Offenlegung von sog. *shelf space arrangements*[239] im Zuge der Investition in Fondsgesellschaften zur Diskussion gestellt. Die Regelung wurde letztlich aber nicht verabschiedet[240].

Infolge der jüngsten Finanzkrise wurde die Diskussion um die Interessenbindung von Brokern erneut geführt. Im Zentrum steht die weitgehende Angleichung des Verhaltensstandards des Brokers an den des Investment Advisors, namentlich die Begründung einer allgemeinen treuhänderischen Rechtsstellung. Im Rahmen der von der SEC am 21. Januar 2011 veröffentlichten *Study*

---

235 S.E.C. v. Sirianni, 334 Fed.Appx. 386, 388 (2nd Cir., 2009).

236 Vgl. United States v. Szur, 289 F.3d 200, 212 (2nd Cir., 2002), wo Provisionen iHv. 45–50% gezahlt wurden.

237 Section 202(a)(11) Investment Advisers Act.

238 Thomas v. Metropolitan Life Insurance Company, 631 F.3d 1153, 1157, 1161 (10th Cir., 2011); in dieser Richtung auch In re Merrill Lynch Investment Management Funds Securities Litigation, 434 F. Supp. 2d 233 (S.D. N.Y., 2006) sowie Hoffman v. UBS-AG, 591 F. Supp. 2d 522 (S.D. N.Y., 2008).

239 Unter diesem Begriff werden verschiedene finanzielle Anreize zusammengefasst, die den Broker dazu veranlassen sollen, bestimmte Fondsanteile bevorzugt zu vertreiben, ihnen also einen besonderen Platz im Verkaufsregal einzuräumen. Zu diesen Vergütungsanreizen gehörten namentlich die Zuleitung der für die Ausführung des Anteilserwerbs an sich bei dem für den Investmentfonds zuständigen Berater anfallenden Provisionen an den Broker (*directed commission bzw. kickback*), eine Beteiligung an den von der Fondsgesellschaft erhobenen Verwaltungskosten (*revenue sharing*) und zusätzliche Provisionszahlungen, die für ergänzende Dienstleistungen ausgelobt werden, die *de facto* für die bevorzugte Vermittlung der Fondsanteile gezahlt werden (*soft dollar arrangements*), vgl. etwa In re Merrill Lynch Investment Management Funds Securities Litigation, 434 F. Supp. 2d 233, (S.D. N.Y., 2006) und Hoffman v. UBS-AG, 591 F. Supp. 2d 522 (S.D. N.Y., 2008).

240 Vgl. News Release, NASD Proposes Disclosure of Mutual Fund Compensation Arrangements [Aug. 7, 2003], abrufbar unter www.finra.org/newsroom/newsreleases/2003/p002888 (11/2014).

on Investment Advisers and Broker-Dealers[241] kommen Kommissionsmitarbeiter auf der Grundlage eigener und von Dritten durchgeführter Untersuchungen zu dem Schluss, dass Verbrauchern typischerweise nicht bekannt ist, dass Broker und Investment Advisor unterschiedliche Funktionen wahrnehmen und dass im Verhältnis zum Anleger unterschiedliche Verhaltensanforderungen gelten. Die Erwartung der Mehrzahl dieser Anleger gehe offenbar dahin, dass (auch) ein Broker Beratung im besten Interesse seines Kunden schulde. Die klaren regulatorischen Unterschiede zwischen beiden Berufsgruppen haben sich hiernach in einem immer komplexer gewordenen Markt der Finanzinstrumente längst aufgelöst[242]. Auf dieser Grundlage wird davon ausgegangen, dass die Konkretisierungen der treuhänderischen Pflicht des Investment Advisor durch Kommission und Gerichte auf den Broker zu übertragen sein werden, und es wird der Kommission nahe gelegt, beispielhaft herauszuarbeiten, was es für den Broker bedeuten würde, vergleichbar einem Investment Advisor dem Kundeninteresse Vorrang vor eigenen Interessen einzuräumen[243]. Die Offenlegung von Interessenkonflikten durch den Broker soll insgesamt einfacher und transparenter gestaltet werden[244]. In diesem Zusammenhang wird auch der besonders konfliktträchtige Eigenhandel angesprochen, der aber letztlich allein mit einer verstärkten Aufklärung der Anleger über die Konfliktlage adressiert werden soll[245]. Zu einer echten Harmonisierung des zweigeteilten Regelungsregimes für Broker und Investment Advisor soll es, wenn es nach den Urhebern der Studie geht, dagegen nicht kommen. Stattdessen soll der bei den Anlegern vorgefundenen Rollenkonfusion auch mittels verstärkter Bildungsarbeit begegnet werden, indem die Kommission etwa verbesserte Informationsbroschüren herausgibt und entsprechende Bildungsprogramme durch unabhängige Institutionen fördert[246].

(bb) Loss causation als Korrektiv

Auch wenn eine gewisse Tendenz dahin geht, dass das geltende U.S.-amerikanische Kapitalanlegerrecht künftig von Brokern weitergehend als bisher die Offenlegung vergütungsbedingter Interessenkonflikte verlangen könnte, spricht letztlich wenig dafür, dass Anleger in Folge der Verletzung solcher Offenlegungspflichten vergleichbar der geltenden Rechtslage in Deutschland die Rückabwicklung des Anlagenerwerbsgeschäfts bzw. den Ausgleich des Kursschadens beanspruchen können. Um die beschriebene Fehlsteuerung zu

---

241 SEC, 913 Study, oben § 3 Fn. 80.

242 SEC, 913 Study (oben § 3 Fn. 80), S. 93 ff., 165; s. auch *Laby*, 55 Villanova Law Review 701 (2010).

243 SEC, 913 Study (oben § 3 Fn. 80), S. 111 f.

244 SEC, 913 Study (oben § 3 Fn. 80), S. 114 ff.

245 SEC, 913 Study (oben § 3 Fn. 80), S. 113, 118 ff.

246 SEC, 913 Study (oben § 3 Fn. 80), S. 128 f.; zum Ganzen kritisch § 7, S. 83 ff. (sub 2).

vermeiden, wird im Rahmen der zivilrechtlichen Haftung des Brokers zumeist die Kausalität als weitere Stellschraube der Risikozuweisung bemüht. Der Anleger muss hiernach nicht nur nachweisen, dass die Verletzungshandlung des Brokers ursächlich war für die Eingehung der Transaktion (*transaction causation*), sondern auch, dass der geltend gemachte Vermögensschaden auf der Verletzungshandlung beruht (*loss causation*)[247]. Das Konzept der *loss causation* hat seine Grundlage im *common tort law*. Es handelt sich also um richterliche Rechtsfortbildung, die in der Folgezeit von vielen Gerichten auf den Bereich der *Securities Litigation* übertragen wurde[248]. Im Zuge des *Private Securities Litigation Reform Act* von 1995 hat der Bundesgesetzgeber das Erfordernis der *loss causation* samt gehobenen Anforderungen an den Klägervortrag ausdrücklich festgeschrieben[249]. Ihre Funktion besteht vereinfacht gesagt darin, (Vermögensschaden-)Haftung trotz festgestelltem Fehlverhalten zu begrenzen[250]. Es soll verhindert werden, dass der Broker auf der Grundlage eines anfänglichen Fehlverhaltens gleich einem Garanten oder Versicherer für sämtliche Risiken einzustehen hat, die sich in der Folgezeit verwirklichen. Dabei geht es namentlich um das allgemeine Kursrisiko, das typischerweise den im Rahmen der individuellen Rechtsdurchsetzung geltend gemachten Vermögensschaden unmittelbar herbeigeführt hat. Die Haftung des Brokers, so die Gerichte, würde zur Gefährdungshaftung transformiert, eine folgenschwere Entwicklung, die jedenfalls der richterlichen Rechtsfortbildung entzogen sei[251].

Loss causation liegt vor, wenn das in Rede stehende Fehlverhalten ursächlich wurde für den geltend gemachten Vermögensschaden. Vorausgesetzt wird mehr als *conditio sine qua non (but-for causation)*. Zwischen dem verwirklichten Risiko und dem Verhaltensvorwurf muss ein spezifischer Zurechnungszusammenhang bestehen, der unter dem Konzept von der *proximate causation* herkömmlich unter dem Schlagwort von der Vorhersehbarkeit diskutiert wird[252]. Der *Court of Appeals for the 2nd Circuit* hat dies auf eine etwas griffigere Formel gebracht: "*Put another way, a misstatement or omission is the "proximate cause" of an investment loss if the risk that caused the loss was within the zone of risk concealed by the misrepresentations and omissions al-*

[247] S. auch in re Merrill Lynch Investment Management Funds Securities Litigation, 434 F. Supp. 2d 233, 238 (S.D. N.Y., 2006).

[248] Lentell v. Merrill Lynch & Co., Inc., 396 F.3d 161, 172 (2nd Cir., 2005); s. auch Emergent Capital Inv. Management, LLC v. Stonepath Group, Inc., 343 F.3d 189, 197–98 (2nd Cir., 2003); Castellano v. Young & Rubicam, Inc., 257 F.3d 171, 186–88 (2nd Cir., 2001); Suez Equity Investors, L.P. v. Toronto-Dominion Bank, 250 F.3d 87, 95–97 (2nd Cir., 2001).

[249] Vgl. 15 U.S.C. § 78u-4(b)(4).

[250] Lentell v. Merrill Lynch & Co., Inc., 396 F.3d 161, 174 (2nd Cir., 2005).

[251] In re Catanella, 583 F.Supp. 1388, 1417 (D.C. Pa., 1984); zust. Hartman v. Blinder, 687 F.Supp. 938, 944 (D.N. J., 1987).

[252] In re Merrill Lynch & Co., Inc., 273 F.Supp.2d 351, 363 (S.D. N.Y., 2003).

leged by a disappointed investor"[253]. Hiernach stellt sich die Frage, ob sich die Täuschung auf das Risiko bezogen hat, das sich später im Vermögensschaden verwirklicht hat, eine Wertungsfrage, bei der sich selbst die Mitglieder der einzelnen Spruchkörper bisweilen uneins sind[254]. Eine Schadensersatzklage wird daher typischerweise scheitern, wenn sich in dem geltend gemachten Vermögensschaden lediglich das allgemeine und dem Anleger bekannte Kursrisiko verwirklicht hat. Sie hat praktisch nur *insoweit* Erfolg, als der Anleger nachweisen kann, dass die Aufklärungspflichtverletzung den Erwerbspreis des Anlageprodukts beeinflusst hat[255]. Während Gerichte vor Erlass des *Private Securities Litigation Reform Act* das Erfordernis der *loss causation* noch teilweise übergangen haben[256], ist später die Mehrzahl der auf ratgeberbezogene Aufklärungspflichtverletzungen gestützten Klagen daran gescheitert[257].

Zwar wurden die vergütungsbedingten Fehlanreize bereits aufgrund der Folgen der New-Economy-Blase des Jahres 2000 Gegenstand breiter öffentlicher Diskussion und gerichtlicher Auseinandersetzung. An der gerichtlichen Bewertung hat sich indes dadurch wenig geändert. Im Rahmen eines Aufsehen erregenden *class action*-Verfahrens nahmen etwa zahlreiche Anleger ihren als *underwriter* fungierenden Broker für erlittene Kursverluste in Anspruch, weil dieser wissentlich Wertpapieranalysen verbreitet habe, die die betreffenden Aktien zu gut bewertet hatten und die Empfehlung erteilt hatte, die Aktien zu erwerben und längerfristig zu halten. Der Vorwurf lautete zudem dahin, die in diesem Zusammenhang aufgrund besonderer Vergütungsstrukturen und Kooperationen zwischen Broker, Bank und Emittent bestehenden Interessenkonflikte nicht offengelegt zu haben. Gescheitert ist diese Klage wiederum an der fehlenden Kausalität zwischen Pflichtverletzung und dem geltend gemachten Vermögensschaden[258]. Die Kläger, die über die Risiken der in Rede stehenden Aktien zweier *new economy*-Unternehmen richtig und vollständig aufgeklärt worden waren, hatten es versäumt darzutun, dass und wie das vorgeworfene Verhalten das verwirklichte Kursrisiko verschleiert haben soll[259]. In diesem

---

253 Lentell v. Merrill Lynch & Co., Inc., 396 F.3d 161, 173 (2nd Cir., 2005).

254 Hierzu Lentell v. Merrill Lynch & Co., Inc., 396 F.3d 161, 174 (2nd Cir., 2005).

255 Vgl. *Hazen*, Treatise on the Law of Securities Regulation, § 14.10[5]; s. auch s. Shivangi v. Dean Witter Reynolds, Inc., 825 F.2d 885, 889 (5th Cir., 1987).

256 Vgl. Chasins v. Smith, Barney & Co., 438 F.2d 1167, 1173 (2nd Cir., 1971) und Marbury Management, Inc. v. Kohn, 629 F.2d 705, 708–09 (2nd Cir., 1980); s. aber den auf fehlende *loss causation* abstellenden Dissens von Meskill (J.), 717–18; dem zustimmend in re Catanella and E.F. Hutton and Co., Inc. Securities Litigation, 583 F.Supp. 1388, 1416 (E.D. Pa., 1984).

257 Hartman v. Blinder, 687 F.Supp. 938, 944 (D.N. J., 1987); noch strenger in re Catanella, 583 F.Supp. 1388, 1417 (D.C. Pa., 1984): *"these injuries cannot be causally linked ... as a matter of law"*.

258 In re Merrill Lynch & Co., Inc., 273 F.Supp.2d 351, 362f. (S.D. N.Y., 2003); bestätigt von Lentell v. Merrill Lynch & Co., Inc., 396 F.3d 161, 172ff. (2nd Cir., 2005).

259 Lentell v. Merrill Lynch & Co., Inc., 396 F.3d 161, 177 (2nd Cir., 2005).

Zusammenhang hat der New Yorker *District Court* die Funktion der *loss causation* nochmals und durchaus leidenschaftlich herausgearbeitet:

"The record clearly reveals that plaintiffs were among the high-risk speculators who, knowing full well or being properly chargeable with appreciation of the unjustifiable risks they were undertaking in the extremely volatile and highly untested stocks at issue, now hope to twist the federal securities laws into a scheme of cost-free speculators' insurance. Seeking to lay the blame for the enormous Internet Bubble solely at the feet of a single actor, Merrill Lynch, plaintiffs would have this Court conclude that the federal securities laws were meant to underwrite, subsidize, and encourage their rash speculation in joining a freewheeling casino that lured thousands obsessed with the fantasy of Olympian riches, but which delivered such riches to only a scant handful of lucky winners. Those few lucky winners, who are not before the Court, now hold the monies that the unlucky plaintiffs have lost – fair and square – and they will never return those monies to plaintiffs. Had plaintiffs themselves won the game instead of losing, they would have owed not a single penny of their winnings to those they left to hold the bag"[260].

ee) Kein Widerspruch zur empfehlungsbezogenen Aufklärung

Die vorliegend aus funktionalen Gründen vertretenen grundsätzlichen Bedenken gegen ratgeberbezogene Aufklärungspflichten stehen nicht im Widerspruch zu den auch hier anerkannten empfehlungsbezogenen Aufklärungspflichten. Allerdings wurde auch diesen gegenüber im Bereich des Arzthaftungsrechts bekanntlich Kritik geübt, da der Aufklärungsfehler zumeist nur deshalb mobilisiert werde, weil der Patient mit dem Vorwurf eines Behandlungsfehlers nicht habe durchdringen können[261]. Auch dahinter steht letztlich die Behauptung einer funktionswidrigen Inanspruchnahme eines Haftungsgrundes. Hierzu muss man zunächst einmal sehen, dass die Situation im Bereich des Arzthaftungsrechts insoweit eine besondere ist, als dem Patienten im Bereich der Eingriffsaufklärung eine abweichende Beweislast zugutekommt. Die Beweislast dafür, dass die Eingriffsaufklärung erfolgt ist, trägt im Rahmen der abwehrrechtlichen Konstruktion von vorneherein der Arzt, § 630h Abs. 2 BGB. Abgesehen davon erscheint es kaum gerechtfertigt, im Bereich des Arzthaftungsrechts von „Missbräuchen der Aufklärungspflicht als Haftungsinstrument"[262] zu sprechen. Diese Wahrnehmung des Haftungsgrundes der Aufklärungspflichtverletzung ist vielmehr ein Ausdruck der fortgesetzten Reserviertheit gegenüber selbstbestimmungsfördernder Aufklärung, einer Grundidee, die überhaupt nur mühevoll und nicht zuletzt dank der flankierenden strafrechtlichen Sanktionierung dem überkommenen paternalistischen Arzt-Patientenverhältnis entgegengesetzt werden konnte. Es handelt sich um das zentrale In-

---

[260] In re Merrill Lynch & Co., Inc., 273 F.Supp.2d 351, 358 (S.D. N.Y., 2003).

[261] Vgl. *Kern/Laufs*, Handbuch des Arztrechts, § 59 Rn. 3: „misslicher Umstand"; s. auch *Katzenmeier*, Arzthaftung, S. 357.

[262] *Steffen/Pauge*, Arzthaftungsrecht, Rn. 438.

strument zum Schutz der selbstbestimmten Freiheitsausübung, dessen Inanspruchnahme in jeder Hinsicht berechtigt und damit gerade nicht Ausdruck einer missbräuchlichen Verlagerung des Behandlungsrisikos ist[263]. Immerhin ist man sich auch im Bereich der ärztlichen Beratung heute weitgehend darin einig, dass die Lösung nicht darin liegen kann, „geringere Anforderungen an das Ob und Wie der Aufklärung“ zu stellen[264].

ff) Schlussfolgerungen

Ratgeberbezogene Aufklärungspflichten, namentlich solche, die vergütungsbedingte Interessenkonflikte zum Gegenstand haben, sollen ergänzend zu den empfehlungsbezogenen Aufklärungspflichten dazu dienen, dem Ratnehmer die selbstbestimmte Entscheidung über die sich aufgrund von Interessenkonflikten ergebenden Risiken zu ermöglichen. Solche Aufklärungspflichten sind zur Wahrung der Interessen des Ratnehmers und zur Ermöglichung einer selbstbestimmten Entscheidung allerdings im Grundsatz bereits nur bedingt tauglich. Die Kickback-Rechtsprechung im Bereich des Kapitalanlegerrechts zeigt überdies, dass zivilrechtlich haftungsbewehrte ratgeberbezogene Aufklärungspflichten zu einer Fehlsteuerung der beratungsimmanenten Risiken führen, indem das Verwendungsrisiko, namentlich das Risiko des beratungsgegenständlichen Geschäfts *de facto* in funktionswidriger Weise auf den Ratgeber verlagert wird. Das U.S.-amerikanische Kapitalanlegerrecht mag zwar insoweit nicht als Vorbild gelten, als dass man sich dort mit einer weitergehenden Begrenzung der Vergütungsinteressen von Broker-Dealern gegenüber den Interessen der Anleger vergleichsweise schwer tut. Beachtung verdient demgegenüber die weitaus größere Sensibilität bei der Vermeidung einer systemwidrigen Verlagerung des Spekulationsrisikos auf den Anlageberater. Würde man mit einem teilrechtsgebietsübergreifenden Ausbau ratgeberbezogener Aufklärungspflichten ernst machen, wäre eine vergleichbare Fehlsteuerung zwingend auch in anderen beratungsrelevanten Bereichen die Folge.

Qualifikationsdefizite des Ratgebers werden präventiv auf der Ebene des Berufsrechts adressiert und sowohl reaktiv wie generalpräventiv im Rahmen des berufsbezogenen Sorgfaltsmaßstabs berücksichtigt[265]. Auch für den Umgang mit Interessenkonflikten bedarf es ergänzender zivilrechtlicher Aufklärungspflichten häufig nicht. Abhängig von der Grundentscheidung, in welchem Umfang man die Verdienstinteressen eines Ratgebers den Interessen eines Ratnehmers unterzuordnen sucht, ist die Vermeidung von missbilligten Interessenkonflikten in erster Linie als eine Frage des Berufs- und Aufsichtsrechts zu sehen, das neben den zivilrechtlichen Verhaltenspflichten den Qualitätsstandard

---

263 Vgl. noch eindringlich *Katzenmeier*, Arzthaftung, S. 369 ff.

264 *Steffen/Pauge*, Arzthaftungsrecht, Rn. 438; zustimmend *Kern/Laufs*, Handbuch des Arztrechts, § 59 Rn. 4.

265 Vgl. weitergehend noch § 630h Abs. 4 BGB.

der Beratung entscheidend prägt. Auch im Rahmen des Berufs- und Aufsichtsrechts gilt, dass missbilligte Interessenkonflikte in erster Linie zu unterbinden sind. Die bloße Offenlegung sollte aufgrund der dieser immanenten Ineffektivität dagegen überhaupt nur in Betracht gezogen werden, wenn die Vermeidung nicht oder nur mit unvertretbarem Aufwand möglich ist. Auch den im Grundsatz missbilligten vergütungsbedingten Interessenkonflikten in der Kapitalanlageberatung sollte daher, soweit das sinnvoll und möglich ist, durch Verbotstatbestände begegnet werden. Die Durchsetzung dieser Anforderungen sollte sodann grundsätzlich allein mit den Mitteln des Berufs-, Aufsichts- und Strafrechts erfolgen[266]. Lediglich dort, wo die Instrumentarien des Berufs- und Aufsichtsrechts oder ihre praktische Durchsetzung versagen, erscheint die Annahme und Begründung korrespondierender haftungsbewehrter zivilrechtlicher Offenlegungspflichten angezeigt. Mit Blick auf die beschriebene Fehlsteuerung wäre dann allerdings in Kauf zu nehmen, dass es im Rahmen des Schadensersatzes dann jedenfalls nicht nur um die Kompensation des Ratnehmers sondern zumindest auch um eine zivilrechtliche Sanktionierung des Ratgebers geht.

6. Dokumentation

a) Begriff und Funktionen von Dokumentationspflichten

Die Frage nach einer Pflicht des Ratgebers zur Dokumentation der Beratung zählt zu den in der jüngeren Zeit teilrechtsgebietsspezifisch mit am stärksten diskutierten Fragen. In der Sache geht es zunächst darum, ob der Prozess der Beratung, angefangen mit der Festlegung des Beratungsprogramms, über die Exploration bis hin zur Empfehlung und Aufklärung in einer bestimmten Form niederzulegen ist. Um sich der Frage nähern zu können, sind zunächst einmal vier Funktionen einer solchen Dokumentationspflicht zu unterscheiden, die im konkreten Fall zusammentreffen können. Diese kann dazu dienen, das pflichtgemäße Handeln des beratenden Leistungserbringers zu unterstützen, ist hiernach also gewissermaßen als Arbeitshilfe zu verstehen, so dass sie für den Ratnehmer insoweit keine Rolle spielt. Das wird etwa für die Berufspflicht des Anwalts zur Aktenführung diskutiert[267]. Eine Dokumentation kann auch die Grundlage dafür sein, die Einhaltung von parallel zu den zivilrechtlichen Verhaltenspflichten bestehenden berufs- und aufsichtsrechtlichen Verhaltenspflichten kontrollfähig zu machen, vgl. § 34 Abs. 1 WpHG[268]. Auch kann es

[266] Den Schwerpunkt auf einer Steuerung durch Zivilrecht legt dagegen offenbar *Kumpan*, Der Interessenkonflikt im deutschen Privatrecht, S. 579 ff., 588 ff.

[267] Vgl. *Vollkommer/Greger/Heinemann*, Anwaltshaftungsrecht, § 15 Rn. 15.

[268] S. noch BVerfG NJW 1993, 1751, 1762: Überwachungspflicht des Staates und Beratungsprotokoll bei der Schwangerschaftskonfliktberatung.

darum gehen, die für den Ratnehmer typischerweise besonders nachteilige prozessuale Beweislage zu erleichtern. Die Dokumentationspflicht wird insoweit also nur aus dem prozessualen Kontext heraus verständlich, auf den noch gesondert einzugehen ist[269]. An dieser Stelle ist die Dokumentationspflicht allein deshalb von Interesse, weil sie wiederum in einen Zusammenhang mit der Steuerungsfunktion der Beratung gestellt werden kann. Hiernach soll die Dokumentation ergänzend zur Aufklärung und zur Karenzzeit den Ratnehmer dabei unterstützen, sein Freiheitsrecht selbstbestimmt auszuüben. Auf diesem Wege wird nicht nur einem raschen Vergessen vorgebeugt. Der Ratnehmer hat auch die Möglichkeit, bestehende Lücken oder Fehler etwa im Rahmen der Exploration zu erkennen. Selbstbestimmung bedeutet in diesem Zusammenhang auch, dass der Ratnehmer in die Lage versetzt werden soll, einer interessenwidrigen Beratung auf die Spur zu kommen. Für eine auf der Linie der Steuerungsfunktion liegenden Dokumentationspflicht des Ratgebers versteht es sich, dass dieser die Dokumentation dem Ratnehmer zeitnah im Nachgang zur Beratung und vor Umsetzung der Empfehlung in geeigneter Form zur Verfügung zu stellen hat. Auch müsste die Dokumentation inhaltlich dann vergleichbar der Aufklärung so verständlich sein, dass der individuelle Ratgeber mit ihr etwas anfangen kann.

b) *Anhalt im geltenden Recht*

Das geltende Recht bildet eine der Steuerungsfunktion verschriebene Dokumentationspflicht nur teilweise ab. Die ärztliche Beratungspflicht, bei der die Rechtsgüterbetroffenheit typischerweise am schwersten wiegt, kennt eine solche bereits nicht. Für die Eingriffsaufklärung als Bestandteil der Beratung ist vielmehr im Grundsatz Mündlichkeit vorgeschrieben, § 630e Abs. 2 Nr. 1 BGB. Die dabei eröffnete Bezugnahmemöglichkeit auf „Unterlagen, die der Patient in Textform erhält“, soll lediglich das Aufklärungsgespräch für den aufklärenden Arzt erleichtern und dem Bedürfnis nach einer gewissen Routine bei standardisierten Eingriffen Rechnung tragen. Die im Übrigen bestehende Dokumentationspflicht des Arztes hat aus der Sicht des Patienten nur im Hinblick auf die Beweislast Bedeutung, § 630 Abs. 3 BGB. Insoweit folgerichtig soll der Arzt nicht zu einer Dokumentation verpflichtet sein, die für den Patienten verständlich ist und hat diese auch nicht im Anschluss an die Beratung auszuhändigen. Für die anwaltliche Beratung gilt Vergleichbares, wobei bereits eine Dokumentationspflicht des Anwalts über die berufsrechtliche Pflicht zur Aktenführung hinausgehend überwiegend abgelehnt wird[270]. In diametralem Gegensatz hierzu steht die Rechtslage beim beratenden Vertrieb von Kapitalanlagen und Versicherungsprodukten. Der beratende Versicherer hat, ebenso wie

---

[269] § 13, S. 276 ff. (sub b).
[270] Hierzu noch § 15, S. 378 (sub 7).

der beratende Versicherungsvermittler, den erteilten Rat und die Gründe hierfür grundsätzlich klar und verständlich vor Abschluss des Vertrags in Textform zu übermitteln, §§ 6 Abs. 2, 62 VVG. Vergleichbar hat ein Wertpapierdienstleistungsunternehmen über jede Anlageberatung bei einem Privatkunden ein Protokoll anzufertigen und dem Ratnehmer davon eine Ausfertigung „unverzüglich nach Abschluss der Anlageberatung, jedenfalls vor einem auf der Beratung beruhenden Geschäftsabschluss, in Papierform oder auf einem anderen dauerhaften Datenträger zur Verfügung zu stellen", § 34 Abs. 2a WpHG. Während die versicherungsrechtliche Dokumentationspflicht tatsächlich in den funktionalen Zusammenhang mit der Steuerungsfunktion der Beratung gestellt wird[271], wird für das Kapitalanlegeraufsichtsrecht lediglich die Erleichterung einer prozessualen Durchsetzung der Anlegerrechte betont[272]. Dieser einschränkenden funktionalen Betrachtung wird man mit Rücksicht auf die zeitliche Dimension der Aushändigungspflicht jedoch nicht folgen können.

c) *Stimmigkeit des geltenden Rechtszustandes*

Der geltende Rechtszustand zeigt sich nur in wenigen anderen Fragen auf den ersten Blick derart widersprüchlich, wie im Bereich der selbstbestimmungsfördernden Dokumentationspflicht des Ratgebers. Aus der Perspektive der Rechtsgüterbetroffenheit drängt sich eine teilrechtsgebietsunabhängige Verallgemeinerung zunächst einmal auf. Wenn schon der beratende Versicherer und Anlageberater zur Dokumentation der Beratung verpflichtet sind, dann, so sollte man annehmen, Ärzte und Anwälte erst recht. Bei näherer Betrachtung zeigt sich indes, dass der geltende Rechtszustand tatsächlich einer gewissen Stimmigkeit nicht entbehrt. Hierzu ist es allerdings angezeigt, die verschiedenen, zur Steuerung der Beratung bestehenden Regelungsmechanismen in den Blick zu nehmen. Zunächst einmal spricht vieles dafür, dass der geltende Rechtszustand bei den selbstbestimmungsfördernden Dokumentationspflichten tatsächlich die im Bereich der Umsatzgeschäfte im Vergleich zur Beratung durch Angehörige klassischer Professionen ungleich höhere Gefahr des Ratgebermissbrauchs adressiert. Der beratende Vertrieb von Kapitalanlageprodukten auf dem Finanz- und Versicherungsmarkt ist seinem funktionalen Ursprung nach eine reine Vertriebstechnik im Interesse des Unternehmers. Diesen Ratgebern geht es tatsächlich nicht darum, den Ratnehmer bei der Auswahl eines bedarfsgerechten Produkts zu unterstützen, sondern im Gegenteil darum, Produkte mit einer möglichst hohen Gewinnspanne ungeachtet ihres individuellen Nutzens auf den Markt zu bringen[273]. Dem überkommenen Verständnis vom

---

[271] Deutlich etwa *Pohlmann*, in: Looschelders/Pohlmann, VVG, § 6 Rn. 80; ebenso MünchKommVVG/*Armbrüster*, § 6 Rn. 119.

[272] Vgl. *Fett*, in: Schwark/Zimmer, Kapitalmarktrechtskommentar, § 34 WpHG Rn. 7.

[273] Hierzu bereits § 4, S. 41 (sub a).

Rechtsverhältnis im Interessengegensatz entspricht die bis heute fortgeltende Zurückhaltung gegenüber einer Regulierung der Vergütung, vor allem auch im Bereich der Vergütungshöhe. Die beratende Profession ist dagegen bereits vom historischen Grundansatz her der Beratung zur Fremdinteressenwahrung verschrieben. Zur Eindämmung eines Ratgebermissbrauchs im Bereich der Professionen, der im Lichte der auch hier bestehenden Verdienstinteressen zweifelsohne nicht nur ein theoretisches Problem ist, setzt das Berufs- und Standesrecht vor allem auf ein professionelles Ethos[274]. Exorbitante Gewinnanreize werden zudem von vorneherein stärker durch ein Tarifsystem eingefangen, von dem von Rechts wegen nur eingeschränkt, *de facto* zudem nicht flächendeckend abgewichen werden kann[275]. Vor dem Hintergrund, dass Ratgebermissbrauch im Bereich der beratenden Profession von vorneherein weniger stark angelegt ist und im Übrigen durch Berufs- und Standesrecht bereits und wohl nicht ganz ohne jede Effektivität adressiert wird[276], wäre es verfehlt, eine Übertragung der die Selbstbestimmung fördernden Dokumentationspflicht auf die beratenden Professionen unbesehen zu fordern.

Man muss sich zudem darüber im Klaren sein, dass die Auferlegung einer Dokumentationspflicht, die dem Verständnishorizont des Ratnehmers Rechnung tragen muss und die zeitnah im Anschluss an die Beratung zu erfüllen ist, mit einem im Vergleich zu anderen Ratgeberpflichten und Steuerungsmechanismen weitaus erheblicheren Aufwand einher geht. Der mit einer solchen Dokumentationspflicht erzielbare selbstbestimmungsfördernde Nutzen muss daher in besonderer Weise mit der Einschränkung der beruflichen Freiheiten des Ratgebers abgewogen werden. Für die beratenden Professionen bedeutet dies zweierlei: Es müssten hinreichende Anhaltspunkte dafür vorliegen, dass sich ein Ratgebermissbrauch mit den bestehenden Steuerungsmechanismen nicht eindämmen lässt und dass andere, weniger aufwandsträchtige Wege keinen ergänzenden Erfolg versprechen. Vor diesem Hintergrund ist – bei aller Offenheit der zukünftigen Entwicklung und Bewertung – vorerst von einer Verallgemeinerung der selbstbestimmungsfördernden Dokumentationspflicht in der Beratung Abstand zu nehmen. Das Aufwandsargument wiegt nicht notwendig dort weniger schwer, wo die Auferlegung von Dokumentationspflichten aus anderen Gründen, etwa zur Flankierung notwendiger beweisrechtlicher Erleichterungen des Ratgebers, ohnehin bereits erfolgt ist. Man wird auch in diesen Fällen zu berücksichtigen haben, dass es vom Aufwand her durchaus einen erheblichen Unterschied macht, in welchem Zeitpunkt der Ratgeber eine Dokumentationspflicht zu erfüllen hat. In der ärztlichen Praxis, namentlich im Krankenhausdienst, wird es etwa bereits als erhebliche Belastung gesehen, die

274 Hierzu noch eingehender § 14, S. 311 ff. (sub b).

275 Hierzu am Beispiel des Anwaltsrechts § 15, S. 332 f. [sub (2)].

276 Soweit es das Standesethos betrifft, sind zu hohe Erwartungen allerdings nicht gerechtfertigt, vgl. noch § 14, S. 311 ff. (sub b).

Patientenakte „in unmittelbarem zeitlichen Zusammenhang mit der Behandlung" zu führen, § 630f Abs. 1 BGB. Die mit der Annahme einer selbstbestimmungsfördernden Dokumentationspflicht notwendig einhergehende Vorverlagerung hätte aufgrund des damit verbundenen Eingriffs in die bestehenden Arbeitsabläufe durchaus eine erhebliche Steigerung des Beratungsaufwands zur Folge.

7. Karenzzeit

a) Begriff, Funktion und Anhalt im geltenden Recht

Bei der Karenzzeit geht es um die Frage, ob zwischen dem Abschluss der Beratung und der Inanspruchnahme der empfohlenen Handlungsoption durch den Ratnehmer die Bindung an eine Wartezeit besteht. Aus funktionaler Sicht geht es wiederum darum, die selbstbestimmte Freiheitsausübung des Ratnehmers zu ermöglichen. Mit der empfehlungsbezogenen Aufklärung allein wäre praktisch wenig gewonnen, wenn der Ratnehmer seine Entscheidung unter Zeitdruck treffen würde oder aufgrund eines entstehenden Handlungsdrucks treffen müsste. Vor diesem Hintergrund stellt sich die Frage, ob die Beratungspflicht bzw. die Verhaltensanforderungen im Falle tatsächlicher Beratung allgemein durch eine Karenzzeit zu flankieren ist.

Eine (lediglich) auf die Eingriffsaufklärung bezogene positiv-rechtliche Formulierung hat die Karenzzeit unlängst im Rahmen der Kodifikation des ärztlichen Behandlungsvertrags erfahren. Hiernach hat die Eingriffsaufklärung so rechtzeitig zu erfolgen, dass der Patient seine Entscheidung über die Einwilligung wohlüberlegt treffen kann, § 630e Abs. 2 Nr. 2 BGB. Das entspricht der bisherigen Rechtsprechung[277]. Einen ebenfalls eingeschränkten und etwas weniger deutlichen Ausdruck findet dieser Regelungsgedanke etwa auch im Kapitalmarktaufsichtsrecht. Hiernach ist dem Kunden im Falle der Anlageberatung „rechtzeitig" vor dem Abschluss eines Geschäfts über Finanzinstrumente ein kurzes und leicht verständliches Informationsblatt über jedes Finanzinstrument zur Verfügung zu stellen, auf das sich eine Kaufempfehlung bezieht, § 31 Abs. 3a WpHG. Im Bereich des Versicherungsrechts beschränkt sich das Gesetz demgegenüber darauf, dass die Erteilung des Rats und die Übermittlung der Gründe für diesen „vor dem Abschluss des Vertrags" zu erfolgen hat, §§ 6 Abs. 2, 62 VVG.

---

277 Vgl. nur BGH NJW 2003, 2012, 2013; NJW 2000, 1784, 1787; NJW 1998, 2734; NJW 1995, 2410, 2411; NJW 1994, 3010 f.; NJW 1992, 2351; s. auch Palandt/*Weidenkaff*, BGB, § 630e Rn. 10; zum Ganzen kritisch *Hoppe* NJW 1998, 782.

b) Karenzeit als Notwendigkeit, Karenzzeit als Problem

Die allgemeingültige Formulierung eines Karenzzeiterfordernisses liegt vor dem Hintergrund der funktionalen Betrachtung durchaus nahe. Sowohl der Gegenstand der Beratung wie auch das Maß der Rechtsgüter- und Interessenbetroffenheit können dem Grunde nach insoweit kaum einen Unterschied machen. Denn ohne eine Sicherung zur Vermeidung eines untunlichen Entscheidungsdrucks droht die Steuerungsfunktion der Beratung als solche unabhängig von dem jeweils betroffenen Teilrechtsgebiet leer zu laufen. Für den beratenden Vertrieb von Kapitalanlagen und Versicherungen stellt sich das Problem ungleich eindringlicher, weil solche Ratgeber aufgrund ungezügelter Verdienstinteressen häufig auf einen raschen Abschluss drängen werden. Die inhaltliche Ausgestaltung ist wiederum einer gewissen Typisierung zugänglich, muss im Einzelfall und abhängig vom jeweils betroffenen Rechtsgut und Interesse allerdings Raum für einen individuellen Mehrbedarf lassen.

Während die Karenzzeit aus funktionaler Perspektive auf den ersten Blick als Notwendigkeit in der Beratung erscheint, kann sich ihre Wirkung allerdings durchaus ins Gegenteil verkehren, d.h. der selbstbestimmten Freiheitsausübung hinderlich sein. Diskutiert wird dieses Problem in der arzthaftungsrechtlichen Literatur zur Eingriffsaufklärung, wo das Karenzzeiterfordernis als solches bisher die größte Bedeutung hat[278]. Mit zunehmender zeitlicher Distanz zwischen Aufklärung und Eingriff könne die anfängliche Informiertheit des Patienten verloren gehen, die Einwilligung „entaktualisiert" sein[279]. Psychologische Studien hätten in diesem Zusammenhang ergeben, dass Patienten bereits einen Tag nach dem Aufklärungsgespräch noch lediglich ein Drittel von dem erinnern würden, was der Arzt ihnen zuvor mitgeteilt hatte[280]. Dieser Befund leuchtet intuitiv unmittelbar ein und lässt sich verallgemeinern.

Allerdings wird man zu berücksichtigen haben, dass das Recht weniger bei der Sicherung des Ob einer Karenzzeit als bei ihrer zeitlichen Begrenzung an Grenzen stößt. Es erscheint sachgerecht, die Verantwortung für die Bewahrung vor den negativen Wirkungen einer zu langen Karenzzeit im Grundsatz eher dem Ratnehmer zuzuweisen. Während der Ratnehmer vor einem durch den Ratgeber erzeugten Entscheidungsdruck bewahrt werden muss, ist es im Nachgang zur Aufklärung Sache des Ratnehmers, das Für und Wider des Befolgens der Empfehlung zeitnah intern abzuwägen und seine Entscheidungszuständigkeit auszuüben. So wenig wie man den Ratnehmer zu einer Auseinandersetzung mit dem Aufklärungsinhalt zwingen kann, so wenig kann man ihn dazu veranlassen, sich zeitnah mit diesem zu befassen. Lediglich dort, wo wie im Bereich der ärztlichen Beratung eine besonders erhebliche Rechtsgüterbetrof-

278 Überblick bei *Katzenmeier*, Arzthaftung, S. 364 f.

279 *Deutsch* NJW 1979, 1905, 1907; *Hoppe* NJW 1998, 782, 785.

280 *Deutsch* NJW 1979, 1905, 1907.

fenheit im Raum steht, wäre es daher notwendig, bei überlangem Zeitablauf die Wiederholung der Eingriffsaufklärung zu erwägen.

c) Karenzzeit bei isolierter Beratung?

Die allgemeingültige Formulierung der Karenzzeit stößt ungeachtet dessen an praktische Grenzen. Ihre Durchsetzung ist in den Fällen, in denen der Ratgeber und der Erbringer der empfohlenen Leistung identisch sind bzw. der Ratgeber, etwa als Abschlussvertreter, auch für den Leistenden agiert, ohne weiteres möglich. Hat der Ratgeber dagegen mit der Erbringung der empfohlenen Leistung nichts zu tun, wird man sowohl diesem wie auch dem Leistenden die Nichteinhaltung einer Karenzzeit schwerlich zum Vorwurf machen können. Im Bereich der ärztlichen Beratung stellt sich das Problem lediglich im Hinblick auf die Eingriffsaufklärung so nicht. Da die Einwilligung des Patienten in die Behandlungsmaßnahme ohne Einhaltung der Karenzzeit stets unwirksam ist, ist der Leistende, der die Aufklärung nicht selbst vorgenommen hat[281], bereits in eigener Person an deren Einhaltung gebunden. Diese Besonderheit erklärt sich aufgrund der Abwehrfunktion des Erfordernisses einer aufgeklärten Einwilligung und findet in anderen beratungsrelevanten Teilrechtsgebieten keine Entsprechung. Allerdings wird das Problem in anderen Fällen praktisch zumeist dadurch abgemildert werden, dass zwischen der Beratung und der Inanspruchnahme der empfohlenen Leistung bei einem Drittanbieter typischerweise ein gewisser Zeitraum liegen wird. Die Trennung von Beratung und Leistung führt insoweit praktisch zu vergleichbaren Wirkungen.

Dass das Erfordernis der Karenzzeit, ebenso wie die empfehlungsbezogene Aufklärung selbst, bei unaufschiebbaren Maßnahmen zurücktreten muss, bedarf keiner Ausführung[282]. Aus der Perspektive des Ratnehmers kann das Erfordernis schließlich auch unterhalb der Schwelle einer objektiven Unaufschiebbarkeit von Nachteil sein, nämlich immer dann, wenn dieser ein sonstiges Interesse daran hat, die empfohlene Leistung unverzüglich in Anspruch zu nehmen. Dem wird im Rahmen der Disponibilität nachzugehen sein[283]. Da sich die Karenzzeit nicht lediglich auf die Aufklärung bezieht, sondern die Beurteilung der Empfehlung selbst ermöglichen soll, kommt es allerdings nicht darauf an, ob der Ratnehmer im Einzelfall überhaupt aufklärungsbedürftig ist. Der bereits aufgeklärte Ratnehmer wird indes unter Umständen eine geringere Überlegungszeit benötigen.

---

[281] Vgl. § 630e Abs. 2 Nr. 1 BGB.
[282] Vgl. § 630e Abs. 3 BGB.
[283] § 13, S. 251 ff. (sub VIII).

VI. *Pflichtverletzung*

1. Pflicht zur Beratung

Ein zur Beratung verpflichteter Ratgeber verletzt seine Beratungspflicht, wenn er den im konkreten Fall geltenden Anforderungen an eine pflichtgemäße Exploration nicht umfänglich genügt. Entsprechendes gilt, wenn der Ratgeber eine unvertretbare Handlungsempfehlung erteilt oder den Ratnehmer pflichtwidrig gar nicht, unvollständig, unrichtig oder nicht in der gebotenen Art und Weise aufklärt, eine gebotene Karenzzeit zur Leistungserbringung nicht einhält oder eine selbstbestimmungsfördernde Dokumentationspflicht verletzt.

Unterlässt ein zur Beratung verpflichteter Ratgeber die Abgabe einer Empfehlung, liegt allein darin nicht notwendig eine Verletzung der Beratungspflicht. Die sich vielleicht intuitiv zunächst einmal aufdrängende Annahme, im Falle einer Beratungspflicht müsse Beratung stets und immer mit einer Empfehlung enden, ist bei Lichte besehen unzutreffend. Wenn das tatsächlich der Fall wäre, läge es noch weitaus näher, die Beratungspflicht als eine typischerweise auf die Herbeiführung eines spezifischen Erfolgs gerichtete Pflicht zu begreifen, was im Übrigen auch die typisierende Einordnung der Beratungspflicht als Werkleistung implizieren würde[284]. Es ist aber zu berücksichtigen, dass dem Ratgeber im Grundsatz ein Bewertungs- und Prognosespielraum zusteht, der nach Maßgabe der vorgestellten Wertungen und im Übrigen teilrechtsgebietsabhängig und unter Berücksichtigung des konkreten Einzelfalls zu konkretisieren ist. Auf der Grundlage des dem Ratgeber zustehenden Ermessens handelt dieser nicht nur dann pflichtgemäß, wenn er eine vertretbare Handlungsempfehlung tatsächlich abgibt, sondern eben auch dann, wenn er es im konkreten Fall vertretbar überhaupt unterlässt, eine bestimmte Empfehlung zu erteilen. In anderen Fällen mag dem Ratgeber lediglich ein Auswahlermessen, nicht aber auch ein Handlungsermessen zustehen, d.h. es wäre lediglich vertretbar, eine von mehreren bedarfsgerechten Handlungsalternativen zu empfehlen, nicht aber völlig untätig zu bleiben.

Der zur Beratung verpflichtete, aber gänzlich untätig bleibende Ratgeber wird von seinen Aufklärungspflichten selbst dann nicht frei, wenn ihm das Unterlassen der Abgabe einer Handlungsempfehlung nicht vorgeworfen werden kann, weil das Absehen von der Inanspruchnahme einer statusverändernden Handlungsalternative im konkreten Fall vertretbar war. In diesem Fall bleibt der selbständige Vorwurf, den Ratnehmer nicht pflichtgemäß über bestehende Handlungsalternativen aufgeklärt zu haben.

---

[284] Hierzu eingehend § 13, S. 148 ff. (sub b).

2. Beratungssorgfaltspflicht

In den Fällen der Beratungssorgfaltspflicht wird das beratungstypische Pflichtenprogramm dagegen überhaupt erst mit der Abgabe einer konkreten Handlungsempfehlung aktiviert. Ein Abraten löst demgegenüber in diesem Zusammenhang jedenfalls nach bisherigem Verständnis beratungstypische Verhaltensanforderungen nicht aus. Da die Exploration der Handlungsempfehlung aber notwendig vorausgehen muss, wird das vorhergehende Verhalten auf diese Weise rückwirkend dem Verhaltensstandard unterworfen. Soweit es die Empfehlung betrifft, stellt sich in diesem Rahmen lediglich die Frage, ob die abgegebene konkrete Handlungsempfehlung vertretbar war. Mangels einer Pflicht zur Beratung handelt dieser Ratgeber dagegen unter keinen Umständen pflichtwidrig, wenn er die Abgabe einer konkreten Handlungsempfehlung unterlässt, wohl aber, wenn er den Ratnehmer mit Rücksicht auf die abgegebene Empfehlung nicht pflichtgemäß aufklärt.

3. Maßgeblicher Beurteilungszeitpunkt

Ob die Empfehlung unter Berücksichtigung des dem Ratgeber zuzubilligenden Beurteilungs- und Prognosespielraums bedarfsgerecht war, beurteilt sich, ebenso wie die Richtigkeit der Exploration oder die der empfehlungsbegleitenden Aufklärung aus der *ex-ante*-Perspektive. Das Risiko, dass sich die Empfehlung im Nachhinein als nicht vertretbar erweist, trägt somit der Ratnehmer[285]. Im Rahmen der richterlichen Überprüfung der Empfehlung besteht daher die auch in anderen Zusammenhängen bekannte Gefahr eines Rückschaufehlers (*hindsight bias*), also die aus der Kenntnis der späteren Entwicklung resultierende Gefahr einer Fehlbeurteilung[286].

4. Berufsbezogene Pflichtenintensität und berufsbezogener objektiv-abstrakter Sorgfaltsmaßstab

Die im Rahmen der Beratungspflicht bestehenden Verhaltensanforderungen sind im Rahmen der hier interessierenden professionellen und absatzbegleitenden Beratung berufsspezifisch zu konkretisieren. Entsprechendes gilt für den objektiv-abstrakten Fahrlässigkeitsmaßstab des § 276 BGB. Das folgt aus dem

---

[285] Vgl. für die Kapitalanlageberatung nur BGH NJW 2006, 2041; NJW 2011, 1949, 1950. Diesen Grundsatz anerkannte bereits das Allgemeine Preußische Landrecht von 1794 im Bereich der kaufmännischen Empfehlung, vgl. § 707 II 8 ALR: „Desgleichen [d.h. der Empfehlende ist von der Vertretung frey] alsdann, wenn die Unsicherheit oder Unzuverläßigkeit bey dem Empfohlnen erst nach der geschehenen Empfehlung entstanden ist"; abgedruckt bei *Hattenhauer*, Allgemeines Landrecht für die Preußischen Staaten von 1794, S. 481.

[286] Hierzu grundlegend *Fischhoff,* 1 Journal of Experimental Psychology, 288 ff. (1975); *Fischhoff/Beyth*, 13 Organizational Behavior and Human Performance, 1 ff. (1975).

allgemeinen Grundsatz, dass die Sorgfaltsanforderungen unter Berücksichtigung des jeweiligen Verkehrskreises zu konkretisieren sind[287]. Dabei geht es nicht allein um das allgemeine Berufsbild. Vielmehr sind auch innerhalb eines solchen unter Umständen Differenzierungen angezeigt. Gegenüber einem Facharzt geringere Anforderungen wird man an einen Assistenzarzt zu stellen haben[288], ebenso wie ein Hersteller, den ausnahmsweise eine Beratungspflicht trifft, höheren Anforderungen zu unterwerfen ist, als ein bloßer Weiterverkäufer[289].

Hinzuweisen ist auf den funktionalen Zusammenhang zwischen den berufsspezifisch konkretisierten zivilrechtlichen Sorgfaltsanforderungen und den berufs- und aufsichtsrechtlichen Zulassungshürden. Letztere stellen präventiv sicher, dass ein in einer bestimmten Berufsrolle agierender Ratgeber einen Mindeststandard an Vor- und Weiterbildung erfüllt. Im Rahmen der zivilrechtlichen Verhaltensanforderungen setzt sich diese Anforderung fort. Die Gestaltungskraft des Zivilrechts im Verhältnis zum Aufsichts- und Berufsrecht ist dabei nicht zu unterschätzen. Während etwa die Zulassungsanforderungen für den Rechtsanwalt insoweit lediglich an das Bestehen zweier juristischer Examina anknüpfen, schwebt dem geltenden zivilrechtlichen Haftungsmaßstab ein geradezu perfekter Rechtsanwalt vor. Denn nach gefestigter Rechtsprechung hat der Rechtsanwalt nicht nur jeden Rechtsirrtum zu vertreten[290]. Von ihm wird überdies die volle Kenntnis der Rechtslage einschließlich der höchstrichterlichen Rechtsprechung verlangt, notfalls, indem er sich die für die Beurteilung des jeweiligen Falles notwendige Rechtskenntnis erst verschafft[291].

5. Mehrheiten von Beratungspflichtverletzungen

Es wurde bereits darauf hingewiesen, dass das Verständnis der Beratungspflicht als einheitliche Verhaltenspflicht der Annahme mehrerer selbständiger Verletzungen nicht entgegensteht[292]. Solche müssen sich nicht einmal notwendig auf verschiedene Elemente der Beratung beziehen. So kann ein zur Beratung verpflichteter Ratgeber etwa sowohl eine unvertretbare Handlungsempfehlung abgegeben als auch die pflichtgemäße Abgabe einer abweichenden indizierten Handlungsempfehlung unterlassen haben. Mehrere selbständige Aufklärungsfehler kommen sowohl im Rahmen der Aufklärung über den

---

[287] Statt vieler MünchKommBGB/*Grundmann*, § 276 Rn. 59; Palandt/*Grüneberg*, BGB, § 276 Rn. 15, 17.

[288] Vgl. nur OLG Düsseldorf VersR 2005, 230, 231.

[289] BGH NJW 2004, 2301, 2302.

[290] BGH VersR 1959, 638, 641; OLG Koblenz NJW 1989, 2699; s. aber BGH NJW 2006, 501, 502.

[291] BGH NJW 1978, 1486 f.; NJW 1982, 96, 97; zur Informationsobliegenheit bzgl. der höchstrichterlichen Rechtsprechung s. BGH NJW 2001, 675, 678; NJW 2009, 987.

[292] Vgl. § 13, S. 158 f. (sub 1).

Empfehlungsgegenstand als auch im Rahmen einer gebotenen Aufklärung über Handlungsalternativen in Betracht. Die praktische Bedeutung mehrerer selbständiger Pflichtverletzungen liegt zum einen in den möglichen unterschiedlichen Rechtsfolgen[293], zum anderen im Bereich der Verjährung. Denn der kenntnisabhängige Verjährungsbeginn ist nach der Rechtsprechung des BGH für jeden Pflichtenverstoß gesondert zu prüfen[294]. Auch kann sich die Beweislage im konkreten Fall unterschiedlich darstellen[295].

VII. *Rechtsbehelfe*

1. Überblick

Das Zivilrecht knüpft an die Verletzung der Beratungspflicht unterschiedliche Rechtsfolgen. Im Zentrum der bisherigen Diskussion steht teilrechtsgebietsunabhängig die Pflicht des Ratgebers zum Ersatz des aus der Beratungspflichtverletzung entstandenen Schadens. Damit ist das geltende Rechtsfolgenrecht allerdings nicht umfassend beschrieben. Die weiteren Ausführungen beschränken sich, der praktischen Bedeutung entsprechend, auf das allgemeine und besondere Schuld(vertrags)recht. Die Geschäftsführung ohne Auftrag und das Deliktsrecht sollen dagegen weitgehend ausgeblendet bleiben.

Zu differenzieren ist nach der Rechtsnatur der Beratungspflicht. Mit Blick auf die Pflicht zur Beratung, die i. S. v. § 241 Abs. 1 BGB als vertragliche Haupt- oder Nebenleistung geschuldet wird, stellt sich zunächst einmal die Frage nach einer Pflicht des Ratgebers zur (unentgeltlichen) Nacherfüllung bzw. Reparatur. Sodann ist der Frage nachzugehen, unter welchen Voraussetzungen der Ratnehmer Anspruch auf Rückzahlung des Beratungshonorars hat bzw. von dem entsprechenden Anspruch des Ratgebers befreit wird. Im Zentrum steht sodann die Frage nach Schadensersatzansprüchen. Denkbar wäre es schließlich, dem Ratnehmer allgemein im Falle einer pflichtwidrigen Beratung oder anknüpfend nur an eine Verletzung des Karenzzeit- und Dokumentationserfordernisses ergänzend oder anstelle eines Schadenersatzanspruchs ein gesetzliches Lösungsrecht von einem auf der Grundlage der Empfehlung geschlossenen Vertrag zuzubilligen. Auch die Verletzung der Beratungssorgfaltspflicht kann die Beendigung eines bestehenden Vertragsverhältnisses rechtfertigen. Im Übrigen stellt sich insoweit in erster Linie die Frage nach Schadensersatzansprüchen[296].

---

[293] Zur Differenzhypothese s. § 13, S. 217 (sub bb).

[294] Hierzu § 13, S. 246 (sub ff).

[295] Zum Beweisrecht eingehend § 13, S. 269 ff. (sub XI).

[296] Zur Gewinnabschöpfung als zivilrechtliche Reaktion auf die Verletzung der Interessenwahrungspflicht im Besonderen s. eingehender *Kumpan*, Der Interessenkonflikt im deutschen Privatrecht, S. 588 ff.

2. Beratungspflicht als vertragliche Leistungspflicht

a) Anspruch auf Nacherfüllung bzw. Reparatur?

Eine nach den vorstehenden Grundsätzen zur Beratungsfehlerlehre eingetretene Verletzung der Beratungsleistungspflicht wird einen Schadenseintritt nicht immer unmittelbar nach sich ziehen. Unter Umständen wird der Ratgeber tatsächlich noch die Möglichkeit haben, den Eintritt eines Schadens durch die Berichtigung des Beratungsfehlers auszugleichen. Es stellt sich daher die Frage, ob der Ratnehmer Anspruch auf eine solche berichtigende Beratung in Gestalt eines Anspruchs auf Nacherfüllung oder Reparatur hat, und weitergehend ob dem Ratgeber korrespondierend ein „Recht zur zweiten Andienung" in dem Sinne zusteht, dass weitergehende Rechtsbehelfe des Ratnehmers durch einen Vorrang der Nacherfüllung gesperrt sind.

Nach dem zur Rechtsnatur der Beratungspflicht Gesagten handelt es sich nach der hier vertretenen typisierenden Auffassung stets um eine Pflicht mit dienstvertraglichem Charakter[297], die gegebenenfalls Bestandteil eines Geschäftsbesorgungsverhältnisses oder Werkvertrags mit weitergehenden Leistungspflichten sein kann. Anders als das Kauf- und Werkvertragsrecht kennen das Dienstvertragsrecht bzw. das Recht der Geschäftsbesorgung einen der Nacherfüllung vergleichbaren Anspruch auf „Gutarbeit" oder Reparatur nicht[298]. Folgerichtig hat der Ratnehmer in diesen Fällen keinen Anspruch auf Nacherfüllung in Gestalt der berichtigenden Beratung.

Allerdings hat der BGH in einer – soweit ersichtlich – vereinzelt gebliebenen Entscheidung aus dem Jahr 1962 ausgesprochen, dass ein rechtsgeschäftlich erteilter falscher Rat zur Richtigstellung verpflichte, sobald der Irrtum für den Ratgeber erkennbar wird[299]. Im konkreten Fall hatte der Beklagte als vergüteter „Helfer in Buchführungs- und Steuersachen" auch die Beratung des Klägers übernommen und diesem empfohlenen, auf die Erlangung bestimmter Steuervorteile hinzuwirken, weil der Beklagte davon ausging, dass eine einkommensteuerrechtliche Abschreibungsmöglichkeit im konkreten Fall gegeben sei. Die Empfehlung war objektiv unvertretbar. In diesem Zusammenhang hatte der BGH das zwischen Ratgeber und Ratnehmer bestehende Rechtsverhältnis ausdrücklich als Dienstvertrag eingeordnet. Bei näherem Hinsehen wird indes durch diese Entscheidung der zuvor formulierte Grundsatz nicht in Frage gestellt. Im konkreten Fall handelt es sich nämlich um einen Fall der „Dauerberatung". Die Pflicht des Ratgebers zur Richtigstellung eines fehlerhaft erteilten Rates folgt in einem solchen Fall gerade nicht aus der „mangelhaften" Beratungsleistung, sondern findet ihre Grundlage in der fortgesetzten Leistungs-

[297] § 13, S. 149 ff. (sub bb).

[298] Vgl. statt aller Staudinger/*Richardi u. Fischinger*, BGB, Neubearb. 2011, § 611 Rn. 718.

[299] BGH WM 1962, 932, 933.

pflicht zur Beratung[300]. Es wäre mit dem Wesen der Dauerberatung nämlich nicht zu vereinbaren, wenn man diese nur auf beratungsrelevante Sachverhalte erstrecken würde, die ihre Ursache außerhalb eines pflichtwidrigen Vorverhaltens des Ratgebers haben.

Vergleichbares gilt für das gegenständlich umfassendere allgemeine Beratungsmandat. Denn in solchen Fällen ist der Leistende umfassend dazu verpflichtet, die Interessen des Leistungsempfängers wahrzunehmen, so dass Nachteile für diesen möglichst vermieden werden. Droht in einem solchen Rahmen infolge einer Pflichtverletzung ein Schaden, ist der Leistende dazu verpflichtet, im Rahmen des Zumutbaren zusätzliche honorarfreie Leistungen zu erbringen, um den Leistungsempfänger vor den nachteiligen Folgen des pflichtwidrigen Verhaltens zu bewahren. Besteht das pflichtwidrige Verhalten in einer fehlerhaften Beratung und lässt sich der drohende Schaden durch eine zusätzliche Beratung vermeiden, kommt es auch in diesem Fall faktisch zu einer Reparaturpflicht des Ratgebers[301]. Klarzustellen ist, dass es sich insoweit um einen allgemeinen Gedanken handelt, der seine besondere Berechtigung wiederum aus der Natur des (Beratungs-)Rechtsverhältnisses bezieht. Dementsprechend können neben einer erneuten Beratung auch andere reparierende Handlungen gefordert sein. Vergleichbar dem zur Dauerberatung Gesagten handelt es sich bei der Pflicht zur berichtigenden Nachberatung auch in diesen Fällen nicht um eine Nacherfüllungspflicht im kauf- oder werkvertragsrechtlichen Sinne.

Auf eine weitere Eigentümlichkeit wurde bereits hingewiesen[302]: Sofern die Beratungspflicht im konkreten Fall dazu dient, eine als werkvertragsrechtlich zu qualifizierende Leistung bedarfsgerecht zu erbringen, schlägt der werkvertragsrechtliche Vorrang der Nacherfüllung unter Umständen auf die Beratungsleistung durch. Das wurde am Beispiel der Vollarchitektur erörtert. Ein Architekt, der eine mangelhafte Bauplanung vorlegt, muss zunächst gem. § 635 BGB auf Nacherfüllung in Anspruch genommen werden. Beruht der Planungsmangel auf einer fehlerhaften Beratung des Bauherrn und ist die Beseitigung des Mangels nicht ohne die erneute Beratung möglich, muss sich der Ratnehmer in konkreten Fall also zunächst eine entsprechende „Gutarbeit“ des Ratgebers gefallen lassen. Der werkvertragsrechtliche Anspruch auf Nacherfüllung richtet sich daher unter Umständen auch auf Nachberatung. An der Rechtsnatur der Beratungspflicht und dem Umstand, dass der Ratgeber Nacherfüllung nicht schuldet, ändert auch diese Besonderheit unmittelbar nichts.

---

[300] Vgl. hierzu allgemein Staudinger/*Richardi u. Fischinger*, BGB, Neubearb. 2011, § 611: „Entspricht das Arbeitsergebnis nicht den vom Arbeitgeber gestellten Anforderungen, so kann dieser kraft seines Direktionsrechts die Beseitigung der Mängel verlangen; dem Arbeitnehmer steht aber auch für die Zeit, die er zur Nachbesserung braucht, Lohn zu“; im Anschluss an *Hueck/Nipperdey*, Lehrbuch des Arbeitsrechts, Bd. I, S. 227.

[301] Vgl. für das allgemeine anwaltliche Mandat BGH NJW 2000, 3560, 3562; NJW 1994, 1472, 1473.

[302] § 13, S. 151 f. (sub bb).

b) Anspruch auf Rückzahlung des Beratungshonorars

aa) Honorar auch für schlechte Beratung als Grundsatz

Der Ratgeber, der die geschuldete Beratungsleistung nicht erbringt, verliert im Fall der Unmöglichkeit seinen Anspruch auf das Beratungshonorar, § 326 Abs. 1 BGB. Dagegen bleibt der auf die Beratungsdienstleistung entfallende Vergütungsanspruch auf der Grundlage der für den Dienst- und Geschäftsbesorgungsvertrag allgemein geltenden Regeln von einer (schuldhaften) Schlechterfüllung der Beratung unberührt[303]. Denn das Dienstvertragsrecht sieht, im Gegensatz etwa zum Werkvertragsrecht, ein Gewährleistungsrecht und folglich einen gesetzlichen Anspruch auf Minderung des synallagmatischen Vergütungsanspruchs nicht vor. Auch im Wege der Beendigung des Dienstvertrags lässt sich ein Anspruch auf Rückzahlung des Honorars in solchen Fällen grundsätzlich nicht erreichen. Denn die Beendigung von Dienstverhältnissen richtet sich grundsätzlich nach § 626 BGB, so dass nur mit Wirkung für die Zukunft gekündigt werden kann.

Aus den Besonderheiten des Dienstvertragsrechts ziehen Rechtsprechung und überwiegende Literatur überdies schadensersatzrechtliche Konsequenzen. Während der Dienstberechtigte in den Fällen einer gänzlichen oder teilweisen *Nichtleistung* eine bereits gezahlte Vergütung unproblematisch als Mindestschaden ersetzt verlangen kann[304], soll die Geltendmachung eines *mangelbedingten* Minderwerts der Dienstleistung und damit auch einer fehlerhaften Beratungsleistung aus normativer Sicht ausscheiden[305]. Ein Rechtsanwalt soll daher trotz der Schlechterfüllung eines Anwaltsdienstvertrags grundsätzlich die ihm geschuldeten Gebühren verlangen können[306].

Ein anwaltlicher Honoraranspruch kann nach der Rechtsprechung des BGH allerdings entfallen, sofern die in Rede stehende Honorarverbindlichkeit „Bestandteil des aus einer positiven Vertragsverletzung resultierenden Schadens ist"[307]. Das ist richtigerweise dahin zu verstehen, dass eine anwaltliche Vergütungsforderung nur dann einen ersatzfähigen Schaden darstellt, wenn diese erst auf der pflichtwidrigen Beratung beruhend eingegangen bzw. begründet

---

303 Vgl. zur hM nur Staudinger/*Richardi u. Fischinger*, BGB, Neubearb. 2011, § 611 Rn. 718, 721; *Franzen*, in: Dauner-Lieb/Langen, BGB, Bd. 2/2, § 611 Rn. 4; *Kilian*, in: Koch/Kilian, Anwaltliches Berufsrecht, S. 157 f.; dezidiert a.A. *Lessmann*, in: FS Wolf, S. 395, 418: nicht nachbesserbare Schlechtleistung führt zur Entgeltminderung.

304 Vgl. BGH NJW-RR 1988, 420 f.

305 BGH NJW 2010, 1364, 1369; s. allgemein auch Staudinger/*Richardi u. Fischinger*, BGB, Neubearb. 2011, § 611 Rn. 718; eingängig auch *Lessmann*, in: FS Wolf, S. 395, 415 ff.

306 BGH NJW 2010, 1364, 1369; NJW 2004, 2817; s. auch *Vollkommer/Greger/Heinemann*, Anwaltshaftungsrecht, § 20 Rn. 33.

307 BGH NJW 2010, 1364, 1369.

wurde[308]. Insoweit handelt es sich nicht um eine Ausnahme, sondern eine Bestätigung des Grundsatzes „Lohn auch für schlechte Leistung".

Die geltende Systematik und ihre schadensrechtlichen Konsequenzen lassen sich allgemein und für die Beratung im Besonderen gewiss kritisieren[309]. Es ist in der Tat nicht ohne weiteres einzusehen, dass ein Dienstverpflichteter für schuldhaft schlecht geleistete Dienste stets seinen Lohn erhalten soll. Mit Blick auf die Beratung stört dieser Umstand besonders, weil es sich insoweit um eine Dienstleistung handelt, die nach Lage der Dinge „für sich gesehen einen Erfolg hervorbringen" soll[310]. Wie bei jeder rigiden Rechtsregel ist es daher auch in diesem Zusammenhang angezeigt, Ausnahmetatbestände nicht unbesehen von der Hand zu weisen und im Rahmen ihrer Auslegung Raum für eine wertungsgerechte Korrektur im Einzelfall fruchtbar zu machen.

bb) Rückwirkender Fortfall des Vergütungsanspruchs, § 628 BGB

Für die Kündigung eines Beratungsvertrags bedarf es gem. § 626 BGB grundsätzlich eines wichtigen Grundes. Eine Beratungspflichtverletzung berechtigt daher zur Kündigung ausnahmsweise nur, wenn dem Ratnehmer auf dieser Grundlage unter Berücksichtigung aller Umstände des Einzelfalls und unter Abwägung der Interessen beider Vertragsteile die vertragsgemäße Fortsetzung des Dienstverhältnisses nicht zugemutet werden kann. Ist das im Einzelfall anzunehmen, wirkt die Kündigung nur für die Zukunft und lässt einen auf die bisherige Beratung entfallenden Honoraranspruch unberührt.

Eine wesentliche Ausnahme vom Erfordernis des wichtigen Grundes statuiert § 627 BGB für den Fall, dass Dienste höherer Art zu leisten sind, die aufgrund besonderen Vertrauens zu übertragen werden pflegen. Dabei handelt es sich typischerweise um die Dienste von Angehörigen der freien Berufe, so dass die Regelung im Bereich der Beratung von erheblicher praktischer Bedeutung ist[311]. Unter den besonderen Voraussetzungen des § 628 Abs. 1 S. 2 BGB kann der Honoraranspruch dann ausnahmsweise auch für die *Vergangenheit* entfallen. Der Ratgeber muss die Kündigung des Ratnehmers hierzu durch vertragswidriges Verhalten veranlasst haben, wobei neben einer Beratungspflichtverletzung auch die Verletzung sonstiger übernommener Pflichten in Betracht kommt. Im Falle eines zahnärztlichen Behandlungsvertrags hat der BGH neuerdings angenommen, dass nicht notwendig ein schwerwiegendes vertragswidriges Verhalten vorliegen müsse. Die Grenze verlaufe vielmehr dort, wo die

---

308 In diese Sinne auch *Vollkommer/Greger/Heinemann*, Anwaltshaftungsrecht, § 20 Rn. 33; s. allgemein auch Staudinger/*Richardi u. Fischinger*, BGB, Neubearb. 2011, § 611 Rn. 721.

309 Vgl. etwa *Kaiser* JA 2012, 279 ff.

310 Vgl. BGH NJW 2002, 1571, 1572.

311 Überblick bei MünchKommBGB/*Henssler*, § 627 Rn. 20 ff.

Schlechtleistung im Sinne des § 323 Abs. 5 S. 2 BGB unerheblich ist[312]. Es spricht vieles dafür, dass diese Erwägungen nicht auf den Eigenheiten des Arzt-Patientenverhältnisses beruhen, sondern auf Dienstverhältnisse höherer Art schlechthin zu übertragen sind[313]. Somit könnte der Ratnehmer das Dienstverhältnis im Falle einer nicht unerheblichen Beratungspflichtverletzung nicht nur unproblematisch kündigen, sondern wäre überdies rückwirkend von der Pflicht zur Zahlung des Honorars befreit, soweit er an der fehlerhaft erbrachten Beratungsleistung kein Interesse mehr hat. Dabei liegt ein *vollumfänglicher* Interessefortfall regelmäßig vor, denn bei der notwendig werdenden Inanspruchnahme eines anderen Ratgebers fällt ein Beratungshonorar regelmäßig nochmals an[314]. Im Übrigen ist im Einzelfall zu entscheiden, ob dem Ratnehmer aufgrund der pflichtwidrigen Beratung gleichwohl noch ein Nutzen verbleibt[315].

cc) Verwirkung des Beratungshonorars analog § 654 BGB

Nach § 654 BGB „verwirkt" der Makler seinen Lohnanspruch, wenn er dem Inhalt des Vertrags zuwider auch für den anderen Teil tätig geworden ist. Die Rechtsprechung hat den Anwendungsbereich der Norm auf andere schwere Verletzungen der maklerrechtlichen Treupflicht und über das Maklerrecht hinaus ausgedehnt[316]. So verwirkt etwa auch der Rechtsanwalt seinen Honoraranspruch, wenn sich sein Verhalten als gem. § 356 StGB strafbarer Parteiverrat darstellt[317]. Nach richtigem Verständnis ist von einer Verwirkung des Anspruchs auf das Beratungshonorar und daneben ggf. bestehender weitergehender Vergütungsansprüche immer dann auszugehen, wenn sich ein Ratgeber in einem gesetzlich missbilligten Interessenkonflikt befindet[318]. Das entspricht dem § 654 BGB zugrunde liegenden allgemeinen Gedanken, dass „derjenige seines Entgeltsanspruchs verlustig sein soll, der sich dessen wegen eines Treubruchs als unwürdig erwiesen hat"[319]. Dem Strafcharakter der Norm entsprechend ist in subjektiver Hinsicht allerdings Vorsatz oder wenigstens grobe Fahrlässigkeit erforderlich[320]. Dabei steht die analoge Anwendung des § 654

[312] BGH NJW 2011, 1674, 1675; s. auch MünchKommBGB/*Henssler*, § 628 Rn. 21, 65.

[313] In dieser Richtung MünchKommBGB/*Henssler*, § 628 Rn. 65, allerdings unter Ablehnung dieses Judikats in der Sache.

[314] Vgl. für den Anwaltsvertrag BGH NJW 1997, 188, 189; NJW 1995, 1954, 1955; *Henssler/Deckenbrock* NJW 2005, 1, 4; Erman/*Belling*, BGB, § 628 Rn. 12.

[315] Hierzu MünchKommBGB/*Henssler*, § 628 Rn. 32 ff. mit Kritik an den in der Rechtsprechung anerkannten Ausnahmen im Bereich der Anwaltshaftung.

[316] Überblick bei MünchKommBGB/*Roth*, § 654 Rn. 2 mwN.; s. auch *Kumpan*, Der Interessenkonflikt im deutschen Privatrecht, S. 583 f.

[317] Vgl. BGH NJW 1981, 1211, 1212; weitergehend schon bei allgemein schwerwiegenden Verstößen RGZ 113, 264, 269.

[318] Enger dagegen BGH NJW 2004, 2817.

[319] BGH NJW-RR 2010, 426; NJW-RR 2009, 1710, 1711; NJW-RR 2005, 1423, 1424.

[320] Vgl. MünchKommBGB/*Roth*, § 654 Rn. 2; s. auch OLG Köln MDR 2005, 974.

BGB nicht notwendig im Zusammenhang mit einer Beratungspflichtverletzung. Der missbilligte Interessenkonflikt muss sich daher in einer fehlerhaften Beratung tatsächlich nicht niedergeschlagen haben, so wenig wie beim Ratnehmer dadurch ein Schaden entstanden sein muss[321].

dd) Normative Abgrenzung von Schlechtleistung und Nichtleistung

Die dargestellten, vom Gesetz unmittelbar eröffneten Ausnahmen beseitigen den Korrekturbedarf der rigiden Grundregel nach richtigem Verständnis noch nicht. Es ist vielmehr angezeigt, die Abgrenzung zwischen Nichtleistung und Schlechtleistung weniger an tatsächlichen als an normativen Erwägungen festzumachen. Das gilt in besonderer Weise für die Beratung, weil sich mit Rücksicht auf die Empfehlung und Aufklärung gewisse Erfolgsmomente nicht von der Hand weisen lassen.

Wertungsmäßig ist von einer Nichtleistung regelmäßig auszugehen, wenn der Ratgeber über die Exploration und Prüfung hinaus keine weitergehende Tätigkeit entfaltet. Ein Honoraranlageberater, der entsprechend verfährt, sollte daher im Ergebnis ein Honorar nicht beanspruchen können. Eine Einschränkung wird man lediglich dort zu machen haben, wo die Exploration einen tatsächlichen Schwerpunkt der Beratungsleistung ausmacht, weil dem Ratgeber ein erheblicher Ermittlungsaufwand zugemutet wird oder wenn, wie im Fall der ärztlichen Beratung typisch, bereits die Exploration verschiedene aufeinander aufbauende und in sich geschlossene Beratungsvorgänge beinhaltet.

c) Anspruch auf Schadensersatz

aa) Rechtsgrundlagen

Im Fall der Nichtleistung richtet sich der Schadensersatzanspruch, soweit es um das Leistungsinteresse des Ratnehmers geht, nach §§ 281, 283 BGB. Wenn man davon ausgeht, dass die Pflicht zur Beratung nicht grundsätzlich als absolute Fixschuld zu begreifen ist, richtet sich ein bloßer Verzögerungsschaden im Besonderen nach den §§ 280 Abs. 2, 286 BGB. Eine verbreitete Ansicht stellt in diesem Zusammenhang die mangelhafte Leistung der Nichtleistung gleich. Jedenfalls ein Nutzungsausfallschaden, also ein Schaden, den der Gläubiger dadurch erleide, dass er die Leistung nicht vertragsgemäß nutzen könne, sei erst mit dem Eintritt des Verzugs ersatzfähig, §§ 280 Abs. 2, 286 BGB[322]. Das wird explizit auch für Beratungspflichten vertreten, soweit sie den Charakter einer Leistungspflicht haben[323]. Nach der zutreffenden Gegenansicht, der sich auch

---

[321] Vgl. allgemein MünchKommBGB/*Roth*, § 654 Rn. 1.

[322] Statt vieler *Dauner-Lieb*, in: Dauner-Lieb/Langen, BGB, Bd. 2/1, § 280 Rn. 60 f.; Jauernig/*Berger*, BGB, § 437 Rn. 17; *Schmidt-Kessel*, in: Prütting/Wegen/Weinreich, BGB, § 280 Rn. 58.

[323] Vgl. *Dauner-Lieb*, in: Dauner-Lieb/Langen, BGB, Bd. 2/1, § 280 Rn. 57.

der BGH angeschlossen hat, sind die §§ 280 Abs. 2, 286 BGB demgegenüber von vorneherein auf Schäden begrenzt, die ausschließlich durch das gänzliche Ausbleiben der Leistung entstanden sind[324]. Obschon der Wortlaut der Regelungen für beide Auffassungen Raum lässt, ist den Gesetzgebungsmaterialien doch mit einiger Klarheit zu entnehmen, dass der Ersatz des infolge Schlechtleistung entstandenen Schadens jedenfalls nicht an die Verzugsvoraussetzungen gebunden sein sollte[325].

Im Übrigen hat die Schuldrechtsmodernisierung im Bereich der Dogmatik des Dienstvertragsrechts mehr Brüche und Unklarheiten geschaffen als beseitigt. Das betrifft in besonderer Weise die Frage nach der Rechtsgrundlage des Schadensersatzes wegen Schlechtleistung. Das frühere Recht sah lediglich für die Fälle der Nichtleistung mit § 325 BGB aF und des Verzugs mit § 326 BGB aF ausdrückliche Regelungen vor. Die Rechtsfolgen einer Schlechtleistung wurden seiner Zeit umfassend der noch ungeschriebenen positiven Vertragsverletzung zugewiesen. Ein unbefangener erster Blick auf das reformierte allgemeine Schuldrecht legt durchaus nahe, § 281 BGB umfassend auch im Bereich des Dienstvertragsrechts zur Anwendung zu bringen[326]. Dies wird jedoch überwiegend von vorneherein und etwa mit dem Hinweis darauf abgelehnt, dass im Dienstvertragsrecht ein Nachbesserungs- und Minderungsrecht nicht existiere, so dass „anstelle" der Dienstleistung auch nichts verlangt werden könne[327]. Die Rechtsfolgen der Schlechtleistung seien vielmehr umfassend nach § 280 Abs. 1 BGB zu beurteilen, der insoweit die positive Vertragsverletzung in sich aufgenommen hat[328].

Dem ist zu folgen. Der das Schuldrecht modernisierende Gesetzgeber hat seine Aktivitäten im Bereich des allgemeinen Schuldrechts erkennbar darauf beschränkt, dieses mit dem Kauf- und Werkvertragsrecht besonders zu verzahnen und dabei auch den bisher ungeschriebenen Rechtsinstituten einen gesetzlichen Anhalt zu geben. Über die Kodifizierung der *culpa in contrahendo* und der positiven Vertragsverletzung hinaus bleibt das reformierte allgemeine Rechtsfolgenrecht für den Bereich des Dienstvertragsrechts erkennbar bedeutungslos. § 280 Abs. 1 BGB ist vor diesem Hintergrund als einheitliche Anspruchsgrundlage für die auf der Schlechtleistung der Beratung beruhenden

---

[324] BGH NJW 2009, 2674, 2675; Palandt/*Grüneberg*, BGB, § 280 Rn. 18; *Schroeter* AcP 207 (2007), 28, 54 f.; *U. Huber*, in: FS Ulmer, S. 1165, 1181 f.

[325] Vgl. BT-Drucks. 14/6040, S. 225; hierzu auch BGH NJW 2009, 2674, 2675 f.

[326] Vgl. MünchKommBGB/*Ernst*, § 281 Rn. 7 ff., 14.

[327] *Grunewald*, in: Dauner-Lieb/Konzen/Schmidt, Das neue Schuldrecht in der Praxis, S. 313, 319; Palandt/*Grüneberg*, BGB, § 280 Rn. 16; im Ergebnis gleich Erman/*H.P. Westermann*, BGB, § 280 Rn. 44; *Dauner-Lieb*, in: Dauner-Lieb/Heidel/Lepa/Ring, Das neue Schuldrecht, Ein Lehrbuch, S. 95; s. gleich, aber ohne Begründung *Canaris*, in: Karlsruher Forum 2002, S. 36, 205 sowie *Huber* aaO. S. 192; a.A. aber Staudinger/*Otto u. Schwarze*, BGB, Neubearb. 2009, § 281 Rn. C 17.

[328] Für den Anwaltsvertrag s. etwa Palandt/*Grüneberg*, BGB, § 280 Rn. 66.

Schäden zu sehen. Hinzuweisen bleibt lediglich auf die Sonderregelung des § 628 Abs. 2 BGB, der die durch ein vertragswidriges Verhalten des anderen Teils veranlasste Kündigung des Dienstvertrags voraussetzt und auf den Ersatz des sog. Auflösungsschadens gerichtet ist. Die Regelung ist gegenüber § 280 Abs. 1 BGB *lex specialis*. Auf letzteren ist dementsprechend nur zurückzugreifen, wenn ein Schaden geltend gemacht wird, der nicht auf der vorzeitigen Beendigung des Dienstverhältnisses beruht[329].

bb) Differenzhypothese und typische Begehrenskategorien

(1) Differenzhypothese

Der praktischen Bedeutung entsprechend soll im Folgenden der auf eine Schlechtleistung gestützte Anspruch des Ratnehmers auf Schadensersatz aus § 280 Abs. 1 BGB eingehender untersucht werden. Bei der Haftung des Ratgebers handelt es sich – unabhängig von ihrem Rechtsgrund – nicht um eine garantieähnliche Haftung. Der Ratnehmer kann nicht verlangen, so gestellt zu werden, „als wäre der falsche Rat richtig“[330]. Vielmehr ist der Ratnehmer lediglich vermögensmäßig so zu stellen, wie er bei pflichtgemäßer Beratung stünde. Die so formulierte Differenzhypothese lässt sich schwerlich mit den zumeist ohne Not bemühten[331] Begriffen des negativen und positiven Interesses verbinden. Ob der Schadensersatz des pflichtwidrig beratenen Ratnehmers auf den Ersatz des negativen oder positiven Interesses hinausläuft, entscheidet sich allein im konkreten Fall nach Maßgabe des hypothetischen Kausalverlaufs[332]. Die Komplexität der Beratungssituation und der aus der Verletzung der Beratungspflicht entstehenden Schäden gebietet daher auch vor diesem Hintergrund eine Systematisierung nach typischen Kausalverläufen und typischen Schadenskategorien.

(2) Abschluss eines Vertrags oder Erweiterung des bestehenden Vertrags als kausaler Vermögensschaden

(a) Fragestellung

Von besonderer praktischer Bedeutung ist die Frage nach der schadensrechtlichen Behandlung eines aufgrund der Erteilung eines fehlerhaften Rates geschlossenen Vertrags, so etwa, wenn ein Honoraranlageberater dem Ratnehmer pflichtwidrig den Abschluss eines bestimmten Anlagegeschäfts empfohlen hatte und dieser der Empfehlung gefolgt war. Dem gleichgestellt werden muss

---

329 Zum Ganzen statt vieler MünchKommBGB/*Henssler*, § 628 Rn. 50.

330 *Heinsius* ZBB 1994, 47, 50.

331 Vgl. etwa *Heinsius* ZBB 1994, 47, 50.

332 Vgl. im Zusammenhang mit der *culpa in contrahendo* auch *Lorenz* NJW 1999, 1001, „*kann* je nach den Umständen des Einzelfalls zum Ersatz des negativen oder positiven Interesses führen“.

der Fall, dass ein bestehendes Vertragsverhältnis auf der Grundlage einer fehlerhaften Beratungsleistung um weitere Leistungs- und Gegenleistungspflichten erweitert wird. Das trifft etwa zu auf die anwaltliche Geschäftsbesorgung. Ein Anwalt, der seinem Mandanten pflichtwidrig zur Klageerhebung rät, veranlasst den folgsamen Mandanten zur Eingehung weitergehender Verbindlichkeiten. Hierbei handelt es sich jedenfalls um die mit der Einreichung der Klageerhebung entstehende Verfahrensgebühr als auch die Gerichtsgebührenschuld. Ein Arzt, der seinem Patienten pflichtwidrig zur Durchführung einer ambulanten Behandlungsmaßnahme rät, veranlasst diesen – wenn man nur einmal von dem rechtskonstruktiv einfacher gelagerten Fall des Privatpatienten ausgeht – zur Begründung weitergehender, unmittelbar gegen sich gerichteter Vergütungsansprüche. Im Rahmen des Schadensersatzes gem. § 280 Abs. 1 BGB stellt sich somit die Frage nach der Befreiung von solchen Verbindlichkeiten bzw. der Erstattung bereits gezahlter Gegenleistungen.

Dabei ist zu klären, ob es ausreicht, wenn sich der infolge einer pflichtwidrigen Beratung eingetretene Schaden allein als eine Beeinträchtigung der Willensfreiheit darstellt, oder ob es weitergehend eines Vermögensschadens bedarf. Es handelt sich hierbei nicht um eine auf das Recht der Beratung beschränkte Grundsatzfrage. Sie wurde wohl zuerst in den Fällen einer arglistigen Täuschung diskutiert, wenn also der Getäuschte motiviert durch die Täuschung eine vertragliche Verbindlichkeit eingeht und anschließend, gestützt auf das Rechtsinstitut der *culpa in contrahendo*, die Rückabwicklung des Vertrags verlangt. Mit der zunehmenden Anerkennung der Haftung bereits wegen fahrlässiger Falschberatung hat die praktische Bedeutung des Problems erheblich gewonnen[333].

(b) Überblick über den Stand der Diskussion

Die Literatur stand und steht überwiegend auf dem Standpunkt, dass die Willensfreiheit als solche, d.h. losgelöst von der Frage eines Vermögensschadens, ausschließlich Schutz im Rahmen der Irrtumsanfechtung genießt[334]. Im Rahmen des Schadensrechts wurde dem das Erfordernis einer Vermögensrelevanz der Beeinträchtigung der Entschließungsfreiheit gegenüber gestellt[335]. Befördert wohl auch durch die späte Kodifikation der *culpa in contrahendo*, in erster Linie aber auf allgemeine schadensrechtliche Erwägungen gestützt, wird in der

---

333 Zur eingeschränkten praktischen Bedeutung der Streitfrage für die Fälle der arglistigen Täuschung s. nur *Fleischer* AcP 200 (2000), 91, 111.

334 Kritisch *Wiedemann* JZ 1998, 1176 f.

335 Vgl. *Lieb* JZ 1972, 442 f.; *ders.*, FS Rechtswiss. Fakultät Köln, S. 251, 258 ff.; s. auch *Köndgen*, Selbstbindung ohne Vertrag, S. 305 f.; ferner *Schubert* AcP 168 (1968), 470, 506 sowie *Stoll*, FS Riesenfeld, S. 273, 281 f.; Staudinger/*Dilcher*, BGB, 12. Aufl. 1979, § 123 Rn. 47; allgemein auch bereits Soergel/*Mertens*, BGB, 12. Aufl. 1990, § 249 Rn. 5.; MünchKommBGB/*Emmerich*, 3. Aufl. 1997, Vor. § 275 Rn. 195 mwN; ebenso *Lange/Schiemann*, Schadensersatz, S. 222.

Literatur inzwischen verstärkt die gegenteilige Auffassung vertreten. Hiernach setze jedenfalls die Naturalrestitution gem. § 249 BGB gerade keinen Vermögensschaden voraus[336]. Ein unter Verletzung von die selbstbestimmte Ausübung der Vertragsfreiheit schützenden Pflichten geschlossener Vertrag wird hiernach unmittelbar als Schaden qualifiziert[337]. Darauf, ob sich die Vermögenslage durch den Abschluss des Vertrags gegenüber ihrer hypothetischen Entwicklung ohne die in Rede stehende Pflichtverletzung nachteilig entwickelt hat, komme es nicht an. Im Wesentlichen wird hierzu vorgetragen, dass § 249 BGB mit Rücksicht auf § 253 BGB gerade nicht das Vorliegen eines Vermögensschadens voraussetze, sondern die Integrität bestimmter Rechtsgüter schütze. Wenn die Willensfreiheit Gegenstand einer schadensrechtlichen Anspruchsnorm sei, werde vor diesem Hintergrund die Schadensqualität eines unter Verletzung der Willensfreiheit zustande gekommen Vertrags vorgezeichnet[338]. Mit der den Ersatz immaterieller Schäden begrenzenden Wertung des § 253 BGB stehe dies im Einklang, da sich die Sperrwirkung von vorneherein nur auf Schadensersatz in Geld beschränke[339].

Die Rechtsprechung hat die Frage Ende der 90er Jahre des vergangenen Jahrhunderts, also erst auffällig spät entschieden. Zuvor wurde das Vermögensschadenerfordernis in zahlreichen höchstrichterlichen Entscheidungen nicht einmal artikuliert, so dass es zunächst möglicherweise ungeachtet dessen zur schadensrechtlichen Rückabwicklung von Verträgen gekommen ist[340]. In einer Entscheidung aus dem Jahr 1998 ist der BGH dann deutlich und hernach ständig der jüngeren Literaturauffassung entgegengetreten[341]. Nach Ansicht des BGH ist die Rückgängigmachung eines Vertrags im Wege der Naturalrestitution, anders als im Rahmen des Anfechtungsrechts[342], an das Vorliegen des Vermögensschadens gebunden. Mit Rücksicht auf den im Ansatz subjektbezogen zu begreifenden Schadensbegriff komme es allerdings nicht notwendig auf ein aus objektiver Sicht unausgeglichenes Wertverhältnis von Leistung und Gegen-

---

336 *Lorenz*, Der Schutz vor dem unerwünschten Vertrag, S. 72 ff., 388 ff.; *ders.* ZIP 1998, 1053, 1055; *Grigoleit*, Vorvertragliche Informationshaftung, S. 20 f., 88; *ders.* NJW 1999, 900, 901 f.; *Fleischer* AcP 200 (2000), 91, 111 ff.; Staudinger/*Singer*, BGB, Neuberarb. 2011, § 123 Rn. 101; MünchKommVVG/*Armbrüster*, § 6 Rn. 310; s. bereits *Wiedemann* JZ 1998, 1176, 1177; allgemein auch *Fikentscher/Heinemann*, Schuldrecht, Rn. 671; tendenziell wohl auch, letztlich aber unklar *Medicus*, in: Gutachten und Vorschläge zur Überarbeitung des Schuldrechts, Bd. 1, S. 479, 521 f., 536.

337 Vgl. *Lorenz*, Der Schutz vor dem unerwünschten Vertrag, S. 388: „unerwünschter Vertrag als Schaden"; dem folgend *Fleischer* AcP 200 (2000), 91, 111 f.; für die *culpa in contrahendo* dezidiert a.A. *Stoll*, FS Riesenfeld, S. 273, 281.

338 *Grigoleit*, Vorvertragliche Informationshaftung, S. 20.

339 *Lorenz*, Der Schutz vor dem unerwünschten Vertrag, S. 73.

340 Vgl. BGH NJW 1998, 302, 304 mwN.

341 Grundlegend BGH NJW 1998, 302, 304; s. ferner BGH NJW 1998, 898, 899; NJW-RR 2002, 308, 310.

342 Hierzu instruktiv BGH NJW 1979, 1983 f.

leistung an. Derjenige, der durch haftungsbegründendes Verhalten zum Abschluss eines Vertrags motiviert werde, könne auch dadurch einen Vermögensschaden erleiden, dass die Leistung für seine Zwecke nicht voll brauchbar ist. Nicht ausreichend sei dann allerdings, dass die Leistung lediglich aus rein subjektiver Sicht als Schaden angesehen wird. Der BGH setzt vielmehr voraus, dass der Vertragsschluss auch nach der Verkehrsanschauung als den konkreten Vermögensinteressen unangemessen und nachteilig gilt[343]. In der Sache hat sich der BGH damit letztlich und unausgesprochen einer schon zuvor in der Literatur vertretenen vermittelnden Auffassung angeschlossen[344].

(c) Stellungnahme

Die Ablehnung des Vermögensschadenerfordernisses im Rahmen der Naturalrestitution überzeugt auf der Grundlage der allgemeinen schadensrechtlichen Dogmatik nicht. § 253 BGB setzt dem Ersatz jedweden Nichtvermögensschadens klare Grenzen. Für die Beeinträchtigung der rechtsgeschäftlichen Entschließungsfreiheit ist ein immaterieller Ersatz hiernach nicht vorgesehen[345] und auch eine Anknüpfung an das allgemeine Persönlichkeitsrecht mit der Folge, bei schwerwiegenden Beeinträchtigungen *praeter legem* Geldentschädigung zu gewähren, ist für diese Fälle noch nicht behauptet worden. In diesem Zusammenhang geht auch der Hinweis auf die gegenteilige Rechtslage im U.S.-amerikanischen Vertragsrecht fehl, die sich im Rahmen des Tatbestandes der *misrepresentation* letztlich vom Vermögensschadenerfordernis gelöst hat[346]. Das mag sich einfügen in ein System, das immaterielle Interessen traditionell in weitem Umfang berücksichtigt, nicht dagegen in das deutsche Recht mit seiner gegenteiligen Grundausrichtung. Schließlich ist das rechtskonstruktive Argument, § 253 BGB beschränke den Schutz immaterieller Interessen nur in Ansehung von Geldersatz, zu oberflächlich und ignoriert das funktionale Zusammenspiel der §§ 249, 251 BGB. Letzterer gewährt eine Geldentschädigung, wenn die Naturalrestitution nicht möglich oder zur Entschädigung des Gläubigers nicht hinreichend ist. Ebenso wie § 251 BGB nur einen im Wege der Naturalrestitution nicht behebbaren Vermögensschaden ausgleicht, kommt die Naturalrestitution überhaupt nur auf der Grundlage eines Vermögensschadens in Betracht[347]. An dem von § 249 BGB geforderten Vermögensschaden bestehen auch mit Blick etwa auf die Verletzung einer Person keine Bedenken. Denn diese hat teilweise – und anders als die Beeinträchtigung der rechtsgeschäftli-

---

343 BGH NJW 1998, 302, 304.

344 Vgl. *Schumacher*, Vertragsaufhebung wegen fahrlässiger Irreführung unerfahrener Vertragspartner, S. 117 f.; *Lehmann*, Vertragsanbahnung durch Werbung, S. 275 ff.

345 Zutreffend bereits *Lieb*, FS Rechtswiss. Fakultät Köln, S. 251, 259.

346 Vgl. *Fleischer* AcP 200 (2000), 91, 116 f.; *Lorenz*, Der Schutz vor dem unerwünschten Vertrag, S. 388 Fn. 1025.

347 Gegen *Fikentscher/Heinemann*, Schuldrecht, Rn. 671: „Die Pflicht [des § 249 Abs. 1 BGB] gilt gleichermaßen bei materiellen und immateriellen Schäden“.

chen Entschließungsfreiheit als solche – *Vermögensrelevanz* und wird folgerichtig insoweit im Rahmen des § 249 Abs. 2 BGB durch Ersatz des für die Wiederherstellung erforderlichen Geldbetrages ausgeglichen.

Ein Vergleich der Rechtslage bei Zweipersonen- und Dreipersonenverhältnissen zeigt zudem, dass die Gegenauffassung zu wertungsmäßig inakzeptablen Ergebnissen führt. Denn es kann für die schadensrechtliche Beurteilung letztlich keinen Unterschied machen, ob der Vertrag mit dem arglistig Täuschenden bzw. dem Ratgeber selbst zustande gekommen ist oder ob der Getäuschte bzw. der Ratnehmer infolge der Täuschung oder der Befolgung des pflichtwidrigen Rates mit einem Dritten eine Verbindlichkeit eingegangen ist. Im ersten Fall wäre nach der Gegenauffassung die Rückabwicklung des Vertrags auf der Grundlage des § 249 BGB ungeachtet eines Vermögensschadens zuzulassen. Im zweiten Fall wäre eine solche Naturalrestitution i. S. v. § 251 BGB nicht möglich, weil von Rechts wegen ausgeschlossen. Wenn es dann aber an einem Vermögensschaden mangelt, müsste ein auf Freistellung von der begründeten Verbindlichkeit gerichteter Anspruch ausscheiden. Denn für § 251 BGB wurde die Abkehr vom Vermögensschadenerfordernis soweit ersichtlich noch nicht behauptet.

Das von der Rechtsprechung befürwortete Vermögensschadenerfordernis entspricht demgegenüber nicht nur der gesetzlichen Systematik. Es führt in der Weise, wie es vom BGH konkretisiert wurde, auch zu wertungsmäßig stimmigen Ergebnissen. Zum einen werden die beschriebenen Zwei- und Dreipersonenverhältnisse dem Grundsatz nach zutreffend gleich behandelt. Zum anderen ist der vom BGH übernommene subjektbezogene Vermögensschadenbegriff ausgewogen. Er zieht die Linie zwischen ersatzfähigen und nicht ersatzfähigen Schäden in einer Weise, die einerseits dem haftungsbegründenden Pflichtentatbestand gerecht wird, Haftungsvoraussetzungen und Rechtsfolgen auf eine stimmige Linie bringt und andererseits einem allzu weitgehenden Schutz der Dispositionsfreiheit klare Grenzen setzt. Allgemeine Gerechtigkeitserwägungen mag man dagegen ins Feld führen können, soweit es Fälle einer arglistigen Täuschung betrifft. Jedenfalls für unterhalb der Vorsatzlinie liegende Beratungspflichtverletzungen erscheint ein weitergehender Schutz der Dispositionsfreiheit, wie ihn die jüngeren Literaturstimmen fordern, überzogen.

(d) Inhalt des Schadensersatzanspruchs: Rückabwicklung bzw. Schadensersatz in Geld

Nach ständiger Rechtsprechung kann der Ratnehmer im Rahmen des Schadensersatzes im Zweipersonenverhältnis Naturalrestitution in Gestalt der Rückabwicklung des Vertrags verlangen. Eine bereits gezahlte Gegenleistung ist zu erstatten und eine bereits empfangene Leistung im Wege der Vorteilsausgleichung zurückzugewähren[348]. Wurde der Vertrag infolge pflichtwidriger Bera-

---

[348] BGH NJW-RR 2009, 603, 604; NJW 2001, 2163, 2165; s. weiter BGH NJW 2004,

tung mit einem Dritten geschlossen, muss die Naturalrestitution ausscheiden, da andernfalls in die Rechte des Dritten eingegriffen würde[349]. Der Ratnehmer hat daher Anspruch auf Schadensersatz in Geld, § 251 BGB, wobei sich der Anspruch auf Freistellung richtet, solange der Ratnehmer seine Verbindlichkeit gegenüber dem Dritten noch nicht erfüllt hat. Im Wege der Vorteilsausgleichung ist der Ratnehmer wiederum zur Herausgabe einer bereits empfangenen Gegenleistung verpflichtet bzw. hat den entsprechenden Anspruch an den Ratgeber abzutreten[350].

(3) Entgangener Gewinn und sonstige Vermögensvorteile eines beratungsrichtigen Verhaltens als kausaler Vermögensschaden

Eine pflichtwidrige Beratung kann nicht lediglich zum Abschluss eines nachteiligen Vertrags oder der nachteiligen Erweiterung eines bestehenden Vertrags führen. Ein Vermögensschaden kann überdies daraus resultieren, dass der Ratnehmer bei pflichtgemäßer Beratung einen Vertrag über einen anderen Gegenstand geschlossen und sich seine Vermögenslage auf dieser Grundlage positiv entwickelt hätte. Ein Kapitalanleger etwa, der dem fehlerhaften Rat eines Honoraranlageberaters gefolgt ist, ist regelmäßig nicht allein infolge des abgeschlossenen Anlagengeschäfts geschädigt, sondern darüber hinaus insoweit, als er den Anlagebetrag anderweitig gewinnbringend hätte investieren können. Dieser entgangene Gewinn „in Gestalt einer Alternativverzinsung"[351] ist nach § 252 BGB ersatzfähig.

Ähnlich verhält es sich, wenn der Vertrag mit einem anderen Inhalt geschlossen worden wäre und dem Ratnehmer aufgrund dieses Umstandes ein weitergehender Vermögensschaden entstanden ist, so etwa, wenn der von einem Versicherungsberater empfohlene Versicherungsvertrag dem Deckungsbedarf des Ratnehmers nicht oder nur unzureichend gerecht wird. Der Ratnehmer kann im Fall der Verwirklichung des aus diesem Grunde nicht versicherten Risikos verlangen, vermögensmäßig so gestellt zu werden, wie er im Falle des Abschlusses einer bedarfsgerechten Versicherung gestanden hätte[352]. In diesem Rahmen hat der Ratnehmer nicht nachzuweisen, dass er eine entsprechende Deckung tatsächlich erlangt hätte. Man wird insoweit die Rechtsprechung zur Verletzung von Aufklärungspflichten beim Vertragsschluss zu übertragen haben. Hiernach besteht zwar kein Anspruch auf Vertragsanpassung[353]. Der geschä-

---

1868, 1869f. zur Rückabwicklung auch eines in Anspruch genommenen Finanzierungsdarlehens und zur schadensrechtlichen Behandlung der nach Rückabwicklung eines Vertrags zu erwartenden Steuernachzahlungen.

[349] Vgl. nur Palandt/*Grüneberg*, BGB, § 251 Rn. 3.

[350] Vgl. BGH NJW 2013, 450, 451; NJW-RR 2009, 603, 604.

[351] LG Hamburg, Urteil vom 19. Dezember 2011 (330 O 476/10), juris Rn. 76.

[352] MünchKommVVG/*Armbrüster*, § 6 Rn. 310.

[353] BGH NJW 2006, 3139, 3141; a.A. noch MünchKommBGB/*Emmerich*, 4. Aufl. 2003, § 311 Rn. 242f.; s. auch *Stoll*, in: FS v. Caemmerer, S. 433, 466.

digte Vertragsteil kann aber anstelle der Rückabwicklung an dem für ihn ungünstigen Vertrag festhalten und den Vermögensschaden ersetzt verlangen, der den berechtigten Erwartungen des Geschädigten entspricht[354]. Dabei stellt die Rechtsprechung den Geschädigten vermögensmäßig so, als wäre ihm der Abschluss des Vertrags zu günstigeren Bedingungen gelungen, ein Ergebnis, das in der Literatur teilweise mit dem Grundsatz der Privatautonomie und der aus ihr folgenden Vertragsinhaltsfreiheit als unvereinbar angesehen wird[355]. Eine solche auf das Schadensrecht ausgreifende Fernwirkung der Vertragsfreiheit überzeugt indes nicht. Allerdings wird man verlangen müssen, dass auf dem Markt eine entsprechende Risikodeckung angeboten wird und dass der Ratnehmer für diese nach den allgemeinen Versicherungsbedingungen eligibel gewesen wäre[356]. Das folgt bereits daraus, dass der Beratungspflicht eine Garantiefunktion nicht zukommt[357]. Im Wege der Vorteilsausgleichung muss der Ratnehmer sich die ersparten Versicherungsprämien anrechnen lassen[358].

(4) Immaterieller Schaden

Der Ersatz immaterieller Schäden richtet sich nach § 253 BGB. Auf der Grundlage der Verletzung einer Beratungspflicht, die, wie die Beratungspflicht des Arztes, der Selbstbestimmung über die körperlich-seelische Integrität dient, kommt gem. § 253 Abs. 2 BGB ein Anspruch auf eine billige Entschädigung in Geld in Betracht. Entsprechendes gilt unter Umständen auch für die Beratungspflicht des Anwalts, die etwa im Rahmen der Strafverteidigung unmittelbar die Selbstbestimmung über die persönliche Freiheit schützen kann[359].

cc) Pflichtverletzung und Vertretenmüssen

Grundlage des Schadensersatzanspruchs ist eine Verletzung der Beratungspflicht. Insoweit wird auf die umfängliche Darstellung zu den typischen Verhaltensanforderungen des Ratgebers und deren Verletzung verwiesen[360]. Das Verhalten des Ratgebers ist dabei im Hinblick auf mögliche verschiedene, von-

---

[354] Vgl. BGH NJW 2006, 3139, 3141 im Anschluss an *Stoll* JZ 1999, 95; *ders.*, in: FS Riesenfeld, S. 275, 284 f.

[355] *Lorenz* NJW 1999, 1001, 1002; s. bereits Staudinger/*Löwisch*, BGB, 13. Aufl. 1999, Vor. § 275 f. Rn. 75.

[356] Vgl. auch MünchKommVVG/*Armbrüster*, § 6 Rn. 312 und allgemein BGH NJW 1998, 2900, 2901: „Es gibt aber Fälle, in denen aufgrund besonderer Umstände zuverlässig festgestellt werden kann, daß der Vertrag ohne die Täuschung unter denselben Vertragspartnern zu anderen, für den Getäuschten günstigeren Bedingungen zustande gekommen wäre. In solchen Fällen wäre es nicht gerechtfertigt, dem Geschädigten einen Anspruch auf das Erfüllungsinteresse des wegen der Täuschung nicht zustande gekommenen Vertrags zu versagen".

[357] Hierzu grundlegender § 5, S. 45 ff. (sub II).

[358] MünchKommVVG/*Armbrüster*, § 6 Rn. 312, 330.

[359] Vgl. hierzu BGH NJW 2009, 3025, 3027 und eingehender § 13, S. 238 ff. [sub (c)].

[360] § 13, S. 156 ff. (sub IV-VI).

einander zunächst einmal unabhängige Pflichtverletzungen zu untersuchen. Das Vertretenmüssen richtet sich, lässt man etwaige Haftungsbeschränkungen zunächst einmal außen vor[361], nach der allgemeinen Regel des § 276 BGB. Auf den in diesem Zusammenhang bedeutsamen berufsbezogenen objektiven Sorgfaltsmaßstab wurde ebenfalls bereits eingegangen[362].

dd) Kausalität und Zurechnungszusammenhang

(1) Kausalzusammenhang bei Pflichtverletzung im Vorbereitungsstadium

(a) Fragestellung

Der geltend gemachte Schaden muss nach allgemeinen Grundsätzen kausal auf der festgestellten Pflichtverletzung beruhen. Typisch für die Beratung als Prozess ist dabei, dass nicht notwendig jede Missachtung des Umfangs der Beratungspflicht und nicht notwendig jede Pflichtwidrigkeit im Rahmen der vorbereitenden Exploration und Prüfung für die weitere Pflichtenerfüllung ursächlich geworden sein muss. Die im konkreten Fall abgegebene Empfehlung kann sich etwa gleichwohl als vertretbar darstellen, entweder, weil der Ratgeber gleichwohl von zutreffenden Voraussetzungen ausgegangen ist, oder auch nur, weil sich der vorangegangene Pflichtenverstoß im Ratgeberermessen „verliert". Dabei ist allerdings zu berücksichtigen, dass die Funktion des Ratgeberermessens nicht darin besteht, dem Ratgeber Raum für Pflichtenverstöße zu geben. An dieser Stelle kommt allerdings der Aufklärung besondere Bedeutung zu. Ein anfänglicher Pflichtenverstoß, der sich im Rahmen des Ratgeberermessens noch verlieren mag und mit Rücksicht auf die Empfehlung des Ratgebers allein nicht zur Haftung führt, kann sehr wohl mit Rücksicht auf die vom Ratgeber geschuldete Aufklärung relevant bleiben. Diesen Zusammenhang gilt es im Folgenden mit Rücksicht auf den Pflichtumfang und die Explorationspflichten des Ratgebers zu vertiefen.

(b) Kausalität einer Missachtung des Pflichtenumfangs

Der Ratgeber kann seine Pflichten bereits dadurch verletzt haben, dass er dem von ihm geschuldeten Pflichtenumfang, d.h. der ihm zugewiesenen fachlichen Zuständigkeit und dem Beratungsthema ganz oder teilweise nicht gerecht geworden ist oder das von ihm im Rahmen der Beratung zugrunde zu legende Optionenspektrum nicht oder nur eingeschränkt beachtet hat. Im ersten Fall wäre etwa an einen internistischen Facharzt zu denken, der sich auf einen allgemeinärztlichen Beratungs- und Behandlungsstandard beschränkt, im zweiten Fall etwa an einen Arzt oder einen Rechtsanwalt, der seinen Patienten bzw. Mandanten nur hinsichtlich eines Einzelpunkts berät, obschon er im konkreten Fall zu einer umfassenderen Beratung verpflichtet gewesen wäre. Besondere

---

361 Hierzu § 13, S. 253 (sub 1).
362 § 13, S. 207 f. (sub 4).

praktische Bedeutung hat der Verstoß gegen das bei der Beratung zu beachtende Optionenspektrum. Beispielhaft nennen lässt sich wiederum der beratende Arzt, der neben einer von ihm favorisierten Behandlungsmethode andere Behandlungswege von vorneherein außer Betracht lässt. Zu denken ist etwa auch an einen Versicherungs- oder Kapitalanlageberater, der im konkreten Fall zur Beratung über alle am Markt verfügbaren Produkte oder wenigstens über eine repräsentative Bandbreite verpflichtet ist, sich tatsächlich aber im Rahmen seiner internen Bewertung nur auf ein Produkt oder die Produkte weniger Anbieter beschränkt.

Eine Missachtung des Pflichtenumfangs muss sich allerdings nicht notwendig als pflichtwidrige Empfehlung fortsetzen. Die im konkreten Fall abgegebene Empfehlung kann sich gleichwohl als bedarfsgerecht darstellen. Ein geltend gemachter Schaden kann insoweit nur dann auf einer Missachtung des Pflichtenumfangs beruhen, wenn diese zur Abgabe einer nicht bedarfsgerechten Empfehlung geführt hat oder – im Fall einer Pflicht zur Beratung – den Vorwurf begründet, die Abgabe einer bedarfsgerechten Empfehlung unterlassen zu haben. Dabei handelt es sich nach herrschender Meinung nicht um eine Fallgruppe des rechtmäßigen Alternativverhaltens, die unter Umständen einen Einwand des Ratgebers zu begründen vermag, sondern um eine Frage des Haftungsgrundes[363].

Problematisch ist allerdings, dass dem Ratgeber – notwendigerweise – ein erheblicher Beurteilungs- und Prognosespielraum zuzugestehen ist. Eine Missachtung des Pflichtenumfangs wird sich daher in vielen Fällen im Ratgeberermessen verlieren und damit *insoweit* ohne nachweisbare Auswirkung auf das Beratungsergebnis bleiben. Erst dort, wo die Missachtung des Pflichtenumfangs zu einer unvertretbaren Empfehlung geführt hat oder die Abgabe einer objektiv indizierten Handlungsempfehlung unterlassen wurde, wäre hiernach die Haftung aus fehlerhafter Beratung die Folge. Anders gewendet hätte der Ratgeber die Möglichkeit, sich im Nachgang zu einer Missachtung seines Pflichtenumfangs weitgehend hinter seinem Ratgeberermessen zu verstecken. Wollte man dagegen eine solche funktionswidrige Inanspruchnahme des Ratgeberermessens ausschließen, müsste man den Ratgeber grundsätzlich für jede Missachtung des Pflichtenumfangs sanktionieren. Das könnte lediglich das Berufs- und Aufsichtsrecht leisten. Die geltende zivilrechtliche Dogmatik lässt dies nicht zu, läge darin doch Aufgabe der Kausalität als Voraussetzung des Schadensersatzanspruchs.

Man muss sich darüber im Klaren sein, dass eine rechtliche Überprüfung der Einhaltung des Pflichtenumfangs überhaupt nur begrenzt möglich ist. Ob der

[363] Hierzu eingängig *Vollkommer/Greger/Heinemann*, Anwaltshaftungsrecht, § 19 Rn. 24 ff.; *Fischer*, in: Zugehör/Fischer/Vill/Fischer/Rinkler/Chab, Handbuch der Anwaltshaftung Rn. 1167 f.; zu den beweisrechtlichen Folgen der Einordnung als rechtmäßiges Alternativverhalten s. *Lange/Schiemann*, Schadensersatz, S. 209 f.

Ratgeber im konkreten Fall seiner fachlichen Zuständigkeit und dem Beratungsthema entsprechend beraten hat und dabei das vom ihm zu beachtende Optionenspektrum zugrunde gelegt hat, tritt nach außen erkennbar regelmäßig nur durch die Empfehlung selbst zu Tage. Vor diesem Hintergrund wird sich ein Verstoß gegen den Pflichtenumfang tatsächlich zumeist nur nachweisen lassen, wenn er eine nicht vertretbare Empfehlung abgibt oder ungeachtet einer bestehenden Handlungsindikation die Abgabe einer Empfehlung unterlassen hat. Diese nur begrenzte Überprüfbarkeit des Ratgeberhandelns ist wiederum eine zwangsläufige Folge des Zugeständnisses eines Beurteilungs- und Prognosespielraums. Es ist dem Wesen der Beratung somit immanent, dass man den Ratgeber zur Erfüllung seiner Pflichten letztlich nicht umfänglich anhalten kann.

Das muss umgekehrt allerdings nicht bedeuten, dass man das im Ratgeberermessen angelegte Missbrauchspotenzial in vollem Umfang hinnehmen muss. Eine sowohl den Interessen des Ratnehmers wie denen des Ratgebers gerecht werdende vermittelnde Lösung könnte vielmehr darin liegen, die korrespondierenden empfehlungsbezogenen Aufklärungspflichten des Ratgebers, soweit das möglich ist, bewusst auch im Hinblick auf den Pflichtenumfang zu bestimmen[364]. Dieser Weg erscheint insbesondere angezeigt, soweit es um das vom Ratgeber zu beachtende Optionenspektrum geht. Konkret würde das bedeuten, dass der Ratgeber gegenüber dem Ratnehmer zur Aufklärung über die von ihm zu berücksichtigenden und im konkreten Fall im Grundsatz ebenfalls einschlägigen Handlungsalternativen verpflichtet wäre. Auf diesem Wege bleiben die Handlungsalternativen nicht lediglich Gegenstand der pflichtgemäßen internen und damit tatsächlich nicht überprüfbaren Bewertung des Ratgebers.

Das soll am Beispiel der Honorarberatung durch Kapitalanlageberater verdeutlich werden: Eine Wertpapierfirma, die sich gegenüber dem Anleger als „unabhängiger" Berater darstellt, ist unter der reformierten Finanzmarktrichtlinie zunächst einmal aufsichtsrechtlich verpflichtet, „eine ausreichende Palette von auf dem Markt angebotenen Finanzinstrumenten" zu bewerten, die „hinsichtlich ihrer Art und ... Produktanbieter hinreichend gestreut" und insbesondere nicht auf Finanzinstrumente beschränkt sind, die von Einrichtungen emittiert oder angeboten werden, die in enger Verbindung zur Wertpapierfirma stehen, Art. 24 Abs. 7 MiFID II. Zwar hat der aufsichtsrechtliche Pflichtenumfang für die Bestimmung des zivilrechtlichen Pflichtenumfangs nach richtigem Verständnis unmittelbar keine Bedeutung[365]. Die Auslegung des parallelen zivilrechtlichen Pflichtenumfangs wird gleichwohl vom Aufsichtsrecht inspiriert sein und dürfte kaum hinter den aufsichtsrechtlichen Wertungen zurückblei-

---

364 Hierzu allgemein § 13, S. 175 f. (sub cc).

365 Zum Verhältnis von Aufsichtsrecht und zivilrechtlicher Beratungspflicht allgemein § 14, S. 323 ff. (sub V) und im Bereich der Kapitalanlageberatung eingehender § 16, S. 411 ff. (sub 3).

ben. Aufgrund des dem Kapitalanlageberater zuzubilligenden Ratgeberermessens wäre die pflichtwidrige Begrenzung des Anbieter- und Optionenspektrums an sich jedenfalls solange unbeachtlich, wie sich die Empfehlung des Anlageberaters noch als vertretbar darstellt. Dass sich der Anlageberater nach außen als „unabhängig" geriert, tatsächlich aber nur bestimmte hauseigene Produkte empfiehlt oder nur solche Anbieter berücksichtigt, zu denen er in enger Verbindung steht, ließe sich zwar möglicherweise aufsichtsrechtlich, aber letztlich nicht zivilrechtlich wirksam sanktionieren. Allein vor diesem Hintergrund erscheint es bereits sachgerecht, solchen Anlageberatern die Pflicht zur Aufklärung des Anlegers über sämtliche pflichtgemäß zu berücksichtigenden Anlageprodukte aufzuerlegen. Dann würde auch zu Tage treten, ob der Anlageberater tatsächlich als abhängiger Berater agiert, weil er dem Anleger letztlich nur ein bestimmtes Produkt empfiehlt und zur Beförderung des eigenen Absatzes nur scheinbar unter der Flagge eines „unabhängigen" Beraters segelt. Der Anleger könnte seine Interessen auf dieser Grundlage selbst wahrnehmen. Er müsste der Empfehlung nicht „blind" folgen, sondern könnte sich über die vom Ratnehmer ausgeschiedenen Optionen weitergehend informieren.

Für die Angehörigen beratender Professionen ist unter dem Gesichtspunkt der Ermöglichung einer selbstbestimmten Freiheitsausübung bereits eine Pflicht zur Aufklärung über bestehende und ebenfalls bedarfsgerechte Handlungsalternativen im Grundsatz anerkannt. Diesen Grundsatz wird man auf die Beratung im Rahmen gewöhnlicher Umsatzgeschäfte zu übertragen haben, sofern der Ratgeber den Eindruck erweckt, nicht lediglich über eigene Produkte oder solche ihm nahestehender Anbieter zu beraten. Nach dem zuvor Gesagten kommt der Aufklärungspflicht über Handlungsalternativen somit eine doppelte Funktion zu. Es geht neben der Förderung der Selbstbestimmung auch um die Herstellung der Kontrollfähigkeit der Pflicht zur Berücksichtigung eines gewissen Optionenspektrums und um eine Korrektur der mit der Anerkennung des Ratgeberermessens einhergehenden Missbrauchsrisiken.

Zusammenfassend bleibt festzuhalten, dass ein geltend gemachter Schaden dann kausal und zurechenbar auf der Missachtung des vom Ratgeber zu beachtenden Pflichtenumfangs beruht, wenn sich die Empfehlung selbst aus diesem Grund als unvertretbar darstellt oder wenn der Ratgeber deshalb die Abgabe einer indizierten Handlungsempfehlung unterlassen hat. Soweit es das vom Ratgeber zu beachtende Optionenspektrum angeht, sind die komplementären empfehlungsbezogenen Aufklärungspflichten so auszugestalten, dass der Ratgeber den Ratnehmer über die pflichtgemäß zu berücksichtigenden und im konkreten Fall gleichermaßen vertretbaren Handlungsalternativen aufzuklären hat. Jenseits einer solchen *empfehlungsrelevanten* oder *aufklärungsrelevanten* Verletzung des Beratungsrahmens bleibt dieser haftungsrechtlich nach richtigem Verständnis unbeachtlich.

(c) Kausalität pflichtwidriger Exploration bzw. Prüfung

Für die Pflicht zur Exploration ratnehmer- und gegenstandbezogener Umstände wurden bereits eine Hilfs- und eine Risikobegrenzungsfunktion herausgearbeitet. Die Exploration soll den Ratgeber ebenso wie die Prüfungspflicht einerseits in die Lage versetzen, eine bedarfsgerechte Empfehlung abzugeben und andererseits, mit Rücksicht auf die Ermittlung des Ratnehmerhorizonts, ermöglichen, dass der Ratgeber den Ratnehmer hinreichend über den Empfehlungsgegenstand und ggf. weitergehend über bestehende Handlungsalternativen aufklärt. Umstände, die im Rahmen einer pflichtgemäßen Exploration nicht zu ermitteln sind, regelmäßig etwa solche, die der Ratnehmer dem Ratgeber bewusst verschweigt, können im Weiteren außer Betracht bleiben[366]. Ein Fehler im Rahmen der Exploration wird sich regelmäßig auf die Bedarfsgerechtigkeit der Empfehlung oder die Art und Weise der Aufklärung auswirken. Es ist allerdings durchaus denkbar, dass der Ratgeber auch ungeachtet eines solchen Fehlers, dann mehr oder minder zufällig oder aufgrund einer hinzutretenden Fehlbewertung, zu einer gleichwohl bedarfsgerechten Empfehlung kommt oder den Ratnehmer hinreichend über den Empfehlungsgegenstand und bestehende Risiken aufklärt. Dann fehlt es an dem notwendigen kausalen Zusammenhang zwischen der pflichtwidrigen Exploration und dem geltend gemachten Schaden.

Zu berücksichtigen ist wiederum, dass jedenfalls in solchen Fällen, in denen eine bestimmte Empfehlung nicht indiziert ist, sondern sich verschiedene gleichermaßen geeignete Handlungsoptionen gegenüber stehen, letztlich immer unklar bleibt, ob der Ratgeber, die pflichtgemäße Exploration unterstellt, nicht gleichwohl zu einer anderen, ebenso vertretbar bedarfsgerechten Handlungsempfehlung gekommen wäre. Vergleichbar dem zur Missachtung des Pflichtenumfangs Gesagten droht sich der Explorationsfehler im Rahmen des Ratgeberermessens in funktionswidriger Weise zu verlieren. Sollte die pflichtwidrige Exploration indes auch nicht zu einer pflichtwidrigen Aufklärung geführt haben, entspricht es dem geltenden Haftungsrecht, dass die Pflichtverletzung für den Ratgeber ohne Folgen bleibt.

(d) Einwand unterlassener Mitwirkung im Rahmen pflichtgemäßer Exploration

Soweit es die ratnehmerbezogene Exploration betrifft, besteht die Besonderheit, dass es dem Ratnehmer obliegt, dem Ratgeber auf entsprechende Nachfrage hin die zur Beurteilung der Bedarfsgerechtigkeit notwendigen, in dessen Sphäre wurzelnden Informationen zur Verfügung zu stellen. Gegenüber der Feststellung einer pflichtwidrigen Beratung in Gestalt eines empfehlungsrelevanten Explorationsfehlers könnte der Ratgeber daher mit dem die Kausalität

---

366 § 13, S. 160 (sub a).

zwischen Pflichtverletzung und Schaden bestreitenden Einwand einer hypothetischen unterlassenen Mitwirkung durchdringen. Aus praktischer Sicht wird es entscheidend darauf ankommen, wie sich insoweit die beweisrechtliche Lage darstellt[367].

(2) Ratnehmerentschluss als kausales Bindeglied

(a) Bedeutung des Ratnehmerentschlusses im Rahmen des Kausalzusammenhangs

Da der auf die Verletzung der Beratungspflicht zurückgeführte Schaden unmittelbar erst durch einen Willensentschluss des Ratnehmers und dessen Umsetzung bzw. durch ein Nichthandeln des Ratnehmers herbeigeführt worden ist, bedarf es überdies zumindest einer psychisch vermittelten Kausalität[368], d.h. der Ratnehmer muss durch den Ratgeber zu dem schadensursächlichen Handeln veranlasst worden sein[369]. Ist das der Fall gewesen, so kommt es nach heute allgemeiner Auffassung nicht darauf an, welche Nähe der Beitrag des Schädigers zum Schaden hatte[370], ebenso wenig wie der dazwischentretende Willensentschluss des Geschädigten den Kausalzusammenhang unterbricht[371]. Demgegenüber gewinnen wertende Überlegungen in solchen Fällen eine besondere Bedeutung. Im Vordergrund steht daher die Frage, ob der Willensentschluss des Ratnehmers als solcher dem Ratgeber zugerechnet werden kann. Ist das der Fall, stellt sich weiter die Frage, ob normative Erwägungen die Einschränkung des Haftungsumfangs gebieten.

(b) Zurechnung bei psychisch vermittelter Kausalität und Schutzzweck der Beratungspflicht

Im Allgemeinen muss sich der Ratgeber die Umsetzung seiner Empfehlung durch den Ratnehmer zurechnen lassen. Die Ratgeberhaftung lässt sich dabei entweder den Herausforderungsfällen im weiteren Sinne zuordnen[372] oder treffender als eigenständige Fallgruppe der psychisch vermittelten Kausalität begreifen[373]. Für diese ist allgemein charakteristisch, dass der Schädigung ein frei verantworteter Willensentschluss des Geschädigten vorgeschaltet ist, für den

[367] Hierzu § 13, S. 296 f. (sub b).

[368] Hierzu statt vieler Staudinger/*Schiemann*, BGB, Neubearb. 2005, § 249 Rn. 47.

[369] Hierzu bereits *Luther*, Die Haftung des Ratgebers, S. 79; sowie *Wolff*, Die Haftung des Ratgebers, S. 39.

[370] Zum Hinreichen bloßer Mitursächlichkeit s. statt vieler MünchKommBGB/*Oetker*, § 249 Rn. 134.

[371] Vgl. bereits *Traeger*, Der Kausalbegriff im Straf- und Zivilrecht, S. 177.

[372] Kritisch gegenüber dem Herausforderungsbegriff allerdings Staudinger/*Schiemann*, BGB, Neubearb. 2005, § 249 Rn. 49.

[373] Aus der Perspektive der anwaltlichen Beratung etwa *Vollkommer/Greger/Heinemann*, Anwaltshaftungsrecht, § 19 Rn. 17 f.

normativ der Schädiger verantwortlich gemacht wird[374]. Für die Schadenszurechnung kommt es hiernach im Allgemeinen darauf an, ob das selbstschädigende Verhalten „vernünftigerweise“ veranlasst war[375]. Für die Zurechnung des Schadens zur Pflichtverletzung durch den Ratgeber bedarf es dabei im Grundsatz keiner besonderen Begründung. Es entspricht schon dem Wesen der Beratung, dass sich der Ratnehmer der Einschätzung des Ratgebers hingibt und diesem dabei nicht selten „blind vertraut“. So wurde der Ratgeber, der unaufgefordert berät und die Befolgung des Rates durch Zuspruch betreibt, etwa bereits unter § 1381 des Badischen Landrechts als „Urheber der Handlung“ angesehen[376]. Die Ratgeberhaftung bezieht ihre innere Rechtfertigung zudem gerade daraus, dass der Ratgeber die Verantwortung für die Bedarfsgerechtigkeit seiner Empfehlung übernimmt bzw. übernehmen muss. Die Schadenszurechnung entspricht damit im Grundsatz dem Schutzzweck der Beratungspflicht. Vor diesem Hintergrund nimmt es nicht wunder, dass die Frage der Zurechnung in Beratungsfällen im Allgemeinen weder von der Rechtsprechung noch von der Literatur problematisiert wird. Allerdings drängen sich beratungsspezifische Fallgruppen auf, in denen sich eine vollständige Unterbrechung des Zurechnungszusammenhangs erwägen lässt. Es mag der bisher geringen praktischen Bedeutung geschuldet sein, dass die nachfolgend zur Diskussion gestellten Einschränkungen noch nicht eingehender behandelt wurden.

(c) Bedeutung des zeitlichen Zusammenhangs zwischen Raterteilung und Ratbefolgung

Die zeitliche Dimension der Beratung hatte bereits im Rahmen des Pflichtentatbestandes Bedeutung. Hiernach beurteilt sich die pflichtgemäße Beratung aus der *ex ante*-Perspektive, d.h. auf der Grundlage des Zeitpunkts, in dem der Ratgeber tatsächlich beraten hat bzw. hätte beraten müssen[377]. Daneben stellt sich allerdings auch die Frage, ob der Ratgeber für die Folgen einer im beschriebenen Beurteilungszeitpunkt fehlerhaft durchgeführten Beratung unabhängig davon einstehen muss, wann der Ratnehmer seine Handlungsentscheidung trifft und umsetzt. Anders gewendet, wie lange darf sich ein Ratnehmer veranlasst sehen, einem erteilten Rat zu folgen? Soweit ersichtlich wurde diese Frage bisher nur von *Magdalinski*, *Wolff* und *Luther* im Rahmen ihrer in den Jahren 1894, 1899 und 1905 erschienenen Abhandlungen zur Haftung des Ratgebers aufgeworfen. *Wolff* und *Luther* beschränkten sich dabei allerdings auf den

[374] Begrifflich enger etwa MünchKommBGB/*Wagner*, § 823 Rn. 368, wonach es offenbar lediglich um Fälle der freiwilligen Aufopferung und damit *bewusster* Selbstschädigung gehen soll.

[375] Vgl. auch MünchKommBGB/*Wagner*, § 823 Rn. 369; § 833 Rn. 8.

[376] Vgl. hierzu bereits *Hückstädt*, Die Haftung des Ratgebers nach gemeinem Rechte und nach dem Rechte des Bürgerlichen Gesetzbuchs für das deutsche Reich, S. 36: Ratgeber „als Anstifter“.

[377] § 13, S. 207 (sub 3).

noch eingehender zu erörternden Beweis der Entscheidungskausalität[378]. Diese sei jedenfalls dann nicht mehr zu vermuten, wenn der Ratnehmer nicht unmittelbar im Anschluss an den Rat gehandelt hat[379]. Losgelöst von der beweisrechtlichen Seite forderte *Magdalinski* im Zusammenhang mit der kaufmännischen Empfehlung, dass sich die Haftung des Ratgebers nur auf „die unmittelbar nach Empfang des Rates oder der Empfehlung mit dem Angefragten ... abgeschlossenen Geschäfte erstreckt“[380]. Eine entsprechende Bestimmung sah bereits das Allgemeine Preußische Landrecht in der Fassung des Jahres 1794 vor[381].

Die materiellen Voraussetzungen der Ratgeberhaftung und damit einhergehende strukturelle Beweisschwierigkeiten sollten zunächst einmal voneinander getrennt betrachtet werden. Nach richtigem Verständnis gibt eine erhebliche zeitliche Distanz zwischen Raterteilung und dem Willensentschluss des Ratnehmers und dessen Umsetzung in eine Entscheidung bereits Anlass, die objektive Zurechnung unabhängig von der problematischen Beweislage zu hinterfragen. Man muss sich hierzu klarmachen, dass die Erteilung eines Rates in aller Regel darauf gerichtet ist, ein zeitnahes Handeln des Ratnehmers zu motivieren. Selbst dann, wenn der Beratungsgegenstand eine längere vorausschauende Handlungsplanung gebietet, wird eine Umsetzung vernünftigerweise in einem bestimmten Zeitraum anstehen. Schon vor dem Hintergrund, dass die der Beratung zugrunde zu legenden Umstände und deren Beurteilung regelmäßig einer zeitlichen Veränderung unterliegen, wird ein Ratnehmer nicht erwarten können, den Ratgeber für die Befolgung des Rates auch noch nach erheblichem Zeitablauf verantwortlich machen zu können. Es ist daher grundsätzlich gerechtfertigt, die Haftungsverantwortlichkeit des Ratgebers daran zu binden, dass der Ratnehmer den Rat unter Berücksichtigung des Beratungsgegenstandes in zeitlicher Hinsicht bestimmungsgemäß befolgt.

Die vorliegend vertretene Einschränkung der Schadenszurechnung rechtfertigt sich dem Grundsatz nach überdies auch unter Berücksichtigung der Verjährung von Haftungsansprüchen gegenüber dem Ratgeber. Diese unterliegen der regelmäßigen Verjährungsfrist, die, die im Übrigen erforderliche Kenntnis

---

378 Hierzu § 13, S. 297 ff. (sub c).

379 *Luther*, Die Haftung des Ratgebers, S. 79; s. auch *Wolff*, Die Haftung des Ratgebers, S. 39, 42 f.,

380 *Magdalinski*, Die Haftung des Ratgebers, S. 49.

381 § 703 II 8 ALR lautete: „Hat ein Kaufmann jemandem von mißlichen Vermögensumständen, oder unzuverläßigem Charakter, einen andern Kaufmanne, wider besseres Wissen, als einen sichern guten Mann empfohlen, so muss er allen Schaden ersetzen, welcher bey den durch diese falsche Empfehlung *unmittelbar* veranlaßten Geschäften, aus dem Unvermögen oder unzuverläßigen Charakter des Empfohlnen entsteht“. Klarstellend bestimmte § 708 II 8 ALR: „Auch erstreckt sich die Vertretung allemal nur auf diejenigen Geschäfte, welche *unmittelbar* nach der Empfehlung mit dem Empfohlnen geschlossen worden“; abgedruckt bei *Hattenhauer*, Allgemeines Landrecht für die Preußischen Staaten von 1794, S. 481 (Hervorhebungen hier).

des Ratnehmers einmal beiseitegeschoben, erst mit dem Schluss des Jahres beginnt, in dem der Anspruch entstanden ist, § 199 Abs. 1 Nr. 1 BGB. Für die Frage der Anspruchsentstehung ist nach allgemeiner Ansicht maßgeblich, wann der Anspruch erstmals gerichtlich geltend gemacht und notfalls im Klageweg durchgesetzt werden kann[382]. Im Bereich der Beratung kommt es daher wenigstens darauf an, dass der Ratnehmer den erteilten Rat in eine Entscheidung umsetzt und damit den Schadensverlauf in Gang setzt[383]. Wenn man nun auf dem Standpunkt stünde, dass die in Rede stehende zeitliche Dimension für die objektive Zurechnung keine Bedeutung hätte, wäre die Funktion der Verjährungsregeln in solchen Fällen psychisch vermittelter Kausalität letztlich ein Stück weit konterkariert. Ein Ratgeber würde sich unter Umständen noch viele Jahre nach der Erteilung seines Rates Haftungsansprüchen ausgesetzt sehen. Das Damoklesschwert des sich doch noch zur Befolgung des Rates veranlasst sehenden Ratnehmers würde bis zum Ablauf der Verjährungshöchstfristen von 30 Jahren über dem Ratgeber schweben. Um sich vor späten Haftungsansprüchen abzusichern, müsste der Ratgeber das tun, wozu er grundsätzlich nicht verpflichtet ist[384]; er müsste den Ratnehmer nachsorgend beraten und seinen Beratungsfehler berichtigen.

Sowohl wertend isoliert betrachtet als auch mit Rücksicht auf den Erhalt der Funktion der Verjährung von Haftungsansprüchen ist es nach alledem angezeigt, die objektive Schadenszurechnung in zeitlicher Hinsicht zu beschränken. Es ist unter Berücksichtigung des Gegenstands der Beratung sowie der Bedeutung der betroffenen Rechtsgüter und Interessen zu fragen, bis wann mit einer Umsetzung des Rates vernünftiger Weise noch gerechnet werden konnte. Dabei ist zugunsten des Ratnehmers immer auch eine hinreichende Überlegungszeit zu berücksichtigen. Die vorliegend vertretene Unterbrechung des Zurechnungszusammenhangs soll nicht etwa einen untunlichen Entscheidungsdruck begünstigen. Die Forderung nach einer „unmittelbaren" Umsetzung eines Rates ginge daher in jedem Fall zu weit. In Zweifelsfällen erscheint es richtig, am Grundsatz der Zurechnung der schadensstiftenden Umsetzung des Willensentschlusses festzuhalten.

---

[382] Vgl. nur MünchKommBGB/*Grothe*, § 199 Rn. 4; s. auch Staudinger/*Peters-Jacoby*, BGB, Neuberab. 2014, § 199 Rn. 3; Jauernig/*Mansel*, BGB, § 199 Rn. 2.

[383] Vgl. BGH NJW-RR 2012, 111: „Der für den Verjährungsbeginn maßgebliche Eintritt eines Schadens [ist] regelmäßig erst dann anzunehmen, wenn es zu einer konkreten Verschlechterung der Vermögenslage des Gläubigers gekommen ist"; *in casu* der unwiderrufliche und vollzogene Erwerb einer Kapitalanlage.

[384] Vgl. § 13, S. 154 f. (sub b).

(d) Bindung der Einstandspflicht an die vorausgesetzte Inanspruchnahme der empfohlenen Leistung beim Ratgeber

Bietet der Ratgeber die Erbringung der dem Ratnehmer empfohlenen Leistung selbst an, ist mit der Beratung naturgemäß auch ein gewinnorientiertes Absatzinteresse des Ratgebers verbunden. Das gilt nicht nur im Rahmen gewöhnlicher Umsatzgeschäfte, sondern in gleicher Weise für die beratende Profession, die allen gegenteiligen Beteuerungen zum Trotz selbstverständlich auch um das eigene wirtschaftliche Fortkommen bemüht ist[385]. Die Erwartung eines solchen Ratgebers, der Ratnehmer werde die empfohlene Leistung, wenn überhaupt, dann beim Ratgeber selbst oder einem von diesem bestimmten Dritten in Anspruch nehmen, wird indes nicht selten enttäuscht. Es stellt sich daher die Frage, ob der Ratnehmer einen solchen Ratgeber auch dann auf den aus der Befolgung des Rates entstandenen Schaden in Anspruch nehmen kann, wenn die Leistung infolge pflichtwidriger Beratung bei einem sonstigen Dritten in Anspruch genommen wurde. Es liegt durchaus nahe, die normative Anerkennung des herausgeforderten Handelns bei der Beratung über eigene Leistungen an die Inanspruchnahme der Leistung beim Ratgeber zu binden.

Diese Einschränkung ist nicht von vorneherein in allen Fällen unberechtigt. Es ist dabei allerdings nach Maßgabe der Interessenbindung des Ratgebers zu differenzieren. Ein Ratgeber, der dazu verpflichtet ist, die Interessen des Ratnehmers über die eigenen Absatzinteressen zu stellen, muss sich auch den Schaden zurechnen lassen, der infolge der Inanspruchnahme der empfohlenen Leistung bei einem Drittanbieter entsteht. Voraussetzung ist dann lediglich, dass zwischen der empfohlenen und vom Ratgeber selbst angebotenen Leistung und der Leistung des Dritten im Wesentlichen, d.h. in den für die Beurteilung der Bedarfsgerechtigkeit maßgeblichen Punkten, Identität besteht. Dabei handelt es sich um solche Ratgeber, die im vorrangigen Interesse des Ratnehmers diesen über das gesamte am Markt angebotene Optionenspektrum oder doch zumindest über einen repräsentativen Ausschnitt zu beraten haben, typischerweise also die Angehörigen der beratenden Professionen. In diesen Fällen wird der dann in Anspruch genommene Drittanbieter häufig seinerseits eine Beratungspflicht verletzt haben, so dass erster und zweiter Ratgeber als Gesamtschuldner haften[386].

Demgegenüber ist es sachgerecht, die Haftung des Ratgebers, der im konkreten Fall auch eigene Absatzinteressen verfolgen darf, der also nicht dazu verpflichtet ist, die Interessen des Ratnehmers sämtlich über die eigenen Absatzinteressen zu stellen, in der Weise einzuschränken, dass dieser nur für solche Schäden haftet, die aus der Inanspruchnahme der empfohlenen Leistung beim Ratgeber entstanden sind. In der Praxis trifft das im Wesentlichen auf die mo-

---

385 Hierzu noch eingehender § 14, S. 311 ff. (sub aa).

386 Hierzu noch § 13, S. 269 (sub 3).

dernen Hybridformen der Beratung zu. Nicht weiter angezeigt ist dabei eine Differenzierung zwischen der Beratungsleistungspflicht, regelmäßig also einer entgeltlichen Beratung, und der Beratungssorgfaltspflicht, für die typischerweise unmittelbar kein Entgelt gezahlt wird. Man muss sich hierzu klarmachen, dass der Beratungsaufwand selbst im Wege expliziter Entgeltlichkeit der Beratung kaum jemals voll abgedeckt ist, sondern auch hier zumindest teilweise in das Entgelt der empfohlenen Leistung eingepreist wird. Für die Fälle der Beratungssorgfaltspflicht gilt das ohnehin. Vor diesem Hintergrund wäre es unbillig, den Ratgeber mit einer Einstandspflicht für alle durch die Inanspruchnahme beim Drittanbieter entstehenden und im Übrigen zurechenbaren Schäden verantwortlich zu machen. Dem Ratnehmer selbst muss in solchen Fällen klar sein, dass die Beratung nicht um ihrer selbst oder um eines vergleichsweise geringen Beratungshonorars willen angeboten wird. Auch wäre es letztlich widersprüchlich, die Verwirklichung eigener Absatzinteressen im Rahmen der Beratung zuzulassen ohne für eine korrespondierende Begrenzung des Haftungsrisikos zu sorgen. Auf eine einfache Formel gebracht ist die Einstandspflicht für Beratungsfehler jedenfalls dann an die Inanspruchnahme der empfohlenen Leistung gebunden, wenn sich der Ratgeber auf die Beratung über eigene Leistungen beschränken darf.

(e) Ratnehmerentschluss und Einwand rechtmäßigen Alternativverhaltens?

Im Rahmen beratungstypischer Haftungsfälle drängt sich für den in Anspruch genommenen Ratgeber der Einwand auf, dass der Ratnehmer auch bei pflichtgemäßer Beratung so gehandelt hätte, dass der geltend gemachte Schaden eingetreten wäre. Angenommen der Ratgeber hatte eine unvertretbare Empfehlung erteilt, der Ratnehmer war dieser gefolgt und hat daraufhin einen Schaden erlitten. Der Ratgeber trägt nun vor, bei pflichtgemäßer Beratung hätte sich der Ratnehmer gleichwohl für diesen Gegenstand oder diese Leistung entschieden. Denkbar wäre etwa auch, dass der Ratgeber den Ratnehmer nicht hinreichend über die mit einem vertretbaren Empfehlungsgegenstand verbundenen Risiken aufgeklärt hat und sich der Ratgeber darauf beruft, der Ratnehmer wäre der Empfehlung auch bei ordnungsgemäßer Aufklärung gefolgt.

Der Einwand rechtmäßigen Alternativverhaltens betrifft im eigentlichen Begriffssinn allerdings die Frage, ob der Rechtswidrigkeitszusammenhang ausnahmsweise dann zu verneinen ist, wenn der geltend gemachte Schaden auch bei pflichtgemäßem Verhalten eingetreten wäre. Voraussetzung ist dementsprechend, dass die Verwirklichung des Haftungstatbestandes durch den Schädiger bereits fest steht[387]. Vor diesem Hintergrund handelt es sich bei dem vorgestellten Einwand tatsächlich nicht um den Einwand rechtmäßigen Alternativver-

---

[387] Zum Ganzen *Lange/Schiemann*, Schadensersatz, S. 199 ff.; s. auch *Vollkommer/Greger/Heinemann*, Anwaltshaftungsrecht, § 19 Rn. 24.

haltens, sondern letztlich lediglich um ein Bestreiten der Kausalität zwischen der Pflichtverletzung des Ratgebers und dem Willensentschluss des Ratnehmers. Insoweit ist entscheidend, wie die Beweislast zwischen Ratnehmer und Ratgeber verteilt ist und in welchem Umfang Beweiserleichterungen greifen[388]. Anders verhält es sich lediglich im Hinblick auf die ärztliche Eingriffsaufklärung, wenn der Patient den Eingriff tatsächlich hat über sich ergehen lassen. Da es aufgrund der an die Einwilligung gebundenen Aufklärung auf die Entscheidungskausalität des Patienten nicht ankommt, stellt sich der Einwand, der Patient hätte bei pflichtgemäßer Aufklärung gleichfalls in den Eingriff eingewilligt, als Einwand rechtmäßigen Alternativverhaltens dar[389].

(3) Einschränkung des Haftungsumfangs im Hinblick auf den Schutzzweck der verletzten Pflicht

(a) Anwendung der Schutzzwecklehre

Selbst auf der Grundlage einer allgemeinen Zurechnung des Entscheidungsverhaltens an den Ratgeber hat dieser dem Ratnehmer nicht notwendig für alle durch eine Pflichtverletzung ausgelösten Schadensfolgen zu haften. Eine Eingrenzung findet zwar bereits durch die allgemeinen Voraussetzungen der Kausalität und Adäquanz statt. Allein dies führt indes, so der BGH, nicht in allen Fällen zu einer sachgerechten Risikozuweisung[390]. Weitergehend wird eine Begrenzung des Ersatzes auf solche Schäden diskutiert, deren Eintritt von der in Rede stehenden Pflicht verhindert werden sollte. Die Begrenzung der Haftung unter dem Gesichtspunkt des Schutzzwecks der Norm bzw. der verletzten Pflicht beansprucht Geltung im Deliktsrecht[391] ebenso wie im Vertragsrecht[392] sowie im vorvertraglichen Bereich[393] und wurde vom BGH ausdrücklich auch im Zusammenhang mit Beratungs-, Aufklärungs- und Auskunftspflichten betont[394]. Die im Rahmen der Beratung zum Tragen kommende Begrenzung des Haftungsumfangs im Hinblick auf den Schutzzweck der Beratungspflicht lässt sich nach Maßgabe unterschiedlicher Erwägungen systematisieren.

(b) Unterscheidung zwischen „umfassender" Beratung und Hilfestellung nur hinsichtlich eines für das Vorhaben bedeutsamen „Einzelpunkts"

Im Rahmen einer schutzzweckorientierten Einschränkung der Haftungsfolgen ist zunächst einmal grundlegend zu unterscheiden zwischen den schwerpunkt-

---

388 Hierzu eingehender § 13, S. 297 ff. (sub c).

389 Hierzu und zum Stand der Diskussion im Überblick *Lange/Schiemann*, Schadensersatz, S. 207; *Katzenmeier*, Arzthaftung, S. 347 f.

390 BGH NJW 2009, 3025, 3026.

391 Hierzu statt vieler MünchKommBGB/*Wagner*, § 823 Rn. 366 ff.

392 BGH NJW 1985, 2752, 2755; NJW 1985, 2749, 2751; NJW-RR 1991, 627, 629.

393 BGH VersR 1962, 562, 563.

394 Vgl. BGH NJW 1992, 555, 556; s. *Lange/Schiemann*, Schadensersatz, S. 108 f.

mäßig hier interessierenden Fällen einer allgemeinen Auswahlberatung einerseits und einer untergeordneten, eher punktuellen informatorischen Hilfestellung andererseits. Im ersten Fall erscheint es sachgerecht, den Ratgeber grundsätzlich für alle mit der nachteiligen Entscheidung verbundenen ersatzfähigen Schäden haften zu lassen, anstatt zu fordern, dass der konkrete Pflichtenverstoß in dem geltend gemachten Schaden unmittelbaren Niederschlag finden muss[395]. Denn derjenige, der in diesem Sinne umfassend berät, muss sich die Folgen einer Beeinträchtigung der Entscheidungsfreiheit auch umfassend zurechnen lassen. Ein Ratgeber, der seine Beratungspflicht lediglich insoweit verletzt, als er im Rahmen der empfehlungsbegleitenden Aufklärung das Risiko der empfohlenen Handlungsoption nicht zutreffend darstellt, haftet daher grundsätzlich für alle aus der Wahrnehmung der Handlungsoption resultierenden Schäden und nicht lediglich dann und insoweit, als sich das Risiko tatsächlich verwirklicht hat. Auf diese Weise wird dem Umstand Rechnung getragen, dass es sich bei einer auf eine umfassende Auswahlberatung hin getroffenen Entscheidung um eine Bilanzentscheidung handelt, für die der Ratgeber umfassend Verantwortung übernimmt[396]. Wenn dagegen lediglich eine punktuelle informatorische Hilfestellung geschuldet ist, ginge es nicht an, den Erklärenden für alle mit dem fehlgeschlagenen Vorhaben verbundenen Schäden aufkommen zu lassen. Von einer umfassenden Verantwortungsübernahme für eine Bilanzentscheidung kann in solchen Fällen keine Rede sein. Die Einstandspflicht beschränkt sich daher dann auf die Risiken, deren Einschätzung mit der punktuellen informatorischen Hilfestellung ermöglicht werden sollte. Praktische Relevanz hat diese Abgrenzung für die „echte“ Beratung indes kaum. Wenn im Zusammenhang mit punktueller informatorischer Hilfestellung von „Beratung“ die Rede ist, geht es tatsächlich regelmäßig nur um Singularauskünfte oder die isolierte Abgabe einer Prognose im Hinblick auf ein bestimmtes Risiko[397].

Auf der beschriebenen Grundlinie liegt auch die zu den einzelnen beratungsrelevanten Teilrechtsgebieten ergangene Rechtsprechung. Im Rahmen eines Immobilienerwerbs zu Anlagezwecken etwa hatte der Verkäufer dem Käufer eine unzutreffende Auskunft über die fortdauernde Sozialbindung des Erwerbsobjekts erteilt. Der Käufer verlangte daraufhin die Erstattung des Kaufpreises Zug-um-Zug gegen die Rückauflassung des Hausgrundstücks sowie die zwischenzeitlich aufgewendeten Kosten für den Umbau des Hauses. Der BGH begrenzte den Schadenersatzanspruch unter dem Gesichtspunkt des Schutzzwecks der verletzten Aufklärungspflicht auf die nachteiligen Folgen, die sich aus der fortdauernden Sozialbindung des Hauses ergeben und kontrastierte die im

[395] Kritisch dagegen *Lange/Schiemann*, Schadensersatz, S. 109.
[396] Hierzu und zu den Grenzen der Berücksichtigungsfähigkeit schon § 5, S. 47 ff. (sub b).
[397] Vgl. BGH NJW 1998, 982, 983.

konkreten Fall lediglich in Rede stehende punktuelle Aufklärungspflichtverletzung mit einer umfassenden Beratungspflichtverletzung[398].

Vergleichbar verhält es sich mit der schutzzweckorientierten Behandlung des Spekulationsrisikos. Hierbei handelt es sich um Fälle der vermögensorientierten Beratung von Kapitalanlegern, bei denen sich im Nachgang zu einem Beratungsfehler nicht dieser, sondern vielmehr nur das allgemeine Kurs- oder Anlagerisiko verwirklicht. Sofern die Beratungspflicht im konkreten Fall auf die steuerlichen Risiken eines Erwerbsgeschäfts beschränkt ist, liegt die Verwirklichung des Spekulationsrisikos außerhalb des Schutzzwecks der Beratungspflicht[399], anders dagegen, wenn die Beratungspflicht – wie im Regelfall – umfassend dazu dient, die bedarfsgerechte Vermögensdisposition des Anlegers zu ermöglichen. In solchen Fällen ist ein notwendiges Korrektiv nach der hier vertretenen Auffassung vielmehr im Bereich der Beratungspflicht zu suchen, indem zivilrechtlich haftungsbewehrte Aufklärungspflichten über Interessenkonflikte von vorneherein eher restriktiv anzunehmen sind[400].

Aus dem Bereich des Arzthaftungsrechts ist das Problem im Zusammenhang mit der ärztlichen Eingriffsaufklärung bekannt und wird dort unter dem Begriff des „Rechtswidrigkeitszusammenhangs" diskutiert[401]. Hier stellt sich die Frage, ob der Arzt für alle Gefahren einzustehen hat, die sich im Verlauf eines Eingriffs realisieren oder ob seine Haftung auf das Risiko beschränkt werden sollte, über das der Patient pflichtwidrig nicht aufgeklärt wurde. Allerdings tendiert die Rechtsprechung in diesem Bereich dazu, die Haftungszurechnung ungeachtet des Umstandes einer umfassenden Pflicht zur Entscheidungshilfestellung weitergehend einzugrenzen, indem die umfassende Haftungszurechnung bisweilen lediglich bei unzureichender „Grundaufklärung" angenommen wird, d.h. wenn die Vermittlung eines angemessenen Gefahrenbewusstseins (Art und Schweregrad des Eingriffs, Hinweis auf schwerstes in Betracht kommendes Risiko) unterblieben ist[402].

---

398 BGH NJW 1992, 555, 556.

399 BGH NJW 1990, 2057, 2058; s. auch BGH ZIP 2003, 806f.

400 Hierzu eingehender § 13, S. 187ff. (sub dd).

401 Zum Verhältnis von Schutzzwecklehre und Rechtswidrigkeitszusammenhang s. nur *Lange/Schiemann*, Schadensersatz, S. 102; die Entbehrlichkeit der dogmatischen Kategorie des Rechtswidrigkeitszusammenhangs befürwortet *Fikentscher*, Schuldrecht, Rn. 446; s. auch *Canaris*, Bankvertragsrecht, Rn. 138: „wohl identisch".

402 Im Überblick *Giesen*, Arzthaftungsrecht, S. 259ff.; *Katzenmeier*, Arzthaftung, S. 345ff.

(c) Einschränkungen im Hinblick auf die Rechtsgüter- bzw. Interessengerichtetheit der Beratungspflicht?

(aa) Überblick über den Stand der Diskussion

Eine für die Beratung praktisch bedeutsamere Einschränkung des Haftungsumfangs folgert die herrschende Meinung aus dem Gesichtspunkt der Rechtsgüter- bzw. Interessengerichtetheit der Beratungspflicht. Hiernach stelle sich die Frage, welchen Rechtsgütern und Interessen die Beratungspflicht dient. Eine allgemeingültige Aussage darüber lässt sich für das jeweilige beratungsrelevante Teilrechtsgebiet allerdings nicht unbedingt treffen. Die Vielschichtigkeit der Rechtsgüter- und Interessengerichtetheit zeigt sich wohl am deutlichsten im Bereich der anwaltlichen Beratung. Diese kann sich auf einen reinen Vermögensbezug beschränken, von vorneherein allerdings auch das Eigentum oder, wie im Bereich der Strafverteidigung, höchstpersönliche Rechte zum Gegenstand haben. Der Schutzzweck der Beratungspflicht sei daher nach Maßgabe des jeweiligen Mandats zu konkretisieren.

Die Konsequenzen der herrschenden Meinung lassen sich am Beispiel der Haftung auf Schmerzensgeld im Bereich der anwaltlichen Beratung verdeutlichen. Hiernach setze die Haftung des Anwalts auf Schmerzensgeld voraus, dass der Schutz der Gesundheit in den Bereich der vom Anwalt übernommenen Pflichten fällt. Das sei nicht so bei einem umfassenden anwaltlichen Beratungsvertrag, der ausschließlich vermögensrechtliche Angelegenheiten zum Gegenstand hat. In einem vom BGH entschiedenen Fall hatte der Rechtsanwalt seinen Mandanten umfassend im Hinblick auf einen Brandschaden zu beraten. In diesem Zusammenhang erklärte er, dass die private Haftpflichtversicherung den Mandanten nicht freistellen müsse, wenn es sich erweise, dass dieser den Brand grob fahrlässig mitverursacht hatte. Tatsächlich beschränkt sich der subjektive Risikoausschluss in der Haftpflichtversicherung aber auf Vorsatz und widerrechtliches Handeln. Als kausale und adäquate Folge der fehlerhaften Beratung litt der Mandant an Schlaflosigkeit, schweren Erschöpfungszuständen und „seelischer Auflösung". Das Schmerzensgeldbegehren des Mandanten wurde vom BGH mit Hinweis auf den lediglich vermögensrechtlichen Schutzzweck der Beratungspflicht abgelehnt[403]. Ein Schmerzensgeldanspruch sei allerdings im Rahmen der Anwaltshaftung denkbar, wenn der Schutz eines der in § 253 Abs. 2 BGB genannten Rechtsgüter Bestandteil der anwaltlichen (Beratungs-)Pflicht sei, wie etwa im Rahmen der Strafverteidigung. Ein Mandant, der infolge eines anwaltlichen Beratungsfehlers in Haft genommen werde, könne dem Grunde nach auch Anspruch auf Ersatz seines immateriellen

[403] BGH NJW 2009, 3025, 3027; ebenso *Vollkommer/Greger/Heinemann*, Anwaltshaftungsrecht, § 20 Rn. 43.

Schadens haben[404]. Entsprechend stellt sich die geltende Praxis im Bereich der Kapitalanlageberatung dar[405].

In der Literatur ist diese Grundlinie ganz überwiegend auf Zustimmung, teilweise indes auch auf Ablehnung gestoßen. *Schiemann* weist in diesem Zusammenhang auf die Anerkennung des Ersatzes reiner Vermögensschäden im Bereich der ärztlichen Haftung hin. Die Ablehnung eines Schmerzensgeldes bei Verletzung der Pflicht zur vermögensorientierten anwaltlichen Beratung vertrage sich wertungsmäßig nicht mit der Verurteilung eines die Schwangere beratenden Arztes auf den aus der Belastung mit der Unterhaltspflicht resultierenden Vermögensschaden. Auch sei die Gefährdung der Persönlichkeitssphäre im Rahmen der Beratung über vermögensrechtliche Angelegenheiten durchaus angelegt[406].

(bb) Stellungnahme

Im Ergebnis verdient die von *Schiemann* geäußerte Kritik Zustimmung. Man muss sich hierzu zunächst einmal im Wege einer teilrechtsgebietsübergreifenden Betrachtung die Konsequenzen der Anwendung der vom BGH für den Fall der anwaltlichen Beratung formulierten rigiden Linie klarmachen. Wenn man die anwaltliche Beratungspflicht in dem vom BGH entschiedenen Fall rein vermögensbezogen einordnen wollte, ließe sich umgekehrt jedweder unmittelbarer Vermögensbezug bei der typischen ärztlichen Beratungspflicht verneinen. Die Rechtsprechung zur anwaltlichen Beratung konsequent fortgedacht hätte zur Folge, dass der Arzt für Vermögensschäden, die kausal und adäquat aus der fehlerhaften Beratung resultieren, in gleicher Weise nicht einzustehen hätte. Die Rechtsprechung geht insoweit aber nicht nur den gegenteiligen Weg, sondern würde dieser Linie wohl nicht einmal im Bereich der Anwaltshaftung treu bleiben. So ist der Strafverteidiger infolge fehlerhafter Beratung nach richtigem Verständnis nicht nur zum Ersatz des immateriellen Schadens verpflichtet, der aus der Freiheitsentziehung resultiert, sondern darüber hinaus auch für den beim Mandanten entstandenen Verdienstausfall[407]. Es scheint offensichtlich, dass der Grund für die restriktive Linie des BGH tatsächlich weniger in Normzweckerwägungen gründet, als dass sich hier eine allgemeine, auf die Rechtslage vor der Schadensersatzrechtsreform des Jahres 2002 zurückgehende Reserviertheit gegenüber dem Ersatz immaterieller Interessen zeigt, die längst keinen normativen Rückhalt mehr hat.

---

404 *Fischer*, in: Zugehör/Fischer/Vill/Fischer/Rinkler/Chab, Handbuch der Anwaltshaftung Rn. 1224; *Fahrendorf*, in: Rinsche/Fahrendorf/Terbille, Rn. 769; *Chab* AnwBl 2005, 497, 498; vgl. auch BGH NJW 2009, 3025, 3027.

405 OLG Nürnberg WM 2011, 1073 f.; zustimmend MünchKommHGB/*Nobbe-Zahrte*, Anlageberatung Rn. 315.

406 *Schiemann* JZ 2011, 526 f.; kritisch auch *Gsell* ZJS 2011, 389, 390 f.

407 Zutreffend *Schiemann* JZ 2011, 526.

Eine Beschränkung der Haftungsfolgen unmittelbar auf das von der Beratungspflicht erfasste Rechtsgut oder Interesse greift tendenziell zu kurz. Die Annahme, die vermögensorientierte Beratungspflicht des Anwalts gestatte diesem, im Hinblick auf die Gesundheit des Mandanten jede Sorglosigkeit an den Tag zu legen, überzeugt ebenso wenig, wie das für den beratenden Arzt im Hinblick auf die von der Beratung gefährdeten Vermögensinteressen des Patienten der Fall wäre. Dass Vermögensangelegenheiten, sicherlich abhängig vom konkret betroffenen Lebensbereich und ihrer Dimension, von vorneherein eine Tendenz haben, psychosomatisch bedeutsam zu werden, lässt sich auch für die anwaltliche Beratung kaum bestreiten. Ein Anwalt, der dem Mandanten gegenüber pflichtwidrig ein existenzbedrohendes Szenario ausmalt, kann sich den zurechenbaren Folgen einer Gesundheitsbeeinträchtigung dann aber auch nicht damit entwinden, dass er sich auf die Vermögensorientiertheit seines Beratungsmandats zurückzieht. Eine auf der Grundlage der Rechtsgüter- und Interessengerichtetheit vorgenommene Begrenzung des Schutzzwecks der Beratungspflicht muss nach richtigem Verständnis der typischen Betroffenheit anderer, nicht unmittelbar dem Beratungsgegenstand zuzuordnender Rechtsgüter und Interessen Rechnung tragen. Im Grunde spricht daher manches dafür, es insoweit beim allgemeinen Maßstab der Adäquanz zu belassen und im Wesentlichen nur wertend nach der Vorhersehbarkeit der Beeinträchtigung zu fragen. Auf dieser Grundlage wäre die Grenze im Beispielsfall des BGH dort zu ziehen, wo der vermögensrechtliche Beratungsgegenstand keine erkennbare objektive existenzbedrohende Relevanz hat. Für die Kapitalanlageberatung kann nichts anders gelten.

ee) Mitverschulden

(1) Grundsatz

Nach dem allgemeinen Grundsatz des Schadensrechts muss sich der Geschädigte eine Kürzung seines Schadensersatzanspruchs gefallen lassen, wenn bei der Entstehung des Schadens ein Verschulden des Geschädigten mitgewirkt hat oder wenn er es unterlassen hat, den Schaden abzuwenden oder zu mindern, § 254 BGB. Im Bereich der Beratung erfährt dieser Grundsatz indes erhebliche Einschränkungen[408], die in Reichweite und Umfang so weit gehen, dass es gerechtfertigt ist, von einer nur ausnahmsweisen Berücksichtigung eines Mitverschuldens zu sprechen[409]. Die Gesichtspunkte, die zu einer einschränkenden Auslegung der Regelung führen, sind dabei vielschichtig und lassen sich dogmatisch nur dann zutreffend erfassen und konkretisieren, wenn man die Frage nicht für die Beratungspflicht als solche stellt, sondern mit Rücksicht auf die

[408] Unreflektiert dagegen noch *Zahnen*, Die Haftung des Ratgebers, S. 46 sowie *Luther*, Die Haftung des Ratgebers, S. 80.

[409] Kritisch *Herresthal* ZIP 2013, 1049, 1056.

grundlegend herausgearbeiteten Elemente der Beratungspflicht auffächert. Das Maß, in dem Ausnahmen vom Grundsatz des Ausschlusses des Mitverschuldens zuzulassen sind, beurteilt sich unterschiedlich für die hier zunächst interessierende vertraglich übernommene Pflicht zur Beratung und die Beratungssorgfaltspflicht als Ausprägung der quasi-vertraglichen Vertrauenshaftung.

(2) Mitverschulden und empfehlungs- bzw. aufklärungskausale Exploration

Im Grundsatz beachtlich ist der Mitverschuldenseinwand des Ratgebers, wenn der Ratnehmer seine Obliegenheiten im Rahmen der Explorationspflicht des Ratgebers verletzt und diese Verletzung, soweit es die empfehlungsrelevante Exploration betrifft, im Hinblick auf eine abgegebene oder pflichtwidrig unterlassene Empfehlung ursächlich wurde. Entsprechendes gilt, wenn die Verletzung der der späteren empfehlungsbegleitenden Aufklärung vorgeschalteten Explorationsobliegenheit für die Aufklärung ursächlich wurde. Beispielhaft genannt werden kann für den ersten Fall ein Verschweigen wichtiger Tatsachen gegenüber dem beratenden Arzt, der sodann auf dieser Grundlage eine unvertretbare Therapieempfehlung abgibt[410].

Eine entscheidende Besonderheit folgt allerdings aus der Risikobegrenzungsfunktion der Explorationspflicht. Hiernach beurteilen sich die Bedarfsgerechtigkeit der Empfehlung und die Richtigkeit der Aufklärung von vorneherein allein auf der Grundlage einer pflichtgemäßen Exploration[411]. Wenn etwa der Ratgeber den Informationen des Ratnehmers vertrauen durfte und sowohl die Empfehlung als auch die Aufklärung im Hinblick darauf pflichtgemäß war, fehlt es bereits an einer Beratungspflichtverletzung, so dass sich der Mitverschuldenseinwand nicht mehr stellt. In diesen Fällen führt die Verletzung der Obliegenheiten des Ratnehmers bei der Exploration bereits dazu, dass die Haftungsvoraussetzungen nicht gegeben sind.

Es ist allerdings auch denkbar, dass die Verletzung der Obliegenheiten des Ratnehmers die Annahme der Beratungspflichtverletzung nicht hindert. Das ist typischerweise der Fall, wenn der Ratgeber nicht von vorneherein auf die Angaben des Ratnehmers vertrauen darf, sondern eine Pflicht zu ihrer Verifikation hat und die Verletzung der Informationsobliegenheit durch den Ratnehmer und die Verletzung der Pflicht zur Verifikation durch den Ratgeber zusammentreffen. Als Beispiel zu nennen ist etwa der Fall, dass ein Mandant seinen Anwalt unzutreffend über den Sachverhalt informiert und der Anwalt daraufhin von einer pflichtgemäßen Verifizierung, und sei es auch nur durch Nachfragen, absieht[412].

---

[410] Vgl. Staudinger/*Schiemann*, BGB, Neubearb. 2005, § 254 Rn. 60; aus der anwaltlichen Beratung s. BGH NJW 1996, 2929, 2932.

[411] Hierzu eingehend § 13, S. 160 (sub a).

[412] Vgl. BGH NJW 1999, 1391, 1392; s. auch *Vollkommer/Greger/Heinemann*, Anwaltshaftungsrecht, § 20 Rn. 52.

(3) Mitverschulden und pflichtwidrige Empfehlung

Demgegenüber ist der Mitverschuldenseinwand im Hinblick auf eine nicht explorationskausale pflichtwidrige Empfehlung grundsätzlich ausgeschlossen. Das betrifft im Kern den Einwand, der Ratnehmer hätte die Bedarfswidrigkeit der Empfehlung selbst erkennen müssen. Hierzu werden allerdings unterschiedliche Begründungsebenen vorgetragen. Zum einen wird angeführt, dass derjenige, der sich einem überlegenen Fachmann anvertraue, keine Kontrollpflichten habe[413]. Zum anderen wird etwas allgemeiner damit argumentiert, dass ein Mitverschulden dann ausgeschlossen sei, wenn die in Rede stehende Hauptpflicht gerade auch vor dem Verhalten schützen soll, dass zur Entstehung des Schadens beigetragen hat. Hiernach könne man einem Ratnehmer schlechterdings nicht vorhalten, sich an die Empfehlung des Ratgebers gehalten zu haben[414]. Auf der Grundlage der ersten Begründungslinie würde es nahe liegen anzunehmen, dass der Ausschluss des Einwandes des Mitverschuldens von einem konkreten Ungleichgewicht zwischen Ratnehmer und Ratgeber in Bezug auf das zur Beurteilung des Sachverhaltes relevante Wissen, Erfahrung und Können abhängt.

Es wurde allerdings grundlegend darauf hingewiesen, dass das Bestehen eines strukturellen Ungleichgewichts für die Beratung typisch, keineswegs aber selbstverständlich ist. Die haftungsrechtliche Funktion der vertraglichen Beratungspflicht liegt gerade nicht allein darin, die Inanspruchnahme von und das Vertrauen in überlegenes Wissen und Können zu flankieren. Es geht vielmehr auch darum, dass der Ratgeber im Verhältnis zum Ratnehmer die – volle – Verantwortung für die Bedarfsgerechtigkeit seiner Empfehlung übernimmt[415]. Vor diesem Hintergrund leuchtet es nicht ein, dass sich der Ratgeber anschließend auf den Standpunkt stellen können soll, dass der in vergleichbarer Weise als Fachmann ausgewiesene Ratnehmer die Pflichtwidrigkeit der Empfehlung selbst hätte erkennen können und müssen. Es ist vielmehr davon auszugehen, dass es sich bei der vertraglich übernommenen Pflicht zur Abgabe einer bedarfsgerechten Empfehlung von vorneherein um eine Pflicht im ausschließlichen Zuständigkeitsbereich des Ratgebers handelt und der Mitverschuldenseinwand insoweit funktional auch und gerade in Gleichgewichtslagen ausgeschlossen ist[416]. In diese Richtung tendiert letztlich auch die Rechtsprechung, wenn sie etwa die Fristenkontrolle allein dem Verantwortungsbereich des Rechtsanwalts zuweist und ein Mitverschulden des selbst rechtskundigen Mandanten nicht durchgreifen lässt[417]. Vergleichbar kann einem steuerkundi-

---

413 Vgl. *Lange/Schiemann*, Schadensrecht, S. 573 f.

414 Staudinger/*Schiemann*, BGB, Neubearb. 2005, § 254 Rn. 59; Bamberger/Roth/*Unberath*, BGB, § 254 Rn. 19.

415 § 3, S. 30 f. (sub 1).

416 Vgl. auch OLG Köln ZIP 1988, 1407, 1408: „branchenkundiger" Ratnehmer.

417 BGH NJW 1992, 820.

gen Mandanten nicht vorgeworfen werden, dass er aufgrund seiner Steuerkenntnisse den drohenden und vom Steuerberater nicht abgewendeten Steuerschaden selbst hätte erkennen können[418]. Ebenso wenig kann dem Ratnehmer entgegen gehalten werden, dass dieser die Gelegenheit ungenutzt gelassen habe, bestimmte empfehlungsrelevante Umstände selbst aufzuklären. Entsprechendes sah dagegen noch das Allgemeine Preußische Landrecht von 1794 im Bereich der kaufmännischen Empfehlung vor[419]. Berücksichtigung muss der Mitverschuldenseinwand allerdings dann finden, wenn der Ratnehmer im Rahmen der Einholung einer „zweiten Meinung" auf eine Fehleinschätzung des Erstratgebers hingewiesen wird[420].

Eine schuldhafte Mitverursachung wird allgemein ferner darin gesehen, dass der Geschädigte ungeeignete Personen mit der Einwirkung auf seine Rechtsgüter betraut hat[421]. Für den Bereich der bloßen Auskünfte hat etwa bereits das *Reichsgericht* die Frage aufgeworfen, ob derjenige gem. § 254 BGB schuldhaft handelt, der sich, anstatt den Notar selbst zu fragen, auf die Rechtsauskunft seines Bürovorstehers verlässt[422]. Im Grundsatz handelt es sich insoweit aber nicht um ein Problem des Mitverschuldens[423]. Es wäre nämlich bereits zu fragen, ob in den Fällen, in denen sich ein Ratnehmer erkennbar an einen Laien wendet, überhaupt eine Beratungspflicht besteht. Soweit es die hier interessierende vertragliche Beratungsleistungspflicht betrifft, muss die Antwort darauf eindeutig ausfallen. Auch ein Laie kann sich vertraglich zur Übernahme einer berufsbezogenen Ratgeberverantwortung verpflichten und hat diese dann grundsätzlich auch, vergleichbar einem professionellen Ratgeber, alleine zu tragen. Man mag allerdings durchaus eine Korrektur im Lichte des § 242 BGB und dann bereits im Rahmen des Pflichtentatbestandes erwägen, wenn der Ratnehmer letztlich nur auf die Übervorteilung des Laien aus war.

(4) Mitverschulden und pflichtwidrige Aufklärung

Auch in Bezug auf eine nicht explorationskausale pflichtwidrige empfehlungsbegleitende Aufklärung begegnet die Zulassung des Mitverschuldenseinwands grundlegenden Bedenken. Vergleichbar der Pflicht zur Abgabe einer bedarfsgerechten Empfehlung liegt die empfehlungsbegleitende Aufklärung zunächst

---

418 BGH NJW 1998, 1486, 1488.

419 Vgl. § 709 II 8 ALR: „Hat der Beschädigte in der Zwischenzeit Gelegenheit gehabt, von den Vermögensumständen oder Charakter des Empfohlnen sich selbst zu überzeugen, so fällt die Vertretung hinweg"; abgedruckt bei *Hattenhauer*, Allgemeines Landrecht für die Preußischen Staaten von 1794, S. 481.

420 Hierzu noch eingehender § 13, S. 269 (sub 3).

421 Vgl. Soergel/*Mertens*, BGB, 12. Aufl. 1990, § 254 Rn. 46.

422 Vgl. RGZ 162, 24, 29 f. – *in casu* offen gelassen.

423 Für das *Reichsgericht* hat sich die Frage *in casu* gestellt, weil es zutreffend von einer Pflichtverletzung des Notars selbst ausgegangen ist. Dieser habe es nicht dulden dürfen, dass Rechtsrat durch einen seiner Angestellten erteilt wird, vgl. RGZ 162, 24, 29.

einmal im Verantwortungsbereich des Ratgebers. Die Aufklärungspflicht soll den Ratnehmer gerade davor schützen, eine Entscheidung zu treffen, ohne insoweit zur selbstverantwortlichen Freiheitsausübung befähigt zu sein. Soweit die Pflicht zur Aufklärung reicht und nicht erst durch eine Nachfrageobliegenheit des Ratnehmers erweitert wird, kann sich der Ratgeber daher grundsätzlich nicht darauf berufen, dass der Ratnehmer die Unrichtigkeit der Aufklärung selbst hätte erkennen können[424]. Im Gegenteil kann sich der Ratnehmer auf die Richtigkeit und Vollständigkeit der Aufklärung verlassen, ein Postulat, das etwa im Bereich der Kapitalanlageberatung inzwischen gefestigter Rechtsprechung entspricht[425]. Es wäre gerade systemwidrig, wenn man dem Ratgeber auf der einen Seite die alleinige Aufklärungsverantwortung übertragen wollte, um sodann im Rahmen des Mitverschuldens dem Ratnehmer den Vorwurf zu machen, dass dieser zur Beseitigung von Unklarheiten und Widersprüchen nicht nachgefragt habe. Vergleichbar dem zur Empfehlung Gesagten ist es daher grundsätzlich unerheblich, wenn sich der Ratnehmer nicht in einem Wissens- und Kenntnisgefälle gegenüber dem Ratgeber befindet und es daher hätte besser wissen können[426]. Die Aufklärungspflicht ist im Grundsatz auch nicht von vorneherein als Gemeinschaftsaufgabe von Ratgeber und Ratnehmer zu verstehen. Der gegenteiligen Tendenz in der arzthaftungsrechtlichen Literatur[427] ist dezidiert zu widersprechen. Einen Patienten trifft dementsprechend kein Mitverschulden, wenn er den ihn über die geplanten Maßnahmen unterrichtenden Arzt nicht um Ausräumung etwaiger, von dem Arzt von vorneherein zu vermeidenden Unklarheiten ersucht[428].

Weitergehend als mit Blick auf die Empfehlung lässt sich allerdings im Bereich der empfehlungsbegleitenden Aufklärung eine Durchbrechung dieses Grundsatzes erwägen. Für die unrichtige Singularauskunft wird etwa angenommen, dass dann, wenn sich die Unrichtigkeit der Auskunft aufdrängen musste, etwa weil diese im Widerspruch zu gleichzeitig ausgehändigten Unterlagen stand, ein Mitverschulden in Frage komme[429]. Was auf den ersten Blick einleuchtend erscheint und noch für die reine und typischerweise auf Vertrauen basierende Auskunftshaftung angehen mag[430], trägt bei näherem Hinsehen im

---

424 Anders wiederum, wenn der Ratnehmer eine „zweite Meinung" einholt und in diesem Rahmen auf Aufklärungsfehler des Erstratgebers hingewiesen wird; vgl. noch § 13, S. 269 (sub 3).

425 Vgl. BGH WM 2014, 1382, 1386; BGH NJW 2011, 1949, 1953; s. ferner BGH NJW 2004, 1868, 1870; BGH NJW 2010, 3292, 3294.

426 Vgl. BGH NJW 2004, 1868, 1870.

427 Vgl. *Katzenmeier*, Arzthaftung, S. 372 f., der den Patienten zum „Herren des Aufklärungsgeschehens" erklärt und die Formel von der „partnerschaftlichen Beziehung" von Arzt und Patienten zur Neujustierung der Risikozuweisung bemüht wissen will.

428 BGH NJW 1997, 1635, 1636.

429 Staudinger/*Schiemann*, BGB, Neubearb. 2005, § 254 Rn. 59.

430 Hier in dieser Richtung BGH NJW 1980, 2576, 2577: Auskunft über die zulässige

Rahmen der vertraglich übernommenen Leistungspflicht zur Beratung nicht. Haftungsgrund ist in diesem Fall das vertragliche Leistungsversprechen und nicht ein wie auch immer geartetes Vertrauen des Ratnehmers. Wenn man mit der vertraglichen Zuweisung der alleinigen Verantwortung an den Ratgeber ernst macht, wäre eine praktisch so weitreichende Ausnahme letztlich widersprüchlich. Nach richtigem Verständnis besteht für den Mitverschuldenseinwand im Rahmen der empfehlungsbegleitenden Aufklärung nur dann Raum, wenn der Ratnehmer zuverlässig über besseres Wissen verfügte. Das entspricht bereits dem Grundsatz von Treu und Glauben, der mit § 254 BGB lediglich Konkretisierung und weitergehende Ausformung erfahren hat[431]. Allerdings dürfte es in diesen Fällen von vorneherein an einer Verletzung der Pflicht zur empfehlungsbegleitenden Aufklärung mangeln. Denn diese hängt im Grundsatz bereits von einer Aufklärungsbedürftigkeit ab. Derjenige, der bereits positiv aufgeklärt ist, ist folglich nicht aufzuklären[432]. Eine gleichwohl durchgeführte fehlerhafte Aufklärung ist haftungsrechtlich daher unschädlich, wenn der Ratnehmer auf dieser Grundlage an seiner eigenen Erkenntnis nicht zu Zweifeln Anlass hatte.

ff) Verjährung

Auf die Verjährung von Schadensersatzansprüchen aus fehlerhafter Beratung wurde bereits im Rahmen der objektiven Zurechnung eingegangen[433]. Zusammenfassend bleibt zunächst festzuhalten, dass sich die Verjährung, soweit keine besonderen Regelungen Platz greifen, nach den Vorschriften der Regelverjährung richtet, §§ 195, 199 BGB. Voraussetzung ist daher zunächst, dass der Anspruch entstanden ist, d.h. dass dieser gerichtlich geltend gemacht und notfalls im Klageweg durchgesetzt werden kann. Der insoweit maßgebliche Eintritt eines Schadens ist „regelmäßig erst dann anzunehmen, wenn es zu einer konkreten Verschlechterung der Vermögenslage des Gläubigers gekommen ist“[434]. Die fehlerhafte Beratung selbst setzt die Verjährung daher noch nicht in Gang. Daneben muss der Ratnehmer von den den Anspruch begründenden Umständen und der Person des Schuldners Kenntnis erlangt haben oder ohne grobe Fahrlässigkeit erlangt haben müssen, § 199 Abs. 1 Nr. 2 BGB.

Im Rahmen der Festlegung des Maßstabs, wann von einer grob fahrlässigen Unkenntnis des Ratnehmers von den den Anspruch begründenden Umständen auszugehen ist, schlagen sich erneut verallgemeinerungsfähige[435] Besonderhei-

Geschosszahl eines Wohngebäudes; BGH VersR 1968, 148, 150: widersprechende Rechtsauskünfte.

431 Vgl. BGH VersR 1984, 191, 192.

432 Zum Ganzen § 13, S. 173 (sub aa).

433 § 13, S. 231 f. [sub (c)].

434 BGH NJW-RR 2012, 111; NJW-RR 2010, 1623.

435 Vgl. zur Konvergenz von anwaltlicher Beratung und Kapitalanlageberatung insoweit *Borgmann* NJW 2011, 3133, 3137.

ten der Beratungssituation nieder. Zu berücksichtigen ist auch hier, dass der Ratgeber die Verantwortung dafür übernimmt, eine bedarfsgerechte Empfehlung abzugeben und den Ratnehmer dabei in bestimmtem Umfang mittels empfehlungsbegleitender Aufklärung in die Lage zu versetzen hat, eine eigenverantwortliche selbstbestimmte Entscheidung zu treffen. Eine unterlassene Nachprüfung der Angaben des Ratgebers oder das Nichtauffinden von Ungereimtheiten und Widersprüchen soll dem Ratnehmer gerade nicht ohne weiteres zum Nachteil gereichen. Vielmehr ist es grundsätzlich legitim, dass dieser den Angaben des Ratgebers weithin Vertrauen entgegen bringt[436]. Selbst bei klaren Widersprüchen in aufklärungsbegleitenden Dokumenten, wie etwa Emissionsprospekten, ist zu berücksichtigen, dass der Ratnehmer dabei insgesamt häufig auf Grund der Vielzahl an teilweise nur mittels besonderer Fachkenntnis verwertbaren Informationen überfordert wird. Aufgrund der beschränkten Informationsverarbeitungskapazitäten des Ratnehmers[437] bedarf es insoweit gewichtiger Gründe, um von einem groben Verschulden gegen sich selbst ausgehen zu können[438]. Vor diesem Hintergrund übt sich die Rechtsprechung letztlich zutreffend auch insoweit in Zurückhaltung, als es um die Bewertung von nachträglichen Umständen geht, die in beratungsfernen Sachverhalten Anlass zu eigenen Nachforschungen geben würden[439].

Sofern verschiedene Beratungs- oder Aufklärungsfehler im Raum stehen, geht der BGH zudem von einer Einzelbetrachtung aus. Hiernach ist für jede Pflichtverletzung gesondert zu prüfen, ob der Ratnehmer die erforderliche Kenntnis hatte bzw. die relevanten Umstände kennen musste. Der BGH geht dabei so weit, dass die verjährungsrechtlich geforderte gesonderte Prüfung mehrerer Pflichtverletzungen nicht voraussetzt, dass jede dieser Pflichtverletzungen eigenständige oder weitergehende Schadensfolgen nach sich gezogen haben muss. Es soll vielmehr genügen, dass mehrere eigenständige Pflichtverletzungen zum Gesamtschaden beigetragen haben und ein Schadensersatzanspruch auf mehrere selbständige Beratungsfehler gestützt wird[440].

d) Gesetzliches Lösungsrecht von einem auf der Grundlage pflichtwidriger Beratung geschlossenen Vertrag de lege ferenda?

Nach den vorgestellten Grundsätzen kommt eine Lösung des Ratnehmers von einem Vertrag, den dieser infolge pflichtwidriger Beratung mit dem Ratgeber

[436] BGH NJW-RR 2012, 111, 113; NJW-RR 2010, 1623, 1624; aus der Literatur s. etwa Erman/*Schmidt-Räntsch*, BGB, § 199 Rn. 20.

[437] Hierzu grundlegender § 7, S. 79 (sub 3).

[438] Vgl. BGH NJW 2011, 3573, 3574; s. allgemeiner auch Erman/*Schmidt-Räntsch*, BGB, § 199 Rn. 20.

[439] Vgl. BGH NJW-RR 2012, 111, 113.

[440] BGH NJW-RR 2012, 111, 112f.; BGH NJW-RR 2011, 842, 843f.; aus der Literatur etwa *Lakkis*, in: jurisPK-BGB, § 199 Rn. 26ff. mwN.; Erman/*Kindl*, BGB, § 311 Rn. 30.

geschlossen hat, außerhalb der Regeln über die Anfechtung von Willenserklärungen lediglich im Rahmen des Schadensersatzanspruchs in Betracht. Ein solcher Anspruch ist nicht nur verschuldensabhängig, sondern setzt nach der zutreffenden herrschenden Meinung überdies voraus, dass dem Ratnehmer durch den Abschluss des Vertrags ein Vermögensschaden entstanden ist.

Eine Ausnahme von diesem Grundsatz kennt die *lex lata* lediglich im Bereich der Kapitalanlageberatung. Diese erstreckt sich allerdings nicht auf die fehlerhafte Beratung insgesamt, sondern ist von vorneherein auf die unrichtige oder unvollständige Dokumentation der Beratung beschränkt. Nach § 34 Abs. 2a WpHG muss ein Wertpapierdienstleistungsunternehmen über jede Anlageberatung ein schriftliches Protokoll anfertigen. Finden Beratung und Geschäftsabschluss im Wege eines Kommunikationsmittels statt, das, wie im Falle des Telefons, die Übermittlung des Protokolls vor Geschäftsabschluss nicht gestattet, so kann der Kunde gleichwohl in den sofortigen Geschäftsabschluss einwilligen. Dem Kunden ist dann allerdings ein Rücktrittsrecht für den Fall einzuräumen, dass das Protokoll nicht richtig oder unvollständig ist. Auf dieses Rücktrittsrecht, das innerhalb einer Woche auszuüben ist, ist der Kunde hinzuweisen. Der Rechtsnatur nach handelt es sich zunächst einmal um eine privatrechtliche Regelung, im Bereich des Wertpapieraufsichtsrechts daher um einen Fremdkörper[441]. Unklar ist zudem, ob das Lösungsrecht aus dem Gesetz folgt oder auf vertraglicher Vereinbarung beruht[442].

Die Regelung findet in anderen beratungsrelevanten Teilrechtsgebieten keine Entsprechung, so dass sich schon insoweit die Frage nach ihrer Berechtigung stellt. Umgekehrt wäre allerdings auch zu erwägen, ob es nicht angezeigt wäre, mit Rücksicht auf den Schutz einer vom Vermögensschaden losgelösten Entschließungsfreiheit *de lege ferenda* ein allgemeines Lösungsrecht im Rahmen der Beratung einzuführen[443]. Dieses wäre nicht auf die Verletzung etwa bestehender selbstbestimmungsfördernder Dokumentationspflichten zu beschränken, sondern müsste folgerichtig an die fehlerhafte Beratung als solche anknüpfen. Indes wird das geltende Rechtsfolgenregime den bei der Beratung zu schützenden Rechtsgütern und Interessen bereits hinreichend gerecht. Für den

---

441 Allein auf die Ermöglichung der Kontrolle des Geschäftsgangs der Aufsichtsbehörde abstellend dagegen *Fett*, in: Schwark/Zimmer, Kapitalmarktrechtskommentar, § 34 WpHG Rn. 7. Die zivilrechtliche Rechtsnatur wird indes auch mit Blick auf den in § 34 Abs. 2b WpHG geregelten Herausgabeanspruch des Kunden deutlich, vgl. auch *Möllers*, in: Kölner Kommentar zum WpHG, § 34 Rn. 116; zur Doppelnatur des § 34 WpHG statt vieler *Möllers*, aaO., mwN.

442 Im letztgenannten Sinne zweifelhaft *Möllers*, in: Kölner Kommentar zum WpHG, § 34 Rn. 114.

443 Vgl. die überholten allgemeineren Reformüberlegungen von *Medicus*, in: Gutachten und Vorschläge zur Überarbeitung des Schuldrechts, Bd. 1, S. 479, 521 f., 533 ff., die sich allerdings, von den dort einbezogenen Werbemaßnahmen abgesehen, in einem Bemühen um eine allgemeinere Kodifikation der verbraucherschützenden Widerrufstatbestände im BGB erschöpften.

Schutz der Entschließungsfreiheit als solcher besteht außerhalb der Regeln über die Anfechtung von Willenserklärungen und den geltenden verbraucherschützenden Widerrufsrechten kein Raum. Die rechtsgeschäftliche Entschließungsfreiheit als rein immaterielles Interesse im Wege eines besonderen beratungsbezogenen Lösungsrechts aufzuwerten, stünde letztlich auch im Widerspruch zu der in § 253 BGB enthaltenen Grundwertung[444].

3. Beratungssorgfaltspflicht

a) Pflichtverletzung als Grundlage der Beendigung eines Vertrags

Bei der Beratungssorgfaltspflicht, deren Entstehung im Rahmen berufsbezogenen Handelns jedenfalls von der Abgabe einer konkreten Handlungsempfehlung abhängt, handelt es sich dogmatisch um eine Ausprägung der allgemeinen Schutzpflicht, § 241 Abs. 2 BGB. Wird diese im Rahmen eines bestehenden anderweitigen Vertragsverhältnisses verletzt, kann dies zunächst einmal die Beendigung dieses Vertrags rechtfertigen. Richtet sich diese nach § 626 BGB muss sich die Beratungspflichtverletzung grundsätzlich als wichtiger Grund darstellen. Im Rahmen von Diensten höherer Art, die auf Grund besonderen Vertrauens zu übertragen werden pflegen, bedarf es zur Kündigung nach aktueller höchstrichterlicher Tendenz allerdings nicht einmal einer besonderen Vertrauensbeeinträchtigung. Die Verletzung der Beratungssorgfaltspflicht kann unter den Voraussetzungen des § 628 BGB zu einem rückwirkenden Wegfall eines Vergütungsanspruchs führen[445]. Im Rahmen bestehender[446] Kauf- und Werkverträge eröffnet die Verletzung einer Beratungssorgfaltspflicht den Rücktritt vom Vertrag, wenn dem Gläubiger ein Festhalten daran nicht mehr zuzumuten ist, § 324 BGB.

b) Schadensersatz

aa) Grundlage, Differenzhypothese und typische Schadenskategorien

Im Zentrum des Rechtsfolgenregimes steht indes auch bei der Verletzung der Beratungssorgfaltspflicht der Anspruch auf Schadensersatz, der sich für eine vorvertragliche wie vertragsbegleitende Pflichtverletzung gleichermaßen umfassend nach § 280 Abs. 1 BGB richtet[447]. Vergleichbar der Rechtslage bei der Verletzung der vertraglichen Beratungsleistungspflicht ist der Ratnehmer vermögensmäßig so zu stellen, wie er stünde, wenn die Beratung pflichtgemäß

---

[444] Vgl. schon *Lieb*, in: FS Rechtswiss. Fakultät Köln, S. 251, 259.

[445] Vgl. eingehender § 13, S. 213 f. (sub bb).

[446] Die herrschende Meinung beschränkt die Anwendung des § 324 BGB systemkonform unausgesprochen auf die Verletzung von Schutzpflichten, die aus einem geschlossenen Vertrag entspringen, vgl. MünchKommBGB/*Ernst*, § 324 Rn. 4, 6 f.

[447] Auch ein Anwendungsfall für § 282 BGB mag konstruierbar sein.

gewesen wäre. Dabei geht es nicht notwendig um das negative Interesse, so dass die Bemühung der – von § 280 Abs. 1 BGB ohnehin nicht vorgezeichneten – Kategorien des positiven und negativen Interesses vergleichbar der Rechtslage bei der Beratungsleistungspflicht von vorneherein fehlgeht[448]. Auch in Ansehung der typischen Schadensposten kann weitgehend, d.h. soweit es nicht um das unmittelbare Leistungsinteresse geht, auf die Ausführungen zur Beratungsleistungspflicht Bezug genommen werden[449]. So kann es etwa infolge der fehlerhaften Beratung zum Abschluss eines Vertrags mit dem Ratgeber gekommen sein, der, den nach zutreffender Ansicht erforderlichen Vermögensschaden vorausgesetzt[450], im Wege der Naturalrestitution beseitigt wird. Die bereits ausgetauschten Leistungen sind rückabzuwickeln. Wurde der Vertrag mit einem Dritten geschlossen, hat der Ratgeber eine an den Dritten gezahlte Gegenleistung zu erstatten und den Ratnehmer von weiteren Ansprüchen freizustellen[451]. Zu ersetzen ist ein auf der Pflichtverletzung kausal und adäquat beruhender entgangener Gewinn wie auch die sonstigen vermögenswerten Vorteile eines beratungsgerechten Vertrags, der infolge der Beratungspflichtverletzung nicht geschlossen wurde.

bb) Kausalität, Zurechnung und Einschränkung des Haftungsumfangs

Die im Rahmen der Beratungsleistungspflicht gemachten Ausführungen zum Kausalzusammenhang, zur Zurechnung und zur Einschränkung des Haftungsumfangs im Hinblick auf den Schutzzweck der verletzten Pflicht lassen sich auf den Anspruch auf Schadensersatz infolge der Verletzung einer Beratungssorgfaltspflicht unbesehen übertragen. Aus der Rechtsnatur der Beratungspflicht und ihrer dogmatischen Einordnung ergeben sich insoweit grundsätzlich keine Unterschiede[452]. Das gilt in besonderer Weise, soweit es um die Frage der Bindung der Einstandspflicht für Beratungsfehler an die Inanspruchnahme der empfohlenen Leistung beim Ratgeber selbst geht. Die Beratungssorgfaltspflicht hat ihre praktische Bedeutung nach der hier vertretenen Ansicht vor allem im Rahmen einer unentgeltlichen, vorvertraglichen und absatzbegleitenden Beratung. In diesen Fällen, die etwa zumeist dem Typus der modernen Hybridformen der Beratung zuzurechnen sind[453], hat der Ratgeber den Interessen des Ratnehmers eigene Absatzinteressen nicht umfassend unterzuordnen. Das versteht sich schon mit Rücksicht darauf, dass sich ein solcher Ratgeber auf die Beratung über eigene Produkte und Leistungen beschränken

---

448 Hierzu schon § 13, S. 217 (sub bb).
449 § 13, S. 217 ff. (sub bb).
450 Zum Streitstand eingehender § 13, S. 217 ff. [sub (2)].
451 Hierzu eingehender § 16, S. 450 f. (sub aa).
452 BGH NJW 1992, 555, 556; OLG Karlsruhe WM 1995, 747, 750; s. auch *Lange/Schiemann*, Schadensersatz, S. 108.
453 Hierzu § 4, S. 41 f. (sub 5).

und solche von konkurrierenden Anbietern außer Betracht lassen kann. In diesen Fällen ist es angezeigt, den Schutzzweck der Beratungssorgfaltspflicht dahin einzugrenzen, dass eine Haftung für eine pflichtwidrige Beratung an die Inanspruchnahme der Leistung beim Ratgeber selbst oder einem von diesem bestimmten Dritten gekoppelt wird[454].

cc) Mitverschulden

Differenzierungen sind indes mit Rücksicht auf den Einwand des Mitverschuldens angezeigt. Auch für die Verletzung der Beratungssorgfaltspflicht gilt der Grundsatz, dass der Einwand des Mitverschuldens außerhalb einer Verletzung der Obliegenheiten im Rahmen der Exploration grundsätzlich aus funktionalen Gründen ausgeschlossen ist. Der Umstand, dass die Beratungspflicht ihre Grundlage in diesen Fällen nicht in einem vertraglichen Versprechen, sondern in der Inanspruchnahme besonderen Vertrauens findet, rechtfertigt allerdings in weitergehendem Umfang die Zulassung von Ausnahmen. Denn Umstände, die der Entstehung des Vertrauenstatbestandes hinderlich sind oder geeignet sind, ein einmal begründetes Vertrauen zu zerstören, sind, während sie im Rahmen vertraglicher Ansprüche weitgehend unbeachtlich bleiben, in diesem Rahmen gerade von grundlegender Bedeutung. Dogmatisch geht es dabei allerdings nicht allein um den Mitverschuldenseinwand, sondern bereits um den Haftungsgrund als solchen.

Eine Haftung aufgrund der Inanspruchnahme besonderen Vertrauens muss, wenn der Vertrauenstatbestand in der Abgabe einer konkreten Handlungsempfehlung liegen soll, von vorneherein ausscheiden, wenn zwischen Ratgeber und Ratnehmer nicht das für die Beratung typische Wissens- und Erfahrungsgefälle besteht. Während die vertragliche Beratungspflicht gerade auch in solchen Fällen als Grundlage der Verantwortungsverlagerung trägt[455], wäre das mit dem Wesen der Vertrauenshaftung schlechthin unvereinbar. Die Haftung des Ratgebers scheitert daher in solchen Fällen bereits am Haftungsgrund, nicht erst im Hinblick auf ein Mitverschulden des Ratnehmers[456].

Auch im Hinblick auf die Pflicht zur empfehlungsbegleitenden Aufklärung impliziert der Haftungsgrund der Vertrauenshaftung ein Mehr an Eigenverantwortlichkeit des Ratnehmers. Sofern der Ratnehmer konkrete Anhaltspunkte dafür hat, dass die Aufklärung unrichtig ist, und diesen gleichwohl nicht nachgeht, liegt eine Kürzung des Schadensersatzanspruchs nahe[457]. Eine gewisse Zurückhaltung ist allerdings in Ansehung von Widersprüchen angezeigt. Es

---

[454] Zum Ganzen bereits eingehender § 13, S. 233 f. [sub (d)].

[455] § 13, S. 242 [sub (3)].

[456] Vgl. allgemein auch *Canaris*, in: Bankvertragsrecht, Rn. 31.

[457] Vgl. auch BGH WM 2014, 1382, 1386: „Nicht ersichtlich, weshalb der Kläger Anlass gehabt haben sollte, sich über die vom Berater zugesicherte Vollvermietung des geplanten Einkaufs- und Erlebniszentrums zu vergewissern".

ginge nicht an, dass sich der Ratgeber ohne weiteres durch widersprüchliche Angaben im Rahmen der Aufklärung seiner vollen Haftungsverantwortung entzöge. Eine Einschränkung ist jedenfalls dann geboten, wenn solche Widersprüche lediglich in schriftlichen Begleitunterlagen enthalten sind, die für den Ratnehmer typischerweise weniger eindrücklich sind, als das im Rahmen der Aufklärung gesprochene Wort. Der BGH geht daher im Bereich der Anlegerberatung, einem nach der hier vertretenen Ansicht typischen Anwendungsfall der Beratungssorgfaltspflicht[458], zutreffend davon aus, dass die Prospektangaben im Rahmen des Beratungsgesprächs regelmäßig in den Hintergrund treten[459].

VIII. Disponibilität, Haftungsfreizeichnung und Vertrauenstatbestand

1. Beratung als vertragliche Leistungspflicht

Die Frage, ob, in welchem Umfang und auf welchem Wege über Beratungspflichten disponiert oder – im Ergebnis letztlich gleich – die Haftung für eine Pflichtverletzung beschränkt werden kann, ist von zentraler praktischer Bedeutung. Das hängt zum einen vom Entstehungsgrund der Beratungspflicht ab. Hiernach ist zunächst zu differenzieren zwischen vertraglich begründeten Beratungspflichten und solchen, die außervertraglich aus der Inanspruchnahme besonderen Vertrauens resultieren. Im Weiteren kommt es entscheidend auf die Funktion der Beratungspflicht an. Handelt es sich um den Regelfall der Selbstbestimmungsberatung, so entspricht die Zulassung weitgehender Disponibilität dem der Selbstbestimmung inne wohnenden Prinzip der Eigenverantwortung[460]. Dient die Beratung dagegen ausnahmsweise objektiven Interessen oder den Rechtsgütern bzw. Interessen Dritter, so wäre damit eine Disposition der am Beratungsverhältnis unmittelbar Beteiligten von vorneherein nur schwer vereinbar.

Als vertragliche Leistungspflicht findet die Beratungspflicht ihre Grundlage im Parteikonsens. Sie ist als solche entweder individuell vereinbart oder zählt zu den typischen gesetzlichen Pflichten eines Vertragsverhältnisses und beruht auch dann wenigstens mittelbar auf dem Parteiwillen. Soweit es den Bereich der Selbstbestimmungsberatung betrifft, ist die vertragliche Beratungspflicht dispositiv, kann also durch entsprechende Vereinbarung zwischen den Parteien ganz oder in Ansehung einzelner Elemente abbedungen werden. Die Möglichkeit einer teilweisen Abbedingung ist etwa für die Frage der empfehlungsbegleitenden Aufklärung praktisch bedeutsam. Ein vom Ratnehmer erklärter „Auf-

---

458 Hierzu eingehender § 13, S. 131 ff. (sub b).
459 BGH NJW 2010, 3292, 3295.
460 Vgl. auch MünchKommVVG/*Armbrüster*, § 6 Rn. 163.

klärungsverzicht", der wiederum die Aufklärung als Element der Beratung vollumfänglich oder auch nur teilweise erfassen kann, ist rechtstechnisch gesehen der Antrag auf Änderung des vertraglichen Leistungsprogramms, den der Ratgeber regelmäßig konkludent annehmen wird. Soweit es dagegen um den Schutz objektiver Interessen und von Rechten Dritter geht, wird man von zwingendem (ungeschriebenen) Gesetzesrecht auszugehen haben, das einer Abbedingung von vorneherein entzogen ist.

Während eine individualvertragliche Disposition damit im Grundsatz ohne weiteres möglich ist[461], hält ein formularmäßiger Ausschluss der Beratungspflicht als solcher oder einzelner ihrer Elemente einer Inhaltskontrolle regelmäßig nicht stand. Denn allgemeine Geschäftsbedingungen sind unwirksam, sofern sie den Vertragspartner des Verwenders unangemessen benachteiligen. Das ist im Zweifel anzunehmen, wenn die Bestimmung mit den wesentlichen Grundgedanken der gesetzlichen Regelung, von der abgewichen werden soll, nicht zu vereinbaren ist, oder wenn durch sie wesentliche Rechte und Pflichten, die sich aus der Natur des Vertrags ergeben, so eingeschränkt werden, dass die Erreichung des Vertragszwecks gefährdet ist, § 307 Abs. 1, 2 BGB. Nach allgemeinem Verständnis geht der Schutz vor vertragszweckgefährdenden Einschränkungen der Frage nach der Vereinbarkeit mit wesentlichen Grundgedanken der gesetzlichen Regelung vor[462]. Ersterer knüpft an die Rechtsprechung zu den Kardinalpflichten an[463] und ist immer dann einschlägig, wenn es dem Verwender darum geht, sich im Wege allgemeiner Geschäftsbedingungen seinen wesentlichen vertraglichen Pflichten zu entziehen. Von einer vertragszweckgefährdenden Einschränkung lässt sich daher immer dann sprechen, wenn dem Vertragspartner des Verwenders dadurch im Wesentlichen das entgeht, was er nach dem Vertrag hätte erwarten dürften[464]. Dabei bedarf es keiner ausdrücklichen gesetzlichen Regelung, die den Vertragszweck beschreibt. Ausreichend ist vielmehr, wenn sich diese aus ungeschriebenem Recht, insbesondere richterrechtlicher Konkretisierung ergibt[465].

Die Disposition über vertragliche Beratungspflichten betrifft typischerweise den vertraglichen Leistungszweck, der darin besteht, eine bedarfsgerechte Empfehlung abzugeben oder weitergehend eine auf die individuellen Bedürfnisse zugeschnittene Leistung anzubieten. Als vertragliche Hauptpflicht steht die Beratungspflicht daher im Grundsatz schon nicht zur formularmäßigen Disposition. Entsprechendes muss nach richtigem Verständnis gelten, soweit die

---

[461] Zum Aufklärungsverzicht im Rahmen der ärztlichen Beratung nur *Katzenmeier*, Arzthaftung, S. 334.

[462] Vgl. *Pfeiffer*, in: Wolf/Lindacher/Pfeiffer, AGB-Recht, § 307 Rn. 113.

[463] Vgl. BGH NJW 2008, 840, 841; NJW 2005, 1774; s. bereits BGH NJW 1968, 1567, 1568.

[464] *Pfeiffer*, in: Wolf/Lindacher/Pfeiffer, AGB-Recht, § 307 Rn. 132.

[465] *Pfeiffer*, in: Wolf/Lindacher/Pfeiffer, AGB-Recht, § 307 Rn. 133, Rn. 108.

Klausel nicht auf die Abbedingung der Beratungspflicht als solcher, sondern auf eines oder mehrerer ihrer konstitutiven Elemente abzielt. Das betrifft nach der hier vertretenen Ansicht die Explorationspflicht des Ratgebers, die Pflicht zur Abgabe einer bedarfsgerechten Empfehlung wie die Pflicht zur empfehlungsbegleitenden Aufklärung[466]. Soweit es lediglich weitergehende, die Selbstbestimmung im Rahmen der Beratung fördernde Elemente, wie das Karenzzeiterfordernis und die Dokumentationspflicht des Ratgebers, betrifft, stellt sich die Frage, ob bereits von einer Vertragszweckgefährdung ausgegangen werden kann. Hiernach genügt allerdings bereits die naheliegende Möglichkeit, dass der Vertragszweck beeinträchtigt wird, so dass es der Feststellung einer tatsächlichen Beeinträchtigung nicht bedarf[467]. Wenn man davon ausgeht, dass auch solche Elemente der Beratungspflicht im Rahmen des jeweiligen Teilrechtsgebiets einen wesentlichen Beitrag zur Förderung der Selbstbestimmung leisten, dürfte die Annahme einer Vertragszweckgefährdung auch insoweit durchaus nahe liegen.

Für die Wirksamkeit einer formularmäßigen Haftungsfreizeichnung gilt im Ergebnis nach richtigem Verständnis Entsprechendes. Allgemein setzt schon § 309 Nr. 7 BGB dem Ausschluss der Haftung wesentliche Grenzen. Soweit es nicht um die Verletzung des Lebens, des Körpers und der Gesundheit geht, bleibt der Ausschluss der Haftung für einfache Fahrlässigkeit hiernach allerdings grundsätzlich zulässig[468]. Indes muss selbst ein solcher Haftungsausschluss ausscheiden, soweit durch diesen die Aushöhlung wesentlicher Pflichten droht. Das ist für die vertraglichen Kardinalpflichten im Grundsatz anerkannt[469].

2. Beratungssorgfaltspflicht

Die vorvertragliche oder vertragsbegleitende Beratungssorgfaltspflicht im Rahmen berufsbezogenen Handelns knüpft im Regelfall an die tatsächliche Abgabe einer konkreten Handlungsempfehlung an. Auch in diesem Rahmen stellt sich die Frage nach der Disponibilität nur insoweit, als die Beratung ausschließlich der Förderung der Selbstbestimmung des Ratnehmers dient. Die Beratungssorgfaltspflicht findet ihre Grundlage nach auch hier vertretener Ansicht entgegen der Rechtsprechung des BGH nicht in einem Vertrag, sondern in der inzwischen gesetzlich kodifizierten Vertrauenshaftung, §§ 311 Abs. 2, 3, 241 Abs. 2 BGB. Die vom Ratgeber ausgehende Disposition über den Pflichtentatbestand

---

[466] Hierzu schon § 13, S. 158 (sub 1).

[467] *Pfeiffer*, in: Wolf/Lindacher/Pfeiffer, AGB-Recht, § 307 Rn. 147.

[468] Vgl. BGH NJW-RR 1998, 1426, 1427.

[469] Vgl. BGH NJW-RR 1996, 783, 788; NJW 1993, 335; zum Ganzen *Dammann*, in: Wolf/Lindacher/Pfeiffer, AGB-Recht, § 309 Nr. 7 Rn. 155; s. auch *Fuchs*, in: Ulmer/Brandner/Hensen, AGB-Recht, § 307 Rn. 273 ff.

betrifft unter Umständen damit naturgemäß bereits den *Entstehungstatbestand* der Pflicht selbst[470]. Im Allgemeinen, d.h. soweit das Gesetz keine besondere Regelung trifft, ist zu unterscheiden zwischen einem Verhalten, das den Vertrauenstatbestand selbst zerstört, und solchem, das das Bestehen des Vertrauenstatbestandes unberührt lässt und auf dieser Grundlage auf die Abbedingung des dem Ratgeber aus dem Vertrauenstatbestand zugewiesenen Pflichtenprogramms oder der gesetzlichen Haftung abzielt.

Im Ausgangspunkt hat es der Ratgeber durch eigenes Verhalten selbst in der Hand, die Entstehung des normativen Vertrauenstatbestandes zu verhindern oder einen bereits entstandenen Vertrauenstatbestand zu zerstören. Auf eine ausdrücklich oder stillschweigend erteilte Zustimmung des Ratnehmers kommt es dann nicht an[471]. Entscheidend ist dabei, welche Qualität das einen erzeugten Vertrauenstatbestand zerstörende Verhalten haben muss. Dabei muss im Grundsatz gelten, dass nur ein nach Inhalt und Form wenigstens spiegelbildliches Verhalten den Vertrauenstatbestand beseitigen kann[472]. Ein als Fachmann auftretender Ratgeber hat daher in vergleichbarer Weise zum Ausdruck zu bringen, dass er tatsächlich über keine zur Beurteilung der jeweiligen Frage hinreichende Kompetenz verfügt. Nicht hinreichend wäre es daher, im Rahmen allgemeiner Geschäfts- oder Rahmenbedingungen einen entsprechenden Kompetenzvorbehalt zu formulieren. Zum einen werden allgemeine Geschäftsbedingungen tatsächlich nur in den wenigsten Fällen inhaltlich überhaupt zur Kenntnis genommen[473] und zum anderen treten solche Bedingungen gegenüber individuellen Erklärungen und aktivem vertrauensbildendem Verhalten aus wahrnehmungspsychologischer Sicht regelmäßig in den Hintergrund. Diesem Umstand sucht erkennbar auch das reformierte Versicherungsvertragsrecht Rechnung zu tragen, das im Rahmen der kodifizierten Vertrauenshaftung des unter bestimmten Voraussetzungen sogar beratungspflichtigen Versicherers und Versicherungsvermittlers für einen Beratungsverzicht eine gesonderte schriftliche Erklärung unter ausdrücklichem Hinweis auf die nachteiligen Wirkungen des Verzichts fordert, vgl. §§ 6 Abs. 3, 61 Abs. 2 VVG.

Bleibt der Vertrauenstatbestand als solcher nach den vorstehenden Grundsätzen unberührt, stellt sich die Frage nach einer individuellen Abbedingung umfassend folgerichtig nicht mehr. Praktische Bedeutung hat indes ein einseitiger Verzicht auf die Erfüllung einzelner Elemente der Beratungspflicht, namentlich ein Verzicht des Ratnehmers auf eine empfehlungsbegleitende Aufklärung[474]. Während Disponibilität in diesem Rahmen vergleichbar dem zur

---

[470] Vgl. *Canaris*, Bankvertragsrecht, Rn. 31.

[471] *Canaris*, Bankvertragsrecht, Rn. 31.

[472] Hierzu bereits *Canaris*, Die Vertrauenshaftung im deutschen Privatrecht, S. 498 ff., 144 ff.

[473] Hierzu schon § 6, S. 69 (sub 1).

[474] Etwas vorschnell aber LG Frankfurt BKR 2013, 347, 349, das von einem „Beratungs-

vertraglichen Beratungspflicht Gesagten möglich ist, stößt eine formularmäßige Abbedingung der Beratungspflicht als solcher oder wesentlicher Elemente an Grenzen. Dabei scheitert die Kontrolle solcher Klauseln nicht bereits an § 305 BGB, denn diese gilt in gleicher Weise, wenn es um die Gestaltung eines vorvertraglichen Schuldverhältnisses geht[475]. Wiederum führt sodann eine Inhaltskontrolle zur Unwirksamkeit, weil dadurch von wesentlichen Grundgedanken einer gesetzlichen Regelung abgewichen würde, § 307 Abs. 2 Nr. 1 BGB. Der Umstand, dass die Vertrauenshaftung des berufsbezogen agierenden Ratgebers mit §§ 311 Abs. 2, 3, 241 Abs. 2 BGB lediglich eine rudimentäre positiv-rechtliche Normierung erfahren hat, steht dem nicht entgegen. Denn als gesetzliche Regelung im Sinne der Inhaltskontrolle gilt neben dem geschriebenen auch das ungeschriebene Recht. Rechtssätze, wie die hier interessierende Vertrauenshaftung des Ratgebers, die von Rechtsprechung und Lehre im Wege von Auslegung und Rechtsfortbildung aus einzelnen gesetzlichen Bestimmungen gewonnen werden, sind als Kontrollmaßstab in gleicher Weise anzuerkennen[476]. Der wesentliche Grundgedanke der gesetzlichen Regelung wird dabei durch ihren Zweck und die mit ihr getroffenen Wertentscheidungen geprägt[477]. Hiernach soll derjenige, der mit seinem Verhalten zu erkennen gibt, den anderen Teil bei der bedarfsgerechten Auswahl einer Leistung oder eines Produkts zu unterstützen, den Interessen des anderen tatsächlich im Grundsatz den Vorrang einräumen. Die in der Beratungspflicht zum Ausdruck kommende Interessenbindung gehört damit ebenso zu den wesentlichen Grundgedanken der beratungsspezifischen Vertrauenshaftung, wie die in diesem Rahmen geschuldete und mittels Aufklärung bewirkte Ermöglichung und Förderung der selbstbestimmten Freiheitsausübung. Eine Bank, die sich vom Kunden im Rahmen der Vertragsanbahnung einen formularmäßigen Beratungsverzicht unterzeichnen lässt, kann sich dadurch der Vertrauenshaftung für eine gleichwohl erfolgte fehlerhafte Beratung nicht entziehen[478].

Für die Wirksamkeit einer formularmäßigen Haftungsfreizeichnung gilt im Ergebnis wiederum das zu den vertraglichen Beratungsleistungspflichten Gesagte entsprechend. Denn der hier in Rede stehende Vertrauenstatbestand er-

---

verzicht" im Hinblick auf eine objektgerechte Beratung bereits auf der Grundlage eines vermeintlichen Desinteresses des Anlegers ausging; vorsichtiger dagegen LG Hamburg, Urteil vom 19. Dezember 2011 (330 O 476/10), juris Rn. 59.

[475] Vgl. BGH NJW 1996, 2574, 2575; zum Ganzen auch *Ulmer/Habersack*, in: Ulmer/Brandner/Hensen AGB-Recht, § 305 Rn. 13.

[476] Vgl. zum Ganzen *Pfeiffer*, in: Wolf/Lindacher/Pfeiffer, AGB-Recht, § 307 Rn. 108; s. auch MünchKommBGB/*Wurmnest*, § 307 Rn. 68; kritisch etwa *Fuchs*, in: Ulmer/Brandner/Hensen, AGB-Recht, § 307 Rn. 211 ff.

[477] *Pfeiffer*, in: Wolf/Lindacher/Pfeiffer, AGB-Recht, § 307 Rn. 114.

[478] Weitergehend auch von einem Haftungsausschluss ausgehend LG Köln ZIP 1997, 1328, 1329; ablehnend statt vieler *Balzer* Die Bank 2001, 51, 52 f.; *Siller* WiB 1997, 881, 882; *Köndgen* NJW 2004, 1288, 1298.

streckt sich auch und gerade auf den einzuhaltenden Sorgfaltsmaßstab, so dass durch eine weitergehende Haftungsfreizeichnung der durch § 307 Abs. 2 Nr. 1 BGB bewirkte Schutz wesentlicher Grundgedanken der gesetzlichen Regelung unterlaufen würde. Zu diesem Ergebnis kommt letztlich auch die Rechtsprechung, freilich unter der abzulehnenden Prämisse, dass in solchen Fällen ein Vertrag zwischen Ratgeber und Ratnehmer zustande komme[479]. Der Ratgeber kann sich daher auch hier nicht von der Beachtung derjenigen Sorgfalt formularmäßig freizeichnen, die von den Angehörigen des entsprechenden Berufskreises allgemein gefordert wird.

IX. Ausgleichssicherung

1. Begriff und Ebenen der Ausgleichssicherung

Unter dem Begriff der Ausgleichssicherung sollen Rechtsinstitute zusammengefasst werden, die einen praktisch wesentlichen Beitrag dazu leisten, dass der Ratnehmer seine infolge fehlerhafter Beratung begründeten zivilrechtlichen Ansprüche tatsächlich durchsetzen kann. Dabei geht es zunächst um die Frage der Zurechnung pflichtwidriger Beratung an Dritte. Daneben sichern die berufs- und aufsichtsrechtliche Begründung einer Pflichthaftpflichtversicherung des Ratgebers sowie das Bestehen insolvenzrechtlicher Privilegien die Durchsetzung privatrechtlicher Ansprüche des Ratnehmers. Auch wenn eine Zurechnung pflichtwidriger Beratung an Organisationsträger, die mit dem Ratgeber in Verbindung stehen, im Einzelfall unterbleibt, kommt eine Haftung solcher Organisationen in Betracht. In diesem Zusammenhang erlangen Organisationspflichten im weiteren Sinne zunehmend praktische Bedeutung.

2. Beratungspflichtiger und Zurechnung pflichtwidriger Beratung

a) Beratung als höchstpersönliche Pflicht und Zurechnung im Rahmen organisatorischer Zusammenschlüsse von Ratgebern

Die Beratung ist, ebenso wie andere berufsbezogene Tätigkeiten auch, in besonderem Maße Gegenstand von arbeitsteiligen Prozessen. Bisweilen handelt es sich indes um eine höchstpersönliche oder jedenfalls nur ganz eingeschränkt auf Inhaber anderer Berufsrollen delegierbare Pflicht. Das trifft mit Rücksicht

---

479 Vgl. BGH NJW-RR 2001, 768, 769; NJW-RR 2000, 998, 999; OLG Frankfurt NJW-RR 2009, 166, 167 (jeweils zum konkludenten Auskunftsvertrag).

auf den Beratungsgegenstand etwa auf Ärzte[480] sowie auf Rechtsanwälte[481] und Notare[482] zu. Eine Zurechnung des Fehlverhaltens professioneller Ratgeber an Dritte scheidet gleichwohl auch in solchen Fällen nicht von vorneherein aus. Diese kann im Rahmen zulässiger organisatorischer Zusammenschlüsse von Ratgebern folgen aus den Regeln des Gesellschaftsrechts. Daneben kommen, wie etwa in den Fällen von Ärzten und Rechtsanwälten typisch, abhängige Beschäftigungsverhältnisse zu Organisationsträgern in Betracht.

Für den Zusammenschluss von professionellen Ratgebern bietet das Gesellschaftsrecht eine Fülle von Gestaltungsmöglichkeiten, was das Beispiel des Anwaltsrechts zeigt[483]. Neben der traditionell als Gesellschaft bürgerlichen Rechts geführten Sozietät[484] und der auf den freien Beruf besonders hin zugeschnittenen Partnerschaftsgesellschaft zu nennen sind die in den Formen einer GmbH[485] und AG[486] betriebenen Rechtsanwaltsgesellschaften[487]. Auf die gesellschaftsrechtlichen Details kann im Rahmen dieser Abhandlung nicht umfassend eingegangen werden. Im Rahmen einer als Sozietät geführten Anwaltskanzlei ging die frühere herrschende Meinung im Regelfall von einem Gesamtmandat aus, bei dem von vorneherein eine vertragliche Bindung aller Anwälte entsteht[488]. Wenn man der jüngeren Rechtsprechung des BGH zur Rechtsfähigkeit der Außengesellschaft bürgerlichen Rechts[489] folgt[490], wird man dagegen die Sozietät selbst als Vertragspartner anzusehen haben[491]. Dieser ist ein Fehlverhalten des das Mandat bearbeitenden Sozius bereits nach § 31 BGB zuzurechnen; die übrigen Sozien haften entsprechend §§ 128 S. 1, 129 HGB[492]. Ein Fehlverhalten

---

480 Zum Grundsatz der persönlichen ärztlichen Leistungspflicht s. *Kern*, in: Kern/Laufs, Handbuch des Arztrechts, S. 647 f.; zur Höchstpersönlichkeit der ärztlichen Beratungspflicht ebenda.

481 BGH NJW 1981, 2741, 2743; s. auch *Borgmann/Jungk/Grams*, Anwaltshaftung, Kap. IV Rn. 17; *Vollkommer/Greger/Heinemann*, Anwaltshaftungsrecht, § 10 Rn. 7.

482 Vgl. bereits RGZ 162, 24, 29.

483 Überblick bei *Vollkommer/Greger/Heinemann*, Anwaltshaftungsrecht, § 4 Rn. 4 ff.

484 Vgl. BGH NJW 2012, 2435, 2436; NJW 2007, 2490, 2491.

485 Vgl. §§ 59c ff. BORA sowie vor Erlass dieser Regelungen bereits BayObLG NJW 1995, 199 ff.; NJW 1996, 3217, 3218; OLG Köln NJW-RR 1998, 271 f.; zur Entstehungsgeschichte eingehender *Girotto*, Die Rechtsanwaltsgesellschaft mit beschränkter Haftung, S. 20 ff.

486 Aus der Rechtsprechung erstmals BayObLG NJW 2000, 1647 f.; vgl. zum Ganzen *Vollkommer/Greger/Heinemann*, Anwaltshaftungsrecht, § 4 Rn. 32.

487 Weitere auch europarechtliche und ausländische Gestaltungsformen bei *Vollkommer/Greger/Heinemann*, Anwaltshaftungsrecht, § 4 Rn. 35 ff.

488 Vgl. BGH NJW 2012, 2435, 2436; s. auch *Vollkommer/Greger/Heinemann*, Anwaltshaftungsrecht, § 4 Rn. 6.

489 Grundlegend BGH NJW 2001, 1056, 1057.

490 Kritisch *Bruns* JZ 2014, 162, 167: verfassungsrechtlich fragwürdige Rechtsfortbildung.

491 BGH NJW-RR 2006, 1071, 1072; s. noch NJW 2009, 1597, 1598.

492 BGH NJW 2012, 2435, 2441.

von Ratgebern, die in abhängigen Beschäftigungsverhältnissen zu organisatorischen Zusammenschlüssen stehen, ist diesen nach § 278 BGB zuzurechnen[493].

Während die Angehörigen klassischer Professionen die Beratung typischerweise als höchstpersönliche Pflicht selbst zu erfüllen haben, ist die Auslagerung der Beratung auf der Grundlage der Vertriebswegefreiheit im Bereich von Umsatzgeschäften Gang und Gäbe. Mittels der Zurechnung des Pflichtenverstoßes wird in solchen Fällen die Haftungsbasis verbreitert und damit die Chance der tatsächlichen Realisierbarkeit der Haftung regelmäßig erhöht. Als Grundlage einer solchen Haftungszurechnung kommen die Grundsätze der Repräsentantenhaftung sowie die Erfüllungsgehilfenhaftung in Betracht.

b) Verantwortlichkeit für den Ratgeber nach den Grundsätzen der Repräsentantenhaftung

Nach § 31 BGB ist eine juristische Person für den Schaden verantwortlich, den ein verfassungsmäßig berufener Vertreter durch eine in Ausführung der ihm zustehenden Verrichtung begangene, zum Schadensersatz verpflichtende Handlung einem Dritten zufügt. Weitergehende Bedeutung erlangt die Regelung im Bereich der Beratung aufgrund der auf ihrer Grundlage entwickelten Grundsätze zur Repräsentantenhaftung. Über den Wortlaut der §§ 30, 31 BGB hinaus erkennt die Rechtsprechung eine Haftung der juristischen Person für solche Personen an, denen „durch die allgemeine Betriebsregelung und Handhabung bedeutsame, wesensmäßige Funktionen der juristischen Person zur selbständigen, eigenverantwortlichen Erfüllung zugewiesen sind, so dass sie die juristische Person im Rechtsverkehr repräsentieren"[494]. Dabei können durchaus auch Rechtsverhältnisse mit selbständigen Handelsvertretern, denen eine erhebliche praktische Bedeutung im Bereich des beratenden Vertriebs zukommt, in den Anwendungsbereich der Repräsentantenhaftung fallen. Nach der Rechtsprechung ist in diesen Fällen vor allem entscheidend, ob der Handelsvertreter Abschlussvollmachten und Inkassobefugnisse besitzt „oder sonst eine in der Hierarchie des Unternehmens herausgehobene Position als Führungskraft innehat"[495]. Für größere Vertriebsgesellschaften ist eine ausgeprägte hierarchische Struktur durchaus typisch[496], so dass der Repräsentantenhaftung bei Handelsvertretern auf hoher Stufe praktische Bedeutung zukommt. Die Repräsentantenhaftung ist in erster Linie im Zusammenhang mit der deliktischen Haftung des Geschäftsherrn zu sehen, der sich gem. § 831 BGB andernfalls in weitem Umfang exkulpieren könnte. Im Anwendungsbereich des § 278 BGB,

[493] Vgl. etwa für den angestellten Rechtsanwalt BGH NJW-RR 2005, 494, 495; NJW-RR 1990, 459, 460.

[494] BGH NJW 2013, 3366, 3367; vgl. bereits BGH NJW 1968, 391 f.; NJW 1998, 1854, 1856.

[495] BGH NJW 2013, 3366, 3367; s. auch BGH NJW 1998, 1854, 1856.

[496] Vgl. BGH NJW 2013, 3366, 3367: *in casu* sieben „Vermögensberaterstufen".

der eine entsprechende Exkulpationsmöglichkeit nicht kennt, bedarf es des Rückgriffs auf die Repräsentantenhaftung typischerweise nicht.

c) Verantwortlichkeit für unselbständige und selbständige Ratgeber gem. § 278 BGB

aa) Überblick über den Stand der Diskussion

Maßgeblich für die Anwendung des § 278 BGB im Rahmen arbeitsteiliger Vertriebsvorgänge und Leistungserbringungen ist nach traditionellem Verständnis die Verletzung eigener Pflichten[497]. Der Hintermann muss sich sodann nur für solche Personen verantworten, die von diesem *bewusst* zur Erfüllung eigener Verbindlichkeiten eingesetzt werden. Der Dritte muss daher mit Wissen und Wollen für einen Hintermann tätig werden[498]. Während ein voluntatives Element im Grundsatz überwiegend gefordert wird, werden an seine inhaltlichen Konturen zumeist keine allzu hohen Anforderungen gestellt. Der Hintermann muss sich letztlich keine konkreten Vorstellungen über den Beitrag seiner Hilfsperson machen, noch muss ein genereller Einschaltwille nach außen erkennbar werden[499]. Schließlich ist es nach überwiegender Ansicht nicht ausreichend, wenn der Dritte lediglich „bei Gelegenheit" anstatt „in Erfüllung" einer Verbindlichkeit des Hintermannes handelt[500]. Unter den genannten allgemeinen Voraussetzungen kommt es nicht darauf an, ob ein Unternehmen seine Produkte und Leistungen unter Einschaltung abhängig beschäftigter Ratgeber vertreibt oder sich unter Verzicht auf ein eigenes Vertriebssystem rechtlich selbständiger Personen bedient[501], die ggf. ihrerseits Untervermittler einsetzen[502]. Folglich hat der Unternehmer für das Verhalten des mit dem Vertrieb betrauten selbständigen Handelsvertreters nach § 278 BGB einzustehen[503], was den praktisch bedeutsamen Einsatz sog. Strukturvertriebe einschließt[504].

---

[497] Vgl. nur MünchKommBGB/*Grundmann*, § 278 Rn. 20; zum weiten Begriff der Verbindlichkeit ebenda Rn. 21 ff.

[498] Vgl. allgemein BGH NJW 2007, 428, 430; NJW 1987, 1323, 1326; NJW 1974, 692, 693; s. auch bereits RGZ 98, 327, 328; aus der Literatur statt vieler MünchKommBGB/*Grundmann*, § 278 Rn. 42; im Kontext der Beratung etwa BGH NJW 2012, 3647, 3651.

[499] Vgl. zum Stand der Diskussion eingängig *Tröger*, Arbeitsteilung und Vertrag, S. 383 f., 386 f. mwN.

[500] Hierzu statt vieler MünchKommBGB/*Grundmann*, § 278 Rn. 46; kritisch demgegenüber *Tröger*, Arbeitsteilung und Vertrag, S. 398 ff., 555.

[501] BGH NJW 2001, 358, 359; zum Ganzen auch *Tröger*, Arbeitsteilung und Vertrag, S. 390 mwN.

[502] BGH NJW 2012, 3647, 3651; r+s 2013, 117.

[503] BGH NJW 2001, 358, 359; s. auch BGH NJW 1982, 377; aus der Literatur s. MünchKommHGB/*v. Hoyningen-Huene*, § 84 Rn. 90; *Hopt*, in: Baumbach/Hopt, HGB, § 84 Rn. 53. Das gilt auch im Bereich des Versicherungsrechts bei der Einschaltung von Versicherungsvertretern, ungeachtet dessen, dass inzwischen eine parallele eigene Pflicht des Versicherers zur Beratung besteht, vgl. hierzu nur den Überblick bei MünchKommVVG/*Reiff*, § 63 Rn. 25 f.

Voraussetzung der Verantwortlichkeit für die Beratungspflichtverletzung eines Dritten gem. § 278 BGB ist hiernach zunächst, dass das Beratungsschuldverhältnis, d.h. entweder ein Beratungsvertrag oder eine Beratungspflichten auslösende quasi-vertragliche Sonderverbindung mit der hinter dem Ratgeber stehenden Organisation oder natürlichen Person zustande gekommen ist. Es wurde bereits darauf hingewiesen, dass der BGH nicht nur leichter Hand Beratungsverträge im Vorfeld von Umsatzgeschäften konstruiert, sondern bei arbeitsteiligen Vertriebsprozessen überdies unter geringen Voraussetzungen von einer konkludenten Bevollmächtigung zum Abschluss eines Beratungsvertrags bei Handeln zugleich im fremden wie im eigenen Namen ausgeht[505]. Nach der hier vertretenen Ansicht ist das Vertragsdogma der Rechtsprechung indes abzulehnen. Die Haftung richtet sich in diesen Fällen vielmehr nach den Grundsätzen der quasi-vertraglichen Vertrauenshaftung[506]. Auch dieses gesetzliche Schuldverhältnis kommt nicht notwendig mit der Person zustande, die tatsächlich berät. Analog §§ 164ff. BGB ist vielmehr maßgeblich, ob sich aus den Umständen ergibt, dass der Handelnde, etwa als Angestellter einer Bank oder als selbständiger Handelsvertreter, im vorvertraglichen Bereich für einen Dritten tätig ist und dieser den Handelnden mit der Vertragsanbahnung, nicht notwendig auch mit dem Vertragsabschluss selbst, betraut hatte[507]. Die Gegenansicht kommt letztlich zu identischen Ergebnissen, bemüht allerdings bereits für die Begründung des vorvertraglichen Schuldverhältnisses die Zurechnungsnorm des § 278 BGB[508].

Auf dieser Grundlage hat die Rechtsprechung im Bereich der Kapitalanlageberatung die Einstandspflicht eines Wertpapierdienstleistungsunternehmens gem. § 278 BGB für eine pflichtwidrige Beratung seiner selbständigen Vermittler verneint, weil das erste Wertpapierdienstleistungsunternehmen selbst lediglich sog. Execution-only-Dienstleistungen anbieten wollte und die Aufgabe der vertriebsbegleitenden Beratung durch den Vermittler auf zweiter Stufe dem Ratnehmer gegenüber mit hinreichender Deutlichkeit als dessen alleinige Leistung dargestellt wurde[509]. Das entspricht auch den Wertungen des geltenden Wertpapieraufsichtsrechts, wonach Beratungspflichten grundsätzlich nur das kundennähere Wertpapierdienstleistungsunternehmen treffen[510]. Ebenfalls im Bereich der Kapitalanlageberatung wurde die Einstandspflicht eines Unternehmens verneint, das sich für seinen Vertrieb eines selbständigen Handelsvertre-

504 BGH NJW 2012, 3647, 3651; OLG Naumburg, Urteil vom 28. November 2012 (5 U 157/12), juris Rn. 18; s. auch *Löwisch*, in: Ebenroth/Boujong/Joost/Strohn, HGB, § 84 Rn. 107.

505 Hierzu eingehender § 13, S. 145 [sub (3)].

506 Vgl. eingehend § 13, S. 141 ff. (sub cc).

507 Zum Ganzen § 13, S. 146 [sub (3)].

508 Vgl. hierzu schon § 13, S. 146 [sub (3)]; s. ferner BGH NJW 2001, 358, 359.

509 BGH NJW 2013, 3293, 3294f.; BKR 2014, 203, 204.

510 Vgl. § 31e Nr. 2 WpHG; hierzu BGH NJW 2013, 3293, 3295.

ters bedient hatte und dieser *in casu* Eigengeschäfte betrieben, d.h. über Anlageformen beraten hatte, die vom Anlageprogramm des Unternehmens, für das er im Übrigen tätig war, abwichen und dies für den Anleger erkennbar gewesen war[511].

Unproblematisch muss sich ein Unternehmen die pflichtwidrige Beratung eines von diesem von vorneherein unabhängig am Markt auftretenden und damit allgemein nicht in die Vertriebsorganisation integrierten Vermittlers nicht gem. § 278 BGB zurechnen lassen. Dabei handelt es sich typischerweise um die Tätigkeit von Handelsmaklern, die im Kern dem Lager des Ratnehmers zugehörig sind[512]. Da solche Makler im praktischen Regelfall allerdings nicht als Honorarberater tätig werden und ihre Vergütung gleichwohl von dem jeweiligen Leistungserbringer auf der Grundlage von Provisionsabreden beziehen, lässt sich eine Zurechnung des Fehlverhaltens gem. § 278 BGB allerdings nicht kategorisch von der Hand weisen. Neben dem Rechtsverhältnis mit dem Ratgeber bestehen nach herrschender Meinung zugleich eigene Rechtsbeziehungen mit dem Leistungserbringer[513], die, abhängig von der tatsächlichen Ausgestaltung, die Grenzen zwischen Handelsmaklern und Handelsvertretern verschwimmen lassen[514]. Das Versicherungsrecht sucht neuerdings die dem Handelsmaklerrecht traditionell zugeschriebene Janusköpfigkeit des Maklers weitgehend zu vermeiden, indem sich beide Formen der Vermittlung nunmehr begrifflich exklusiv gegenüber stehen und die für die Tätigkeit notwendige Gewerbeerlaubnis nur typenspezifisch erteilt wird[515]. Die in der Praxis unter der alten Rechtslage vorgebrachten Mischformen, die durch eine weitergehende Verbindung von Makler und Leistungserbringer gekennzeichnet und unter dem Begriff des „Anscheins- oder Pseudomaklers" zusammengefasst wurden[516], verstoßen damit zwar gegen geltendes Gewerberecht. Indes werden abweichende Vereinbarungen von Maklern und Leistungserbringern dadurch nicht notwendig vermieden oder tangiert. Es ist durchaus vorstellbar, dass selbst in diesem Bereich (weiterhin) Makler tätig werden, die, vergleichbar der Rechtslage bei den Handelsvertretern, der Vertriebsorganisation des Leistungs-

---

[511] Vgl. BGH NJW 2013, 3366, 3367; NJW-RR 2013, 1513, 1514; ein hinreichender Zusammenhang wurde dagegen *in casu* angenommen von BGH NJW-RR 1998, 1342, 1343.

[512] Zur grundsätzlichen Alleinhaftung des Versicherungsmaklers s. nur MünchKomm-VVG/*Reiff*, § 63 Rn. 21.

[513] Zu diesem Doppelrechtsverhältnis statt vieler MünchKommVVG/*Reiff*, § 59 Rn. 43; zur umstrittenen rechtsdogmatischen Einordnung der Rechtsbeziehungen zwischen Makler und Leistungserbringer s. den Überblick bei *Dörner*, in: Prölss/Martin, Versicherungsvertragsgesetz, § 59 Rn. 67 ff.

[514] Vgl. *Dörner*, in: Prölss/Martin, Versicherungsvertragsgesetz, § 59 Rn. 99.

[515] § 34d Abs. 1 GewO i.V.m. § 5 VersVermV; hierzu *Dörner*, in: Prölss/Martin, Versicherungsvertragsgesetz, § 59 Rn. 99.

[516] Überblick bei MünchKommVVG/*Reiff*, § 59 Rn. 44 ff.; s. auch *Dörner*, in: Prölss/Martin, Versicherungsvertragsgesetz, § 59 Rn. 99.

erbringers zugehörig sind. Die Pflichtverletzungen solcher janusköpfiger Makler sind dem Leistungserbringer wiederum gem. § 278 BGB zuzurechnen[517].

bb) Stellungnahme

Die Erörterung der geltenden Grundsätze zur Anwendung des § 278 BGB hat gezeigt, dass eine Haftung des wirtschaftlich von der Beratung eines Dritten profitierenden Hintermannes nicht in allen Fällen gewährleistet ist. Die Rechtsprechung fängt diese Zurechnungslücken teilweise dadurch auf, dass in verstärktem Maße auf Organisations- und Überwachungspflichten zurückgegriffen wird, worauf noch einzugehen ist[518]. Rechtsethisch erscheint es demgegenüber nicht unbedingt überzeugend, den Leistungserbringer als den wirtschaftlichen (Mit-)Profiteur eines beratenden Vertriebs seiner Leistungen gegenüber den Pflichtverletzungen des Vermittlers zu immunisieren, wenn sich dieser nach dem Gesamtbild letztlich als eine im eigenen Vergütungsinteresse in Anspruch genommene, „ausgelagerte Beratungs- und Vertriebsabteilung" des Leistungserbringers darstellt[519]. Die Rechtsprechung zur gestaffelten Einschaltung mehrerer Wertpapierdienstleistungsunternehmen mag zwar auf der Grundlage des vorherrschenden Verständnisses des § 278 BGB tragen, ist aber in der Sache fragwürdig.

Ein Zurechnungsdefizit besteht zudem im Hinblick auf das vom Leistungserbringer rechtlich unabhängige Maklerwesen. Bei der Bestimmung der Schwelle, wann ein Makler zugleich der Vertriebsorganisation eines oder mehrerer Leistungserbringer zuzurechnen ist, bedarf es auf der Grundlage des geltenden Rechtsverständnisses besonderer Vereinbarungen, die über die bloße Provisionsabrede hinausgehen. Man muss sich allerdings darüber im Klaren sein, dass ein einzelner Leistungserbringer mittels der Auslobung signifikant hoher, marktunüblicher Provisionen *de facto* durchaus das Maklerwesen auf seine Seite ziehen kann. Es ist sachlich verfehlt, diese Leistungserbringer als die wirtschaftlichen Profiteure einer letztlich von ihnen veranlassten Beratung gegenüber den Pflichtverletzungen solcher Makler zu immunisieren.

Die Rechtsprechung sollte sich der Fragestellung mit der gebotenen Sensibilität annehmen und für die Haftungszurechnung im Bereich der haftungsbewehrten Beratung Maßstäbe zugrunde legen, die den beschriebenen rechtsethisch bedenklichen Zurechnungslücken begegnen. Die vorliegend geforderte erweiterte Haftungszurechnung kann an die grundlegenden Überlegungen *Trögers* zur Verantwortlichkeit für das Fehlverhalten Dritter in Vertragsbeziehungen anknüpfen[520]. Die Rechtfertigung einer gegenüber dem bisherigen

517 In dieser Richtung offenbar auch *Dörner*, in: Prölss/Martin, Versicherungsvertragsgesetz, § 59 Rn. 103; s. allgemeiner auch BGH NJW 2012, 3647, 3651.

518 Vgl. hierzu § 13, S. 264 f. (sub 3).

519 So auch die Forderung der Vorinstanz bei BGH BKR 2014, 203, 205.

520 Vgl. *Tröger*, Arbeitsteilung und Vertrag, insb. S. 383 ff.

Normverständnis des § 278 BGB erweiterten Einstandspflicht kann auf verschiedene, etwa auch in der ökonomischen Analyse anerkannte Gedanken gestützt werden. So erscheint es im Grundsatz richtig, dass derjenige, der von einem veranlassten Verhalten wirtschaftlich profitiert, auch die damit einhergehenden Haftungsrisiken zu tragen hat. Er soll, mit anderen Worten, seine Haftungsrisiken nicht durch eine, wenn auch nur faktisch implizierte, Delegation an Hilfspersonen verhindern können[521]. Dieser Grundgedanke trägt nicht nur, soweit es um die Einbeziehung Dritter in vertraglich begründete Leistungspflichten geht, sondern auch wenn, wie im Rahmen der absatzfördernden vorvertraglichen Beratung, leistungsbezogene Schutzpflichten in Rede stehen[522]. Maßgeblich für die Verantwortlichkeit muss im Kern sein, ob der Hintermann die Risiken, die von dem beratenden Dritten für die Leistungserbringung bzw. die vorvertragliche Individualisierung der Leistung ausgehen, „besser steuern kann oder aber die Folgen des Gehilfenversagens eher tragen kann", als der Ratnehmer[523]. Zu berücksichtigen sind überdies die präventiven Anreizwirkungen, die von einer solchen Haftungszurechnung ausgehen. Im Bereich der Versicherungsvermittlung wird etwa angenommen, dass das Potenzial von Falschberatungen durch Versicherungsvermittler dann geringer ist, wenn der Versicherer für die fehlerhafte Beratung des Vermittlers einzustehen hat[524]. Diese Erwartung ist deshalb begründet, weil der Versicherer auf die Arbeitsweise des Vermittlers unter dem Eindruck seiner Haftungsverantwortung positiven Einfluss ausüben wird. Das geltende Versicherungsrecht geht nach alledem in die richtige Richtung. Hiernach ist neben dem den Absatz betreibenden Versicherungsvermittler immer auch der Versicherer selbst zur Beratung des Versicherungsnehmers verpflichtet, §§ 6 Abs. 1, 61 Abs. 1 VVG. Eine Ausnahme besteht gem. § 6 Abs. 6 VVG lediglich für den Fall, dass ein Versicherungsmakler den Absatz betreibt, der allerdings weder vom Versicherer noch von einem Versicherungsvertreter mit der Vermittlung oder mit dem Abschluss von Versicherungsverträgen betraut sein darf, vgl. § 59 Abs. 3 VVG.

Das auf der Grundlage der geltenden Rechtsprechung im Zusammenhang mit § 278 BGB geforderte voluntative Element sollte nach alledem jedenfalls in den Fällen absatzfördernder Beratung aufgelockert werden. Für eine Zurechnung des Verhaltens absatzbefördernder Ratgeber ist es vielmehr ausreichend, wenn der Hintermann durch sein Verhalten auf die Absatzbemühungen des

---

[521] Kritisch gegenüber einem einseitigen Risiko-Nutznießungsgedanken indes *Tröger*, Arbeitsteilung und Vertrag, S. 143 ff.

[522] Zu den Grenzen des Risiko-Nutznießungsgedankens bei rein integritätsbezogenen Schutzpflichten s. *Tröger*, Arbeitsteilung und Vertrag, S. 147 f.

[523] Vgl. *Tröger*, Arbeitsteilung und Vertrag, S. 394; zum Gedanken des *cheapest cost avoider* s. bereits grundlegend *Calabresi*, The Cost of Accidents, S. 135 ff., 175 ff.

[524] Hierzu *Beenken/Sandkühler*, Das neue Versicherungsvermittlergesetz, S. 13; s. auch *Höckmayr*, Wandel der Beratungsqualität auf dem Versicherungsvermittlungsmarkt, S. 108 Fn. 471.

Vermittlers *spezifischen* Einfluss ausübt. Schließlich hat es dieser grundlegend in der Hand zu bestimmen, auf welchem Wege die von ihm angebotenen Produkte und Leistungen auf dem Markt vertrieben werden. In solchen Fällen bedient sich das Unternehmen eines Dritten im Sinne der von *Tröger* vertretenen Formel „innerhalb der von ihm strukturierten, arbeitsteiligen Leistungserbringung in einer Art und Weise ..., bei der mit [seiner] Tätigkeit verbundene Risiken für die Erfüllung der Pflichten des Schuldners von diesem relativ besser beherrscht oder getragen werden können als vom Gläubiger“[525].

3. Haftung des Hintermannes aufgrund Organisations- und Überwachungsverschuldens sowie der Verletzung von Warnpflichten

Eine Haftung von Personen, die sich Dritter als absatzfördernde Ratgeber bedienen, kommt zudem unabhängig von einer Zurechnung nach § 278 BGB auf der Grundlage der Verletzung von Organisations- und Beaufsichtigungspflichten in Betracht. Die Thematik soll vorliegend nur angerissen werden. So begründet etwa die rechtswidrige Übertragung einer höchstpersönlich zu erfüllenden Beratungspflicht auf Dritte oder ein fahrlässiges Dulden solcher Handlungen Dritter eine Haftung aufgrund Organisationsverschuldens[526]. Entsprechendes ist anzunehmen, wenn ein Ratgeber eingeschaltet wird, der die notwendigen fachlichen Voraussetzungen nicht erfüllt[527] oder der in persönlicher Hinsicht unzuverlässig ist. Nach der Rechtsprechung des BGH hat ein Unternehmen, das durch seine Tätigkeit typischerweise erhöhte Gefahren für die Rechtsgüter anderer begründet, besondere Pflichten bei der Auswahl der Personen, die es mit der Wahrnehmung der entsprechenden Aufgaben betraut. Bei der Anlageberatung etwa komme es in besonderer Weise auf die persönliche Zuverlässigkeit und Integrität des Beraters an. Dabei legt der BGH ausdrücklich die entsprechenden Wertungen des Wertpapieraufsichtsrechts zugrunde, das neuerdings gesteigerte Anforderungen an die Zuverlässigkeit der mit der Anlageberatung betrauten Mitarbeiter von Wertpapierdienstleistungsunternehmen aufstellt, vgl. § 34d Abs. 1 S. 1 WpHG. Der Hintermann haftete hiernach für den außerhalb des Anwendungsbereichs des § 278 BGB handelnden, einschlägig wegen Betruges vorbestraften Ratgeber, weil ersterer es versäumt hatte, sich dessen Führungszeugnis vorlegen zu lassen[528]. Diese

[525] *Tröger*, Arbeitsteilung und Vertrag, S. 555.

[526] Vgl. bereits RGZ 162, 24, 29: Organisationsverschulden des Notars, der es geduldet hatte, dass Rechtsrat durch einen seiner Angestellten erteilt wird; s. auch BGH NJW 1981, 2741, 2743.

[527] Vgl. BGHZ 88, 248, 252: Übertragung der Operation auf einen unerfahrenen Assistenzarzt zur selbständigen Durchführung als Behandlungsfehler des für die Einteilung der Assistenzärzte verantwortlichen Arztes.

[528] BGH NJW 2013, 3366, 3368; s. nunmehr auch BGH NJW-RR 2015, 368: unterlassene Anweisung zur Aufklärung des Kunden als Organisationsverschulden.

Grundsätze sind verallgemeinerungsfähig[529] und lassen sich auf andere beratungsrelevante Sachverhalte übertragen. Zurückhaltung übt die Rechtsprechung dagegen bei der Annahme von Überwachungspflichten selbständiger Vermittler. Solche folgten nicht bereits aus dem Umstand einer bloßen Zusammenarbeit[530]. Lediglich in den Fällen, in denen dem Leistungserbringer die tatsächliche Fehlberatung durch den selbständigen Vermittler positiv bekannt ist oder sich diese aufgrund massiver objektiver Verdachtsmomente aufdrängen musste, bestehe auch jenseits des § 278 BGB die Pflicht, den die Leistung in Anspruch nehmenden Ratnehmer zu warnen[531].

4. Pflichtversicherung des Ratgebers

Die Sicherung der Solvenz des haftungsrechtlich verantwortlichen Ratgebers lässt sich durch eine Pflichthaftpflichtversicherung erreichen. Das ist vor allem dort von praktischer Bedeutung, wo alternative Instrumente zur Solvenzsicherung, wie etwa die Zurechnung des pflichtwidrigen Verhaltens an von der Beratung wirtschaftlich profitierende Dritte ausscheidet. Die Regelung einer Versicherungspflicht steht sowohl im Hinblick auf den Ratgeber als auch die betroffenen Versicherungsunternehmen unter besonderem verfassungsrechtlichen Rechtfertigungsvorbehalt[532]. Dem im Wege der Pflichtversicherung gewonnenen Vorteil der Solvenzsicherung steht allerdings ein dadurch im gleichen Zuge ausgelöster Anreiz zu pflichtwidrigem Verhalten als Nachteil gegenüber. Es ist weithin anerkannt, dass die Versicherung von Haftungsrisiken zu geringerer Sorgfalt verleiten kann, weil dem Handelnden keine persönliche Inanspruchnahme droht. Die präventive Wirkung des Haftungsrechts wird auf diesem Wege daher teilweise nivelliert[533]. Dem lässt sich allerdings effektiv dadurch begegnen, dass es den Versicherungsunternehmen gestattet wird, die Versicherungsprämien anzuheben oder die Fortsetzung der Pflichtversicherung zeitweise oder endgültig zu verweigern, wenn der Ratgeber fortgesetzt erhebliche Haftungsfälle produziert[534], zumal darin auch die mangelnde Qualifikation bzw. die mangelnde persönliche Eignung des Ratgebers

---

529 In dieser Richtung auch *Löwisch*, in: Ebenroth/Boujong/Joost/Strohn, HGB, § 84 Rn. 108.

530 BGH NJW 2013, 3293, 3295.

531 Vgl. BGH NJW 2013, 3293, 3295 f., allerdings unter gleichzeitiger Ablehnung der Übertragung der Kenntnisvermutung aufgrund institutionellen Zusammenwirkens; s. auch BGH NJW 2008, 2245; BGH NJW-RR 2008, 1226, 1227.

532 Hierzu grundlegender *Hedderich*, Pflichtversicherung, S. 144 ff., 248 ff.

533 Hierzu eingehender *Wagner*, in: Wagner, Tort Law and Liability Insurance, S. 309, 338 ff.; *ders.* AcP 206 (2006), 352, 454 ff.; s. auch MünchKommBGB/*ders.*, Vor. § 823 Rn. 41 sowie *Hedderich*, Pflichtversicherung, S. 262 ff.

534 In dieser Richtung bereits MünchKommBGB/*Wagner*, Vor. § 823 Rn. 41; *ders.*, in: Ahrens/Simon, Umwelthaftung, Risikosteuerung und Versicherung, S. 97, 104 f. sowie *ders.* VersR 1999, 1441, 1445 f.; s. auch *Hedderich*, Pflichtversicherung, S. 268 f.

deutlichen Ausdruck findet. Die entsprechende Schwelle wäre mit Rücksicht darauf festzusetzen, dass dadurch die Berufsfreiheit erheblich beeinträchtigt wird. Entscheidend ist, dass eine Pflichtversicherung nicht lediglich Symbolcharakter hat, sondern zu einer adäquaten Deckung der tatsächlich bestehenden Risiken führt.

Die geltende Rechtslage kommt insoweit nicht ohne wertungsmäßige Brüche daher. Das gilt bereits für den Bereich der Beratung durch Angehörige klassischer Professionen, wo etwa der Rechtsanwalt[535], nicht aber der Arzt bundesweit (wirksam) zum Abschluss einer Berufshaftpflichtversicherung verpflichtet ist[536], obschon sich eine solche Pflicht für den letzteren von Verfassungs wegen geradezu aufdrängt[537]. Für den Bereich der modernen Hybridformen der Beratung ist auf die gemeinschaftsrechtlich präformierte allgemeine Pflicht der Versicherungsvermittler zum Abschluss einer Vermögensschadenhaftpflichtversicherung hinzuweisen[538], während die Mitarbeiter von Wertpapierfirmen entsprechenden Anforderungen grundsätzlich nicht unterworfen sind[539].

5. Insolvenzrechtliche Privilegien des Ratnehmers

Schließlich wäre an eine Solvenzsicherung zugunsten des Ratnehmers mittels insolvenzrechtlicher Privilegien zu denken. Zu unterscheiden ist dabei zwischen echten Insolvenzprivilegien und einer Befreiung des Ratnehmers von den Wirkungen der Restschuldbefreiung. Das geltende Insolvenzrecht eröffnet einen privilegierten Zugriff des Ratnehmers, sofern der in Insolvenz gefallene Ratgeber eine Haftpflichtversicherung unterhält, die für den vor Insolvenzeröffnung verursachten Schaden eintrittspflichtig ist. § 110 VVG gestattet für diesen Fall die abgesonderte Befriedigung des Ratnehmers aus dem Freistellungsanspruch des Ratgebers[540]. § 110 VVG ist in engem Zusammenhang mit § 108 VVG zu sehen, der Verfügungen des Ratgebers über den Freistellungsanspruch außerhalb der Insolvenz für relativ unwirksam erklärt[541]. Die praktische Bedeutung des Vorrechts ist mit Blick auf den für den Insolvenzfall im Zuge der VVG-Reform allgemein eingeführten Direktanspruch gegen den Haftpflichtversicherer (§ 115 Abs. 1 Nr. 2 VVG) allerdings gering[542].

In allen anderen Fällen bleibt dem Ratnehmer als Insolvenzgläubiger nur die quotale Beteiligung an der Insolvenzmasse. Ein natürlicher Insolvenzschuldner

---

535 Hierzu eingehender § 15, S. 376 f. (sub b).

536 Zum Ganzen eingehender *Hedderich*, Pflichtversicherung, S. 362 ff.

537 Vgl. auch die Kritik bei *Hedderich*, Pflichtversicherung, S. 371.

538 Art. 4 Abs. 3 Richtlinie 2002/92/EG, ABl. 2003, L 9/3.

539 Hierzu noch eingehender § 16, S. 455 (sub g).

540 Beispiel: BGH NJW 2009, 3429 (in *casu* aber keine Haftung des Ratnehmers).

541 Zur *ratio* des Regelungskomplexes s. nur MünchKommVVG/*Littbarski*, § 110 Rn. 5 f.; MünchKommVVG/*Wandt*, § 108 Rn. 6 ff., 22 ff.

542 Hierzu auch MünchKommVVG/*Littbarski*, § 110 Rn. 11.

kann in diesem Zusammenhang Restschuldbefreiung erlangen, die rechtsdogmatisch zu einem dauerhaften Durchsetzungshindernis führt[543]. Von dieser Wirkung ausgenommen sind allerdings Verbindlichkeiten, die aus einer vorsätzlich begangenen unerlaubten Handlung des Schuldners resultieren, sofern die Forderung unter Angabe dieses Rechtsgrundes zur Insolvenztabelle angemeldet wurde, § 302 Nr. 1 InsO[544]. Für den Bereich der Beratung hat die Regelung mit Blick auf § 826 BGB und § 823 Abs. 2 BGB i.V.m. § 263 StGB durchaus erhebliche praktische Bedeutung.

X. *Die „zweite Meinung"*

1. Begriff, Funktion und praktische Bedeutung

Der Begriff der „zweiten Meinung" kennzeichnet einen eigenständigen Beratungsvorgang, der typischerweise auf Initiative des Ratnehmers in Gang gesetzt wird und der eine Angelegenheit betrifft, in der sich der Ratnehmer bereits hat beraten lassen. Die Funktion der Einholung einer solchen zweiten Meinung besteht in aller Regel darin, den zuvor erteilten Rat präventiv, d.h. vor dessen Berücksichtigung bei einer Entscheidung einer Qualitätskontrolle zu unterziehen. Vor dem Hintergrund, dass häufig verschiedene vertretbare Handlungsoptionen bestehen, kann es aber auch schlicht darum gehen, die vom ersten Ratgeber im Zuge der Empfehlung geäußerte Meinung mit der Auffassung eines anderen Ratgebers zu kontrastieren, um sich auf diesem Wege besser ein eigenes Meinungsbild machen zu können. Dem im fremden Interesse entscheidenden Ratnehmer kann es schließlich darum gehen, sich selbst gegenüber dem Prinzipal haftungsrechtlich durch die Einholung verschiedener fachlicher Einschätzungen abzusichern.

Die praktische Bedeutung der Einholung zweiter Meinungen liegt zunächst in den Fällen, in denen Ratgeber und prospektiver Leistender personenidentisch sind, der Ratgeber also über eigene Leistungen berät. Im Bereich des Gesundheitswesens hat sich die Überprüfung des erteilten ärztlichen Rats durch einen zweiten „unabhängigen" Ratgeber längst etabliert[545]. Auf diesem Wege soll sich neben einer rechtswidrig an eigenen Interessen ausgerichteten Empfehlungspraxis auch die mangelnde fachliche Eignung des Erstratgebers oder eine

---

[543] Hierzu statt vieler *Ahrens*, in: Wimmer, Frankfurter Kommentar zur InsO, § 301 Rn. 8.

[544] Zur vorausschauenden klageweisen Feststellung des Privilegs s. den Überblick bei *Heese/Rapp* JuS 2013, 1110, 1116.

[545] Zur regelrechten Vermarktung dieser Praxis im Bereich der zahnmedizinischen Versorgung s. BGH NJW 2011, 2207 – Zweite Zahnarztmeinung sowie BGH GRUR 2011, 724 – Zweite Zahnarztmeinung II.

fachliche Fehlbeurteilung im Einzelfall aufklären lassen[546]. Die zugunsten des Ratnehmers erstrebte Haftungsvermeidungsfunktion der zweiten Meinung beschreibt einen allgemeinen Trend im Bereich des Gesellschaftsrechts, wo Geschäftsleiter zunehmend vor dem Problem stehen, folgenschwere Entscheidungen auf unsicherer rechtlicher Grundlage treffen zu müssen[547].

2. Kostenrisiken und Missbrauchsgefahren

Soweit es um die Funktion der präventiven Qualitätskontrolle des über eigene Leistungen beratenden Ratgebers geht, sind zu hohe Erwartungen an das Institut der zweiten Meinung tatsächlich nicht gerechtfertigt. Problematisch ist dieses Regulativ bereits unter dem Gesichtspunkt der dadurch bedingten Kosten. Im Bereich des Gesundheitswesens stellt sich das Problem für den Ratnehmer selbst unmittelbar nicht, soweit die Einholung der zweiten Meinung von den gesetzlichen und privaten Versicherungsträgern gedeckt wird. In anderen Bereichen wird der Ratnehmer die Kosten der Zweitberatung allerdings unmittelbar selbst zu tragen haben, so dass von der Inanspruchnahme eines solchen Korrektivs aus diesem Grund häufig Abstand genommen werden dürfte.

Weitaus problematischer sind die mit diesem Institut verbundenen und tatsächlich häufig überhöhten Erwartungen an die Unabhängigkeit des zweiten Ratgebers. Der mit der Inanspruchnahme eines zweiten Ratgebers ohnehin verbundene Aufwand für den Ratnehmer dürfte praktisch zur Folge haben, dass sowohl Erst- wie Zweitratgeber regelmäßig demselben örtlichen Tätigkeitsbereich entstammen. Ein Ratgeber, der in einem Fall eine zweite Meinung abgibt, wird in einem anderen Fall seinerseits durch einen regional tätigen Berufskollegen überprüft werden. Abhängig von der Anzahl der regional tätigen Ratgeber werden sich diese auf kurz oder lang regelmäßig gegenseitig kontrollieren. Unter solchen Umständen wäre eine hinreichend kritische Kontrolle im Wege einer zweiten Meinung kaum zu erwarten. Auch eine bestehende berufsständische oder verbandsmäßige Verbundenheit der Ratgeber untereinander, wie sie im Bereich der Beratung durch Angehörige klassischer Professionen typisch ist, dürfte der „unabhängigen“ Überprüfung der Erstberatung eher abträglich sein. Vor diesem Hintergrund besteht durchaus die Gefahr, dass die Einholung einer zweiten Meinung ihre Funktion tatsächlich nicht erfüllen kann und diese in vielen Fällen letztlich nur als zusätzliche Einnahmequelle für die Angehörigen beratender Professionen dient.

---

[546] Zur Forderung nach einer verstärkten Einholung von zweiten ärztlichen Meinungen zur Vermeidung von Diagnosefehlern s. *Wagner* VW 1996, 529 (Diskussionsbeitrag *Protzsolt*).

[547] Vgl. hierzu *Schneider/Scheider/Hohenstatt*, in: Scholz, GmbHG, § 43 Rn. 79; *Spindler* AG 2013, 889, 892; *Selter* AG 2012, 11, 15.

3. Einordnung in die zivilrechtliche Dogmatik

Bei der Einordnung der „zweiten Meinung" in die zivilrechtliche Dogmatik der Beratung ist zunächst einmal festzustellen, dass auch der zweite Ratgeber den dargestellten Anforderungen an den Pflichtumfang und den Pflichteninhalt voll unterliegt. Der Umstand, dass in der gleichen Angelegenheit bereits eine Beratung stattgefunden hat, führt insoweit zu keinerlei Erleichterungen. Umgekehrt wird auch der erste Ratgeber von der Einholung einer zweiten Meinung haftungsrechtlich nicht notwendig begünstigt. Folgt der Ratnehmer schließlich der Empfehlung des ersten Ratgebers, so wird insbesondere der Zurechnungszusammenhang nicht dadurch unterbrochen, dass sich der zweite Ratgeber der fehlerhaften Empfehlung des Erstratgebers angeschlossen hat und etwaige empfehlungsbegleitende Aufklärungsdefizite nicht ausgeräumt wurden[548]. Erst- und Zweitratgeber haften dem Ratnehmer sodann als Gesamtschuldner, § 421 BGB. Demgegenüber kommt der grundsätzlich aus funktionalen Gründen ausgeschlossene Mitverschuldenseinwand[549] in Betracht, wenn der Ratnehmer durch einen zweiten Ratgeber auf Unrichtigkeiten oder Versäumnisse des Erstratgebers aufmerksam wurde oder werden musste[550]. Einen schuldhaften Schadensbeitrag des zweiten Ratgebers muss sich der Ratnehmer im Verhältnis zum Erstratgeber als Mitverschulden aber grundsätzlich nicht gem. §§ 254 Abs. 2 S. 2, 278 BGB zurechnen lassen[551]. Eine auf der Grundlage der Vertrauenshaftung begründete Verantwortlichkeit des Erstratgebers steht als solche in Frage, wenn ein normativ gerechtfertigtes Vertrauen des Ratnehmers durch den zweiten Ratgeber erschüttert wurde. Die im Zuge der Einholung einer „zweiten Meinung" objektiv erforderlichen Kosten können gegen den fehlerhaft beratenden Erstratgeber geltend gemacht werden[552].

XI. Beweisrecht

1. Bedeutung und typische Beweisnot des Ratnehmers

Für die Durchsetzung der Haftung wegen fehlerhafter Beratung gilt in besonderer Weise, dass die Rechtsverwirklichung mit einem den strukturellen Be-

[548] Anzuwenden sind die im Bereich der Zurechnung allgemein anerkannten Grundsätze zum Dazwischentreten eines Dritten, vgl. hierzu nur *Lange/Schiemann*, Schadensersatz, S. 142 ff.

[549] Hierzu § 13, S. 240 ff. (sub ee).

[550] Vgl. BGH NJW 1997, 250, 253.

[551] BGH NJW 1993, 1779; anders aber BGH NJW 1994, 1211, 1212, wenn der zweite Ratgeber zur erkannt notwendigen Schadensminderung eingeschaltet wurde; zum Ganzen auch Erman/*H. P. Westermann*, BGB, § 278 Rn. 29.

[552] BGH NJW 1997, 250, 251, *in casu* aber aus Gründen einer Vorteilsausgleichung abgelehnt.

weisnöten des Ratnehmers gerecht werdenden Beweisrecht steht und fällt. Denn eine fehlerhafte Beratung fällt typischerweise nicht unmittelbar auf und ist im Nachhinein schwierig nachzuweisen, zumal es sich regelmäßig um Gespräche unter vier Augen handelt, deren Inhalt bisweilen nicht einmal dokumentiert wird. Der sich daraus ergebenden Beweisnot tritt häufig noch die Gefahr mangelnder prozessualer Waffengleichheit hinzu, wenn die Beratungsleistung im Rahmen eines arbeitsteiligen Prozesses erbracht wird und (nur) der spätere Beklagte den als Erfüllungsgehilfen fungierenden Ratgeber als Zeugen im eigenen Lager benennen kann. Schließlich lassen sich Kausalitäten besonders dort schwer nachweisen, wo es um die Frage hypothetischen individuellen Entscheidungsverhaltens geht. Dass die Frage der Beweislastverteilung hier nur den Ausgangspunkt für eine sachgerechte Verteilung der beweismäßigen Risiken bilden kann, versteht sich daher von selbst. Für das Prozessrecht der Beratung kennzeichnend ist die Inanspruchnahme nahezu der gesamten Klaviatur beweisrechtlicher Erleichterungen, eine Feinsteuerung, die sich nicht zuletzt vor dem Hintergrund geltender verfassungsrechtlicher Maßstäbe, namentlich dem aus den Grundrechten in Verbindung mit dem Rechtsstaatsprinzip folgenden Justizgewährungsanspruch und dem Gebot prozessualer Waffengleichheit, erklärt. Im Ausgangspunkt zu differenzieren ist zwischen dem Beweis der Pflichtverletzung, dem Beweis eines Schadens sowie dem notwendigen Ursachenzusammenhang.

2. Beweis der Pflichtverletzung

a) Beweislast des Ratnehmers

aa) Grundsatz

Ist es dem Richter im Prozess nicht möglich, sich über das Vorliegen aller für den Ausgang des Rechtsstreits erheblichen Tatsachen eine gesicherte Überzeugung zu bilden, entscheidet die Zuweisung der Beweislast über den Prozesserfolg[553]. Bei dieser handelt es sich nach heute wohl herrschender Meinung um eine Frage des materiellen Rechts[554]. Über sie zu entscheiden ist nicht allein Sache des Gesetzgebers. Sie ist richterlicher Rechtsfortbildung zugänglich, das jedenfalls dort, wo es um die Verwirklichung der Schutzpflichtendimension der Grundrechte geht[555]. Im Ausgangspunkt stellt sich daher die Frage, ob die Beweislast – sei es auch in Gestalt von Vermutungsregeln – ausnahmsweise aufgrund gesetzlicher oder richterlicher Grundlage ausdrücklich einer Partei des

553 Vgl. MünchKommZPO/*Prütting*, § 286 Rn. 93.

554 Hierzu statt vieler Stein/Jonas/*Leipold*, ZPO, § 286 Rn. 61 ff.

555 Ähnlich offenbar MünchKommZPO/*Prütting*, § 286 Rn. 93, 100, 107, 108: Entscheidung ist Sache des Gesetzgebers und Rn. 123: richterliche Beweislastumkehr nur aus Gründen der Gerechtigkeit oder Billigkeit abzulehnen.

in Rede stehenden materiellen Rechtsverhältnisses zugewiesen ist. Soweit Gesetz und Rechtsprechung – wie im Regelfall – schweigen, gilt die auch in den meisten anderen Rechtsordnungen anerkannte Grundregel, dass der Anspruchsteller die Beweislast für die den anspruchsbegründenden Tatbestandsmerkmalen zugrunde liegenden Tatsachen trägt und der Anspruchsgegner die Beweislast für diejenigen Tatsachen, die die rechtshindernden, rechtsvernichtenden und rechtshemmenden Einwendungen konstituieren[556].

Hiernach liegt die Beweislast für die Verletzung einer Beratungspflicht im Grundsatz beim Ratnehmer. Insoweit ist unerheblich, ob die Haftung wegen fehlerhafter Beratung ihre Grundlage als Leistungspflicht bzw. als Ausprägung der allgemeinen (vor-)vertraglichen Schutzpflicht in §§ 280 ff. BGB, als Ausprägung der allgemeinen Verkehrspflicht in § 823 Abs. 1 BGB oder als durch Schutzgesetz konkretisierte Verkehrspflicht in § 823 Abs. 2 BGB findet[557]. Für die vertragliche Beratungspflicht scheidet ein Rückgriff auf die für den auf Erfüllung gerichteten Primäranspruch geltende Beweislastverteilung nach §§ 362, 363 BGB aus[558]. Der Einwand, der Ratnehmer habe auf die Beratung als solche bzw. einzelne ihrer Elemente verzichtet, ist dagegen vom Ratgeber zu beweisen[559]. Entsprechendes gilt für die Beseitigung eines einmal erzeugten Vertrauenstatbestandes und für den Einwand, der Ratnehmer sei nicht aufklärungsbedürftig gewesen[560].

bb) Keine Beweislastumkehr hinsichtlich des Vertretenmüssens

(1) Problemstellung

Unter §§ 280 ff. BGB gilt abweichend, dass das fehlende Vertretenmüssen vom Schuldner zu beweisen ist, § 280 Abs. 1 S. 2 BGB. Lediglich in Ansehung der übrigen haftungsbegründenden und -ausfüllenden Tatbestandsmerkmale bleibt es daher augenscheinlich bei der allgemeinen Beweislastregel. Dementsprechend würde der Gläubiger die Beweislast lediglich für das Bestehen der Beratungspflicht, ihre objektive Verletzung, den Schaden und den zwischen diesem und der Pflichtverletzung bestehenden Ursachenzusammenhang tragen. Dennoch steht die Rechtsprechung etwa im Bereich der anwaltlichen Beratung auf dem Standpunkt, dass der Mandant im Rechtsstreit gegen seinen Rechtsanwalt

---

556 BGH st., vgl. BGH NJW 1983, 2944; NJW 1986, 2426, 2427; NJW 1991, 1052, 1053; NJW 1993, 2168, 2170; aus der Lit. statt vieler Stein/Jonas/*Leipold*, ZPO, § 286 Rn. 62; MünchKommZPO/*Prütting*, § 286 Rn. 110 f.

557 Vgl. BGH NJW-RR 2011, 1661, 1662 zu § 823 Abs. 2 BGB i.V.m. § 263 StGB.

558 Anders noch für die Haftung des Steuerberaters BGH NJW 1986, 2570, ausdr. aufgegeben von BGH NJW 1996, 2571, 2572; allgemeiner auch *Pohlmann*, in: Looschelders/Pohlmann, VVG, § 6 Rn. 118; zur – inzwischen überholten – Diskussion über eine Übertragung der BGH-Rechtsprechung auf den Rechtsanwalt *Heinemann* NJW 1990, 2345, 2350.

559 Vgl. BGH GuT 2010, 392.

560 Vgl. BGH NJW 2001, 517, 518; s. auch BGH NJW 1995, 330, 331; NJW 1996, 2037, 2038.

regelmäßig auch darzutun und zu beweisen hat, dass der Anwalt die aus dem Anwaltsvertrag folgende Beratungspflicht *schuldhaft* verletzt hat[561]. Hiernach schließt der Beweis der objektiven Pflichtverletzung den Verschuldensvorwurf typischerweise – und augenscheinlich *contra legem* – ein[562]. Denn der Gläubiger muss neben den Umständen, die das Bestehen der Beratungspflicht begründen, auch ihre objektiv pflichtwidrige – und damit letztlich fahrlässige – Erbringung beweisen. Die Aussage, dem Ratnehmer komme bezüglich des Verschuldens die Beweislastregel des § 280 Abs. 1 S. 2 BGB zugute[563], erscheint vor diesem Hintergrund als Leerformel[564].

(2) Überblick über den Stand der Diskussion

Um die Frage, wie die Beweislast im Rahmen des § 280 Abs. 1 BGB tatsächlich zu verteilen und mit welchen anderen beweisrechtlichen Mitteln ggf. Abhilfe für den in Beweisnot befindlichen Gläubiger zu schaffen ist, besteht ein schon im alten Schuldrecht wurzelnder Streit. Die Rechtsprechung verfolgt seit jeher keine einheitliche Linie. Sie geht auch unter dem reformierten Recht im Grundsatz von einer Beweislastverteilung nach Gefahren- und Verantwortungsbereichen aus und differenziert im Einzelfall nach Maßgabe des Typus des zugrunde liegenden Rechtsgeschäfts[565]. Der Ansatz der Rechtsprechung harmoniert zwar mit der vielerorts auch unter dem neuen Recht herausgestellten *ratio*, der Gläubiger sei mittels Beweislastumkehr zu entlasten, soweit es um die in der Person des Schuldners liegenden und dem Gläubiger verborgenen Gründe geht, die den objektiven Pflichtenverstoß zur Folge hatten[566]. Wenn dies der alleinige Wertungsmaßstab für die Zuweisung der Beweislast wäre, hätte indes eine Kodifikation des Konzepts der Beweislastverteilung nach Gefahrenbereichen nahe gelegen. Die Literatur sucht daher zu Recht nach anderen Begründungslinien, wobei ganz überwiegend danach differenziert wird, ob es sich bei der in Rede stehenden Pflicht um eine erfolgs- oder verhaltensbezogene Pflicht handelt[567].

---

[561] BGH st.; vgl. NJW 1999, 2437 vgl. NJW 1996, 2571; NJW 1995, 2551, 2553; 1991, 2280, 2281; 1987, 1322, 1323; 1985, 264, 265; aus der Lit. s. *Heinemann* NJW 1990, 2345, 2346.

[562] Vgl. BGH NJW-RR 1990, 1422, 1423; Palandt/*Grüneberg*, BGB, § 280 Rn. 36; *Repgen*, in: Baumgärtel/Laumen/Eyinck, Handbuch der Beweislast, § 280 Rn. 74; abweichend MünchKommBGB/*Ernst*, Rn. 150 für die fehlerhafte Beratung durch den Verkäufer, wobei dieser offenbar von einer erfolgsbezogenen Pflicht ausgeht; deutlich noch für die Anwaltsberatung unter altem Recht BGH NJW 1999, 2437.

[563] Statt vieler *Vollkommer/Greger/Heinemann*, Anwaltshaftungsrecht, § 25 Rn. 11, 19.

[564] Vgl. auch *Heinemann* NJW 1990, 2345, 2347: „... nicht recht auszumachen, worin sich objektiv pflichtwidriges und schuldhaftes Verhalten noch unterscheiden sollen".

[565] Vgl. BGH NJW 2009, 142; NJW 2000, 2812 f.; s. bereits BGH NJW 1953, 584, 585; NJW 1994, 2019, 2020.

[566] Vgl. *Lorenz* NJW 2005, 1889, 1890; *Repgen*, in: Baumgärtel/Laumen/Eyinck, Handbuch der Beweislast, § 280 Rn 43; zum alten Recht s. BGH NJW 1965, 1583, 1584; *Raape* AcP 147 (1941), 217, 220 ff.

[567] Vgl. Stein/Jonas/*Leipold*, ZPO, § 286 Rn. 119; Palandt/*Grüneberg*, BGB, § 280

Schuldet der Schuldner den Eintritt eines bestimmten Erfolgs, ist nach herrschender Lehre klar zwischen der objektiven Pflichtverletzung und der Vorwerfbarkeit gegenüber dem Schuldner zu unterscheiden. Für den Beweis der objektiven Pflichtverletzung genüge es, wenn fest steht, dass der geschuldete Erfolg ausgeblieben ist, sei es, weil die Leistung nicht, nicht rechtzeitig oder schlecht erbracht worden ist. Entsprechendes soll ausnahmsweise bei der Verletzung von Integritätsinteressen gelten, wenn nämlich, wie etwa bei Beförderungsverträgen, die Vermeidung einer Schädigung Bestandteil des geschuldeten Leistungserfolges ist[568]. Bei verhaltensbezogenen Haupt- und Nebenleistungspflichten sowie im Allgemeinen bei den Obhuts-, Schutz- und Rücksichtnahmepflichten soll es dagegen regelmäßig dabei bleiben, dass der Gläubiger sämtliche anspruchsbegründenden Tatbestandmerkmale einschließlich des Vertretenmüssens zu beweisen hat[569]. Die Differenzierung zwischen erfolgsbezogenen und verhaltensbezogenen Pflichten führt insoweit zu einer teleologischen Reduktion des § 280 Abs. 1 S. 2 BGB. Daneben geht die wohl herrschende Lehre aufgrund ihres verallgemeinerungsfähigen Grundgedankens[570] von einer ergänzenden Anwendung der Beweislastumverteilung nach Verantwortungs- und Gefahrenbereichen aus[571]. Im Übrigen besteht die Tendenz, einer gleichwohl bestehenden Beweisnot mit moderateren Mitteln als dem der Beweislastumkehr, etwa durch Zuweisung einer qualifizierten Darlegungslast an die nicht beweisbelastete Partei, zu begegnen.

(3) Stellungnahme

Die Beschränkung der in § 280 Abs. 1 S. 2 BGB angeordneten Beweislastumkehr auf die Verletzung solcher Pflichten, die auf die Erbringung eines bestimmten Erfolgs gerichtet sind, ist letztlich nur vor dem Hintergrund verständlich, dass eine Abgrenzung zwischen objektiver und subjektiver Pflichtwidrigkeit nur hier praktisch sinnvoll möglich ist. Bei nicht erfolgsbezogenen Leistungspflichten und bloßen Rücksichtnahmepflichten wäre eine Beweislastverlagerung auf den Schuldner entsprechend des weiten Wortlauts letztlich nur angängig, wenn man diesem überdies noch die Beweislast für ob-

Rn. 35; MünchKommBGB/*Ernst*, § 280 Rn. 138; *Lorenz* NJW 2005, 1889, 1890. Es ist hier nicht der Ort, die im Regelfall nicht zu unterschiedlichen Ergebnissen führenden (vgl. *Ernst* aaO. Rn. 138) Differenzierungen weiter aufzufächern; zur Vertiefung s. MünchKommBGB/*Ernst*, § 280 Rn. 17 ff., 138 ff.; *Repgen*, in: Baumgärtel/Laumen/Eyinck, Handbuch der Beweislast, § 280 Rn. 40 ff.

568 Vgl. Palandt/*Grüneberg*, BGB, § 280 Rn. 35; s. auch BGHZ 8, 239, 242; 27, 236, 238 f.; zum Ganzen *Larenz*, Lehrbuch des Schuldrechts, Bd. I, § 24 I; s. auch Stein/Jonas/*Leipold*, ZPO, § 286 Rn. 119.

569 *Repgen*, in: Baumgärtel/Laumen/Eyinck, Handbuch der Beweislast, § 280 Rn. 40-47; s. auch Stein/Jonas/*Leipold*, ZPO, § 286 Rn. 119.

570 Zur Geltung der Beweislastregel im Vertragsrecht allgemein s. nur den Überblick über die Rspr. bei Bamberger/Roth/*Unberath*, BGB, § 280 Rn. 83.

571 In dieser Richtung offenbar auch *Canaris* JZ 2001, 499, 512.

jektiv pflichtgemäßes Verhalten aufbürden würde[572]. Denn die beweislastmäßige Trennung von Pflichtverletzung und Vertretenmüssen setzt voraus, dass sich beide haftungsbegründenden Merkmale tatsächlich voneinander trennen lassen, m.a.W. dass es nicht bereits der Feststellung der konkreten Verhaltensanforderungen und ihrer Einhaltung bedarf, um überhaupt den objektiven Inhalt der Pflicht und den Umstand ihrer Verletzung zu erfassen. Es ist dem objektivierten Sorgfaltsmaßstab des Zivilrechts[573] geschuldet, dass eine solche Trennung bei der Verletzung leistungsbezogener Verhaltens- und sonstiger Rücksichtnahmepflichten typischerweise nicht möglich ist[574]. Mit dem Beweis des Verstoßes gegen eine verhaltensbezogene Pflicht ist daher regelmäßig das Vertretenmüssen bewiesen[575]. Eine wirkliche eigenständige Bedeutung kommt dem Verschuldensvorwurf nur zu, wenn die subjektive Vorwerfbarkeit mit der objektiven Pflichtwidrigkeit ausnahmsweise einmal nicht zusammen fällt, etwa wenn der Schuldner erst bei grober Fahrlässigkeit oder nur für Vorsatz haftet. Abseits dessen ließe sich argumentieren, für eine Eigenständigkeit des Vertretenmüssens bleibe noch Raum in Ansehung der sog. „inneren Sorgfalt“[576], wenn man unter diesem Begriff mit Rücksicht auf die grundsätzliche Bedeutungslosigkeit subjektiver Entlastungsgründe[577] lediglich eine Reihe praktisch eher untergeordneter Einzelfragen, wie Tatbestands- und Rechtsirrtümer, erfassen wollte[578]. Die einer „äußeren Sorgfalt“ gegenüber gestellte „innere Sorgfalt“ verstanden als die *objektive* Erkennbarkeit vertragsgemäßen bzw. verkehrsrichtigen Verhaltens[579] ist nach richtigem Verständnis jedenfalls abzulehnen[580]. Alles in allem besteht so auch zwischen der Verletzung der deliktischen und vertraglichen Sorgfaltspflichten praktisch kaum ein Unterschied.

---

572 Das ist denn auch der Fall unter der Beweislastverteilung nach Gefahren- und Verantwortungsbereichen, vgl. anschaulich BGH NJW 2009, 142: Beweislastumkehr ergreift neben dem „Verschulden im engeren Sinne“ auch die objektive Pflichtverletzung; s. auch Stein/Jonas/*Leipold*, ZPO, § 286 Rn. 119: bei Schadensursachen im Verantwortungsbereich des Schuldners ist diesem die Beweislast dafür aufzuerlegen, dass schon objektiv keine Pflichtverletzung vorlag.

573 Hierzu statt vieler MünchKommBGB/*Grundmann*, § 276 Rn. 55 f.

574 Zutreffend *Heinemann* NJW 1990, 2345, 2351; anders dagegen Bamberger/Roth/*Unberath*, BGB, § 280 Rn. 81, der meint Pflichtverletzung und Vertretenmüssen auch in diesen Fällen „streng“ unterscheiden zu können; in dieser Richtung auch *Riehm*, in: FS Canaris, S. 1079, 1088 ff.

575 Vgl. *Lorenz* NJW 2005, 1889, 1891; s. auch MünchKommBGB/*Ernst*, § 280 Rn. 13, 148; zurückhaltender Bamberger/Roth/*Unberath*, BGB, § 280 Rn. 81.

576 So noch *Larenz*, Lehrbuch des Schuldrechts, Bd. I, § 24 I; vgl. auch Stein/Jonas/*Leipold*, ZPO, § 286 Rn. 119: dem Schuldner bleibt der Nachweis offen, er habe den Verstoß subjektiv nicht zu vertreten.

577 Vgl. MünchKommBGB/*Grundmann*, § 276 Rn. 56.

578 MünchKommBGB/*Wagner*, § 823 Rn. 32; zur Zuweisung der Beweislast für irrtumsrelevante Umstände an den Schuldner s. auch Bamberger/Roth/*Unberath*, BGB, § 280 Rn. 81.

579 Vgl. *Deutsch* AcP 202 (2002), 889, 907 f.; *ders.*, Allgemeines Haftungsrecht, Rn. 387 f.

580 Deutlich *Brüggemeier*, Haftungsrecht, S. 74; krit. auch MünchKommBGB/*Wagner*, § 823 Rn. 33.

Lediglich fällt die weithin bestehende Untrennbarkeit beider haftungsbegründenden Elemente im Rahmen des § 823 Abs. 1 BGB aufgrund der einheitlichen Zuweisung der Beweislast an den Deliktsgläubiger weniger auf und stellt sich dort nur als Problem des Aufbaus der deliktsrechtlichen Prüfung dar[581].

Die dargestellten und in der Diskussion nicht immer bedachten Konsequenzen einer Beweislastverlagerung bei verhaltensbezogenen Pflichten wären ohne besonderen Grund wertungsmäßig nicht hinnehmbar. Entscheidend ist letztlich die Wirkung, die der Beweislastverlagerung auf den Schuldner mit Rücksicht auf das nach dem Vertrag Geschuldete zukommt. § 282 BGB aF wies dem Schuldner lediglich die Beweislast dafür zu, dass die vom Gläubiger zu beweisende Unmöglichkeit nicht auf einem vom Schuldner zu vertretenden Umstand beruht. *Larenz* sprach in diesem Zusammenhang anschaulich von einer in § 282 BGB aF enthaltenen „abgeschwächten Erfüllungsgarantie"[582]. Obschon der Schuldner auf materieller Ebene keine solche Garantie übernommen hat, führt die Beweislastumkehr praktisch häufig zu einer garantieähnlichen Einstandspflicht. Das mag mit Rücksicht auf einen geschuldeten bestimmten Leistungserfolg wertungsmäßig einleuchten, nicht jedoch für lediglich verhaltensbezogene Pflichten und zwar unabhängig davon, ob sie leistungsgerichtet sind. Eine allgemeine Vermutung, dass der Schuldner auch für deren Verletzung und einen daraus entstandenen Schaden verantwortlich ist, ist rechtsethisch kaum überzeugend[583]. Vor diesem Hintergrund ist es zwar richtig, dass sich der Wortlaut des § 280 Abs. 1 BGB nicht auf das Konzept der Beweislastverteilung nach Gefahrenbereichen beschränkt. Es hätte indes einer einschränkenden Klarstellung im beschriebenen Sinne bedurft[584], die nunmehr im Wege teleologischer Auslegung nachzutragen ist.

(4) Folgerungen für die Beweislastverteilung bei der Haftung für fehlerhaften Rat

Die Konsequenzen der vorgestellten Überlegungen für die Beweislastverteilung bei fehlerhafter Beratung hängen nun im Ausgangspunkt davon ab, ob es sich bei der Beratungspflicht gleich welchen Ursprungs um eine auf den Eintritt eines bestimmten Erfolgs hin gerichtete Pflicht handelt. Wegen der garantieähnlichen Wirkung der Beweislastumverteilung ist bei der entsprechenden Ausle-

---

[581] Instruktiv zum Ganzen MünchKommBGB/*Wagner*, § 823 Rn. 28 ff.; s. auch aaO. § 832 Rn. 37: Aufsichtspflichtverletzung begründet zugleich Fahrlässigkeitsvorwurf.

[582] *Larenz*, Lehrbuch des Schuldrechts, Bd. I, § 24 I; s. auch *Prütting*, Gegenwartsprobleme der Beweislast, S. 263; *Heinemann*, Die Beweislastverteilung bei positiven Forderungsverletzungen, S. 45 ff.; *Wahrendorf*, Prinzipien der Beweislast im Haftungsrecht, S. 100 f.

[583] Im Anschluss an *Larenz*, Lehrbuch des Schuldrechts, Bd. I, § 24 I. Zu den allgemein hinter der Beweislastverteilung stehenden grundlegenden Gerechtigkeitsvorstellungen s. auch BGH NJW 2006, 47, 49.

[584] Vgl. auch *Canaris* JZ 2001, 499, 512.

gung Zurückhaltung geboten[585]. Richtig ist zwar, dass der Beratungspflicht, die mit den Pflichten zur Sachverhaltsermittlung und Aufklärung über bestimmte Umstände letztlich verschiedene Handlungspflichten in sich aufnimmt, ergebnisgerichtete Erfolgsmomente innewohnen. Das allein macht indes den Pflichtenkomplex der Beratung nicht schon zu einer erfolgsbezogenen Pflicht. Denn der Ratgeber schuldet nicht den Beratungserfolg, er hat lediglich für die Ordnungsgemäßheit der Beratung einzustehen, er schuldet nicht mehr als die Einhaltung der in seiner Branche geltenden Verhaltensstandards[586]. Vor diesem Hintergrund ginge es nicht an, das sich in einem eingetretenen Schaden manifestierende Ausbleiben eines nicht geschuldeten Beratungserfolgs zum Anlass zu nehmen, dem Ratgeber die Beweislast für die subjektive Ordnungsgemäßheit der Beratung und damit – notwendig – zugleich den Negativbeweis der Pflichtverletzung aufzuerlegen. Der Ratnehmer selbst hat daher neben dem Bestehen der Beratungspflicht sowohl ihre Verletzung und damit zugleich das Vertretenmüssen zu beweisen; die Regelung des § 280 Abs. 1 S. 2 BGB bleibt insoweit praktisch zumeist bedeutungslos. Die nach hier vertretener Ansicht allgemeine Geltung der Beweislastverteilung nach Gefahren- und Verantwortungsbereichen ändert an diesem Befund nichts. Denn die hier allein interessierende Beratung erfolgt unter den Augen des Ratnehmers und nicht in einem diesem verborgenen Verantwortungsbereich des Ratgebers[587]. Nach alledem ist zwar richtig, dass die umfangreiche Zuweisung der Beweislast den Ratnehmer in strukturelle Beweisschwierigkeiten bringt. Dem lässt sich indes mit milderen Mitteln als einer generellen Beweislastumkehr begegnen.

b) Beweiserleichternde Vermutung bei Verletzung einer zu Beweissicherungszwecken bestehenden Dokumentationspflicht

aa) Grundlagen der Beweissicherungszwecken dienenden Dokumentationspflicht

Dokumentationspflichten sind multifunktional und dabei stets nur Hilfsmittel; sie erfüllen keinen Selbstzweck. Folglich kann ihre Verletzung allein eine schadensersatzrechtliche Haftung nicht begründen[588]. Ihre dienende Funktion kann sich darauf beschränken, auf eine ordnungsgemäße Erfüllung der Pflichten des zur Dokumentation Berufenen hinzuwirken. So ist eine ordnungsgemäße Durchführung des anwaltlichen Mandats bei der Vielzahl parallel zu bearbeitender Geschäftsbesorgungen ohne eine Fixierung der für die Bearbeitung

---

[585] Vgl. auch *Repgen*, in: Baumgärtel/Laumen/Eyinck, Handbuch der Beweislast, § 280 Rn. 72.

[586] Für den Rechtsanwalt im Ergebnis wie hier *Heinemann* NJW 1990, 2345, 2347.

[587] Zur Anwendung im Rahmen der Anwaltshaftung gleichfalls ablehnend *Heinemann* NJW 1990, 2345, 2351; vgl. auch *Pohlmann*, in: Looschelders/Pohlmann, VVG, § 6 Rn. 117.

[588] BGH NJW 1992, 1695, 1696 im Anschluss an *Vollkommer/Greger/Heinemann*, Anwaltshaftungsrecht, § 15 Rn. 15.

wesentlichen Umstände praktisch kaum denkbar[589]. Sofern der jeweilige Ratgeber standes- oder aufsichtsrechtlicher Kontrolle unterliegt, ermöglicht die Dokumentationspflicht die Kontrolle der Einhaltung solcher berufsrechtlicher Standards. Die der Förderung der Selbstbestimmung dienende Dokumentationspflicht wurde bereits im Rahmen des Pflichtentatbestandes erörtert[590]. Auch im hier allein interessierenden beweisrechtlichen Sinne erfüllt sie keinen Selbstzweck. Schon bei der Beweiszwecken dienenden Dokumentationspflicht und nicht erst bei den aus ihrer Verletzung hergeleiteten beweisrechtlichen Konsequenzen handelt es sich nach richtigem Verständnis um ein Institut des Beweisrechts vergleichbar der allgemeinen Zuweisung der Beweislast. Sie findet ihre Grundlage abseits ausdrücklicher Normierung in § 242 BGB[591] und hat den Charakter einer besonderen vorprozessualen Beweissicherungspflicht, aus deren Verletzung im Rechtsstreit beweisrechtliche Sanktionen bis hin zur Beweislastumkehr folgen. Die Existenz einer Dokumentationspflicht zur Kontrolle der Einhaltung berufsrechtlicher Standards, wie etwa im erwähnten Fall der Kapitalanlageberatung, besagt über das Bestehen einer beweisrechtlichen funktionalen Ausrichtung folglich noch nichts[592].

Dass die Verletzung einer Dokumentationspflicht beweisrechtliche Konsequenzen haben kann, ist aus dem Bereich der Arzthaftung lange bekannt. § 630h Abs. 3 BGB bestimmt dies nunmehr ausdrücklich. Wird eine medizinisch gebotene Maßnahme und ihr Ergebnis entgegen § 630f Abs. 1 und 2 BGB nicht dokumentiert oder die entsprechende Akte entgegen § 630f Abs. 3 BGB nicht aufbewahrt, wird hiernach vermutet, dass der Arzt die Maßnahme nicht getroffen hatte. Dokumentationspflichten werden zunehmend auch in anderen beratungsrelevanten Teilrechtsgebieten eingeführt und diskutiert. Zu nennen ist etwa die Dokumentationspflicht des beratungspflichtigen Versicherers und Versicherungsvermittlers (§§ 6 Abs. 2, 61 Abs. 1 VVG) und die Dokumentationspflicht der beratenden Wertpapierfirma, die ihre Grundlage im geltenden Aufsichtsrecht findet, vgl. § 34 Abs. 2a WpHG nF. Im Allgemeinen ist für auf die Verletzung einer Dokumentationspflicht gestützte Beweiserleichterungen bis hin zur Beweislastumkehr allerdings nicht ausreichend, wenn der Betroffene zu einer Dokumentation seines Handelns verpflichtet ist. Die jeweilige Dokumentationspflicht muss gerade (auch) den Zweck haben, dem Gegenüber die Beweisführung in einem späteren Prozess zu erleichtern. Bei der aus der Verletzung einer solchen Dokumentationspflicht gezogenen beweisrechtlichen Kon-

---

589 *Vollkommer/Greger/Heinemann*, Anwaltshaftungsrecht, § 15 Rn. 13.

590 § 13, S. 199 ff. (sub 6).

591 Zu § 242 BGB als Grundlage einer Dokumentationspflicht s. auch BGH NJW 2006, 1429, 1430.

592 Vgl. aber BGH NJW 2006, 1429, 1430 f., der im Zusammenhang mit der Kapitalanlageberatung den – unzutreffenden – Anschein erweckt, aus dem Bestehen einer *aufsichtsrechtlichen* Dokumentationspflicht ohne weiteres *zivilprozessuale* Konsequenzen ziehen zu können.

sequenz handelt es sich daher letztlich um die Reaktion auf eine vorwerfbare Beweisvereitelung[593]. Im Bereich des Wertpapieraufsichtsrechts hat sich der Gesetzgeber nun ausdrücklich zu einer auch beweisrechtlichen Funktion der Dokumentationspflicht bekannt[594]. Hiernach eröffne eine unrichtige oder unzureichende Dokumentation Beweiserleichterungen vergleichbar der Rechtslage bei der Arzthaftung[595]. Die in Rechtsprechung[596] und Literatur zur früheren[597] und bisweilen auch zur aktuellen Rechtslage[598] geäußerte gegenteilige Auffassung, wonach eine solche Pflichtverletzung prozessual folgenlos bleibe, vermag deshalb letztlich nicht mehr zu überzeugen.

bb) Rechtfertigung einer Beweiszwecken dienenden Dokumentationspflicht des Ratgebers

Die Einführung einer die beweisrechtliche Ausgangslage des Ratnehmers verbessernden Dokumentationspflicht lässt sich sachlich rechtfertigen. Für das Phänomen der Beratung ist es insgesamt typisch, dass eine fehlerhaft durchgeführte Beratung als solche dem Ratnehmer selten unmittelbar auffällt, sondern in aller Regel erst zu einem späteren Zeitpunkt erkennbar wird, etwa wenn sich die Folgen der auf eine fehlerhafte Beratung hin getroffenen Entscheidung zeigen[599]. Aus dieser Perspektive ist es für den Ratnehmer schwierig bis unmöglich, sich an den konkreten Ablauf der Beratung zu erinnern, zumal diese regelmäßig unter Ausschluss von Zeugen stattgefunden haben wird. Umgekehrt kann es dem Ratnehmer typischerweise nicht zugemutet werden, selbst zu beurteilen, welche beratungsrelevanten Umstände er sinnvoller Weise für eine spätere Beurteilung der Ordnungsgemäßheit der Beratung festhalten sollte, wie es im Zusammenhang mit einer Beratung durch die Angehörigen klassischer Professionen nicht angeht, diesen zu empfehlen, zu jedem Beratungsgespräch einen Zeugen hinzuzuziehen. Letzteres wird etwa der Verschwiegenheitsbindung des anwaltlichen Mandats nicht gerecht und mag allenfalls im Zuge ab-

---

593 Dieser Zusammenhang wird zumeist verkannt, vgl. etwa *Möllers*, in: Kölner Kommentar zum WpHG, § 34 Rn. 155, 158.

594 Vgl. BT-Drucks. 16/12814, S. 28.

595 BT-Drucks. 16/12814, S. 36; vgl. auch *Grundmann*, in: Ebenroth/Boujong/Joost, HGB, § 34 WpHG Rn. VI 350; *Fett*, in: Schwark/Zimmer, Kapitalmarktrechtskommentar, § 34 WpHG Rn. 1; *Pfeifer* BRK 2009, 485, 489; unter der alten Rechtslage bereits *Reich* WM 1997, 1601, 1605; *Waldeck*, in: Cramer/Rudolph, Handbuch für Anlageberatung und Vermögensverwaltung, S. 647, 654; *Roller/Hackenberg* VuR 2005, 127, 128 f.; *Sethe*, Anlegerschutz im Recht der Vermögensverwaltung, S. 866.

596 Vgl. BGH NJW 2006, 1429, 1430 f.

597 Statt vieler *Balzer* ZBB 1997, 260, 268; *Schwennicke* WM 1998, 1101, 1109; *Lang* WM 2000, 450, 465.

598 *Möllers*, in: Kölner Kommentar zum WpHG, § 34 Rn. 155.

599 Vgl. auch BGH NJW 1986, 2570.

satzorientierter Beratung eine angemessene Vorgehenswese sein[600]. Dagegen fällt es dem Ratgeber aufgrund seines überlegenen Fachwissens ungleich leichter, die entsprechenden wesentlichen Elemente der Beratung zeitnah zu dokumentieren. Erst auf dieser Grundlage hat der Ratnehmer auf entsprechende Substanziierung des Ratgebers hin regelmäßig die Möglichkeit, Widersprüche zum tatsächlichen Geschehen zu erinnern, aufzudecken und diese entsprechend der ihn hernach treffenden Darlegungs- und Beweislast unter Beweis zu stellen. Vor diesem Hintergrund erscheint eine über das Arzthaftungsrecht hinausgehende verstärkte Einführung von Beweiszwecken dienenden Dokumentationspflichten angezeigt. Nach richtigem Verständnis ist etwa auf der Grundlage von § 242 BGB bereits *de lege lata* eine Dokumentationspflicht zu begründen, soweit dies, wie etwa für Rechtsanwälte, bisher abgelehnt wurde[601].

cc) Herstellung einer Privaturkunde oder Vereinbarungen beweisrechtlichen Inhalts zu Lasten des Ratnehmers?

Die Einführung einer die beweisrechtliche Lage des Ratnehmers verbessernden Dokumentationspflicht kann für den Ratgeber Anlass sein, seinerseits beweisrechtliche Vorteile zu suchen und dabei die ratnehmerschützende Funktion der Dokumentationspflicht geradezu ins Gegenteil zu kehren. Eine solche Tendenz ist aus dem Bereich der ärztlichen Aufklärung bekannt, wo Patienten im Rahmen des Aufklärungsgesprächs regelmäßig dazu veranlasst werden, einen vom aufklärenden Arzt vorgelegten schriftlichen Aufklärungsbogen zu unterzeichnen[602]. Im Rahmen des Gesetzgebungsverfahrens zur Einführung der auch Beweiszwecken dienenden Dokumentationspflicht des Anlageberaters wurde vom *Bundesrat* sogar die Forderung erhoben, diese um eine Unterzeichnungs*pflicht* des Kunden zu erweitern[603]. Obschon der Gesetzgeber dem letztlich nicht gefolgt ist[604], wird aus der Praxis der Anlegerberatung berichtet, dass Anlegerberater die Unterschrift des Anlegers tatsächlich vielfach einholen.

Eine von einer oder beiden Parteien eines Rechtsverhältnisses unterzeichnete privatschriftliche Erklärung lässt eine Privaturkunde im Sinne des Beweisrechts entstehen, § 416 ZPO[605]. Die Beweiskraft einer solchen Urkunde erstreckt sich zwar, anders als bei öffentlichen Urkunden i.S.d. § 415 ZPO, nicht auf die inhaltliche Richtigkeit der in ihr verkörperten Erklärungen, noch auf ihre Echtheit. Durch sie erbracht wird indes der volle Beweis, dass die in ihr dokumentierten Erklärungen vom jeweiligen Aussteller tatsächlich abgegeben wurden[606].

---

600 Hierzu im Zusammenhang mit der Kapitalanlageberatung BGH NJW 2006, 1429, 1430.

601 Hierzu noch eingehender § 15, S. 378 f. (sub 7).

602 Vgl. nur *Gounalakis* NJW 1990, 752.

603 BT-Drucks. 16/12814, S. 31 f.

604 Vgl. auch BT-Drucks. 16/12814, S. 36.

605 Zum Begriff der Privaturkunde s. nur MünchKommZPO/*Schreiber*, § 416 Rn. 3.

606 Zum Ganzen MünchKommZPO/*Schreiber*, § 416 Rn. 9.

Aus von beiden Parteien unterschriebenen *Vertragsurkunden* leitet die Rechtsprechung, unter dem Vorbehalt, dass der Urkundstext nach Wortlaut und innerem Zusammenhang unter Berücksichtigung der Verkehrssitte einen bestimmten Geschäftsinhalt zum Ausdruck bringt, weitergehend eine tatsächliche Vermutung für die Richtigkeit und Vollständigkeit der Urkunde her[607]. Auf die Beratungsdokumentation lässt sich diese auf Verträge gemünzte Weiterung aber nicht ohne weiteres übertragen. Allerdings sind Parteivereinbarungen beweisrechtlichen Inhalts über die allgemeinen Grundsätze des § 416 ZPO hinaus nicht von vorneherein ausgeschlossen. Nach verbreiteter Ansicht steht es den Parteien frei zu vereinbaren, dass einer privatschriftlichen Urkunde die Vermutung der Richtigkeit und Vollständigkeit zukommen soll. Weitergehend soll sogar der Gegenbeweis ausgeschlossen werden können. Dogmatisch handle es sich dabei nicht um einen – wohl unzulässigen – Eingriff in die freie richterliche Beweiswürdigung, sondern entweder um einen zulässigen privatautonomen Eingriff in die gesetzliche Beweislastverteilung oder einen Anerkennungsvertrag, vermöge dessen bestimmte Tatsachen nicht bestritten werden sollen[608].

Allerdings wäre es vorschnell, aus dem Umstand der – auf freiwilliger Grundlage eingeholten[609] – Unterschrift des Ratnehmers unter eine vom Ratgeber erstellte Dokumentation so weitreichende beweisrechtliche Konsequenzen zu ziehen. Zunächst einmal wird der Ratnehmer mit seiner Unterschrift nicht ohne weiteres selbst zum Aussteller der Privaturkunde[610], so dass sich *gegen* diesen aus § 416 ZPO keine beweisrechtlichen Konsequenzen ergeben. Nach allgemeiner Ansicht ist Aussteller einer Urkunde derjenige, in dessen Wissen und mit dessen Willen sie von oder für ihn erstellt wird[611]. Mit seiner Unterschrift will der Anleger indes im Zweifel lediglich die Annahme der Beratungsdokumentation bestätigen; für einen weitergehenden Erklärungswillen besteht kein vernünftiger Grund. Die Annahme, der Anleger habe zu beweisen, dass der Inhalt des von ihm unterschriebenen Protokolls seinen Erklärungswillen fehlerhaft wiedergibt[612], ist daher unzutreffend[613]. Ebenso wenig überzeugt die Auffassung, der Erklärungswert der Unterzeichnung des Ratnehmers gehe dahin, dass dieser neben der inhaltlichen Richtigkeit sogar deren Vollständigkeit

---

[607] BGH st., vgl. NJW 2002, 3164 f.; s. auch NJW 1980, 1680, 1681.

[608] Vgl. Stein/Jonas/*Leipold*, ZPO, § 286 Rn. 210 ff.; eingehender zum Ganzen *Wagner*, Prozessverträge, S. 608 ff.

[609] Unrichtig *Leuering/Zetzsche* NJW 2009, 2856, 2859: Protokoll müsse auf Wunsch der Bank auch vom Kunden unterzeichnet werden.

[610] Gegen *Leuering/Zetzsche* NJW 2009, 2856, 2859.

[611] Vgl. statt vieler *Krafka*, in: Vorwerk/Wolf, Beck'scher-Onlinekommentar ZPO, § 416 Rn. 3.

[612] Vgl. *Fett*, in: Schwark/Zimmer, Kapitalmarktrechtskommentar, § 34 WpHG Rn. 7 Fn. 9; ebenso *Leuering/Zetzsche* NJW 2009, 2856, 2859.

[613] Wie hier im Ergebnis auch *Einsele* JZ 2006, 1082, 1084.

bestätige[614]. Der Ratgeber hat keinen Anspruch auf den Abschluss einer solchen, von vorneherein jenseits § 416 ZPO liegenden Parteivereinbarung beweisrechtlichen Inhalts und der Ratnehmer keinen vernünftigen Grund, entsprechende Nachteile auf sich zu nehmen. Wenn man so weit gehen wollte, wäre wenigstens eine dahin gehende ausdrückliche Vereinbarung in die Beratungsdokumentation aufzunehmen. Andernfalls bleibt die Annahme eines entsprechenden Ratnehmerwillens eine bloße Fiktion.

Abgesehen davon unterfallen solche beweisrechtlichen Abreden als formularmäßige Klauseln ohnehin der Inhaltskontrolle. Das wird von den Befürwortern beweisrechtlicher Wirkungen gegen den Ratnehmer von vorneherein übergangen[615]. Nach § 309 Nr. 12 BGB sind Bestimmungen unwirksam, durch die der Verwender die Beweislast zum Nachteil des anderen Vertragsteils ändert, was die Bestätigung bestimmter Tatsachen ausdrücklich einschließt. Nach der *ratio* der Regelung sollen letztlich sämtliche denkbaren, durch AGB bewirkten Verschlechterungen der Beweisposition des anderen Teils ausgeschlossen werden[616]. Folgerichtig ist anerkannt, dass Erklärungen des Patienten über die Erfüllung der ärztlichen Aufklärungspflichten wegen Verstoßes gegen § 309 Nr. 12b BGB unwirksam sind[617]. Für die von Anlegern unterzeichneten Beratungsprotokolle muss, wenn man der Unterzeichnung entgegen der hier vertretenen Ansicht ohne weiteres überhaupt einen solchen beweisrechtlichen Bedeutungsgehalt entnehmen wollte, Entsprechendes gelten.

Von der rigiden Beschränkung beweisrechtlicher Abreden unberührt bleibt lediglich das Empfangsbekenntnis als Tatsachenanerkenntnis besonderer Art, so dass sich der Ratgeber im Wege einer AGB den Beweis dafür sichern könnte, die Beratungsdokumentation an den Ratnehmer ausgehändigt zu haben, vgl. § 309 Nr. 12 aE BGB. Weitergehend lässt sich vertreten, dass damit zugleich der Beweis für den Umstand erbracht werden kann, dass überhaupt eine Beratung stattgefunden hat. Für den Fall der ärztlichen Aufklärung wird dies jedenfalls seit längerem befürwortet[618]. Der Annahme selbst einer solchen beschränkten beweisrechtlichen Wirkung steht allerdings unter Umständen das Verbot der geltungserhaltenden Reduktion entgegen, sofern der Ratgeber mit

---

614 So ausdrücklich für die Anlegerberatung *Böhm* BKR 2009, 221, 224.

615 Vgl. *pars pro toto Leuering/Zetzsche* NJW 2009, 2856, 2859.

616 Vgl. *Dammann*, in: Wolf/Lindacher/Pfeiffer, AGB-Recht, § 309 Nr. 12 Rn. 50–52; *Habersack*, in: Ulmer/Brandner/Hensen, AGB-Recht, § 309 Nr. 12 Rn. 8.

617 *Laufs*, in: Laufs/Kern, Handbuch des Arztrechts, § 63 Rn. 17; *Christensen*, in: Ulmer/Brandner/Hensen, AGB-Recht, Besondere Vertragstypen, Krankenhausverträge Rn. 4; *Tüsing*, in: v. Westphalen/Thüsing, Vertragsrecht und AGB-Klauselwerke, Krankenhausaufnahmevertrag Rn. 29.

618 Vgl. *Christensen*, in: Ulmer/Brandner/Hensen, AGB-Recht, Besondere Vertragstypen, Krankenhausverträge Rn. 4 mwN.

der Unterzeichnung der Beratungsdokumentation unwirksame weitergehende beweisrechtliche Wirkungen zu erzielen suchte.

Von verhaltenspsychologischen Studien ist zu erwarten, dass diese den vorstehenden Befund sachlich untermauern. Es drängt sich bereits intuitiv auf, dass sich ein Ratnehmer, der unmittelbar im Nachgang zu einem Beratungsgespräch die Richtigkeit und Vollständigkeit der Beratung bestätigen soll, typischerweise in einer unziemlichen Drucksituation befindet. Ebenso wie allgemeine Geschäftsbedingungen nur in den seltensten Fällen tatsächlich zur Kenntnis genommen werden, ist jedenfalls *ad hoc* eine tatsächliche umfassende Kenntnisnahme des Inhalts der Dokumentation nicht zu erwarten. Hinzu kommt, dass Ratnehmer, die dem Ratgeber, wie im Regelfall, strukturell unterlegen sind, tendenziell davor zurückschrecken, diesen unmittelbar auf erkannte Ungereimtheiten, Auslassungen und Falschdarstellungen hinzuweisen. Letztlich nutzt ein Ratgeber mit seinem zeitnahen Verlangen nach der Unterzeichnung der Beratungsdokumentation die Konfliktscheue des Ratnehmers zu seinem Vorteil aus. Die Rechtsordnung versagt dem Ratgeber die beweisrechtliche Schwächung der Lage des Ratnehmers daher letztlich auch aus diesem Blickwinkel zu Recht.

dd) Voraussetzungen, Erwirkung und Folgen der beweiserleichternden Vermutung

Die beweiserleichternde Vermutung greift ein, soweit der Ratgeber die zu Beweiszwecken dienende Dokumentations- und Aufbewahrungspflicht verletzt hat. Der Beweis dieser Voraussetzung liegt beim Ratnehmer. Hierzu kann sich dieser zunächst des Urkundsbeweises bedienen. Verfügt der Ratnehmer bereits über die Beratungsdokumentation, kann er den entsprechenden Urkundenbeweis durch Vorlegung der Urkunde antreten, § 420 ZPO. Befindet sich diese dagegen, wie praktisch häufig, in der Sphäre des Ratgebers, kommen zwei Wege zur Beweisführung in Betracht. Sofern der Ratnehmer die Herausgabe oder die Vorlage der Beratungsdokumentation nach bürgerlich-rechtlichen Vorschriften verlangen kann, ist der Ratgeber zur Vorlage im Rahmen des Urkundsbeweises verpflichtet, §§ 422, 428 ZPO. Entsprechende Herausgabeansprüche sieht das bürgerliche Recht im Rahmen solcher Dokumentationspflichten typischerweise ausdrücklich vor, wie etwa für den Arzt in § 630g BGB, für beratungspflichtige Versicherer und Versicherungsvermittler in §§ 6 Abs. 2, 62 VVG und für die beratende Wertpapierfirma in dem insoweit zivilrechtlich zu qualifizierenden § 34 Abs. 2b WpHG. Im Übrigen wäre insoweit auf § 242 BGB abzustellen. Daneben kommt auch eine von den Regelungen des Urkundsbeweises unabhängige gerichtliche Anordnung der Urkundenvorlage gem. § 142 ZPO in Betracht. Voraussetzung ist insoweit lediglich, dass sich der Ratnehmer im Rahmen seines Parteivortrags auf diese Urkunde hinreichend konkret bezieht. Nach richtigem Verständnis bedarf es, anders als im Rahmen von § 422 ZPO, keines materiell-rechtlichen Herausgabeanspruchs[619]. Nach § 142 ZPO steht die Vorlageanordnung im pflichtgemäßen Ermessen des Gerichts. Insoweit wird zugunsten des Ratgebers regelmäßig lediglich zu berücksichtigen sein, ob die Vorlage aufgrund eines inzwischen eingetretenen Zeitablaufs noch zumutbar ist oder billigerweise mit der Vernichtung der Dokumentation zu rechnen war[620]. Dabei wird man sich an etwa bestehenden Aufbewahrungsfristen orientieren können. Auf dieser Grundlage ist das Ermessen des Gerichts zugunsten des Ratnehmers typischerweise gebunden, da die Regelung ihrer Genese nach im Dienst der Beseitigung von Beweisnöten steht[621].

Kommt der Ratgeber seiner Vorlagepflicht nicht nach, hat das Gericht die vom Ratnehmer behauptete Pflichtverletzung nach den allgemeinen Grundsätzen zur Beweisvereitelung zu unterstellen. Legt der Ratgeber die Dokumentation dagegen vor, ist von einer Pflichtverletzung nicht schon dann auszugehen, wenn diese lückenhaft oder widersprüchlich ist. Aus der Vermutung, dass bestimmte dokumentationsbedürftige Vorgänge tatsächlich nicht stattgefunden haben, muss vielmehr der Schluss auf die Verletzung der Beratungspflicht folgen. Insoweit ist auf die allgemeinen Ausführungen zu verweisen[622].

ee) Weitergehende Beweisvereitelung durch Manipulation der Beratungsdokumentation

Die Beweislastumkehr im Falle der Verletzung der Pflicht zur beweissichernden Dokumentation soll präventiv verhüten und sanktionieren, dass der Ratgeber die Beweisführung des Ratnehmers vereitelt. Allerdings besteht in Ansehung der Dokumentation selbst bereits eine erhebliche Manipulationsgefahr. Ohne weiteres ließe es sich kaum verhindern, dass der Ratgeber auch nachträglich noch die Dokumentation inhaltlich einem tatsächlich pflichtgemäßen Beratungsvorgang anpasst. Lässt sich eine solche Manipulation nicht nachweisen, was praktisch regelmäßig der Fall sein dürfte, so bleibt es dabei, dass der Ratnehmer ein abweichendes pflichtwidriges Verhalten des Ratgebers zu beweisen hat.

Aus dem Bundesministerium der Justiz wurde unlängst geäußert, dass es denkbar sei, Beratungsgespräche im Rahmen der Kapitalanlageberatung „generell aufzeichnen zu lassen". Dieser Vorschlag steht allerdings nicht in unmittelbarem Kontext mit der Manipulationsanfälligkeit der Beratungsdoku-

[619] Gegen Stein/Jonas/*Leipold*, ZPO, § 142 Rn. 22 ff., der den Anwendungsbereich der Regelung *contra legem* mit Blick auf die in den §§ 420 ff. ZPO enthaltenen Wertungen zu beschränken sucht.

[620] Vgl. zur Zumutbarkeit als Abwägungsgesichtspunkt allgemein *Selle*, in: Vorwerk/Wolf, Beck'scher-Onlinekommentar ZPO, § 142 Rn. 15; s. auch BGH NJW-RR 2007, 106, 107.

[621] Allgemein zurückhaltender wohl nur Stein/Jonas/*Leipold*, ZPO, § 142 Rn. 7.

[622] § 13, S. 206 ff. (sub VI).

mentation. Es handelt sich vielmehr um eine Reaktion darauf, dass Beratungsprotokolle aktuellen Studien zur Folge nicht oder nur unvollständig angefertigt werden[623]. Soweit es allerdings, wie auch in der vom BMJ angestoßenen Diskussion, lediglich um die beweissichernde Funktion der Dokumentation geht, ist dem Anleger mit der an die unterlassene oder unvollständige Dokumentation geknüpften Beweislastumkehr bereits hinreichend gedient. Die zur Diskussion gestellte Aufzeichnungspflicht wäre vielversprechend vielmehr unter dem hier diskutierten Gesichtspunkt der Verringerung der Manipulationsanfälligkeit.

In Anbetracht des mit einer solchen Aufzeichnungspflicht verbundenen erheblichen zusätzlichen Aufwands wäre es allerdings notwendig, dass im Bereich des jeweiligen Teilrechtsgebiets hinreichende Anhaltspunkte für eine verbreitete Manipulation von Beratungsdokumentationen bestehen. Sollte das der Fall sein, spricht vieles dafür, eine Aufzeichnungspflicht bereichsspezifisch einzuführen. In Anbetracht des technischen Fortschritts wäre dies zweifelsohne praktikabel; über die Einrichtung des Aufzeichnungssystems hinaus dürften kaum relevante Folgekosten entstehen. Bereits die Verletzung der elektronischen Aufzeichnungspflicht wäre sodann mit einer Beweislastumkehr zu sanktionieren. Ein tatsächlich erstelltes Protokoll wäre als Grundlage für den Beweis des Gegenteils grundsätzlich untauglich.

c) Beweisführungserleichterungen durch sekundäre Bestreitens- und Darlegungslast des Ratgebers

aa) Anwendung und Funktionsweise

Soweit es im konkreten Fall bei der Beweislast des Ratnehmers bleibt, also weder eine partielle Beweislastumkehr, Vermutungstatbestände noch der Anscheinsbeweis Platz greifen, hilft die Rechtsprechung dem Ratnehmer über die sich beim Beweis der Pflichtverletzung ergebenden strukturellen Beweisschwierigkeiten durch eine sekundäre Darlegungslast des Ratgebers hinweg[624]. Durch sie ändert sich an der Beweislast unmittelbar nichts. Allerdings reicht es aus, wenn die beweisbelastete Partei das Vorliegen der in Rede stehenden rechtlichen Voraussetzungen zunächst nur *behauptet*[625]. Sodann ist es am Ratgeber als der nicht beweisbelasteten Partei, dem Vorwurf durch substanziierten Tatsachenvortrag entgegen zu treten. Das im Allgemeinen ausreichende einfache Bestreiten oder eine unterhalb der geforderten Substanziierungsschwelle liegen-

---

[623] Vgl. hierzu das Interview mit dem Staatssekretär im BMJ *Gerd Billen*, Süddeutsche Zeitung vom 25. Juni 2014, S. 19; kritisch *Zoller* NJW-Editorial Heft 29/2014; ablehnend noch BT-Drucks. 16/13672, S. 22 r. Sp.

[624] Vgl. für die Anwaltshaftung nur BGH NJW 1987, 1322, 1323; s. auch BGH NJW-RR 2011, 1661, 1662 für eine Haftung des Ratgebers aus § 823 Abs. 2 BGB i.V.m. § 263 StGB.

[625] Vgl. Stein/Jonas/*Leipold*, ZPO, § 138 Rn. 38.

de Einlassung führt gegenüber der nicht beweisbelasteten Partei zur Geständnisfiktion nach § 138 Abs. 3 ZPO[626].

bb) Prozessrechtsdogmatische Begründung und sachliche Rechtfertigung

Die Anwendungsfälle des Instituts der sekundären Darlegungslast lassen sich am ehesten durch Fallgruppen greifbar konkretisieren, so etwa, wenn es um Tatsachen geht, über die nur der nicht beweisbelastete Prozessgegner (liquide) verfügt und diesem eine Erklärung darüber zumutbar ist[627]. Insoweit handelt es sich um das funktionale, wenngleich weniger weitreichende Gegenstück zu der von der Rechtsprechung bisher zurückgewiesenen Lehre von der *allgemeinen* Aufklärungspflicht der Parteien des Zivilprozesses[628]. Überdies verschafft man mit diesem Institut solchen Parteien Erleichterung, denen die Beweislast für eine sog. Negativtatsache, also das Nichtbestehen einer Tatsache aufgebürdet wird[629]. Es liegt in der Natur der Sache, dass die Beweisführung hinsichtlich Negativtatsachen, wie etwa dem fehlenden rechtlichen Grund im Rahmen einer bereicherungsrechtlichen Klage, ohne Anhaltspunkte für das positive Gegenteil kaum zumutbar ist. Nach richtigem Verständnis sind beide Fallgruppen voneinander zu trennen; ihnen wohnen unterschiedliche rechtfertigende Momente inne[630].

Die erstgenannte Fallgruppe trägt für den Beratungsprozess von vornherein nicht, da es sich sämtlich um Umstände handelt, die gleichsam im Wahrnehmungsbereich des Ratnehmers lagen. Dagegen stellen Rechtsprechung und Literatur in diesen Fällen durchweg auf die Fallgruppe der Negativtatsachen ab[631]. Man muss sich hierzu allerdings klarmachen, dass die sekundäre Darlegungslast umfassend zur Anwendung kommen soll und dementsprechend nur nicht greift, soweit der Ratnehmer behauptet, eine geschuldete Beratung sei ganz oder teilweise unterblieben. Ist das Bestehen einer Pflicht zur ordnungsgemäßen Beratung außer Streit, wird sie dem Ratgeber in Ansehung der Pflicht-

---

626 BGH NJW 1996, 2571; s. auch Stein/Jonas/*Leipold*, ZPO, § 138 Rn. 39.

627 Hierzu BGH NJW 1990, 3151f.; NJW 1999, 714f.; NJW-RR 2002, 1280; NJW 2005, 2614, 2615; aus der Lit. s. nur Stein/Jonas/*Leipold*, ZPO, § 138 Rn. 37; MünchKomm-ZPO/*Wagner*, § 138 Rn. 21.

628 *Stürner*, Die Aufklärungspflicht der Parteien des Zivilprozesses, S. 85ff.; *ders.* ZZP 98 (1985), 237; dagegen BGH NJW 1990, 3151; NJW 1992, 1817, 1819; NJW 1997, 128, 129; NJW 2000, 1108, 1109; zum Ganzen auch *Heese*, Gläubigerinformation in der Insolvenz, S. 389ff. mwN.

629 BGH NJW 1999, 2887, 2888; NJW-RR 2004, 556.

630 Gegen BGH NJW 1999, 2887, 2888, der die Fallgruppe der Negativtatsachen offenbar nur als einen Unterfall derjenigen behandelt, bei der sich die Tatsachen im ausschließlichen Zugriffsbereich des Beklagten befinden; wie hier offenbar Stein/Jonas/*Leipold*, ZPO, § 138 Rn. 37.

631 Für den Anwaltshaftungsprozess BGH NJW 1987, 1322, 1323; s. auch BGH NJW 2006, 1429, 1430; NJW-RR 1990, 1422, 1423; aus der Lit. statt vieler *Stieper* ZZP 123 (2010), 27, 38.

verletzung auch auferlegt, wenn unstreitig eine Beratung stattgefunden hat und der Ratnehmer lediglich behauptet, er sei in diesem Zusammenhang aktiv, etwa durch eine fehlerhafte Risikoprognose oder eine auf seine individuellen Bedürfnisse nicht richtig zugeschnittene Empfehlung falsch beraten worden. Das gelingt, indem die Rechtsprechung praktisch umfassend die Unterlassung ordnungsgemäßer Beratung zur negativen Tatsache erklärt[632]. Darüber hinaus soll es offenbar nicht einmal darauf ankommen, ob der Ratnehmer selbst ohne weiteres über konkrete Anhaltspunkte zur Substanziierung seines Vortrags verfügen könnte. So ist der Anwalt im Rahmen der sekundären Darlegungslast etwa auch gehalten vorzutragen, wie der Mandant auf eine diesem erteilte Empfehlung reagiert hat[633]. Vor diesem Hintergrund ist offensichtlich, dass die strukturelle Beweisnot des Ratnehmers nicht allein eine Folge des Umstandes ist, dass im Zusammenhang mit der Behauptung fehlerhafter Beratung auch Negativtatsachen, wie eine gänzlich unterbliebene Aufklärung, zu beweisen sein können. Daher scheint es konsequent, die Haftung wegen fehlerhafter Beratung als *eigenständige*, vom Begriff der Negativtatsache losgelöste *Fallgruppe* des Instituts der sekundären Darlegungslast zu begreifen.

Man muss sich allerdings klarmachen, dass die Anwendung der Beweiserleichterung auf den Beratungsprozess den Ratgeber seinerseits spürbar belastet. Das gilt umso mehr, als dass sie letztlich schematisch erfolgt, d.h. ungeachtet von in der Person des Ratnehmers bestehenden Möglichkeiten, den Beratungsvorgang aus eigener Erinnerung ganz oder teilweise zu rekonstruieren. Charakteristisch für das Institut der sekundären Darlegungslast ist im Allgemeinen seine Einzelfallbezogenheit. Das wird besonders deutlich mit Blick auf das Zumutbarkeitskriterium, das diesem als Ausdruck des prozessualen Gebots von Treu und Glauben zugrunde liegt. Substanziierung schuldet der Prozessgegner grundsätzlich nur im Rahmen des Zumutbaren. Man muss sich hierzu klarmachen, dass dieselben Gründe, die es für den Ratnehmer nach erheblichem Zeitablauf schwierig bis unmöglich machen, den Beratungsvorgang im Einzelnen darzulegen, vielfach auch für den Ratgeber anzuführen sind. Das gilt unabhängig davon, welche Anforderungen man an eine hinreichende Substanziierung stellen möchte, sofern man nur dem Ratgeber *konkrete* Aussagen zu Sachverhaltsermittlung, Empfehlung und empfehlungsbegleitender Aufklärung abverlangt. Vor dem Hintergrund dieser Überlegungen ist es keineswegs selbstverständlich, in Beratungsverhältnissen von einer generellen Zumutbarkeit für den Ratgeber auszugehen. Die rechtsethische Begründung dieser Beweiserleichterung muss daher richtigerweise die Frage in den Blick nehmen, ob dem Ratgeber, wenn dieser nicht ausnahmsweise schon aus anderen Gründen zu einer vorprozessualen Dokumentation des Beratungsvorgangs verpflichtet ist, eine

---

632 BGH NJW 1987, 1322, 1323; ähnlich *Stieper* ZZP 123 (2010), 27, 38.

633 BGH NJW 1987, 1322, 1323.

aus der Beweiserleichterung folgende weitreichende Dokumentationsobliegenheit überhaupt zugemutet werden kann. Das wird man im Ergebnis annehmen können. Zur Rechtfertigung einer Dokumentationsobliegenheit ist in erster Linie darauf abzustellen, dass der Ratgeber als typischerweise kraft Wissens und Erfahrung überlegene Partei des Beratungsverhältnisses am besten beurteilen kann, für welche Umstände er im Falle einer späteren streitigen Auseinandersetzung eine besondere Gedächtnisstütze benötigt. Die Vertrauensbeziehung zwischen Ratgeber und Ratnehmer, die teilweise gegen eine weitergehende Dokumentationspflicht des Ratgebers angeführt wird[634], steht dem nicht entgegen. Das zeigt bereits der Blick auf das Arzthaftungsrecht als das wohl am stärksten von Vertrauen geprägte Teilrechtsgebiet, bei dem die Dokumentationspflicht des Arztes im Zentrum der Berufspflichten steht, ohne dass eine sich daraus ergebende Störung der Vertrauensbeziehung bisher ernsthaft behauptet wurde. Allerdings ist den Interessen des Ratgebers im Rahmen der inhaltlichen Anforderungen an die Substanziierungslast Rechnung zu tragen.

cc) Inhaltliche Anforderungen an die sekundäre Darlegungslast des Ratgebers

Die inhaltlichen Anforderungen an die sekundäre Darlegungslast richten sich im Weiteren nach der Zumutbarkeit, bei der nach dem Gesagten insbesondere darauf abzustellen ist, welche Maßnahmen vorprozessualer Beweissicherung einem Ratgeber auferlegt würden, der, wie etwa der Rechtsanwalt, nicht ohnehin zu einer weitreichenden Dokumentation verpflichtet ist. Würde man insoweit eher pauschale Angaben genügen lassen, wäre der Beweisnot des Ratgebers letztlich kaum abgeholfen. Eine sehr weitreichende Substanziierungspflicht hätte umgekehrt zwar nicht notwendig zur Folge, dass der Ratgeber in vergleichbare unüberwindbare strukturelle Schwierigkeiten käme. Allerdings würde ihn das dazu nötigen, erhebliche Beweissicherungsmaßnahmen zu treffen, von detaillierten zeitnah errichteten Gedächtnisprotokollen angefangen[635] bis hin zu einer Aufnahme des gesprochenen Worts[636]. Ein solcher Aufwand würde nicht allein die Grenzen des Zumutbaren sprengen. Hier wäre tatsächlich der Erhalt des Vertrauensverhältnisses in besonderer Weise erschwert, das jedenfalls die Grundlage einer Beratung durch Angehörige von Professionen bildet[637].

Vor diesem Hintergrund stellt die Rechtsprechung zwar zu Recht „strenge Anforderungen“ an die gebotene Substanziierung. Der Rechtsanwalt etwa soll sich nicht damit begnügen können, „mehr oder minder pauschal zu behaup-

634 Vgl. BGH NJW 1996, 2571.
635 Hierzu BGH NJW 1996, 2571.
636 Vgl. BGH NJW 1986, 2570.
637 Vgl. BGH NJW 1986, 2570; NJW 1996, 2571.

ten“, er habe den Mandanten beraten[638]. Umgekehrt ist aber nicht erforderlich, dass der Ratgeber den Ablauf des Gesprächs in allen Einzelheiten darstellt. Im Hinblick auf die empfehlungsbegleitenden Informationspflichten des Rechtsanwalts soll es etwa ausreichen, wenn er „die wesentlichen Punkte des Gesprächs in einer Weise darstellt, die erkennen lässt, dass er den ihm obliegenden Hinweis- und Aufklärungspflichten gerecht geworden ist“[639]. Dem Ratgeber wird insgesamt zugemutet, den wesentlichen Gang der Beratung darzulegen und konkrete Angaben darüber zu machen, welche Maßnahmen zur Ermittlung der in der Person des Ratnehmers liegenden Umstände getroffen wurden, worüber informiert und aufgeklärt wurde, welche Empfehlung diesem gegeben wurde und wie dieser auf den Entscheidungsvorschlag des Ratgebers reagiert hat[640]. Kommt der Ratgeber auf diese Weise seiner Substanziierungslast nach, ist es Sache des Ratnehmers darzulegen und zu beweisen, dass dessen Darstellung nicht zutrifft.

d) Beweismittelerleichterungen bei Vier-Augen-Gesprächen

aa) Gesetzliche Ausgangslage: Zeugenbeweis, Parteivernehmung und persönliche Anhörung

Beim Beweis der eine fehlerhafte Beratung begründenden Tatsachen ist der Ratnehmer regelmäßig auf Zeugen- und Parteivernehmung angewiesen. Dabei entspricht der typischen Beratungssituation das *Vier-Augen-Gespräch* zwischen Ratnehmer und Ratgeber, so dass der Ratnehmer später regelmäßig nicht auf Zeugen zurückgreifen kann. Dieser ist folglich darauf angewiesen, dass seinem Sachvortrag, etwa im Rahmen einer Parteivernehmung, Beweiswert zuerkannt wird. Abhängig davon, ob der Ratgeber in eine arbeitsteilige Organisation eingebunden ist, kann es sein, dass sich die Beweislage für den Ratnehmer zusätzlich verschlechtert. Denn unter Umständen kommt der Ratgeber sogar als Zeuge im Rahmen der Gegenbeweisführung in Betracht. Selbst für den Zusammenschluss von professionellen Ratgebern bietet das Gesellschaftsrecht eine Fülle von Gestaltungsmöglichkeiten, was bereits am Beispiel des Anwaltsrechts veranschaulicht wurde[641]. Partei des Beratungsverhältnisses und damit auch des späteren Haftungsprozesses ist in diesen Fällen die Gesellschaft selbst, es sei denn, man wollte die Anerkennung der Rechtsfähigkeit der BGB-Gesellschaft als gesetzesübersteigende Rechtsfortbildung ablehnen[642] oder jedenfalls für die Anwaltssozietät am traditionellen rechtsgeschäftlich be-

---

638 BGH NJW 1986, 2570.
639 BGH NJW 1996, 2571.
640 Vgl. BGH NJW 1986, 2570.
641 § 13, S. 257 (sub a).
642 In dieser Richtung überzeugend *Bruns* JZ 2014, 162, 167f.

gründeten Gesamtmandat festhalten[643]. In diesem Zusammenhang muss der beratende Rechtsanwalt nicht notwendig auch den Vorschriften über die Parteivernehmung unterstehen. Denn gem. § 455 Abs. 1 ZPO scheidet dessen Vernehmung als Zeuge nur aus, wenn es sich um einen gesetzlichen Vertreter der Gesellschaft handelt[644]. Mit Blick auf den verbreiteten Rechtsanwalt im Angestelltenverhältnis sind Rechtsanwaltsgesellschaften ebenso wie Krankenhausgesellschaften und Wertpapierfirmen im Haftungsprozess aus beweisrechtlicher Sicht praktisch nicht selten im Vorteil.

Das dem Beweismittel der Parteivernehmung zugrunde liegende Prinzip der Subsidiarität stellt den Ratnehmer vor erhebliche Schwierigkeiten. Im Ausgangspunkt ist zu differenzieren zwischen der Vernehmung der beweispflichtigen Partei und der Vernehmung des Gegners. Die Parteivernehmung des beweispflichtigen Ratnehmers ist grundsätzlich vom Einverständnis des Gegners abhängig (§ 447 ZPO), welches dieser kaum jeweils erteilen wird. Daneben kommt zwar auch eine amtswegige Vernehmung des Ratnehmers in Betracht, § 448 ZPO. Voraussetzung ist allerdings, dass die zu beweisenden Tatsachen mit anderen Beweismitteln bereits „anbewiesen“ sind, d.h. dass sich Anhaltspunkte für die Wahrheit der unter Beweis gestellten Tatsachen auf der Grundlage anderer Strengbeweismittel ergeben[645]. Solche sind jedoch in aller Regel nicht vorhanden, geht es bei den die Pflichtverletzung begründenden Tatsachen zumeist um mündliche Erklärungen bzw. um tatsächliches, nicht nach Außen getretenes Verhalten. Etwas erleichtert ist demgegenüber die Möglichkeit zur Parteivernehmung des gegnerischen Ratgebers. Diese kann nämlich auch beantragt werden, obwohl andere Beweismittel nicht vorgebracht wurden, § 445 Abs. 1 ZPO. Der Sachvortrag des Ratnehmers wird sich auf diesem Wege freilich kaum beweisen lassen; vielmehr dürfte ein solcher Beweisantritt gerade den Gegenbeweis befördern.

Von der Parteivernehmung als Strengbeweismittel ist die persönliche Anhörung der (beweisbelasteten) Partei gem. § 141 ZPO abzugrenzen. Ihre originäre Funktion liegt darin, den Sachvortrag der betreffenden Partei aufgrund bestehender Unklarheiten zu präzisieren[646]. Folglich entspricht es überkommener Prozessrechtsdogmatik, dass eine beweismäßige Verwertung der im Rahmen einer solchen Anhörung gemachten Äußerungen, d.h. der Schluss auf oder ge-

---

[643] So etwa OLG Düsseldorf NZG 2002, 284, 285 f.; offener auch noch *Sieg*, in: Zugehör/Fischer/Sieg/Schlee, Handbuch der Anwaltshaftung, 2. Aufl. 2006, Rn. 350 f. 358; ablehnend dagegen BGH NJW 2007, 2490, 2491 (für die deliktische Haftung) sowie nunmehr auch für die vertragliche Haftung BGH NJW 2012, 2435, 2441; s. noch *K. Schmidt* NJW 2005, 2801, 2805 ff.; zum Ganzen *Vollkommer/Greger/Heinemann*, Anwaltshaftungsrecht, § 4 Rn. 6.

[644] Zum Ganzen statt vieler Stein/Jonas/*Leipold*, ZPO, § 455 Rn. 2 sowie zum Begriff Stein/Jonas/*Bork*, ZPO, § 55 Rn. 22.

[645] Statt aller Stein/Jonas/*Leipold*, ZPO, § 445 Rn. 13, § 448 Rn. 5.

[646] Stein/Jonas/*Leipold*, ZPO, § 141 Rn. 1.

gen die Glaubwürdigkeit der Aussage dieser Partei an sich nicht stattfinden darf[647]. Manches spricht dafür, dass es angesichts der strukturellen evidenten Beweisnot des Ratnehmers bei dieser formalen einfach-gesetzlichen Betrachtungsweise nicht bleiben kann.

bb) Beweiserbringende Parteianhörung und erleichterte Parteivernehmung

(1) Allgemeine Korrektur struktureller Beweisnot bei Vier-Augen-Gesprächen

Die auf der Grundlage von Vier-Augen-Gesprächen für die beweisbelastete Partei bestehende strukturelle Beweisnot verlangt nach wohl allgemeiner Auffassung nach einer beweiserleichternden Auslegung des einfachen Rechts. Grundlage hierfür ist das Gebot effektiven Rechtsschutzes bzw. der Anspruch auf rechtliches Gehör, der ein Recht der Parteien auf Beweis und damit auch grundsätzlich die Nutzung vorhandener Beweismittel einschließt[648]. Andererseits stößt der *numerus clausus* der Strengbeweismittel nicht grundsätzlich auf verfassungsrechtliche Bedenken[649]. Dieser darf lediglich nicht derart ausgestaltet bzw. ausgelegt werden, dass die Durchsetzung subjektiver Rechte im Prozess systematisch vereitelt wird. Im Kern muss gelten, dass das Gericht zur beweismäßigen Berücksichtigung des Vorbringens der beweisbelasteten Partei verpflichtet ist, wenn diese, wie auf Grund eines Vier-Augen-Gesprächs typischerweise, über kein anderes Beweismittel verfügt und auch nicht auf anderem Wege eine Wahrscheinlichkeit der eigenen Sachdarstellung plausibel zu machen im Stande ist[650]. Hinsichtlich der konstruktiven Umsetzung der verfassungsrechtlichen Vorgaben besteht demgegenüber keine Einigkeit. Der BGH verfährt in ständiger Rechtsprechung in der Weise, dass er die Parteianhörung als Grundlage für die Beweiswürdigung zulässt. Aus der aufklärenden Parteianhörung wurde damit letztlich die beweiserbringende Parteianhörung. Es sei zwar verfahrensfehlerhaft, die im Rahmen einer solchen Anhörung gemachten Angaben *als Parteivernehmung* zu würdigen[651]. Das Gericht könne aber auch außerhalb einer Beweisaufnahme Tatsachenfeststellungen treffen, bei denen es allein den Vortrag der Parteien zugrunde lege. Hingewiesen wird auf den Wortlaut des § 286 Abs. 1 ZPO, wonach das Gericht nicht lediglich unter Berücksichtigung des Ergebnisses einer Beweisaufnahme, sondern auch des gesamten Inhalts der Verhandlungen darüber zu entscheiden habe, ob eine Behauptung für wahr oder unwahr gehalten wird[652]. Auf diesem Wege lässt es die Rechtsprechung sogar zu, den außerhalb einer förmlichen Beweisaufnahme gemach-

[647] Deutlich Stein/Jonas/*Leipold*, ZPO, § 141 Rn. 3; zur abw. Praxis sogleich.
[648] Stein/Jonas/*Leipold*, ZPO, § 448 Rn. 31.
[649] Gegen *Walter*, Freie Beweiswürdigung, S. 303 ff.
[650] In der Sache gleich Stein/Jonas/*Leipold*, ZPO, § 448 Rn. 32.
[651] BGH NJW-RR 1988, 394, 395; s. auch BAG NJW 1963, 2340 f.
[652] BGH NJW-RR 1991, 983, 984; NJW-RR 1992, 920, 921.

ten Parteiangaben Vorrang vor den im Rahmen einer förmlichen Beweisaufnahme erhobenen Bekundungen eines gegnerischen Zeugen zu geben[653]. Den dargestellten verfassungsrechtlichen Vorgaben wird dieser konstruktive Weg freilich nur dann gerecht, wenn man in den Fällen des Vier-Augen-Gesprächs von einer Pflicht des Gerichts zur Anhörung der beweisbelasteten Partei ausgeht, die unter dem Gebot prozessualer Waffengleichheit auf die gegnerische Partei auszuweiten ist[654]. Demgegenüber steht die Rechtsprechung einer in der Literatur geforderten[655] Herabsetzung der von § 448 ZPO geforderten Anfangswahrscheinlichkeit aus Gründen der strukturellen Beweisnot ablehnend gegenüber[656]. Hiernach muss stets ein gewisser Grad von Wahrscheinlichkeit für die jeweilige Behauptung sprechen. Der Umstand, dass diese allgemein auch aufgrund der Lebenserfahrung zu bejahen sein kann[657], dürfte dem Ratnehmer im Rahmen der zu beweisenden Pflichtverletzung kaum helfen, zumal die eidesstattliche Versicherung der beweisbelasteten Partei zur Begründung der Anfangswahrscheinlichkeit allein nicht für ausreichend erachtet wird[658].

(2) Spezifische Korrektur aufgrund des Gebots prozessualer Waffengleichheit

Das Gebot prozessualer Waffengleichheit, das seine Grundlage sowohl in Art. 6 EMRK als auch Art. 3 Abs. 1 GG i.V.m. der Justizgewährleistung[659] hat, mahnt eine verfassungskonforme Auslegung des Beweisrechts überdies in den Fällen an, in denen nur eine Partei des Haftungsprozesses einen Zeugen für ein streitentscheidendes Vier-Augen-Gespräch benennen kann. In einer zum niederländischen Zivilprozessrecht ergangenen Entscheidung hatte der EGMR einen Verstoß gegen die EMRK darin gesehen, dass der Geschäftsführer der klagenden Gesellschaft als Zeuge zurückgewiesen wurde, während die Vernehmung des Angestellten des Beklagten für zulässig erachtet wurde[660]. Wie der EGMR nochmals klargestellt hat, besteht das Problem nicht in der einfach-gesetzlichen Beschreibung der formalen Beweisposition, sondern darin, dass Er-

---

653 BGH NJW-RR 1990, 1061, 1063; BGH NJW-RR 1988, 471.

654 In der Tendenz ebenso für die Parteivernehmung Stein/Jonas/*Leipold*, ZPO, § 448 Rn. 21: ermessensfehlerhaft, wenn nur eine Partei vernommen wird, obwohl die Sachdarstellung der anderen eher der Lebenserfahrung entspricht.

655 Stein/Jonas/*Leipold*, ZPO, § 448 Rn. 4; grundlegend kritisch zur beweiserleichternden Parteianhörung *ders.* aaO, § 141 Rn. 3 ff.

656 Deutlich BGH NJW 1990, 1721, 1722; NJW-RR 1992, 920, 921; s. auch BGH NJW-RR 1992, 920, 921; NJW-RR 1991, 983, 984.

657 BGH NJW-RR 1991, 983, 984.

658 OLG Düsseldorf VersR 2004, 515, 516; Stein/Jonas/*Leipold*, ZPO, § 448 Rn. 8.

659 Das BVerfG stellt zudem auf Art. 103 Abs. 1 GG ab, vgl. BVerfG NJW 2001, 2531.

660 EGMR NJW 1995, 1413 f.; hierzu zunächst *Schlosser* NJW 1995, 1404 ff.; im Weiteren *Schöpflin* NJW 1996, 2134 ff.; *M. Roth* ZEuP 1996, 490 ff.; *Gehrlein* ZZP 110 (1997), 451 ff.

kenntnisquellen für die Beweiswürdigung einseitig erschlossen werden[661] und die Partei einen „substanziellen Nachteil" im Verhältnis zu seinem Prozessgegner hat[662]. Eine Korrektur hat damit nicht notwendig am begrifflichen Gegensatz von Partei und Zeuge oder den weiteren Voraussetzungen der Parteivernehmung zu erfolgen[663]. In den vorliegend interessierenden Fällen stellt sich das Problem typischerweise, wenn die beklagte Organisation den angestellten Ratgeber als Zeugen benennt. Diesem Beweisantritt wird das Gericht nachzugehen haben. Zwar ist ein vom Prozessgegner angebotener Gegenbeweis nicht zu erheben, wenn die beweispflichtige Partei ihrerseits keinen Beweis angeboten hat[664]. Das ist vorliegend indes aufgrund der allgemeinen Ermöglichung einer beweiserbringenden Parteivernehmung des Ratnehmers bzw. einer erleichterten Zulassung der Parteivernehmung nicht der Fall.

Nach BVerfG und BGH können die Fachgerichte auch diesen besonderen verfassungsrechtlichen Vorgaben dadurch Rechnung tragen, dass die Anforderungen an die Zulässigkeit der Parteivernehmung des beweisbelasteten Klägers herabgesetzt werden. Alternativ soll es genügen den Kläger gem. § 141 ZPO anzuhören und den Vortrag im Rahmen der Beweiswürdigung zu berücksichtigen[665]. Dabei betont der BGH letztlich etwas widersprüchlich, er habe die Anforderungen an den Parteibeweis nur abgesenkt ohne auf das Erfordernis der Anfangswahrscheinlichkeit zu verzichten[666]. Auf beiden Wegen ist das Gericht jedenfalls nicht daran gehindert, dem klägerischen Vortrag den Vorzug vor den Bekundungen des gegnerischen Zeugen zu geben[667]. In der Literatur hat diese Rechtsprechung weithin Zustimmung erfahren. Namentlich dort, wo die beweiserbringende Parteianhörung als solche auf Ablehnung stößt, wird die verfassungskonforme Auslegung des § 448 ZPO befürwortet[668].

cc) Gleichstellung von Partei- und Zeugenbeweis de lege ferenda

Die praktischen Konsequenzen der notwendigen verfassungskonformen Auslegung des Beweisrechts bleiben allerdings bisher weitgehend unklar, was wohl nur durch eine empirische Erhebung von Vorgehensweise und Beweiswürdigung der Fachgerichtsbarkeit beseitigt werden kann. Es dürfte eher zweifelhaft sein, dass sich die Beweislage des beweisbelasteten Ratnehmers in Fällen von Vier-Augen-Gesprächen nicht nur formal, sondern auch im praktischen Ergeb-

---

661 EGMR, Urteil vom 23. Oktober 1996, 1996-V, S. 1553, 1567 f. (Ankerl v. Schweiz); so schon EGMR NJW 1995, 1413 f.

662 EGMR NJW 1995, 1413.

663 Vgl. auch BVerfG NJW 2001, 2531.

664 Vgl. Stein/Jonas/*Leipold*, ZPO, § 284 Rn. 80; § 286 Rn. 51.

665 BVerfG NJW 2001, 2531 f.; BGH NJW 1999, 363, 364; NJW 2003, 3636.

666 BGH NJW 2003, 3636.

667 BGH NJW 1999, 363, 364; NJW 2003, 3636; s. auch Stein/Jonas/*Leipold*, ZPO, § 448 Rn. 24.

668 Stein/Jonas/*Leipold*, ZPO, § 448 Rn. 28 ff.

nis hinreichend verbessert hat[669]. Den Vorzug verdient daher eine grundlegende Überarbeitung des geschriebenen Beweisrechts, weil auf diesem Wege auch eine Bewusstseinsänderung des nur eingeschränkt überprüfbaren Fachgerichts eher wahrscheinlich ist. Die hierzu bereits geführte Reformdiskussion kann hier nicht umfassend ausgebreitet werden. Es soll der Hinweis darauf genügen, dass sich im Rahmen der Parteivernehmung nicht nur die Aufgabe des Subsidiaritätsdogmas, sondern die völlige Gleichstellung mit dem Zeugenbeweis empfiehlt[670]. Die dem deutschen Verfahrensrecht innewohnende weitgehende formale Disqualifikation des Beweiswerts von Parteiaussagen ist letztlich nicht mehr zeitgemäß. Vergleichbar zahlreichen ausländischen Prozessrechtsordnungen[671] sollte auch der deutsche Gesetzgeber der Beurteilung des Beweiswerts im Rahmen der freien Beweiswürdigung den Vorzug einräumen und die Vorstellung vom Schreckgespenst der Parteivernehmung als „gefährliches, verführerisches Machtmittel" des Gerichts[672] fallen lassen.

3. Schaden und Kausalität

a) Erleichterte Beweisanforderungen unter § 287 ZPO

Der Ratnehmer trägt im Ausgangpunkt auch die Beweislast für den geltend gemachten Schaden und den Ursachenzusammenhang zwischen diesem und der fehlerhaften Beratung. Beweisanforderungen und Beweiswürdigung richten sich im Allgemeinen nach § 286 ZPO. Hiernach muss der Richter von der Wahrheit einer zu beweisenden Tatsache überzeugt sein. Das von der Norm geforderte Beweismaß erlaubt es dem Gericht – anders als im angloamerikanischen Zivilprozess[673] – nicht, sich mit einer überwiegenden Wahrscheinlichkeit zu begnügen. Überzeugung von der Wahrheit setzt bekanntlich keinen absoluten, wohl aber einen „für das praktische Leben brauchbaren Grad von Gewißheit [voraus], der Zweifeln Schweigen gebietet, ohne sie völlig auszuschließen"[674]. Allerdings nötigt bereits die Feststellung von Schadensentstehung und Schadenshöhe typischerweise zu einer Reihe hypothetischer Annahmen. Grundlage der konkreten Schadensermittlung ist der Vergleich zwischen der tatsächlichen Lage, in der sich der Gläubiger befindet, mit der Lage, in der er

---

[669] Vgl. auch Stein/Jonas/*Leipold*, ZPO, § 448 Rn. 25.

[670] *Coester-Waltjen* ZZP 113 (2000), 269, 293; *Oberhammer* ZZP 113 (2000), 295, 321; *Sutter-Somm* ZZP 113 (2000), 327, 340; *Kwaschik*, Die Parteivernehmung und der Grundsatz der Waffengleichheit im Zivilprozess, S. 293 ff.; zustimmend Stein/Jonas/*Leipold*, ZPO, § 448 Rn. 29, 31.

[671] Hierzu *Coester-Waltjen* ZZP 113 (2000), 269, 272 ff.

[672] Vgl. LG Frankfurt WM 2000, 1293, 1297; Baumbach/Lauterbach/Albers/*Hartmann*, ZPO, § 448 Rn. 1.

[673] Hierzu *Heese* ZZP 123 (2010), 49, 52 f.

[674] BGH NJW 1998, 2969, 2971; s. auch NJW 1970, 946, 948; NJW 1993, 935, 937; Stein/Jonas/*Leipold*, ZPO, § 286 Rn. 5.

sich befinden würde, wenn der Schuldner sich wie von der Rechtsordnung gefordert verhalten hätte. Dieser Verlauf, der allein auf einer gedanklichen Fortführung der vor dem Verhaltensvorwurf bestehenden Umstände beruht, lässt sich mit den hohen Beweisanforderungen regelmäßig nicht vereinbaren. § 287 ZPO trägt dieser strukturellen Beweisnot Rechnung. Soweit die Parteien darüber streiten, ob und in welcher Höhe ein Schaden entstanden ist, soll das Gericht „unter Würdigung aller Umstände nach freier Überzeugung" entscheiden[675]. Im Anwendungsbereich des § 287 ZPO gelten eine ganze Reihe konkreter Erleichterungen gegenüber den gewöhnlichen Regeln des Beweisrechts. Das Gericht kann von einer beantragten Beweisaufnahme absehen oder lediglich den Beweisführer über den Schaden vernehmen und über die Entstehung des Schadens und seine Höhe nach Ermessen entscheiden[676]. An die Stelle der Wahrheitsfeststellung tritt eine Schätzung, was zugleich eine Herabsetzung des von § 286 ZPO geforderten hohen Regelbeweismaßes impliziert. Nach der Rechtsprechung des BGH genügt „eine überwiegende, [...] auf gesicherter Grundlage beruhende Wahrscheinlichkeit"[677]. Erleichterungen gelten zudem bereits für das der Beweisführung vorgeschaltete Darlegungsmaß. Der Gläubiger muss sich lediglich um ein nach den Umständen zumutbares Maß an Substanziierung der für die Schadensermittlung notwendigen Tatsachen bemühen. Anders als im Rahmen von § 286 ZPO müssen diese nicht den zwingenden Schluss auf den behaupteten Schaden oder dessen Höhe zulassen[678].

aa) Abgrenzung von §§ 286, 287 ZPO

Vor dem Hintergrund der von § 287 ZPO gewährten Erleichterungen ist die Abgrenzung zu § 286 ZPO von praktisch entscheidender Bedeutung. Nach der von der Rechtsprechung zugrunde gelegten Formel gilt § 286 ZPO, soweit es um diejenigen Umstände geht, die dem *Haftungsgrund* zuzurechnen sind. Das betrifft unproblematisch das nach dem Inhalt der Haftungsnorm maßgebliche Verhalten des Schädigers und das auf dieses Verhalten bezogene Verschulden. Umgekehrt wird die haftungsausfüllende Kausalität dem Tatbestand des § 287 ZPO zugewiesen. An sich betrifft auch der Kausalzusammenhang zwischen dem haftungsbegründenden Verhalten und dem eingetretenen Schaden noch den Tatbestand der Haftungsnorm[679]. Es besteht jedoch heute Einigkeit, dass die auch in diesem Zusammenhang typischerweise anzustellenden hypothetischen Erwägungen entsprechende Erleichterungen rechtfertigen, wie das Ge-

---

[675] Instruktiv BGH NJW 1983, 998.

[676] Hierzu Stein/Jonas/*Leipold*, ZPO, § 287 Rn. 37f., 51f.

[677] BGH NJW-RR 2007, 569, 571; NJW 2005, 3275, 3277; NJW 2004, 1521, 1522; zum Ganzen auch Stein/Jonas/*Leipold*, ZPO, § 287 Rn. 43.

[678] BGH NJW-RR 2007, 569, 571; s. auch Stein/Jonas/*Leipold*, ZPO, § 287 Rn. 32.

[679] Stein/Jonas/*Leipold*, ZPO, § 287 Rn. 18.

setz sie ausdrücklich für Schadensentstehung und Schadenshöhe vorsieht[680]. Noch zum Bestandteil des Haftungsgrundes rechnet die Rechtsprechung allerdings den Umstand, dass der Geschädigte „von dem Verhalten betroffen ist“[681]. Die praktische Bedeutung dieser Formulierung liegt sowohl im Bereich des Schadens als auch im Bereich des Kausalzusammenhangs. Hiernach macht es einen Unterschied, ob der geltend gemachte Schaden auf der Verletzung eines absolut geschützten Rechtsguts beruht oder ob es (lediglich) um den Ersatz reiner Vermögensschäden geht. Denn im ersten Fall sieht die Rechtsprechung die vom Schädiger verursachte Primärverletzung als Bestandteil des Haftungsgrundes[682], wobei es keinen Unterschied machen soll, ob der Anspruch auf § 823 Abs. 1 BGB gestützt wird oder ob es um eine konkurrierende Haftung aus der Verletzung vertraglicher Pflichten geht[683]. Im zweiten Fall der Haftung für reine Vermögensschäden soll sich die Frage der Betroffenheit dagegen auf die Feststellung beschränken, dass das pflichtwidrige Verhalten nachteilige Folgen haben konnte[684]. Das kausale Bindeglied zwischen dem pflichtwidrigen Verhalten und dem eingetretenen Vermögensschaden wird auf diese Weise zum Bestandteil der haftungsausfüllenden Kausalität[685] mit der Folge, dass § 287 ZPO Platz greift.

bb) Anwendung auf den Beratungsprozess

Wendet man die vorstehenden Grundsätze auf den gegen den Ratgeber geführten Haftungsprozess an, so ist der Beweis schuldhaft pflichtwidriger Beratung nach § 286 ZPO zu erbringen, während es für Bestehen und Höhe eines geltend gemachten Schadens darauf ankommt, ob im Wege pflichtwidriger Beratung in ein absolut geschütztes Rechtsgut eingegriffen wurde. Hiernach richtet sich der Beweis einer kausalen Rechtsgüterbetroffenheit bei ärztlicher Falschberatung ebenso nach § 286 ZPO, wie in den Fällen anwaltlicher Falschberatung, in denen etwa eine Freiheitsbeeinträchtigung als kausale Folge in Rede steht. In den Fällen einer primären Vermögensschadenhaftung des Ratgebers, also in der Mehrzahl der Fälle anwaltlicher Falschberatung und etwa auch im Bereich der Haftung von Anlage- und Versicherungsberatern, kommen dem Ratnehmer für den Nachweis des Schadens ebenso wie für den der haftungsausfüllenden Kausalität[686] dagegen die Erleichterungen des § 287 ZPO zugute.

---

680 BGH st., vgl. BGH NJW 1951, 405; NJW 1952, 301, 302; NJW 1958, 1579; NJW 1964, 661, 662; a.A. noch *Prölss*, Beweiserleichterungen im Schadensersatzprozess, S. 54 ff.

681 BGH NJW 1983, 998; vgl. zur Kritik am Begriff der „Betroffenheit“ *Arens* ZZP 88 (1975), 1, 7 ff.; *Stoll* AcP 176 (1976), 145, 185.

682 BGH NJW 2004, 777, 778; krit. *Hanau*, Die Kausalität der Pflichtwidrigkeit, S. 121, 136; *Rosenberg/Schwab/Gottwald*, Zivilprozessrecht, § 114 Rn. 12 ff.

683 BGH NJW 1998, 3417; NJW 1993, 3073, 3076; NJW 1987, 705.

684 BGH NJW 1983, 998, 999; s. auch Stein/Jonas/*Leipold*, ZPO, § 287 Rn. 15.

685 Vgl. BGH NJW-RR 2007, 569, 571.

686 Vgl. BGH NJW-RR 2007, 569, 571.

b) Erleichterungen für den Beweis der hypothetischen pflichtgemäßen Mitwirkung im Rahmen der ratnehmerbezogenen Exploration

Eine spezifische Beweiserleichterung kommt in Betracht, soweit es um die Frage geht, ob der Ratnehmer, die pflichtgemäße Beratung durch den Ratgeber unterstellt, im Rahmen der Exploration ratnehmerbezogener Umstände selbst umfassend und wahrheitsgemäß mitgewirkt hätte. Diese Frage stellt sich etwa, wenn der Ratgeber das Beratungsthema von vorneherein zu eng gezogen hatte und weitere beratungsbedürftige Fragen von ihm ausgelassen wurden. In einem vom BGH im Jahr 1994 entschiedenen Fall[687] hatte etwa ein Rechtsanwalt seinen Mandanten in allen Fragen zu beraten, die dessen Ausscheiden aus einer Gesellschaft betrafen. Dabei hatte es der Anwalt jedoch versäumt, den Mandanten über die Ansprüche zu beraten, die ihm im Falle der Veräußerung seines Anteils zustanden. Nach Maßgabe der geltenden Beweislastverteilung wäre es an sich Sache des Ratnehmers darzulegen und zu beweisen, dass dieser seiner Mitwirkungsobliegenheit im Rahmen der hypothetischen pflichtgemäßen ratnehmerbezogenen Exploration nachgekommen wäre und dem Anwalt somit auf dessen Nachfrage hin rechtzeitig die für die Bewertung notwendigen Informationen geliefert hätte. Nach Ansicht des BGH streitet zugunsten des Mandanten indes eine entsprechende Vermutung, bei der es sich um einen Anwendungsfall des Anscheinsbeweises handeln soll[688]. Dabei zog der BGH im erwähnten Fall die Parallele zur beweisrechtlichen Behandlung der Frage, wie sich der Ratnehmer insgesamt bei pflichtgemäßer Beratung verhalten hätte[689].

Die Anwendung des Anscheinsbeweises setzt indes voraus, dass es einen allgemeinen Erfahrungssatz dahin gibt, dass ein Ratnehmer seinen Mitwirkungsobliegenheiten gegenüber dem Ratgeber typischerweise nachkommt. Eine bewusst oder unbewusst unrichtige oder unzureichende Information, die der Ratgeber überdies nicht durch pflichtgemäße Verifizierung der Angaben ausräumen könnte, wäre hiernach als atypischer Geschehensablauf zu bewerten. Man muss sich hierzu klarmachen, dass solche und andere „individuelle Verhaltensweisen von Menschen in bestimmten Lebenslagen"[690] dem Grundsatz nach der Rechtsfigur des Anscheinsbeweises kaum oder doch jedenfalls nur ausnahmsweise zugänglich sind[691]. Dabei geht es im vorliegenden Fall zudem um mehr als um die bloße individuelle Willensentschließung dahin, an der Exploration des Sachverhalts mitzuwirken. Es geht auch darum, ob der Rat-

[687] BGH NJW 1994, 1472.

[688] BGH NJW 1996, 2929, 2932; NJW 1994, 1472, 1475; s. auch bereits BGH NJW 1992, 240, 241.

[689] BGH NJW 1994, 1472, 1475 mit Hinweis auf BGH NJW 1993, 3259.

[690] Vgl. BGH NJW 1993, 3260.

[691] Das entspricht im Übrigen st. Rspr., vgl. BGH NJW 1968, 2139; NJW 1983, 1548, 1551; 1987, 1944; zu einem tragfähigen Ausnahmefall s. *Walter* ZZP 90 (1977), 270, 278 f.: Schluss vom „sich mit der Pistole in den Mund schießen" auf Selbstmordabsicht.

nehmer „nach dem gewöhnlichen Verlauf der Dinge“ in einer Art und Weise mitgewirkt hätte, die seiner Mitwirkungsobliegenheit entspricht. Das ginge zu weit, jedenfalls, wenn man den Anscheinsbeweis mit der hier vertretenen Ansicht vor einer zu starken normativen Überlagerung bewahren wollte.

In der Sache ist die Annahme einer Beweiserleichterung zugunsten des Ratnehmers in diesen Fällen aber durchaus angezeigt. Sie ist allerdings wiederum normativ zu verstehen. Mittels der Explorationspflicht wird dem Ratgeber nun gerade die Verantwortung dafür zugewiesen, sich selbst die für die Beurteilung maßgebliche Grundlage zu verschaffen. Damit wäre es wertungsmäßig unvereinbar, dem Ratnehmer den praktisch kaum zu führenden Beweis dafür aufzuerlegen, dass er an einer pflichtgemäßen Exploration seinerseits hinreichend mitgewirkt hätte. Auch insoweit streitet zugunsten des Ratnehmers daher eine widerlegbare Vermutung. Richtig ist, dass der Ratgeber den ihm obliegenden Beweis des Gegenteils seinerseits kaum wird führen können. Diese Risikozuweisung an den Ratgeber ist aber eine folgerichtige Konsequenz seiner Explorationspflicht. Im Übrigen würde sich daran auch unter Anwendung des Anscheinsbeweises praktisch wenig ändern.

c) Entscheidungskausalität und Vermutung beratungsrichtigen Verhaltens

aa) Problemstellung

Ein für den Nachweis der Kausalität zwischen pflichtwidriger Beratung und dem geltend gemachten Schaden beratungstypisches Problem betrifft die Frage, wie sich der Ratnehmer verhalten hätte, wenn der Ratgeber diesen pflichtgemäß beraten hätte. Der dem Ratnehmer obliegende Beweis seines hypothetischen Entscheidungsverhaltens fällt im Grundsatz naturgemäß schwer, ist es doch mit der einfachen Behauptung, er hätte sich so oder so verhalten, nicht getan. Der Umstand, dass § 287 ZPO dem Ratnehmer im Rahmen seines dargestellten Anwendungsbereichs mit einer gewissen Herabsetzung des Beweismaßes entgegen kommt, ändert daran im Grunde wenig[692]. Vor diesem Hintergrund wird verständlich, dass der Erfolg eines Haftungsprozesses mit dem Eingreifen weitergehender Beweiserleichterungen steht und fällt. Um dieser typischen Beweisnot Rechnung zu tragen, bedient sich die Rechtsprechung einer „Vermutung“ dahingehend, dass sich der Ratnehmer „beratungsrichtig“ verhalten hätte.

bb) Überblick über den Stand der Diskussion

Ein teilrechtsgebietsübergreifender Blick auf die Rechtsprechung zur Beweislast für die Entscheidungskausalität offenbart bei aller grundsätzlichen Ten-

---

692 Gegen *Grigoleit*, Vorvertragliche Informationshaftung, S. 178 f., der den Rückgriff auf den Anscheinsbeweis im Anwendungsbereich des § 287 ZPO für „entbehrlich“ hält.

denz zur Beweiserleichterung letztlich ein uneinheitliches Bild. Die Frage nach der sachgerechten Verteilung des Risikos, dass sich die Reaktion des Ratnehmers auf eine (vertragsgemäße) Erfüllung einer Beratungspflicht im Nachhinein nicht mehr aufklären lässt, wurde in der Rechtsprechung interessanter Weise zunächst im Kauf- und Werkvertragsrecht aufgeworfen, wo Aufklärungs- und Beratungspflichten eher als Ausnahmeerscheinung gelten[693]. Dabei ging der BGH davon aus, dass derjenige das Risiko der späteren Unaufklärbarkeit zu tragen habe, der eine vertragliche Aufklärungs- oder Beratungspflicht verletzt[694]. Auf dieser Grundlage anerkannte er für das Anwalts- und Steuerberatervertragsrecht sodann „die Regel, [dass] bei Verstößen gegen die Beratungspflicht ... zu Gunsten des Mandanten die Vermutung [spreche], dieser hätte sich bei vertragsgerechtem Handeln des Beauftragten beratungsgemäß verhalten“[695]. Während der BGH im Bereich des Kauf- und Werkvertragsrechts von einer Beweislastumkehr ausgeht, soll es sich bei der Vermutung „beratungsrichtigen Verhaltens“ im Anwalts- und Steuerberatervertragsrecht ebenso wie im Rahmen der Haftung des beratenden Notars[696] lediglich um einen Anwendungsfall des Anscheinsbeweises handeln. Eine weitergehende Beweislastumkehr lehnt er ausdrücklich ab[697]. Voraussetzung für den Anscheinsbeweis sei aber ein Tatbestand, bei dem der in Rede stehende Ursachenzusammenhang typischerweise gegeben ist. Das sei nur der Fall, wenn aus der Sicht eines „vernünftig urteilenden Mandanten“ eindeutig eine bestimmte tatsächliche Reaktion nahegelegen hätte, nicht so folglich, wenn mehrere Möglichkeiten vernünftigen Verhaltens bestanden[698].

Diese praktisch wesentliche Einschränkung und die dogmatische Einordnung der Beweiserleichterung als Anscheinsbeweis gehen indes in der Rechtsprechung nicht notwendig miteinander einher. So machte der BGH die Umkehr der Beweislast im Rahmen anderer Dienst- und Geschäftsbesorgungsverträge schon zuvor von besagter Voraussetzung abhängig[699]. In anderen Fällen wurde das Bestehen von Handlungsalternativen zur Entkräftung der Vermutung dagegen von vorneherein zurückgewiesen. Das betraf sowohl die Verletzung von „Hinweispflichten“ durch einen Verkäufer[700], wie die Verletzung von Bera-

693 Grundlegend BGH NJW 1973, 1688f. (Produktwerbung); s. auch BGH NJW 1975, 824, 825 (Kaufvertrag über ein Haartonikum).

694 BGH NJW 1973, 1688f.

695 BGH NJW 1993, 3259.

696 BGH WM 1981, 1309, 1310.

697 BGH NJW 2014, 2795f.; s. bereits BGH NJW 1993, 3259; insoweit ist die gegenteilige Rechtsprechungsanalyse von *Heinemann* überholt, vgl. NJW 1990, 2345, 2353.

698 BGH NJW 1993, 3259.

699 BGH NJW 1981, 630, 632; NJW 1988, 200, 203; NJW 1989, 2320, 2321.

700 BGH NJW 1975, 824, 825; ebenso schon BGH NJW 1973, 1688, 1689: Aufklärungspflichten einer Werbeagentur.

tungs- und Aufklärungspflichten durch einen Versicherungsmakler[701]. Eine offene Rechtsprechungsänderung vollzog der BGH unlängst im Rahmen der Kapitalanlageberatung, wo dieser die Anwendung der Beweislastumkehr bisher ebenfalls davon abhängig machte, dass es vernünftigerweise nur eine Möglichkeit beratungs- bzw. aufklärungsrichtigen Verhaltens gab. In der großen Mehrzahl der Fälle unterlassener oder unrichtiger Aufklärung war diese Voraussetzung nicht erfüllt, so dass es bei der Beweislast des Ratnehmers blieb und Haftungsansprüche gegen den Kapitalanlageberater an der Beweisnot des Anlegers scheiterten[702]. Im Jahr 2012 gab der BGH die einschränkende Voraussetzung für die Kapitalanlageberatung ausdrücklich auf. Hiernach greift die Beweislastumkehr nunmehr bereits dann, wenn eine Aufklärungspflichtverletzung durch den Berater feststeht[703]. Dabei war es ausgerechnet die bereits grundsätzlich kritisierte[704] Pflicht des Anlageberaters zur Aufklärung über verdeckte Rückvergütungen, die den Anlass für die Neuausrichtung gab[705]. Zur Begründung beruft sich der BGH allgemein auf den Schutzzweck von Aufklärungs- und Beratungspflichten. Dieser werde nur dann erreicht, wenn die durch ihre Verletzung notwendig bedingten Unklarheiten sämtlich zu Lasten des Ratgebers gehen[706].

Von einem teilrechtsgebietsübergreifenden Trend in der Rechtsprechung zu einer voraussetzungslosen Beweiserleichterung kann gleichwohl keine Rede sein[707]. Handlungsalternativen bleiben nicht nur im Bereich des Anwalts- und Steuerberatervertragsrechts, sondern im Grundsatz auch im Bereich der Arzthaftung beachtlich. In diesem Rahmen ist allerdings zu berücksichtigen, dass der ohne hinreichende *Eingriffsaufklärung* vorgenommene ärztliche Heileingriff nach den in diesem Teilrechtsgebiet geltenden Besonderheiten eine rechtswidrige Körperverletzung darstellt[708], so dass sich die Frage der Entscheidungskausalität *insoweit* schon nicht stellt. In allen anderen Fällen fehlerhafter ärztlicher Beratung und Aufklärung lehnt der BGH Beweiserleichterungen ebenfalls dann ab, wenn es für den Patienten mehrere vernünftige Möglichkeiten gab, sich aufgrund der geschuldeten Beratung „beratungs-" bzw. „aufklärungsrichtig" zu verhalten[709]. Vergleichbar der früheren Rechtslage zur Kapi-

---

[701] BGH NJW 1985, 2595, 2596.

[702] Vgl. BGH NJW 2007, 357, 360; NJW 1997, 2171; NJW 1994, 512, 514; anders lediglich dort, wo sämtliche Handlungsalternativen geeignet gewesen wären, den geltend gemachten Schaden zu vermeiden, vgl. BGH NJW 2002, 2703, 2704.

[703] BGH NJW 2012, 2427, 2430.

[704] Hierzu eingehend § 13, S. 187 ff. (sub dd).

[705] Vgl. auch die zutreffende Kritik bei *Mülbert* ZHR 177 (2013), 160, 198.

[706] BGH NJW 2012, 2427, 2430.

[707] Dagegen deutlich unlängst BGH NJW 2014, 2795 f.

[708] Vgl. instruktiv BGH NJW 1973, 1688, 1689; s. auch *Heinemann* NJW 1990, 2345, 2352.

[709] Instruktiv BGH NJW 1989, 2320, 2321; schon keine Überlegungen zu Beweiserleich-

talanlageberatung nimmt es daher nicht wunder, dass Anwendungsfälle der Beweiserleichterung im Bereich der Arzthaftung und damit eine Haftung des fehlerhaft beratenden Arztes außerhalb der fehlerhaften Eingriffsaufklärung eher selten sind[710]. Eine Trendwende ist auch hier nicht unbedingt zu erwarten. Im Gegenteil judiziert der für das Kapitalanlegerrecht zuständige 11. Senat, dass die Arzthaftungsrechtsprechung insgesamt „mit Fällen der vorliegenden Art nicht vergleichbar" sei[711].

Eine Vermutung, dass der Ratnehmer motiviert durch den Ratgeber gehandelt hat, wurde bereits in frühen wissenschaftlichen Abhandlungen zur Ratgeberhaftung vertreten[712]. Schon das Allgemeine Preußische Landrecht in der Fassung des Jahres 1794 bestimmte im Zusammenhang mit der kaufmännischen Empfehlung, dass der Empfehlende „in allen Fällen ... von der Vertretung frey [ist], wenn ausgemittelt werden kann, daß der Beschädigte durch die Empfehlung nicht bewogen worden, sich mit dem Empfohlnen einzulassen"[713]. Heute erfahren die Beweiserleichterungen wohl nicht im Grundsatz, so aber in ihrer dogmatischen Einordnung in der Literatur neben Zustimmung auch Kritik[714]. Die aus einer teilrechtsgebietsübergreifenden Betrachtung auffällig werdenden Unstimmigkeiten sind dagegen bisher überhaupt nur vereinzelt in den Blick genommen worden. Während sich *Heinemann* tendenziell gegen eine voraussetzungslose Beweislastumkehr bei der Verletzung berufsbezogener Aufklärungs- und Beratungspflichten ausgesprochen hat[715], plädierte schon *Stoll* dafür, das Risiko der Unaufklärbarkeit der Entscheidungskausalität mit Rücksicht auf den Zweck einer Verhaltenspflicht tendenziell dem Handlungspflichtigen zuzuweisen[716]. Unlängst tritt *Schwab* für eine durchweg normative Begründung der Beweiserleichterung ein und mahnt eine voraussetzungslose Beweislastumkehr auch im Bereich der Anwaltshaftung an[717]. Dass die Recht-

---

terungen bei BGH NJW 1981, 630, 632: Beratung über gängige Sterilisationsmethoden mit unterschiedlichen „Versagerquoten".

[710] Zu einem Fall, in dem es nur eine aufklärungsrichtige Handlungsweise gab, s. etwa BGH NJW 1984, 658, 659: Beratung einer spätgebährenden Frau über Sinn und Möglichkeiten pränataler Untersuchungen.

[711] BGH NJW 2012, 2427, 2430.

[712] Vgl. *Wolff*, Die Haftung des Ratgebers, S. 39; s. auch *Luther*, Die Haftung des Ratgebers, S. 79.

[713] Vgl. § 706 II 8 ALR, abgedruckt bei *Hattenhauer*, Allgemeines Landrecht für die Preußischen Staaten von 1794, S. 481.

[714] Zum Anwaltsrecht s. etwa *Heinemann* NJW 1990, 2345, 2353; den vom BGH praktizierten Anscheinsbeweis zugunsten einer Beweislastumkehr ablehnend *Canaris*, in: FS Hadding, S. 3, 24; zum Versicherungsrecht s. nur *Dörner*, in: Prölss/Martin, Versicherungsvertragsgesetz, § 59 Rn. 31, § 63 Rn. 17: Beweislastumkehr; *Pohlmann*, in: Karlsruher Forum 2008, S. 55, 87 ff.: Anscheinsbeweis.

[715] *Heinemann* NJW 1990, 2345, 2353.

[716] *Stoll*, in: FS v. Hippel, S. 517, 553, 559.

[717] *Schwab* NJW 2012, 3274, 3276; dagegen ausdrücklich unlängst BGH NJW 2014, 2795 f. Die Beweislastumkehr für die Verletzung von Informationsansprüchen allgemein be-

sprechung Beweiserleichterungen im Arzthaftungsrecht bisher durchweg am Bestehen verschiedener Handlungsmöglichkeiten scheitern lässt, wird in seiner teilrechtsgebietsübergreifenden Analyse indes übersehen[718].

cc) Stellungnahme und Konsequenzen

Eine Kritik an der bisherigen Rechtsprechungslinie muss zunächst zweierlei berücksichtigen. Zum einen sind die dargestellten und in der Sache *prima vista* kaum nachvollziehbaren Divergenzen auch, aber wohl nicht allein dem Umstand geschuldet, dass Fragen der Haftung beruflicher Ratgeber verschiedenen Senaten des BGH zugewiesen sind, die sich gegenseitig teilweise zu ignorieren scheinen[719]. Das Recht der Beratung kennzeichnet sich bisher allgemein durch eine teilrechtsgebietsbezogene, eher insulare Betrachtung. Diese gründet letztlich auf der unausgesprochenen und verfehlten Annahme, dass teilrechtsgebietsspezifische Besonderheiten einer weitgehenden Verallgemeinerung der Dogmatik der Beratung entgegenstünden. Zum anderen pflegt der BGH insgesamt keine streng zwischen Faktizität und Normativität differenzierende Dogmatik der Beweiserleichterungen. Das wird in den vorliegenden Fällen mehr als deutlich. Im Bereich der Kapitalanlageberatung hatte der BGH die Erleichterung zunächst davon abhängig gemacht, dass der Anleger „vernünftigerweise" nur eine Möglichkeit beratungsrichtigen Verhaltens gehabt hätte und das, obwohl es sich um einen Anwendungsfall der – normativ motivierten – Beweislastumkehr handeln sollte. Während sich diese Voraussetzung mit dem im Übrigen auch vom BGH betonten Schutzzweck der Beratungspflicht letztlich nicht vereinbaren lässt, liegt es „in der Logik des Anscheinsbeweises", dass der Kausalitätsnachweis auf seiner Grundlage dann nicht mehr geführt werden kann, wenn verschiedene typische Verhaltensweisen in Betracht kommen[720]. Vor diesem Hintergrund drängt sich die bereits vereinzelt artikulierte Forderung nach einer allgemeinen dogmatischen Behandlung des in Rede stehenden Kausalitätsnachweises geradezu auf.

Der Anscheinsbeweis mag im Rahmen der Beratung wesentliche Anwendungsfälle haben, stößt allerdings auch rasch an seine inhärenten Grenzen.

---

fürwortend *Grigoleit*, Vorvertragliche Informationshaftung, S. 172 ff., 179; beschränkt auf vorsätzliche Verletzungen dagegen *Grunewald* ZIP 1994, 1162, 1164.

[718] Vgl. *Schwab* NJW 2012, 3274, 3275.

[719] Während sich der 11. Senat etwa im Jahr 2012 im Bereich der Kapitalanlageberatung ausdrücklich davon distanziert hat, dass für die Anwendung von Beweiserleichterungen nur *eine* beratungsrichtige Handlungsmöglichkeit bestanden haben muss und sich für eine Beweislastumkehr ausgesprochen hat (vgl. NJW 2012, 2427, 2430), sprach der 4. Senat in einer ebenfalls im Jahr 2012 erlassenen Entscheidung zur pflichtwidrigen Beratung über eine ebenfalls anlageorientierte Versicherung von einer „durch die Lebenserfahrung begründeten tatsächlichen Vermutung", vgl. NJW 2012, 3647, 3653. Zur zweifelhaften dogmatischen Legitimation solcher „tatsächlicher Vermutungen" s. nur MünchKommZPO/*Prütting*, § 292 Rn. 7, 27 f.

[720] Zutreffend *Schwab* NJW 2012, 3274, 3275.

Nach richtigem Verständnis ist auf der Grundlage der entwickelten Elementelehre der Beratung sowie nach Maßgabe des geltend gemachten Schadens zu differenzieren. Zunächst einmal kommt es darauf an, ob die Pflichtverletzung des Ratgebers in der Abgabe einer unvertretbaren Empfehlung liegt oder dieser lediglich seine empfehlungsbegleitenden Aufklärungspflichten verletzt hat. Sodann ist es entscheidend, ob der Ratnehmer lediglich den Schaden geltend macht, den er dadurch erlitten haben will, dass er der Empfehlung des Ratgebers gefolgt ist, oder ob er überdies einen Schaden geltend macht, der ihm dadurch entstanden sein soll, dass er eine Handlungsalternative nicht wahrgenommen hat. Die Vermutung, dass sich Menschen „beratungsrichtig" verhalten, wenn es nur eine „vernünftige" oder besser: nur eine ziel- und präferenzkonforme Handlungsweise gibt, mag als allgemeiner Erfahrungssatz tragen. Das würde allerdings voraussetzen, dass man einen alle guten Ratschläge ignorierenden irrationalen Eigensinn als eher atypischen Wesenszug begreift. Daher mag es auch angehen, allgemein davon auszugehen, dass ein Ratnehmer einem unvertretbaren Entscheidungsvorschlag nicht gefolgt wäre. Wie dieser sich statt dessen verhalten hätte, namentlich ob er einer anderen vertretbaren Empfehlung gefolgt wäre oder von jeder Veränderung des *status quo* überhaupt abgesehen hätte, bleibt dagegen letztlich regelmäßig unklar. Denn die Fälle, in denen der Ratnehmer verschiedene vertretbare alternative Handlungsmöglichkeiten hat, was die Beibehaltung des *status quo* selbstverständlich einschließen muss, sind tatsächlich eher die Regel. Auch in den Fällen der Verletzung lediglich der empfehlungsbegleitenden Aufklärungspflicht muss der Anscheinsbeweis regelmäßig versagen. Kaum jemand wird für sich eine Lebenserfahrung in Anspruch nehmen können, wonach die Aufklärung über ein bestimmtes und in seiner Eintrittswahrscheinlichkeit nicht geradezu überwältigend großes Risiko zu einem abweichenden Entscheidungsverhalten beitragen würde. Aus alledem wird deutlich, dass der Anscheinsbeweis im Bereich der Entscheidungskausalität durchaus einzelne Anwendungsfälle haben könnte, häufig aber bei ordnungsgemäßer Anwendung vollends oder zumindest mit Rücksicht auf bestimmte geltend gemachte Schäden, wie etwa den entgangenen Gewinn aus einem unterlassenen Alternativgeschäft, versagen muss.

Entscheidend ist demgegenüber, dass die ordnungsgemäße Erfüllung der Beratungspflicht mittels Abgabe einer vertretbaren Handlungsempfehlung und empfehlungsbegleitender Aufklärung dazu dient, die Entscheidungsfreiheit des Ratnehmers zu wahren. Die Verwirklichung dieses Zwecks wäre durch das Beweisrecht in Frage gestellt, wollte man es bei der Beweislast des Ratnehmers für die Entscheidungskausalität der pflichtwidrigen Beratung belassen und lediglich in eng begrenzten Ausnahmefällen mittels Anscheinsbeweises für Erleichterungen sorgen. Im Vordergrund von Beweiserleichterung müssen normative Erwägungen stehen, denen letztlich nur eine Beweislastumkehr, nicht aber der Anscheinsbeweis gerecht werden kann. Der Einwand, der Ratnehmer habe mehrere beratungs- oder aufklärungsrichtige Handlungsalternativen gehabt, muss dem Ratgeber folgerichtig verwehrt bleiben.

Die bereits auf der Grundlage der festgestellten Verletzung der Beratungspflicht eingreifende Vermutung „beratungsrichtigen" Verhaltens legt dem Ratgeber daher nach richtigem Verständnis den vollen Beweis dafür auf, dass sich der Ratnehmer bei pflichtgemäßem Verhalten nicht anders entschieden oder dass dieser, obwohl er der Empfehlung nicht gefolgt wäre, auch keine andere Handlungsoption ergriffen hätte. Anders als im Rahmen des Anscheinsbeweises reicht es nicht aus, dass der Ratgeber ein atypisches Entscheidungsverhalten anhand konkreter Umstände plausibel macht. Die praktischen Folgen der befürworteten Beweislastumkehr sollen nicht übersehen werden. Diese führt *de facto* zu einer Aufgabe der Voraussetzung der Entscheidungskausalität, denn der Ratgeber wird den ihm obliegenden Beweis des Gegenteils in aller Regel so wenig führen können, wie der Ratnehmer selbst, hätte man es bei den allgemeinen Beweisgrundsätzen belassen. Die Haftung des berufsbezogenen Ratgebers rückt damit durchaus ein Stück weit in die Nähe einer Erfolgshaftung[721]. Dieses Ergebnis ist mit Blick auf die notwendige Effektuierung des materiell-rechtlichen Pflichtentatbestandes allerdings letztlich gerechtfertigt. Auch die bereits im Rahmen der ratgeberbezogenen Aufklärungspflichten beschworene Gefahr einer untunlichen Verlagerung der den jeweiligen Entscheidungen innewohnenden Risiken auf den Ratgeber[722] rechtfertigt eine abweichende Entscheidung letztlich nicht. Diesem Umstand ist entgegen der Rechtsprechung im Bereich des Kapitalanlegerrechts bereits im Rahmen des Pflichtentatbestandes Rechnung zu tragen. Zivilrechtlich haftungsbewehrte ratgeberbezogene Aufklärungspflichten sind nach hier vertretener Auffassung zugunsten rein berufs- und aufsichtsrechtlicher Verbotstatbestände und Verhaltensanforderungen tendenziell abzulehnen[723]. Darüber hinaus wäre es allerdings widersprüchlich, die Durchsetzung des verbleibenden zivilrechtlich haftungsbewehrten Tatbestandes typischerweise an den strukturellen Beweisnöten des Ratnehmers scheitern zu lassen.

So wenig wie es indes angezeigt ist, einen Ratgeber auch dann noch haftungsrechtlich zur Verantwortung zu ziehen, wenn der Ratnehmer der Empfehlung erst folgt, nachdem damit vernünftigerweise nicht mehr zu rechnen war, könnte eine zeitlich unbefristete Wirkung der Beweislastumkehr sachlich überzeugen. Wenn man nicht bereits der vorliegend vertretenen zeitlichen Grenze der objektiven Zurechnung des Entscheidungsverhaltens an den Ratgeber[724] folgen wollte, wäre es zumindest angebracht, die Wirkung der Beweislastumkehr zeitlich entsprechend zu beschränken.

---

721 Ablehnend daher *Heinemann* NJW 1990, 2345, 2353.
722 § 13, S. 190f. [sub (4)].
723 Zum Ganzen eingehender § 13, S. 198f. (sub ff).
724 Hierzu § 13, S. 230ff. [sub (c)].

d) Grober Beratungsfehler und Schadensursächlichkeit

aa) Problemstellung

Der dem Ratnehmer im Ausgangpunkt obliegende Beweis für die Kausalität zwischen der Pflichtverletzung des Ratgebers und dem geltend gemachten Schaden stellt diesen nicht allein in Ansehung der Frage, wie sich der Ratnehmer bei pflichtgemäßer Beratung entschieden hätte, vor Beweisschwierigkeiten. In Abhängigkeit vom jeweils betroffenen Teilrechtsgebiet kommen weitere spezifische Probleme des Ursachenzusammenhangs hinzu. So stellt sich etwa im Bereich der ärztlichen Beratung die Frage, ob die körperliche Unversehrtheit durch pflichtgemäßes Verhalten des Ratgebers letztlich tatsächlich hätte bewahrt werden können. Im Bereich der anwaltlichen Beratung hängt die Schadensentwicklung in vielen Fällen auch davon ab, wie ein Gericht den jeweiligen Sachverhalt beurteilt hätte und ob die Beweisführung hinsichtlich des in Rede stehenden Anspruchs überhaupt gelungen wäre.

Im Arzthaftungsrecht entspricht es einer gefestigten Rechtsprechung, dass der Patient von der Beweislast für den Kausalitätsnachweis auch jenseits der Frage der Entscheidungskausalität befreit wird, wenn ein grober Behandlungsfehler feststeht und dieser grundsätzlich geeignet war, die geltend gemachte Verletzung des Lebens, des Körpers oder der Gesundheit herbeizuführen. Mit dem Gesetz zur Verbesserung der Patientenrechte wurde diese Rechtsprechung schließlich kodifiziert, § 630h Abs. 5 BGB. Für das behandelte Thema stellt sich die Frage, ob eine grobe Verletzung der Beratungspflicht auch unabhängig von den Besonderheiten der Arzthaftung als allgemeine Beweisregel der Beratung trägt.

bb) Überblick über den Stand der Diskussion

In der Literatur wurde verschiedentlich die Forderung erhoben, die Beweislastumkehr für den Kausalitätsnachweis zu einer allgemeinen Regel der Berufshaftung zu erheben[725]. Andere treten für eine begrenzte Verallgemeinerung ein und setzen voraus, dass es um die grobe Verletzung von Berufspflichten geht, die dem Schutz von Leben und Gesundheit dienen[726]. Die Rechtsprechung[727] und ihr folgend die herrschende Literaturmeinung[728] lehnen eine Generalisierung jedenfalls für die Verletzung unmittelbar lediglich vermögensschützender Berufspflichten ab. Dabei begründet der BGH die unterschiedliche Behandlung

[725] *Heinemann* NJW 1990, 2345, 2352; s. auch *Giesen* JZ 1988, 660, 661; tendenziell wohl auch Erman/*H.P. Westermann*, BGB, § 280 Rn. 30; für das Anwaltsrecht noch *Vollkommer*, Anwaltshaftungsrecht, 1989, Rn. 525.

[726] Vgl. noch Palandt/*Grüneberg*, BGB, 72. Aufl. 2013, § 280 Rn. 38a etwa gegen BGH NJW 1992, 560, 563.

[727] BGH NJW 1994, 3295, 3298; OLG Celle NJW-RR 2006, 346, 347.

[728] Vgl. *Borgmann/Jungk/Grams*, Anwaltshaftung, Kap. IX Rn. 24; nunmehr auch *Vollkommer/Greger/Heinemann*, Anwaltshaftungsrecht, § 25 Rn. 32.

von Anwalts- und Arzthaftung damit, dass der grobe Verstoß gegen ärztliche Pflichten die Gesundheit des Patienten regelmäßig stark gefährde und somit der Misserfolg der Behandlung besonders naheliege. Zudem habe der Arzt im Haftungsprozess regelmäßig einen deutlichen Vorsprung. Der Patient wisse nicht, was sich im Einzelnen tatsächlich abgespielt habe; aufgrund seines unterlegenen Fachwissens könne dieser die Entwicklung seines körperlichen Zustands nicht hinreichend beurteilen. Ein Arzt, der durch einen schwerwiegenden Behandlungsfehler eine Lage schaffe, bei der der Verlauf der ordnungsgemäßen Behandlung verdunkelt sei, müsse das Risiko der Beweisnot des Patienten übernehmen[729].

cc) Stellungnahme

Eine allgemeine Beweislastumkehr für die Kausalität im Falle einer groben Verletzung der Beratungspflicht beruflicher Ratgeber ist nicht angezeigt. Zu kurz gegriffen wäre es allerdings, die Begründung allein in einer rechtsgüter- und interessenbezogenen Betrachtung zu suchen und die Besonderheiten der Arzthaftung nur aus diesem Blickwinkel zu rechtfertigen. Man muss sich vielmehr erneut klarmachen, dass die Beweiserleichterungen des § 287 ZPO für den Nachweis der Kausalität zwischen Pflichtverletzung und Rechtsgutbeeinträchtigung im Fall der Verletzung absolut geschützter Rechte nach herrschender Meinung nicht uneingeschränkt gelten. Soweit dagegen die Verletzung von Berufspflichten in Rede steht, die den Schutz des Vermögens bezwecken, kommen dem Geschädigten bereits diese Erleichterungen zugute[730]. Aufgrund der insoweit eröffneten Reduzierung des Beweismaßes befindet sich der Betroffene im Ausgangspunkt nicht in den gleichen strukturellen Beweisschwierigkeiten[731]. Darüber hinaus überzeugt eine allgemeine beweisrechtliche Verbindung von einer an das – wie auch immer zu bestimmende – Ausmaß der Pflichtverletzung und der Kausalität schon grundsätzlich nicht. Für das Arzthaftungsrecht lässt sich ein sanktionsähnlicher Charakter der Beweislastumkehr letztlich kaum von der Hand weisen. Die weitergehende Frage, wann ein Ratgeber seine Berufspflichten grob verletzt und in welchen Fällen diese Grenze (noch) nicht überschritten ist, bedarf daher keiner allgemeingültigen Klärung.

---

729 BGH NJW 1994, 3295, 3298.
730 Hierzu eingehender § 13, S. 293 f. (sub a).
731 A.A. *Heinemann* NJW 1990, 2345, 2352.

§ 14 Dogmatik des Berufs- und Aufsichtsrechts

I. Bedeutung und Gegenstand des Berufs- und Aufsichtsrechts

Im Rahmen einer zivilrechtsdogmatischen Abhandlung über die Beratung stehen die zivilrechtlichen Pflichten des Ratgebers naturgemäß im Zentrum. Indes wäre es zu kurz gegriffen, die Sicherung der Beratungsqualität allein unter diesem Gesichtspunkt zu betrachten. Entscheidend ist, dass eine transaktionsbezogene Beratungspflicht verbunden mit individuellem Ausgleich in vielen Fällen keine hinreichende präventive Wirkung zur Sicherung eines verfassungskonformen und im Übrigen wünschenswerten Qualitätsstandard der Beratung leisten kann. Das gilt, obschon eine gewisse präventive Wirkung auch des Haftungsrechts, die zur Ausgleichsfunktion hinzutritt, im Grundsatz unbestreitbar ist[1]. Deutlich wird dies etwa am Beispiel der fachlichen Kompetenz des Ratgebers. Diese lässt sich zwar auch durch einen hohen berufsspezifischen Sorgfaltsmaßstab zivilhaftungsrechtlich absichern[2]. Die Folgen für die Beratungsqualität wären indes verheerend, wollte man in bestimmten Bereichen, wie etwa dem Arzt- oder dem Anwaltsrecht, auf die Festlegung komplementärer Berufszulassungsvoraussetzungen und Mindestanforderungen an die persönliche Eignung verzichten. Aus den Erfahrungen im Bereich der Kapitalanlageberatung wurde daher zu Recht die Konsequenz gezogen, entsprechende berufsspezifische Mindestanforderungen festzulegen[3]. Entsprechendes gilt für den Umgang mit Interessenkonflikten[4]. Eine Beschränkung auf transaktionsbezogene Vorgaben mit einer lediglich zivilhaftungsrechtlichen Absicherung ginge auch hier zumeist nicht weit genug, zumal sich auf dieser Ebene Interessenkonflikten ohnehin kaum wirksam begegnen lässt. Die Unzulänglichkeiten einer zivilhaftungsrechtlich abgesicherten Pflicht zur Aufklärung über bestehende Interessenkonflikte wurde bereits eingehend diskutiert[5].

---

[1] Vgl. etwa zur Präventionsfunktion des Deliktsrechts MünchKommBGB/*Wagner*, Vor. § 823 Rn. 40f. mit Kritik an der bisher unterentwickelten dogmatischen Betrachtung des Präventionsgedankens.

[2] Hierzu eingehender § 13, S. 207f. (sub 4).

[3] Vgl. § 34d WpHG, § 1 WpHGMaAnzV; hierzu eingehender § 16, S. 388f. (sub a).

[4] Zum Begriff jetzt *Kumpan*, Der Interessenkonflikt im deutschen Privatrecht, S. 11ff., 613.

[5] § 13, S. 187ff. (sub dd).

Vor diesem Hintergrund ist es richtig, die statusprägenden und organisatorischen Anforderungen an den Ratgeber, deren sich zuvörderst das öffentlich-rechtliche Berufs- und Gewerberecht annimmt, zumindest kursorisch in den Blick zu nehmen. Diese geben den äußeren Rahmen vor, in dem Beratung stattzufinden hat oder tatsächlich stattfinden darf. Im Zentrum stehen dabei Berufszulassungsanforderungen und Vorgaben an die Aus- und Weiterbildung des Ratgebers sowie eine mit organisatorischen Mitteln erstrebte Begrenzung konfligierender Eigen- und Drittinteressen. Daneben richtet allerdings auch das Berufs- und Aufsichtsrecht verhaltensbezogene Anforderungen an den Ratgeber, die zumindest im Groben der Struktur einer zivilrechtlichen Beratungspflicht entsprechen, wie sie vorgehend im Rahmen einer Elementelehre entfaltet wurde[6].

II. Berufszulassung: Standards fachlicher Qualifikation und persönlicher Eignung

Das Berufs- und Aufsichtsrecht kann Standards für die fachliche Qualifikation und die persönliche Eignung des Ratgebers in Gestalt fortlaufend zu erfüllender Berufszulassungsanforderungen vorschreiben. Grundlage der Standards fachlicher Qualifikation sind erfolgreich absolvierte Studiengänge, praktische Ausbildungszeiten und zertifizierte Ausbildungslehrgänge mit und ohne gesondertem Berufsabschluss. Anforderungen an die berufliche Weiterbildung stellen sicher, dass die fachliche Qualifikation des Ratgebers nicht hinter den Entwicklungen des Berufsumfeldes zurückbleibt. Mittels Anforderungen an die persönliche Eignung werden solche Ratgeber von der Berufsausübung fern gehalten oder von dieser ausgeschlossen, deren bisheriges Verhalten durchgreifende Bedenken gegenüber einer ordnungsgemäßen Berufsausübung rechtfertigt. Das Gewerberecht operiert insoweit bekanntlich traditionell mit dem konkretisierungsbedürftigen Begriff der (Un-)Zuverlässigkeit[7]. Diese kann etwa zu verneinen sein bei erheblichen Verstößen gegen die im Weiteren zu erörternden Vorgaben zur Begrenzung des Wirksamwerdens konfligierender Eigen- oder Drittinteressen.

---

[6] § 13, S. 158 ff. (sub V).

[7] Vgl. nur den Überblick bei *Brüning*, in: Pielow, Beck'scher Online-Kommentar GewO, § 35 GewO Rn. 19 ff.

III. Organisatorische Begrenzung von Interessenkonflikten

1. Fremdinteressenbindung und Interessenkonflikt

Das Maß der vom Ratgeber geschuldeten Fremdinteressenbindung geht der Frage nach dem Umgang mit Interessenkonflikten notwendig voraus[8]. Dabei entspricht ein uneingeschränkter Vorrang der Ratnehmerinteressen vor denkbaren Eigeninteressen des Ratgebers oder Interessen Dritter eher einem utopischen Idealbild der Beratung als der gegenwärtigen Rechtslage, obschon der als unabhängige Beratung beschriebene Phänotyp[9] ungeachtet seiner geringen praktischen Bedeutung diesem Ideal durchaus nahe kommt. Im Übrigen gilt, dass dem Ratgeber die Verfolgung eines eigenen monetären oder sonstigen Interesses im Zuge der Beratung nicht grundsätzlich verwehrt ist, noch mit Rücksicht auf die Berufsfreiheit grundsätzlich verwehrt sein darf. Ein im beruflichen Kontext agierender Berater soll grundsätzlich nicht nur mittels der Beratung selbst, sondern auch mit der Empfehlung der Inanspruchnahme eigener Leistungen erwerbswirtschaftlich tätig sein können. Abhängig vom jeweils einschlägigen Phänotyp[10] ist ihm dabei allerdings in unterschiedlichem Umfang eine weitergehende Verfolgung gegenläufiger Interessen gestattet. Eine deutliche Vorrangstellung des Ratnehmerinteresses vor konfligierenden Eigen- und Drittinteressen kennzeichnet die Beratung durch Angehörige klassischer Professionen. Entsprechendes gilt für den Vertragsberater und zunehmend auch für die modernen Hybridformen der Beratung. Dem beratenden Verkauf ist der Interessenkonflikt dagegen als strukturtypisch gewolltes Merkmal immanent. Die auch hier zu erkennenden Auflösungserscheinungen durch die Fortentwicklung der zivilrechtlichen Vertrauenshaftung bleiben gleichfalls auf die Ebene der zivilrechtlichen Pflichtenbindung beschränkt. Das Berufs- und Aufsichtsrecht erlangt insoweit keine Bedeutung.

2. Typizität konfligierender Eigen- und Drittinteressen, begrenzte Verallgemeinerbarkeit und Vermeidbarkeit

a) Vergütungsbedingtes Eigeninteresse

Abhängig vom Maß der jeweils geschuldeten Fremdinteressenwahrung lassen sich im Kern vier Typen konfligierender Eigen- und Drittinteressen unterscheiden, die in ihrer Zielrichtung durchaus ineinander übergehen: das vergütungsbedingte Eigeninteresse des Ratgebers, ein fortkommensbedingtes Eigeninte-

---

[8] Hierzu jetzt eingehender *Kumpan*, Der Interessenkonflikt im deutschen Privatrecht, S. 89 ff., 614.

[9] § 4, S. 37 ff. (sub 1).

[10] Zu diesen eingehender § 4, S. 37 ff. (sub I).

resse, das Eigeninteresse des Ratgebers an beruflicher Selbstverwirklichung und die konfligierende Fremdinteressenwahrnehmung. Das vergütungsbedingte Eigeninteresse steht dabei sicherlich im Zentrum der Diskussion. Das hat seinen Grund zum einen in der Vielgestaltigkeit denkbarer Vergütungsmodelle und des durch diese bedingten erheblichen Anreizpotenzials zu einer interessewidrigen Beratung. Das Problem vergütungsbedingter Fehlanreize tritt im Grundsatz dabei unabhängig davon auf, ob der Ratgeber unabhängig in dem Sinne berät, dass er in eigener Verantwortung tätig ist oder als solcher in eine Organisation eingebunden ist. Man denke etwa an den über eigene Leistungen beratenden Arzt oder den Arzt, der sich für die Empfehlung der Inanspruchnahme ärztlicher Leistungen Dritter durch diese Verdienstbeteiligungen versprechen lässt[11]. Auch bei letzterem Szenario handelt es sich keinesfalls um ein nur theoretisches Schreckgespenst, sondern um eine in der jüngeren Zeit vermehrt ans Tageslicht geförderte Praxis. Im strafrechtlichen Schrifttum wird die Forderung nach einer Bekämpfung der Korruption im Gesundheitswesen angesichts der derzeit bestehenden Regelungslücken zu Recht seit längerem artikuliert[12].

b) *Fortkommensbedingtes Eigeninteresse*

Demgegenüber stellt sich das Problem fortkommensbedingter konfligierender Eigeninteressen eher bei in Organisationen eingebundenen Ratgebern und geht dabei regelmäßig einher mit einem vergütungsbedingten Drittinteresse. Beispielhaft hingewiesen sei nur auf den in einen organisierten Krankenhausdienst eingebundenen angestellten Arzt, dem unmittelbar durch die Krankenhausleitung oder mittelbar durch Vorgesetzte unzulässige Quotenvorgaben gestellt werden und der sich durch deren Nichterfüllung am beruflichen Fortkommen gehindert sieht oder weitergehend um den Bestand des Arbeitsverhältnisses fürchten muss. Für die Angestellten großer Wertpapierdienstleistungsunternehmen und assoziierte, selbständig für solche tätig werdende Anlagevermittler gilt Entsprechendes.

---

[11] Zu sog. Kickback-Abreden zwischen Zahnärzten und Dentallaboren s. den praktischen Erfahrungsbericht von *Badle* NJW 2008, 1028, 1033.

[12] Vgl. *Pragal* NStZ 2005, 133; *Dannecker* ZRP 2013, 37; s. hierzu auch den vom Bundesrat eingebrachten Entwurf eines Strafrechtsänderungsgesetzes zur Bekämpfung der Korruption im Gesundheitswesen, BT-Drucks. 17/14575, dessen Umsetzung allerdings vorerst auf politischen Widerstand stieß, sowie den einstweilen ebenfalls gescheiterten Vorschlag zur Einführung eines umfassenden Korruptionsstraftatbestandes im SGB V; BT-Drucks. 17/14184, S. 16. Zur „grundsätzlichen Berechtigung des Anliegens" deutlich auch der Große Senat in Strafsachen, vgl. BGH NJW 2012, 2530, 2535.

c) Eigeninteresse an beruflicher Verwirklichung

Ein Interesse des Ratgebers an beruflicher Selbstverwirklichung, das mit einem fortkommensbedingten Eigeninteresse häufig eng verbunden ist, wird als Interessenkonflikt vor allem im Bereich der Beratung durch die Angehörigen klassischer Professionen virulent, wenn diese, wie etwa wiederum im Bereich des Arzt- oder auch des Anwaltsrechts verbreitet, mit ihrer Tätigkeit ein besonderes Forschungsinteresse verbinden und ein gewisser Drang zur Steigerung der eigenen Reputation besteht. Ein Rechtsanwalt etwa wird sich nicht selten mit der Führung eines Musterprozesses, mit der Vertretung eines prominenten Mandanten oder dem Einlegen eines Rechtsbehelfs einen Namen machen wollen. Dass das Interesse des Mandanten in solchen Fällen bisweilen in den Hintergrund zu rücken droht, bedarf keiner weiteren Ausführung.

d) Konfligierende Fremdinteressen

Mit dem Begriff konfligierender Fremdinteressen sollen die Fälle beschrieben werden, in denen der Ratgeber gleichzeitig die Interessen eines Dritten wahrnimmt, die sich mit denen des Ratnehmers nicht vereinbaren lassen. Zu einem Diener zweier Herren wird ein Ratgeber typischerweise, wenn er über die Leistungen eines Dritten berät und dabei mit diesem wirtschaftlich verbunden ist. Zu denken ist etwa an den Rechtsanwalt, der verschiedene Parteien in derselben Angelegenheit vertritt oder ein Wertpapierdienstleistungsunternehmen, das einerseits am Börsengang eines Unternehmens und andererseits am Vertrieb der von diesem emittierten Wertpapiere mitwirkt.

e) Begrenzte Verallgemeinerbarkeit und begrenzte organisatorische Vermeidbarkeit

Man muss sich bei allen legitimen Versuchen der Typisierung und Systematisierung von Interessenkonflikten stets bewusst machen, dass die Eigenheiten der beratungsrelevanten Berufsfelder einer weitgehenden Verallgemeinerung zumeist entgegenstehen. Umstände, die erhebliche Interessenkonflikte in bestimmten Bereichen mit sich bringen, können etwa in anderen Bereichen praktisch weitgehend unerheblich bleiben. Der nachfolgende Überblick über mögliche organisationsrechtliche Instrumente und regulatorische Rahmenbedingungen zur Begrenzung konfligierender Eigen- und Drittinteressen muss daher ebenso notwendig generisch bleiben. Daneben ist zu berücksichtigen, dass der Anspruch solcher Regulierungspolitik letztlich zumeist nur die Begrenzung von Interessenkonflikten sein kann. Das Ideal einer interessenkonfliktbefreiten Beratung bleibt bei allen zielführenden Anstrengungen letztlich eine Utopie, zumal der im Einzelfall hierzu notwendige Aufwand nicht selten außer Verhältnis zu dem damit erzielbaren Nutzen steht.

3. Instrumente zur Begrenzung konfligierender Eigen- und Drittinteressen

a) Trennung von Beratung und Leistung

Als Instrument zur Begrenzung konfligierender Eigeninteressen[13] kommt zunächst die organisatorische Trennung von Beratung und Leistung in Betracht, wie sie praktisch im Rahmen des vorgestellten Phänotyps der unabhängigen Beratung verwirklicht ist[14]. Auf diesem Wege ist am ehesten sichergestellt, dass eine Beratung ohne weitergehendes Interesse am Entscheidungsverhalten des Ratnehmers erfolgt. Man muss sich zugleich allerdings klarmachen, dass es sich hierbei wohl um den schärfsten Eingriff in die Berufsausübungsfreiheit handelt, der unter besonderem verfassungsrechtlich gefordertem Rechtfertigungsbedarf steht. Eine Ausweitung unabhängiger Beratung ist zudem in vielen Bereichen praktisch nicht realisierbar und bringt die Gefahr mit sich, dass die betroffenen Berufe künftig nicht mehr als finanziell lukrativ wahrgenommen werden und eine entsprechende Unterversorgung droht. So resultiert der Verdienst der Angehörigen klassischer Professionen etwa nicht in erster Linie aus Beratungshonoraren, sondern aus der Erbringung der dem Ratnehmer jeweils empfohlenen Leistung. Vor diesem Hintergrund lässt sich bereits an dieser Stelle festhalten, dass die unabhängige Beratung wohl auch künftig eher ein Nischendasein fristen wird und sich über die dargestellten praktischen Fälle hinaus kaum entwickeln dürfte.

b) Standesethos, professionelles Selbstverständnis und Notwendigkeit gesetzlicher Zuwendungsverbote mit strafrechtlicher Flankierung

aa) Standesethos und professionelle Ethik als begrenzt wirksame Regulative

Die für die Fremdinteressenwahrung im Ausgangspunkt unglückliche Verbindung von Beratung und Leistung bedarf somit anderer Sicherungsmechanismen. Für den Phänotyp der Beratung durch Angehörige klassischer Professionen wird insoweit zumeist auf das Standesethos bzw. eine professionelle Ethik gesetzt. Der Begriff des Ethos kennzeichnet eine „ethisch durchwirkte" sittliche Vorstellung, die für das Handeln und Verhalten prägend ist[15]. Eine Profession wird nach der überkommenen Vorstellung, anders als ein gewöhnlicher Beruf, um ihrer selbst willen und nicht etwa zur Erwirtschaftung einer Lebensgrundlage, zum Zweck der Gewinnerzielung oder gar aus Eigensucht ausgeübt. Das moderne ärztliche Ethos etwa, das seine Wurzeln in dem berühmten Eid

---

[13] Umfänglicher jetzt *Kumpan*, Der Interessenkonflikt im deutschen Privatrecht, S. 227ff.

[14] § 4, S. 37 (sub 1).

[15] Vgl. *Böckenförde*, Vom Ethos der Juristen, S. 9f.

des *Hippokrates von Kos* findet[16], fordert die kunstgerechte Ausübung der Tätigkeit und stellt dabei das Wohl des Patienten und sowie dessen Selbstbestimmung und Autonomie in den Vordergrund[17]. Daher, „kann und darf die tragende Idee des Arztes nie und nimmer eine Gewinnabsicht, eine geschäftliche sein. Ärztliches Handeln kann nie in erster Linie auf den Erwerb gerichtet sein, wie es etwa der Sinn und Inhalt des Berufs des Kaufmanns ist[18]". Das Ethos der modernen kontinentaleuropäischen Juristen kennzeichnet in ähnlicher Weise die kunstgerechte Interpretation und Anwendung des Rechts. In der parteiischen Rechtsberatung tritt die Fremdinteressenwahrung hinzu, in deren Lichte eingeräumte Handlungsspielräume zu nutzen sind[19]. Bei alledem erzeugen die beratenden Professionen seit jeher den Eindruck, dass die Selbstbindung an ein fremdinteressenwahrendes Standesethos für den Umgang mit Interessenkonflikten nicht nur geeignet, sondern auch ausreichend sei.

Historisch war die Ausübung einer Profession eher gehobenen gesellschaftlichen Schichten vorbehalten und damit Personen, die aufgrund ihrer typischerweise geburtsbedingt privilegierten Lebensverhältnisse auf eine erwerbswirtschaftliche Betätigung nicht unbedingt angewiesen waren. So waren etwa die römischen Rechtsgelehrten zunächst ritterlicher Herkunft[20] und entstammten in spätrepublikanischer Zeit den „führenden römischen Geschlechtern"[21]. Vor diesem Hintergrund erklärt sich auch die Entwicklung eines professionellen Selbstverständnisses, das es als standeswidrig ansah, seine Leistung gleich einem gewöhnlichen Lohnarbeiter gegen Entgelt zu erbringen. Als Beispiel zu nennen ist die Rechtsberatung im alten Rom, die zunächst als „Liebhaberei der Vornehmen" und „Zierde des Alters" galt[22] und durch wohlhabende und politisch ambitionierte Männer ausgeübt wurde, die sich auf diesem Weg eine Steigerung ihrer Reputation erhofften. Daher war die Unentgeltlichkeit der Rechtsberatung und der Tätigkeit als Beistand und Fürsprecher vor Gericht streng genommen schon hier nur eine scheinbare. Der Rechtsgelehrte nutze diese Tätigkeit, um die Stimmen der Bürger zu gewinnen und damit letztlich – in den Worten *Ciceros* – *ad opes augendas*, als Mittel zur Gewinnung von Reichtum[23]. Das augenscheinliche Ideal dieser Profession, die mit dem Lohnarbeiter nichts

---

[16] Abgedruckt bei *Heene*, in: Bauer, Medizinische Ethik am Beginn des 21. Jahrhunderts, S. 155, 156 f.

[17] Vgl. *Heene*, in: Bauer, Medizinische Ethik am Beginn des 21. Jahrhunderts, S. 155, 157 f.; zum ärztlichen Berufsethos auch BVerfG NJW 1993, 1751, 1762.

[18] *Müller*, Vom Berufsethos des Arztes, S. 7; zu einer vor allem dem 16. und 17. Jahrhundert zugeschriebenen Notwendigkeit eines gewissen kaufmännischen Talents s. aber *Noack/Fangerau*, in: Schulz/Steigleder/Fangerau/Paul, Geschichte, Theorie und Ethik der Medizin, S. 77, 79.

[19] Hierzu *Böckenförde*, Vom Ethos der Juristen, S. 18 ff., 22.

[20] *Kunkel*, Die römischen Juristen, S. 50 ff.

[21] *Kunkel*, Die römischen Juristen, S. 53 f.

[22] *Weißler*, Geschichte der Rechtsanwaltschaft, S. 92.

[23] *Weißler*, Geschichte der Rechtsanwaltschaft, S. 93.

gemein haben wollte, war also bereits im alten Rom zunehmend verblasst. Die zunächst noch standesethisch postulierte Unentgeltlichkeit der Rechtsberatung wurde durch die Praxis der Annahme von Ehrengaben (*honorarium*) aufgeweicht. Diese wurden zunächst als eine schenkweise Anerkennung begriffen, bis sie derart üblich wurden, dass das Honorar gleich dem Lohn den Charakter einer geschuldeten und klageweise durchsetzbaren Gegenleistung erhielt. Klagen über die Advokatur, die sich „die besten Stücke von Feld und Vieh" versprechen ließ, sind dokumentiert[24]. Unter *Diokletian*, von 284 bis 305 römischer Kaiser, wurde bereits eine Gebührenordnung für den *orator*, den vor Gericht als Rechtsbeistand auftretenden Redner, erlassen. Es entstand eine unter Zulassungsbeschränkung gestellte berufsmäßige Advokatur, die allerlei staatliche Privilegien bis hin zur Befreiung von Staatslasten genoss[25].

In einer dem Prinzip der freien Marktwirtschaft verpflichteten modernen Gesellschaft, die den Anspruch hat, jedem Einzelnen ungeachtet seiner Herkunft die Chance beruflicher Freiheitsausübung zu eröffnen, wirkt das überkommene Selbstverständnis der Profession doch etwas romantisch und wirklichkeitsfremd. Das Standesethos ist längst wohl mehr die Beschreibung eines Wunsch- und zunehmend weniger die eines Istzustands. Die als Bestandteil der Selbstbestimmung begriffene wirtschaftliche Gestaltungsfreiheit wurde von den freien Berufen längst entdeckt und wird von diesen zunehmend in Anspruch genommen[26]. Die Erosion des berufsständischen Ethos, der zunehmend „nur noch als Schranke" und nicht mehr „als Inhalt" der professionellen Interessenwahrnehmung begriffen wird, lässt sich seit längerem beobachten[27]. Auf die aktuelle Diskussion zur Bekämpfung der Korruption im Gesundheitswesen wurde bereits hingewiesen[28]. Es kann so kein ernstlicher Zweifel daran bestehen, dass auch die Angehörigen einer Profession diese nicht nur in aller Regel, sondern in erster Linie auch der Schaffung einer angemessenen Lebensgrundlage und weitergehend auch der Gewinnerzielung wegen[29] ausüben und damit in ihrer Berufsausübung in erheblichem Maße durch eigene Verdienstinteressen und andere eigensüchtige Motive geleitet werden. Dem entspricht etwa auch das für den Rechtsanwalt geltende Werberecht. Dieses hat sich praktisch inzwischen dem in gewöhnlichen Berufen geltenden Grundsatz der Werbefreiheit angenähert und lässt Beschränkungen *cum grano salis* nur noch zu, wenn

---

24 Zum Codex Theodosianus s. *Weißler*, Geschichte der Rechtsanwaltschaft, S. 96.

25 Zum Ganzen *Weißler*, Geschichte der Rechtsanwaltschaft, S. 94 f.

26 *Stürner*, Markt und Wettbewerb, S. 131 ff.

27 *Stürner*, NJW-Sonderheft 4. Hannoveraner ZPO-Symposion, S. 9, 13 zum anwaltlichen Ethos.

28 § 4, S. 309 (sub a).

29 Das räumen selbst Standesvertreter ein, vgl. für die Profession der Rechtsanwaltschaft *Scharf* BRAK-Mitt. 2006, 11, 12: „Normales" Gewinnstreben; schärfer *Zuck* BRAK-Mitt. 1985, 63: „hat es immer den Verdacht gegeben, die Aussicht auf Gebühren, nicht die Sache, bestimmten das anwaltliche Handeln".

es sich um reklamehafte Anpreisungen handelt, die Werbung irreführend oder auf die Erteilung eines Auftrags im Einzelfall ausgerichtet ist[30]. Selbst diejenigen, die die Erwerbsorientiertheit etwa des ärztlichen Handelns eher in den Hintergrund rücken, müssen einräumen, dass der „hohe materielle Wohlstand früherer und auch teilweise noch jetziger Ärzte ein Hauptanziehungspunkt" und damit ausschlaggebend für die Berufsauswahl ist[31]. Auch hier werden die „Gefahr des Einschleichens ... geschäftlicher Motive und des Missbrauchs ärztlichen Handelns" sowie die Notwendigkeit „besonderer Wachsamkeit" gesehen[32].

Hinzu kommt, dass die Angehörigen einer Profession ihre Tätigkeit häufig in der Form eines freien Berufs ausüben, d.h. gekennzeichnet nicht nur durch die „Unabhängigkeit in der gesamten Berufsgestaltung" unter Gewährleistung der freien Verfügung über die eigene Arbeitskraft, sondern auch durch die Tragung des vollen wirtschaftlichen Risikos[33]. Wo das, wie etwa bei angestellten Ärzten oder Rechtsanwälten, nicht der Fall ist, wirkt das dem Träger der diesen beschäftigenden Einrichtung zugewiesene wirtschaftliche Risiko über direkte Weisungen oder, subtiler, aufgrund von an das berufliche Fortkommen geknüpfte Erwartungen auf die konkrete Berufsausübung ein. Das Interesse der häufig in privater Trägerschaft geführten Institution an Gewinnmaximierung nimmt auf dem Umweg über solche Abhängigkeiten Einfluss auf die Interessengerichtetheit professionalisierter Leistungserbringung[34]. Vor diesem Hintergrund ist der Interessenkonflikt als Gefahr für den Leistungsnehmer auch in professionellen Leistungsbeziehungen mit einem ausgeprägten berufsethischen Selbstverständnis wie dem Arzt-Patientenverhältnis allgegenwärtig. Die erwerbswirtschaftliche Ausrichtung ist auch für die Professionen augenfällig und eine Gefahr für die dadurch betroffenen Rechtsgüter und Interessen Dritter dürfte gerade in der Negierung dieser Grundausrichtung bestehen. Das Vertrauen auf ein standesethisches Selbstverständnis und in die Pflege eines Berufsethos zur Herstellung und Sicherung einer verfassungsrechtlich geforderten und rechtspolitisch erwünschten Interessenwahrung würde ohne flankierende staatliche Regulierung offensichtlich zu kurz greifen[35].

---

[30] Vgl. §§ 43b BRAO, 6 Abs. 1 BORA; zum Ganzen *Böhnlein*, in: Feuerich/Weyland, Bundesrechtsanwaltsordnung, § 43b Rn. 1; grundlegend BVerfGE 76, 196, 207ff. – Zweiter Bastille-Beschluss. Zu der noch weitergehenden Freiheit anwaltlicher Werbung in den USA s. den Überblick bei *Prütting*, in: Henssler/Prütting, Bundesrechtsanwaltsordnung, § 43b Rn. 7.

[31] *Müller*, Vom Berufsethos des Arztes, S. 7f.

[32] *Müller*, Vom Berufsethos des Arztes, S. 10.

[33] BVerfGE 16, 286, 294.

[34] Zum Angestelltenverhältnis als Gefahr für die anwaltliche Unabhängigkeit s. *Stürner/Bormann* NJW 2004, 1481, 1482; aufgegriffen von *Gaier* BRAK-Mitt. 2006, 2, 3, 6.

[35] Anders wohl *Müller*, Vom Berufsethos des Arztes, S. 10: „Es bedarf einer besonderen Wachsamkeit, einer beständigen Überwachung unseres Tuns durch das Gewissen...".

bb) Grundsätzliche Notwendigkeit weitergehender Regulierung

Die Verbindung von Beratung und Leistungstransfer, das sich auch in den klassischen Professionen zunehmend bahnbrechende vergütungs- und fortkommensbedingte Eigeninteresse, namentlich der auf angestellte professionelle Ratgeber wirkende Wirtschaftlichkeitsdruck machen die organisationsrechtliche Sicherung der Fremdinteressenwahrung zu den großen Herausforderungen der Gegenwart[36]. Die im Weiteren zu diskutierenden Regulierungsinstrumente sind daher auch für die Beratung durch Angehörige klassischer Professionen von besonderer Bedeutung und zur institutionellen Absicherung des standesethischen Selbstverständnisses grundsätzlich erforderlich. An erster Stelle steht dabei die Bekämpfung der Korruption durch eine ausdrückliche Normierung von Zuwendungsverboten und ihre strafrechtliche Absicherung.

c) Regulierung von Vergütungssystemen

aa) Anreizpotenziale

(1) Problemaufriss

Im Rahmen der Unternehmensführung werden Anreize gezielt eingesetzt, um die Beiträge der Mitarbeiter zur betrieblichen Wertschöpfung zu erhöhen[37]. Während anfänglich auch negative Anreize, etwa in Gestalt von Sanktionen, stärker diskutiert wurden, stehen heute die positiven Anreize etwa durch monetäre und nicht monetäre Vorteile einschließlich besserer Arbeitsbedingungen im Vordergrund[38]. Dass dabei das Interesse an der betrieblichen Wertschöpfung häufig im Konflikt mit den Interessen eines Ratnehmers steht, liegt auf der Hand. Auch ungeachtet solcher Strategien ist ein Vergütungssystem ohne jedwedes Anreizpotenzial praktisch kaum denkbar. Bei der Regulierung von Vergütungssystemen durch Beseitigung oder – bescheidener – Eingrenzung beiläufig existierender oder eigens geschaffener vergütungsbedingter Fehlanreize dürfte es sich um den wichtigsten Beitrag des Organisationsrechts zur Begrenzung von Eigen- und Drittinteressen in der Beratung handeln.

Die im Bereich des beratenden Absatzes von Produkten und Leistungen tatsächlich vorkommenden Vergütungsmodelle sind vielgestaltig und ihre jeweili-

---

[36] Vgl. *Badle* NJW 2008, 1028, 1033, der „in Anbetracht des stetig wachsenden Kostendrucks ... auf dem Gesundheitsmarkt" für die kommenden Jahre eine Konjunktur von Betrug und Korruption erwartet.

[37] Vgl. statt vieler *Suchanek/Lin-Hi* ZfCM 2011, Sonderheft 3, S. 12; *Schanz*, in: Schanz, Handbuch Anreizsysteme, S. 5, 8, 12 ff.; *v. Manstein*, in: Schanz, ebd., S. 777, 779 f.; *Schneider*, in: Schanz, ebd., S. 881, 883.

[38] Zu den Anreizwirkungen von Mitarbeiter-Kapitalbeteiligungen s. etwa *Schneider*, in: Schanz, Handbuch Anreizsysteme, S. 881; zu nichtmateriellen Anreizen umfassend *Schulz*, Nichtmaterielle Anreize als Instrument der Unternehmensführung, S. 66 ff., 88 ff., 110 ff., 131 ff.

ge Wirkung auf eine fremdinteressenwahrende Beratung ist in den einzelnen Teilrechtsgebieten noch längst nicht hinreichend empirisch untersucht[39]. Im Rahmen der vorliegenden Abhandlung können lediglich einige verallgemeinerungsfähige Grundlinien skizziert werden. Dabei ist im Grundsatz zwischen der Beratung über eigene Leistungen und der Beratung (auch) über Leistungen Dritter zu unterscheiden, wobei monetäre und nicht monetäre Vorteile aufgrund der beiden gleichermaßen innewohnenden Anreizpotenziale gleichgestellt werden können.

(2) Anreizpotenziale und Beratung über eigene Leistungen

Bei der Beratung über eigene Leistungen kommt zunächst eine Vergütung der beratenden Tätigkeit selbst in Betracht. Unter dem Gesichtspunkt potenzieller Fehlanreize ist das noch unproblematisch, weil ein eigenes Interesse des Ratgebers an einem bestimmten Entscheidungsverhalten allein dadurch nicht befördert werden dürfte. Problematisch ist demgegenüber, dass der Ratgeber daran interessiert sein wird, das Entscheidungsverhalten in Richtung des Absatzes seiner eigenen Leistung zu beeinflussen. Die Verbindung von Beratung und Leistungserbringung setzt damit allgemein Anreize gegen ein im Einzelfall interessengerechtes Abraten. Bestehen mehrere positive Handlungsoptionen mit unterschiedlicher Vergütungshöhe, besteht ein zusätzlicher Anreiz dahin, diejenige Handlungsoption zu empfehlen, an der der Ratgeber am meisten verdient. Das Leistungshonorar kann sich dabei als Pauschalentgelt, als stundenweise berechnetes Entgelt oder als Mischform darstellen. Dabei kommt auch eine erfolgsabhängige Ausgestaltung des Leistungshonorars mit dadurch verstärkten Fehlanreizen in Betracht. Man denke etwa an das anwaltliche Erfolgshonorar in Gestalt der Streitanteilsvergütung (*quota litis*), das für den Ratgeber gegenüber der gesetzlichen Wertgebühr oder einer stundenweisen Vergütung besonders lukrativ sein kann. Der gestörte Interessengleichlauf aufgrund ungleicher Erfolgswahrscheinlichkeiten paralleler Mandate und der Konkurrenz zwischen erfolgsorientierter und wertorientierter Vergütung wurden gegenüber der vom *Bundesverfassungsgericht* geforderten ausnahmsweisen Zulassung des anwaltlichen Erfolgshonorars[40] eindringlich artikuliert[41]. Die Beratung sowohl über eigene Leistungen als auch über Leistungen Dritter bringt schließlich den Anreiz mit sich, die eigenen Leistungen bedarfsunabhängig in den Vordergrund zu stellen.

[39] Vgl. etwa auch den Hinweis auf die bisher wenig untersuchten Anreizwirkungen durch das Kostenrecht des Zivilprozesses von *Wagner*, abgedruckt bei *Heese* ZZP 128 (2015), 99, 102.

[40] BVerfG NJW 2007, 979.

[41] Zum Ganzen und zugleich mit zutreffender Kritik an dem Versuch eines informationsbasierten Ausgleichs der erzeugten Fehlsteuerung *Stürner*, NJW-Sonderheft 4. Hannoveraner ZPO-Symposion, S. 9, 10f.

(3) Anreizpotenziale und Beratung über fremde Leistungen

Auch bei der Beratung über fremde Leistungen durch selbständige oder abhängig beschäftigte Ratgeber kommt zunächst die ergebnisoffene Vergütung der Beratung selbst in Betracht. Stattdessen oder auch daneben droht durch erfolgsabhängige Vermittlungsprovisionen, die der Drittanbieter der beratungsgegenständlichen Leistung dem Ratgeber in Aussicht stellt, eine interessenwidrige Empfehlungspraxis gegen ein im Einzelfall interessengemäßes Abraten[42]. Mit mehreren positiven Handlungsoptionen verbundene Unterschiede in der Provisionshöhe können von Dritten gezielt eingesetzt werden, um den beratenden Absatz bestimmter Leistungen ungeachtet ihrer Bedarfsgerechtigkeit im Einzelfall zu befördern[43]. Eine über das konkrete Beratungsgeschäft hinausgehende Beteiligung des Ratgebers am Geschäftserfolg seines Arbeitgebers[44] oder des sonst mit ihm vertraglich verbundenen Dritten setzt einen generellen Anreiz zu einer interessenwidrigen Steigerung des Produktabsatzes. Zudem ist davon auszugehen, dass allein die unangemessene Höhe einer Erfolgsprovision eine interessenwidrige Beratung begünstigt. In verhaltenswissenschaftlichen Studien wurde etwa nachgewiesen, dass hohe Bonuszahlungen an Führungskräfte sowohl signifikanten Einfluss auf deren Risikobereitschaft haben[45] als auch zu einer Verringerung der Entscheidungsqualität führen[46]. Vergleichbar spricht vieles dafür, dass die bekannt gewordenen Missbräuche im Bereich des beratenden Vertriebs privater Krankenversicherungen[47] auch auf die unangemessene Höhe der den selbständigen Vermittlern versprochenen Provisionen zurückzuführen sind.

---

[42] Für den Bereich der Versicherungsberatung durch Versicherungsvermittler s. nur *Höckmayr*, Wandel der Beratungsqualität auf dem Versicherungsvermittlungsmarkt, S. 86 ff.; zur Anlegerberatung s. *Mülbert* ZHR 177 (2013), 160, 191 f.

[43] Hierzu statt vieler *Richter/Schiller*, in: FS Rudolph, S. 319, 327 f., allerdings zugleich mit dem schwerlich plausiblen Befund, dass sich die optimale Produktauswahl des Vermittlers durch einen „funktionierenden Provisionswettbewerb zwischen Versicherungsunternehmen" erreichen ließe. Die dahinter stehende (rationale) Annahme, dass unter den Ratnehmern die Bereitschaft zur Zahlung höherer Provisionen für höherwertigere Produkte besteht, geht an der Wirklichkeit letztlich vorbei.

[44] Hierzu *Schneider*, in: Schanz, Handbuch Anreizsysteme, S. 881.

[45] *Chen/Steiner/Whyte*, 30 Journal of Banking & Finance, 915, 916 ff. (2006); *Coles/Daniel/Naveen*, 79 Journal of Financial Economics, 431 ff. (2006).

[46] Vgl. *Ariely/Gneezy/Loewenstein/Mazar*, 76 Review of Economic Studies, 451, 452 ff. (2009). Das aus unverhältnismäßigen Vergütungen resultierende Anreizpotenzial zu interessenwidriger Aufgabenerfüllung liegt unter anderem auch der aktuellen Diskussion um die Notwendigkeit einer Begrenzung der Vorstandsvergütung zugrunde, vgl. BT-Drucks. 17/14241, S. 15.

[47] Die gezielte Ausnutzung der Gewinnerzielungsabsicht selbständiger Vermittler durch etablierte Versicherungsunternehmen beschreibt etwa Der Spiegel, Nr. 47/2010, S. 105 ff. (Fall MEG AG).

bb) Regulierungsansätze

Im Rahmen der vorliegenden Abhandlung lassen sich erfolgversprechende Regulierungsansätze lediglich aufzeigen. Eine konkrete Untersuchung, die die Besonderheiten in den Teilrechtsgebieten zu beachten haben wird, muss an anderer Stelle erfolgen und sollte die Erkenntnisse der modernen Verhaltenswissenschaften einbeziehen und ausbauen[48]. Im Rahmen der regulativen Begrenzung vergütungsbedingter Fehlanreize ist zwischen der Regulierung der Vergütungshöhe, dem Verbot bestimmter Vergütungsformen sowie bloßer Vergütungstransparenz zu unterscheiden. Letztere fördert die Wahrnehmung vergütungsbedingter Fehlanreize und deren eigenverantwortliche Bewältigung durch den Ratnehmer, ist damit weitaus weniger effektiv und konstruktiv den verhaltensbezogenen Vorgaben zuzuordnen. Bei den eingängigen Regulierungsinstrumenten ist wiederum zwischen der Beratung über eigene Leistungen und der Beratung über fremde Leistungen zu unterscheiden. Auf einem Gradmesser der Regulierungsintensität dürfte eine *disponible Festlegung des Gebührenrahmens* (Wertgebühr) für die Beratung über eigene Leistungen am vergleichsweise geringsten in die Berufsfreiheit der handelnden Akteure eingreifen. Mit der Zulassung der Abweichung von diesen Vorgaben wird allerdings typischerweise die Erwartung verbunden sein, dass die Abweichung eher die Ausnahme, die Anwendung des gesetzlichen Gebührenschemas eher die Regel bleiben wird. Insoweit bestehen durchaus Parallelen zu der Typisierung des dispositiven zivilrechtlichen Pflichtenprogramms[49].

Die *Pflicht zu einer Vergütung der beratenden Tätigkeit* selbst dürfte Anreize zu einem interessewidrigen Empfehlungsverhalten durchaus spürbar begrenzen. Dafür spricht jedenfalls dann einiges, wenn das Beratungshonorar in seiner Höhe nicht allzu sehr hinter den Leistungshonoraren zurückbleibt. Der Anreiz, weitergehende Gebührentatbestände durch eine interessenwidrige Beratung auszulösen, wird auf diesem Wege letztlich aber nicht beseitigt. Die Regulierung der Vergütung einzelner Handlungsoptionen wird in erster Linie dem damit jeweils verbundenen Aufwand Rechnung zu tragen haben. Daher ist es schwerlich möglich, den aufgezeigten Fehlanreizen durch unterschiedlich vergütete Handlungsoptionen auf diesem Wege entgegen zu wirken. Allerdings spricht manches dafür, die Zulässigkeit der Vereinbarung von Erfolgshonoraren auf Ausnahmetatbestände zu begrenzen, um die dadurch bedingten qualifizierten Anreize zu minimieren.

Bei der Beratung über fremde Leistungen durch abhängig beschäftigte oder selbständige Ratgeber würde die *Festlegung* des Ratgebers *auf ein fixes* Arbeitsentgelt bzw. *Beratungshonorar* begleitet von einem *generellen Verbot von erfolgsorientierten Provisionen*, Prämien und sonstigen Zuwendungen durch

---

[48] Eingehender jetzt *Kumpan*, Der Interessenkonflikt im deutschen Privatrecht, S. 227 ff.

[49] Hierzu schon § 1, S. 2 (sub 1).

den Arbeitgeber und Dritte der Vermeidung von Fehlanreizen am ehesten gerecht. Wenn man soweit nicht gehen wollte, wäre zumindest angezeigt, die *Einheitlichkeit von Erfolgsprovisionen* sicher zu stellen, damit der Ratgeber keinen Anreiz hat, ein bestimmtes Produkt oder eine bestimmte Leistung nur deshalb zu empfehlen, weil insoweit eine höhere Provision in Aussicht steht. Einem durch unterschiedliche Handlungsoptionen bedingten unterschiedlichen Aufwand wäre bei der Beratung über fremde Leistungen, anders als bei der Beratung über eigene Leistung jedenfalls nicht notwendig Rechnung zu tragen, da der entsprechende Leistungsaufwand nicht beim Ratgeber selbst, sondern beim jeweiligen Drittanbieter der Leistung anfällt, der den Aufwand seinerseits unmittelbar in seine Gegenleistung einpreisen kann. Sofern man die Zahlung erfolgsabhängiger Provisionen anstelle der Begrenzung auf ein Beratungshonorar zulassen wollte, wäre es immerhin bedenkenswert, die *Provisionen* auf eine angemessene, d.h. geschäftsadäquate Höhe *zu begrenzen.*

Problematisch bleibt die Regulierung der Vergütung von Ratgebern, die sowohl über eigene Leistungen als auch über Leistungen Dritter beraten. Idealiter wären *eigene Gewinnspannen und die Höhe von Erfolgsprovisionen zu parallelisieren.* Dabei wäre allerdings wiederum dem mit der eigenen Leistung verbundenen Aufwand Rechnung zu tragen, wodurch Vergütungsunterschiede und dadurch bedingte Fehlanreize vielfach nicht vermeidbar sein werden. Nach alledem ist deutlich geworden, dass die Regulierung der Vergütung einigen typischen vergütungsbedingten Fehlanreizen entgegen zu wirken geeignet sein dürfte. In anderen Fällen scheitert eine weitergehende Regulierung an der Notwendigkeit, eine aufwandsbedingte Vergütung zu gewährleisten.

d) Sicherung persönlicher Unabhängigkeit durch beschränkte Kontrollrechte Dritter

Anreize zu einer fremdinteressewidrigen Beratung resultieren bei weitem nicht allein aus Vergütungssystemen, sondern sind in besonderer Weise auch bedingt durch das Maß der persönlichen Unabhängigkeit des Ratgebers gegenüber externen Einflüssen und externer Verhaltenskontrolle. Insoweit ist grundlegend zu unterscheiden zwischen Ratgebern, die als abhängig beschäftige Arbeitnehmer in eine Organisation eingebunden sind, und selbständigen Ratgebern, die durch Kooperationsvereinbarungen mit am Ratgeberverhalten interessierten Dritten verbunden sind. Als typisches Kontrollinstrument gegenüber abhängig beschäftigten Ratgebern fungiert das Weisungsrecht des Arbeitgebers, das etwa durch die Vorgabe der Empfehlung bestimmter Handlungsoptionen konkretisiert werden könnte. Regulatorische Maßnahmen wären darauf zu richten, eine konfligierende Eigeninteressen verwirklichende Einflussnahme durch entsprechende Weisungsverbote gezielt zu unterbinden[50]. Kooperationsverträ-

---

[50] Zur Sicherung der persönlichen Unabhängigkeit des angestellten Anwalts wurde etwa

ge mit selbständigen Ratgebern wären vergleichbaren inhaltlichen Beschränkungen zu unterwerfen. Die praktische Wirksamkeit solcher Regulierung ließe sich mit zivilrechtlichen Mitteln allerdings kaum erzielen; notwendig wäre eine ordnungswidrigkeiten- und strafrechtliche Absicherung. Die persönliche Unabhängigkeit des Ratgebers lässt sich auf diesem Wege durchaus befördern; eine völlige Freistellung von jedweder externer Einflussnahme erscheint demgegenüber mit Blick auf die zahlreichen Möglichkeiten zu einer subtilen Verhaltenssteuerung und den individuellen Fortkommensdrang der Ratgeber kaum realistisch.

e) Vermeidung konfligierender Fremdinteressenwahrnehmung durch Verbotstatbestände und Vertraulichkeitsbereiche

Die Wahrnehmung konfligierender Fremdinteressen lässt sich am ehesten durch entsprechende Verbotstatbestände unterbinden, die ihrerseits straf- oder ordnungswidrigkeitenrechtlich flankiert werden, wie es für das Anwaltsrecht in Gestalt des strafbaren Parteiverrats der Fall ist, vgl. § 356 StGB. In anderen Fällen könnte sich die organisatorische Trennung innerhalb einer konfligierenden Fremdinteressen dienenden Organisation als gegenüber einem solchen Verbot weniger weitreichender Eingriff in die Berufsfreiheit eignen. In diese Richtung geht die aus dem Kapitalmarktrecht bekannte Einrichtung von Vertraulichkeitsbereichen (*chinese walls*), mittels deren nicht allein die Zirkulation von Insiderinformationen unterbunden, sondern auch sicher gestellt werden soll, dass miteinander im Konflikt stehende Fremdinteressen in organisatorisch voneinander getrennten und wechselseitig voneinander abgeschirmten Abteilungen wahrgenommen werden[51]. Die zur Vermeidung von Interessenkonflikten getroffenen organisatorischen Maßnahmen werden durch eine unternehmensinterne Kontrolle und Überwachung (*compliance*) ergänzt[52]. Dass eine solche organisatorische Trennung und ihre – zuvörderst interne – Überwachung mit einigem Aufwand verbunden ist, in tatsächlicher Hinsicht an Grenzen stößt

---

weitergehend vorgeschlagen, das arbeitsvertragliche Direktionsrecht des Arbeitgebers von vorneherein auf organisatorische Fragen zu beschränken; vgl. zum Ganzen *Koch*, in: Henssler/Prütting, Bundesrechtsanwaltsordnung, § 1 Rn. 54; *Fuhrmann*, Rechtsstellung des angestellten Rechtsanwalts, S. 127 ff.; s. auch *Gaier* BRAK-Mitt. 2006, 2, 6; kritisch *Stürner/Bormann* NJW 2004, 1481, 1485.

[51] Zum Ganzen etwa *Eisele/Faust*, in: Bankrechts-Handbuch, § 109 Rn. 141 ff.; *Fett*, in: Schwark/Zimmer, Kapitalmarktrechtskommentar, § 33 WpHG Rn. 39 ff.; s. auch *Fuchs*, in: ders., Wertpapierhandelsgesetz, § 33 Rn. 107 sowie jetzt *Kumpan*, Der Interessenkonflikt im deutschen Privatrecht, S. 295 ff.

[52] Hierzu etwa *Rothenhöfer/Seyfried*, in: Kümpel/Wittig, Bank- und Kapitalmarktrecht, Rn. 3.370 ff.

und im Rahmen einer Interessenabwägung im Einzelfall zurücktreten muss[53], leuchtet unmittelbar ein.

f) Ausschluss persönlicher Näheverhältnisse? – zum Fluch und Segen persönlicher Näheverhältnisse in Beratungssituationen

Beratungssituationen sind häufig zugleich geprägt von einem persönlichen Näheverhältnis zwischen Ratgeber und Ratnehmer, das über ein allgemeines Vertrauensverhältnis deutlich hinausgeht. Die Auswirkung solcher Näheverhältnisse auf die Interessengerichtetheit der Beratung ist dabei durchaus ambivalent. Einerseits besteht die Gefahr, dass der Ratgeber dieses gezielt ausnutzt, um eigene Interessen zur Geltung zu bringen und den Ratnehmer zu einem bestimmten Entscheidungsverhalten zu motivieren. Auf eine dahin gehende Praxis im Bereich des Vertriebs von Anlage- und Versicherungsprodukten wurde bereits im Rahmen der verhaltenswissenschaftlichen Grundlagen der Beratung hingewiesen[54]. Ein persönliches Näheverhältnis ist durchaus geeignet, die Verfolgung von Eigeninteressen durch den Ratnehmer zu beeinflussen, wenigstens aber, diesen weniger wachsam sein zu lassen vor der außerhalb persönlicher Näheverhältnisse eher auffälligen Verfolgung gegenläufiger Ratgeberinteressen. Andererseits wird Beratung bisweilen gezielt auf der Grundlage eines bestehenden persönlichen Näheverhältnisses in Anspruch genommen und ist in vielen Fällen sowohl der gewünschten Vertrauensbildung als auch dem interessewahrenden Engagement des Ratgebers durchaus förderlich. Die Auswirkungen persönlicher Näheverhältnisse auf die Beratungsqualität lassen sich daher nicht generalisieren; allgemein gesprochen ist das persönliche Näheverhältnis vielmehr Fluch und Segen zugleich.

Allerdings scheint es selbst dort, wo sich in der Praxis die nachteilige Auswirkung persönlicher Näheverhältnisse auf die Beratungsqualität gezeigt hat, nicht unbedingt angezeigt, dieses selbst und etwa nach dem Vorbild der für den Richter bekannten Befangenheitsgründe zum Anknüpfungspunkt regulativer Vorgaben zu machen. Dies lässt sich wiederum am Beispiel des Vertriebs von Anlageprodukten und Versicherungen im Rahmen sog. Strukturvertriebe veranschaulichen. Die zumeist auf selbständiger Grundlage tätig werdenden Vertriebsmitarbeiter zeichnen sich im Übrigen auch dadurch aus, dass sie keine oder nur eine geringe fachliche Qualifikation im Hinblick auf die Beurteilung der Bedarfsgerechtigkeit der Produkte und Leistungen haben. Die Einführung bzw. Heraufsetzung von zur Sicherung der Beratungsqualität ohnehin notwendigen Qualifikationsanforderungen verbunden mit einem Registrierungserfordernis dürfte unmittelbar zu einem Rückgang der bei den Strukturvertrieben

---

[53] Vgl. zur Zulassung eines bereichsüberschreitenden Informationsflusses (*wall crossing*) nur *Rothenhöfer/Seyfried*, in: Kümpel/Wittig, Bank- und Kapitalmarktrecht, Rn. 3.344 ff.

[54] § 7, S. 77 f. (sub bb).

typischen Mitarbeiterfluktuation führen. Auf diesem Wege wäre zugleich der absatzfördernde Missbrauch persönlicher Näheverhältnisse faktisch erheblich eingeschränkt. Soweit es um den Vertrieb von Produkten geht, die der sozialen Sicherung im weiteren Sinne dienen, scheint die Zulassung von Strukturvertrieben, die bisweilen eine deutliche Tendenz zu Schneeballsystemen haben, im Übrigen ohnehin problematisch[55]. Ein produkt- und leistungsabhängiges Vertriebswegeverbot wäre insoweit durchaus bedenkenswert.

IV. Berufs- und aufsichtsrechtliche Verhaltenspflichten

1. Pflichtenprogramm

Das Berufs- und Aufsichtsrecht der Beratung erschöpft sich nicht in organisatorischen Vorgaben. Dieses sieht häufig auch konkrete Verhaltensanforderungen für den Ratgeber vor, die in ihrer groben Struktur dem eingehender ausgebreiteten zivilrechtlichen Pflichtenprogramm entsprechen. Dabei ist vergleichbar grundlegend zu unterscheiden zwischen einer berufsrechtlichen Pflicht zur Beratung und Verhaltensanforderungen, die erst an eine überobligatorisch erbrachte Beratung anknüpfen. Konkrete Abbildung findet typischerweise die Pflicht des Ratgebers zur Exploration, zur Abgabe einer vertretbaren Empfehlung und zur empfehlungsbegleitenden Aufklärung. Denkbar ist zudem die Pflicht zur Einhaltung einer Karenzzeit und zur ebenfalls selbstbestimmungsfördernden Dokumentation der Beratung. Eine Pflicht zur Aufklärung über ratgeberbezogene Umstände, namentlich über als solche nicht bereits unterbundene vergütungsbedingte Interessenkonflikte[56], wurde für das zivilrechtliche Verhaltensprogramm tendenziell abgelehnt, weil eine daran geknüpfte zivilrechtliche Haftung des Ratgebers zu einer Fehlzuweisung der im Rahmen von Beratungsverhältnissen bestehenden Risikozuordnung führt[57]. Vergleichbare Bedenken lassen sich gegen mit den Mitteln des Ordnungswidrigkeiten- und Strafrechts effektuierte berufs- und aufsichtsrechtliche Aufklärungspflichten nicht anführen. Es bleibt allerdings dabei, dass die Pflicht zur Aufklärung über erlaubte Interessenkonflikte zu ihrer Vermeidung keinen Beitrag leisten kann[58] und letztlich nur dazu dient, das Risiko der Verwirklichung im konkre-

---

[55] Für eine kritische sozialwissenschaftliche Analyse des Phänomens des Strukturvertriebs s. *Groß*, Multi-Level-Marketing, S. 39 ff., 69 ff.

[56] Hierzu jetzt eingehender *Kumpan*, Der Interessenkonflikt im deutschen Privatrecht, S. 245 ff.

[57] Zum Ganzen § 13, S. 198 f. (sub ff).

[58] Wie hier *Kumpan*, Der Interessenkonflikt im deutschen Privatrecht, S. 246.

ten Fall auf den Ratnehmer zu verlagern[59]. Im Interesse der Beratungsqualität verdient die Vermeidung von Interessenkonflikten den Vorzug.

2. Eigenständige Sanktionierbarkeit beratungstypischer Verhaltenspflichtenverstöße

Während eine Verletzung der Beratungspflicht im Bereich des in erster Linie dem Ausgleich dienenden zivilen Schadensersatzrechts Rechtsfolgen nur nach sich zieht, wenn der Schaden kausal und zurechenbar auf der jeweiligen Pflichtverletzung beruht, eröffnet das Berufs- und Aufsichtsrecht die Möglichkeit, Pflichtverletzungen des Ratgebers ergebnisunabhängig zu sanktionieren. Dem entspricht es, dass im Berufs- und Aufsichtsrecht der Präventionsgedanke im Vordergrund steht. Ein im Bereich der zivilrechtlichen Haftung unter Umständen unerheblicher Verstoß gegen die Pflicht des Ratgebers zur Exploration ratnehmerbezogener Umstände lässt sich etwa im Berufs- und Aufsichtsrecht unabhängig davon sanktionieren, ob dieser für die konkrete Empfehlung oder eine empfehlungsbegleitende Aufklärung letztlich ursächlich wurde.

V. Verhältnis zum Zivilrecht

Die sich nach alledem aufdrängende Frage nach dem Verhältnis zwischen dem Zivilrecht der Beratung und den dargestellten berufs- und aufsichtsrechtlichen Vorgaben betrifft die Grundfrage nach dem Verhältnis zwischen öffentlichem Recht und Privatrecht. Diese Frage, die Gegenstand einer eigenen Abhandlung sein muss, kann für das behandelte Thema letztlich nur angedeutet werden. Im Ausgangspunkt ist zunächst einmal davon auszugehen, dass die statusprägenden und organisatorischen Vorgaben in erster Linie Gegenstand des Berufs- und Standesrechts der freien Berufe, im Übrigen des Aufsichts- und Gewerberechts sind. Demgegenüber sind die transaktionsbezogenen Vorgaben an die Beratung der typische Gegenstand des Zivilrechts, was sich vor dem Hintergrund, dass es hierbei um Verhaltensanforderungen zwischen Privaten geht, ungeachtet der Geltung der Privatautonomie zunächst einmal von selbst versteht. Gleiches gilt für Instrumente zur Begrenzung konfligierender Drittinteressen, soweit diese die Rechtsbeziehungen zwischen selbständigen und abhängig beschäftigten Ratgebern und Dritten gestalten.

Die statusprägenden und organisatorischen Vorgaben des Berufs- und Aufsichtsrechts bleiben für das Zivilrecht indes nicht notwendig bedeutungslos.

---

[59] Einen dadurch bewirkten realistischen Selbstschutz sieht dagegen *Kumpan*, Der Interessenkonflikt im deutschen Privatrecht, S. 230 f., 245 ff., 615; vgl. schon § 13, S. 188 ff. [sub (3)].

Während Verbotsgesetze i.S.d. § 134 BGB aufgrund der zumeist inadäquaten Nichtigkeitsfolge kaum eine Rolle spielen, liegt die Annahme eines deliktischen Schutzgesetzes i.S.d. § 823 Abs. 2 BGB mit Blick auf die zumindest auch individualschützende Funktion dieser Regelungen vielfach nahe. Die statusprägenden und organisatorischen Vorgaben des Berufsrechts finden bisweilen schließlich im Rahmen der zivilrechtlichen Organisations- und Verhaltenspflichten eine Entsprechung. Der im Jahr 1983 vom *Bundesgerichtshof* entschiedene Fall zur „Anfängeroperation" eines im organisierten Krankenhausdienst angestellten Assistenzarztes mag insoweit als Beispiel genügen[60]. Während die Vorinstanz dem für die Einteilung der Operateure verantwortlichen leitenden Arzt noch (lediglich) die mangelnde Aufklärung des Patienten über das dadurch gesteigerte Operationsrisiko vorwarf, sah der BGH in der Übertragung des Eingriffs an den noch nicht hinreichend qualifizierten Assistenzarzt einen ärztlichen Behandlungsfehler oder treffender: die Verletzung einer berufstypischen Organisations- und Überwachungspflicht. Für den handelnden Assistenzarzt selbst zog dagegen auch der BGH neben einer Haftung aufgrund Übernahmeverschuldens eine Pflicht zur Aufklärung des Patienten in Betracht.

Von weitaus größerer praktischer Bedeutung ist die Frage nach dem Verhältnis beider Regelungsbereiche, soweit es die bisweilen detaillierten transaktionsbezogenen Verhaltensvorgaben des Berufs- und Aufsichtsrechts betrifft. Grundlage sowohl der ärztlichen wie der anwaltlichen Beratungspflicht ist etwa nicht lediglich ein zwischen den Parteien geschlossener Beratungsvertrag. Die Beratungspflicht der Angehörigen klassischer Professionen findet ihre Grundlage nach richtigem Verständnis vielmehr auch und bisweilen ungeschrieben im Berufsrecht der jeweiligen Profession[61]. Im Bereich der Kapitalanlageberatung wurden in den vergangenen Jahren in erheblichem Umfang transaktionsbezogene Verhaltensvorgaben im Aufsichtsrecht implementiert. Diese finden ihre Grundlage in europäischen Richtlinienvorgaben, die ihrerseits in erheblichem Umfang durch das U.S.-amerikanische Aufsichtsrecht mit seiner *suitability*-Doktrin und neuerdings auch vom englischen Kapitalanlegeraufsichtsrecht inspiriert wurden[62]. Im Regelfall, d.h. soweit der Gesetzgeber keine besonderen Vorgaben etwa im Sinne einer Doppelnatur berufs- oder aufsichtsrechtlicher Verhaltensvorgaben trifft, ist nach richtigem Verständnis von einer Eigenständigkeit des zivilrechtlichen Pflichtenprogramms auszugehen. Der historisch gewachsenen Autonomie des Zivilrechts würde es widersprechen, wenn man ohne besonderen Grund von einer Folgepflicht ausgehen würde. Das hat zur Folge, dass die Zivilgerichte im Rahmen der Konkretisierung ratgeberbezogener Verhaltenspflichten sowohl hinter den aufsichtsrechtlichen Vorgaben zu-

---

[60] BGHZ 88, 248.
[61] Hierzu noch am Beispiel des Anwaltsrechts § 15, S. 344 (sub c).
[62] Hierzu noch § 16, S. 400ff. (sub dd).

rückbleiben als auch über diese hinausgehen können. Die berufs- und aufsichtsrechtlichen Regelungen verstehen sich daher im Regelfall als Inspirationsquelle für die richterliche Rechtsfortbildung. Die vorstehenden Grundsätze sollen noch am Beispiel der Kapitalanlageberatung weiter veranschaulicht werden[63].

---

[63] § 16, S. 411 ff. (sub 3).

Kapitel V

Ausgewählte Teilrechtsgebiete

§ 15 Anwaltsrecht

I. Einführung

Nachdem sowohl die allgemeine Zivilrechtsdogmatik der Beratungspflichten als auch die komplementäre Dogmatik des Berufs- und Aufsichtsrechts entfaltet wurde, soll die Themenstellung in einem letzten Schritt auf einzelne ausgewählte beratungsrelevante Teilrechtsgebiete heruntergebrochen werden. Das Ziel dieses Vorgehens ist es, den bereits im Rahmen der allgemeinen Dogmatik erbrachten „Anbeweis" der der Abhandlung einleitend vorangestellten Konvergenzthese zu vollenden. Die nachfolgenden Ausführungen haben keinen Anspruch auf Vollständigkeit, zumal dieser weniger einer wissenschaftlichen Abhandlung als einer handbuchartigen Darstellung ansteht. Es geht vielmehr darum, die herausgearbeiteten verallgemeinerungsfähigen Strukturen in den einzelnen Teilrechtsgebieten, soweit noch nicht beiläufig geschehen, nochmals sichtbar werden zu lassen und auf teilrechtsgebietstypische Besonderheiten hinzuweisen.

Das Anwaltsrecht zählt zu den wichtigsten Anwendungsfällen der Beratung durch Angehörige klassischer Professionen. Die anwaltliche Beratung kann auch dem Schutz höherrangiger Rechtsgüter dienen. Im praktischen Vordergrund steht indes die vermögensgerichtete Rechtsberatung. Die nachfolgenden Ausführungen lassen sich weitgehend auf die Beratung durch Steuerberater übertragen. Während in der Rechtsprechung Konvergenzüberlegungen zwischen beratungsrelevanten Teilrechtsgebieten allgemein eher die Ausnahme darstellen, nennt der BGH, sicherlich auch befördert durch die Zuständigkeit nur eines Senats, die Pflichten des beratenden Rechtsanwalts und die des Steuerberaters seit jeher regelmäßig in einem Atemzug[1].

Im Rahmen der allgemeinen Dogmatik sollte der zivilrechtlichen Schwerpunktsetzung auch dadurch Rechnung getragen werden, dass die Zivilrechtsdogmatik dem Berufs- und Aufsichtsrecht vorangestellt wurde. Im Rahmen der Einzelthemen soll das Berufs- und Aufsichtsrecht dagegen dem Zivilrecht vor-

---

[1] Vgl. *pars pro toto* BGH NJW 1992, 1695, 169; NJW-RR 1992, 1110, 1112; s. auch *Fischer* NJW 1999, 2993.

weggehen. Dieser Wechsel in der Darstellungsform steht sinnbildlich für die in der Abhandlung deutlich gewordene erhebliche wechselseitige Beeinflussung von Beruf- bzw. Aufsichtsrecht und Zivilrecht.

II. Berufsrecht der anwaltlichen Beratung

1. Rechtsgrundlagen

Den Kern des anwaltlichen Berufsrechts bildet die Bundesrechtsanwaltsordung, die durch die Berufsordnung für Rechtsanwälte, die Fachanwaltsordnung und das Rechtsanwaltsvergütungsgesetz ergänzt wird. Unterteilt wird das Berufsrecht traditionell in formelles und materielles Recht, wobei letzteres neben dem Zivil- und Strafrecht die Funktion hat, das Verhalten der Rechtsanwälte gegen das normale Marktverhalten zu steuern[2]. Die Steuerungsziele des materiellen Berufsrechts sind in der Funktion der anwaltlichen Tätigkeit zu suchen, die sich ihrerseits nicht ohne die Einbeziehung der Funktion des Verfahrensrechts bestimmen lässt. Im Bereich der vorliegend vor allem interessierenden Verfolgung privater Rechte wird man zunächst einmal davon auszugehen haben, dass es nicht notwendig die Aufgabe des Prozesses ist, die historische Wahrheit festzustellen, sondern den Sachverhalt und die Rechtsanwendung „rechtsstaatlich-justizförmig zu konstituieren“[3] bzw. zu vollziehen[4]. In diesem Rahmen dient das Zivilverfahren zum einen der Durchsetzung privater Rechte[5]. Dieses ermöglicht die zivilrichterliche Rechtsfortbildung und fordert die Sicherung der Einheitlichkeit der Rechtsanwendung, die als objektive Funktionen des Zivilverfahrens auf der Funktion der privaten Rechtsdurchsetzung aufbauen[6]. Zum anderen dient der Zivilprozess der Verwirklichung des Rechtsstaats. Diese Rechtsstaatsgebundenheit führt unter Umständen zu einer Beschränkung der subjektiven Interessen des Rechtsuchenden. Vor diesem Hintergrund ist der Rechtsanwalt allen jüngeren, namentlich gemeinschaftsrechtlichen Tendenzen[7] zum Trotz nicht nur als interessengebundener Dienstleister, sondern als unabhängiges Organ der Rechtspflege zu begreifen[8].

---

[2] Zum Ganzen nur *Wolf*, in: Gaier/Wolf/Göcken, Anwaltliches Berufsrecht, Einl. Rn. 1, 56 ff.

[3] Vgl. *Paulus* NStZ 1992, 305, 309 f.; dem folgend *Wolf*, in: Gaier/Wolf/Göcken, Anwaltliches Berufsrecht, Einl. Rn. 63.

[4] *Wolf*, in: Gaier/Wolf/Göcken, Anwaltliches Berufsrecht, Einl. Rn. 63 f.

[5] Statt nur *Gaul* AcP 168 (1968), 27, 46 ff.; MünchKommZPO/*Rauscher*, Einl. Rn. 8.

[6] Zur Rechtsfortbildung s. nur MünchKommZPO/*Rauscher*, Einl. Rn. 10.

[7] Vgl. EuGH NJW 1975, 513 (Reyners); kritisch etwa *Stürner/Bormann* NJW 2004, 1481, 1483, 1489 f.; zum Ganzen auch *Stürner*, Markt und Wettbewerb, S. 23 f.

[8] Vgl. §§ 1 BRAO, 1 Abs. 2 BORA; zum Ganzen *Bormann* ZZPInt 8 (2003), 1 ff.; *Murray/Stürner*, German Civil Justice, Ch. 4, S. 85 ff.

2. Inhalt

a) Qualifikation und persönliche Eignung

aa) Kursorische Bestandsaufnahme

Die Tätigkeit des Rechtsanwalts ist zulassungsbeschränkt[9]. Es bestehen Mindestanforderungen sowohl an die fachliche Qualifikation als auch an die persönliche Eignung. Die Zulassung als Rechtsanwalt, die an die Zwangsmitgliedschaft in der Rechtsanwaltskammer gebunden ist, erhält nur, wer die Befähigung zum Richteramt nach dem Deutschen Richtergesetz (§ 5 DRiG) erlangt hat oder die Eingliederungsvoraussetzungen nach dem Gesetz über die Tätigkeit europäischer Rechtsanwälte in Deutschland erfüllt, § 4 BRAO. Der Rechtsanwalt ist verpflichtet, eine Berufshaftpflichtversicherung abzuschließen und diese für die Dauer seiner Zulassung aufrecht zu erhalten, § 51 BRAO. In Ansehung an die persönliche Eignung des Rechtsanwalts sieht das Gesetz zahlreiche Versagensgründe vor, wie etwa den infolge strafgerichtlicher Verurteilung eingetretenen Verlust der Fähigkeit zur Bekleidung öffentlicher Ämter, den Vermögensverfall oder schlicht die aus einem Verhalten folgende Unwürdigkeit, den Beruf eines Rechtsanwalts auszuüben[10]. Eine erfolgte Zulassung ist unter vergleichbaren Voraussetzungen zu widerrufen, § 14 Abs. 2 BRAO.

Die Geschichte der Fachanwaltschaft lässt sich zwar bis in die 20er Jahre des 20. Jahrhunderts zurückverfolgen[11]. Ein sprunghafter Anstieg und die zunehmende Verbreitung einer an objektiven Kriterien gemessenen und kontrollierten Spezialisierung innerhalb der Anwaltschaft geht gleichwohl erst auf die Neuregelung des Fachanwaltschaftsrechts im Zuge der Berufsrechtsnovelle des Jahres 1996 und den Erlass der Fachanwaltsordnung zurück[12]. Der *numerus clausus* der zugelassenen Fachanwaltsbezeichnungen wurde seither auf nunmehr 20 Fachgebiete erweitert, vgl. § 1 FAO. Die Verleihung einer Fachanwaltszulassung ist erst nach dreijähriger Anwaltszulassung möglich und setzt auf dem jeweiligen Gebiet den Nachweis besonderer, d.h. erheblich über die üblicherweise durch die berufliche Ausbildung und praktische Erfahrung im Beruf vermittelten theoretischen Kenntnisse und praktische Erfahrungen voraus, die die verfassungs- und europarechtlichen Bezüge umfasst, §§ 2, 3 FAO. Der fachspezifische theoretische Ausbildungsstoff wurde nach dem Vorbild der Prüfungsvorgaben der allgemein geltenden Zulassungsprüfungen konkretisiert, vgl. §§ 8 ff. FAO. Der Erwerb mehrerer Fachanwaltsbezeichnungen ist

---

[9] Überblick bei *Koch/Kilian*, Anwaltliches Berufsrecht, Rn. B 1 ff., 25 ff., 47 ff.

[10] Vgl. § 7 BRAO; zu den Versagensgründen im Einzelnen *Schmidt-Räntsch*, in: Gaier/Wolf/Göcken, Anwaltliches Berufsrecht, § 7 BRAO Rn. 9 ff.

[11] Überblick etwa bei *Quaas*, in: Gaier/Wolf/Göcken, Anwaltliches Berufsrecht, Einf. FAO Rn. 1 ff.

[12] Vgl. *Quaas*, in: Gaier/Wolf/Göcken, Anwaltliches Berufsrecht, Einf. FAO Rn. 29. Überblick über den Regelungsinhalt bei *Koch/Kilian*, Anwaltliches Berufsrecht, Rn. B 130 ff.

möglich; insgesamt bleibt eine Fachanwaltszulassung allerdings fakultativ. Eine Aufgabe des Prinzips des Allgemeinanwalts, wie es in § 3 Abs. 1 BRAO statuiert ist, ist mit dieser Entwicklung bisher nicht verbunden[13].

Nach § 43a BRAO gehört es zu den Grundpflichten des Rechtsanwalts, sich fortzubilden. Die ausdrückliche Normierung der Fortbildungspflicht, die im Grundsatz bereits unter Geltung der Rechtsanwaltsordnung von 1878 anerkannt war[14], geht auf die Berufsrechtsnovelle des Jahres 1994 zurück und gab Forderungen in der Anwaltschaft nach einer verstärkten Qualitätssicherung nach[15]. Parallel obliegt die Pflicht zur Förderung der Fortbildung auch den Kammern, § 177 Abs. 2 Nr. 6 BRAO. Hierzu unterstützen diese das Deutsche Anwaltsinstitut[16]. Der Fortbildung der Rechtsanwaltschaft hat sich überdies der Deutsche Anwaltsverein verschrieben, der zu diesem Zweck die Deutsche Anwaltsakademie gegründet hat. Auch einige deutsche Universitäten engagieren sich inzwischen in diesem Bereich[17].

bb) Würdigung

Anlass für berechtigte Kritik besteht in der einzig für diese anwaltliche Grundpflicht fehlenden Konkretisierungsermächtigung, vgl. § 59b BRAO. Der Gesetzgeber wollte den Rechtsanwälten im Allgemeinen die Art und Weise, wie er der Fortbildungspflicht nachkommt, nicht vorschreiben[18]. Lediglich das Fachanwaltsrecht sieht mit § 15 FAO eine Konkretisierung auch der Fortbildungspflicht vor[19]. Im Allgemeinen ist eine Verletzung der anwaltlichen Fortbildungspflicht daher weder kontrollierbar noch sanktionierbar[20]. Ihre Funktion, den Mandanten präventiv vor Schadenszufügung durch fehlerhaftes Beratungsverhalten zu bewahren[21], kann die allgemeine Fortbildungspflicht

---

[13] Das praktische Aus des Allgemeinanwalts prognostiziert indes *Quaas*, in: Gaier/Wolf/Göcken, Anwaltliches Berufsrecht, Einf. FAO Rn. 31.

[14] Vgl. *Friedländer/Friedlaender*, Kommentar zur Rechtsanwaltsordnung vom 1. Juli 1878, § 28 Rn. 5.

[15] Vgl. *Zuck* BRAK-Mitt. 1985, 63; *ders.* MDR 1986, 816 f.; *Redeker* NJW 1987, 304 f.; *Eich* MDR 1988, 177 ff.; s. auch *Hartung* MDR 2001, 1038.

[16] Hierzu *Haas*, 25 Jahre Bundesrechtsanwaltskammer, S. 135 ff.

[17] Zum Ganzen *Henssler*, in: Henssler/Prütting, Bundesrechtsanwaltsordnung, § 43a Rn. 233.

[18] Die Konkretisierungsermächtigung wurde erst auf Betreiben des Rechtsausschusses hin gestrichen, vgl. BT-Drucks. 12/7656, S. 50 r. Sp.; hierzu *Henssler*, in: Henssler/Prütting, Bundesrechtsanwaltsordnung, § 43a Rn. 234.

[19] Hierzu *Möller* NJW 2014, 2758, 2759.

[20] *Henssler*, in: Henssler/Prütting, Bundesrechtsanwaltsordnung, § 43a Rn. 239; *Kirchberg* BRAK-Mitt. 2006, 7, 10; deutlich auch *Kleine-Cosack*, BRAO, § 43a Rn. 139: „völlig bedeutungslos"; s. ferner *Ahlers* BRAK-Mitt. 1995, 46 f.; a. A. *Zuck*, in: Gaier/Wolf/Göcken, Anwaltliches Berufsrecht, § 43a Rn. 116; einschränkend auch *Offermann-Burckart* AnwBl 2008, 763, 764 f.

[21] Hierzu *Henssler*, in: Henssler/Prütting, Bundesrechtsanwaltsordnung, § 43a Rn. 236.

daher von vorneherein nicht erfüllen. Die mangelnde Justiziabilität wird vielerorts der Abneigung der betroffenen Berufsgruppe zugeschrieben, die solche Interessen offenbar im Gesetzgebungsverfahren durchzusetzen vermochte[22]. Eine Sanktionierung mangelnder Fortbildung, die erst reaktiv im Wege des Haftungsprozesses erfolgt, greift indes deutlich zu kurz. Gerade auch mit Blick auf die hohen zivilrechtlichen Sorgfaltsanforderungen, die traditionell an Rechtsanwälte gestellt werden[23], sowie die zunehmende Europäisierung und Internationalisierung des Rechts ist es angezeigt, die qualifikatorischen Zulassungsanforderungen um konkrete kontrollier- und sanktionierbare sowie alle Anwälte gleichermaßen treffende Fortbildungsanforderungen zu erweitern. Das Fachanwaltsrecht mag das Justiziabilitätsdefizit sicherlich ein Stück weit entschärft haben. Da der Fachanwalt allerdings nicht vergleichbar einem Arzt auf die Bearbeitung von Mandaten aus dem Bereich seiner Fachanwaltszulassung beschränkt ist, bleibt das Grundproblem bestehen[24]. Eine Reform des Berufsrechts ist daher dringend gefordert[25]. Inhaltlich muss sich die allgemeine anwaltliche Fortbildung im Grundsatz an den materiellen Sorgfaltsanforderungen orientieren. Zumindest soweit es die tatsächlichen Tätigkeitsschwerpunkte, wenigstens die im Rahmen der Werbung eingesetzten Schwerpunktangaben[26] des jeweiligen Rechtsanwalts betrifft, ist dieser *de lege ferenda* wirksam zu einer Auffrischung von Grundlagen und der Kenntnisnahme der Rechtsentwicklung einschließlich ihrer internationalen Einflüsse sowie der Rechtsfortbildung durch die Gerichte anzuhalten. Damit wäre auch eine Anhebung der Fortbildungsvoraussetzungen des Fachanwalts verbunden, deren Konkretisierung bisher hinter den vorliegend geforderten Grundsätzen zurück bleibt.

b) Organisatorische Begrenzung von Interessenkonflikten

aa) Konfligierende Eigeninteressen des beratenden Rechtsanwalts

(1) Verwässerung des anwaltlichen Ethos

Auch im Rahmen der Beratung durch Angehörige klassischer Professionen ist die Beratung über eigene Leistungen der Regelfall. Der organisatorischen Begrenzung von Interessenkonflikten, namentlich der konfligierenden Vergütungsinteressen des Rechtsanwalts, kommt daher besondere Bedeutung zu. Es wurde bereits eingehend dargelegt, dass das anwaltliche Standesethos als Mit-

---

22 Hierzu und zu den Motiven *Zuck*, in: Gaier/Wolf/Göcken, Anwaltliches Berufsrecht, § 43a Rn. 117, 119; deutlich neuerdings für den Bereich der Fachanwaltsfortbildung *Möller* NJW 2014, 2758, 2762: Kontrollierbare und sanktionierbare allgemeine Fortbildungspflicht nicht zu empfehlen.

23 Hierzu schon § 13, S. 208 (sub 4).

24 Vgl. *Kirchberg* BRAK-Mitt. 2006, 7, 10.

25 Wohl auch *Kirchberg* BRAK-Mitt. 2006, 7, 10; a.A. *Möller* NJW 2014, 2758, 2762.

26 Hierzu *Koch/Kilian*, Anwaltliches Berufsrecht, Rn. B 151 ff.

tel zur Sicherung der Interessenwahrung allein keinen hinreichenden Erfolg verspricht. Das auch im Bereich der Anwaltschaft verstärkt in den Vordergrund getretene Gewinnstreben, der erhebliche Umfang abhängiger Beschäftigungsverhältnisse und der mit diesen verbundene Einsatz gewinnorientierter Anreizsysteme haben das Berufsethos als Grundlage des Berufsverständnisses in erheblichem Maße verwässert[27]. Korrektive dagegen lassen sich vor dem Hintergrund des insgesamt zunehmend dem Dienstleistungsgedanken folgenden Zeitgeists nicht ohne weiteres ausmachen. Man könnte sich immerhin darum bemühen, diesem Trend durch eine stärkere Berücksichtigung des professionellen Ethos im Rahmen der Anwaltsausbildung entgegen zu wirken.

(2) Vergütungssystem, Regulierung der Vergütung und vergütungsbedingte Fehlanreize

(a) Kursorische Bestandsaufnahme

Grundlage der Vergütung des Rechtsanwalts ist das Rechtsanwaltsvergütungsgesetz, das eine an bestimmten Leistungstatbeständen und am Gegenstandswert orientierte Pauschalvergütung des Rechtsanwalts vorsieht. Von den einzelnen Gebührentatbeständen sollen nur die wichtigsten herausgehoben werden. Am Beginn steht die mit der ersten außergerichtlichen Tätigkeit des Rechtsanwalts nach Erhalt des Auftrags einmalig anfallende Geschäftsgebühr, die als allgemeine Betriebsgebühr sowohl die Beratung als auch die außergerichtliche Vertretung des Rechtsanwalts in der jeweiligen Angelegenheit[28] abdeckt[29]. Zu den typischen, weiteren Gebührentatbeständen zählt im ordentlichen Zivilverfahren des ersten Rechtszugs die Verfahrensgebühr, die bereits Tätigkeiten vor Beginn des Rechtsstreits umfasst[30], so dass auf diese die Geschäftsgebühr teilweise anzurechnen ist[31], sowie die Terminsgebühr, die grundsätzlich die Wahrnehmung des Termins der mündlichen Verhandlung voraussetzt[32]. Eine zusätzliche volle Einigungsgebühr erhält der Rechtsanwalt, der an der gütlichen Erledigung des Rechtsstreits mitwirkt[33].

Das Gebührenrecht soll einerseits die Erwerbsgrundlage der Rechtsanwaltschaft und damit das flächendeckende Angebot von Rechtsdienstleistungen sichern, andererseits einen präventiven Beitrag zur Qualität der Beratung

[27] Vgl. nur *Stürner*, Markt und Wettbewerb, S. 131 f.; *ders.* NJW-Sonderheft 4. Hannoveraner ZPO-Symposion, 9, 10; zum *„law as a business"* ausführlich *Stürner/Bormann* NJW 2004, 1481, 1482, 1485, 1488, 1491; zum Ganzen eingehender bereits § 14, S. 311 ff. (sub aa).

[28] Zum Begiff der Angelegenheit s. nur *Mayer*, in: Gerold/Schmidt, RVG, § 60 RVG Rn. 9.

[29] Nr. 2300 RVG-VV; hierzu *Mayer*, in: Gerold/Schmidt, RVG, VV 2300 Rn. 14.

[30] Vgl. *Müller-Rabe*, in: Gerold/Schmidt, RVG, 3100 VV Rn. 15 ff.

[31] Nr. 3100 RVG-VV sowie Vor. 3 Abs. 4 RVG-VV; zum Ganzen *Müller-Rabe*, in: Gerold/Schmidt, RVG, Vor. 3 VV Rn. 245 ff.

[32] Nr. 3104 RVG-VV.

[33] Nr. 1000 RVG-VV.

leisten[34]. Daneben steht die Vereinfachung des Gebührenrechts als Ziel im Vordergrund, was etwa dadurch deutlich wird, dass Tätigkeiten in bürgerlichrechtlichen Streitigkeiten ebenso behandelt werden, wie etwa solche in Verfassungs- oder Verwaltungsangelegenheiten[35]. Während eine Gebührenunterschreitung an besondere Voraussetzungen gebunden ist[36], steht es dem Rechtsanwalt allerdings frei, mit dem Mandanten eine abweichende Honorarvereinbarung zu treffen und sich insbesondere auf der Basis von Stundensätzen über die gesetzlichen Gebühren hinaus vergüten zu lassen[37]. Die Vorgaben des Vergütungsrechts sind damit weithin[38] dispositiv, und am Markt ist die Durchsetzung gesonderter Vergütungsvereinbarungen tatsächlich vielfach möglich.

Eine am Erfolg orientierte Vergütung war dem anwaltlichen Gebührenrecht dagegen traditionell fremd[39]. Das pauschale Verbot erfolgsorientierter Vergütung wurde im Jahre 2007 allerdings vom BVerfG mit Rücksicht auf die Justizgewährleistung für verfassungswidrig erklärt[40]. Im Einklang mit dieser Entscheidung darf heute für den Einzelfall ein Erfolgshonorar vereinbart werden, wenn der Auftraggeber aufgrund seiner wirtschaftlichen Verhältnisse bei verständiger Betrachtung ohne die Vereinbarung eines Erfolgshonorars von der Rechtsverfolgung abgehalten würde, §§ 49b Abs. 2 BRAO, 4a Abs. 1 RVG.

(b) Würdigung

Dass es für das Vergütungsinteresse und damit für den Anreiz zur vorrangigen Wahrung der Interessen des Mandanten einen erheblichen Unterschied macht, ob der Rechtsanwalt an bestimmte Ereignisse gebundene gesetzliche Pauschalgebühren erhält, ob dessen Tätigkeit nach Stunden vergütet wird oder ob ihm eine substantielle Erfolgsbeteiligung am Prozessergebnis zugestanden wird, liegt geradezu auf der Hand[41]. Allerdings mangelt es bis heute an empirischen Erkenntnissen, die Aufschluss über das konkrete Empfehlungsverhalten unter den jeweiligen Vergütungsmodellen liefern. Eine Würdigung[42] muss sich daher auf ein sich intuitiv aufdrängendes Potenzial einer vergütungsbedingten Fehl-

---

[34] *Stürner*, Markt und Wettbewerb, S. 57.

[35] Vgl. *Müller-Rabe*, in: Gerold/Schmidt, RVG, Einl. Rn. 5 f.

[36] Vgl. § 49b Abs. 1 BRAO; hierzu statt vieler *Kilian*, in: Henssler/Prütting, Bundesrechtsanwaltsordnung, § 49b Rn. 7 ff.

[37] *Kilian*, in: Henssler/Prütting, Bundesrechtsanwaltsordnung, § 22 BORA Rn. 6.

[38] Zum Gebot der „Mäßigung" als ungeschriebene Standespflicht s. *Kilian*, in: Henssler/Prütting, Bundesrechtsanwaltsordnung, § 22 BORA Rn. 6 mwN.

[39] Überblick über die Entwicklungsgeschichte bei *Vogeler* JA 2011, 321 f.

[40] BVerfG NJW 2007, 979; kritisch etwa *Stürner*, NJW-Sonderheft 4. Hannoveraner ZPO-Symposion, 9 ff.

[41] Deutlich *Wagner*, abgedruckt bei *Heese* ZZP 128 (2015), 99, 102.

[42] Die durch die abhängige Beschäftigung von Rechtsanwälten in großen Anwaltskanzleien stattfindenden Folgen für vergütungsbedingte Fehlanreize sollen im Zusammenhang dargestellt werden; hierzu § 15, S. 340 ff. (sub dd).

steuerung beschränken. Daneben muss man sich immer klarmachen, dass die Herstellung eines optimalen Zustandes immer dann praktisch nicht möglich ist, wenn man von einer organisatorischen Trennung von Beratung und Leistung absieht. Hiernach birgt das geltende Gebührenrecht ein durchaus begrenzbares Potenzial für Fehlsteuerungen. In gewissem Umfang ist dieses bereits in dem nach Gegenstandswerten abgestuften System der Pauschgebühren angelegt. In den Fällen niedriger Gegenstandswerte sind diese tendenziell mit Rücksicht auf den notwendigen Arbeitsaufwand des Rechtsanwalts unangemessen. Dieser Befund ist durchaus gewollt, denn der Gebührenordnung liegt die Idee einer Mischkalkulation zugrunde. Mandate mit hohen Gegenstandswerten sind umgekehrt häufig aus eben dieser Perspektive zu hoch bewertet und sollen nach dem Gedanken einer Querfinanzierung den bei Mandaten mit geringen Gegenstandswerten eintretenden Verlust ausgleichen[43]. Vieles spricht indes dafür, dass ein Rechtsanwalt seine interne Angemessenheitskalkulation und damit sein Verdienstinteresse tatsächlich eher am konkreten Fall ausrichtet. Dem entspricht es, dass zahlreiche Anwälte dazu tendieren, Mandate mit geringen Gegenstandswerten nicht anzunehmen oder grundsätzlich überhaupt nur auf der Grundlage individueller Vergütungsvereinbarungen tätig zu werden. Wird ein solches Mandat gleichwohl auf der Grundlage der gesetzlichen Gebühren angenommen, dürfte allgemein ein erhöhter Anreiz bestehen, eine als unangemessen empfundene Vergütung ungeachtet der gesetzgeberischen Intention einer Mischkalkulation innerhalb des jeweiligen Mandats auszugleichen. Weitere gebührenauslösende Leistungen, die keinen oder nur einen überschaubaren zusätzlichen tatsächlichen Arbeitsaufwand mit sich bringen, könnten dem Mandanten daher interessenwidrig empfohlen werden. Vor diesem Hintergrund wäre es durchaus zu überlegen, das Prinzip der Mischkalkulation zurückzufahren und die gesetzliche Vergütung stärker als bisher am tatsächlichen Arbeitsaufwand auszurichten. Dann wäre allerdings auch hinzunehmen, dass sich die Rechtsverfolgungskosten im Bereich der Mandate mit geringen bis mittleren Streitwerten und mit diesen die Kosten eines entsprechenden Versicherungsschutzes erhöhen.

Die Einigungsgebühr gründet auf der Annahme, dass der Rechtsstreit häufig „besser" im Wege der gütlichen Einigung, als durch streitige Entscheidung erledigt werden könne[44]. Mit der Gebühr soll indes nicht allein eine mit der Einigung für den Anwalt bisweilen einhergehende Mehrbelastung ausgeglichen werden[45]. Sie ist tatsächlich in erster Linie als Anreiz für den Rechtsanwalt gedacht, das hinter der Förderung der gütlichen Konfliktlösung stehende rechtspolitische Motiv nach einer Entlastung der Gerichte zu befördern[46]. Der

[43] Zum Ganzen nur *Müller-Rabe*, in: Gerold/Schmidt, RVG, Einl. Rn. 12.
[44] *Müller-Rabe*, in: Gerold/Schmidt, RVG, VV 1100 Rn. 2.
[45] So aber offenbar *Müller-Rabe*, in: Gerold/Schmidt, RVG, VV 1100 Rn. 2.
[46] Vgl. auch BGH NJW-RR 2007, 359, 360; s. auch bereits zur Vergleichsgebühr des alten

wünschenswerte Gleichlauf von Mandanteninteressen und Kosteneffizienz wird damit erheblich gestört[47]. Auch die in der jüngeren Diskussion befürworteten weitergehenden Kostenanreize zur Förderung der außergerichtlichen und gerichtsinternen Mediation sind vor diesem Hintergrund fragwürdig[48]. Aus der Perspektive des Mandanten ist die verbreitete und bisweilen geradezu apodiktisch vertretene These von der Vorzüglichkeit der gütlichen Streiterledigung[49] bereits zweifelhaft, zumal sich die Mechanismen außergerichtlicher Streitbeilegung zunehmend vom materiellen Recht lösen[50], die verfahrensförmige Rechtsdurchsetzung zumindest faktisch erschweren[51] und einer Einigung um jeden Preis das Wort zu reden scheinen. Die negativen Folgen der Entwicklung der Förderung alternativer Streitbeilegungsmechanismen für die Interessen des Rechtsuchenden können hier nicht umfassend ausgebreitet werden. Festzuhalten bleibt, dass die Einigungsgebühr den anwaltlichen Fokus vom Mandanteninteresse abzulenken geeignet ist. Idealiter wäre sie abzuschaffen.

Mittels einer vom gesetzlichen Gebührenmodell abweichenden Vereinbarung kann der Rechtsanwalt zwar sicherstellen, dass seine Tätigkeit im konkreten Fall aufwandsentsprechend vergütet wird. Eine auf Stundenbasis erfolgende Honorierung birgt allerdings gegenüber dem System der Pauschgebühren immer die besondere Gefahr, dass der Anwalt dem Mandanten aus ungezügelter Gewinnsucht heraus nicht bedarfsgerechte Maßnahmen empfiehlt oder sein Tätigwerden künstlich in die Länge zieht oder beides. Dieser Fehlanreiz lässt sich letztlich nur dadurch abmildern, dass die zulässige Höhe der Überschreitung des gesetzlichen Gebührenrahmens bzw. von Stundenhonoraren einer wirksamen Angemessenheitskontrolle unterworfen wird. Das geltende Recht ist insoweit in jeder Hinsicht defizitär. Das Zivilrecht reagiert lediglich mit dem Maßstab der Sittenwidrigkeit. Dabei setzt der BGH den in Rechnung gestellten Gesamtbetrag ins Verhältnis zu den nach dem Gesetz anfallenden Gebühren und überprüft auch, ob die veranschlagte Stundenzahl unnötig aufgebläht wurde. Letztlich greift das Sittenwidrigkeitsverdikt aber wie immer nur in Extremfällen ein. Bei kleineren bis mittleren Streitwerten etwa soll erst das 9fache der gesetzlichen Vergütung den objektiven Vorwurf der Sittenwidrigkeit be-

---

Rechts *Fraunholz*, in: Riedel/Sußbauer, Bundesrechtsanwaltsgebührenordnung, § 23 Rn. 3, der dem allerdings entgegen tritt.

[47] Das verkennt etwa *Fraunholz*, in: Riedel/Sußbauer, Bundesrechtsanwaltsgebührenordnung, § 23 Rn. 3.

[48] Einen weitergehenden Einsatz von Kostenanreizen zur Förderung der Mediation befürwortet *Thole* ZZP 127 (2014), 339, 365 f.; s. auch *Wagner* RabelsZ 74 (2010), 794, 837; *Diop/Steinbrecher* BB 2011, 131, 135.

[49] Vgl. BVerfG NJW-RR 2007, 1073, 1074.

[50] Zum Problem der zunehmend fehlenden Rechtsorientiertheit des Zivilverfahrensrechts *Stürner*, abgedruckt bei *Heese* ZZP 127 (2014), 371.

[51] Vgl. hierzu *Stürner* und *Klamaris* einerseits sowie *Thole*, *Ahrens* und *Greger* andererseits, abgedruckt bei *Heese* ZZP 127 (2014), 371 f.

gründen[52]. Entscheidend ist, dass es einer flächendeckenden Kontrolle von Vergütungsvereinbarungen bedarf, die letztlich nur über die Berufsaufsicht zu erreichen wäre. Das geltende Berufsrecht unterwirft freie Honorarvereinbarungen indes einem ungeschriebenen Gebot zur „Mäßigung“[53]. Diesem Maßstab fehlt es nicht nur an Konkretisierung; er greift ebenso wie das Sittenwidrigkeitsverdikt deutlich zu spät. Im Interesse einer interessengebundenen anwaltlichen Beratung ist es angezeigt, die Vergütungsfreiheit weitergehend zu beschränken. Orientierungsgröße muss dabei der gesetzliche Gebührenrahmen für mittlere Streitwerte bleiben[54], der *de lege ferenda* durch freie Vergütungsvereinbarungen gerade nicht um ein Vielfaches überschritten werden sollte. Eine vorschnelle Kritik an dieser Forderung sollte zunächst bedenken, dass kaum eine andere Profession derzeit in der Lage ist, Vergütungen am Markt auf breiter Ebene durchzusetzen, die sich derart weit von den gesetzlichen Tarifen entfernen. Daneben mangelt es der berufsständischen Selbstverwaltung an Effektivität. Das Hinzutreten einer staatlichen Wirksamkeitskontrolle ist für das anwaltliche Berufsrecht insgesamt überfällig. Bedenkenswert wäre es schließlich, Rechtsanwälten, die eine Honorarvereinbarung beabsichtigen, die Pflicht aufzuerlegen, den Mandanten über den Grundsatz des Pauschgebührensystems aufzuklären, ebenso wie über den Umstand, dass andere Rechtsanwälte möglicherweise bereit sind, die Angelegenheit nach deutlich niedrigeren gesetzlichen Gebühren zu erledigen[55].

Die Zulassung des anwaltlichen Erfolgshonorars schließt eine Beteiligung am Prozesserfolg in Gestalt der *quota litis* nach angloamerikanischem Vorbild ein[56]. Die damit für den gewünschten Interessengleichlauf von Anwalt und Mandant verbundenen Gefahren wurden in der Literatur umfassend ausgebreitet. Mit einer hohen Erfolgsbeteiligung ist im Einzelfall etwa die Gefahr verbunden, dass der Anwalt zur Durchsetzung eines Anspruchs rät und die damit verbundenen Risiken dem Mandanten gegenüber verharmlost, obwohl tatsächlich nur eine vergleichsweise geringe Erfolgsaussicht besteht und dieser mit einer gütlichen Einigung im konkreten Fall besser stünde[57]. Die anwaltliche Mandatsbearbeitung wird dadurch zum spekulativen Investment. Für die

---

[52] Vgl. BGH NJW 2003, 3486; s. auch BGH NJW 2003, 2386, 2387: Fünffaches der gesetzlichen Gebühren unbedenklich.

[53] *Kilian*, in: Henssler/Prütting, Bundesrechtsanwaltsordnung, § 22 BORA Rn. 6.

[54] Gegen *Koch/Kilian*, Anwaltliches Berufsrecht, Rn. 522.

[55] Zu den geltenden geringen vergütungsbezogenen Hinweispflichten s. § 49b Abs. 4 BRAO; hierzu BGH NJW 2007, 2332, 2333 f.: Verstoß kann zivilrechtlichen Schadensersatzanspruch begründen (zweifelhaft!). Zum Stand der Diskussion über die bisher hinter den vorliegend geforderten sonstigen kostenbezogenen Informationspflichten zurückbleibenden Pflichten s. *Kilian*, in: Henssler/Prütting, Bundesrechtsanwaltsordnung, § 49b Rn. 252 ff.

[56] Hierzu etwa *Bruns* JZ 2000, 232, 235 f.; s. auch *Brickman*, 53 Washington and Lee Law Review, 1339, 1347 (1996): typischerweise $^1/_3$–$^1/_2$ des Streiterlöses.

[57] *Stürner/Bormann* NJW 2004, 1481, 1488.

Interessen des jeweiligen Mandanten kann, muss das aber nicht von Vorteil sein, unabhängig davon, ob dieser im Fall des Prozessverlusts zumindest von den Anwaltsgebühren frei gestellt ist[58]. Probleme ergeben sich zudem daraus, dass einerseits mehrere auf Erfolgsbasis geführte Fälle und anderseits erfolgsabhängige und erfolgsunabhängige anwaltliche Dienstleistungen miteinander konkurrieren. *Stürner* etwa hat in diesen Zusammenhang prognostiziert, dass die erfolgsabhängige Honorierung den Wettbewerb der Mandanten um den bestmöglichen Einsatz des Rechtsanwalts in beiden Konstellationen verfälschen wird[59].

Vor diesem Hintergrund ist der Gesetzgeber Forderungen in der Anwaltschaft nach einer vollständigen Freigabe des Erfolgshonorars[60] zu Recht nicht gefolgt. Das anwaltliche Erfolgshonorar soll lediglich insoweit möglich sein, als es für den Anspruch auf Justizgewährung erforderlich ist. Auf der Grundlage der geltenden verfassungsgerichtlichen Judikatur, die den Handlungsspielraum des Gesetzgebers für eine mit anderen Mitteln bewirkte Beseitigung der vom BVerfG festgestellten partiellen Rechtswegsperre nach richtiger Ansicht unzulässig verkürzt hat[61], wird man sich einstweilen damit abfinden müssen, dass die beschriebenen Gefahren, die vom anwaltlichen Erfolgshonorar für den Interessengleichlauf ausgehen, in gewissem Umfang unvermeidlich sind. Kritik verdient allerdings die inhaltliche Ausgestaltung der geltenden einfach-gesetzlichen Regelung sowie ihre mangelnde Kontrolle. Die defizitäre Sicherung der Grenzen des zulässigen Erfolgshonorars ist bereits im Tatbestand der Norm angelegt. Die für die Zulässigkeit des Erfolgshonorars konstitutive Rechtsverfolgungsermöglichung basiert hiernach auf einer „verständigen Würdigung“[62]. Anstatt an die tatsächlichen wirtschaftlichen Verhältnisse des Mandanten anzuknüpfen, wird dem Rechtsanwalt damit ein weiter Beurteilungsspielraum zugestanden, der dazu beiträgt, dass mehr Fälle als im Lichte der Justizgewährung tatsächlich nötig durch Erfolgshonorare vergütet werden. Überdies ist aus der Anwaltschaft bekannt, dass Erfolgshonorare in erheblichem Umfang unter bewusstem Verstoß gegen die gesetzlichen Voraussetzungen vereinbart werden. Diese Praxis wird letztlich dadurch möglich, dass die berufsständische Kontrolle der Einhaltung der Grenzen des § 4a Abs. 1 RVG weithin versagt. Auch die betroffenen Mandanten selbst schrecken vor einer streitigen Auseinandersetzung mit dem Anwalt tendenziell zurück. Vor diesem Hintergrund erscheint es angezeigt, dass der Gesetzgeber die Kammern im Rahmen der Überwachung

---

[58] Zur Zulässigkeit solcher *no win, no fee*-Vereinbarungen *Vogeler* JA 2011, 321, 324; s. auch *Meyer*, in: Gerold/Schmidt, RVG, § 4a RVG Rn. 10.

[59] *Stürner*, NJW-Sonderheft 4. Hannoveraner ZPO-Symposion, 9, 10.

[60] Vgl. etwa *Kirchberg*, NJW-Sonderheft 4. Hannoveraner ZPO-Symposion, 13, 16: Beschränkung auf nachträgliche Angemessenheitskontrolle; s. auch *Koch/Kilian*, Anwaltliches Berufsrecht, Rn. B 495.

[61] *Stürner*, NJW-Sonderheft 4. Hannoveraner ZPO-Symposion, 9, 11.

[62] Hierzu *Vogeler* JA 2011, 321, 323.

der Einhaltung der Grenzen des Vergütungsrechts stärker kontrolliert und wenn nötig die Überwachung aus der Selbstverwaltung gänzlich herauslöst und auf staatliche Stellen überträgt.

bb) Verbot der Vertretung widerstreitender Interessen

(1) Kursorische Bestandsaufnahme

Zu den Grundpflichten des Rechtsanwalts zählt das Verbot der Vertretung widerstreitender Interessen, § 43a Abs. 4 BRAO[63]. Das BVerfG hat den Zweck der Regelung dahin beschrieben, dass es nicht nur um den Schutz des individuellen Vertrauensverhältnisses zwischen Anwalt und Mandant und die Wahrung der Unabhängigkeit des Rechtsanwalts gehe, sondern darüber hinaus „um das Gemeinwohl in Gestalt der Rechtspflege, die auf eine Geradlinigkeit der anwaltlichen Berufsausübung angewiesen ist“[64]. Die überwiegende Auffassung schränkt den Pflichtentatbestand dahin ein, dass die Vertretung im Rahmen eines Mandatsverhältnisses erfolgt sein bzw. eine berufliche Vorbefassung des Rechtsanwalts vorliegen muss. Des Weiteren muss sich die Vertretung auf dieselbe Rechtssache beziehen, vgl. § 3 Abs. 1 BORA[65]. Das Verbot gilt auch in Bürogemeinschafts- und Sozietätskonstellationen[66]. Die mit dem jeweiligen Anwalt organisatorisch verbundenen Rechtsanwälte sind an das Verbot daher in gleicher Weise gebunden. Während der Mandant allgemein über das berufsrechtliche Verbot nicht disponieren können soll, erkennt das Berufsrecht die autonome Entscheidung des Mandanten in diesen Konstellationen allerdings an, vgl. § 3 Abs. 2 BORA[67]. Insgesamt erfasst der Tatbestand allein den Konflikt zwischen verschiedenen Mandatsverhältnissen, so dass die Vertretung eigener Interessen des Rechtsanwalts gegenüber dem Mandanten von diesem unberührt bleibt[68].

Das Vertretungsverbot findet in der Regelung des Parteiverrats gem. § 356 StGB seine strafrechtliche Entsprechung. Erhebliche Unterschiede bestehen allerdings für die praktisch wichtigen Sozietätskonstellationen. Im Rahmen des § 356 StGB ist überwiegend anerkannt, dass eine Beschränkung des Mandats auf ein Mitglied der Sozietät möglich ist und die Anwendbarkeit der Regelung ausschließt[69]. In der Literatur wurde vereinzelt die Abschaffung des Straftatbestandes gefordert[70]. Dem ist der Gesetzgeber nicht gefolgt. Die praktische Be-

---

63 Überblick bei *Kumpan*, Der Interessenkonflikt im deutschen Privatrecht, S. 380ff.

64 BVerfG NJW 2003, 2520, 2521.

65 Zu diesen Tatbestandseinschränkungen s. nur *Henssler*, in: Henssler/Prütting, Bundesrechtsanwaltsordnung, § 43a Rn. 168, 188ff., 196ff., 199ff.

66 Hierzu *Hartung* NJW 2006, 2721, 2724.

67 Vgl. hierzu BVerfG NJW 2003, 2520, 2521ff.

68 *Henssler*, in: Henssler/Prütting, Bundesrechtsanwaltsordnung, § 43a Rn. 185.

69 BGHSt 40, 188, 189f.; OLG Stuttgart NJW 1986, 948, 949; s. auch *Fischer*, StGB, § 356 Rn. 3b mwN.

70 *Schlosser* NJW 2002, 1376, 1381.

deutung der Norm ist allerdings gering[71], was indes nicht auf ein durchweg rechtstreues Anwaltsverhalten, sondern auf ihre unklare Struktur und die Konturlosigkeit der Tatbestandsbeschreibung zurückzuführen sein dürfte[72].

(2) Würdigung

Die geltende Rechtslage wird in der Literatur teils harsch kritisiert, soweit die Aufhebung des Verbots der Vertretung widerstreitender Interessen in Bürogemeinschafts- und Sozietätskonstellationen allein vom Einverständnis des betroffenen Mandanten abhängig gemacht wird[73]. Diese Kritik ist im Grundsatz berechtigt. Im Ausgangspunkt ist dabei anzuerkennen, dass in der Wahrnehmung gegensätzlicher Interessen innerhalb einer Organisation eine potenzielle Gefährdung der Mandanteninteressen zu sehen ist. Mit gutem Grund soll dieser im Allgemeinen über das Berufsverbot und seine strafrechtliche Flankierung nicht ohne weiteres disponieren können. Umstand und Ausmaß der Gefährdungslage werden diesem nicht selten verschlossen sein oder durch den zum Einverständnis auffordernden Rechtsanwalt verharmlost. Das in Sozietätskonstellationen zugelassene Einverständnis ist daher alles andere als unproblematisch und in dieser Allgemeinheit verfassungsrechtlich nicht gefordert[74]. Nach richtigem Verständnis bedarf es einer differenzierten Regelung, die das Verbot der Vertretung widerstreitender Interessen auch in Bürogemeinschafts- und Sozietätskonstellationen wieder stärker zur Geltung bringt. Dabei ist zu berücksichtigen, dass die Formen der Arbeitsteilung in den praktisch vorkommenden Konstellationen stark voneinander abweichen. Eine Neuregelung sollte an die Typizität anwaltlicher Zusammenschlüsse und Organisationsstrukturen anknüpfen und klären, in welchen Fällen organisatorische Maßnahmen geeignet und verhältnismäßig sind, um das Verbot der Vertretung widerstreitender Interessen zu rechtfertigen. In Anlehnung an das Kapitalmarktaufsichtsrecht[75] wäre etwa in größeren Sozietäten die Einrichtung von Vertraulichkeitsbereichen praktikabel[76]. Die räumliche Trennung bei überörtlichen Sozietäten und Bürogemeinschaften geht bereits in diese Richtung, wäre allerdings organisatorisch zu verfestigen[77]. Zum Schutz der Interessen des Mandanten ist es im Grundsatz jedenfalls gerechtfertigt, dass die Arbeitsteilung in anwaltlichen Zusammenschlüssen stärker als bisher an Grenzen stößt. Die Anwaltschaft hat es

---

[71] MünchKommStGB/*Dahs*, § 356 Rn. 10; *Schlosser* NJW 2002, 1376, 1381.

[72] Vgl. MünchKommStGB/*Dahs*, § 356 Rn. 10; s. auch *Kilian* WM 2000, 1366, 1367.

[73] *Hartung* NJW 2006, 2721, 2724 f.; s. auch *Krenzler* BRAK-Mitt. 2003, 249: „Untergang des Anwaltsstandes".

[74] Vgl. BVerfG NJW 2003, 2520, 2522 f.

[75] Hierzu schon § 14, S. 320 f. (sub e).

[76] Kritisch dagegen *Stürner/Bormann* NJW 2004, 1481, 1485; s. auch *Bormann* ZZPInt 8 (2003), 3, 28 ff.

[77] Vgl. *Koch/Kilian*, Anwaltliches Berufsrecht, Rn. B 651; eingehend *Kilian* WM 2000, 1366, 1372 ff.; zum Ganzen auch schon BVerfG NJW 2003, 2520, 2521.

zu akzeptieren, dass der Zusammenschluss einer großen Zahl von Anwälten die Möglichkeit der Übernahme konkurrierender Mandate begrenzt.

Über die Verschärfung des Verbots der Vertretung widerstreitender Interessen in derselben Angelegenheit hinaus ist *de lege ferenda* auch die berufsrechtliche Begründung von Aufklärungspflichten betreffend als solche zugelassene Interessenkonflikte angezeigt. Eine Aufklärungspflicht ist immer dann anzunehmen, „wenn aus Sicht des Mandanten Bedenken darüber bestehen können, ob der Anwalt seine Interessen konsequent durchsetzt“[78]. Die Reform des Berufsrechts sollte sich insoweit an den bestehenden zivilrechtlich haftungsbewehrten Aufklärungspflichten des Rechtsanwalts orientieren[79].

cc) Verbot der Annahme und Gewährung von Vorteilen

Das Berufsrecht untersagt grundsätzlich die Gebührenteilung, also die Abgabe und Entgegennahme eines Teils der Gebühren oder sonstiger Vorteile für die Vermittlung von Aufträgen, § 49b Abs. 3 BRAO. Die Regelung zielt darauf ab, einen Wettbewerb beim Ankauf von Mandaten unter den Rechtsanwälten zu verhindern. Es soll der dadurch entstehende Anschein vermieden werden, dass der Rechtsanwalt einem Gewerbe nachgeht[80]. Das Verbot kommt dem Interessengleichlauf von Rechtsanwalt und Mandant zugute. Denn andernfalls könnte sich der das Geschäft betreibende Rechtsanwalt motiviert sehen, Gebühren durch nicht bedarfsgerechtes Empfehlungsverhalten zu erzeugen, um sowohl sein eigenes Auskommen als auch das des Dritten zu sichern.

dd) Interessenkonflikte in abhängigen Beschäftigungsverhältnissen

(1) Sicherung der persönlichen Unabhängigkeit

(a) Kursorische Bestandsaufnahme

Die berufliche Unabhängigkeit macht das Wesen des Anwaltsberufs aus[81]. Zu den Grundpflichten des Anwalts gehört es folgerichtig, keine Bindungen einzugehen, die seine berufliche Unabhängigkeit gefährden, § 43a Abs. 1 BRAO. Während sich die Diskussion historisch auf die Freiheit des Anwalts gegenüber staatlichen Bindungen fokussierte, trat die mit den arbeitsteiligen Zusammenschlüssen einhergehende Gefährdung der anwaltlichen Unabhängigkeit seit Beginn des 20. Jahrhunderts zunehmend in den Vordergrund[82]. Ebenso wie dem Anwalt selbst ist den Anwaltsgesellschaften die Eingehung rechtlicher Bindun-

---

[78] Vgl. BGH NJW 2013, 3725, 3727.

[79] Hierzu eingehender § 15, S. 365 ff. (sub bb).

[80] Vgl. zur Genese der Norm *Kilian*, in: Henssler/Prütting, Bundesrechtsanwaltsordnung, § 49b BRAO Rn. 159.

[81] *Stürner/Bormann* NJW 2004, 1481, 1482; *Henssler*, in: Henssler/Prütting, Bundesrechtsanwaltsordnung, § 43a BRAO Rn. 6.

[82] Hierzu *Henssler*, in: Henssler/Prütting, Bundesrechtsanwaltsordnung, § 43a BRAO Rn. 2 f.; *Stürner/Bormann* NJW 2004, 1481, 1482.

gen grundsätzlich untersagt, sofern und soweit sie die berufliche Unabhängigkeit gefährden[83]. Eine ausdrückliche Zurücknahme des Unabhängigkeitserfordernisses anerkennt das Berufsrecht in § 46 BRAO für den Syndikusanwalt, der ein ständiges Beschäftigungsverhältnis mit einem nicht anwaltlichen Auftraggeber eingeht und sich im gleichen Zuge als Anwalt zulassen darf[84]. Im Übrigen haben die praktischen Entwicklungen, die durchaus auf Notwendigkeiten beruhen[85], dazu geführt, dass auch der innerberuflich von Anwaltsgesellschaften angestellte Rechtsanwalt als mit dem Unabhängigkeitspostulat grundsätzlich vereinbar angesehen wird[86]. Mit dem Ziel, der Unabhängigkeit des angestellten Anwalts wenigstens einen gewissen Mindestschutz teilhaftig werden zu lassen, sucht § 26 BORA um die Beschäftigung zu „angemessenen Bedingungen".

(b) Würdigung

Die Gefährdung der Unabhängigkeit des Anwalts und eine mögliche Beeinträchtigung einer interessengerichteten Mandatsausübung wiegen in den Fällen des angestellten Rechtsanwalts am schwersten. Das innerberufliche Beschäftigungsverhältnis des angestellten Rechtsanwalts, das heute einen großen Teil der Anwaltsverhältnisse ausmacht, lässt sich in ein Konzept der beruflichen Unabhängigkeit tatsächlich kaum integrieren[87]. Idealiter müsste man das Modell des Rechtsanwalts im Angestelltenverhältnis für unzulässig erklären. Dass sich eine solche Forderung praktisch nicht durchsetzen ließe, bedarf indes keiner weiteren Ausführung[88]. Es mangelt zwar nicht an Vorschlägen, den bestehenden Widerspruch unter Beibehaltung des Systems abhängig beschäftiger

[83] *Henssler*, in: Henssler/Prütting, Bundesrechtsanwaltsordnung, § 43a BRAO Rn. 10.

[84] Allerdings hat das BSG unlängst entschieden, dass eine Befreiung des Syndikusanwalts von der Versicherungspflicht in der gesetzlichen Rentenversicherung zugunsten des anwaltlichen Versorgungssystems – das wohl typischerweise tragende Motiv des Zulassungsersuchens – entgegen der bisherigen Praxis nicht zulässig ist, vgl. BSG, Urteil vom 3. April 2014 (B 5 RE 13/14 R), juris; sowie die Parallelentscheidungen BSG, Urteil vom 3. April 2014 (B 5 RE 3/14 R), juris und BSG, Urteil vom 3. April 2014 (B 5 RE 9/14 R), juris. Mit einer Rückläufigkeit der Anzahl der zugelassenen Syndici ist dennoch nicht zu rechnen, da der Gesetzgeber die Rückkehr zur bisherigen Rechtslage angekündigt hat.

[85] Der für junge Anwälte, die nicht das Glück haben, die Kanzlei des Familienvorgängers zu übernehmen, besonders schwierige Schritt in die Selbständigkeit wird durch die Möglichkeit eines Anstellungsverhältnisses etwa substanziell erleichtert, vgl. *Henssler*, in: Henssler/Prütting, Bundesrechtsanwaltsordnung, § 43a BRAO Rn. 15.

[86] *Henssler*, in: Henssler/Prütting, Bundesrechtsanwaltsordnung, § 43a BRAO Rn. 15. Vor diesem Hintergrund wirkt die Beschreibung der anwaltlichen Unabhängigkeit bei *Scharf* geradezu wirklichkeitsfremd, vgl. BRAK-Mitt. 2006, 11, 12: „Der Rechtsanwalt ist unabhängig. Er unterliegt keinerlei Weisungen irgendeines Dritten, seien es staatliche Institutionen, Verbände oder private Personen".

[87] Vgl. auch *Stürner/Bormann* NJW 2004, 1481, 1485.

[88] Zu der vereinzelt vorgeschlagenen obligatorischen Befristung des Angestelltenverhältnisses kritisch *Schautes*, Anwaltliche Unabhängigkeit, S. 261.

Anwälte aufzulösen. Diese zeigen sich jedoch als praktisch kaum zielführend[89]. Die geringe praktische Bedeutung des berufsrechtlichen Verbots der Beschäftigung zu unangemessenen Bedingungen spricht für sich[90]. Es ist vor allem das Direktionsrecht des Arbeitsgebers, das sich mit dem Leitbild der anwaltlichen Unabhängigkeit nicht vereinbaren lässt. Dieses wird zu Recht allgemein dahin eingeschränkt, dass solche Weisungen unzulässig sind, deren Erfüllung im Widerspruch mit den Vorgaben des Berufsrechts und damit auch mit dem Gebot der Unabhängigkeit stehen würde[91]. Zu den verbreitet diskutierten Beispielen zählt die vor allem in den großen Anwaltskanzleien übliche Vorgabe extremer *billable hours*[92]. Der im Verhältnis zum Mandanten dadurch drohende Interessenkonflikt wurde bereits im Rahmen der Vergütungsgrundlagen angesprochen[93]. Vor diesem Hintergrund verbietet sich im Grunde jede Vorgabe ungeachtet ihrer Höhe[94]. Problematisch bleibt allerdings die Sicherung der eingeschränkten Weisungsabhängigkeit. Der betroffene Rechtsanwalt wird Verstöße kaum publik machen und dem von einer Weisung möglicherweise betroffenen Mandanten fehlen bereits die notwendigen Einblicke in die inneren Strukturen der Anwaltsgesellschaft. Das Standesrecht und die zu seiner Durchsetzung berufenen Kammern versagen auch insoweit; schon eine berufsständische Kontrolle der Arbeitsverträge ist *de lege lata*, anders als etwa in Frankreich, nicht vorgesehen[95]. Vor diesem Hintergrund ist es auch unter diesem Blickwinkel unabdingbar, die Kontrollmechanismen des Standesrechts zu effektuieren und diese im Falle fortbestehender Wirkungslosigkeit verstärkt auch unter staatliche Aufsicht zu stellen. Es erscheint sinnvoll, in diesem Rahmen auch auf ein *whistleblowing* zu setzen, d.h. den von standeswidrigen Weisungen betroffenen Anwälten die Möglichkeit zu eröffnen, Verstöße im Rahmen des praktisch Möglichen identitätsgeschützt melden zu können.

---

[89] Überblick bei *Henssler*, in: Henssler/Prütting, Bundesrechtsanwaltsordnung, § 43a BRAO Rn. 14.

[90] Hierzu *Koch*, in: Henssler/Prütting, Bundesrechtsanwaltsordnung, § 26 BORA Rn. 16: „Seit Erlass ... sind zwei Fälle bekannt geworden, in denen § 26 BORA zu einer berufsrechtlichen Ahndung geführt hat".

[91] *Fuhrmann*, Rechtsstellung des angestellten Rechtsanwalts, S. 127 ff. mwN.; *Henssler*, in: Henssler/Prütting, Bundesrechtsanwaltsordnung, § 43a BRAO Rn. 20; *Schautes*, Anwaltliche Unabhängigkeit, S. 256; kritisch *Stürner/Bormann* NJW 2004, 1481, 1485: „Quadratur des Kreises".

[92] Hierzu *Grunewald* AnwBl 2004, 463, 465; *de Lousanoff* ZZP 115 (2002), 357, 372 ff.; *Henssler*, in: Henssler/Prütting, Bundesrechtsanwaltsordnung, § 43a BRAO Rn. 20.

[93] § 15, S. 333 ff. [sub (b)].

[94] *Stürner/Bormann* NJW 2004, 1481, 1485.

[95] Hierzu *Stürner/Bormann* NJW 2004, 1481, 1485; s. auch *Koch*, in: Henssler/Prütting, Bundesrechtsanwaltsordnung, § 26 BORA Rn. 8 f.

(2) Anreizsysteme innerhalb abhängiger Beschäftigungsverhältnisse

Ein wünschenswerter berufsrechtlicher Schutz besteht für den Interessengleichlauf mit Blick auf Anreizsysteme in anwaltlichen Beschäftigungsverhältnissen von vorneherein nur eingeschränkt. Denn Vorteile, die im Rahmen der beruflichen Zusammenarbeit für die Akquise von Mandaten gewährt werden, sind von diesem Verbot der Annahme und Gewährung von Vorteilen bereits nicht erfasst[96]. Diese wesentliche Bereichsausnahme bildet die Grundlage für Anreizsysteme innerhalb beruflicher Zusammenschlüsse von Anwälten. Die Mandatsakquise ist in der Praxis etwa die Grundlage für die Zahlung von Boni und eine interne Gewinnbeteiligung wie auch wesentlich für die Berufsaussichten des angestellten Rechtsanwalts und die Entwicklung seines kanzleiinternen Status[97]. Obschon man der Mandantenakquise und einer daran orientierten Vorteilsgewährung ihre grundsätzliche Berechtigung nicht wird absprechen können, ist es jedoch angezeigt, zwischen generellen und spezifisch wirkenden Anreizen zu differenzieren. Hierzu bietet sich ein Blick auf die jüngeren Reformen im Bereich der Regulierung der Kapitalanlageberatung an.

Im Grundsatz ist es den Wertpapierfirmen gestattet, dem abhängigen oder unabhängigen Kapitalanlageberater Provisionen oder nicht-monetäre Vorteile im Zusammenhang mit der Erbringung einer Anlageberatung zu gewähren, sofern der Interessenvorrang des Anlegers dadurch nicht beeinträchtigt wird. Unzulässig ist es allerdings, den Anlageberater durch Vergütungsvereinbarungen, Verkaufsziele oder auf sonstigem Wege dazu zu verleiten, dem Anleger ein bestimmtes Finanzinstrument zu empfehlen, obwohl die Wertpapierfirma diesem ein bedarfsgerechteres Anlageprodukt anbieten könnte, vgl. Art. 24 Abs. 9, 10 MiFID-II. Der Grat zwischen generellen Vergütungsanreizen und spezifischen, das konkrete Empfehlungsverhalten beeinflussenden Anreizen ist naturgemäß ein schmaler. Tatsächlich ließe sich der Interessenvorrang des Anlegers nur durch eine Abkehr von der erfolgsorientierten provisionsbasierten Beratung als solcher adäquat sichern[98]. Wenn man aber nicht so weit gehen wollte, erscheint die Neuregelung als durchaus vernünftiger und praktisch auch weitgehend handhabbarer Kompromiss[99].

Es spricht vieles dafür, diesen Rechtsgedanken des reformierten Kapitalanlegeraufsichtsrechts auf die Beratung durch die abhängig und selbständig beschäftigten Angehörigen klassischer Professionen zu übertragen. Wenn der Interessenvorrang des Ratnehmers schon im Bereich des Vertriebs von Finanzinstrumenten in solcher Weise wirksam abgesichert wird, so muss das im Bereich der Rechtsdienstleistungen erst recht gelten. Das anwaltliche Be-

---

[96] *Kilian*, in: Henssler/Prütting, Bundesrechtsanwaltsordnung, § 49b BRAO Rn. 164.
[97] Vgl. *Kilian*, in: Henssler/Prütting, Bundesrechtsanwaltsordnung, § 49b BRAO Rn. 164.
[98] Hierzu § 16, S. 409 (sub dd).
[99] Zum Ganzen noch eingehender § 16, S. 395 f. (sub cc).

rufsrecht sollte nach dem Vorbild des Kapitalanlegeraufsichtsrechts reformiert und in seiner Durchsetzung wiederum effektuiert werden.

c) Verhaltenspflichten

Das geschriebene Berufsrecht übt sich seit jeher in Zurückhaltung, soweit es um die Konkretisierung der Verhaltenspflichten im Zuge der Mandatsbearbeitung geht[100]. Es bestimmt lediglich allgemein, dass der Rechtsanwalt den Mandanten unverzüglich über wesentliche Vorgänge und Maßnahmen zu unterrichten und diesem die wesentlichen Schriftstücke bekannt zu geben hat, § 11 BORA. Hinter einer Beratungspflicht bleibt diese Regelung deutlich zurück. Im Ausgangspunkt erkennt indes das ungeschriebene Berufsrecht den Mandanten als Herrn des zu erledigenden Geschäfts an, dem die Entscheidungszuständigkeit grundsätzlich umfassend zugewiesen ist[101]. Der Anwalt hat in den Grenzen der geltenden Rechtsordnung ausschließlich dessen Interessen zu dienen[102]. Schon vor diesem Hintergrund kann kein Zweifel daran bestehen, dass die Pflicht zur Beratung des Mandanten auf der Grundlage der grundsätzlich freiwilligen[103] Mandatsübernahme zu den ungeschriebenen berufständischen Kardinalpflichten des Rechtsanwalts zählt. Die als essenzielle Elemente der Beratung herausgearbeiteten Bestandteile der Beratungspflicht, d.h. die Pflicht zur Exploration, zur Abgabe einer bedarfsgerechten Handlungsempfehlung sowie zur empfehlungsbegleitenden Aufklärung[104], verstehen sich damit notwendig auch als berufsrechtliche Elemente der anwaltlichen Beratung. Die weitere Konkretisierung und die Begründung weitergehender berufsrechtlicher Pflichten des beratenden Rechtsanwalts ist letztlich ein weites Feld.

Ausdrücklich besteht die Pflicht zur Führung einer Handakte. Mittels dieser soll der Rechtsanwalt „ein geordnetes Bild über die von ihm entfaltete Tätigkeit geben können“, § 50 BRAO. Die Handakte ist längstens fünf Jahre nach Beendigung des Mandats aufzuheben und an den Mandanten auf Verlangen herauszugeben[105]. Eine Pflicht zur Dokumentation der konkreten anwaltlichen Beratung ist mit der Pflicht zur Führung der Handakte allerdings nicht verbunden;

---

[100] Vgl. *Koch/Kilian*, Anwaltliches Berufsrecht, Rn. B 746: „umfassende berufsrechtliche Regelung des Mandatsvertrags existiert nicht“.

[101] *Koch/Kilian*, Anwaltliches Berufsrecht, Rn. B 744, vgl. auch *Prütting*, in: Henssler/Prütting, Bundesrechtsanwaltsordnung, § 11 BORA Rn. 6.

[102] *Scharf* BRAK Mitt. 2006, 11, 12.

[103] Der historische Gesetzgeber hatte auf einen allgemeinen Kontrahierungszwang, anders als im Bereich der Notare, bewusst verzichtet, vgl. *Wolf*, abgedruckt bei *Heese* ZZP 128 (2015), 99, 101; zur Abschlussfreiheit des Rechtsanwalts s. etwa *Henssler*, in: Henssler/Prütting, Bundesrechtsanwaltsordnung, § 48 Rn. 3 sowie zu Einschränkungen § 48 ff. BRAO.

[104] Hierzu § 13, S. 158 (sub 1).

[105] Arg. ex § 50 Abs. 3 BRAO; zum Ganzen auch *Koch/Kilian*, Anwaltliches Berufsrecht, Rn. B 751 ff.

die ganz überwiegende Ansicht lehnt eine allgemeine (berufsrechtliche) Dokumentationspflicht des Rechtsanwalts ab[106].

Die anwaltlichen Verhaltensanforderungen bezüglich der Wahrung des Interessenvorrangs des Mandanten sind auf die Vermeidung von Interessenkonflikten und damit gegen ihre Inkaufnahme unter bloßer Aufklärung des Mandanten gerichtet. Im Falle widerstreitender Interessen hat der Rechtsanwalt seinen Mandanten etwa unverzüglich zu unterrichten *und* alle[107] Mandate in derselben Angelegenheit zu beenden, § 3 Abs. 4 BORA. Eine gewisse Durchbrechung besteht in der Zulassung des Einverständnisses des Mandanten, soweit es um widerstreitende Interessen innerhalb einer Berufsausübungsgemeinschaft geht, § 3 Abs. 2 BORA. Im Übrigen ist der Anwalt dem Mandanten gegenüber berufsrechtlich[108] nicht zur Aufklärung darüber verpflichtet, dass mit dem Abschluss des Beratungsvertrags ein Gebührenanspruch begründet wird. Sofern sich die zu erhebenden Gebühren nach dem Gegenstandswert berechnen, hat der Rechtsanwalt vor Übernahme des Auftrags lediglich auf diesen Umstand hinzuweisen, § 49b Abs. 5 BRAO. Es liegt sodann in der Verantwortung des Mandanten, den Rechtsanwalt wegen der voraussichtlichen Kosten zu befragen[109]. Soweit es um die beschriebenen, im geltenden anwaltlichen Vergütungssystem angelegten Fehlanreize geht, ist der Anwalt berufsrechtlich ebenfalls nicht zur Aufklärung verpflichtet, vgl. § 49b Abs. 5 BRAO. Namentlich hat er den Mandanten nicht darauf hinzuweisen, dass das Empfehlungsverhalten im konkreten Fall von einem spezifischen Vergütungsanreiz begleitet wird, geschweige denn darüber, welches Ausmaß ein solcher Anreiz hat. Das wäre auch abzulehnen, da die bloße Aufklärung am Bestehen des Konflikts ohnehin nichts ändert und den Mandanten letztlich ohne konkrete Anhaltspunkte vor die Vertrauensfrage stellt[110]. Stattdessen sollten die bestehenden Anreize nach Maßgabe der unterbreiteten Vorschläge[111] abgebaut werden.

3. Fernwirkung auf das Zivilrecht

Vor dem Hintergrund, dass sich das anwaltliche Berufsrecht mit der Konkretisierung der anwaltlichen Beratungspflicht weitgehend zurückhält, stellt sich die

[106] Vgl. BGH NJW 1992, 1695, 1696; *Vollkommer/Greger/Heinemann*, Anwaltshaftungsrecht, § 15 Rn. 15; zur Begründung einer zivilrechtlichen Dokumentationspflicht s. eingehender § 15, S. 378 f. (sub 7).

[107] Die Fortführung auch nur eines der widerstreitenden Mandate scheidet aus, vgl. *Koch/Kilian*, Anwaltliches Berufsrecht, Rn. B 661.

[108] Ebenso wenig zivilrechtlich, vgl. BGH NJW 2007, 2333; NJW 1998, 136, 137; NJW 1998, 3486, 3487.

[109] Hierzu BT-Drucks. 15/1971, S. 232 r. Sp.; weitergehend § 4a Abs. 2 Nr. 1 RVG; s. hierzu BGH NJW 2014, 3669.

[110] Hierzu bereits eingehend § 13, S. 188 ff. [sub (3)].

[111] § 15, S. 333 ff. [sub (b)].

Frage nach der Fernwirkung auf das zivile Haftungsrecht von vorneherein und, anders als etwa im Bereich der Kapitalanlageberatung[112], nur eingeschränkt. Allerdings tendiert der BGH durchaus dazu, geschriebene berufsrechtliche Verhaltenspflichten des Rechtsanwalts auf dessen zivilrechtliches Pflichtenprogramm zu übertragen. Beispielhaft genannt sei § 49b Abs. 5 BRAO, der den Rechtsanwalt verpflichtet, vor Übernahme des Auftrags darauf hinzuweisen, dass sich die zu erhebenden Gebühren nach dem Gegenstandswert richten. Nach Ansicht des BGH hat die Hinweispflicht nicht allein Bedeutung im Rahmen der Berufsaufsicht[113]. Aufgrund der berufsrechtlichen Hinweispflicht entstehe vielmehr auch ein vorvertragliches Schuldverhältnis, so dass ein Verstoß einen Schadensersatzanspruch gem. §§ 280 Abs. 1, 311 Abs. 2 BGB begründen könne[114]. Das ist schwer haltbar. Der Gesetzgeber ging im Rahmen seiner Begründung ausdrücklich nur von einer Konkretisierung der allgemeinen Berufspflicht gem. § 43 BRAO aus[115]. Von der vom BGH letztlich angenommen Doppelnatur der Norm kann somit letztlich keine Rede sein. Bedenkenswert wäre es allenfalls, inspiriert durch das Berufsrecht und im Wege der Rechtsfortbildung, eine inhaltsgleiche vorvertragliche Informationspflicht zu entwickeln. Das lässt sich indes allenfalls vor dem Hintergrund vertreten, dass die Anwaltskammern ihrer Aufgabe, für eine breitenwirksame und effektive Durchsetzung des Berufsrechts zu sorgen, nicht hinreichend nachkommen. Dann wird man einzugestehen haben, dass eine solche Pflichtenbegründung letztlich nicht dem individuellen Ausgleich dient, sondern *private law enforcement* darstellt, zumal völlig unklar bleiben muss, wie sich der Mandant im Falle des pflichtgemäßen Hinweises tatsächlich verhalten hätte[116]. Auf der Grundlage der vorliegend allgemein geforderten Effektuierung der berufsständischen Aufsicht wären solche Systembrüche obsolet.

Im Wesentlichen ist allerdings festzustellen, dass Berufs- und Zivilrecht im Bereich der anwaltlichen Beratung weitgehend ihren traditionellen Grundfunktionen nachkommen[117]. Ersteres konzentriert sich auf die Berufszulassungs- und Fortbildungsanforderungen sowie auf den präventiven Ausschluss und die Begrenzung von Interessenkonflikten, letzteres auf die Konkretisierung der Verhaltenspflichten und der berufsspezifischen Sorgfaltsanforderungen. Beide Regelungsbereiche ergänzen sich *cum grano salis* sinnvoll, anstatt in eine partielle Regelungskonkurrenz zueinander zu treten.

---

[112] Hierzu eingehender § 16, S. 411 ff. (sub 3).

[113] So aber AG Charlottenburg BRAK-Mitt. 2007, 136, 237; ebenso bereits *Völtz* BRAK-Mitt. 2004, 103, 104.

[114] BGH NJW 2007, 2332, 2333 f.; s. auch *Rick* AnwBl 2006, 648, 650 f.; *Hartmann* NJW 2004, 2484.

[115] Vgl. BT-Drucks. 15/1971, S. 232 r. Sp.

[116] Der BGH gewährt dem Mandanten offenbar keine Beweiserleichterungen, vgl. hierzu BGH NJW 2007, 2332, 2334.

[117] Zu diesen allgemein § 14, S. 323 ff. (sub V).

III. Zivilrecht der anwaltlichen Beratung

1. Entstehung, Rechtsnatur und Pflichtenstruktur der Beratungspflicht

Mit der Übernahme des anwaltlichen Mandats[118] kommt typischerweise ein Geschäftsbesorgungsvertrag zustande[119], der den Rechtsanwalt jedenfalls auch zur rechtlichen Beratung des Mandanten unter vorrangiger Wahrung der Mandanteninteressen verpflichtet[120]. Bezieht sich die Beratung unmittelbar auf eines der von § 823 Abs. 1 BGB geschützten Rechtsgüter, namentlich im Falle der Strafverteidigung, entsteht mit der Mandatsübernahme überdies eine konkurrierende deliktische Beratungspflicht. Eine Verletzung der ungeschriebenen beratungsgerichteten Verhaltenspflichten des Berufsrechts begründet dagegen keine Haftung aus § 823 Abs. 2 BGB, weil diese Berufsregeln nach richtigem Verständnis, obschon sie den Schutz des Mandanten mitbezwecken, keine Schutzgesetze im Sinne der Norm sind[121]. Für eine abweichende Interpretation besteht mit Blick auf die vertragsrechtliche Haftung im Übrigen kein Bedürfnis. § 826 BGB hat demgegenüber durchaus auch im Bereich der Anwaltshaftung praktische Bedeutung[122].

Bei der vertraglichen Beratungspflicht selbst handelt es sich der Rechtsnatur nach um eine *klagbare Hauptleistungspflicht* mit dienstvertraglichem Charakter[123]. Diese entsteht im Grundsatz unabhängig davon, ob sich der Mandant in einem Kenntnis- und Erfahrungsgefälle gegenüber dem Rechtsanwalt befindet. Wirtschaftlich und juristisch erfahrene Mandanten bis hin zu Rechtsanwälten selbst sind daher regelmäßig in gleicher Weise zu beraten[124]. Lediglich die Art und Weise der Beratung, namentlich die der Aufklärung, ist dem Ratnehmerhorizont anzupassen. Gegenüber juristisch erfahrenen Personen greifen insoweit Erleichterungen[125].

Die vertraglichen Pflichten des Rechtsanwalts einschließlich seiner Beratungspflichten enden grundsätzlich mit der Beendigung des Mandats. Eine *nachsorgende Beratungspflicht* aufgrund einer fortwirkenden Interessenbin-

---

[118] Zum Vertragsschluss eingehender *Vollkommer/Greger/Heinemann*, Anwaltshaftungsrecht, § 3 Rn. 1 ff.

[119] MünchKommBGB/*Heermann*, § 675 Rn. 26; *Vollkommer/Greger/Heinemann*, Anwaltshaftungsrecht, § 1 Rn. 4.

[120] Zur Interessenbindung des Anwalts s. *Vollkommer/Greger/Heinemann*, Anwaltshaftungsrecht, § 9 Rn. 5.

[121] Alles sehr str., allgemein befürwortend *Huber*, in: FS v. Caemmerer, S. 359, 377 ff.; *v. Bar*, Verkehrspflichten, S. 233 ff.; für die Anwaltshaftung kritisch *v. Gierke*, Die Dritthaftung des Rechtsanwalts, S. 156 ff.; offen gelassen von *Vollkommer/Greger/Heinemann*, Anwaltshaftungsrecht, § 8 Rn. 17.

[122] Überblick bei *Vollkommer/Greger/Heinemann*, Anwaltshaftungsrecht, § 8 Rn. 18 ff.

[123] BGH NJW 1995, 2551, 2552; zum Ganzen allgemein § 13, S. 149 ff. (sub bb).

[124] Vgl. BGH NZG 2012, 866, 870; NJW 2012, 2435, 2437.

[125] Hierzu § 15, S. 362 [sub (3)].

dung kommt daher nur ausnahmsweise in Betracht. Obwohl ein für die Durchführung eines Rechtsstreits in erster Instanz erteiltes Mandat mit dem Abschluss der ersten Instanz endet, hat der Rechtsanwalt grundsätzlich noch die Pflicht, den Mandanten über die Erfolgsaussichten eines möglichen Rechtsmittels zu beraten und zwar ungeachtet dessen, dass das Gebührenrecht diese Beratung dem Mandat in der Berufungsinstanz zuweist[126]. Eine fortwirkende Interessenbindung einschließlich einer Pflicht zur Beratung ist jedenfalls anzunehmen, wenn der Rechtsanwalt durch sein vorangehendes Verhalten den Verlust des Rechtsstreits in der ersten Instanz mitverschuldet hatte[127]. Hingewiesen wurde bereits auf den Fall, dass das Mandat, und sei es nur aus Gründen eines vom Mandanten verantworteten vorzeitigen Entzugs, zu einem Zeitpunkt endet, in dem dem Mandanten aufgrund eines alsbaldigen Fristablaufs Nachteile drohen. Dann kommt es ausnahmsweise zu einer Fortwirkung der Interessenwahrungspflicht mit der Folge, dass der Anwalt den Mandanten weiterhin auch über die künftige Behandlung der Sache Beratung schulden kann[128].

2. Pflichtumfang

a) Beratungsprogramm: Fachliche Zuständigkeit, Beratungsthema und Optionenspektrum

Das Beratungsprogramm des Rechtsanwalts wird durch die von ihm in Anspruch genommene fachliche Zuständigkeit zur *Rechtsberatung* grundlegend begrenzt. Diese umfasst allerdings auch die Berücksichtigung wirtschaftlicher Nachteile und Gefahren möglicher Vorgehensweisen[129]. Eine darüber hinausgehende wirtschaftliche Beratung, insbesondere Ratschläge auf unternehmerischem Gebiet, schuldet dieser nur, wenn er sich dazu besonders verpflichtet. Wird er, ohne hierzu besonders beauftragt zu sein, in einem angrenzenden Bereich tatsächlich beratend tätig, gelten die allgemeinen Grundsätze zur Beratungssorgfaltspflicht[130].

Im Rahmen der fachlichen Zuständigkeit gilt sodann der Grundsatz, dass dieser zur *umfassenden Beratung* und Belehrung des Mandanten verpflichtet

---

[126] BGH NJW 2002, 1048, 1049.

[127] Vgl. BVerfG NJW 2002, 2937.

[128] Vgl. BGH NJW 1997, 254: *in casu* keine nachvertragliche Pflicht des Anwalts zur Beratung bei nicht fristgebundener Angelegenheit; s. auch BGH NJW 1997, 1302; zum Ganzen bereits § 13, S. 154 f. (sub b).

[129] BGH NJW 1998, 900, 901.

[130] Im Ergebnis auch BGH NJW 1994, 1405, 1406 f.; OLG Koblenz NJW-RR 2003, 272, 273 (jeweils Anlageberatung); zum Ganzen eingehender *Vollkommer/Greger/Heinemann*, Anwaltshaftungsrecht, § 2 Rn. 20 ff.; s. auch *Borgmann* NJW 2010, 1924, 1925; s. zur Paralleldiskussion um das steuerrechtliche Mandat BGH NJW-RR 2013, 983, 984 sowie NJW 2013, 2345 f.

ist[131]. Die praktische Bedeutung dieses Grundsatzes liegt darin, dass sich die beratende Tätigkeit des Rechtsanwalts nicht nur auf die unmittelbar vom Mandanten aufgeworfenen Fragen bezieht, sondern alle sonstigen sichtbar werdenden rechtsberatungsrelevanten Umstände einzubeziehen hat, selbst wenn sich der Mandant über solche selbst keine Gedanken gemacht hätte. Der Anwalt hat daher etwa stets zu prüfen, ob der Mandant Versicherungsschutz in Anspruch nehmen kann und diesen auch darüber entsprechend zu beraten[132]. Umgekehrt ist der Anwalt zu einer umfassenden Beratung des Mandanten auch berechtigt. Der berufsrechtliche Grundsatz des Allgemeinanwalts[133] strahlt insoweit auf das Zivilrecht aus, als dass eine zivilrechtliche Pflicht zur Verweisung an einschlägige Fachanwälte oder Anwälte mit entsprechenden Tätigkeitsschwerpunkten nicht besteht.

Das allgemeine anwaltliche Mandat stellt den rechtlichen wie praktischen Regelfall dar. Voraussetzung für ein *eingeschränktes anwaltliches Mandat* ist dagegen, dass der Mandant eine spezifische gegenständliche Beschränkung der anwaltlichen Befassung eindeutig wünscht[134]. Im Rahmen eines eingeschränkten Mandats ist die Beratungspflicht des Anwalts entsprechend punktuell und einzelfallbezogen[135]. Im Hinblick auf außerhalb des eingeschränkten Mandats liegende Rechtsfragen ist der Anwalt daher nicht zur Beratung verpflichtet, wohl aber noch dazu, den Mandanten vor den Gefahren zu warnen, die sich im Zuge der ordnungsgemäßen Bearbeitung des eingeschränkten Mandats aufdrängen[136].

Stets hat der Rechtsanwalt im Rahmen der Beratung das gesamte Spektrum der im konkreten Fall im Grundsatz präferenzgerechten Gestaltungs- und Handlungsmöglichkeiten einzubeziehen. Es liegt im Wesen der klassischen Profession, dass sich der handelnde Akteur nicht auf von ihm persönlich präferierten Handlungsalternativen beschränken darf. Praktische Bedeutung kommt diesem Grundsatz etwa mit Blick auf die zunehmenden Möglichkeiten alternativer Streitbeilegung zu, die der Rechtsanwalt nach richtigem Verständnis sämtlich neben einer streitigen Durchsetzung im ordentlichen Verfahren im Rahmen der Beratung zu berücksichtigen hat. Wegen des Vorrangs des Man-

---

131 BGH NJW 2011, 2889; NJW-RR 2008, 1235, 1236; NJW-RR 2006, 195, 196; s. bereits BGH NJW 1960, 601, 602; zum Ganzen auch *Vollkommer/Greger/Heinemann*, Anwaltshaftungsrecht, § 12 Rn. 1 ff.

132 BGH NJW 1997, 2168, 2169; VersR 1971, 1119, 1120; s. auch MünchKommBGB/*Heermann*, § 675 Rn. 30.

133 Hierzu § 15, S. 330 (sub aa).

134 Vgl. BGH NJW-RR 2008, 1235, 1236; NJW 1997, 2168, 2169.

135 BGH, Beschluss vom 15. November 2007 (IX ZR 87/05), juris Rn. 9; BGH NJW 1997, 2168, 2169.

136 BGH, Beschluss vom 7. Juli 2011 (IX ZR 161/09), juris Rn. 5; BGH WM 2008, 1563, 1564; für den Steuerberater s. entsprechend BGH NJW 1995, 958.

danteninteresses spielt es dabei keine Rolle, ob der Anwalt dadurch eigene Vergütungsinteressen beeinträchtigt.

b) Zuweisung der Entscheidungszuständigkeit

Die Funktion auch der rechtlichen Beratung liegt darin, den Mandanten in die Lage zu versetzen, seine Rechte und Interessen eigenverantwortlich zu wahren, und diesen dabei zu unterstützen, Fehlentscheidungen zu vermeiden[137]. Vor diesem Hintergrund versteht sich im Ausgangspunkt die Entscheidungszuständigkeit des Mandanten[138]. Allerdings steht es diesem im Prinzip frei, sich seiner Entscheidungszuständigkeit ganz oder teilweise zu entledigen und sie auf den Rechtsanwalt zu übertragen, der diese sodann für den Mandanten und in dessen Interesse ausübt. Aber auch wenn der Mandant dies – wie im Regelfall – nicht tut, stellt sich die Frage, welche Maßnahmen der Anwalt selbst treffen kann, ohne zuvor die Entschließung des Mandanten abzuwarten.

Im Grundsatz ist davon auszugehen, dass die Entscheidungszuständigkeit immer dann beim Mandanten liegt, wenn mehrere Handlungsalternativen zur Verfügung stehen, die sich nicht unerheblich in ihren Auswirkungen auf die Interessen des Mandanten unterscheiden. Das gilt jedenfalls für die Metaebene, also für alle grundlegenden, das Mandat betreffenden Entscheidungen. Ein die Entscheidungszuständigkeit des Mandanten begründender Unterschied wird seine Grundlage zumeist in den Kosten und Risiken von Maßnahmen haben, kann aber auch die zeitliche Erreichung der Ziele des Mandanten betreffen. Über Handlungsalternativen, die sich nach menschlichem Ermessen nicht oder nur ganz unerheblich in ihren Auswirkungen unterscheiden, wird man den Anwalt dagegen von vorneherein selbst als entscheidungsbefugt anzusehen haben. Das entspricht typischerweise auch dem Willen des Mandanten und dem zu seinem Anwalt bestehenden Vertrauensverhältnis[139]. Im Übrigen wäre es Sache des Mandanten darauf zu bestehen, über die grundlegenden Entscheidungen der Mandatsbearbeitung hinaus auch in einzelne Arbeitsschritte, die Modalitäten der konkreten Mandatsbearbeitung, einbezogen zu werden. Der Anwalt ist auf der Grundlage eines bereits geschlossenen Vertrags sodann auch dazu verpflichtet, diesem Verlangen nachzugeben. Grundlage

---

[137] BGH NJW 1991, 2079, 2080; deutlich ebenso OLG Düsseldorf, Urteil vom 12. November 2010 (23 U 98/09), juris Rn. 27; s. auch *Borgmann* NJW 2013, 3343, 3345.

[138] Instruktiv zum Vergleichsschluss BGH NJW 2002, 292; s. auch BGH NJW 2008, 2041, wonach es nicht die Aufgabe des Rechtsanwalts ist, seinem Mandanten grundlegende Entscheidungen abzunehmen.

[139] Im Ergebnis gleich *Vollkommer/Greger/Heinemann*, Anwaltshaftungsrecht, § 14 Rn. 3 f.

hierfür ist das im Rahmen der Geschäftsbesorgung bestehende Weisungsrecht des Geschäftsherrn[140].

Im Fall der Vertragsgestaltung ist etwa grundsätzlich nicht davon auszugehen, dass der Mandant überhaupt ein Interesse daran hat, die Entscheidungszuständigkeit über unterschiedliche kostenneutrale Gestaltungsmodalitäten auszuüben. Entsprechendes gilt für die Prozessführung. Vielmehr vertraut er sich auch insoweit den Fähigkeiten des Anwalts an. In der Konsequenz hat der Anwalt den Mandanten insoweit auch von vorneherein nicht zu beraten, beispielsweise mit diesem eine Streitverkündigung nicht abzusprechen. Die Rechtsprechung sichert den Interessenvorrang des Mandanten und gleicht den entstehenden Kontrollmangel dadurch aus, dass der Rechtsanwalt *im Rahmen des eigenverantwortlichen Vorgehens* von mehreren Handlungsmöglichkeiten stets den „relativ sichersten Weg“ zu gehen hat[141]. Das Verlassen dieses Weges aktiviert indes nach richtigem Verständnis die Entscheidungszuständigkeit des Mandanten und damit auch insoweit die Beratungspflicht des Rechtsanwalts[142].

3. Pflichtinhalt und Sorgfaltsmaßstab

a) Objektiv-abstrakter Sorgfaltsmaßstab

Auf die allgemeine Notwendigkeit berufsspezifischer Konkretisierung und den für den beratenden Rechtsanwalt geltenden hohen objektiv-abstrakten Sorgfaltsmaßstab wurde bereits hingewiesen. Die übliche, von einem ordentlichen Rechtsanwalt geforderte Sorgfalt geht hiernach weit über die allgemeinen und besonderen berufsrechtlichen Zulassungsanforderungen hinaus. Nach ständiger Rechtsprechung des BGH wird von *jedem* Rechtsanwalt die volle Kenntnis der Rechtslage einschließlich der höchstrichterlichen Rechtsprechung verlangt[143]. Soweit er nicht bereits liquide über diese Rechtskenntnis verfügt, muss er sie sich verschaffen[144]. Auf einen Rechtsirrtum kann sich ein Rechtsanwalt grundsätzlich nicht berufen[145]. In der Literatur werden diese Sorgfaltsanforderungen bisweilen immer noch als überhöht kritisiert[146]. Davon hat sich die Rechtsprechung allerdings zu Recht unbeeindruckt gezeigt.

---

[140] Vgl. *Vill*, in: Zugehör/Fischer/Vill/Fischer/Rinkler/Chab, Handbuch der Anwaltshaftung, Rn. 840f.; *Vollkommer/Greger/Heinemann*, Anwaltshaftungsrecht, § 14 Rn. 1.

[141] Vgl. BGH NJW 1996, 2648, 2649f.

[142] Instruktiv BGH NJW 2011, 2649, 2650; hierzu noch § 15, S. 357f. [sub (3)].

[143] BGH NJW 1978, 1486; NJW 1982, 96, 97.

[144] BGH NJW 1978, 1486; NJW 1982, 96, 97; zur Informationsobliegenheit bzgl. der höchstrichterlichen Rechtsprechung s. BGH NJW 2001, 675, 678; NJW 2009, 987; zum Ganzen noch § 15, S. 354 (sub bb).

[145] BGH VersR 1959, 638, 641; OLG Koblenz NJW 1989, 2699, 2700.

[146] *Slobodenjuk* NJW 2006, 113, 116f.; *Tauchert/Dahns*, in: Gaier/Wolf/Göcken, An-

Abzulehnen sind überdies die in der Literatur zunehmend verbreiteten Überlegungen zu einer „gruppenspezifischen Ausdifferenzierung“ des anwaltlichen Sorgfaltsmaßstabs[147]. Die dahinter stehende Forderung, vor allem zwischen Allgemeinanwälten und Fachanwälten zu differenzieren[148], mag auf den ersten Blick etwas für sich haben[149], dürfte im Ergebnis wohl aber dazu führen, dass sich der von der Rechtsprechung geforderte Standard eines mit der erforderlichen vollen Rechtskenntnis bestallten Rechtsanwalts am Ende auf den Fachanwalt beschränkt. Der ein Fachanwaltsgebiet bearbeitende Allgemeinanwalt würde letztlich geringeren Sorgfaltsanforderungen als bisher unterliegen, obwohl seine Tätigkeit – wenn man von den gesetzlichen Gebührentarifen ausgeht – identisch vergütet wird und dieser den Mandanten nicht einmal darauf hinzuweisen hat, dass ein Fachanwalt für den konkreten Fall besser qualifiziert ist. Vor dem Hintergrund der Beibehaltung des Allgemeinanwaltsprinzips ist es notwendig, einen hohen, für alle Rechtsanwälte gleichermaßen geltenden Sorgfaltsmaßstab zu fordern, zumal es dem Allgemeinanwalt frei steht, einzelne fachanwaltstypische Mandate abzulehnen. Darin liegt gerade der entscheidende Unterschied gegenüber dem beratenden Allgemeinarzt, den unter Umständen eine Verweisungspflicht trifft.

b) Exploration

aa) Bewertungs- und aufklärungsrelevante ratnehmerbezogene Umstände

Den beratenden Rechtsanwalt trifft die für den Ratgeber allgemein typische Explorationspflicht[150]. In der Literatur zur Anwaltshaftung ist auch der Begriff der Aufklärungspflicht verbreitet[151], der zur Vermeidung begrifflicher Verwechslungen zugunsten des Begriffs der Explorations- oder Ermittlungspflicht aufgegeben werden sollte. Mit Rücksicht auf den Umfang seiner Beratungspflicht hat der Rechtsanwalt zu Beginn der Beratung die ratnehmerbezogenen Umstände, namentlich die *Präferenzen des Mandanten*[152] und den *Sachverhalt*

---

waltliches Berufsrecht, § 52 BRAO Rn. 1; s. auch *Fahrendorf*, in: Rinsche/Fahrendorf/Terbille, Die Haftung des Rechtsanwalts, Rn. 401 f.: „juristischer Supermann”.

[147] *Vollkommer/Greger/Heinemann*, Anwaltshaftungsrecht, § 17 Rn. 13 ff.; s. auch *Borgmann/Jungk/Grams*, Anwaltshaftung, Kap. V Rn. 30; ebenso *Fischer*, in: Zugehör/Fischer/Vill/Fischer/Rinkler/Chab, Handbuch der Anwaltshaftung, Rn. 1058, 1085 mit zutreffender dogmatischer Verortung des Problems im Bereich der *objektiven* Sorgfaltsanforderungen.

[148] Geminderte Sorgfaltsanforderungen für Berufsanfänger werden indes auch auf dieser Grundlage abgelehnt, vgl. *Vollkommer/Greger/Heinemann*, Anwaltshaftungsrecht, § 17 Rn. 18.

[149] Hierzu bereits grundlegend § 15, S. 329 f. (sub aa).

[150] Hierzu grundlegend § 13, S. 160 ff. (sub 2).

[151] Vgl. etwa *Vollkommer/Greger/Heinemann*, Anwaltshaftungsrecht, § 10 Rn. 3, die überdies Exploration und Aufklärung unzulässig miteinander vermischen, vgl. aaO. § 10 Rn. 13 f.

[152] Vgl. BGH NJW 2002, 1048, 1049; s. auch *Vollkommer/Greger/Heinemann*, Anwaltshaftungsrecht, § 10 Rn. 11: „Zielvorstellung“.

umfassend zu ermitteln[153]. Hierzu sind die zur Bewertung des Sachverhalts notwendigen Tatsachen vom Mandanten zu erfragen, soweit dieser sie nicht von sich aus bereits umfassend mitteilt. Zur Beurteilung notwendige Urkunden und Dokumente hat sich der Anwalt vorlegen zu lassen. Er darf sich insoweit nicht damit begnügen, was ihm der Mandant von sich aus berichtet[154]. Das Wesen der Explorationspflicht im allgemeinen anwaltlichen Mandat und ihre Bedeutung für das Wesen der Beratung hat der BGH in einer Entscheidung aus dem Jahr 1960 für die anwaltliche Beratung instruktiv herausgearbeitet:

„Die Pflicht des Rechtsanwalts zur vollständigen Beratung [setzt] voraus, daß er zunächst durch Befragung seines Auftraggebers die Punkte klärt, auf die es für die rechtliche Beurteilung ankommen kann, und dabei auch die in der Sache liegenden Zweifel, die er als Rechtskundiger erkennen kann und muß, während sie auch einem geschäftsgewandten Rechtsunkundigen verborgen bleiben können, bedenkt und erörtert. Wo solche Zweifel bestehen können, darf der Rechtsanwalt sich nicht mit der rechtlichen Würdigung des ihm Vorgetragenen begnügen, sondern muß sich bemühen, durch Befragung des Ratsuchenden ein möglichst vollständiges und objektives Bild der Sachlage zu gewinnen. Er muß dabei durch richtige Fragen an seinen Auftraggeber die tatsächlichen Grundlagen ans Licht bringen, d.h. die Information, die er für eine richtige und umfassende Beratung braucht, schaffen und ergänzen“[155].

Im Grundsatz darf sich der Rechtsanwalt auf die Vollständigkeit und Richtigkeit der Erklärungen des Mandanten und der von diesem sonst vorgelegten Unterlagen verlassen. Er ist regelmäßig nicht dazu verpflichtet, Angaben zu verifizieren oder weitergehende Nachforschungen anzustellen[156]. Gegenteiliges gilt, wenn er die Unrichtigkeit der Angaben kennt oder kennen muss[157]. Auch abseits dessen existiert indes kein allgemeiner Rechtssatz dahin, dass sich ein Anwalt „immer und unter allen Umständen“ auf die Vollständigkeit und Richtigkeit der ihm vom Mandanten vorgelegten Unterlagen verlassen darf[158]. Den Anwalt trifft dann eine Pflicht zu Nachforschungen, wenn gegenteilige Anhaltspunkte gegeben sind[159].

Die Explorationspflicht endet im Übrigen dort, wo der Mandant keine Auskünfte geben kann[160] und beratungsrelevante Informationen auch auf anderem Wege nicht mit vertretbarem Aufwand erlangt werden können. Im Bereich der

---

[153] BGH NJW-RR 2006, 923, 925; s. auch *Fischer* NJW 1999, 2993, 2994.

[154] BGH NJW-RR 2006, 923, 925; NJW 2006, 501, 502; NJW 2002, 1413; NJW 2000, 730, 731; NJW 1998, 2048, 2049f.; NJW 1985, 1153, 1154; s. auch *Vollkommer/Greger/Heinemann*, Anwaltshaftungsrecht, § 10 Rn. 9ff.

[155] BGH NJW 1961, 601, 602.

[156] BGH NJW-RR 2006, 923, 925; NJW-RR 2006, 501, 502; NJW 1997, 2168, 2169; NJW 1996, 2929, 2931; s. auch *Vollkommer/Greger/Heinemann*, Anwaltshaftungsrecht, § 10 Rn. 15f.

[157] BGH NJW 1996, 2929, 2931; s. auch BGH NJW-RR 2006, 923, 925.

[158] BGH BeckRS 2011, 19185.

[159] Beispiel: BeckRS 2011, 19185.

[160] *Vollkommer/Greger/Heinemann*, Anwaltshaftungsrecht, § 10 Rn. 8.

anwaltlichen Beratung zieht die Rechtsprechung die Grenze allerdings früh und typischerweise dann, wenn der Anwalt Ermittlungen nicht von seiner Kanzlei aus erledigen kann. Eine Ausnahme gilt lediglich, soweit es um die Einsicht in Akten und Register und die Einholung amtlicher Auskünfte geht. Weitergehende Nachforschungspflichten, etwa in Gestalt einer Ortsbesichtigung, von Befragungen Dritter oder Erkundigungen bei der Gegenpartei treffen den Rechtsanwalt dagegen nicht[161]. Dadurch verbleibende Explorationslücken führen nach richtigem Verständnis sodann regelmäßig zu gesteigerten Aufklärungspflichten[162].

bb) Bewertungsrelevante transaktionsbezogene Umstände

Den bewertungsrelevanten transaktionsbezogenen Umständen entsprechen im Rahmen der anwaltlichen Beratung die mandatsbezogenen rechtlichen Grundlagen. Diese werden häufig zum präsenten Wissen des Rechtsanwalts gehören. Die Forderung nach einer präsenten lückenlosen Rechtskenntnis des Anwalts würde die berufsrechtlichen Anforderungen indes erkennbar überspannen[163]. Es ist daher ausreichend, aber auch notwendig, dass dieser die für die Rechtsprüfung und Rechtsberatung notwendigen rechtlichen Grundlagen neben den bewertungsrelevanten ratnehmerbezogenen Umständen im Bedarfsfall ermittelt. Er muss sich hierzu die Kenntnis der einschlägigen Rechtsnormen verschaffen und sich dabei auch in Spezialmaterien einarbeiten[164]. Voraussetzung ist, dass auf der Grundlage des Sachverhaltsvortrags des Mandanten und der notwendigen Konkretisierung durch Nachfragen ein entsprechender Anlass besteht[165].

c) Empfehlung

aa) Empfehlungsmaßstab

Auf der Grundlage des geltenden Pflichtumfangs und einer pflichtgemäßen Exploration sowie im Rahmen der dem Mandanten zugewiesenen Entscheidungszuständigkeit hat der Rechtsanwalt diesem alle Schritte zu empfehlen, die erforderlich und geeignet sind, um Nachteile für diesen zu vermeiden[166]. Er darf sich regelmäßig nicht damit begnügen, bestehende Handlungsmöglichkeiten

---

[161] Vgl. BGH NJW 1981, 2741, 3743; zum Ganzen *Vollkommer/Greger/Heinemann*, Anwaltshaftungsrecht, § 10 Rn. 27 ff.

[162] Hierzu grundlegend § 13, S. 164 (sub d); s. auch noch § 15, S. 360 [sub (1)].

[163] BGH NJW 2006, 501, 502.

[164] Vgl. BGH NJW 2001, 675, 678; NJW 2009, 987; zum Ganzen auch *Vollkommer/Greger/Heinemann*, Anwaltshaftungsrecht, § 11 Rn. 1 ff.

[165] Vgl. BGH NJW 2006, 501, 502: *in casu* keine Veranlassung, den Sachverhalt unter münzrechtlichen Gesichtspunkten zu prüfen.

[166] Vgl. BGH FamRZ 2010, 2067, 2069; NJW 2008, 2041; WM 2007, 419.

gegenüber der Beibehaltung des *status quo* lediglich aufzuzeigen[167], sondern muss typischerweise eine konkrete Empfehlung abgeben. Dabei hat er die Rechtsfolgen möglicher Handlungsalternativen miteinander und grundsätzlich allein im Hinblick auf die Präferenzen des Mandanten zu vergleichen[168]. Denn auch die Beratungspflicht des Rechtsanwalts entspricht im Grundsatz dem Prinzip der Selbstbestimmungsberatung[169]. Vor diesem Hintergrund versteht es sich, dass der Anwalt die Beratung grundsätzlich auch dann an den Präferenzen des Mandanten auszurichten hat, wenn diese aus der Sicht eines objektiven Betrachters unvernünftig sind und im Widerspruch zu seinen „wohlverstandenen" Interessen stehen[170]. Allerdings hat der Anwalt im Rahmen der Selbstbestimmungsberatung sicher zu stellen, dass dem Mandanten dieser Umstand klar ist, und ihn im Zuge der Beratung auf die mit der Beachtung von unvernünftigen Präferenzen einhergehenden Nachteile und Risiken aufzuklären[171]. Die Verletzung der dem Mandanten obliegenden Mitwirkung an der erforderlichen Exploration hat zur Folge, dass sich die Pflichtgemäßheit der Beratung nach dem Sachverhalt beurteilt, wie er dem im Übrigen pflichtgemäß explorierenden Rechtsanwalt vorlag.

Die Pflicht zur vorrangigen Wahrung der Mandanteninteressen wird, ebenso wie die Mandanteninteressen selbst, durch die Rechtsordnung im Allgemeinen und durch die besondere Rechtsstellung des Anwalts als unabhängiges Organ der Rechtspflege begrenzt[172]. Der beratende Rechtsanwalt muss die Präferenzen des Mandanten in solchen Fällen ausnahmsweise missachten und dem Mandanten von der Inanspruchnahme von darauf gerichteten Maßnahmen abraten (Fremdbestimmungsberatung). Als Beispiele zu nennen sind die Führung eines evident aussichtslosen Rechtsstreits und die Durchführung eines evident erfolglosen Rechtsmittels[173]. Folgt der Mandant dieser Empfehlung nicht und verlangt gleichwohl ein seinen Präferenzen entsprechendes Vorgehen,

---

167 Vgl. BGH NJW-RR 2007, 1553, 1554.

168 Vgl. BGH NJW 2007, 2485, 2487; s. auch BGH NJW-RR 2006, 923, 924: „die zu dem erstrebten Ziel zu führen geeignet sind" sowie BGH NJW 1991, 2079, 2080; für die Vertragsgestaltung s. BGH NJW 2002, 1048, 1049: „Rechtsanwalt [...] hat bei der Abfassung des Vertragstextes für eine richtige und vollständige Niederlegung des Willens seines Mandanten [...] zu sorgen".

169 Hierzu § 5, S. 44 f. (sub I).

170 Vgl. BGH NJW 2012, 3039, 3040 f.; NJW 1985, 42, 43; s. auch *Vollkommer/Greger/Heinemann*, Anwaltshaftungsrecht, § 14 Rn. 1.

171 BGH NJW 1997, 2168, 2169; vgl. auch *Vill*, in: Zugehör/Fischer/Vill/Fischer/Rinkler/Chab, Handbuch der Anwaltshaftung, Rn. 845; *Vollkommer/Greger/Heinemann*, Anwaltshaftungsrecht, § 14 Rn. 6.

172 Vgl. *Vollkommer/Greger/Heinemann*, Anwaltshaftungsrecht, § 14 Rn. 8.

173 BGH NJW 2014, 317, 318; MDR 1958, 496, 497.

so hat der Rechtsanwalt diese Weisung zu missachten und notfalls das Mandat als solches niederzulegen, § 627 Abs. 2 BGB[174].

bb) Bewertungs- und Prognosespielraum

(1) Grundsatz des „sichersten Wegs"

Die Grenzen des anwaltlichen Beratungsermessens werden in der gefestigten Rechtsprechung seit jeher vor dem Hintergrund des allgemein für die anwaltliche Erfüllung der Berufspflichten geltenden Gebots des „sichersten Wegs" diskutiert, ein Grundsatz, dessen Schöpfung dem *Reichsgericht* zugeschrieben wird[175]. Der BGH selbst erläutert diesen dahin, der Rechtsanwalt müsse „sein Verhalten so einrichten, dass er Schädigungen seines Auftraggebers, mag deren Möglichkeit auch nur von einem Rechtskundigen vorausgesehen werden können, vermeidet. Er hat, wenn mehrere Maßnahmen in Betracht kommen, diejenige zu treffen, die die sicherste und gefahrloseste ist, und, wenn mehrere Wege möglich sind, um den erstrebten Erfolg zu erreichen, den zu wählen, auf dem dieser am sichersten zu erreichen ist"[176]. Die Beurteilung, welcher Weg im konkreten Fall für die Erreichung der Ziele des Mandanten der „sicherste" ist, soll sich in erster Linie nach der geltenden Rechtslage richten. Der BGH hat sich allerdings durchaus dafür offen gezeigt, auch solche Vorgehensweisen als „sicher" anzuerkennen, die aus rein rechtlicher Sicht geradezu untauglich, im konkreten Fall und aus der maßgeblichen *ex ante*-Sicht aber gerade zweckmäßig waren[177]. In der Literatur wird der Grundsatz des „sichersten" Wegs vor dem Hintergrund der aus *ex ante*-Sicht auf der Hand liegenden Unwägbarkeiten im Rahmen der anwaltlichen Beurteilung bisweilen grundlegend kritisiert[178], während er überwiegend als Prämisse anerkannt und im Übrigen zu einer maßvollen Anwendung auf den Einzelfall geraten wird[179].

(2) Bedeutung von Evidenz

Das anwaltliche Beratungsermessen ist damit im Ausgangspunkt gebunden an eine vorhandene objektive Evidenz[180]. Für die anwaltliche Beratung bedeutet

---

[174] Zum Ganzen auch *Vollkommer/Greger/Heinemann*, Anwaltshaftungsrecht, § 14 Rn. 8 ff.

[175] *Vollkommer/Greger/Heinemann*, Anwaltshaftungsrecht, § 13 Rn. 1 mit Hinweis auf RGZ 151, 259, 264.

[176] BGH NJW 1988, 486, 487; s. auch BGH NJW 2008, 2041; NJW 2007, 2485, 2486; NJW-RR 2006, 923, 924; NJW 1995, 2551, 2552; s. auch BGH NJW 2009, 2949, 2950.

[177] Vgl. BGH VersR 1975, 540, 541: Unterlassen der erforderlichen notariellen Beurkundung eines Schenkungsversprechens und Hoffnung auf Heilung des Formmangels durch Vollzug im konkreten Fall pflichtgemäß, da Anlass zur Annahme bestand, der Schenker würde aufgrund der Belehrung des Notars von der Schenkung Abstand nehmen.

[178] Vgl. *Borgmann/Jungk/Grams*, Anwaltshaftung, Kap. IV Rn. 131.

[179] *Vollkommer/Greger/Heinemann*, Anwaltshaftungsrecht, § 13 Rn. 9.

[180] Hierzu grundlegend § 13, S. 169 f. [sub (2)].

dies, dass sich dessen Empfehlung am jeweils geltenden Rechtszustand einschließlich der im Beurteilungszeitpunkt geltenden höchstrichterlichen Rechtsprechung anstatt an seiner persönlichen Rechtsüberzeugung auszurichten hat[181]. Auf bisher rechtlich ungeklärtem Terrain ist der anwaltliche Vertretbarkeitsspielraum folglich größer.

(3) Bedeutung des „sichersten Wegs" für das Empfehlungsermessen

Auf den ersten Blick scheint es, als wäre der Grundsatz des „sichersten Wegs" gleichzusetzen mit einer entsprechenden Reduktion des anwaltlichen Empfehlungsermessens. Denn zumeist erklärt der BGH, der Anwalt habe dem Mandanten, wenn mehrere zielführende Wege in Betracht kommen, „denjenigen vorzuschlagen, der am ehesten zu dem erstrebten Erfolg zu führen verspricht und die geringsten Gefahren aufweist"[182]. Es ist nun aber gerade nicht so, dass der Rechtsanwalt notwendig eine unvertretbare und damit pflichtwidrige Empfehlung abgibt, wenn er von mehreren in Betracht kommenden Wegen den vermeintlich „weniger sicheren" Weg empfiehlt.

Im Grundsatz wird man zwischen der Empfehlung der Veränderung des *status quo* als solcher und der Auswahl zwischen mehreren hierzu bestehenden Handlungsalternativen zu unterscheiden haben. Würde man das anwaltliche Ratgeberermessen pauschal auf den „sichersten" Weg beschränken, wäre im Rahmen der rechtlichen Beratung jeder Spielraum für rechtsfortbildende Innovation und Erkenntnisgewinn *de facto* ausgeschlossen[183]. Es wäre hiernach kaum möglich, dem Mandanten zu empfehlen, eine gefestigte Rechtsprechung im Wege eines Rechtsmittels anzugreifen, selbst wenn hinreichende Anhaltspunkte für die Möglichkeit einer Rechtsprechungsänderung bestehen. Soweit es um die grundlegende Frage der Veränderung des *status quo* geht, wird man dem Anwalt daher einen erheblichen Vertretbarkeitsspielraum zuzugestehen haben, immer vorausgesetzt, dass sich die damit einhergehenden Risiken in den Präferenzen des Mandanten widerspiegeln, d.h. dass dieser in erhöhtem Maße bereit ist, Risiken im Rahmen der Rechtsverfolgung zu tragen.

Eine größere Bedeutung kommt dem Gebot des „sichersten" Wegs dagegen bei der Auswahl zwischen mehreren Handlungsalternativen zu. Auch hier ist allerdings vor einer ermessensleitenden Verabsolutierung dieses Grundsatzes zu warnen. Es wurde bereits darauf hingewiesen, dass das Gebot der Wahl des „sichersten" Wegs nur insoweit ohne Einschränkungen gelten kann, als der

---

[181] Vgl. BGH NJW-RR 2003, 1212, 1213; s. auch BGH NJW 2001, 146, 147; NJW 1993, 2799, 2800.

[182] BGH NJW-RR 2003, 1212, 1213; s. auch BGH NJW 2008, 2041; NJW 2007, 2485, 2486; NJW-RR 2006, 923, 924; NJW 1995, 2551, 2552; sowie BGH NJW 2009, 2949, 2950.

[183] Vgl. auch *Vollkommer/Greger/Heinemann*, Anwaltshaftungsrecht, § 13 Rn. 4; problematisch insoweit BGH NJW 1986, 2043, 2044.

Anwalt selbst die Entscheidung über die Wahl zwischen mehreren Handlungs- oder Gestaltungsmöglichkeiten ausübt[184]. Die Empfehlung der Wahrnehmung eines „weniger sicheren Wegs" macht die Empfehlung dagegen nicht *per se* pflichtwidrig. Das erkennt auch der BGH zutreffend an[185]. Schlägt der Anwalt einen weniger sicheren Weg vor, treffen ihn allerdings erhöhte Aufklärungspflichten[186].

Für die anwaltliche Praxis hat das Gebot des „sichersten Wegs" und seine Konkretisierung in der Rechtsprechung ungeachtet der beschriebenen Einschränkungen auch im Rahmen des Beurteilungsspielraums erhebliche Bedeutung, denn der Anwalt kann sich im Sinne eines *safe harbour*-Kriteriums sicher sein, seine Beratungspflicht gegenüber dem Mandanten bei zusätzlich ordnungsgemäßer Aufklärung erfüllt zu haben[187]. Wann eine Handlungsalternative als der „sicherste Weg" gilt, lässt sich nicht verallgemeinern. Beispielhaft sei darauf hingewiesen, dass als der „sicherste Weg" im Falle einer alsbaldigen Anspruchsverjährung die sofortige Erhebung der Klage gilt[188].

Nach alledem bleibt es dem Rechtsanwalt unbenommen, alternative und im konkreten Fall objektiv hinreichend erfolgversprechende Wege gegen die Anspruchsverjährung in Betracht zu ziehen. Er darf seinem Mandanten durchaus auch einen weniger „sicheren" Weg empfehlen, jedenfalls solange dies den Präferenzen des Mandanten, namentlich dessen Risikobereitschaft, entspricht und im Übrigen objektiv vertretbar ist. Letzteres wird man zumeist dann abzulehnen haben, wenn der empfohlene Weg keinen objektiv erkennbaren Mehrwert mit sich bringt, sondern ausschließlich mit höheren Unsicherheiten und Risiken einhergeht. Der BGH konkretisiert die Grenze des anwaltlichen Ermessens letztlich dahin, dass bei mehreren als solches adäquaten Alternativen diejenige zu empfehlen ist, die „deutlich vorteilhafter [ist] als die andere"[189]. Will man dem Einzelfall und damit auch dem beratenden Anwalt gerecht werden, dürften weitergehende starre Konkretisierungen der Ermessensgrenzen weder möglich noch angezeigt sein.

(4) Anwendungsbeispiele

Der anwaltliche Beurteilungs- und Prognosespielraum und seine Grenzen lassen sich an einigen Beispielen weiter veranschaulichen: Der gegenüber einem wegen des Verdachts der Steuerhinterziehung, des Betrugs und der gefährlichen Körperverletzung in Untersuchungshaft verbrachten Arzt erteilte anwaltliche

---

[184] § 15, S. 350 f. (sub b).

[185] Vgl. BGH NJW 2011, 2649, 2650; s. noch BGH NJW 1995, 2551, 2552.

[186] BGH NJW 2011, 2649, 2650; s. bereits BGH NJW-RR 1986, 1281 f.; NJW 1996, 2648, 2649; zu den erhöhten Aufklärungspflichten noch § 15, S. 361 f. [sub (2)].

[187] Vgl. auch *Borgmann* NJW 2010, 1924, 1927.

[188] BGH NJW 2011, 2889, 2890.

[189] BGH NJW 2007, 2485, 2486.

Rat, die Kassenarztzulassung im Hinblick auf ein schwebendes Entziehungsverfahren freiwillig zurückzugeben, war im konkreten Fall sowohl in dieser wie in der gegenteiligen Richtung vertretbar[190].

Im Rahmen der Beratung eines griechischen Staatsangehörigen, der vor einem griechisch-orthodoxen Geistlichen eine nach deutschem Recht unwirksame Ehe eingegangen war und dem es darauf ankam, „möglichst bald aus der Ehe loszukommen", wäre dagegen zwingend zur Erhebung einer Feststellungsklage auf Nichtbestehen der Ehe zu raten gewesen. Die tatsächlich empfohlene Erhebung der Ehescheidungsklage bewertete der BGH als unvertretbar[191].

Die Empfehlung einer gütlichen Einigung ist etwa unvertretbar, wenn begründete Aussicht besteht, im Falle einer streitigen Entscheidung ein wesentlich günstigeres Ergebnis zu erzielen oder wenn der zur Diskussion stehende Vergleichsinhalt den Mandanten aus anderen Gründen unangemessen benachteiligt[192]. Der Umstand, dass das geltende Verfahrensrecht zunehmend dahin tendiert, die gütliche Einigung der streitigen Auseinandersetzung vorzuziehen, ändert daran nach richtigem Verständnis nichts. Diese Tendenz beruht einerseits auf einer Überbewertung des Potenzials und einer undifferenzierten Bewertung der gütlichen Streiterledigung[193], andererseits auf fiskalpolitischen Erwägungen, die sich mit den Interessen des individuellen Mandanten bestenfalls einmal zufällig decken. Der Empfehlungsmaßstab des Rechtsanwalts ist, wie seine Tätigkeit überhaupt, allein an das Interesse des Mandanten gebunden und bleibt von solchen Entwicklungen daher unbeeindruckt[194].

Im Zuge der Beratung über eine Testamentsgestaltung hatte es der Rechtsanwalt schließlich pflichtwidrig unterlassen, dem Erblasser auch in Ansehung seiner Gesellschaftsbeteiligungen eine präferenzgerechte Empfehlung zu geben. Der Erblasser wollte im Grundsatz seine Ehefrau und sein einziges Kind jeweils zur Hälfte als Erben einsetzen und die Kommanditanteile seinen Erben erhalten wissen. Im konkreten Fall sahen die Gesellschaftsverträge allerdings vor, dass die verbleibenden Mitgesellschafter solche Erben, die weder ihrerseits Mitgesellschafter noch Abkömmlinge des Verstorbenen sind, gegen Abfindung aus der Gesellschaft ausschließen können. Nach Ansicht des BGH wäre es am „sichersten" gewesen, den Sohn des Erblassers insgesamt als Alleinerben einzusetzen und der Ehefrau ein Vermächtnis im Wege des hälftigen Nachlasses aus-

---

190 BGH NJW-RR 2007, 569 ff.

191 BGH NJW-RR 2003, 850, 853.

192 BGH, Urteil vom 26. Januar 2012 (IX ZR 222/09), juris Rn. 2; NJW 2010, 1357; NJW-RR 1996, 567, 568; NJW 1993, 1325, 1328.

193 Die vom BVerfG im Rahmen einer Kammerentscheidung offensichtlich unreflektiert geäußerte Auffassung, wonach die einverständliche Konfliktlösung „in einem Rechtsstaat grundsätzlich vorzugswürdig gegenüber einer richterlichen Streitentscheidung" sei (vgl. BVerfG NJW-RR 2007, 1073, 1074) ist in dieser Pauschalität klar zurückzuweisen, vgl. hierzu kritisch *Stürner* ZZP 127 (2014), 271, 331 Fn. 281.

194 Vgl. in diesem Kontext noch die Kritik an der Einigungsgebühr § 15, S. 334 f. [sub (b)].

zusetzen. Wenigstens, so der BGH, hätte der beratende Rechtsanwalt zugunsten des Sohnes ein Vorausvermächtnis oder eine Teilungsanordnung bezüglich der Kommanditanteile vorschlagen und den Erblasser über die Risiken gegenüber dem „sichersten Weg“ aufklären müssen[195]. Das Beispiel zeigt erneut, dass die Lehre vom „sicheren Weg“ letztlich nicht notwendig gleichbedeutend ist mit einer Begrenzung des dem Anwalt zustehenden Beurteilungs- und Prognosespielraums.

d) Aufklärung

aa) Handlungsbezogene Aufklärung

(1) Aufklärung über den Empfehlungsgegenstand

Der Rechtsanwalt hat seinen Mandanten über die wesentlichen Eigenschaften, Besonderheiten, und immanenten Risiken des empfohlenen Vorgehens einschließlich etwaiger explorationslückenbedingter Risiken aufzuklären. Die Aufklärungspflicht entfällt nicht deshalb, weil der Mandant in einem anderen Mandatsverhältnis bereits aufgeklärt wurde[196]. Ihr Umfang richtet sich wiederum nach den Umständen des Einzelfalls. Entscheidend ist, dass der Mandant in die Lage versetzt wird, die Empfehlung des Anwalts zu verstehen und ihre Vor- und Nachteile, insbesondere deren Risiken einschließlich der Kostenrisiken selbst im Wesentlichen einschätzen zu können[197]. Der gebotenen Risikoaufklärung genügt der Rechtsanwalt daher nicht, indem er die Risiken lediglich benennt. Erforderlich ist vielmehr, dass er auch vertretbare Angaben zum Ausmaß trifft, insb. die Eintrittswahrscheinlichkeit prognostiziert[198]. Ist das empfohlene Vorgehen, obschon möglicherweise noch vertretbar, so doch erkennbar wirtschaftlich unvernünftig, ist über diesen Umstand aufzuklären[199]. Entsprechendes gilt im Hinblick auf objektiv bestehende Zweifel an der Gesetzmäßigkeit einer Vertragsgestaltung[200].

Der Umfang der anwaltlichen Aufklärungspflicht wurde dabei in der Rechtsprechung bisher nicht einmal für die typischen Fallkonstellationen abschließend konkretisiert und geklärt. Bezüglich eines empfohlenen oder pflichtwidrig, d.h. unvertretbar nicht empfohlenen Rechtsmittels soll sich die

---

[195] BGH NJW 1995, 2551, 2552.

[196] BGH NJW 2012, 2435, 2437; ebenso wenig dadurch, dass mit derselben Angelegenheit noch ein anderer Rechtsanwalt beauftragt ist; vgl. BGH NJW 1988, 3013, 3014; NJW 1993, 2676, 2677.

[197] BGH WM 2008, 946, 947; NJW-RR 2007, 569, 570; zum Ganzen *Vollkommer/Greger/Heinemann*, Anwaltshaftungsrecht, § 12 Rn. 14 ff.

[198] Vgl. BGH NJW 2012, 2435, 2437; NJW 1997, 2168, 2169; NJW 1992, 1159, 1160; NJW 1988, 2113; NJW 1984, 791, 792 f.; zum ausnahmsweisen Beurteilungsspielraum im Rahmen der Aufklärung s. grundlegender § 13, S. 173 (sub cc).

[199] BGH NJW 1998, 136, 137.

[200] BGH NJW 1992, 1159, 1160.

Aufklärungspflicht des Rechtsanwalts jedenfalls auf die formellen Voraussetzungen, ohne weiteres erkennbare Divergenzen zur höchstrichterlichen Rechtsprechung und eigene Sorgfaltspflichtverletzungen erstrecken, die zu dem unrichtigen Urteil geführt haben[201]. Rät ein Anwalt seinem Mandanten in vertretbarer Weise zum Abschluss eines Vergleichs, bedeutet die neben dem Inhalt und der Tragweite[202] notwendige Darlegung der Vor- und Nachteile konkret, dass der Anwalt wenigstens eine überschlägige Bewertung der Vergleichsfolgen im Verhältnis zu den Folgen einer streitigen Auseinandersetzung schuldet[203]. Denn einen Vergleich kann nur derjenige begreifen, der auch die Chancen und Risiken einer Prozessführung verstanden hat[204]. Empfiehlt ein Rechtsanwalt etwa einem scheidungswilligen Ehepaar, sich von ihm gemeinsam im Hinblick auf die beabsichtigte Scheidung beraten zu lassen, hat er dieses über das damit verbundene Kostenrisiko aufzuklären. Hierzu muss er darlegen, dass Eheleute typischerweise gegenläufige Interessen in Bezug auf die Scheidungsfolgen verfolgen und der Rechtsanwalt im Rahmen einer gemeinsamen Beratung nicht mehr einseitig die Interessen nur eines Ehepartners verfolgen darf. Er muss darlegen, dass er im Falle der Entstehung eines unüberwindbaren Interessenkonflikts berufsrechtlich dazu verpflichtet ist, das Mandat beiden Eheleuten gegenüber niederzulegen[205], und dass daraus die Notwendigkeit der Inanspruchnahme zweier weiterer Anwälte mit entsprechender zusätzlicher Kostenbelastung resultieren würde. Des Weiteren hat der Rechtsanwalt darüber aufzuklären, dass er über eine erfolgreiche gemeinsame Beratung hinaus im Regelfall[206] nur einen der beiden Ehepartner im anschließenden Verfahren zur Stellung des Scheidungsantrags vertreten wird können[207].

(2) Aufklärung über Handlungsalternativen

Der Rechtsanwalt hat den Mandanten von sich aus über grundsätzlich bedarfsgerechte Handlungsalternativen einschließlich deren Risiken umfassend aufzuklären[208]. Eine Pflicht zur Aufklärung setzt grundlegend voraus, dass die jeweilige Handlungsalternative im konkreten Fall und mit Rücksicht auf die Präferenzen des Mandanten einen praktischen Unterschied macht[209], sich also nicht lediglich rechtskonstruktiv von dem empfohlenen Vorgehen unterschei-

---

201 BGH NJW-RR 2007, 1553, 1554.

202 BGH NJW 2009, 1589, 1590.

203 BGH NJW 2010, 1357.

204 Vgl. BGH NJW 2009, 1589, 1590.

205 Allg. Meinung, vgl. nur BGH NJW 2013, 3725, 3726; KG NJW 2008, 1458, 1459; *Henssler*, in: Henssler/Prütting, Bundesrechtsanwaltsordnung, § 43a BRAO Rn. 178.

206 Hierzu *Henssler*, in: Henssler/Prütting, Bundesrechtsanwaltsordnung, § 43a BRAO Rn. 178.

207 Zum Ganzen BGH NJW 2013, 3725, 3726.

208 BGH NJW-RR 2003, 1212, 1213.

209 BGH NJW 2007, 2485, 2488.

det. Die Vor- und Nachteile aller Handlungsmöglichkeiten müssen dargestellt und einander gegenüber gestellt werden[210]. Im beschriebenen Fall der Beratung zweier scheidungswilliger Eheleute ist diesen gegenüber etwa darzustellen, dass von vorneherein auch eine getrennte anwaltliche Beratung in Betracht kommt, dass in diesem Fall allerdings jeder der Eheleute von vorneherein die vollen Kosten seines Anwalts zu tragen haben würde. Ein Rechtsanwalt, der seinem Mandanten die Rücknahme eines Rechtsmittels empfiehlt, hat diesen zugleich umfassend über die verbleibenden Möglichkeiten aufzuklären, den Prozess zu einem für ihn günstigen Ende zu bringen[211]. Erhöhte Anforderungen sind an die Pflicht zur Aufklärung über Handlungsalternativen zu stellen, wenn der Anwalt nicht den „relativ sichersten Weg" empfiehlt. Er hat den Mandanten dann darüber sowie über die im Verhältnis zum alternativ möglichen „sichersten Weg" bestehenden spezifischen Gefahren zu unterrichten[212].

(3) Art und Weise der Aufklärung

Die Art und Weise der Aufklärung ist auf den zu ermittelnden Verständnishorizont des Ratnehmers auszurichten. Zurückhaltung ist allerdings davor geboten, von einer bestehenden Erfahrung des Ratnehmers in juristischen Angelegenheiten auf einen geringen Aufklärungsbedarf zu schließen. Das würde der allgemeinen Komplexität und Vielgestaltigkeit des Rechts nicht gerecht. Im Grundsatz ist daher auch gegenüber juristisch erfahrenen Ratnehmern bis hin zu Rechtsanwälten zunächst von einer allgemeinen Aufklärungsbedürftigkeit auszugehen[213]. Der beratende Rechtsanwalt kann sich sodann im Rahmen des Beratungsgesprächs vergewissern, welche Ausführungen auf ein hinreichendes Vorverständnis stoßen. Auf dieser Grundlage darf sich der Anwalt darauf verlassen, dass der Mandant verbleibende Unklarheiten von sich aus offen legt. Solche müssen vom Rechtsanwalt sodann reaktiv beseitigt werden[214].

Die allgemein gebotene Umfänglichkeit der Aufklärung kann bei bestehender Eilbedürftigkeit geringer ausfallen[215]. Grundsätzlich keine Bedeutung sollte insoweit allerdings dem Gegenstandswert der Angelegenheit zugemessen werden, so dass der Umfang der Aufklärungspflichten bei geringen Streitwerten nicht *per se* geringer sein darf als bei hohen Streitwerten[216]. Ein Verweis auf eine Schieflage von gegenstandsbezogener Vergütung und Aufwand geht mit

---

210 BGH NJW 2008, 2041; NJW 2007, 2485, 2486.

211 BGH WM 2013, 1426, 1427.

212 BGH NJW 2011, 2649, 2650.

213 BGH NZG 2012, 866, 870; s. auch BGH NJW 2012, 2435, 2437; WM 2008, 950, 951.

214 Zum Ganzen bereits § 13, S. 173 f. (sub aa).

215 BGH NJW 2007, 2485, 2486.

216 A.A. BGH NJW 2007, 2485, 2486.

Rücksicht auf das im geltenden Gebührenrecht angelegte Prinzip der Mischkalkulation fehl[217].

Bei der Bestimmung des Umfangs der Aufklärungspflicht ebenso wie im Zusammenhang mit den vom aufklärenden Rechtsanwalt zu wählenden Begrifflichkeiten sollten die Erkenntnisse der modernen Verhaltenswissenschaften stärker fruchtbar gemacht werden. Tendenzen hierzu sind in der geltenden Rechtsprechung durchaus erkennbar. Der BGH berücksichtigt etwa bereits zutreffend, dass der Mandant durch den Umfang der Aufklärung überfordert zu werden droht und ihm dadurch die eigene Bewertung seiner Lage eher erschwert als erleichtert wird[218]. Die Aufklärung sollte sich daher im Zweifel auf das Wesentliche beschränken; eine hohe Detaildichte ist grundsätzlich nicht angezeigt. Bestehende Risiken darf der Rechtsanwalt im Widerspruch zu ihrer objektiven Eintrittswahrscheinlichkeit umgekehrt nicht verharmlosen, sondern muss diese „klar herausstellen“[219]. Andernfalls droht der Mandant der in den Verhaltenswissenschaften nachgewiesenen *confidence heuristic* zu unterliegen[220], die sich als Folge eines Ratgebermissbrauchs[221] einordnen lässt. Sofern eine Klage praktisch aussichtslos ist, hat der Rechtsanwalt eben dies *deutlich* zu erklären; er darf die Erfolgsaussichten dann nicht als „offen“ darstellen[222]. Entsprechendes gilt, wenn der Anspruch des Mandanten zeitnah zu verjähren droht[223].

Den beim Mandanten bereits vorhandenen, die bestehenden Risiken verharmlosenden Vorstellungen hat der beratende Rechtsanwalt aktiv entgegen zu wirken[224]. Der anwaltliche Ratgeber darf erst recht selbst keine Formulierungen verwenden, die bei dem Mandanten die unzutreffende Vorstellung von einem nur geringen Restrisiko erzeugen. In diesem Zusammenhang monierte der BGH auch die unzutreffende Behauptung eines Rechtsanwalts, wonach die letzte anderslautende Gerichtsentscheidung bereits 30 Jahre zurück liege[225]. Selbst wenn die Behauptung zutreffend gewesen wäre, würde sich die Frage stellen, ob der Rechtsanwalt auf diesem Wege eine unzutreffende Vorstellung über die tatsächlichen Risiken erzeugt oder vertieft hat. Verhaltenswissenschaftliche Forschungen zur Bedeutung der Verfügbarkeitsheuristik in anwalt-

---

[217] Vgl. auch *Römermann* NJW 2007, 2489, 2490; zur Quersubventionierung prinzipiell kritisch § 15, S. 334 [sub (b)].

[218] Vgl. BGH NJW 2007, 2485, 2486; zu den beschränkten Informationsverarbeitungskapazitäten aus verhaltenswissenschaftlicher Sicht eingehender § 7, S. 79 (sub 3).

[219] BGH NJW 2012, 2435, 2437.

[220] Zum Ganzen *Price/Stone*, 17 Journal of Behavioral Decision Making, 39 ff. (2004).

[221] Hierzu allgemein § 7, S. 87 f. (sub 4).

[222] BGH NJW 2012, 2435, 2437; NJW 1986, 2043, 2044; NJW 1984, 791, 793; s. zum Steuerberater BGH BeckRS 2012, 07050.

[223] Vgl. BGH NJW 2011, 2889, 2890: Empfehlung zur „sofortigen“ Klageerhebung ausreichend deutlich.

[224] BGH NJW 2011, 2138, 2141; s. auch BGH NJW 2008, 2041.

[225] Vgl. BGH NJW 2011, 2138, 2141: „Hundertprozentige Sicherheit sei nicht gegeben“.

lichen Beratungssituationen könnten diese Rechtsprechung substanziell untermauern[226].

Mit den vorstehenden Grundsätzen lässt sich letztlich schwer vereinbaren, dass die Rechtsprechung vom Rechtsanwalt eine besondere Nachdrücklichkeit oder Eindringlichkeit selbst dann nicht verlangt, wenn sich der Mandant erkennbar einem sachgerechten und verständlich dargestellten Rat verschließt[227]. Jedenfalls dann, wenn hochrangige Rechtsgüter des Mandanten betroffen sind und sich dieser im konkreten Fall in erheblichem Umfang selbst zu gefährden droht, wird man es bei einer allgemeinen lediglich „klaren" Aufklärung nicht belassen können. In solchen Fällen ist der Rechtsanwalt entgegen der geltenden Rechtsprechung zu einer besonderen Nachdrücklichkeit verpflichtet, um den offensichtlich bestehenden irrationalen Optimismus des Mandanten zu dämpfen. Auch in diesem Zusammenhang könnte es sich empfehlen, verhaltenswissenschaftliche Erkenntnisse über geeignete *debiasing*-Strategien im Bereich der anwaltlichen Beratung zu gewinnen. Die Situation lässt sich mit dem beschriebenen Beispiel der ärztlichen Aufklärung hinsichtlich des Brustkrebsrisikos durchaus vergleichen[228].

Der BGH lehnt eine besondere Nachdrücklichkeit der Aufklärung allgemein deshalb ab, weil eine solche Anforderung ungewollte beweisrechtliche Konsequenzen hätte. Es wurde bereits dargestellt, dass der Ratnehmer zwar im Grundsatz die Beweislast für die Pflichtverletzung des Ratgebers trägt, dieser aber nach den Grundsätzen der sekundären Darlegungslast gehalten ist, zu substanziieren, wie er den Ratnehmer tatsächlich beraten hat[229]. Die Forderung nach einer besonderen Nachdrücklichkeit der Beratung, so der BGH, würde die geltenden Grundsätze der Beweislast unterlaufen und zu einer Beweislastumkehr führen[230]. Dem ist nicht zu folgen. An der Verteilung der Beweislast ändert sich weder von Rechts wegen noch *de facto* etwas, wenn man die Anforderungen an die Art und Weise der Aufklärung in Ausnahmefällen konkretisiert und intensiviert und einen entsprechenden Vortrag im Rahmen der sekundären Darlegungslast erwartet. Es mag sein, dass sich der beratende Rechtsanwalt im Nachhinein schwerer damit tut, sich an die Art und Weise der Aufklärung als an die Aufklärung als solche zu erinnern. Nach der hier vertretenen Ansicht ist der Rechtsanwalt indes ohnehin aus Gründen der Beweissicherung dazu verpflichtet, den wesentlichen Inhalt des Beratungsgesprächs zu dokumentieren[231]. Die im Einzelfall angezeigte besondere Nachdrücklichkeit

[226] Hierzu im Überblick § 7, S. 80 (sub 4).

[227] Vgl. BGH NJW-RR 2006, 195, 196; zum Steuerberater gleich BGH NJW 1996, 2571, 2572; s. auch BGH NJW 1995, 2842, 2843.

[228] Hierzu § 7, S. 82 (sub 1).

[229] Zum Ganzen § 13, S. 284 ff. (sub c).

[230] Grundlegend BGH NJW 1987, 1322, 1323; s. auch BGH NJW-RR 2006, 195, 196; NJW 1995, 2842, 2843.

[231] Hierzu eingehender § 15, S. 378 f. (sub 7).

der Aufklärung zieht beweisrechtliche Konsequenzen jedenfalls nicht nach sich.

bb) Ratgeberbezogene Aufklärung

Es wurde grundlegend herausgearbeitet, dass gegenüber der Begründung zivilrechtlich haftungsbewehrter ratgeberbezogener Aufklärungspflichten besondere Zurückhaltung geboten ist. Nach richtigem Verständnis ist es vorrangig als Aufgabe des Berufsrechts zu sehen, Qualitätsanforderungen und Regelungen zur Vermeidung von Interessenkonflikten und damit zur Sicherung des Interessenvorrangs des Ratnehmers zu setzen und deren Einhaltung sicher zu stellen. Lediglich dort, wo Qualifikationsanforderungen und die präventive Vermeidung von Interessenkonflikten nicht hinreichend, praktisch nicht möglich bzw. in keinem angemessenen Verhältnis zu dem damit verbundenen Aufwand stehen oder der Vollzug des Berufsrechts versagt, sollte die Begründung zivilrechtlich haftungsbewehrter Aufklärungspflichten in Betracht gezogen werden. Daneben kann die richterrechtliche Begründung zivilrechtlicher Aufklärungspflichten angezeigt sein, um die Entwicklung des Berufs- und Aufsichtsrechts zu befördern. Man muss sich dann indes darüber im Klaren sein, dass derartige Aufklärungspflichten eine untunliche Verlagerung der handlungsimmanenten Risiken auf den Ratgeber bewirken und damit *de facto* den Weg zu einer Garantiefunktion der Beratung eröffnen[232].

Anders als im Bereich der Kapitalanlageberatung[233] haben ratgeberbezogene Aufklärungspflichten des Rechtsanwalts bisher keine besondere Aufmerksamkeit auf sich gezogen. Eine Aufklärungspflicht über Qualifikationsmängel wurde bisher offenbar noch nicht einmal behauptet. Anforderungen an die fachliche Qualifikation des beratenden Rechtsanwalts werden auf der Ebene des Zivilrechts bisher allein im Wege des berufsbezogenen Sorgfaltsmaßstabs formuliert[234]. Daran sollte grundsätzlich festgehalten werden, insbesondere ist es nicht allgemein angezeigt, dem Berufsanfänger die Pflicht aufzuerlegen, den Mandanten über seine mangelnde Erfahrung besonders aufzuklären. Gleiches gilt für Rechtsanwälte, deren bisherige Tätigkeitsschwerpunkte in anderen Bereichen liegen. Lediglich dort, wo die anwaltliche Beratung eine erhebliche Gefährdung für besonders gewichtige Rechtsgüter mit sich bringt, ist die Annahme einer solchen Aufklärungspflicht sowohl auf der Grundlage des Berufs- wie des Zivilrechts verfassungsrechtlich indiziert. Davon wird man mit Rücksicht auf Art. 2 Abs. 2 GG etwa im Bereich der anwaltlichen Strafverteidigung auszugehen haben. Bedenkenswert wäre es, die vorliegend geforderte Aufklä-

---

232 Zum Ganzen eingehend § 13, S. 190 ff. [sub (4)].

233 Hierzu eingehender sowohl § 13, S. 182 ff. (sub bb), als auch § 16, S. 443 ff. [sub (2)].

234 Hierzu § 13, S. 208 (sub 4) sowie § 15, S. 351 f. (sub a).

rungspflicht auf solche Fälle zu beschränken, in denen eine Freiheitsstrafe konkret in Betracht kommt.

In Ansehung von Interessenkonflikten erkennt der BGH allerdings Aufklärungspflichten des Rechtsanwalts an. Er geht davon aus, dass dieser den Mandanten immer dann aufzuklären hat, „wenn aus Sicht des Mandanten Bedenken darüber bestehen können, ob der Anwalt seine Interessen konsequent durchsetzt“[235]. Diese Grundregel hat der BGH, soweit ersichtlich, bisher allerdings lediglich in drei Fallkonstellationen konkretisiert. So hat der Rechtsanwalt offen zu legen, falls er während eines laufenden Mandatsverhältnisses die Vertretung eines Dritten gegen den Mandanten in einer anderen Angelegenheit aufnimmt[236]. Des Weiteren soll ein Rechtsanwalt seinen prospektiven Mandanten darüber aufklären müssen, dass er oder ein anderer mit ihm beruflich verbundener Rechtsanwalt den Gegner dieses Mandanten bereits in der Vergangenheit in anderen Angelegenheiten vertreten hat[237]. Schließlich hat der Rechtsanwalt, der beide Ehegatten im Rahmen einer Scheidungsangelegenheit beraten soll, darauf hinzuweisen, dass im Laufe der Beratung gegenläufige Interessen hervortreten können und der Anwalt sodann nicht in der Lage sein wird, die Interessen jedes Ehegatten einseitig zu vertreten[238].

Die genannten Beispiele zeichnen sich dadurch aus, dass der BGH damit über das geltende anwaltliche Berufsrecht hinausgegangen ist. Auch aus diesem Grund wurde diese Rechtsprechung in der Literatur teils heftig kritisiert[239]. Das berufsrechtliche Verbot der Vertretung widerstreitender Interessen und seine strafrechtliche Absicherung greifen in den beschriebenen Fallkonstellationen nicht ein[240] und eine vergleichbare (berufsrechtliche) Aufklärungspflicht wurde zuvor und seither nicht einmal diskutiert[241]. Das Berufsrecht gestattet etwa traditionell[242], dass ein Anwalt in verschiedenen Sachen für und wider den Mandanten auftritt. Die zivilrechtliche Rechtsprechung gleicht indes bestehende Defizite des geltenden Berufsrechts aus und lässt sich dabei als Katalysator zur Fortbildung der berufsrechtlichen Pflichten begreifen[243]. Der Gesetzgeber sollte diese Anregungen aufgreifen und entsprechende Aufklärungspflichten *de lege ferenda* im Rahmen des Berufsrechts ausdrück-

---

235 BGH NJW 2013, 3725, 3727.

236 BGH NJW 2013, 3725, 3727; NJW 2008, 1307, 1308; NJW 1985, 41.

237 BGH NJW 2013, 3725, 3727; NJW 2008, 1307, 1308.

238 BGH NJW 2013, 3725, 3727.

239 Vgl. *Henssler/Deckenbrock* NJW 2008, 1275, 1279; s. auch *Kleine-Cosack* AnwBl 2008, 278, 279ff.; zustimmend dagegen *Jungk* BRAK-Mitt. 2008, 56f.

240 Vgl. BGH NJW 2008, 1307, 1308; s. auch eingehender § 15, S. 338 [sub (1)].

241 Vgl. *Henssler/Deckenbrock* NJW 2008, 1275, 1276.

242 Vgl. bereits EGHE 17, 42, 45.

243 Anders dagegen die Bewertung von *Henssler/Deckenbrock* NJW 2008, 1275, 1276: „Ein schönes Beispiel für den im Anwaltshaftungsrecht oftmals beklagten richterlichen Erfindungsreichtum“.

lich verankern. Zugleich sollte er für eine wirksame berufsrechtliche Kontrolle und Einhaltung dieser Aufklärungspflichten sorgen. (Erst) auf dieser Grundlage könnte man von einer zivilrechtlichen Parallelpflicht und Haftung absehen und damit eine untunliche Verlagerung der handlungsimmanenten Risiken auf den Ratgeber vermeiden.

e) Kein Karenzzeiterfordernis und keine Dokumentationspflicht

Eine der Förderung der selbstbestimmten Freiheitsausübung dienende Pflicht zur Einhaltung einer Karenzzeit zwischen der Beratung des Mandanten und der Umsetzung einer Entscheidung besteht nach geltender Rechtslage ebenso wenig, wie eine Pflicht zur Dokumentation der Beratung und Aushändigung dieser im Vorfeld der Entscheidung des Mandanten. Der BGH hat eine solche Pflicht ausdrücklich selbst für den Fall abgelehnt, dass der Mandant die Empfehlung ignoriert und zu erkennen gibt, dass er gegebene Hinweise für unnötig hält[244]. Der geltende Rechtszustand begegnet letztlich keinen durchgreifenden Bedenken. Die in Ansehung des Karenzzeiterfordernisses geltende gegenteilige Rechtslage bei der ärztlichen Beratung rechtfertigt sich mit Rücksicht auf die von dieser betroffenen hohen Rechtsgüter des Lebens und der körperlichen Integrität. Die gegenteilige Rechtslage bei der Kapitalanlageberatung erklärt sich aus dem Umstand, dass bei den in diesem Bereich handelnden Akteuren ein gesteigerter Bedarf zur Disziplinierung besteht. Aus beweisrechtlicher Sicht wird man die Frage nach der Dokumentationspflicht indes auch für den Rechtsanwalt anders zu entscheiden haben[245].

4. Rechtsbehelfe, Haftungsvoraussetzungen und Rechtsfolgen

a) Anspruch auf Nacherfüllung bzw. Reparatur

Dem Geschäftsbesorgungsvertrag mit dienstvertraglichem Charakter ist im Grundsatz eine Pflicht zur Nacherfüllung oder Reparatur fremd. Es wurde indes bereits darauf hingewiesen, dass der zur umfassenden Beratung und Interessenwahrung verpflichtete Ratgeber zur Abwendung drohender Nachteile dazu verpflichtet ist, honorarfreie Reparaturleistungen, bei denen es sich der Sache nach auch um eine Beratung handeln kann, zu erbringen. Für das umfassende anwaltliche Beratungsmandat ist diese ungeschriebene vertragliche Pflicht allgemein anerkannt[246].

---

244 Vgl. für den Parallelfall des Steuerberaters BGH NJW 1995, 2842, 2843.

245 Hierzu § 15, S. 378 f. (sub 7).

246 BGH BeckRS 2011, 14952; NJW 2006, 288 f.; NJW 2000, 3560, 3562; NJW 1994, 1472, 1473; s. auch *Vollkommer/Greger/Heinemann*, Anwaltshaftungsrecht, § 12 Rn. 61.

b) Anspruch auf Rückzahlung des Beratungshonorars

Eine pflichtwidrige anwaltliche Beratung bleibt nach den allgemeinen dienstvertragsrechtlichen Grundsätzen als solche ohne unmittelbare Auswirkungen auf den im Synallagma stehenden Honoraranspruch[247]. Auch im Falle einer schuldhaften Schlechtleistung besteht ein auf den mangelbedingten Minderwert der Beratungsleistung gerichteter Schadensersatzanspruch nach geltender Rechtslage nicht. Es wurde aber bereits darauf hingewiesen, dass der Anwalt seinen Honoraranspruch analog § 654 BGB „verwirkt", wenn sich sein Verhalten zugleich als strafbarer Parteiverrat i.S.v. § 356 StGB darstellt[248]. Da der Anwalt im Übrigen Dienste höherer Art zu leisten hat, die auf Grund besonderen Vertrauens übertragen zu werden pflegen[249], kann der Mandant den Vertrag auch ohne wichtigen Grund kündigen. Unter den Voraussetzungen des § 628 Abs. 1 S. 2 BGB kann sich infolge der Kündigung des Mandats ausnahmsweise ein Anspruch auf Rückzahlung des auf bereits erbrachte Leistungen entfallenden Beratungshonorars ergeben[250]. Nach hier vertretener Ansicht erscheint es wertungsmäßig unter Umständen sachgerecht, eine fehlerhafte Beratung als Nichtleistung zu behandeln. Ein Rechtsanwalt, der über die Exploration und eine interne Prüfung hinaus keine weitergehenden Aktivitäten entfaltet, ist im Hinblick auf seine Beratungspflicht regelmäßig so zu behandeln, als hätte er die Beratungsleistung insgesamt nicht erbracht[251].

c) Anspruch auf Schadensersatz

aa) Rechtsgrundlagen, Differenzhypothese und typische Schadenskategorien

Die Rechtsprechung hat sich mit den Auswirkungen der Schuldrechtsreform auf die Grundlagen der schadensrechtlichen Verantwortlichkeit des Rechtsberaters bisher noch nicht auseinandergesetzt[252]. In der Literatur wird bisweilen die Anwendung des § 281 BGB auf Anwaltsdienstverträge grundsätzlich befürwortet[253]. Nach der auch hier vertretenen Gegenansicht folgt der Anspruch auf Schadensersatz gegen den fehlerhaft beratenden Rechtsanwalt jedoch umfassend aus § 280 Abs. 1 BGB[254].

---

247 BGH NJW 2010, 1364, 1369; NJW 2004, 2817.

248 BGH NJW 1981, 1211, 1212; vgl. zum Ganzen bereits § 13, S. 214f. (sub cc).

249 BGH NJW 2002, 2774, 2775.

250 Vgl. BGH NJW 2004, 2817 und eingehender § 13, S. 213f. (sub bb).

251 Hierzu auch § 13, S. 215 (sub dd).

252 Vgl. *Fischer*, in: Zugehör/Fischer/Vill/Fischer/Rinkler/Chab, Handbuch der Anwaltshaftung, Rn. 1021.

253 Im Grundsatz auch *Fischer*, in: Zugehör/Fischer/Vill/Fischer/Rinkler/Chab, Handbuch der Anwaltshaftung, Rn. 1020ff.; ebenso wohl *Slobodenjuk* NJW 2006, 113; zum Ganzen eingehend § 13, S. 215ff. (sub aa).

254 Ebenso für die Anwaltshaftung Palandt/*Grüneberg*, BGB, § 280 Rn. 66; s. auch *Voll-*

Im Rahmen des Schadensersatzanspruchs nach § 280 Abs. 1 BGB kann der Mandant verlangen, vermögensmäßig so gestellt zu werden, wie er bei ordnungsgemäßer Beratung stünde[255]. Hierzu ist zu prüfen, wie sich die Lage bei ordnungsgemäßer Beratung entwickelt, insbesondere wie der Mandant auf eine solche reagiert hätte. Die tatsächliche Vermögenslage ist derjenigen gegenüber zu stellen, wie sie sich auf der Grundlage dieses hypothetischen Verlaufs ergeben hätte[256]. Der Mandant kann hiernach etwa die Kosten eines gerichtlichen Verfahrens einschließlich Rückzahlung der dadurch angefallenen Anwaltsgebühren ersetzt verlangen, wenn dieses bei pflichtgemäßer Beratung nicht geführt worden wäre[257]. Ein Mandant, der infolge der fehlerhaften Beratung einen Anspruch verliert, der andernfalls hätte durchgesetzt werden können, kann einen entsprechenden Schaden gegenüber dem Rechtsanwalt geltend machen[258], nicht indes, wenn er auch bei pflichtgemäßem Vorgehen des Rechtsanwalts keine Leistungen erhalten hätte[259]. Der Mandant kann schließlich einen aufgrund pflichtwidriger Beratung entgangenen Gewinn ersetzt verlangen[260].

bb) Kausalität und Zurechnungszusammenhang

Für die Frage der Kausalität zwischen der pflichtwidrigen anwaltlichen Beratung und dem geltend gemachten Schaden gelten die allgemeinen Grundsätze[261]. Die Verletzung des Pflichtenumfangs oder ein Explorationsfehler muss sich daher zunächst auf die im Zusammenhang mit der Empfehlung oder der Aufklärung bestehenden Verhaltenspflichten ausgewirkt haben[262]. Der zwischen der fehlerhaften Beratung und dem geltend gemachten Schaden liegende Willensentschluss des Mandanten ist dem Anwalt nach den beratungstypischen Grundsätzen der psychisch vermittelten Kausalität zuzurechnen[263], es sei denn, er befolgt den anwaltlichen Rat, obwohl damit bei gewöhnlichem Verlauf nicht mehr zu rechnen war[264]. Überdies stellen sich einige teilrechtsgebietstypische Probleme, auf die nur überblicksweise hingewiesen werden soll.

---

kommer/Greger/Heinemann, Anwaltshaftungsrecht, § 1 Rn. 1; MünchKommBGB/*Heermann*, § 675 Rn. 33.

[255] Vgl. BGH NJW 2011, 2649, 2650.

[256] BGH NJW 2008, 2041, 2042; NJW 2004, 1521, 1522.

[257] BGH NJW 2012, 2435, 2439 f.

[258] Vgl. BGH NJW 2007, 2485, 2488 f.

[259] BGH NJW 2004, 1521, 1522; s. auch BGH VersR 1985, 84, 85: kein Vermögensschaden, wenn der Mandant den erstrebten Titel von vorneherein nicht durchsetzen wollte.

[260] BGH NJW 1998, 900, 902.

[261] § 13, S. 224 ff. [sub (1)].

[262] Vgl. hierzu BGH NJW-RR 2006, 923. Im konkreten Fall waren Ausführungen zu den Auswirkungen eines isolierten Explorationsfehlers nicht geboten, weil eine eigenständige Aufklärungspflichtverletzung hinzutrat.

[263] Vgl. *Vollkommer/Greger/Heinemann*, Anwaltshaftungsrecht, § 19 Rn. 17 f.

[264] Hierzu § 13, S. 230 ff. [sub (c)].

Der hypothetische Kausalverlauf ist häufig auch von der Entscheidung eines Gerichts abhängig, bisweilen stattdessen oder zusätzlich von dem Verhalten eines Dritten. Beispielsweise haftet der Rechtsanwalt, der seinen Mandanten pflichtwidrig nicht darauf hingewiesen hat, dass der Versorgungsausgleich im Rahmen der Scheidung gem. § 6 VersAusglG rechtsgeschäftlich modifiziert werden kann, nur, wenn sich der Dritte auf eine solche Vereinbarung (zu seinem Nachteil) eingelassen hätte. Unter der bis zum 1. September 2009 geltenden Rechtslage kam hinzu, dass das Familiengericht die Vereinbarung gem. § 1587o Abs. 2 S. 3 BGB aF hätte genehmigen müssen[265]. Eine fehlerhafte anwaltliche Beratung im Vorfeld oder während eines gerichtlichen Verfahrens wirft die Frage auf, ob der geltend gemachte und letztursächlich auf der gerichtlichen Entscheidung beruhende Schaden auch dann eingetreten wäre, wenn der Anwalt den Mandanten pflichtgemäß beraten hätte[266]. Eine allein an der Naturursächlichkeit ausgerichtete Betrachtung der Kausalität würde implizieren danach zu fragen, wie das Gericht des Ausgangsverfahrens den Rechtsstreit entschieden hätte. Nach ständiger Rechtsprechung des BGH ist demgegenüber bei gebundenen Entscheidungen[267] darauf abzustellen, wie das Regressgericht das Vorverfahren auf der Grundlage der damals geltenden Rechtslage richtigerweise hätte entscheiden müssen[268]. Diese Abweichung rechtfertigt der BGH zum einen mit den besonderen, mit der nachträglichen Feststellung des hypothetischen Verlaufs verbundenen Unsicherheiten[269], zum anderen mit normativen Erwägungen. Es sei zu verhindern, dass der Mandant im Wege des Regressprozesses etwas beanspruchen könne, worauf er keinen rechtmäßigen Anspruch habe[270]. Er soll nicht von Fehlern im Vorprozess profitieren[271]. Die Literatur steht der Ansicht des BGH weithin ablehnend gegenüber[272]. Der BGH ist seiner Grundlinie zwar treu geblieben, hat die Divergenzen beider Ansichten aber praktisch erheblich entschärft indem er klargestellt hat, dass die zum Zeitpunkt der Entscheidung des Ausgangsgerichts geltende

---

265 Vgl. BGH FamRZ 2010, 2067, 2069; zur reformierten Rechtslage s. insoweit nur MünchKommBGB/*Eichendörfer*, § 6 VersAusglG Rn. 2.

266 Zum Ganzen eingehend *Vollkommer/Greger/Heinemann*, Anwaltshaftungsrecht, § 20 Rn. 9 ff.

267 Zu Ermessensentscheidungen vgl. BGH NJW 1981, 920, 921.

268 BGH NJW 2001, 146, 147; NJW 1993, 2799, 2801; NJW-RR 1991, 660, 661; NJW 1981, 920, 921; s. bereits BGH NJW 1962, 583, 585 f.

269 BGH NJW 1981, 920, 921.

270 BGH NJW 1979, 819, 820.

271 *Fischer* NJW 1999, 2993, 2997.

272 Vgl. *Baur*, in: FS Larenz, S. 1063, 1068 f.; *Braun* ZZP 96 (1983), 89 ff. 112; *ders.* JZ 1997, 259, 260; *Mäsch* NJW 2001, 1547, 1548; anders aber *Vollkommer/Greger/Heinemann*, Anwaltshaftungsrecht, § 20 Rn. 19 ff.

Rechtslage auch Verwaltungsübungen und die höchstrichterliche Rechtsprechung umfasst[273].

Einen weiteren, für das Teilrechtsgebiet der anwaltlichen Beratung praktisch besonders bedeutsamen Problemkreis betrifft die Zurechnung von Fehlern nachfolgend handelnder Akteure. Im Grundsatz wird der Zurechnungszusammenhang nach der Rechtsprechung des BGH nicht dadurch unterbrochen, dass ein nachfolgender Rechtsanwalt oder Notar einen erkennbaren Fehler pflichtwidrig nicht berichtigt[274]. Entsprechendes soll regelmäßig dann gelten, wenn ein Fehler des Gerichts für den geltend gemachten Schaden mitursächlich geworden ist[275]. Das BVerfG hat in diesem Zusammenhang allerdings *obiter* erklärt, dass ein Anwalt nicht ohne weiteres für einen nachfolgenden gerichtlichen Fehler verantwortlich gemacht werden könne. Der Umstand, dass eine Amtshaftung regelmäßig am Richterprivileg scheitere, dürfte nicht dazu führen, dass Rechtsanwälte ersatzweise für gerichtliche Fehler in Haftung genommen werden. „Verfassungsrechtlich bedenklich" sei hiernach die Annahme des BGH, der Anwalt müsse sich zurechnen lassen, dass das Gericht die Folgen des anwaltlichen Fehlers nicht durch eine prozessordnungsgemäße Beweisaufnahme verhindert hatte. Das gleiche gelte, soweit dem Anwalt vorgeworfen wird, das Gericht auf eine von ihm geäußerte falsche Rechtsauffassung nicht hingewiesen zu haben[276]. Der BGH hat sich mit den geäußerten Bedenken in der Folgezeit, soweit ersichtlich, nicht explizit auseinandergesetzt. Stattdessen bemüht er sich jenseits einer allgemeinen Grundlinie um eine sachgerechte Begrenzung der anwaltlichen Verantwortung. Ein aus einer gerichtlichen Fehlentscheidung resultierender Schaden sei dem pflichtwidrig beratenden Anwalt etwa nicht zuzurechnen, wenn ein pflichtgemäßes Verhalten des Anwalts nicht geeignet war, das Fehlurteil zu vermeiden[277]. Eine Unterbrechung des Zurechnungszusammenhangs ist überdies anerkannt, wenn der Anwalt seinen Fehler im Verlauf des Prozesses berichtigt, das Gericht die Korrektur indes nicht zur Kenntnis nimmt und den Fehler zur Grundlage der Entscheidung macht[278]. Entsprechendes soll gelten, wenn „die Pflichtwidrigkeit des Anwalts nur den äußeren Anlass für ein ungewöhnliches Eingreifen des Geschädigten oder eines Dritten bildet"[279]. Das sei etwa der Fall, wenn der Schadensbeitrag des Ge-

---

[273] BGH NJW 2001, 146, 148; bestätigt von BGH BRAK-Mitt. 2010, 167; s. auch OLG München ZMR 2014, 735, 736.

[274] BGH NJW 1990, 2882, 2883.

[275] BGH NJW 2011, 2649, 2652f.; NJW 2010, 3576, 3577.

[276] BVerfG NJW 2002, 2937, 2938.

[277] BGH NJW 2010, 3576, 3577; NJW 2008, 1309, 1311.

[278] BGH NJW 2008, 1309, 1311.

[279] BGH NJW 2008, 1309, 1311.

richts den des Anwalts überwiegt, so dass Letzterer wertungsmäßig vollends zurücktritt[280].

In Ansehung der Einschränkung des Haftungsumfangs unter dem Gesichtspunkt des Schutzzwecks der Norm wird auf die allgemeinen Grundsätze verwiesen[281]. Zusammenfassend bleibt festzuhalten, dass dieser Gesichtspunkt auch im Anwaltsvertragsrecht Geltung beansprucht, der Anwalt also nur die Nachteile zu ersetzen hat, zu deren Abwendung er die Beratungspflicht übernommen hatte[282]. Die Rechtsprechung des BGH, wonach die fehlerhafte Beratung des Rechtsanwalts bei Vermögensbezug der Beratungspflicht keinen Anspruch auf Schmerzensgeld begründe[283], ist in diesem Zusammenhang indes abzulehnen[284].

cc) Mitverschulden

Der Einwand des Mitverschuldens ist dem anwaltlichen Ratgeber nach Maßgabe der allgemein geltenden Grundsätze regelmäßig versagt[285]. Das gilt auch dann, wenn der Mandant selbst über einschlägige Kenntnisse verfügt[286]. Ausnahmen greifen etwa, sofern sich der Vorwurf auf die geschuldete Mitwirkung im Rahmen der anwaltlichen Exploration bezieht[287]. Holt sich der Mandant eine „zweite Meinung“[288] ein und wird er in diesem Rahmen zutreffend darüber aufgeklärt, dass die Erstberatung fehlerhaft war, trifft ihn die allgemeine Schadensminderungspflicht[289]. Einen schuldhaften Schadensbeitrag des zweiten Ratgebers muss sich der Ratnehmer im Verhältnis zum Erstratgeber als Mitverschulden aber nur dann gem. §§ 254 Abs. 2 S. 2, 278 BGB zurechnen lassen, wenn der zweite Ratgeber zur erkannt notwendigen Schadensminderung eingeschaltet wurde[290].

---

280 Vgl. BGH, NJW-RR 2003, 850, 854; s. auch BGH, NJW-RR 1990, 1241, 1242; weitergehend etwa *Zugehör* NJW 2003, 3225, 3230.

281 § 13, S. 235 ff. [sub (3)].

282 Vgl. BGH NJW 1995, 449, 451 f.

283 BGH NJW 2009, 3025, 3026 f.; aus der Literatur zust. etwa MünchKommBGB/*Heermann*, § 675 Rn. 34.; *Vollkommer/Greger/Heinemann*, Anwaltshaftungsrecht, § 20 Rn. 43; a.A. wie hier *Schiemann* JZ 2011, 526 f.; kritisch auch *Gsell* ZJS 2011, 389, 390 f.

284 Hierzu § 13, S. 238 ff. [sub (c)].

285 Vgl. BGH NJW 2012, 2435, 2440; NJW 2000, 1263, 1265; NJW 2009, 1141, 1143; zum Ganzen grundlegend § 13, S. 240 ff. (sub ee).

286 BGH NZG 2012, 866, 870; NJW 1997, 2168, 2170.

287 Hierzu NJW 1999, 1391, 1392; s. noch NJW 1996, 2929, 2932, *in casu* aber abgelehnt.

288 Hierzu allgemein § 13, S. 267 ff. (sub X).

289 BGH NJW 1997, 250, 253.

290 Vgl. einerseits BGH NJW 1993, 1779; andererseits BGH NJW 1994, 1211, 1212; zum Ganzen Erman/*H. P. Westermann*, BGB, § 278 Rn. 29.

dd) Verjährung

Nach § 51b BRAO aF verjährte der Schadensersatzanspruch gegen den beratenden Rechtsanwalt in drei Jahren von dem Zeitpunkt an, in dem der Anspruch entstanden ist, spätestens jedoch in drei Jahren nach der Beendigung des Auftrags. In diesem Zusammenhang war zwischen der Primärverjährung des Regressanspruchs und der Verjährung eines Sekundäranspruchs zu unterscheiden. Letztere beruhte auf der Annahme, dass der Rechtsanwalt den Mandanten darauf hinzuweisen hatte, wenn er diesen durch einen Fehler geschädigt hatte[291]. Grundlage der Entwicklung dieser Hinweispflicht war letztlich die Annahme, dass ein ausschließlich an objektive Umstände anknüpfender Verjährungsbeginn den Mandanten unangemessen benachteiligt[292]. § 51b BRAO aF wurde zum 15. Dezember 2004 ersatzlos gestrichen. Nunmehr verjähren Ansprüche gegen den beratenden Rechtsanwalt nach den allgemeinen Regeln, so dass der beschriebene Sekundäranspruch insoweit keine praktische Bedeutung mehr hat[293]. Daher gelten die zur Verjährung dargestellten allgemeinen Überlegungen entsprechend[294]. Von einer Anspruchsentstehung i. S. d. § 199 Abs. 1 Nr. 1 BGB ist allgemein auszugehen, wenn sich die Vermögenslage des Mandanten objektiv verschlechtert hat. Das nimmt der BGH im Falle einer auf den Ersatz des aus der Erhebung einer pflichtwidrig empfohlenen Klage erwachsenen Kostenschadens gerichteten Regressforderung bereits mit der Erhebung jener Klage an. Denn diese begründe in Gestalt der Gerichtskostenforderung einen ersten Teil des Schadens[295]. Die für den Verjährungsbeginn im Weiteren notwendige zumindest grob fahrlässige Unkenntnis ist nach den allgemein dargestellten Regeln[296] beratungsspezifisch auszulegen.

5. Disponibilität und Haftungsbeschränkung

In Ansehung der Disponibilität ist zunächst auf die allgemeinen Grundsätze zu verweisen. Hiernach ist eine individualvertragliche Abbedingung der selbstbestimmungsfördernden anwaltlichen Beratungspflicht möglich. Von praktischer Bedeutung ist insoweit etwa ein vom Mandanten *ad hoc* erklärter „Aufklärungsverzicht“. Der Mandant kann daher grundsätzlich auf die Inanspruch-

[291] Hierzu *Vollkommer/Greger/Heinemann*, Anwaltshaftungsrecht, § 24 Rn. 27 ff.; zum Entfallen der Hinweispflicht, wenn der Mandant rechtzeitig vor Ablauf der Primärverjährung einen anderen Berater mit der Prüfung möglicher Regressansprüche beauftragt hatte BGH NJW 2001, 826, 828; NJW 1995, 2108, 2109.

[292] Deutlich BGH NJW-RR 2005, 494, 497; s. auch *Borgmann* NJW 2013, 3343, 3348.

[293] Vgl. BGH VersR 2009, 651; s. noch *Vollkommer/Greger/Heinemann*, Anwaltshaftungsrecht, § 24 Rn. 1; zu einem Übergangsfall s. BGH NJW 2012, 2435, 2440.

[294] Hierzu § 13, S. 245 f. (sub ff).

[295] BGH NJW 2012, 2435, 2440; NJW 2011, 1594; NJW 2009, 1350; zu weiteren Beispielen s. *Vollkommer/Greger/Heinemann*, Anwaltshaftungsrecht, § 24 Rn. 4 ff.

[296] § 13, S. 245 f. (sub ff).

nahme der geschuldeten Beratungsleistung als solche oder einzelner ihrer Elemente verzichten. Ausreichend ist, wenn er dem Anwalt hinreichend deutlich zu erkennen gibt, dass er der Beratung (insoweit) nicht bedarf. Ein formularmäßiger Ausschluss der Beratungspflicht oder einzelner ihrer Elemente hält der Inhaltskontrolle demgegenüber nicht stand[297].

Die Möglichkeiten rechtsgeschäftlicher Haftungsbeschränkungen regelt demgegenüber § 51 BRAO gegenüber den allgemeinen Grundsätzen abweichend und abschließend. Für eine formularmäßige Haftungsbeschränkung gilt allgemein, dass diese nicht zu einer Aushöhlung der wesentlichen vertraglichen Pflichten führen darf. Hiernach könnte ein vertraglicher Ratgeber seine Haftung selbst für leichte Fahrlässigkeit in seinen allgemeinen Geschäftsbedingungen an sich nicht wirksam ausschließen[298]. § 52 Abs. 1 BRAO lässt indes die vertragliche Begrenzung von fahrlässig verursachten Ersatzansprüchen zu[299] und zwar durch schriftliche Vereinbarung im Einzelfall[300] bis zur Höhe der Mindestversicherungssumme iHv. derzeit 250.000 Euro und durch vorformulierte Vertragsbedingungen für leicht fahrlässige Pflichtverletzungen bis auf den vierfachen Betrag dieser Summe, wenn insoweit Versicherungsschutz besteht. Die Regelung ist daher in engem Zusammenhang mit der Pflicht zum Abschluss und zur Aufrechterhaltung einer Haftpflichtversicherung zu sehen, § 51 BRAO[301]. Mit Rücksicht darauf, dass die allgemeine Mindestversicherungssumme für eine Vielzahl von Fällen inadäquat ist, ist diese Regelung allerdings, wie auch die Regelung zur Pflichthaftpflichtversicherung selbst, korrekturbedürftig.

6. Ausgleichssicherung

a) Zurechnung pflichtwidriger Beratung, Haftung aufgrund Organisations- und Überwachungsverschuldens

Von den unter dem Begriff der Ausgleichssicherung diskutierten Fragen sind im Bereich der anwaltlichen Beratung zunächst die Zurechnung fehlerhafter Beratungen im Rahmen berufsmäßiger Zusammenschlüsse und die im Zusammenhang mit der Beratung stehenden Organisations- und Überwachungspflichten von Interesse[302]. Die Rechtslage bei den im Regelfall in der Rechts-

---

[297] Hierzu eingehend § 13, S. 252 f. (sub 1).

[298] Hierzu § 13, S. 253 (sub 1); aus der Perspektive der anwaltlichen Haftung instruktiv *Stobbe*, in: Henssler/Prütting, Bundesrechtsanwaltsordnung, § 51a BRAO Rn. 14 ff.; s. auch BGHZ 77, 162, 133.

[299] Das übersieht MünchKommBGB/*Wurmnest*, § 307 Rn. 74.

[300] Zu den insoweit umstrittenen Anforderungen s. *Vollkommer/Greger/Heinemann*, Anwaltshaftungsrecht, § 23 Rn. 6 mwN.

[301] Hierzu noch eingehender § 15, S. 376 f. (sub b).

[302] Hierzu grundlegender § 13, S. 256 ff. (sub 2, 3).

form einer Gesellschaft bürgerlichen Rechts geführten Anwaltssozietäten hat sich inzwischen für die Praxis weitgehend geklärt. Nach der neueren Rechtsprechung des BGH kommt auch hier ein Anwaltsvertrag regelmäßig mit der Sozietät selbst zustande. Für die Beratungspflichtverletzung des beratenden Sozius haftet die Sozietät gem. § 31 BGB sowie sämtliche Sozien entsprechend §§ 128 S. 1, 129 HGB persönlich. Dabei macht es nach aktueller Rechtsprechung des BGH keinen Unterschied, ob der Sozietät Mitglieder unterschiedlicher Berufsgruppen angehören[303]. Diese Grundsätze gelten auch, wenn die Anwälte nur nach außen hin den Anschein erweckt haben, zwischen ihnen bestehe eine Sozietät[304]. Ein angestellter Anwalt, bei dem in der Außendarstellung noch nicht der Eindruck eines Scheinsozius erweckt wird, haftet indes grundsätzlich nicht persönlich. Dieser ist lediglich Erfüllungsgehilfe der Sozietät, § 278 BGB[305]. Auch bei der Partnerschaftsgesellschaft haften die Partner für sämtliche Verbindlichkeiten der Partnerschaftsgesellschaft grundsätzlich persönlich, § 8 Abs. 1 S. 1 PartGG. Waren indes nur einzelne Partner mit der Mandatsbearbeitung befasst, ist die Haftung kraft Gesetzes auf diese Partner und die Gesellschaft selbst beschränkt, § 8 Abs. 2 PartGG. Eine vergleichbare Beschränkung lässt sich für Sozietätsmitglieder durch vorformulierte Vertragsbedingungen erreichen, vgl. § 52 Abs. 2 BRAO. Die Rechtslage bei der Sozietät entspricht daher letztlich im Wesentlichen der Rechtslage bei der Partnerschaftsgesellschaft, wenn diese von der unlängst eingeführten Möglichkeit beschränkter Berufshaftung keinen Gebrauch gemacht hat[306]. Die Anwalts-GmbH und die Anwalts-AG als rechtlich prinzipiell mögliche Organisationsformen mit weitgehender institutioneller Haftungsbeschränkung haben in der Praxis demgegenüber, anders als der Rechtsformwechsel in die LLP[307], bisher keine erwähnenswerte Bedeutung erlangt[308].

Bei der anwaltlichen Beratungspflicht handelt es sich im Übrigen um eine höchstpersönliche Pflicht in dem Sinne, dass der mit dem Mandat betraute Rechtsanwalt diese nicht auf angestellte Nichtanwälte delegieren darf[309]. Wird das Büropersonal insoweit von sich aus tätig, kommt eine Haftung aus Organisations- bzw. Überwachungsverschulden in Betracht[310].

---

[303] BGH NJW 2012, 2435, 2441 f.

[304] Grundlegend BGH NJW 1978, 996; zur Anwendung dieser Grundsätze unter den geltenden gesellschaftsrechtlichen Regeln s. BGH, Beschluss vom 14. Februar 2013 (IX ZR 121/12), juris Rn. 2.

[305] Hierzu *Borgmann* NJW 2013, 3343, 3344.

[306] Vgl. § 8 Abs. 4 S. 1 PartGG; hierzu im Überblick *Ring* WM 2014, 237 ff.

[307] Vgl. *Keller*, in: Gaier/Wolf/Göcken, Anwaltliches Berufsrechts, § 51a Rn. 4.

[308] Hierzu und zu den Gründen *Vollkommer/Greger/Heinemann*, Anwaltshaftungsrecht, § 4 Rn. 28 ff.

[309] BGH NJW 1981, 2741, 2743; vgl. auch *Vollkommer/Greger/Heinemann*, Anwaltshaftungsrecht, § 4 Rn. 7.

[310] Zum Organisationsverschulden des Notars, der es geduldet hatte, dass Rechtsrat durch einen seiner Angestellten erteilt wird, s. schon RGZ 162, 24, 29.

b) *Pflichtberufshaftpflichtversicherung*

Der Rechtsanwalt ist gem. § 51 BRAO zum Abschluss und zur Aufrechterhaltung einer Berufshaftpflichtversicherung verpflichtet[311]. Die Berufshaftpflichtversicherung, die seit 1963 zu den Standespflichten des Rechtsanwalts zählt[312], dient in erster Linie dazu, die Erfüllbarkeit der Ansprüche des durch eine fehlerhafte anwaltliche Beratung und sonstige Pflichtverletzungen geschädigten Mandanten sicher zu stellen[313]. Die Pflichtversicherung muss allerdings lediglich *unmittelbare Vermögensschäden* abdecken. Die gesetzlich vorgeschriebene Mindestversicherungssumme ist zudem mit 250.000 Euro je Versicherungsfall, die neuerdings nicht mehr dem Geschädigten gegenüber in Höhe des zulässigen Selbstbehalts gekürzt werden kann[314], vergleichsweise gering[315]. Überdies können die Leistungen des Versicherers im Zeitraum eines Versicherungsjahres auf den vierfachen Betrag der Mindestversicherungssumme beschränkt werden, § 51 Abs. 4 BRAO. Eine Deckung für Personen- und Sachschäden sowie solche Vermögensschäden, die, wie etwa ein Verdienstausfall, erst aus der Verletzung von Personen und Sachen resultieren, verlangt das Gesetz dagegen ebenso wenig, wie eine im Hinblick auf ein vor allem, aber nicht nur[316], im Bereich der Strafverteidigung relevantes Schmerzensgeld[317]. Über den obligatorischen Umfang hinaus sehen lediglich die geltenden allgemeinen Versicherungsbedingungen regelmäßig die Einbeziehung solcher Vermögensschäden vor, die durch einen vom Rechtsanwalt zu verantworteten Freiheitsentzug verursacht worden sind[318]. Da sich der Mandant gem. § 115 Abs. 1 Nr. 2 VVG im Insolvenzfall unmittelbar an den Haftpflichtversicherer halten kann, kommt es auf die in der Insolvenz des Rechtsanwalts gem. § 110 VVG allgemein eröffnete Möglichkeit abgesonderter Befriedigung aus dem Freistellungsanspruch gegenüber dem Versicherer typischerweise nicht an[319].

Es liegt auf der Hand, dass eine im gesetzlichen Mindestumfang abgeschlossene Berufshaftpflichtversicherung in der Mehrzahl der Fälle die tatsächlich

---

[311] Hierzu *Hedderich*, Pflichtversicherung, S. 360 f.

[312] Vgl. *van Bühren* r+s 2004, 89, 93.

[313] *Stobbe*, in: Henssler/Prütting, Bundesrechtsanwaltsordnung, § 51 Rn. 10; *Koch/Kilian*, Anwaltliches Berufsrecht, Rn. B 599.

[314] Vgl. § 114 Abs. 2 S. 2 VVG; hierzu auch *Stobbe*, in: Henssler/Prütting, Bundesrechtsanwaltsordnung, § 51 Rn. 41.

[315] Vgl. noch die Sonderregelung für die Partnerschaftsgesellschaft in § 51a BRAO mit einer Mindestversicherungssumme von 2.500.000 Euro je Versicherungsfall.

[316] Hierzu § 13, S. 238 ff. [sub (c)] und § 15, S. 379 (sub bb).

[317] Zum Ganzen *Chab*, in: Zugehör/Fischer/Vill/Fischer/Rinkler/Chab, Handbuch der Anwaltshaftung, Rn. 2124; *Vollkommer/Greger/Heinemann*, Anwaltshaftungsrecht, § 27 Rn. 5.

[318] Vgl. Teil 2/B AVB-RSW HV 60/06 a.E.; hierzu *Chab*, in: Zugehör/Fischer/Vill/Fischer/Rinkler/Chab, Handbuch der Anwaltshaftung, Rn. 2124.

[319] Hierzu bereits § 13, S. 266 f. (sub 5).

bestehenden Haftungsrisiken nicht adäquat abdeckt[320]. Rechtsanwälten wird folgerichtig empfohlen, die Versicherungssumme den bestehenden Risiken anzupassen und im Hinblick auf diese ständig zu überprüfen[321]. Indes ist umstritten, ob *de lege lata* eine dahin gehende sanktionsbewehrte berufsrechtliche Verpflichtung besteht. Während in der Literatur überwiegend davon ausgegangen wird[322], lehnt die Gegenansicht dies zutreffend ab. Entscheidend ist, dass der klare Wortlaut des § 51 BRAO in diese Richtung keinen Spielraum lässt und es daher einer entsprechenden gesetzgeberischen Anpassung des Berufsrechts bedürfte[323]. Eine solche Reform ist allerdings vor dem Hintergrund der dargestellten Inadäquanz des geltenden Rechtszustandes dringend geboten. In diesem Rahmen sollte die Versicherungspflicht auch über unmittelbare Vermögensschäden hinausgehend erweitert und insoweit dem zivilrechtlichen Haftungsumfang angepasst werden.

7. Beweisrecht

In Ansehung des beratungstypischen Beweisrechts kann umfänglich auf die grundlegenden Darstellungen zum Beweisrecht verwiesen werden[324]. Zusammenfassend bleibt festzuhalten, dass der Mandant im Grundsatz die Beweislast für die Beratungspflichtverletzung des Rechtsanwalts trägt[325]. Als allgemeine Beweiserleichterung trifft den Rechtsanwalt aber eine sekundäre Darlegungslast[326]. Dieser muss den Gang des Beratungsgesprächs im Einzelnen darlegen und dabei konkrete Angaben dazu machen, welche Empfehlungen und Hinweise er dem Mandanten erteilt und wie dieser darauf reagiert hat[327]. In den typischen Fällen eines Vier-Augen-Gesprächs zwischen Anwalt und Mandant ist der Beweisnot des Mandanten *de lege lata* durch eine Anhörung beider Parteien entweder auf der Grundlage des § 141 ZPO oder des § 448 ZPO Rechnung zu tragen[328].

---

320 A.A. *Stobbe*, in: Henssler/Prütting, Bundesrechtsanwaltsordnung, § 51 Rn. 10, der auf der Grundlage entsprechender „Auskünfte von Versicherern" meint, dass die geltenden Höchstgrenzen tatsächlich „die weit überwiegende Mehrzahl" der auftretenden Vermögensschäden abdecken würden.

321 *Stobbe*, in: Henssler/Prütting, Bundesrechtsanwaltsordnung, § 51 Rn. 39.

322 *Braun* BRAK-Mitt. 2002, 150, 151; *Borgmann/Jungk/Grams*, Anwaltshaftung, Kap. VIII Rn. 7; *Chab*, in: Zugehör/Fischer/Vill/Fischer/Rinkler/Chab, Handbuch der Anwaltshaftung, Rn. 2164; *Vollkommer/Greger/Heinemann*, Anwaltshaftungsrecht, § 27 Rn. 11.

323 *Stobbe*, in: Henssler/Prütting, Bundesrechtsanwaltsordnung, § 51 Rn. 40.

324 § 13, S. 269 ff. (sub XI).

325 Vgl. nur *Vollkommer/Greger/Heinemann*, Anwaltshaftungsrecht, § 25 Rn. 11.

326 BGH NJW-RR 2007, 569, 570; NJW 1987, 1322, 1323; s. auch *Vollkommer/Greger/Heinemann*, Anwaltshaftungsrecht, § 25 Rn. 16 f.; zur Steuerberatung gleich BGH NJW 1995, 2842, 2843.

327 BGH NJW 2011, 2889; NJW 2007, 2485, 2486.

328 BGH NJW 2011, 2889, 2890; NJW-RR 2006, 61, 63; NJW 1999, 363, 364; s. noch eingehender § 13, S. 288 ff. (sub d).

Im Hinblick auf die Pflichtverletzung greifen die grundlegend beschriebenen punktuellen Beweiserleichterungen[329]. Nach der Rechtsprechung des BGH spricht grundsätzlich der Beweis des ersten Anscheins dafür, dass der Mandant im Falle einer ordnungsgemäßen Exploration des Ratgebers pflichtgemäß mitgewirkt hätte[330]; nach hier vertretener Ansicht greift dagegen eine normativ motivierte Beweislastumkehr[331]. Eine allgemeine, Beweiszwecken dienende Dokumentationspflicht lehnen der BGH und die überwiegende Literatur für den Rechtsanwalt indes ab[332]. Insoweit hat der BGH lediglich Beweiserleichterungen erwogen, sofern der Rechtsanwalt Feststellungen oder Maßnahmen nicht schriftlich niederlegt, obwohl derjenige, dessen Belange er wahrzunehmen hat, diese nicht selbst erkennen oder beurteilen kann[333]. Die gegenteilige Ansicht bleibt bis heute vereinzelt[334]. Während der Notar nur in den gesetzlich besonders bestimmten Fällen Dokumentationspflichten unterliege, sei eine vergleichbare Privilegierung des Rechtsanwalts nicht gerechtfertigt. Die Rechtslage beim Notar erkläre sich aus dem Bemühen, die beurkundende Tätigkeit nicht mit formelhaften Belehrungsvermerken zu überfrachten, ein Gesichtspunkt, der für die anwaltliche Tätigkeit nicht maßgeblich sei. Furchtbar gemacht wird in diesem Zusammenhang auch die berufsrechtliche Pflicht des Anwalts, eine Handakte anzulegen und in dieser die bei der Mandatsbearbeitung anfallenden Schriftstücke und Vermerke aufzubewahren, vgl. § 50 Abs. 1 BRAO[335]. Als Folge der Verletzung der anwaltlichen Dokumentationspflicht wird indes nicht *per se* eine Beweislastumkehr gefordert, wie es etwa die Folge bei der Haftung des beratenden Arztes wäre. Eine so weitreichende Sanktion sei nur angezeigt, wenn eine Belastung des Mandanten mit jeglicher Beweisführung unzumutbar erscheine. Unterhalb dieser Schwelle soll es dagegen bei „Beweiserleichterungen" bleiben[336]. Dem ist nicht zu folgen. Nach richtiger Ansicht ist für den Rechtsanwalt in gleicher Weise wie etwa für den beratenden Arzt, den Kapitalanlageberater sowie den Versicherer und den Versicherungsvermittler von einer Beweiszwecken dienenden Pflicht zur Dokumentation des wesentlichen Verlaufs der Beratung auszugehen, die *de lege lata* aus § 242 BGB bzw. einer entsprechenden Gesamtanalogie herzuleiten ist und die der Gesetzgeber künftig ausdrücklich regeln sollte. Es ist wertungsmäßig

---

329 § 13, S. 276 ff. (sub b, c).

330 BGH NJW 1996, 2929, 2932; NJW 1994, 1472, 1475; NJW 1992, 240, 241.

331 § 13, S. 296 f. (sub b).

332 BGH NJW 1992, 1695, 1696; *Vill*, in: Zugehör/Fischer/Vill/Fischer/Rinkler/Chab, Handbuch der Anwaltshaftung, Rn. 874; *Vollkommer/Greger/Heinemann*, Anwaltshaftungsrecht, S. 185; *Borgmann/Jungk/Grams*, Anwaltshaftung, Kap. IX Rn. 13.

333 BGH NJW 1992, 1695, 1696.

334 Vgl. *Heinemann* NJW 1990, 2345, 2354.

335 Zum Ganzen *Heinemann* NJW 1990, 2345, 2354; zu § 50 Abs. 1 BRAO s. den Überblick bei *Vollkommer/Greger/Heinemann*, Anwaltshaftungsrecht, § 15 Rn. 14.

336 *Heinemann* NJW 1990, 2345, 2354.

schlechterdings nicht einzusehen, dass ein professioneller Ratgeber im Hinblick auf die beweisrechtliche Lage des Ratnehmers geringeren Anforderungen unterliegen soll, als andere professionelle Berater und an das Ratnehmerinteresse besonders gebundene Vertriebsberater. Für die beweisrechtlichen Folgen der Verletzung der anwaltlichen Dokumentationspflicht gelten wiederum die allgemeinen Grundsätze[337].

Die vom Mandanten zu beweisende haftungsausfüllende Kausalität richtet sich nach § 287 ZPO[338]. In Bezug auf die Entscheidungskausalität lehnt der BGH allerdings auch weiterhin ausdrücklich und ohne wirkliche Begründung eine Beweislastumkehr zugunsten der bloßen Anwendung des Anscheinsbeweises ab[339]. Dieser greift folgerichtig lediglich dann, wenn „eindeutig eine bestimmte tatsächliche Reaktion nahegelegen hätte", nicht dagegen, wenn bei verständiger Würdigung mehrere Entschlussmöglichkeiten mit unterschiedlichen Vorteilen und Risiken bestanden[340]. Für die Praxis hat dies zur Folge, dass sämtliche Handlungsalternativen zu prüfen sind, die sich dem Mandanten stellten, und dass deren Rechtsfolgen sowohl miteinander als auch gegenüber den Präferenzen des Mandanten zu vergleichen sind[341]. Immerhin ist der BGH ausdrücklich der Forderung entgegen getreten, die Anwendung des Anscheinsbeweises auf Fälle der Beratung bei bestehendem Kenntnis- und Erfahrungsgefälle zu beschränken[342]. Dennoch handelt es sich insoweit um die große Schwäche der geltenden anwaltlichen Beratungshaftung, die auf der Grundlage dieser Rechtsprechung praktisch in einer Vielzahl von Fällen leer läuft. Denn hiernach haftet der fehlerhaft beratende Rechtsanwalt praktisch nur, „wenn bei zutreffender rechtlicher Beratung vom Standpunkt eines vernünftigen Betrachters aus allein eine Entscheidung nahe gelegen hätte"[343]. Nach richtigem Verständnis ist auch und gerade im Bereich der anwaltlichen Beratung von einer normativ motivierten Beweislastumkehr auszugehen, die unabhängig davon greift, ob im konkreten Fall mehrere Möglichkeiten „beratungsrichtigen" Verhalten bestanden haben[344]. Insoweit wird auf die allgemeinen Ausführungen

---

[337] Hierzu § 13, S. 282 f. (sub dd).

[338] BGH NJW 2012, 2435, 2439; NJW 2005, 3275, 3276; NJW-RR 2007, 569, 572; NJW-RR 2006, 923, 926; NJW 1993, 3259, 3261, s. auch *Vollkommer/Greger/Heinemann*, Anwaltshaftungsrecht, § 25 Rn. 21 f.

[339] Vgl. BGH NJW 2014, 2795 f.; zum Ganzen im Überblick *Borgmann/Jungk/Grams*, Anwaltshaftung, Kap. IX Rn. 25 ff.

[340] BGH st., vgl. NJW 2012, 2435, 243; NJW-RR 2008, 1235, 1236; NJW-RR 2007, 569, 571; NJW-RR 2006, 923, 926; NJW 2005, 3275, 3276; deutlich bereits NJW 1993, 3259 f.

[341] BGH NJW 2005, 3275, 3276.

[342] BGH NJW 2012, 2435, 2439.

[343] BGH NJW 2014, 2795; s. auch BGH NJW 2009, 1591 f.; NJW 2008, 2647; NJW 1993, 3259.

[344] Im Ergebnis bereits *Canaris*, in: FS Hadding, S. 3, 24.

verwiesen[345]. Ebenfalls im Einklang mit den grundlegenden Ausführungen ist dagegen im Bereich der Kausalität von einer Umkehr der Beweislast bei groben Pflichtverletzungen grundsätzlich nicht auszugehen[346].

[345] Hierzu eingehend § 13, S. 297 ff. (sub c).

[346] Hierzu § 13, S. 304 f. (sub d); s. auch *Vollkommer/Greger/Heinemann*, Anwaltshaftungsrecht, § 25 Rn. 32.

§ 16 Kapitalanlegerrecht

I. Einführung

Das Recht der Kapitalanlageberatung befindet sich, wie kaum ein anderes beratungsrelevantes Teilrechtsgebiet, im Reformfluss[1]. Seine praktische Bedeutung versteht sich, nicht zuletzt vor dem Hintergrund des Eingangs beschriebenen Rückzugs des Staates aus der sozialen Sicherung, von selbst. Dass rechtliche Anforderungen an den beratenden Vertrieb von Kapitalanlagen geradezu Konjunktur haben, ist einerseits eine unmittelbare Folge der Marktliberalisierung, ein Prozess, der vorliegend nicht umfassend dargestellt, sondern nur in seinen wesentlichen Akzenten skizziert werden kann[2]. Die gemeinschaftsrechtlich präformierte Deregulierungspolitik war darauf gerichtet, den nationalen Markt für die im übrigen europäischen Binnenmarkt zugelassenen Finanzprodukte zu öffnen. Beispielhaft zu nennen ist die auf der Grundlage des Dritten Finanzmarktförderungsgesetzes des Jahres 1998[3] auf dem deutschen Kapitalmarkt möglich gewordene Einführung sog. Indexfonds, also passiv gemanagter Investmentfonds, die, beispielsweise als börsengehandelte Fonds [*exchange-traded fund (ETF)*], einen bestimmten Index möglichst exakt nachzubilden suchen. Aufgrund der zur Sicherung der Risikostreuung festgelegten Anlagegrenzen des seinerzeit geltenden und zwischenzeitlich durch das Investmentgesetz abgelösten Gesetzes über Kapitalanlagegesellschaften war die Einführung eines solchen Finanzinstruments in Deutschland *de facto* nicht möglich[4]. Eine präventive Produktinhaltsregulierung wurde im Zuge der Deregulierung zunächst vollständig unterbunden und als Reaktion auf die Folgen der globalen Finanzkrise in jüngster Zeit erstmals wieder zaghaft zum Gegenstand der europäischen und nationalen Regulierungspolitik. Auf diesen Pendelschlag wurde bereits im Rahmen der funktionalen Grenzen eines kompensatorischen Rechts der Beratung hingewiesen[5]. Neben dem Abbau der Produktinhaltsregulierung

---

[1] Vgl. unlängst den Entwurf eines Kleinanlegerschutzgesetzes, BT-Drucks. 18/3994.

[2] Vertiefend etwa *Assmann*, in: Assmann/Schütze, Handbuch des Kapitalanlegerrechts, § 1 Rn. 21 ff.

[3] BGBl. 1998 I, S. 529.

[4] *Scherer*, in: Brinkhaus, Gesetz über Kapitalanlagegesellschaften, § 8c Rn. 10; *Heuer/Saxinger* Die Bank 1992, 83 ff.; vgl. auch BT-Drucks. 13/8933, S. 101 und § 63 InvG aF sowie § 209 KAGB.

[5] § 5, S. 53 ff. (sub bb).

wurde auch der Marktzutritt auf Nachfragerseite erleichtert. So war es bereits eines der erklärten Ziele der Börsengesetznovelle des Jahres 1989, Termingeschäfte durch eine Erweiterung der Börsentermingeschäftsfähigkeit einem breiteren Anlegerkreis jenseits der Kauf- und Börsenleute zugänglich zu machen[6]. Beginnend mit den gleichzeitig verabschiedeten Änderungen des Gesetzes über Kapitalanlagegesellschaften und des Versicherungsaufsichtsgesetzes wurden auch die Anlagemöglichkeiten institutioneller Investoren zunehmend erweitert[7]. Andere Maßnahmen, wie etwa die Herabsetzung des Mindestnennbetrags einer Aktie von seinerzeit 50 DM auf 5 DM durch das Zweite Finanzmarktförderungsgesetz des Jahres 1994, führten *de facto* dazu, dass Aktienanlagegeschäfte für ein größeres Anlegerpublikum attraktiv wurden[8].

Eine grundsätzliche Kritik an der erfolgten Marktliberalisierung ist nach hier vertretener Ansicht nicht berechtigt. Die Zulassung weitgehender Produktvielfalt und Produkterfindung und die Erweiterung des Marktzugangs sind als solche für den Anleger nicht *per se* von Nachteil. Ein gutes Beispiel ist wiederum der möglich gewordene Handel von Indexfonds. Zahlreiche Studien haben inzwischen nachgewiesen, dass die Rendite der großen Mehrzahl der klassischen Fonds, bei denen das Management die Performance eines Indexfonds aktiv durch besondere Titelselektion zu übertreffen sucht, über einen längeren Zeitraum tatsächlich hinter den entsprechenden Vergleichsindices zurückbleibt[9]. Das bedeutet umgekehrt nicht, dass einer Marktliberalisierung um jeden Preis das Wort zu reden wäre. Es wurde bereits eingangs darauf hingewiesen, dass die mit der Marktderegulierung vielerorts für unvereinbar gehaltene Produktinhaltsregulierung an ihrer grundsätzlichen Berechtigung nichts eingebüßt hat[10].

II. Aufsichtsrecht der Kapitalanlageberatung

1. Rechtsgrundlagen, Anwendungsbereich, Regelungsadressaten

a) Rechtsgrundlagen

Das Aufsichtsrecht der Kapitalanlageberatung findet seine unmittelbare Rechtsgrundlage im Wertpapierhandelsgesetz, das allerdings in erheblichem

---

[6] Hierzu *Schäfer*, in: Assmann/Schütze, Handbuch des Kapitalanlegerrechts, § 19 Rn. 10.

[7] Vgl. BT-Drucks. 10/4671, S. 7; hierzu *Schwark* NJW 1987, 2041, 2047.

[8] *Assmann*, in: Assmann/Schütze, Handbuch des Kapitalanlegerrechts, § 1 Rn. 18; zu der abweichenden gesetzgeberischen Regelungsintention s. BT-Drucks. 12/7918, S. 93 sowie zur aktuellen Rechtslage § 8 Abs. 2 AktG.

[9] Hierzu etwa *Arnott/Berkin/Ye*, 26 Journal of Portfolio Management 84, 86ff. (2000); vgl. auch *Heda/Heine/Oltmanns*, in: Britzelmaier/Geberl/Kaufmann/Menichetti, Regulierung oder Deregulierung der Finanzmärkte, S. 158f.; s. auch BT-Drucks. 13/8933, S. 62.

[10] § 5, S. 52ff. (sub 3).

Umfang gemeinschaftsrechtlich präformiert ist. Das Gemeinschaftsrecht reguliert seit einigen Jahren den Vertrieb von Finanzinstrumenten durch Wertpapierfirmen. Die insoweit maßgebliche *lex lata* setzte sich zunächst zusammen aus der Richtlinie über Märkte für Finanzinstrumente (im Folgenden erste Finanzmarktrichtlinie bzw. MiFID I) des Jahres 2004[11] und der auf ihrer Grundlage erlassenen Durchführungsrichtlinie (im Folgenden MiFID I-Durchführungsrichtlinie)[12]. Die Vorgaben der ersten Finanzmarktrichtlinie fanden auf Kapitalanlagegesellschaften und Investmentaktiengesellschaften zwar unmittelbar keine Anwendung[13]. Soweit es aber um den beratenden Vertrieb von Finanzinstrumenten unmittelbar durch solche Gesellschaften geht, gelten die wesentlichen hier interessierenden Vorgaben der Finanzmarktrichtlinien entsprechend[14]. Von Bedeutung ist daher auch die Richtlinie zur Koordinierung der Rechts- und Verwaltungsvorschriften betreffend bestimmte Organismen für gemeinsame Anlagen in Wertpapieren (im Folgenden OGAW-RL)[15].

Im Oktober 2011 hatte die Europäische Kommission einen umfassenden Reformprozess angestoßen, der im April des Jahres 2014 abgeschlossen wurde. Im Zuge dieser Neuregelung des Marktes für Finanzinstrumente wurde die erste durch eine zweite Finanzmarktrichtlinie (im Folgenden auch MiFID II)[16] ersetzt. Die parallel erlassene Verordnung über Märkte für Finanzinstrumente (im Folgenden MiFIR)[17] hat für die vorliegend interessierende Anlageberatung keine unmittelbare Bedeutung, sieht aber einige auch für die zweite Finanzmarktrichtlinie maßgebliche Begriffsbestimmungen vor und ist insoweit zu berücksichtigen. Die Richtlinienvorgaben sind von den Mitgliedstaaten zwar erst bis zum 3. Juli 2016 umzusetzen und spätestens ab dem 3. Januar 2017 grundsätzlich anzuwenden, Art. 93 Abs. 1 MiFID II. Einige wesentliche Neuerungen im Bereich des beratenden Vertriebs von Finanzinstrumenten entsprechen indes bereits der geltenden Rechtslage. Mit dem Gesetz zur Förderung und Regulierung einer Honorarberatung über Finanzinstrumente vom 15. Juli 2013[18] war der deutsche Gesetzgeber den sich im europäischen Diskussionsentwurf

---

[11] Richtlinie 2004/39/EG vom 21. April 2004, ABl. 2004, L 145/1. MiFID I ersetzte die Richtlinie 93/22/EWG vom 10. Mai 1993 über Wertpapierdienstleistungen, ABl. 1993, L 141/27; hierzu im Überblick *Fleischer* BKR 2006, 389; *Balzer* ZBB 2003, 177; *Seyfried* WM 2006, 1375; *Kumpan/Hellgardt* DB 2006, 1714.

[12] Richtlinie 2006/73/EG vom 10. August 2006, ABl. 2006, L 241/26.

[13] Art. 2 Abs. 1 h) MiFID I.

[14] Vgl. Art. 6 Abs. 3, 4, OGAW-RL.

[15] Richtlinie 2009/65/EG vom 13. Juli 2009, ABl. 2009, L 302/32.

[16] Richtlinie 2014/65/EG vom 15. Mai 2014, ABl. 2014, L 173/349; zu einem vorausschauenden Überblick s. bereits *Geier/Schmitt* EWS 2012, 264.

[17] Verordnung Nr. 600/2014 über Märkte für Finanzinstrumente und zur Änderung der Verordnung Nr. 648/2012, ABl. 2012, L 173/84.

[18] BGBl. I 2013, S. 2390.

abzeichnenden Entwicklungen ein Stück weit vorausgeeilt[19]. Die weitere Darstellung und Diskussion kann sich zweckmäßigerweise nicht auf das noch geltende Recht beschränken, sondern muss sich an der künftigen Rechtslage im Anschluss an die Umsetzung der zweiten Finanzmarktrichtlinie orientieren.

b) Gegenständlicher Anwendungsbereich

Der Anwendungsbereich der Finanzmarktrichtlinien ist von vorneherein auf Wertpapierdienstleistungen in Bezug auf Finanzinstrumente beschränkt. Bei diesen handelt es sich im Kern um übertragbare Wertpapiere einschließlich Investmentvermögensanteile, Geldmarktinstrumente und Derivatkontrakte auf Wertpapiere und Waren, die an einem geregelten Markt bzw. über ein multilaterales oder organisiertes Handelssystem (MTF, OTF) gehandelt werden[20]. Die zweite Finanzmarktrichtlinie erweitert den gegenständlichen Anwendungsbereich, soweit hier von Interesse, lediglich auf den Vertrieb strukturierter Einlagen durch Kreditinstitute[21]. Hierbei handelt es sich um ein neuartiges komplexes Anlageprodukt, bei dem die Rendite nicht wie bei einfachen Einlagen ausschließlich nach Maßgabe eines Zinssatzes wie dem Euribor oder dem Libor bestimmt wird[22]. Auch die reformierte Richtlinie findet indes keine Anwendung auf die auf dem sog. grauen Kapitalmarkt[23] frei gehandelten Finanzprodukte, namentlich Anteile an geschlossenen Fonds[24]. Demgegenüber hat der deutsche Gesetzgeber diese Regulierungslücke geschlossen und die für Finanzinstrumente geltenden Organisations- und Verhaltenspflichten bereits mit Wirkung zum 1. Januar 2013 auf solche Vermögensanlagen übertragen[25].

---

[19] BT-Drucks. 17/22295, S. 1, 15; Überblick etwa bei *Langenbucher* ZHR 177 (2013), 679, 695.

[20] Vgl. Art. 4 Abs. 1 Ziff. 15 i.V.m. Anhang I Abschnitt C MiFID II; s. im Einzelnen mit Beispielen *Kumpan*, in: Schwark/Zimmer, Kapitalmarktrechtskommentar, § 2 WpHG Rn. 4 ff. (Wertpapiere), Rn. 32 (Geldmarktinstrumente), Rn. 33 ff. (Derivate); s. auch *Spindler/Kasten* WM 2006, 1749, 1751 f. und eingehender *Veil*, in: ders., Europäisches Kapitalmarktrecht, § 8; weitergehend für Derivatkontrakte in Bezug auf Waren, die nicht kommerziellen Zwecken dienen Anhang I Abschnitt C Nr. 7 MiFID II; vgl. zur Vorgängerregelung *Spindler/Kasten* WM 2006, 1749, 1751.

[21] Art. 1 Abs. 4 MiFID II.

[22] Vgl. Erwägungsgrund 26 sowie Art. 4 Abs. 2 Ziff. 43 MiFID II; eingehender *Geier/Schmitt* WM 2013, 915, 916.

[23] Zum Begriff statt vieler *Lenenbach*, Kapitalmaktrecht, § 12 Rn. 1 ff.

[24] Zur Rechtslage unter MiFID I vgl. *Kumpan*, in Schwark/Zimmer, Kapitalmarktrechtskommentar, § 2 WpHG Rn. 30 mit Hinweis auf BT-Drucks. 16/4028, S. 54, r. Sp.; hierzu kritisch *Spindler/Kasten* WM 2006, 1749, 1751 f.

[25] Gesetz zur Novellierung des Finanzanlagenvermittler- und Vermögensanlagerechts vom 6. Dezember 2011, BGBl. 2011 I, 2481; vgl. § 2 Abs. 2b WpHG i.V.m. § 1 Abs. 2 VermAnlG, § 1 Abs. 1 KAGB und den Überblick bei *Bödeker/Wojtek* GWR 2011, 278, 280 f.

c) Regelungsadressaten und Ausnahmen

aa) Wertpapierfirmen

Die von den Finanzmarktrichtlinien vorgeschriebenen und ins nationale Recht zu transformierenden Regelungen sollen sich unmittelbar nur an Wertpapierfirmen richten, also an juristische Personen oder in gleichwertiger Rechtsform betriebene Unternehmen, die im Rahmen ihrer üblichen beruflichen oder gewerblichen Tätigkeit gewerbsmäßig eine oder mehrere Wertpapierdienstleistungen für Dritte erbringen oder Anlagetätigkeiten ausüben[26]. Die ursprünglich zulassungsfreie Anlageberatung wurde unter der ersten Finanzmarktrichtlinie zur Wertpapierdienstleistung und damit zur zulassungspflichtigen Tätigkeit aufgewertet[27]. Unternehmen, die als Vermittler (lediglich) Aufträge annehmen und weiterleiten und Anlageberatung anbieten, sind daher selbst Wertpapierfirmen im Sinne der Richtlinie und damit unmittelbar Adressaten des mitgliedstaatlichen Aufsichtsrechts. Eine Besonderheit gilt allerdings für die sog. vertraglich gebundenen Vermittler. Diese handeln ausschließlich für Rechnung nur einer Wertpapierfirma und beschränken ihre Tätigkeit auf die Anlage- oder Abschlussvermittlung, das Platzierungsgeschäft und die Anlageberatung[28]. Auch für die Einhaltung der Wohlverhaltensregeln durch solche Vermittler ist unmittelbar die verbundene Wertpapierfirma verantwortlich. Diese hat allgemein durch angemessene Strategien und Verfahren sicherzustellen, dass neben den unmittelbar Beschäftigten auch die mit ihr vertraglich verbundenen Vermittler den Verpflichtungen im Einzelnen nachkommen[29]. Weitere Voraussetzung ist allerdings, dass das nationale Recht die uneingeschränkte Haftung der Wertpapierfirma für jedes Handeln und Unterlassen des Vermittlers gewährleistet[30]. Unter diesen Voraussetzungen behandelt das gemeinschaftsrechtliche Aufsichtsrecht abhängig beschäftigte und rechtlich selbständige Mitarbeiter somit gleich[31]. Als Beispiel zu nennen ist der deutsche Handelsvertreter (§ 84 HGB), dessen Handeln der verbundenen Wertpapierfirma nach § 278 BGB zugerechnet wird[32].

---

[26] Art. 4 Abs. 1 MiFID II.

[27] Vgl. Art. 4 Abs. 1 Ziff. 2 MiFID I bzw. Art. 4 Abs. 1 Ziff. 2 MiFID II, jeweils i.V.m. Anhang I Abschnitt A Ziff. 5; hierzu *Fleischer* BKR 2006, 389, 392; *Balzer* ZBB 2003, 177, 184.

[28] Art. 4 Abs. 1 Ziff. 29 MiFID II.

[29] Art. 16 Abs. 2 MiFID II.

[30] Art. 29 Abs. 2 MiFID II.

[31] Zur *ratio* der wortgleichen Vorgängerregelung nur *Kumpan*, in: Schwark/Zimmer, Kapitalmarktrechtskommentar, § 2a WpHG Rn. 23, 26.

[32] *Kumpan*, in: Schwark/Zimmer, Kapitalmarktrechtskommentar, § 2a WpHG Rn. 25; zur Zurechnung auch bereits eingehender § 13, S. 259 ff. (sub c).

bb) Ausnahmen

(1) Anlageberatung allgemein

Ein Blick auf die Ausnahmen macht deutlich, dass das geltende Recht, selbst soweit es um Finanzinstrumente im dargestellten Begriffssinn geht, weit von einer flächendeckenden einheitlichen Regulierung der berufsmäßigen Anlegerberatung entfernt ist. Hiernach gelten die Finanzmarktrichtlinien insbesondere nicht für Personen, die nur *gelegentlich* Wertpapierdienstleistungen *im Rahmen* ihrer beruflichen Tätigkeit erbringen, wenn diese Tätigkeit durch Rechts- oder Verwaltungsvorschriften oder Standesregeln geregelt ist, die die Erbringung dieser Dienstleistung nicht ausschließen[33]. Anlageberatung als komplementäre Dienstleistung wird damit insbesondere den Angehörigen freier Berufe (Rechtsanwälte, Wirtschaftsprüfer, Steuerberater) im Rahmen eines Mandatsverhältnisses ohne besondere Zulassung gestattet[34].

Darüber hinaus sind „Personen, die im Rahmen einer anderen, nicht unter die Richtlinie fallenden Tätigkeit Anlageberatung betreiben“, von den aufsichtsrechtlichen Vorgaben ausgenommen, „sofern eine solche Beratung nicht besonders vergütet wird“[35]. Der Wortlaut der Richtlinien lässt durchaus einen weiten praktischen Anwendungsbereich zu. Die BaFin interpretiert die Ausnahme aber eher restriktiv. Aus dem Begriff „im Rahmen einer anderen Tätigkeit“ folge die Notwendigkeit eines inhaltlichen Bezugs. Es reiche nicht aus, wenn die Anlageberatung lediglich neben einer anderen beruflichen Tätigkeit erbracht wird[36]. Überdies werde die Anlageberatung nicht nur dann besonders vergütet, wenn der Anleger an den Berater ein etwa auf Stundenbasis berechnetes Honorar zahle. Auch eine vom Volumen des im Wege der Beratung vermittelten Geschäfts abhängige Erfolgsprovision stehe der Inanspruchnahme der Bereichsausnahme entgegen. Unschädlich sei aber eine Gesamtvergütung, bei der offen bleibe, welcher Teil auf die Anlageberatung entfällt[37].

Bei allem Bemühen der BaFin, den Ausnahmecharakter der Regelung zu wahren, bleibt sie dennoch kritikwürdig. Zum einen ist bereits unklar, ob der EuGH diese vom Wortlaut der Norm nicht zwingend gedeckten Einschränkungen bestätigen würde. Zum anderen droht der Tatbestand durch die Zulassung einer Gesamtvergütung *de facto* seinen Ausnahmecharakter zu verlieren. Ein

---

[33] Art. 2 Abs. 1c) MiFID I/II; § 2a Abs. 1 Nr. 6 WpHG.

[34] Hierzu im Überblick *Versteegen/Baum*, in: Kölner Kommentar zum WpHG, § 2a Rn. 18 f.; *Kumpan*, in: Schwark/Zimmer, Kapitalmarktrechtskommentar, § 2a WpHG Rn. 11.

[35] Art. 2 Abs. 1j) MiFID I bzw. Art. 2 Abs. 1k) MiFID II, § 2a Abs. 1 Nr. 11 WpHG.

[36] BaFin, Merkblatt - Hinweise zur Bereichsausnahme für die Anlageberatung im Rahmen einer anderen beruflichen Tätigkeit, Stand November 2010, Ziff. 2a), abrufbar unter www.bafin.de (11/2014).

[37] BaFin, Merkblatt, ebd., Ziff. 2b); zum Ganzen auch *Versteegen/Baum*, in: Kölner Kommentar zum WpHG, § 2a Rn. 32.

Unternehmen, das Vermögensberatung im weitesten Sinne betreibt, könnte hiernach im Rahmen einer umfassenden (Vermögens-)Beratung ohne weiteres auch Anlageberatung in Bezug auf Finanzinstrumente betreiben, ohne den Organisations- und Verhaltenspflichten der Richtlinie entsprechen zu müssen. Dagegen muss man sich erneut klarmachen, dass Anlageberatung unter der früheren Rechtslage lediglich als Wertpapier*neben*dienstleistung eingestuft wurde[38]. Die erste Finanzmarktrichtlinie erhob die Anlageberatung zur Wertpapierdienstleistung, damit gerade auch solche Unternehmen, die sich auf Anlageberatung beschränken, dem vollen aufsichtsrechtlichen Pflichtenprogramm unterliegen. Vor diesem Hintergrund ist zu kritisieren, dass der Ausnahmetatbestand auch unter der zweiten Finanzmarktrichtlinie erhalten geblieben ist.

(2) Anlageberatung in Bezug auf Investmentfondsanteile

Bei den Vorgaben für die Anlageberatung und Vermittlung in Bezug auf Investmentfondsanteile ist zu differenzieren: Den Investmentgesellschaften selbst ist es grundsätzlich untersagt, andere Tätigkeiten als die Verwaltung des Investmentvermögens auszuüben[39]. Die Finanzmarktrichtlinien finden daher folgerichtig auf diese Organismen und deren Verwalter und Verwahrer keine Anwendung[40]. Das Gemeinschaftsrecht stellt den Mitgliedstaaten allerdings frei, es den Investmentgesellschaften abweichend zu gestatten, auch selbst individuelle Portfolioverwaltung und Anlageberatung in Bezug auf die von den Finanzmarktrichtlinien regulierten Finanzinstrumente zu betreiben[41]. Machen die Mitgliedstaaten von dieser Möglichkeit Gebrauch[42], so kommen die hier vor allem interessierenden, die Anlageberatung regulierenden Organisations- und Verhaltenspflichten – *cum grano salis* – grundsätzlich zum Zuge[43].

Allerdings steht es den Mitgliedstaaten wiederum frei, Unternehmen, die Wertpapierdienstleistungen lediglich in Gestalt von Anlagevermittlung und Anlageberatung in Bezug auf übertragbare Wertpapiere und Fondsanteile betreiben und die nicht berechtigt sind, Gelder oder Wertpapiere von Kunden zu halten, von den Richtlinienvorgaben zu befreien[44]. Im Klartext bedeutet dies, dass Unternehmen, die sich etwa auf die Beratung über und die Vermittlung von Anteilen an Investmentfonds beschränken, von den beratungsspezifischen aufsichtsrechtlichen Organisations- und Verhaltenspflichten dispensiert werden können, während die Anlageberatung in Bezug auf diese Finanzinstrumen-

[38] Vgl. Anhang, Abschn. C Nr. 6 der Richtlinie 93/22/EWG des Rates vom 10. Mai 1993 über Wertpapierdienstleistungen, ABl. 1993, L 141/27.

[39] Art. 6 Abs. 1 OGAW-RL.

[40] Art. 2 Abs. 1h) MiFID I und Art. 2 Abs. 1i) MiFID II.

[41] Art. 6 Abs. 3 OGAW-RL.

[42] Zur deutschen Umsetzung s. § 20 Abs. 2 KAGB (entspricht § 7 Abs. 2 InvG aF).

[43] Art. 6 Abs. 4 OGAW-RL; zum deutschen Recht s. § 5 Abs. 2 KAGB (entspricht § 5 Abs. 3 InvG aF).

[44] Art. 3 Abs. 1 MiFID I und II.

te durch andere Wertpapierfirmen und die Investmentgesellschaften selbst zwingend den aufsichtsrechtlichen Regelungen unterliegt. Auch der deutsche Umsetzungsgesetzgeber hat von der fakultativen Ausnahme Gebrauch gemacht[45]. Die überwiegende Literatur sah insoweit bisher keinen Anlass für Kritik. Aufgrund des bei Investmentfondsanteilen ungleich geringeren Gefährdungspotenzials bestehe keine Notwendigkeit, solche Unternehmen dem vollen Pflichtenkatalog des WpHG zu unterwerfen[46]. Der europäische Reformgesetzgeber hat die weitgehende Freistellung von den Mindestvorgaben des Anlegerschutzes dagegen zutreffend als Schwachstelle des geltenden Rechts erkannt und verlangt nunmehr, dass Mitgliedstaaten, die von der Ausnahme Gebrauch machen, kompensatorische Anforderungen aufstellen, die den wesentlichen Regelungen, namentlich den Wohlverhaltenspflichten, vergleichbar sind[47].

2. Inhalt

a) Qualifikation und persönliche Eignung

aa) Kursorische Bestandsaufnahme

Die Erbringung von Wertpapierdienstleistungen einschließlich der Anlageberatung steht nach dem zum Kreis der Regelungsadressaten Gesagten grundsätzlich unter Zulassungsvorbehalt[48]. Die Personen, die die Geschäfte einer Wertpapierfirma tatsächlich leiten, müssen zunächst einmal selbst „gut beleumundet" sein und über „ausreichend Erfahrung" verfügen[49]. Die Wertpapierfirmen sind darüber hinaus dafür verantwortlich, dass die von ihnen im Rahmen des Vertriebs eingesetzten natürlichen Personen Mindestanforderungen erfüllen. Bereits die Durchführungsrichtlinie zur ersten Finanzmarktrichtlinie sah vor, dass Wertpapierfirmen nur solche Mitarbeiter beschäftigen dürfen, „die über die Fähigkeiten, Kenntnisse und Erfahrungen verfügen, die zur Erfüllung der ihnen zugewiesenen Aufgaben erforderlich sind"[50]. Die zweite Finanzmarktrichtlinie hebt die Bedeutung der Qualifikation für die Anlageberatung nochmals besonders hervor. Hiernach haben Wertpapierfirmen dafür Sorge zu tragen, dass die natürlichen Personen, die in ihrem Namen eine Anlageberatung erbringen, über die Kenntnisse und Kompetenzen verfügen, die für die Erfül-

---

[45] Vgl. § 2a Abs. 1 Nr. 7 WpHG.

[46] *Versteegen/Baum*, in: Kölner Kommentar zum WpHG, § 2a Rn. 20; *Kumpan*, in: Schwark/Zimmer, Kapitalmarktrechtskommentar, § 2a WpHG Rn. 12; s. dagegen die berechtigte Kritik bei *Jung* BB 1998, 649, 652: „Auch bei Fondsprodukten [...] können für den Kunden aus einer Fehlberatung erhebliche Risiken entstehen".

[47] Vgl. Art. 3 Abs. 2 MiFID II sowie Erwägungsgrund 42; hierzu *Geier/Schmitt* WM 2013, 915, 919.

[48] Art. 5 Abs. 1 MiFID II.

[49] Art. 9 Abs. 4 MiFID II.

[50] Art. 5 I d) MiFID I-Durchführungsrichtlinie.

lung der getroffenen Anforderungen notwendig sind. Dabei wird die Festlegung entsprechender Kriterien den Mitgliedstaaten überlassen[51].

Das geltende, auf der Grundlage der ersten Finanzmarktrichtlinie erlassene deutsche Recht verwendet insoweit die Begriffe der Sachkunde und Zuverlässigkeit und sieht vor, dass die mit der Anlageberatung betrauten Mitarbeiter der BaFin anzuzeigen sind, § 34d Abs. 1 WpHG. Über die für die Anlageberatung erforderliche Zuverlässigkeit verfügt in der Regel nicht, wer in den letzten fünf Jahren vor Beginn der anzeigepflichtigen Tätigkeit wegen eines Verbrechens oder sonstiger Vermögensdelikte, namentlich wegen Diebstahls, Betrugs, Untreue, Insolvenzdelikten sowie eines Insiderdelikts rechtskräftig verurteilt worden ist, § 6 WpHGMaAnzV. Das Sachkundeerfordernis umfasst die Kundenberatung (insb. Bedarfsermittlung sowie Produktdarstellung und -information), die rechtlichen Grundlagen der Anlageberatung (Vertragsrecht und einschlägiges Aufsichtsrecht) sowie die „fachlichen Grundlagen“, d.h. die Funktionsweise und die Risiken der Finanzinstrumente sowie die Gesamtheit aller im Zusammenhang mit den Geschäften anfallenden Kosten, § 1 WpHGMaAnzV. Die Sachkunde gilt *cum grano salis* als nachgewiesen entweder durch den erfolgreichen Abschluss eines einschlägigen wirtschaftswissenschaftlichen Studiengangs (Fachrichtung Banken, Finanzdienstleistungen oder Kapitalmarkt) sowie fachspezifische Berufspraxis oder durch den erfolgreichen Abschluss einer praktischen Ausbildung (z.B. Bankkaufmann, Bankbetriebswirt, Bankfachwirt und Fachberater für Finanzdienstleistungen), wenn bei dieser die geforderten Kenntnisse vermittelt werden, § 4 WpHGMaAnzV[52].

bb) Würdigung

Die im Zuge der ersten Finanzmarktrichtlinie eingeführten Mindestanforderungen an die Qualifikation und persönliche Eignung von Anlageberatern sind ein wesentlicher Beleg für die notwendige Professionalisierung im Bereich des Kapitalanlagenvertriebs. Die geltende Rechtslage bleibt allerdings kritikwürdig. Denn die am 21. Dezember 2011 in Kraft getretenen Vorgaben hatten praktisch kaum Auswirkungen für die in diesem Zeitpunkt bereits in der Anlageberatung beschäftigten Mitarbeiter. Bei Personen, die seit dem 1. Januar 2006 ununterbrochen als Mitarbeiter in der Anlageberatung tätig waren, wurde die erforderliche Sachkunde vermutet. Voraussetzung war insoweit lediglich, dass die erforderliche Mitarbeiteranzeige zum 1. Mai 2013 eingereicht wurde, § 4 WpHGMaAnzV. Dass dieser etwas euphemistisch als „Alte-Hasen-Regel“[53] bezeichnete Bestandsschutz mit den europäischen Vorgaben vereinbar ist, erscheint zweifelhaft. Der Zweck der Richtlinie, unabdingbare Min-

---

[51] Art. 25 Abs. 1 MiFID II.

[52] Hierzu weiterführend *Möllers*, in: Kölner Kommentar zum WpHG, § 34d Rn. 22 ff.; s. auch *Begner* BKR 2012, 95, 96, 98.

[53] *Begner* BKR 2012, 95, 98; *Möllers*, in: Kölner Kommentar zum WpHG, § 34d Rn. 34.

destanforderungen an die Qualifikation der Anlageberatung zu stellen und durchzusetzen, läuft damit tatsächlich in weitem Umfang und auf lange Zeit leer, zumal die Qualifikationsdefizite im Bereich des beratenden Vertriebs von Finanzinstrumenten seit langem augenfällig waren. Der Umstand, dass es sich insoweit um eine widerlegbare Vermutung handelt und diese – der Rechtsnatur eines Vermutungstatbestands an sich zuwider – zudem nur gelten soll, wenn sich Zweifel an der Sachkunde nicht aufdrängen[54], ändert an diesem Befund letztlich wenig.

Die genannten Studiengänge und Ausbildungen reichen als Sachkundenachweis nur, wenn in diesem Rahmen die erforderlichen Kenntnisse, namentlich solche die Funktionsweise der einzelnen Finanzinstrumente betreffend, tatsächlich vermittelt werden, vgl. § 4 Nr. 2 WpHGMaAnzV. Vor diesem Hintergrund besteht durchaus Aussicht, dass sich die Ausbildungsinhalte künftig stärker an den tatsächlichen Bedürfnissen der Anlageberatung orientieren könnten. Ein weiterer erheblicher Mangel des geltenden Rechts ist allerdings der fehlende Fortbildungszwang. Ebenso wie die Ausgangsvoraussetzungen ist auch das Fortbildungserfordernis die unabdingbare Grundlage eines qualifikatorischen Mindeststandards. Eine regelmäßige Fortbildung muss neben der Auffrischung des Erlernten die für die Anlageberatung wesentlichen Entwicklungen auf dem Finanzmarkt einschließlich etwaiger neuer Produkte und geänderte rechtliche Rahmenbedingungen berücksichtigen. Schließlich bleibt unklar, ob sich die der Aufnahme der anzeigepflichtigen Anlageberatung entgegenstehenden persönlichen Verfehlungen auch dann auswirken, wenn ein solcher Umstand erst später eintritt. Es kann letztlich nicht zweifelhaft sein, dass ein später rechtskräftig wegen einer der genannten Delikte verurteilter Anlageberater von dieser Tätigkeit umgehend abgezogen werden muss. Der Gesetzgeber sollte auch insoweit nachbessern.

b) Organisatorische Begrenzung von Interessenkonflikten

aa) Eingeschränkter Interessenvorrang und allgemeine Grundsätze zum Umgang mit Interessenkonflikten

Bei der Erbringung von Wertpapierdienstleistungen haben Wertpapierfirmen „im bestmöglichen Interesse ihrer Kunden" zu handeln, Art. 24 Abs. 1 MiFID II. Für den Umgang mit branchentypischen Interessenkonflikten gilt auch unter dem reformierten Recht im Allgemeinen ein dreistufiger Ansatz: Im Ausgangspunkt haben Wertpapierfirmen angemessene Vorkehrungen zu treffen, um Interessenkonflikte zu erkennen[55]. Es sind sodann organisatorische und verwaltungsmäßige Maßnahmen zu ergreifen, um eine daraus entstehende Beein-

[54] Vgl. *Möllers*, in: Kölner Kommentar zum WpHG, § 34d Rn. 37 mwN.
[55] Art. 18 Abs. 1 MiFID I; Art. 23 Abs. 1 MiFID II.

trächtigung der Kundeninteressen nach vernünftigem Ermessen zu vermeiden[56], wobei nunmehr ausdrücklich auch vergütungsbedingte Fehlanreize einbezogen werden müssen[57]. Erst wenn solche Maßnahmen nicht ausreichen, sind die bestehenden Interessenkonflikte dem Kunden gegenüber vor Ausführung eines Geschäfts offen zu legen[58]. Der institutionelle Ansatz zum Umgang mit Interessenkonflikten strahlt daher letztlich auch auf die transaktionsbezogene Regulierung aus[59].

In der Literatur wird aus dem geltenden Aufsichtsrecht bisweilen ein prinzipieller Vorrang des Kundeninteresses abgeleitet[60]. Einige meinen, es sei den Wertpapierfirmen, ihren Beschäftigten und abhängigen Vermittlern untersagt, „wie ein Verkäufer zu agieren"[61]. Dem wird man nicht folgen können. Denn Vorrang des Kundeninteresses bedeutete hier gerade nicht, dass sich die Beratung ausschließlich und unbedingt nach den Interessen des Ratnehmers auszurichten hätte[62]. Der strukturbedingte Interessengegensatz, der in dieser Situation zwischen ratsuchendem Anleger und Ratgeber besteht, bleibt *notwendig* teilweise unberührt. Deutlich wird dies etwa dadurch, dass ein Interessenkonflikt nicht bereits darin gesehen wird, dass die Beratung mit dem Ziel erfolgt, *aufgrund eines bestimmten Entscheidungsverhaltens* Gewinn zu erzielen[63]. Die dem Richtlinienverständnis vom Interessenvorrang zugrunde liegende Typologie der Beratung erklärt auch, warum sich die Anlageberatung auf die Beratung über eigene oder sonst assoziierte Finanzinstrumente beschränken kann und der Ratgeber (individuell geeignetere) Konkurrenzangebote stillschweigend außer Acht lassen darf[64].

Eine weitere entscheidende Relativierung erfährt der Vorrang des Kundeninteresses durch die Prinzipien des Einschätzungsermessens und der Verhältnismäßigkeit. Schon bei der Feststellung von potenziell nachteiligen Interessenkonflikten bestehen keine klaren Vorgaben. Stattdessen beschränkt man sich bisher auf eine von den Mitgliedstaaten *jedenfalls* zu beachtende Konfliktlagen-

---

[56] Art. 23 Abs. 2 MiFID II; s. auch bereits Art. 18 Abs. 2 MiFID I sowie eingehend Art. 22 MiFID I-Durchführungsrichtlinie; hierzu schon *Fleischer* BKR 2006, 389, 395.

[57] Art. 23 Abs. 1 MiFID II.

[58] Art. 18 Abs. 2 MiFID; Art. 23 Abs. 2 MiFID II; zu diesem dreistufigen Ansatz im Überblick *Kumpan/Hellgardt* DB 2006, 1714, 1715 f.

[59] Hierzu noch § 16, S. 396 ff. (sub c).

[60] *Rothenhöfer*, in: Schwark/Zimmer, Kapitalmarktrechtskommentar, § 31 WpHG Rn. 48.

[61] *Koller*, in: Assmann/Schneider, Wertpapierhandelsgesetz, § 31 Rn. 5, 6; s. auch den Diskussionsbericht zum Bankrechtstag 2007 von *Jungmann* WM 2007, 1537, 1544.

[62] Ebenso *Fuchs*, in ders., Wertpapierhandelsgesetz, § 31 Rn. 55; s. auch bereits *Schäfer*, Wertpapierhandelsgesetz, § 31 Rn. 29.

[63] Hierzu *Fuchs*, in: ders., Wertpapierhandelsgesetz, § 31 Rn. 52; vgl. noch BGH NJW 2011, 1949, 1953 zu den insoweit inhaltsgleichen zivilvertraglichen Beratungspflichten.

[64] Vgl. auch BGH NJW 1993, 2433 – Bond Anleihe und instruktiv NJW 2007, 1876, 1878: „Das gilt auch dann, wenn diese Produkte besser oder günstiger sind".

typologie[65]. Die zur Bewältigung von als nachteilig erkannten Interessenkonflikten zu treffenden Maßnahmen sollen nach „vernünftigem Ermessen“ eine Risikominimierung gewährleisten und sind von den mitgliedstaatlichen Regulierungsbehörden zu messen am Maßstab der Verhältnismäßigkeit[66]. Was von einer Wertpapierfirma nach vernünftigem Ermessen erwartet werden kann, wird bisher auch von „der Größe und dem Betätigungsfeld der Wertpapierfirma“ und „der Höhe des Risikos, dass die Interessen von Kunden geschädigt werden“, abhängig gemacht[67]. Das Aufsichtsrecht behandelt das Kundeninteresse somit gerade nicht als prinzipiell vorrangig, sondern macht es zum Gegenstand eines Abwägungsvorgangs mit durchaus offenem Ausgang.

bb) Vergütungssystem, Regulierung der Vergütung und vergütungsbedingte Fehlanreize

Wertpapierfirmen könnten die von ihren Angestellten und abhängigen Vermittlern erbrachten Beratungstätigkeiten durch Beratungshonorare unmittelbar vergüten lassen. In der Praxis erfolgt die Beratung jedoch auch heute noch ganz überwiegend unmittelbar unentgeltlich. Sie wird vielmehr mitfinanziert im Wege eines sich an diese anschließenden Ausführungsgeschäfts, an dem die Wertpapierfirma, für die der Berater tätig wurde, nicht notwendig selbst beteiligt sein muss. Anstelle eines unmittelbaren Entgelts für die erbrachte Beratungsleistung ist die Vergütung der Wertpapierfirma also typischerweise vom Erfolg eines Geschäftsabschlusses abhängig. Bei der Vergütung handelt es sich entweder um eine Zuwendung von dritter Seite, zumeist aber nicht notwendig in Form von Provisionen, die wiederum in unterschiedlichen Ausgestaltungsformen begegnen[68], oder um die Gewinnmarge aus Eigengeschäften, die sich etwa beim sog. Festpreisgeschäft, dem Regelfall des Eigenhandels durch Kreditinstitute, aus der Spanne zwischen An- und Verkaufspreis zusammensetzt[69].

Im Ausgangspunkt sind sowohl die von Dritten in Aussicht gestellten Zuwendungen wie auch eine angestrebte Gewinnspanne geeignet, sich auf die Interessengerichtetheit der Beratung negativ auszuwirken. In beiden Fällen besteht ein erheblicher Anreiz, einen Geschäftsabschluss ungeachtet der individuellen Bedarfsgerechtigkeit der Kapitalanlage herbeizuführen. Ein auf die Beratung als solche entfallendes Honorar würde diesen Fehlanreiz sicherlich abmildern, daran im Grundsatz aber wenig ändern. Dennoch beschränkt sich die bisherige und künftige Kapitalmarktregulierung letztlich darauf, nur solche

---

[65] Vgl. Art. 21 MiFID I-Durchführungsrichtlinie.

[66] Art. 23 Abs. 2 MiFID II; s. bereits Art. 13 Abs. 3, 18 Abs. 2, 3 MiFID I. Zu den Mitgliedstaaten als Adressaten von Einschätzungsspielraum und Verhältnismäßigkeitsvorbehalt vgl. nur Art. 21, 22 Abs. 3 MiFID I-Durchführungsrichtlinie.

[67] Art. 22 Abs. 3 MiFID I-Durchführungsrichtlinie.

[68] Überblick bei *Koch*, in: Schwark/Zimmer, Kapitalmarktrechtskommentar, § 31d WpHG Rn. 13 ff.

[69] Hierzu etwa *Seiler/Kniehase*, in: Bankrechts-Handbuch, § 104 Rn. 4.

vergütungsbedingten Fehlanreize zu adressieren, die von den in Aussicht gestellten Zuwendungen Dritter ausgehen.

In diesem Zusammenhang ist der mit dem Honoraranlageberatungsgesetz erfolgte partielle Vorgriff auf den Erlass der zweiten Finanzmarktrichtlinie bedeutsam. Hiernach ist eine Wertpapierfirma, die Anlageberatung erbringt, verpflichtet, den Kunden „vor Beginn der Beratung und vor Abschluss des Beratungsvertrages rechtzeitig und in verständlicher Form darüber zu informieren, ob die Anlageberatung als Honorar-Anlageberatung erbracht wird oder nicht", § 31 Abs. 4b WpHG. Nach der zweiten Finanzmarktrichtlinie wird sich die Informationspflicht stattdessen künftig darauf zu richten haben, „ob die Beratung unabhängig erbracht wird oder nicht", Art. 24 Abs. 4a) MiFID II. Erklärt die Wertpapierfirma, die Beratung als Honoraranlageberatung bzw. als „unabhängige" Beratung zu erbringen, ist ihr die Annahme monetärer und nicht monetärer Zuwendungen von dritter Seite verboten, § 31 Abs. 4c Nr. 2 WpHG[70], Art. 24 Abs. 7b) MiFID II[71]. Das Provisionsverbot im Rahmen der „unabhängigen" Beratung zählt zu den am stärksten umstrittenen Reformvorstößen und wurde von den Interessenverbänden der Wertpapierfirmen und Vermittler scharf kritisiert[72]. Der vom Ausschuss für Wirtschaft und Währung vorgelegte Entwurf einer legislativen Entschließung des Europäischen Parlaments (ECON-Report) sah zwischenzeitlich seine völlige Streichung zugunsten bloßer Offenlegungspflichten vor[73]. Gleichwohl ist die Regelung auch im Rahmen des Änderungsvorschlags des Europäischen Parlaments erhalten geblieben[74] und wurde letztlich verabschiedet.

Das geltende deutsche Recht untersagt darüber hinaus auch die Ausführung des auf einer Honoraranlageberatung beruhenden Geschäftsabschlusses als Festpreisgeschäft, wenn nicht der Anbieter oder Emittent des in Rede stehenden Finanzinstruments die beratende Wertpapierfirma selbst ist, § 31 Abs. 4d S. 2 WpHG. Im Klartext bedeutet dies, dass die Wertpapierfirma, die Honoraranlageberatung unter dem noch geltenden deutschen Recht erbringt, nicht nur auf die an den beratenden Absatz typischerweise geknüpften Provisionszahlungen verzichten muss, sondern überdies auch auf die Gewinnspanne aus einem

[70] Ausnahme unter dem noch geltenden deutschen Recht: „Wenn das empfohlene Finanzinstrument oder ein in gleicher Weise geeignetes Finanzinstrument ohne Zuwendung nicht erhältlich ist", § 31 Abs. 4c Nr. 2 WpHG.

[71] Zum Kommissionsentwurf s. *Müchler/Trafkowski* ZBB 2013, 101, 103.

[72] *Müchler/Trafkowski* ZBB 2013, 101, 103; *Veil/Lerch* WM 2012, 1605, 1608; s. auch *Friedrich* VW 2012, 650; *Brüss* VW 2012, 1536.

[73] Vgl. Entwurf eines Berichts über den Vorschlag für eine Richtlinie des Europäischen Parlaments und des Rates über Märkte für Finanzinstrumente zur Aufhebung der Richtlinie 2004/39/EG des Europäischen Parlaments und des Rates, 2011/0298(COD) vom 16. März 2012, S. 52, abrufbar unter www.europarl.europa.eu (11/2014).

[74] Art. 24 Abs. 5a MiFID II in der Fassung des Änderungsvorschlags vom 26. Oktober 2012; s. auch *Müchler/Trafkowski* ZBB 2013, 101, 103 f.

Festpreisgeschäft. Der deutsche Reformgesetzgeber hat das damit begründet, dass die in diesen Fällen bestehende eigene Gewinnerzielungsabsicht „in einem grundsätzlichen Spannungsverhältnis zur Unabhängigkeit des Honorar-Anlageberaters“ stehe[75]. Demgegenüber wird die nach der Umsetzung der zweiten Finanzmarktrichtlinie „unabhängig“ beratende Wertpapierfirma nicht (mehr) daran gehindert sein, zusätzlich zu einem Beratungshonorar auch die beim Festpreisgeschäft typische Handelsspanne zu erwirtschaften. Die zweite Finanzmarktrichtlinie, die nach aufsichtsrechtlicher Maximalharmonisierung verlangt[76], sieht eine dem geltenden deutschen Recht vergleichbare Ergänzung des Provisionsverbots nicht vor. „Unabhängig“ berät eine Wertpapierfirma hiernach auch noch, wenn für diese der Anreiz besteht, durch die Empfehlung bestimmter Finanzinstrumente über ein Beratungshonorar hinausgehend die für das Festpreisgeschäft typischen Gewinnmargen zu erzielen.

Im praktischen Regelfall dürfte eine sich rechtstreu verhaltende Wertpapierfirma dem Kunden aber ohnehin erklären, dass die Beratung nicht als Honorarberatung bzw. nicht „unabhängig“ erbracht wird. Dann bleibt es im Wesentlichen bei der bereits unter der ersten Finanzmarktrichtlinie geltenden Rechtslage. Hiernach gilt, dass die Annahme von Zuwendungen grundsätzlich verboten ist, sofern es sich nicht um solche handelt, die die Erbringung der Wertpapierdienstleistung ermöglichen oder hierfür erforderlich sind und die mit dem Handeln im besten Interesse der Kunden nicht in Konflikt stehen[77]. Die praktische Bedeutung dieser Scheinausnahme zeigen nicht nur einige Beispiele aus der Begründung der deutschen Umsetzungsregelungen zur ersten Finanzmarktrichtlinie. Gedacht wurde etwa an Maßnahmen zur Schaffung einer „effizienten und qualitativ hochwertigen Infrastruktur für den Erwerb und die Veräußerung von Finanzinstrumenten“ und mit Blick auf die Anlageberatung im Besonderen an die Erstellung von allgemeinen Finanzanalysen[78]. Entscheidend ist, dass die im Rahmen der Anlageberatung seit jeher übliche provisionsbasierte Vergütung, die sich mit einer interessengerichteten Anlageberatung in Wahrheit nicht vereinbaren lässt, von diesem Verbot grundsätzlich unberührt bleibt. Schon nach den in sich widersprüchlichen Erwägungsgründen der ersten Finanzmarktrichtlinie „sollte davon ausgegangen werden, dass die Annahme von Provisionen im Zusammenhang mit einer Anlageberatung ... eine qualitative Verbesserung der Anlageberatung gegenüber den Kunden bezweckt, sofern die Beratung ... trotz der Annahme der Provision unvoreingenommen“ erfolgt[79].

---

[75] BT-Drucks. 814/12, S. 15.

[76] Hierzu eingehend § 16, S. 413 ff. (sub aa).

[77] Vgl. § 31d WpHG sowie Art. 24 Abs. 9 MiFID II.

[78] BT-Drucks. 16/4028, S. 67 l.Sp.; hierzu auch *Geier/Schmidt* EWS 2012, 264, 267.

[79] Vgl. Erwägungsgrund 39 MiFID-Durchführungsrichtlinie.

Wegen der im Zusammenhang mit der Auslegung der in § 31d WpHG umgesetzten Richtlinienvorgaben bedeutsamen Einzelheiten ist auf die einschlägige Literatur zu verweisen. Hervorzuheben ist, dass von einer den Verbotstatbestand auslösenden Beeinträchtigung der Kundeninteressen im Zusammenhang mit Zuwendungen Dritter praktisch erst dann ausgegangen wird, wenn „die Zuwendung so konzipiert ist, dass die Versuchung, Kundeninteressen zu missachten, übermächtig zu werden droht"[80]. Die in der Literatur unternommenen Versuche, praktisch verbreitete und aus der Perspektive der Kundeninteressen besonders bedenkliche Vergütungspraktiken, namentlich die sog. Kick-Back-Zahlungen, unter den Verbotstatbestand zu subsumieren[81], sind letztlich gescheitert. Das Zuwendungsverbot des § 31d WpHG bleibt damit letztlich kaum mehr als ein Offenlegungsgebot.

cc) Interessenkonflikte in abhängigen Beschäftigungsverhältnissen

Die im Verhältnis von Wertpapierfirma und Angestellten sowie abhängigen Vermittlern tatsächlich praktizierten internen Anreizmechanismen sind kaum überschaubar und dürften am stärksten in den USA ausgeprägt sein. In diesem Zusammenhang wird etwa berichtet, dass die provisionsbasierte Vergütungsstruktur im Rahmen der Mitarbeitervergütung regelmäßig fortgesetzt wird, indem ein prozentualer Anteil an den Verkaufsprovisionen oder Aufschlägen – üblicherweise zwischen 30 % und 50 % – an die Angestellten weitergereicht wird. Hinzu kommt, dass die Höhe der Provisionen nicht notwendig einheitlich ist. Im Fall von schwerverkäuflichen, vor allem besonders risikoreichen Wertpapieren Dritter oder beim Verkauf eigener Wertpapiere werden zur Steigerung des Absatzes häufig deutlich höhere Provisionen ausgelobt oder andere Anreize gesetzt. Schließlich werden unter den Angestellten bisweilen Verkaufswettbewerbe durchgeführt, um den Verkauf bestimmter Wertpapiere oder den Verkauf allgemein anzuheizen. Als Preise winken den erfolgreichsten Vermittlern neben Geldzahlungen etwa Urlaubsreisen oder Fernsehgeräte. Alternativ werden konkrete Absatzvorgaben gestellt. Im Fall des Nichterreichens solcher Quoten droht jedenfalls in den USA die Streichung von Sonderzulagen bis hin zum Verlust des Arbeitsplatzes[82]. Besonders erfolgreiche Verkaufsagenten (*big producers*) erhalten durchaus und vor allem im Zuge eines Unternehmenswechsels, bei dem bisherige Klienten nicht selten nachfolgen, Boni im Gegenwert eines regulären Jahresgehalts[83].

---

[80] *Koch*, in: Schwark/Zimmer, Kapitalmarktrechtskommentar, § 31d WpHG Rn. 45; zurückhaltender *Möllers/Wenninger*, in: Kölner Kommentar zum WpHG, § 31d Rn. 48.

[81] Vgl. etwa *Kumpan/Hellgardt* DB 2006, 1714, 1719; s. auch *Duve/Keller* BB 2006, 2477, 2483; tendenziell auch *Assmann* ÖBA 2007, 40, 53.

[82] Vgl. in re Merrill Lynch Investment Management Funds Securities Litigation, 434 F. Supp.2d 233, 236 (S.D. N.Y., 2006).

[83] Zur Vergütungspraxis in den USA s. *Poser*, 2001 Brigham Young University Law Re-

Im Rahmen der zweiten Finanzmarktrichtlinie adressiert der europäische Gesetzgeber erstmals ausdrücklich die vergütungsbedingten Interessenkonflikte im Binnenbereich der Wertpapierfirmen. Offenbar hatte die bisherige, insoweit allein auf der Generalklausel der Erkennung, Vermeidung und Offenlegung beruhende Rechtslage an den bestehenden Missständen nichts geändert. Künftig hat eine Wertpapierfirma sicher zu stellen, „dass sie die Leistung ihrer Mitarbeiter nicht in einer Weise vergütet oder bewertet, die mit ihrer Pflicht, im bestmöglichen Interesse ihrer Kunden zu handeln, kollidiert". Untersagt wird dabei allgemein der Einsatz von Mitteln, die die Mitarbeiter dazu verleiten könnten, „einem Kleinanleger ein bestimmtes Finanzprodukt zu empfehlen, obwohl die Wertpapierfirma ein anderes, den Bedürfnissen des Kunden besser entsprechendes Finanzinstrument anbieten könnte". Ausdrücklich nennt die Richtlinie lenkende Vergütungsvereinbarungen und Verkaufszielvorgaben, Art. 24 Abs. 10 MiFID II[84]. Während es der Wertpapierfirma selbst nicht untersagt ist, Provisionen in unterschiedlicher Höhe entgegen zu nehmen, wird diese den damit verbundenen Anreiz jedenfalls künftig nicht mehr an ihre Mitarbeiter weiterreichen dürfen. Im Übrigen wird man abzuwarten haben, wie die BaFIN und letztlich der EuGH diese Richtlinienvorgabe, die auch in den Erwägungsgründen nicht weiter konkretisiert wurde[85], auslegen werden. Es bleibt zu hoffen, dass die dargestellten bisher verbreiteten Praktiken der Regelung weitgehend zum Opfer fallen werden.

c) Verhaltenspflichten

aa) Kundenkategorien

Vorauszuschicken ist, dass es sich bei den Finanzmarktrichtlinien nicht um Regelungen des Verbraucherschutzes im engeren Sinne handelt[86]. Vielmehr wird zwischen professionellen Kunden und Kleinanlegern unterschieden[87]. Dabei werden bestimmte Rechtspersönlichkeiten, namentlich Kreditinstitute, Wertpapierfirmen, Versicherungsgesellschaften und sonstige institutionelle Anleger, als professionelle Kunden behandelt. Diese haben zwar die Möglichkeit, durch Vereinbarung mit der jeweiligen Wertpapierfirma das für Kleinan-

---

view, 1493, 1524 f. (2001) sowie Report of the Committee on Compensation Practices, Fed. Sec. L. Rep. (CCH) ¶85,614 (Apr. 10, 1995), S. 3, 7 f.

[84] Hierzu bereits *Möllers/Poppele* ZGR 2013, 437, 472.

[85] Vgl. Erwägungsgrund 77 MiFID II.

[86] Zum Einfluss des Verbraucherschutzgedankens auf das Kapitalanlegerrecht s. *Buck-Heeb* ZHR 176 (2012), 66 ff.; kritisch etwa *Mülbert* ZHR 177 (2013), 160, 180.

[87] Eingehender *Seyfried* WM 2006, 1375 ff.; *Spindler/Kasten* WM 2006, 1797, 1798 f.; *Veil*, in: ders. Europäisches Kapitalmarktrecht, § 9 Rn. 7 ff.; weitergehende und vorliegend nicht unmittelbar interessierende Besonderheiten gelten für geeignete Gegenparteien, die im Ausgangspunkt allerdings als Kunden eingestuft werden (vgl. Erwägungsgrund 40 MiFID I) und typischerweise zu den professionellen Kunden zählen, vgl. *Fleischer* BKR 2006, 389, 394.

leger geltende höhere Schutzniveau zu erlangen. Eine Pflicht zur Gewährung dieses höheren Schutzniveaus trifft die Wertpapierfirma allerdings nicht. Umgekehrt ist es unter engen Voraussetzungen für den Kleinanleger möglich, den Status des professionellen Kunden zu erlangen[88]. Kunden, die nicht als professionelle Anleger zu behandeln sind, gelten als Kleinanleger[89].

bb) Verhaltenspflichten der ersten Finanzmarktrichtlinie

Schon die erste Finanzmarktrichtlinie sah keine Pflicht zur Anlageberatung vor. Wenn allerdings tatsächlich beraten wird, ist ein qualifizierter Beratungsstandard zu beachten. Anlageberatung wird seither definiert als die Abgabe persönlicher Empfehlungen an einen Kunden entweder auf dessen Aufforderung oder auf Initiative der Wertpapierfirma, die sich auf ein oder mehrere Geschäfte mit Finanzinstrumenten beziehen[90]. Die zur ersten Finanzmarktrichtlinie erlassene Durchführungsrichtlinie konkretisiert den Begriff der persönlichen Empfehlung weiter dahin, dass eine solche an eine Person in ihrer Eigenschaft als (potenziellen) Anleger gerichtet sein muss. Weiter muss sie als für die jeweilige Person geeignet dargestellt werden oder auf eine Prüfung der individuellen Verhältnisse gestützt worden sein und dabei im Kern darauf abzielen, ein *konkretes* Finanzinstrument namentlich zu erwerben, zu veräußern oder zu halten. Generische Empfehlungen[91] und solche, die über „Informationsverbreitungskanäle“ oder für die Öffentlichkeit abgegeben werden, sind vom Begriff der persönlichen Empfehlung ausdrücklich ausgenommen[92]. Der Informations- und Beratungsstandard wird seither im Ausgangspunkt davon abhängig gemacht, in welche Kundenkategorie der (potenzielle) Kunde einzustufen ist.

Damit ein für den Kunden geeignetes Finanzinstrument empfohlen werden kann, hat die beratende Wertpapierfirma unter MiFID I zunächst die notwendigen Informationen über die Kenntnisse und Erfahrungen des Kunden im Anlagebereich in Bezug auf den speziellen Produkttyp, seine finanziellen Verhältnisse und seine Anlageziele einzuholen[93]. Die Informationen über die finanziellen Verhältnisse umfassen die Herkunft und die Höhe des regelmäßigen

---

[88] Vgl. zum Ganzen Anhang II MiFID I und II.

[89] Art. 4 Abs. 1 Ziff. 4 MiFID I; sowie weiterhin Art. 4 Abs. 1 Ziff. 10, 11 und Anhang II MiFD II.

[90] Art. 4 Abs. 1 Ziff. 4 MiFID I; hierzu EuGH EuZW 2013, 557, 559 f.; s. weiterhin Art. 4 Abs. 1 Ziff. 4 MiFID II.

[91] Hierzu *Seyfried* WM 2006, 1375, 1382; *Spindler/Kasten* WM 2006, 1749, 1752.

[92] Vgl. Art. 52 MiFID I-Durchführungsrichtlinie; hierzu auch *Seyfried* WM 2006, 1375, 1381.

[93] Art. 19 Abs. 4 MiFID I; Art. 25 Abs. 1 MiFID II; hierzu *Seyfried* WM 2006, 1375, 1382; Entsprechendes gilt für die Portfolioverwaltung; vgl. auch *Möllers* WM 2008, 93, 95; zum Ganzen im Überblick *Koller*, in: Assmann/Schneider, Wertpapierhandelsgesetz, § 31 Rn. 136 ff.

Einkommens, vorhandene Vermögenswerte einschließlich Anlagen und Immobilienbesitz sowie regelmäßige finanzielle Verpflichtungen[94]. Für die Ermittlung des Anlageziels sind Informationen über den Zeitraum, in dem der Kunde die Anlage zu halten gedenkt, die Risikopräferenzen und das Risikoprofil sowie der Zweck der Anlage zu erheben[95]. Zur Beurteilung der individuellen Eignung muss die Wertpapierfirma nach vernünftigem Ermessen davon ausgehen können, dass das in Betracht gezogene Produkt den Anlagezielen des Kunden entspricht, es so beschaffen ist, dass die mit dem Produkt einhergehenden Anlagerisiken für den Kunden seinen Anlagezielen entsprechend tragbar sind und schließlich so, dass der Kunde mit seinen Kenntnissen und Erfahrungen die mit dem Geschäft einhergehenden Risiken verstehen kann[96]. Bei professionellen Kunden ist die Wertpapierfirma allerdings berechtigt, sowohl die Tragbarkeit der Risiken als auch den notwendigen Verständnishorizont zu unterstellen[97]. Kann die Wertpapierfirma die notwendigen Informationen nicht erlangen, hat sie von einer Empfehlung Abstand zu nehmen[98]. Wurde eine Empfehlung abgegeben, so muss sich das jeweilige Produkt nach Maßgabe der zu erhebenden Informationen für den Kunden *eignen*[99]. Obschon die Wertpapierfirma im Allgemeinen gehalten ist, im *bestmöglichen* Interesse des Kunden zu handeln[100], besteht insoweit mithin keine Optimierungspflicht[101].

Ungeachtet einer individuellen Empfehlung ist die Wertpapierfirma verpflichtet, den Kunden über die angebotenen bzw. empfohlenen Finanzinstrumente zu informieren[102]. Der Kunde muss über die Kosten und Nebenkosten[103] hinaus nach vernünftigem Ermessen die genaue Art und die Risiken verstehen können, um auf informierter Grundlage eine Anlageentscheidung treffen zu können[104]. Dabei ist der Einstufung des Kunden als Kleinanleger oder professioneller Kunde Rechnung zu tragen[105]. Einen weitergehenden individuellen Zuschnitt auf den Verständnishorizont des einzelnen Kunden im Sinne einer Erläuterungspflicht sieht die erste Finanzmarktrichtlinie dagegen nicht vor, zu-

---

94 Art. 35 Abs. 3 MiFID I-Durchführungsrichtlinie; allg. Art. 25 Abs. 1 MiFID II.

95 Art. 35 Abs. 4 MiFID I-Durchführungsrichtlinie; Art. 25 Abs. 1 MiFID II.

96 Art. 35 Abs. 1 MiFID I-Durchführungsrichtlinie.

97 Art. 35 Abs. 2 MiFID I-Durchführungsrichtlinie.

98 Art. 35 Abs. 5 MiFID I-Durchführungsrichtlinie.

99 Art. 19 Abs. 4 MiFID I.

100 Art. 19 Abs. 1 MiFID I.

101 Ebenso *Möllers/Poppele* ZGR 2013, 437, 467.

102 Hierzu im Überblick *Fleischer* BKR 2006, 389, 394 f.; *Balzer* ZBB 2003, 177, 186 f.; *Seyfried* WM 2006, 1375, 1378 ff.; *Kumpan/Hellgardt* DB 2006, 1714 f.; *Spindler/Kasten* WM 2006, 1797, 1799.

103 Hierzu Art. 33 MiFID I-Durchführungsrichtlinie.

104 Art. 19 Abs. 3 MiFID I.

105 Vgl. hierzu eingehender Art. 31 MiFID I-Durchführungsrichtlinie.

mal es den Wertpapierfirmen gestattet wurde, diese Informationen in standardisierter Form zur Verfügung zu stellen[106].

cc) Überblick über den Reformprozess

Der Kommissionsvorschlag zur Reform der ersten Finanzmarktrichtlinie[107] suchte erstmals ein Modell der „unabhängigen" Beratung zu etablieren. Der Kunde, der tatsächlich beraten wird, sollte hiernach im Ausgangspunkt *zwingend* darüber informiert werden, ob die Beratung „unabhängig" erfolgt, ob sie sich dabei auf eine umfangreiche oder eine restriktive Marktanalyse stützt und ob die Wertpapierfirma auch eine laufende Beurteilung über die Eignung der empfohlenen Finanzinstrumente anbietet[108]. Im Zuge des Reformprozesses wurde der Kommissionsvorschlag mehrfach abgeändert. Der vom Ausschuss für Wirtschaft und Währung ausgearbeitete Entwurf einer legislativen Entschließung des Europäischen Parlaments[109] hatte sich zunächst gegen das Regulierungsmodell der „unabhängigen" Beratung entschieden. Die Pflicht der Wertpapierfirma, den Kunden zwingend darüber zu informieren, ob die Anlageberatung „unabhängig" erfolgt, sollte hiernach ebenso gestrichen werden, wie die hieran anknüpfende Pflicht zur Bewertung einer „ausreichenden Zahl von auf dem Markt angebotenen Finanzinstrumenten" und dem gleichfalls für die „unabhängige" Beratung vorgesehenen Provisionsverbot. Stattdessen sollte der Kunde nur noch für den Fall, dass die Anlageberatung erklärtermaßen gegen Entgelt erbracht wird, darüber informiert werden, ob sich die empfohlenen Finanzinstrumente auf solche beschränken, die von Stellen emittiert oder bereitgestellt werden, die in enger Verbindung zu der Wertpapierfirma stehen[110]. Begründet wurde dieser substantielle Kurswechsel[111] damit, dass die Verwendung des Begriffs „unabhängig" bei den Kunden negative Assoziationen gegenüber anderen Formen der Beratung auslösen könne. Auch war man hier der Ansicht, dass eine „vollständig transparent gehandhabte" Offenlegung von Anreizen die Interessen der Kunden hinreichend schützen würde[112]. Die endgültige legislative Entschließung des Europäischen Parlaments hatte sich dem Kommissionsentwurf dagegen wieder etwas angenähert. Die im Entwurf vor-

---

106 Art. 19 Abs. 3 MiFID; hierzu kritisch *Möllers/Poppele* ZGR 2013, 437, 446 f.

107 KOM(2011) 656 endg.

108 Art. 24 Abs. 3 KOM(2011), 656 endg.; hierzu *Müchler/Trafkowski* ZBB 2013, 101, 104.

109 ECON-Report, vgl. § 16, Fn. 73.

110 Vgl. Änderungsanträge 68, 69 ECON-Report, S. 51 f.

111 Vgl. *Veil/Lerch* WM 2012, 1605, 1608.

112 ECON-Report, S. 163; zu Recht kritisch demgegenüber *Veil/Lerch* WM 2012, 1605, 1608: „Lobbyerfolg".

gesehene Pflicht der Wertpapierfirma, sich zwingend darüber zu erklären, ob die Anlageberatung „unabhängig“ erfolgt, sollte dagegen auch hiernach gestrichen bleiben. Lediglich für den Fall, dass die Wertpapierfirma von sich aus eine solche Erklärung abgibt, übernahm der Änderungsvorschlag des Parlaments den qualifizierten Beratungsstandard des Kommissionsentwurfs.

dd) Verhaltenspflichten der zweiten Finanzmarktrichtlinie

(1) Modellbildung und beratungstypische Verhaltenspflichten

Zum Ende des Reformprozesses hin setzte sich die Kommission schließlich im Wesentlichen mit dem von ihr ursprünglich vorgeschlagenen Beratungsstandard durch. Die zweite Finanzmarktrichtlinie schreibt dementsprechend vor, dass eine Wertpapierfirma, die tatsächlich Anlageberatung durchführt, den Kunden zunächst darüber zu informieren hat, ob sie „unabhängig“ berät oder nicht. Unabhängig davon ist der Kunde „rechtzeitig vor dieser Beratung“ darüber zu informieren, ob sich die Beratung auf eine „umfangreiche“ oder „eher beschränkte“ Analyse verschiedener Arten von Finanzinstrumenten stützt und ob die Produktpalette auf Finanzinstrumente beschränkt ist, die von Anbietern emittiert oder zur Verfügung gestellt werden, zu denen die Wertpapierfirma in enger Verbindung steht. Schließlich muss der Kunde darüber informiert werden, ob die Wertpapierfirma eine „regelmäßige“ Beurteilung der Eignung der empfohlenen Finanzinstrumente anbietet[113].

Wird die Beratung sodann erklärterweise „unabhängig“ erbracht, ist eine „ausreichende“ Palette von auf dem Markt angebotenen Finanzinstrumenten zu bewerten, die hinsichtlich ihrer Art und Anbieter „hinreichend“ gestreut sein müssen. Was dies konkret bedeutet, bleibt unter der Richtlinie unklar. Den Erwägungsgründen ist lediglich zu entnehmen, dass damit nicht die Erwartung verbunden ist, dass alle auf dem Markt befindlichen Anbieter berücksichtigt werden[114]. Lediglich hat eine Beschränkung auf Anbieter, die in enger Verbindung zur beratenden Wertpapierfirma stehen, in diesem Fall zu unterbleiben, Art. 24 Abs. 7a) MiFID II. Auch der deutsche Gesetzgeber hat von einer Konkretisierung der insoweit vergleichbar formulierten deutschen Regelung zur Honoraranlageberatung abgesehen[115].

Flankierend hierzu greift das bereits erwähnte Provisionsverbot. Die Wertpapierfirma darf mithin für die Erbringung der Dienstleistung keine monetären oder nicht-monetären Vorteile von Dritten entgegen nehmen, dies allerdings nur, um sie für sich zu behalten. Das Provisionsverbot ist tatsächlich

[113] Art. 24 Abs. 4a) MiFID II; s. auch *Möllers/Poppele* ZGR 2013, 437, 472f.
[114] Vgl. Erwägungsgrund 73 MiFID II.
[115] Hierzu kritisch *Möllers*, in: Kölner Kommentar zum WpHG, §§ 36c, 36d Rn. 38.

lediglich ein Provisions*behaltens*verbot[116]. Von diesem ausgenommen sind lediglich geringfügige nicht-monetäre Vorteile, die zu einer Verbesserung der Dienstleistung beitragen können und die ihrer Art nach nicht geeignet sind, mit der Pflicht der Wertpapierfirma, im besten Interesse des Kunden zu handeln, in Konflikt zu geraten[117].

Im Übrigen, d.h. im Fall erklärter nicht „unabhängiger" Beratung, bleibt es dem Ratgeber überlassen, der Beratung ausschließlich eigene Produkte bzw. solche verbundener Unternehmen zugrunde zu legen[118]. Die Annahme und das Einbehalten von Provisionen bleibt allgemein zulässig, setzt aber deren Offenlegung gegenüber dem Kunden voraus. Denn sofern die von der Wertpapierfirma zu treffenden organisatorischen oder verwaltungsmäßigen Vorkehrungen zur Vermeidung oder Regelung von Interessenkonflikten nicht ausreichen, damit nach vernünftigem Ermessen gewährleistet ist, dass das Risiko einer Beeinträchtigung der Kundeninteressen vermieden wird, ist die Wertpapierfirma vor Ausführung eines Geschäfts wie bereits unter der ersten Finanzmarktrichtlinie zur Offenlegung des entsprechenden Konflikts gegenüber dem Kunden verpflichtet, Art. 24 Abs. 9 MiFID II.

Für alle Fälle der Beratung bleibt es bei der gleichfalls schon unter der ersten Finanzmarktrichtlinie bekannten Pflicht, dem Kunden nur geeignete[119] Finanzinstrumente zu empfehlen und hierzu die zur Beurteilung erforderlichen Informationen beim Kunden zu erheben. Wird ein Bündel von Dienstleistungen oder Produkten empfohlen, d.h. eine Wertpapierdienstleistung zusammen mit anderen Dienstleistungen oder einem Produkt als Teil eines Pakets, muss sich die Geeignetheitsprüfung sowohl auf die einzelnen Komponenten als auch auf das Gesamtpaket als solches beziehen, vgl. Art. 25 Abs. 2 MiFID II. Sein rechtsvergleichendes Vorbild findet dieser Standard bekanntlich in der *suitability*-Doktrin des U.S.-amerikanischen Kapitalmarktrechts[120].

Auch für die Pflicht zur Information des Kunden über die empfohlenen Finanzprodukte einschließlich der diesen jeweils inne wohnenden Risiken bleibt es *cum grano salis* bei der bisherigen Rechtslage, vgl. Art. 24 Abs. 4 MiFID.

---

[116] Deutlich insoweit Erwägungsgrund 74 MiFID II.

[117] Art. 24 Abs. 5 MiFID II.

[118] Vgl. bereits *Loff/Hahne* WM 2012, 1512, 1519.

[119] A.A. mit Rücksicht auf den allgemeinen Grundsatz, im besten Interesse des Kunden handeln zu müssen *Müchler/Trafkowski* ZBB 2013, 101, 104: Berater muss das für den Kunden *am besten geeignete* Instrument auswählen.

[120] Vgl. etwa FINRA Rule 2111 (Stand Mai 2014), den aktuellen *suitability*-Standard der *Financial Industry Regulatory Authority* (FINRA), der als Nachfolgeorganisation unter anderem der *National Association of Securities Dealers* (NASD) die praktisch größte Bedeutung zukommt; abrufbar unter http://finra.complinet.com. Aus dem deutschsprachigen Schrifttum s. etwa *Kübler*, in: FS Coing, Bd. II, S. 193, 197 ff.; s. auch bereits *Assmann*, The Broker-Dealer's Liability for Recommendations.

Allerdings wurde der standardisierte Informationspflichtenkatalog inhaltlich erweitert[121].

(2) Dokumentation

Hinsichtlich der unter den Finanzmarktrichtlinien vorgeschrieben Dokumentation ist zwischen interner und externer Dokumentation zu unterscheiden. Eine Wertpapierfirma hat dafür zu sorgen, dass Aufzeichnungen über alle ihre Dienstleistungen und Geschäfte geführt werden[122]. Mittels dieser internen Dokumentation soll die Aufsichtsbehörde in die Lage versetzt werden, die Einhaltung sämtlicher gegenüber den Kunden bestehenden Verpflichtungen zu überprüfen[123]. Die Dokumentationspflicht erstreckt sich daher nach richtigem Verständnis ohne weiteres auch auf die Einhaltung der bei der Anlageberatung bestehenden Verhaltenspflichten[124]. Die Entstehung erheblicher Interessenkonflikte bedarf gesonderter Dokumentation[125]. Daneben sah schon die erste Finanzmarktrichtlinie vor, dass Wertpapierfirmen die mit dem Kunden getroffene Vereinbarung aufzuzeichnen und diesem in geeigneter Form über erbrachte Dienstleistungen zu berichten haben. Für diese Aufzeichnungs- und Berichtspflicht existierten allerdings keine weitergehenden konkretisierenden Durchführungsbestimmungen[126], so dass sich aus der ersten Finanzmarktrichtlinie eine Pflicht zur Übermittlung der intern anzufertigenden Dokumentation des Beratungsvorgangs einschließlich der hierzu beim Kunden erhobenen Informationen nicht herleiten ließ[127].

Die zweite Finanzmarktrichtlinie behält die bestehenden Regelungen im Wesentlichen bei, ergänzt die Berichtspflicht allerdings um ein *statement of suitability*. Hiernach ist zu erläutern, „wie die Beratung auf die Präferenzen, Ziele und sonstigen Merkmale des Kleinanlegers abgestimmt wurde", Art. 25 Abs. 6 MiFID II. Was dies im Einzelnen voraussetzt, bleibt letztlich unklar[128]. Es lässt sich durchaus vertreten, dass mit der Pflicht zur Begründung des Ratschlags eine Übermittlung der internen Dokumentation des Beratungsvorgangs notwendigerweise verbunden ist. Der Wortlaut der Richtlinie legt allerdings nahe, dass es im Kern lediglich darum geht zu erläutern, warum das empfohlene Fi-

---

121 Hierzu *Möllers/Poppele* ZGR 2013, 437, 449.

122 Vgl. im Einzelnen schon Art. 7, 8 MiFID I-Durchführungsverordnung.

123 Art. 13 Abs. 6 MiFID I; Art. 16 Abs. 6 MiFID II; zur technischen Umsetzung s. bereits Art. 51 MiFID I-Durchführungsrichtlinie.

124 Ebenso *Kumpan/Hellgardt* DB 2006, 1714, 1719. Die gegenteilige Auffassung war in Folge der ersten Finanzmarktrichtlinie überholt, vgl. hierzu noch BGH NJW 2006, 1430f. mwN.

125 Vgl. Art. 23 MiFID-Durchführungsrichtlinie.

126 Vgl. auch *Leuering/Zetzsche* NJW 2009, 2856, 2858f.

127 Zur Vereinbarkeit einer nach nationalem Recht begründeten Pflicht zur Erstellung und Aushändigung eines Beratungsprotokolls mit dem Prinzip der Maximalharmonisierung s. noch eingehend § 16, S. 414f. (sub aa).

128 Vgl. auch Erwägungsgrund 82 MiFID II.

nanzprodukt als für den Kunden geeignet angesehen wird. Eine Erklärung darüber, ob und welche Alternativen in Betracht gezogen wurden, schuldet die Wertpapierfirma hiernach offenbar selbst dann nicht, wenn sie erklärt hatte, den Kunden unabhängig zu beraten. Die externe Dokumentation, die lediglich im Fall des *statement of suitability* grundsätzlich vor Ausführung des empfohlenen Geschäfts zu übermitteln ist, soll dem Kunden offenbar die Möglichkeit verschaffen, rechtzeitig vor Eingehung einer vertraglichen Bindung nachprüfen zu können, ob die Empfehlung tatsächlich den eigenen Präferenzen und Bedürfnissen hinreichend Rechnung trägt.

d) Würdigung

aa) Detaillierte aufsichtsrechtliche Verhaltenspflichten als Fremdkörper?

Die Konkretisierung von Verhaltensregeln unter Privaten zählt zu den wohl ureigenen Aufgaben des Zivilrechts. Vor diesem Hintergrund muss die zunehmende Detaildichte der aufsichtsrechtlichen Verhaltenspflichten vielleicht etwas überraschen, zumal das Berufsrecht der Professionen, das hat das Beispiel des Anwaltsrechts gezeigt[129], insoweit eher abstrakt bleibt. Es spricht wenig dafür, dass der deutsche Gesetzgeber selbst das Aufsichtsrecht als den primären oder gar alleinigen Ort für die Konkretisierung von Verhaltenspflichten gewählt hätte. Diese Vorgehensweise entspricht im Bereich des Kapitalanlegerrechts vielmehr dem U.S.-amerikanischen Recht, das seit langem detaillierte berufsrechtliche Verhaltensregeln kennt und im Bereich der zivilrechtlichen Haftung lediglich mit Generalklauseln operiert, deren Auslegung wiederum durch die Verhaltensregeln der Selbstverwaltungsorganisationen beeinflusst wird. Der aufsichtsrechtliche Fokus der ersten und zweiten Finanzmarktrichtlinie ist insoweit offensichtlich vom U.S.-Recht inspiriert.

Dennoch wäre es verfehlt, diese Detaildichte als Fremdkörper des Aufsichtsrechts zu begreifen. Es ist wohl umgekehrt eher eine Schwäche des Berufsrechts der Professionen, dass es an berufsrechtlich durchsetzbaren konkreten Verhaltensanforderungen bisweilen mangelt. Man muss sich hierzu erneut klarmachen, dass das Berufs- und Aufsichtsrecht eine vom Zivilrecht abweichende Funktion verfolgt. Es geht nicht in erster Linie um Individualinteressen, sondern darum, den jeweiligen Beruf im Allgemeininteresse zu regulieren. Dass Berufszulassungsanforderungen hierzu nicht ausreichen, sondern es zudem klarer Berufsausübungs- und damit auch Verhaltensvorgaben bedarf, kann nicht ernsthaft bezweifelt werden.

Das Problem im Bereich der Kapitalmarktregulierung besteht vielmehr umgekehrt darin, dass der Gesetzgeber weiterhin von einer Konkretisierung der

---

[129] § 15, S. 344 f. (sub c).

zivilrechtlichen Pflichten absieht[130]. Im Grunde spricht zwar nichts dagegen, diese Aufgabe in weitem Umfang der Rechtsprechung zu überlassen. Die Typisierung der Pflichten in besonderen Vertragsverhältnissen ist für den Rechtsunterworfenen ebenso wie für den Rechtsanwender hilfreich, nicht aber unabdingbar. Eine nur einseitige Konkretisierung im Bereich des Aufsichtsrechts hat allerdings zur Folge, dass sich die zivilrechtliche Rechtsfortbildung nahezu ausschließlich am Aufsichtsrecht orientiert und dabei die notwendige Selbständigkeit des Zivilrechts, insbesondere die funktionale Verschiedenheit von Aufsichts- und Zivilrecht, in Vergessenheit gerät. Die aktuelle Diskussion um die Einwirkung des Aufsichtsrechts auf das Zivilrecht ist dafür Beleg[131]. Eine derartige Vermischung von öffentlichem Recht und Zivilrecht mag typisch sein für den angloamerikanischen Rechtskreis; dem kontinentaleuropäischen Recht ist sie dagegen fremd.

bb) Systematischer Rückzug aus der überobligatorischen Beratung als drohende Folge gesteigerter Verhaltensstandards?

Bereits im Nachgang zur Umsetzung der ersten Finanzmarktrichtlinie war der Presse verschiedentlich zu entnehmen, dass Wertpapierfirmen zunehmend beabsichtigten, sich aus der Anlageberatung zurückzuziehen und auch außerhalb des privilegierten Online-Broking dazu übergehen würden, sich auf das reine Ausführungsgeschäft zu beschränken[132]. Die Kritik konzentrierte sich vor allem auf das Beratungsprotokoll, das in seiner zivilrechtlichen Beweiswirkung nach richtigem Verständnis allein zu Lasten der Wertpapierfirma geht[133]. Auch in der Literatur wird diese Entwicklung mit Rücksicht auf die im Zuge der Reform des Finanzmarktrechts erfolgte Ausweitung des Anlegerschutzes befürchtet[134]. Es handle sich dabei um ein „marktwirtschaftlich konsequentes Verhalten", durch das Anlegern adäquate Möglichkeiten zur Geldanlage entzogen würden. Der von der europäischen Rechtsetzung erstrebte gesteigerte Anlegerschutz werde auf diesem Wege ins Gegenteil verkehrt[135].

Richtigerweise wird man zwischen einem *spezifischen* und einem *generellen* Vermeideverhalten zu unterscheiden haben. So haben Wertpapierfirmen aus

---

130 Kritisch insoweit auch *Herresthal* WM 2014, 773, 775 f.

131 Hierzu eingehend § 16, S. 411 ff. (sub a).

132 Vgl. FAZ Sonntagszeitung vom 29. September 2013, S. 29; s. auch FAZ vom 20. Juli 2012, S. 19; FAZ vom 16. Februar 2012, S. B4; hierzu *Buck-Heeb* ZHR 177 (2013), 310, 323; s. auch *Veil/Lerch* WM 2012, 1605, 1610. Dem reinen Ausführungsgeschäft selbst ohne Angemessenheitsprüfung entzogen sind allerdings nunmehr auch bestimmte, für den Anleger mit besonderen zusätzlichen Risiken verbundene kreditfinanzierte Anlagegeschäfte, vgl. hierzu Art. 25 Abs. 4 MiFID II.

133 Hierzu im Überblick *Buck-Heeb* ZHR 177 (2013), 310, 322 f. und eingehender § 13, S. 297 ff. (sub cc).

134 *Buck-Heeb* ZHR 177 (2013), 310, 321 ff ; s. auch *Veil/Lerch* WM 2012, 1605, 1609.

135 *Buck-Heeb* ZHR 177 (2013), 310, 321 ff., 343.

der sowohl aufsichts- als auch zivilrechtlich bestehenden Pflicht zur Aufklärung über Rückvergütungen verschiedentlich die Konsequenz gezogen, weniger Fremdprodukte in ihr Anlageprogramm aufzunehmen[136]. Denn über die Gewinnmargen bei hauseigenen Produkten ist im Rahmen des beratenden Vertriebs, anders als über Rückvergütungen und besondere Zuwendungen, nicht aufzuklären[137]. Insoweit lässt sich daher durchaus feststellen, dass Anlegern als Folge gesteigerter Verhaltenspflichten bisweilen nur noch eine eingeschränktere Produktpalette offeriert wird. Eine ähnliche Entwicklung wird für den Vertrieb von Aktien befürchtet. Die Pflicht, für jede Aktie – auch ungeachtet tatsächlicher Beratung – ein spezifisches Produktinformationsblatt bereit zu halten und dieses bei entsprechendem Bedarf auch fortlaufend zu aktualisieren, stehe für Wertpapierfirmen bisweilen in keinem attraktiven Verhältnis mehr zu den mit dem Vertrieb zu erzielenden Gewinnen. Als Folge würden Aktien kaum mehr noch angeboten[138].

Soweit es um solch spezifisches Vermeideverhalten geht, ließe sich bei entsprechendem Bedarf regulatorisch durchaus gezielt entgegensteuern. Im ersten Fall wäre etwa an gesteigerte Aufklärungspflichten auch über „reguläre" Gewinnmargen zu denken[139]. Im zweiten Fall wäre umgekehrt zu fragen, ob die Produktinformationspflichten tatsächlich ein solches Ausmaß erreichen müssen, zumal das Informationspflichtendogma in seiner gegenwärtigen Ausgestaltung die Informationsverarbeitungskapazitäten von Anlegern mehr oder minder auf ganzer Breite immer noch überschätzt[140]. Das Konzept des gesteigerten Anlegerschutzes als solches wird durch derartige singuläre Marktreaktionen jedenfalls nicht in Frage gestellt.

Andererseits erscheint die Befürchtung eines generellen Rückzugs aus dem Vertrieb bestimmter Finanzprodukte oder der Anlageberatung als solcher doch eher etwas praxisfern und die entsprechenden Äußerungen der Wertpapierhäuser letztlich kaum mehr als eine gewisse Stimmungsmache der von der unbequemen Regulierung betroffenen Finanzwirtschaft[141]. Denn der Absatz von Finanzprodukten an das breite Anlegerpublikum ist ohne einen beratenden Vertrieb praktisch kaum möglich. Das gilt letztlich unabhängig davon, ob man es mit standardisierten oder hochkomplexen Finanzprodukten zu tun hat.

---

136 Vgl. *Koller* ZBB 2011, 361, 368; *Buck-Heeb* ZHR 177 (2013), 310, 322 mit Hinweis auf eine entsprechende Empfehlung des Sparkassenverbandes; hierzu FAZ vom 15. Januar 2013, S. 19.

137 BGH st., vgl. NJW-RR 2013, 244, 245; NJW-RR 2012, 43, 46; NJW 2012, 2873, 2874.

138 *Buck-Heeb* ZHR 177 (2013), 310, 322.

139 Zur Diskussion bereits § 13, S. 182 ff. (sub bb, cc).

140 Hierzu allgemein § 7, S. 79 (sub 3).

141 Deutlich in dieser Richtung die vom Deutschen Aktieninstitut e.V. veröffentlichte Studie „Produktinformationsblatt: Finanz-Beipackzettel beeinträchtigt die Aktienberatung", April 2012, abrufbar unter www.dai.de (11/2014).

Schon das *Reichsgericht* hatte erkannt, dass „Raterteilung und Empfehlung ... ein notwendiges Glied in diesem Zweig des Bankgeschäfts [bilden], und ein Bankier, der sich der Beratung seiner Klientel entschlagen wollte, ... seine Effektenabteilung bald schließen" würde können[142]. Man wird daher vielmehr davon auszugehen haben, dass es der Finanzwirtschaft lediglich schwer fällt, sich mit dem Gewinnrückgang abzufinden, der als Folge der zunehmenden Regulierung unausweichlich ist. Dabei geht es nicht allein um den Vertriebsaufwand als solchen, der teilweise[143] sicherlich höher und damit auch kostenintensiver ist. Auch der systematische Absatz inadäquater Finanzprodukte mit typischerweise hohen Gewinnmargen, wie er in den vergangenen Jahren auf der Tagesordnung stand, wird zunehmend schwieriger und die damit einhergehenden Haftungsrisiken größer. Dabei handelt es sich aber gerade um die mit dem verstärkten Anlegerschutz beabsichtigten Wirkungen.

Möglicherweise könnte die dargestellte Entwicklung auch zu einer praktischen Ausweitung des Angebots der Honorarberatung beitragen. Sollten sich die geäußerten Befürchtungen dagegen entgegen der hier geäußerten Einschätzung bestätigen, bleibt in letzter Konsequenz als reaktiver Regulierungsschritt immer noch die Möglichkeit, den Vertrieb von Kapitalanlagen zumindest an das Publikum der Kleinanleger und jedenfalls im Bereich von Anlageprodukten, die der sozialen Sicherung dienen, von der Anlegerberatung schlechthin abhängig zu machen. Der bisherige regulative Ansatz ist von dem Vertrauen getragen, dass sich ein hinreichender Anlegerschutz durch die Regulierung tatsächlich stattfindender Beratung erreichen lässt. Sollte das wider Erwarten nicht der Fall sein, wäre die Einführung einer Pflichtberatung vergleichbar der geltenden Rechtslage im deutschen Versicherungsrecht (vgl. §§ 6, 61 VVG) konsequent.

cc) Das Modell der „unabhängigen" Beratung als Etikettenschwindel

Während der fortschreitende aufsichtsrechtliche Anlegerschutz als solcher die betroffenen Unternehmen nicht unangemessen beeinträchtigt, verdient das der Richtlinie zugrunde liegende Konzept der „unabhängigen" Beratung Kritik. In den vergangenen Jahren wurde vielfach schon die im Rahmen des gewöhnlichen Vertriebs verbreitete Verwendung des Begriffs des „Beraters" beanstandet, weil schon dieser dem Kunden suggeriere, dass am Entscheidungsverhalten des Ratnehmers kein eigenes Interesse bestehe[144]. Vereinzelt wurde insoweit

---

142 RGZ 42, 125, 131.

143 Wohl nicht immer werden die gesteigerten Wohlverhaltenspflichten notwendig auch kostenrelevant werden, vgl. zur geforderten Marktanalyse bei der Honorarberatung etwa *Veil/Lerch* WM 2012, 1605, 1609: zumindest für bestimmte Wertpapierfirmen von geringer Relevanz.

144 Vgl. etwa *Kuhlen/Tiefensee* VuR 2013, 49, 50; aus dem Blickwinkel der Verwechslungsgefahr zwischen Berater und Honorarberater auch *Möllers*, in: Kölner Kommentar zum WpHG, §§ 36c, 36d Rn. 52.

sogar ein Bezeichnungsschutz gefordert[145]. Selbst wenn man nicht so weit gehen wollte, dürfte davon auszugehen sein, dass die Erklärung eines Anlageberaters, die Beratung „unabhängig" zu erbringen, dem durchschnittlichen Anleger suggeriert, dass jedenfalls ein solcher Ratgeber kein über die Beratung hinausgehendes eigenes Absatzinteresse verfolgt bzw. verfolgen darf. Man muss sich hierzu zunächst klarmachen, dass dem Begriff der unabhängigen Beratung auch in anderem Zusammenhang eine vergleichbare heuristische Funktion zukommt. Zu nennen ist der Rentenberater ebenso wie der Versicherungsberater, der per Definition über Versicherungen berät, ohne von einem Versicherungsunternehmen einen wirtschaftlichen Vorteil zu erhalten oder von ihm in anderer Weise abhängig zu sein, § 34e Abs. 1 GewO. Vor diesem Hintergrund wirbt die Branche der Versicherungsberater durchaus zu Recht damit, dass es sich bei diesen um „unabhängige und neutrale Berater und Vertreter in allen Versicherungsangelegenheiten" handle, die frei sind „von Abhängigkeiten jeglicher Art, die ihre Berufsausübung beeinträchtigen"[146].

Demgegenüber sieht die zweite Finanzmarktrichtlinie lediglich die Annahme und das Behalten von Provisionen und sonstigen Zuwendungen Dritter mit dem Bild des „unabhängigen" Beraters als unvereinbar, während nur unter dem noch geltenden deutschen Recht ein auf einer Honoraranlageberatung beruhender Geschäftsabschluss aufgrund des Gewinninteresses auch nicht im Wege des Eigenhandels als Festpreisgeschäft ausgeführt werden darf, § 31 Abs. 4c S. 2 WpHG. Selbst das im deutschen Recht bisher – wenn auch inkonsequent[147] – verwirklichte Entweder-oder-Prinzip, d.h. die Pflicht des Wertpapierunternehmens, sich entweder für ein Beratungsmodell zu entscheiden oder die Honoraranlageberatung organisatorisch, funktional und personell von der übrigen Anlegerberatung zu trennen (§ 33 Abs. 3a WpHG), wird künftig zu streichen sein, wenn man davon ausgeht, dass die nach aufsichtsrechtlicher Maximalharmonisierung strebende zweite Richtlinie einer weitergehenden Regulierung entgegen steht[148]. Ein Anlageberater, der praktisch von einer Rolle in die andere wechselt, droht daher selbst die vergleichsweise kaum erhöhten Anforderungen an die „unabhängige" Beratung aus dem Blick zu verlieren.

Mit der Umsetzung der zweiten Finanzmarktrichtlinie wird eine Absenkung des Schutzniveaus zudem insoweit einhergehen, als es die im Falle der Empfehlung von eigenen Produkten oder solchen verbundener Unternehmen bestehende Pflicht des Honoraranlageberaters betrifft, den Kunden über diesen Um-

---

145 Vgl. BR-Drucks. 209/11, S. 19.

146 Vgl. die „Grundsätze zur Berufsausübung" des Bundesverbands der Versicherungsberater e.V., abrufbar unter www.bvvb.de (11/2014).

147 Vgl. *Möllers*, in: Kölner Kommentar zum WpHG, §§ 36c, 36d Rn. 47.

148 Anders etwa *Möllers*, in: Kölner Kommentar zum WpHG, §§ 36c, 36d Rn. 18: „Im Bereich der Honorar-Anlageberatung spricht einiges für die Zulässigkeit von ergänzenden Regelungen".

stand sowie das bestehende eigene Gewinninteresse explizit zu informieren, § 31 Abs. 4d WpHG. Nach Umsetzung der zweiten Finanzmarktrichtlinie bleibt es lediglich bei der praktisch wohl nicht durchsetzbaren Pflicht des „unabhängigen" Beraters, sich im Rahmen der Bewertung nicht von vorneherein auf eigene Produkte oder solche nahestehender Unternehmen zu beschränken, vgl. Art. 24 Abs. 7a) MiFID II.

Unklar sowohl im geltenden wie im künftigen Recht bleibt schließlich die dem „unabhängigen" Berater auferlegte Pflicht, eine „ausreichende" Palette von auf dem Markt angebotenen Finanzinstrumenten zu bewerten, die hinsichtlich des Anbieters „hinreichend" gestreut sind[149]. Die darin zum Ausdruck kommende Beschränkung hat überdies mit dem Idealtypus einer unabhängigen Beratung ebenso wenig zu tun, wie die solchen Beratern eröffnete Möglichkeit, die von der eigenen Wertpapierfirma und verbundenen Unternehmen emittierten und angebotenen Finanzinstrumente überhaupt zu berücksichtigen. Dass diese „unabhängigen" Berater in signifikantem Umfang die Produkte von Fremdanbietern empfehlen werden, ist kaum zu erwarten. Es erscheint bei alledem durchaus gerechtfertigt, die „unabhängige" Beratung unter der zweiten Finanzmarktrichtlinie als einen Etikettenschwindel zu bezeichnen, bei dem der Kunde an den Ratgeber für eine von vorneherein nicht ganz uneigennützige Empfehlung obendrein noch ein gesondertes Beratungshonorar zahlt.

Allerdings spricht letztlich wenig dafür, dass es dem Gesetzgeber gelingt, die pseudounabhängige Honorarberatung als zweite Säule des Vertriebs von Kapitalanlagen neben der traditionellen provisionsbasierten Beratung praktisch zu etablieren. Nach einer im Jahr 2011 von einem privaten Finanzdienstleister in Auftrag gegebenen Studie waren europaweit gerade einmal 44%, in Deutschland sogar lediglich 35% der befragten Anlageinteressenten dazu bereit, für eine solche Beratung ein gesondertes Honorar zu zahlen[150]. Vor dem Hintergrund, dass die Anleger bisher gewöhnt sind, Beratung als vordergründig unentgeltliche Leistung zu erhalten, erscheinen solche Zahlen auf den ersten Blick zwar vielversprechend[151]. Indes nährt die marginale Bedeutung der *tatsächlich* unabhängigen Versicherungsberatung in Deutschland durchaus die Befürchtung, dass die pseudounabhängige Honorarberatung eher ein Nischendasein fristen wird. Die in der Literatur vorherrschende Skepsis[152] gegenüber der Entwicklung eines signifikanten Marktes der „unabhängigen" Berater ist daher durchaus angebracht. Unter den gegenwärtigen Ausgestaltungsvorgaben wäre

[149] Vgl. auch *Grigoleit* ZHR 177 (2013), 264, 297.

[150] Fidelity-Studie „Anlegerinteressen im Fokus", 2011, S. 17, abrufbar unter www.fidelity.de (11/2014).

[151] Anders bereits auf der Grundlage dieser Zahlen *Veil/Lerch* WM 2012, 1605, 1609: „nur eine Minderheit von 44%".

[152] Vgl. *Veil/Lerch* WM 2012, 1605, 1609; *Grigoleit* ZHR 177 (2013), 264, 297; *Buck-Heeb* WM 2012, 625, 634; *Klein* WM 2011, 2117f.; s. auch den Bericht zur Diskussion auf dem Bankrechtstag 2013 von *Breilmann* WM 2013, 1437, 1444.

es angezeigt gewesen, von der Verwendung des Begriffs des „unabhängigen" Beraters abzusehen.

dd) Einführung eines generellen Provisionsannahmeverbots nach Vorbild des Vereinigten Königreichs

Dagegen empfiehlt sich wenigstens im Bereich des Vertriebs von Anlageprodukten an Kleinanleger die Einführung eines *generellen Provisionsannahmeverbots* nach dem Vorbild des geltenden Rechts des Vereinigten Königreichs[153]. Hiernach darf sich ein Anlageberater, gleich ob er einem *retail client* einen *independent* oder lediglich einen *restricted advice* anbietet, nur noch im Wege eines Beratungshonorars (*adviser charge*) vergüten lassen. Die Annahme von Provisionen oder anderen Vorteilen – und nicht erst die Annahme ohne Weiterleitung an den Kunden – ist ihm dagegen grundsätzlich untersagt[154].

Die unter der zweiten Finanzmarktrichtlinie in den Fällen der nicht „unabhängigen" Beratung stattdessen bestehende Pflicht zur Offenlegung solcher Zuwendungen bleibt in ihrer Wirkung diffus und ist als Instrument des Anlegerschutzes insgesamt untauglich[155]. Das provisionsbasierte Vergütungssystem ist als solches mit einer interessengerichteten Beratung nach richtigem Verständnis schlechthin unvereinbar[156]. Mit seinen das eigene Verdienstinteresse in den Mittelpunkt rückenden Anreizen handelt es sich dabei letztlich um die wesentliche Ursache für kapitalanlegerschädigende Falschberatung und andere missbräuchliche Verkaufspraktiken[157]. Dass die europäische Kapitalmarktregulierung gerade diesen Problemkreis bisher im Grunde weiterhin ausspart, kann letzten Endes nur als Erfolg der auf den politischen Entscheidungsprozess einwirkenden Interessengruppen gesehen werden.

ee) Regelmäßige Beurteilung ohne Aussicht auf praktische Anwendung

Die transaktionsbezogenen Beratungsstandards knüpften bisher ausschließlich an die Abgabe einer persönlichen Empfehlung an und beschränkten sich auf Wohlverhaltensanforderungen im Vorfeld eines entsprechenden Ausführungsgeschäfts. Nachwirkende oder gar fortwirkende Pflichten im Zusammenhang

---

[153] Kritisch demgegenüber *Langenbucher* ZHR 177 (2013), 679, 696 f.

[154] Vgl. FCA Handbook, COBS 6.1A, 6.2A (Stand October 2014), abrufbar unter http://fshandbook.info; hierzu im Überblick *Moloney*, 13 European Business Organization Law Review 169, 190 (2012) sowie *Hill*, 99 Compliance Officer Bulletin 1, 12 (2012). Nicht mehr auf dem aktuellen Stand ist die Darstellung der Rechtslage im Vereinigten Königreich bei *Möllers*, in: Kölner Kommentar zum WpHG, §§ 36c, 36d Rn. 21. Kritisch gegenüber den Erwartungen an eine „unabhängige" Beratung *Bhattacharya/Hackethal/Kaesler/Loos/Meyer*, 25 Review of Financial Studies, 975, 1019 ff. (2012).

[155] Hierzu bereits § 13, S. 188 ff. [sub (3)].

[156] Vgl. aus der Perspektive des Versicherungsvertriebs instruktiv *Stempel*, Stempel on Insurance Contracts, § 6.05, 6–31 f., allerdings mit zweifelhaften Schlussfolgerungen.

[157] *Poser*, 2001 Brigham Young University Law Review, 1493, 1524 (2001); s. auch *Hazen*, Treatise on the Law of Securities Regulation, § 14.14[4].

mit einer beratenen Transaktion waren dagegen noch nicht Gegenstand des europäischen oder nationalen Aufsichtsrechts. Erstmals im Zuge der Reform der Finanzmarktrichtlinie wurde die Frage der fortgesetzten Beurteilung aufgeworfen. Während im Rahmen des öffentlichen Konsultationsprozesses sogar noch verbindliche Nachberatungspflichten erwogen wurden[158], beschränkt sich die zweite Finanzmarktrichtlinie letztlich auf die Pflicht der Wertpapierfirma, den Kunden darüber zu informieren, ob sie diesem eine „regelmäßige Beurteilung der Eignung" der empfohlenen Finanzinstrumente anbietet, Art. 24 Abs. 4a) MiFID II.

Die Frage nach fortwirkenden Beratungsstandards ist für den Anlegerschutz durchaus zentral. Denn es ist letztlich wenig damit gewonnen, wenn lediglich sichergestellt wird, dass der Anleger zunächst ein bedarfsgerechtes Anlageprodukt erwirbt, er aber anschließend mit der Beurteilung, ob er dieses weiterhin halten oder doch besser veräußern sollte, alleine gelassen wird. Allerdings kann ein Anleger nicht erwarten, dass eine Wertpapierfirma nach Abschluss der Transaktion weiterhin in solchem Ausmaß Mitverantwortung übernimmt, ohne dass sie sich eine solche fortgesetzte Beratung gesondert vergüten lässt. Vor diesem Hintergrund erscheint es durchaus angemessen, mit der vorgestellten Informationspflicht darauf hinzuwirken, dass sich der Anleger über die zeitlichen Grenzen einer auf freiwilliger Basis erbrachten Beratung im Klaren ist.

Aufgrund des mit einer fortgesetzten Eignungsprüfung einhergehenden erheblichen Mehraufwands[159] dürfte kaum zu erwarten sein, dass eine fortgesetzte Beratung den Kunden auf breiter Linie tatsächlich angeboten werden wird. Unklar bleibt in jedem Fall, welchen Anforderungen die Wertpapierfirma zu genügen hat, wenn sie im Einzelfall tatsächlich eine solche Bereitschaftserklärung abgibt. Da noch im Rahmen des Kommissionsentwurfs von „laufender Beurteilung" die Rede war[160], wird man immerhin davon ausgehen können, dass der Wertpapierfirma eine kontinuierliche Überwachung zur Gewährleistung einer fortgesetzten Eignung des Anlageprodukts selbst dann nicht zugemutet werden soll. Allerdings wird man die Mitgliedstaaten als befugt anzusehen haben, den Begriff der „Regelmäßigkeit" zu konkretisieren und in diesem Zusammenhang auch die Anforderungen an die Ermittlung der zur Beurteilung relevanten Umstände zu präzisieren.

---

[158] Vgl. Commission Staff Working Paper, Impact Assessment, 20. Oktober 2011, SEC(2011) 1226 Final, S. 295 ff., 297, 320, abrufbar unter http://ec.europa.eu (11/2014).

[159] Vgl. auch *Veil/Lerch* WM 2012, 1605, 1609.

[160] Vgl. Art. 24 Abs. 3 KOM(2011) 656 endg.

3. Fernwirkung auf das Zivilrecht

a) *Überblick über den Stand der Diskussion*

Die Frage nach den zivilrechtlichen[161] Wirkungen des Aufsichtsrechts ist seit längerem Gegenstand einer breiten Debatte. Dabei besteht im Grundsatz Einigkeit, dass sich das Zivilrecht „den Wertungen des Aufsichtsrechts nicht völlig entziehen“ kann[162]. Allerdings haben sich zu der allgemein unter dem Begriff der „Ausstrahlungswirkung“[163] diskutierten Fragestellung deutliche Unterschiede in Ansehung der Wirkungsintensität herausgebildet, so dass es sich anbietet, die hierzu vertretenen Ansichten nur nachrangig und rudimentär auch nach konstruktiven Gesichtspunkten zu ordnen. Am weitesten geht die Lehre von der Doppelnatur. Diese gibt die überkommene Trennung von öffentlichem Recht und Zivilrecht zugunsten einer funktionalen Betrachtung auf und kommt zu einem inhaltlichen Gleichlauf und damit einer unmittelbaren Anwendung von aufsichts- und zivilrechtlichen Haftungsstandards, soweit es solche Wohlverhaltensanforderungen betrifft, denen auch eine anlegerschützende Funktion zukommt. Diese aufsichtsrechtlichen Normen seien sowohl dem öffentlichem wie dem Privatrecht zuzuordnen, so dass ihre Verletzung unmittelbar (quasi)vertragliche Ansprüche begründe[164]. Nicht einheitlich wird dabei die Frage beantwortet, ob die unmittelbar auf das Zivilrecht einwirkenden aufsichtsrechtlichen Regeln lediglich einen Mindestpflichtenstandard bilden[165] oder ob sie den zivilrechtlichen Pflichteninhalt zugleich auch nach oben hin abschließend konkretisieren. Letzteres geht typischerweise einher mit der Annahme, dass die europäischen Finanzmarktrichtlinien Vollharmonisierung bezweckten[166]. Zu einem in der Sache vergleichbaren Ergebnis kommt man, wenn man mit einer teilweise vertretenen Auffassung den anlegerschützenden Regelungen die Schutzgesetzeigenschaft i.S.d. § 823 Abs. 2 BGB zuschreibt. Von der

---

[161] Umgekehrt kommt auch eine zivilrechtliche Beeinflussung des Aufsichtsrechts in Betracht, die allerdings vorliegend nicht weiter von Interesse ist; vgl. hierzu *Sethe* AcP 212 (2012), S. 80, 127; s. auch *Forschner*, Wechselwirkungen zwischen Aufsichtsrecht und Zivilrecht, S. 207, der sich insoweit auf eine abschließende These beschränkt, ohne dies zuvor wirklich behandelt zu haben.

[162] *Veil* WM 2009, 1585, 1590.

[163] Kritisch zum Begriff *Assmann*, in: FS U.H. Schneider, S. 37, 53: diffuse Ausstrahlungstheorie.

[164] *Benicke*, Wertpapiervermögensverwaltung, S. 461 ff.; *Leisch*, Informationspflichten nach § 31 WpHG, S. 68 ff., 85; *Lang* ZBB 2004, 289, 294; *Veil* WM 2007, 1821, 1825 f.; *Lenenbach*, Kapitalmarktrecht, § 11 Rn. 120; *Möllers*, in: Kölner Kommentar zum WpHG, § 31 Rn. 15; s. auch *Nikolaus/d'Oleire* WM 2007, 2129, 2134; ablehnend statt vieler *Sethe* AcP 212 (2012), S. 80, 125 ff.; *Fuchs*, in: ders., Wertpapierhandelsgesetz, Vor. §§ 31 bis 37a Rn. 57 f.; s. noch grundlegend zur Konstruktion der „Doppelnorm“ *Bettermann* NJW 1977, 513, 515 f.; s. auch *Bachof*, in: Festgabe BVerwG, S. 1, 11 ff.

[165] So etwa *Lenenbach*, Kapitalmarktrecht, § 11 Rn. 120; *Köndgen* ZBB 1996, 361; *Koller*, in: Assmann/Schneider, Wertpapierhandelsgesetz, § 35 Rn. 6.

[166] Hierzu sogleich § 16, S. 415 ff. (sub bb).

heute herrschenden Meinung wird dies allerdings abgelehnt, worauf noch zurückzukommen ist[167].

Andere gehen davon aus, dass die vertraglichen und gesetzlichen zivilrechtlichen Pflichten im Lichte des Aufsichtsrechts konkretisiert werden können[168], wobei hierzu teilweise der Umweg über eine aufsichtsrechtlich geprägte Verkehrssitte gesucht wird[169]. Mitunter entsteht allerdings auch hier der Eindruck, dass bei alledem kein vom Aufsichtsrecht unabhängiger weitergehender Konkretisierungsspielraum der Zivilgerichte bestehen soll[170]. Zu einer gewissen Verbindlichkeit des Aufsichtsrechts kommen andere mittels der Annahme eines aufsichtsrechtlich geprägten Empfängerhorizonts. Diese Auffassung weist die zivilrechtliche Haftung des Anlageberaters im Einklang mit der geltenden Rechtsprechung weitgehend dem Vertragsrecht zu. Dabei könne der objektive Empfänger die Erklärungen des Anlageberaters nur in der Weise verstehen, dass dieser sich zu aufsichtsrechtskonformem Verhalten verpflichten wolle[171].

Die wohl geringste Wirkungsintensität folgt aus der Annahme, dass das Aufsichtsrecht dem Zivilrichter lediglich Anhaltspunkte für die Auslegung des Zivilrechts einschließlich etwaiger vertraglicher Abreden geben könne[172]. Es handele sich um eine mögliche Grundlage für die autonome richterliche Rechtsfortbildung[173]. Dieser Auffassung neigte neben einigen Vertretern der vorgenannten Konkretisierungsthese zunächst auch der BGH zu, der eine unmittelbare Wirkung der aufsichtsrechtlichen Normen auf das Zivilrecht ablehnte und im Übrigen auf dem Standpunkt stand, dass die aufsichtsrechtlichen Vorschriften weder eine Begrenzung noch eine Erweiterung der zivilrechtlichen Haftung des im Anwendungsbereich des Aufsichtsrechts agierenden Anlageberaters bewirken[174]. Gleichzeitig hatte der BGH den Wohlverhaltenspflichten, soweit ihnen eine anlegerschützende Funktion zukommt, aber eine „Bedeutung" für

---

167 § 16, S. 425 ff. [sub (2)].

168 *Rothenhöfer*, in: Baum/Hellgardt/Fleckner/Roth, Perspektiven des Wirtschaftsrechts, S. 55, 75, 83; MünchKommBGB/*Emmerich*, § 311 Rn. 113; *Fuchs*, in: ders., Wertpapierhandelsgesetz, Vor. §§ 31 bis 37a Rn. 60 ff.; s. auch *Roth*, in: Assmann/Schütze, Handbuch des Kapitalanlagerechts, § 11 Rn. 11; wohl auch *Balzer* ZBB 1997, 260, 268.

169 Vgl. *Bliesener*, Aufsichtsrechtliche Verhaltenspflichten beim Wertpapierhandel, S. 158 f.; s. *Reich* WM 1997, 1601, 1608; s. auch *Möllers/Ganten* ZGR 1998, 773, 807 f.; ablehnend *Forschner*, Wechselwirkungen zwischen Aufsichtsrecht und Zivilrecht, S. 118 f.

170 Vgl. *Roth*, in: Assmann/Schütze, Handbuch des Kapitalanlagerechts, § 11 Rn. 11; deutlich auch bei *Krüger* NJW 2013, 1845, 1847: „einheitliches, gesetzlich gewolltes Pflichtenregime mit allerdings zweispuriger Sanktion im Zivil- und Aufsichtsrecht"; s. auch OLG Frankfurt, Urteil vom 29. Juni 2011 – 17 U 213/10 –, juris, Rz. 48 mit unzutreffendem Hinweis auf BGH NJW 2007, 1876, 1878; in dieser Richtung wohl auch *Schwark*, in: Bankrechtstag 1995, S. 109, 120 f.

171 *Forschner*, Wechselwirkungen zwischen Aufsichtsrecht und Zivilrecht, S. 142 ff.

172 *Sethe* AcP 212 (2012), S. 80, 127; s. auch *Forschner*, Wechselwirkungen zwischen Aufsichtsrecht und Zivilrecht, S. 140 ff.

173 *Roth*, in: Assmann/Schütze, Handbuch des Kapitalanlagerechts, § 11 Rn. 11.

174 BGH NJW 2012, 2873, 2875; NZG 2013, 1226, 1228.

Inhalt und Reichweite (vor)vertraglicher Aufklärungs- und Beratungspflichten zugeschrieben[175]. Ob das Aufsichtsrecht zivilrechtliche Mindeststandards dadurch begründet, dass im Zivilrechtsverkehr von aufsichtskonformem Verhalten ausgegangen werden könne, hatte der BGH dabei anfänglich noch offen gelassen[176].

Von dieser, eine weitgehende Autonomie des zivilrechtlichen Pflichtenprogramms gegenüber den aufsichtsrechtlichen Vorgaben bewahrenden Grundlinie ist der BGH unlängst im Zusammenhang mit der Aufklärungspflicht des Anlageberaters über verdeckte Innenprovisionen abgerückt. Während eine solche Aufklärungspflicht im Zivilrecht bisher teilweise davon abhängig gemacht wurde, dass die Innenprovision eine für die Werthaltigkeit der Anlage erhebliche Höhe erreicht[177], hat sich der BGH nunmehr für eine unterschiedslose Pflicht zur Aufklärung entschieden. Dies begründet er damit, dass der Anleger nach dem aufsichtsrechtlich nunmehr nahezu flächendeckend verwirklichten Transparenzgedanken des § 31d Abs. 1 WpHG „für die Bank erkennbar eine entsprechende Aufklärung im Rahmen des Beratungsvertrags erwarten kann (§§ 133, 157 BGB)“[178]. Es bleibt abzuwarten, ob der BGH diesen methodischen Weg auch künftig dazu nutzen wird, die zivilrechtlichen Verhaltenspflichten mit denen des Aufsichtsrechts umfassend zu parallelisieren.

b) Gemeinschaftsrechtliche Vorgaben

aa) Am Herkunftslandprinzip orientierte Maximalharmonisierung des Aufsichtsrechts, Umsetzungsspielräume

Einer Würdigung der Diskussion muss ein Blick auf die gemeinschaftsrechtlichen Harmonisierungsvorgaben vorausgehen. Mit den Finanzmarktrichtlinien strebt der europäische Gesetzgeber grundsätzlich nach Maximalharmonisierung[179], so dass den Mitgliedstaaten abseits der Konkretisierung unbestimmter Rechtsbegriffe ein weitergehender Gestaltungsspielraum im Regelfall nicht eröffnet ist. Das ist wohl unbestreitbar, soweit es um aufsichtsrechtliche Beschränkungen von Wertpapierfirmen geht, die unter behördlicher Aufsicht eines anderen Mitgliedstaates stehen. Der Tätigkeit solcher Firmen dürfen die Mitgliedstaaten „keine zusätzlichen Anforderungen“ auferlegen[180]. Die am

---

175 BGH NZG 2013, 1226, 1228; s. bereits BGH NJW 2007, 1876, 1878; NJW 2002, 62, 63; NJW-RR 2002, 405, 406; NJW 2000, 359, 361.

176 Vgl. BGH NJW 2002, 62, 63; hierzu etwa *Fuchs*, in: ders., Wertpapierhandelsgesetz, Vor. §§ 31 bis 37a Rn. 62.

177 Vgl. BGH NJW 2004, 1732, 1733; s. auch *Fullenkamp* NJW 2011, 421 f.

178 BGH WM 2014, 1382, 1385.

179 Statt vieler *Möllers* WM 2008, 93, 96; *Leuering/Zetzsche* NJW 2009, 2856, 2858; *Mülbert* ZHR 172 (2008), 170, 176 f.; zur neuen Rechtslage ebenso *Veil/Lerch* WM 2012, 1557, 1559.

180 Art. 31 Abs. 1 a.E. MiFID I; Art. 36 Abs. 1 a.E. MiFID II.

Herkunftslandprinzip orientierte aufsichtsrechtliche Maximalharmonisierung lässt eine weitergehende Regulierung von in Deutschland zugelassenen und beaufsichtigen Wertpapierfirmen zu[181]. Allerdings wird dies aufgrund der dadurch entstehenden „Inländerdiskriminierung" kritisch gesehen[182]. Dahinter steht letztlich immer die Befürchtung, dass Wertpapierfirmen ihre Unternehmenssitze in das europäische Ausland verlagern könnten.

Mit Erlass der Durchführungsrichtlinie zur ersten Finanzmarktrichtlinie im Jahr 2006 wurde das Prinzip der Maximalharmonisierung allerdings zugunsten einer mehr kooperativen Zusammenarbeit zwischen Gemeinschaft und Mitgliedstaaten zurückgefahren. Diese enthält eine Öffnungsklausel, die über die Durchführungsrichtlinie[183] hinausgehende Regelungen der Mitgliedstaaten zulässt, wenn die damit getroffenen „Anforderungen sachlich gerechtfertigt und verhältnismäßig sind und der Steuerung spezifischer, durch diese Richtlinie nicht angemessen abgedeckter Risiken für den Anlegerschutz ... dienen". Allerdings muss sich der mitgliedstaatliche Alleingang eines Risikos oder Problems annehmen, das nach dem Zeitpunkt der Anwendbarkeit der Durchführungsrichtlinie aufgetreten oder sichtbar und nicht Gegenstand anderer Gemeinschaftsmaßnahmen geworden ist[184].

Die praktischen Unklarheiten des Zusammenspiels zwischen der ersten Finanzmarktrichtlinie und ihren Durchführungsbestimmungen für die Kompetenzverteilung zwischen Gemeinschaft und Mitgliedstaaten lassen sich am Beispiel der im August 2009 mit dem Gesetz zur verbesserten Durchsetzung von Ansprüchen von Anlegern aus Falschberatung[185] eingeführten Protokollierungspflicht veranschaulichen. Hiernach ist über jede Anlageberatung gegenüber einem Privatkunden ein Protokoll anzufertigen und dem Kunden spätestens vor dem anvisierten Geschäftsabschluss auszuhändigen[186]. Flankierend hierzu gewährt das deutsche Recht dem Kunden einen Herausgabeanspruch[187]. Nach der Vorstellung des deutschen Gesetzgebers sollten damit lediglich die Vorgaben der ersten Finanzmarktrichtlinie konkretisiert werden[188]. In der Tat lässt sich vertreten, darin eine bloße Umsetzung der Richtlinie zu sehen, wonach die Wertpapierfirma dem Kunden in geeigneter Weise über die für ihre Kunden erbrachten Dienstleistungen Bericht erstatten muss[189]. Andernfalls

---

[181] *Böhm* BKR 2009, 221, 228; *Forschner*, Wechselwirkungen von Aufsichtsrecht und Zivilrecht, S. 56f.

[182] *Mülbert* WM 2007, 1149, 1157 l. Sp.

[183] Nicht dagegen über MiFID I selbst hinausgehend, vgl. Art. 4 Abs. 2 MiFID I-Durchführungsrichtlinie.

[184] Art. 4 I MiFID I-Durchführungsrichtlinie, s. auch deren Erwägungsgründe 7, 8.

[185] Gesetz v. 31. 7. 2009, BGBl. I 2009, S. 2512.

[186] § 34 Abs. 2a WpHG.

[187] § 34 Abs. 2b WpHG.

[188] BT-Drucks. 16/12814, S. 15 l. Sp.

[189] So etwa *Leuering/Zetzsche* NJW 2009, 2856, 2858f.; s. noch *Böhm* BKR 2009, 221,

wäre zu fragen, ob diese Verhaltenspflicht als weitergehende Bestimmung im Sinne der Durchführungsrichtlinie angesehen werden und damit unter die genannte Öffnungsklausel fallen könnte. Das Beispiel zeigt auch, dass sich Kriterien für die für das Kompetenzgefüge maßgebliche Grenzziehung zwischen der ersten Finanzmarktrichtlinie und ihrer Durchführungsrichtlinie nur schwer finden lassen. Es handelte sich letztlich um erhebliche handwerkliche Mängel der europäischen Rechtsetzung.

Einen weitergehenden aufsichtsrechtlichen Regulierungsspielraum gewährt die zweite Finanzmarktrichtlinie den Mitgliedstaaten nunmehr ausdrücklich insoweit, als es um vergütungsbezogene Interessenkonflikte geht. Über die getroffenen Vorgaben hinaus können die Mitgliedstaaten das Angebot oder die Annahme von Gebühren, Provisionen oder nicht monetären Vorteilen im Zusammenhang mit der Erbringung von Anlageberatung ausnahmsweise weitergehend verbieten oder einschränken[190]. Insoweit verfolgt die Richtlinie nur mehr noch eine Mindestharmonisierung der mitgliedstaatlichen Rechtsordnungen. Entsprechendes gilt für Aufsichts- und Sanktionsbefugnisse als solche[191].

bb) Harmonisierung auch des mitgliedstaatlichen Zivilrechts?

(1) Überblick über den Stand der Diskussion

In der Literatur wurde vereinzelt bereits unter der ersten Finanzmarktrichtlinie vertreten, dass diese einer weitergehenden zivilrechtlichen Haftung Grenzen setze. Es gehe nicht ausschließlich um Aufsichtsrecht, zumal es allgemein den Mitgliedstaaten überlassen sei, auf welche Weise diese gemeinschaftsrechtliche, in Form von Richtlinien getroffene Umsetzungsvorgaben in ihre Rechtsordnung überführen. Zudem würden weitergehende zivilrechtliche Verhaltensstandards die von der Richtlinie bezweckte, am Herkunftslandprinzip ausgerichtete Maximalharmonisierung aus den Angeln heben. Schon zur Vermeidung einer Inländerdiskriminierung habe sich eine richtlinienüberschießende privatrechtliche Haftung „gemeinschaftsrechtlich erledigt“[192]. Die überwiegende Ansicht in der Literatur ist dem nicht gefolgt[193]. Auch der BGH

228, der die Beratungspflicht der nicht von der Richtlinie präformierten zivilrechtlichen Rechtsdurchsetzung zuweist.

[190] Art. 24 Abs. 8 MiFID II.

[191] Vgl. Art. 75 MiFID II; zum Kommissionsentwurf *Veil/Lerch* WM 2012, 1557, 1559.

[192] So zur ersten Finanzmarktrichtlinie *Mülbert* WM 2007, 1149, 1157 l. Sp.; *ders.* ZHR 172 (2008), 170, 183ff., 186; im Ansatz auch *Herresthal* ZBB 2012, 89, 103f.; *ders.* WM 2012, 2261, 2263; zweifelnd, im Ergebnis aber ablehnend *Koller*, in: FS Huber, S. 821, 839f.

[193] *Möllers* WM 2008, 93, 96; *Koller*, in: FS Huber, S. 821, 839f.; *Assmann*, in: FS U.H. Schneider, S. 37, 45; *Spindler* NJW 2011, 1920, 1922; deutlich *Veil* ZBB 2008, 34, 41f.: Richtlinie gibt Beratungsvorgang zu wenig inhaltliche Kontur, um als abschließend gelten zu können; jetzt auch *Forschner*, Wechselwirkungen von Aufsichtsrecht und Zivilrecht, S. 60f., 202f.

ging zunächst *obiter* davon aus, dass die aufsichtsrechtlichen Bestimmungen „weder eine Begrenzung noch eine Erweiterung der zivilrechtlich zu beurteilenden Haftung des Anlageberaters" bewirken. Allerdings begründet der Senat dies ebenfalls mit der Annahme, dass es in den Händen der Mitgliedstaaten liege, ob die Umsetzung aufsichtsrechtlich oder zivilrechtlich erfolgt[194]. Die Rechtsfrage hatte bereits unter der ersten Finanzmarktrichtlinie praktische Bedeutung. Denn der BGH geht in ständiger Rechtsprechung davon aus, dass im Zuge einer tatsächlich stattfindenden Anlageberatung in aller Regel ein schlüssiger Beratungsvertrag zustande kommt[195]. Die seit der Bond-Entscheidung[196] stetig gestiegenen Anforderungen an eine pflichtgemäße Beratung gehen teilweise über die aufsichtsrechtlichen Maßstäbe des europäischen Rechts hinaus[197].

Für die erste Finanzmarktrichtlinie hat der EuGH die Auslegungsfrage inzwischen entschieden und dabei auch ausgeführt, dass es den Mitgliedstaaten frei stehe, Verstöße gegen die Wohlverhaltenspflichten ergänzend mit zivilrechtlichen Sanktionen zu belegen[198]. Damit ist auch die Feststellung impliziert, dass eine zivilrechtliche Vollharmonisierung jedenfalls mit der ersten Finanzmarktrichtlinie nicht beabsichtigt war[199]. Anders als der BGH zunächst meinte, lässt die erste Finanzmarktrichtlinie den Mitgliedstaaten nach Auffassung des EuGH somit nicht die Wahl, die transaktionsbezogenen Vorgaben entweder aufsichts- oder zivilrechtlich umzusetzen. Es handelt sich hiernach um Vorgaben, die sämtlich jedenfalls in das Aufsichtsrecht der Mitgliedstaaten zu implementieren sind[200].

Indes hat die These von der Maximalharmonisierung der mitgliedstaatlichen Zivilrechtsordnung unter der zweiten Finanzmarktrichtlinie neue Anhänger gefunden. Vor dem Hintergrund der für die „unabhängige" Beratung getroffenen weitgehenden inhaltlichen Vorgaben wird die Auffassung vertreten, dass die neue Richtlinie jedenfalls insoweit abschließenden Charakter habe, der im Rahmen der Auslegung des Vertrags zu respektieren sei[201]. Die praktische Bedeutung dieser Auffassung lässt sich anhand der Frage des Beratungsumfangs verdeutlichen. Während der beratende Makler im deutschen Vertragsrecht typischerweise zu einer umfassenden Analyse des einschlägigen Marktes ver-

[194] BGH NJW 2012, 66, 71.

[195] Eingehend § 13, S. 132f. [sub (2)].

[196] BGH NJW 1993, 2433.

[197] Hierzu bereits *Mülbert* WM 2007, 1149, 1156f.

[198] EuGH EuZW 2013, 557, 560.

[199] Vgl. auch BGH NZG 2013, 1226, 1229; s. noch *Möllers/Poppele* ZGR 2013, 437, 469, widersprüchlich allerdings aaO. S. 473.

[200] Weitergehende Kritik bei *Roth* ZBB 2012, 429, 430ff. und *Herresthal* ZBB 2012, 89, 102ff.; s. jetzt auch BGH NZG 2013, 1226, 1230.

[201] *Veil/Lerch* WM 2012, 1605, 1611; ablehnend *Grigoleit* ZHR 177 (2013), 264, 272ff., 280.

pflichtet ist[202], lässt die zweite Finanzmarktrichtlinie die Berücksichtigung einer „ausreichenden Zahl von auf dem Markt angebotenen Finanzprodukten" bei „ausreichender" Diversifizierung von Art und Anbieter genügen. Auch wenn unklar ist, wie der EuGH diese Richtlinienvorgabe letztlich inhaltlich konturieren würde, spricht doch manches dafür, dass diese hinter dem überkommenen vertragsrechtlichen Verständnis der Maklerpflichten spürbar zurückbleibt. Wenngleich die Ausstrahlungswirkung der Richtlinienvorgaben insgesamt in erster Linie mit Blick auf die vertragliche Haftung des Anlageberaters diskutiert wird[203], wären gleiche Folgen anzunehmen für eine weitergehende zivilrechtliche Haftung aus Vertrauensgesichtspunkten und Delikt[204]. Damit stellt sich umfassend die Frage, ob den Gesetzgebern und Gerichten der Mitgliedstaaten die zivilrechtliche Haftung als Stellschraube der Regulierung defizitärer Beratungsvorgänge noch umfassend zur Verfügung steht.

(2) Stellungnahme

Nach richtigem Verständnis setzt auch die zweite Finanzmarktrichtlinie für den Bereich der zivilrechtlichen Haftung von im europäischen Ausland zugelassenen und beaufsichtigten Wertpapierfirmen keine Grenzen[205]. Der Gegenauffassung ist freilich zuzugeben, dass eine Maximalharmonisierung so letztlich nicht zu erreichen ist[206]. Allerdings hat der Richtliniengeber mehr als eine *aufsichtsrechtliche* Maximalharmonisierung bisher schon nicht beabsichtigt[207]. Der explizite verwaltungsaufsichtsrechtliche Fokus der Richtlinien[208] spricht gerade dagegen. Der von der Gegenansicht angeführte allgemeine Verweis auf den Charakter von Richtlinien als bloße Zielvorhaben, die den Mitgliedstaaten die Wahl der Form und der Mittel belassen[209], geht sowohl an der europäischen Rechtsetzungswirklichkeit im Allgemeinen als auch an den Finanzmarktrichtlinien im Besonderen vorbei.

Die Mitgliedstaaten sind lange daran gewöhnt, dass Richtlinien eine solche Dichte erreichen, dass praktisch nur eine fast wörtliche Übernahme in das nationale Recht in Betracht kommt. Auch ist es nicht untypisch, dass den Mitgliedstaaten die Wahl des Handlungsinstrumentariums aus der Hand genom-

---

202 Zur parallelen Rechtslage beim Versicherungsmakler s. nur *Reiff* VersR 2004, 142, 148; *Matusche-Beckmann* NVersZ 2002, 385, 388.

203 *Mülbert* WM 2007, 1149, 1157 l. Sp.

204 Hierzu *Koller*, in: FS Huber, S. 821, 839.

205 Von einer „zwingenden Kongruenz" des Privatrechts mit den aufsichtsrechtlichen Pflichten kann keine Rede sein; a.A. *Herresthal* ZBB 2009, 348, 350f. (insoweit noch zu MiFID I).

206 *Mülbert* WM 2007, 1149, 1157 l. Sp.

207 Vgl. zur ersten Finanzmarktrichtlinie die entsprechende Äußerung der Kommission vom 8. Dezember 2010, Public Consultation, Review of the Markets in Financial Instruments Directive, S. 63, abrufbar unter http://ec.europa.eu (11/2014).

208 Vgl. bereits Art. 5 I, 16 II, 48 ff. MiFID I; hierzu auch *Koller*, in: FS Huber, S. 821, 840.

209 *Mülbert* WM 2007, 1149, 1157.

men wird. Zwar haben Richtlinien, die wie die Finanzmarktrichtlinien Verbraucherschutz (mit)bezwecken, typischerweise das Zivilrecht als Regelungsmaterie explizit im Blick. Das ist allerdings letztlich dem Umstand geschuldet, dass sich auf diesem Wege Verbraucherschutz am effektivsten verwirklichen lässt. Staatliche Aufsicht kann effektiven Verbraucherschutz letztlich nur komplettieren. Als Schwerpunktinstrument, geschweige denn ohne jeden zivilrechtlichen Flankenschutz, ist sie offensichtlich ungeeignet[210]. Die im Wege einer funktionalen Auslegung gewonnene Annahme, die Finanzmarktrichtlinien untersagten weitergehende konkurrierende zivilrechtliche Steuerungsinstrumente, ist vor diesem Hintergrund wenig plausibel. Aufgrund der weitreichenden Folgen einer zivilrechtlichen Haftungsbegrenzung für den Anlegerschutz ist im Gegenteil davon auszugehen, dass der Regelungsgeber beabsichtigte Auswirkungen auf konkurrierende Regelungsmechanismen ausdrücklich klargestellt hätte. Spätestens im Zuge der Reform der ersten Finanzmarktrichtlinie wäre eine Stellungnahme gegen den bekannten Dualismus des deutschen Rechts zu erwarten gewesen.

In der Literatur wurde zu Recht darauf hingewiesen, dass die Folgen der Annahme auch einer zivilrechtlichen Maximalharmonisierung noch längst nicht in alle Richtungen umfassend ausgeleuchtet wurden[211]. Die Diskussion beschränkt sich bisher überwiegend darauf, eine weitergehende zivilrechtliche Haftung in Frage zu stellen. Umgekehrt wäre aber mit gleicher Berechtigung zu fragen, ob die bestehenden Richtlinienvorgaben dann nicht auch sämtlich im Wege des Zivilrechts haftungsrechtlich abzusichern wären[212]. Das Problem lässt sich anhand der Pflichten zur Ermittlung der persönlichen Verhältnisse und Kenntnisse des Anlegers sowie der Pflicht zur Offenlegung zulässiger Rückvergütungen verdeutlichen. Ein Anlageberater, der diese in das nationale Recht umzusetzenden Richtlinienvorgaben verletzt und gleichwohl eine objekt- und anlegergerechte Empfehlung abgibt, macht sich nach dem überkommenen dogmatischen Verständnis des deutschen Haftungsrechts *nicht* schadensersatzpflichtig[213]. Soweit es die genannte Explorationspflicht betrifft, entspricht dieser Befund auch heute wohl noch allgemeiner Ansicht[214]. Lediglich in Ansehung der Pflicht zur Offenlegung von Rückvergütungen hat der BGH *de facto* den systemwidrigen Weg der privaten Durchsetzung aufsichtsrechtlicher Pflichten beschritten[215]. Ein maximalharmonisierender Ansatz müsste sich jedenfalls auch mit der Frage auseinandersetzen, ob und bis zu welchem Grad sich das

---

210 Vgl. auch *Horn*, Europäisches Finanzmarktrecht, S. 64 f.

211 Vgl. *Grigoleit* ZHR 177 (2013), 264, 272.

212 *Grigoleit* ZHR 177 (2013), 264, 272.

213 Zum Ganzen allgemein § 13, S. 224 ff. [sub (1)].

214 Vgl. OLG Stuttgart ZIP 2012, 1798, 1799.

215 BGH st., vgl. NJW 2007, 1876, 1878 f.; NJW 2011, 3227, 3228; NJW 2011, 3229, 3230; NJW 2011, 3231, 3232; zu aufklärungsbedürftigen Innenprovisionen s. auch BGH BKR 2008, 199, 200; kritisch zum Ganzen § 13, S. 187 ff. (sub dd).

Zivilrecht tatsächlich für die Umsetzung genuin aufsichtsrechtlicher Vorgaben eignet. Anhaltspunkte dafür lässt die Reformdiskussion auf europäischer Ebene tatsächlich nicht erkennen.

c) Grundsatz der Eigenständigkeit des Zivilrechts als Konsequenz

Nach alledem ist selbst im Bereich der Kapitalanlageberatung vom Grundsatz der Eigenständigkeit des Zivilrechts auszugehen. Auch vor dem Hintergrund der Auslegung der gemeinschaftsrechtlichen Vorgaben ist die Lehre von der Doppelnatur *de lege lata* abzulehnen. Aus dem Umstand, dass die transaktionsbezogenen Wohlverhaltenspflichten die vorvertraglichen und vertraglichen Leistungs- und Verhaltenspflichten der Marktteilnehmer betreffen, ist vereinzelt der Schluss gezogen worden, es handle sich insoweit funktional um Zivilrecht[216]. Auch dem ist zu widersprechen. Richtig ist, dass das Zivilrecht in erster Linie der Ort für die Setzung transaktionsbezogener Regeln ist, was sich aus dem Primat der Privatautonomie für die Rechtsbeziehungen zwischen Privatrechtssubjekten zwanglos erklärt. Gleichwohl kann das Zivilrecht insoweit keine Alleinstellung für sich beanspruchen. Es ist nicht einmal ungewöhnlich, dass das Aufsichts-, aber etwa auch das Standesrecht neben institutionellen Rahmenbedingungen auch transaktionsbezogene Regelungen vorsieht. Man mag allenfalls daran zweifeln, dass sich transaktionsbezogene Vorgaben (allein) im Wege des Aufsichtsrechts wirksam durchsetzen lassen.

Widerspruch verdient überdies die nunmehr auch vom BGH im Bereich der Kapitalanlageberatung vertretene Auffassung, wonach der Anleger von der beratenden Bank die Beachtung tragender Grundprinzipien des Aufsichtsrechts erwarten könne mit der Konsequenz, dass die aufsichtsrechtliche Pflicht zur Aufklärung über Zuwendungen von Dritten aus der Perspektive des Empfängerhorizonts zum Pflichtenprogramm des Beratungsvertrags werde[217]. Die Folgen der naheliegenden Verallgemeinerung dieser Rechtsprechung sind ganz offenbar längst nicht hinreichend bedacht worden. Auf diesem Wege würde der Empfängerhorizont des Vertragsrechts zu einem undifferenzierten Vehikel der Parallelisierung von öffentlichem Recht und Zivilrecht. Damit droht letztlich für weite Bereiche das Ende der Eigenständigkeit des Zivilrechts, eine Folge, die sich im Übrigen mit der Wertung des § 823 Abs. 2 BGB kaum vereinbaren lässt. Es bleibt daher zu hoffen, dass sich der BGH von dieser Begründungslinie künftig deutlich distanzieren wird.

---

216 *Assmann*, in: FS U.H. Schneider, S. 37, 43; s. noch *Möllers*, in: Kölner Kommentar zum WpHG, § 31 WpHG Rn. 15.

217 Vgl. BGH WM 2014, 1382, 1385.

d) Aufsichtsrechtliche Interessenbindung, zivilrechtlicher Interessenausgleich und Kohärenzgebot

Der Grundsatz der Eigenständigkeit des Zivilrechts richtig verstanden bedeutet indes nicht, dass die im Rahmen des Zivilrechts geltenden grundlegenden Wertungen dem Aufsichtsrecht diametral zuwiderlaufen könnten. Das wird besonders anschaulich für die Frage der Interessenbindung des Wertpapierdienstleistungsunternehmens und seiner Akteure, die den Ausgangspunkt für die Ausgestaltung des Zivilrechtsverhältnisses markiert. Im Zentrum der Vorgaben des europäischen Kapitalmarktrechts steht die allgemeine Pflicht von Wertpapierdienstleistungsunternehmen, bei der Erbringung von Wertpapierdienstleistungen und damit auch im Rahmen der hier interessierenden Anlegerberatung „ehrlich, redlich und professionell im bestmöglichen Interesse ihrer Kunden" zu handeln[218]. Der hohe berufsmäßige Verhaltensstandard wurde bereits von der Wertpapierdienstleistungsrichtlinie eingeführt[219], im Rahmen der ersten Finanzmarktrichtlinie fortgeschrieben[220] und im Zuge der jüngsten Reform durch konkretisierende Verhaltensanforderungen weitergehend zugunsten des Kundeninteresses verschärft. Zu nennen sind nur die strikteren Vorgaben für den Umgang mit (vergütungsbedingten) Interessenkonflikten. Der deutsche Gesetzgeber hat die Vorgaben allerdings nicht wortlautgetreu umgesetzt. Denn § 31 Abs. 1 WpHG sieht lediglich vor, dass Wertpapierfirmen „mit der erforderlichen Sachkenntnis, Sorgfalt und Gewissenhaftigkeit im Interesse seiner Kunden" zu handeln haben. Ob das deutsche Recht damit hinter den europäischen Vorgaben zurückbleibt und deshalb richtlinienkonform auszulegen ist[221], ist zweifelhaft, kann im Ergebnis aber dahinstehen, da vergleichbare scheinbare Umsetzungsdefizite für die konkretisierten Verhaltensanforderungen jedenfalls nicht festzustellen sind. Festzuhalten bleibt, dass die Zulässigkeit der Verfolgung eigener Interessen der beratenden Wertpapierfirmen auf ein Minimum reduziert wurde, ohne dabei diese jedoch der Interessenbindung von Angehörigen klassischer Professionen wie dem Arzt oder dem Rechtsanwalt voll anzugleichen.

Dass die im Zivilrecht vorzunehmende Interessenabwägung von den aufsichtsrechtlichen Wertungen beeinflusst wird, versteht sich gewissermaßen von selbst und ist vor dem Hintergrund des Kohärenzgedankens unausweichlich. Der hier für Umsatzgeschäfte herkömmlich geltende Grundsatz des Interessengegensatzes, der von der Gleichwertigkeit und Eigenverantwortlichkeit der

[218] Vgl. Art. 24 Abs. 1 MiFID II.

[219] Art. 11 Richtlinie 93/22/EWG des Rates vom 10. Mai 1993 über Wertpapierdienstleistungen, ABl. 1993, L 141/27.

[220] Art. 19 Abs. 1 MIFID I.

[221] In diesem Sinne *Fuchs*, in: ders., Wertpapierhandelsgesetz, § 31 Rn. 34; *Koller*, in: Assmann/Schneider, Wertpapierhandelsgesetz, § 31 Rn. 14; für nicht notwendig hält dies *Möllers*, in: Kölner Kommentar zum WpHG, § 31 WpHG Rn. 113.

Wirtschaftssubjekte ausgeht und der mit Rücksicht auf die Wertungen der §§ 123, 242 BGB und die verfassungsrechtlich präformierten Grundsätze zum Umgang mit strukturellen Ungleichgewichtslagen nur vergleichsweise zaghaften Einschränkungen unterliegt, hätte andernfalls einen unauflösbaren Wertungswiderspruch zur Folge. Der zivilrechtliche Mechanismus des Interessenausgleichs muss sich daher an der aufsichtsrechtlichen Interessenbindung orientieren. Die rechtsfortbildende Ausgestaltung der zivilrechtlichen Pflichten findet darin zugleich ihre systemimmanente Rechtfertigung.

e) Aufsichtsrecht als Ideenretorte autonomer richterlicher Konkretisierung vertraglicher und gesetzlicher Pflichten

Die Einwirkung der aufsichtsrechtlichen Interessenbindung auf das Zivilrecht hat weitergehend aber nicht zur Folge, dass die aufsichtsrechtlichen Verhaltenspflichten im Rahmen der zivilrechtlichen Rechtsbeziehungen gleichsam umfassend abzubilden sind. Weder entspricht das Aufsichtsrecht zivilrechtlichen Mindestanforderungen noch ist es den Zivilgerichten genommen, im Rahmen des zivilrechtlichen Pflichtenprogramms über das Aufsichtsrecht hinauszugehen. Letzteres versteht sich im Rahmen der Vertragsfreiheit von selbst. Der Gegenauffassung ist vorzuhalten, dass sie die funktionellen Unterschiede von Aufsichts- und Zivilrecht grundlegend ignoriert. Vielmehr ist es Sache des Gesetzgebers und, in den Grenzen zulässiger Rechtsfortbildung, der Zivilgerichte zu entscheiden, ob und inwieweit die Durchsetzung aufsichtsrechtlicher Verhaltensstandards auch mit den Mitteln des Zivilrechts erfolgen soll. Auch muss man sich klarmachen, dass sich Wertpapieraufsichtsrecht und Zivilrecht in ihrer Zielrichtung nicht uneingeschränkt decken. Während es im Aufsichtsrecht um die Funktionsfähigkeit des Kapitalmarkts und den Anlegerschutz geht, ist das Zivilrecht im Grundsatz vom Ausgleich der individuellen Interessen aller am konkreten Rechtsverhältnis Beteiligten bestimmt. Vor diesem Hintergrund muss es den Gerichten notwendig frei stehen zu entscheiden, ob und inwieweit sich aufsichtsrechtlich getroffene Vorgaben für die Konkretisierung des zivilrechtlichen Interessenausgleichs eignen. Daneben ist zu berücksichtigen, dass es den Parteien grundsätzlich frei steht, sich dem durch richterliche Auslegung gewonnenen gesetzlichen Leitbild im Wege privatautonomer Vereinbarung ganz oder teilweise zu entziehen. Auch die Grenzen der Disponibilität werden grundsätzlich[222] nicht vom Aufsichtsrecht vorgezeichnet. Maßgeblich sind vielmehr die entsprechenden zivilrechtlichen Grundsätze, die im Bereich struktureller Ungleichgewichtslagen weithin auch verfassungsrechtlich determiniert sind[223]. Im Übrigen lassen sich aufsichtsrechtliche Vorgaben unter Umständen

---

[222] Eine – allerdings vom Zivilrecht her eröffnete – Schnittstelle zwischen Zivil- und Aufsichtsrecht stellt § 134 BGB dar.

[223] Vgl. auch *Buck-Heeb* ZHR 177 (2013), 310, 320f.

kaum oder nur unter Inkaufnahme erheblicher Friktionen in die zivilrechtliche Dogmatik integrieren. Der Hinweis auf den aufsichtsrechtlichen Umgang mit Zuwendungen gem. § 31d WpHG und die hierzu parallel liegende Rechtsprechung des BGH zur Aufklärung über Rückvergütungen und Innenprovisionen mag an dieser Stelle genügen[224].

Nach richtigem Verständnis erschöpft sich der zivilrechtliche Bedeutungsgehalt der konkretisierten aufsichtsrechtlichen Vorgaben daher darin, dass diese einen objektivierten Anhaltspunkt bieten für die autonome richterliche Konkretisierung der gesetzlichen und vertraglichen Pflichten durch Auslegung und Rechtsfortbildung. So geht *Assmann* zutreffend davon aus, dass „die Gerichte frei sind zu entscheiden, inwieweit sie sich bei der Konkretisierung von Sorgfaltspflichten vom Aufsichtsrecht inspirieren lassen"[225]. Die Gegenauffassung ist erkennbar von dem Bemühen getragen, die Konkretisierung des weithin unbestimmten zivilrechtlichen Pflichtenprogramms durch den Rückgriff auf das Aufsichtsrecht vorhersehbar zu machen[226]. Das entspricht einer im kontinentaleuropäischen Rechtskreis verbreiteten Abneigung gegenüber ungeschriebenem Recht und unbestimmten Rechtsbegriffen. Die Offenheit und Konkretisierungsbedürftigkeit des Zivilrechts ist vor allem im Bereich des Kapitalanlegerrechts aber wohl eher eine Stärke der geltenden deutschen Zivilrechtsdogmatik. Denn auf diese Weise ist es den Gerichten möglich, flexibel und angemessen auf ein im besonderen Maße im Fluss befindliches Privatrechtssegment zu reagieren. Dass damit ein gewisses Maß an Rechtsunsicherheit und Unvorhersehbarkeit einhergeht, liegt in der Natur der Sache. Das Aufsichtsrecht ist damit letztlich nicht mehr als eine Ideenretorte, mit deren Hilfe die Rechtsprechung das ungeschriebene gesetzliche Leitbild der Anlegerberatung und von diesem abweichende Vertragsinhalte konkretisiert. Die Konkretisierung der zivilrechtlichen Pflichten kann sich damit im Einzelfall mit den aufsichtsrechtlichen Vorgaben decken, aber auch hinter diesen zurückbleiben oder über diese hinausgehen. Die Grenze wird man anhand des Maßstabs der Widerspruchsfreiheit und Folgerichtigkeit zu ziehen haben.

f) Aufsichtsrecht und Typenprägung im Zivilrecht

Eine weitere wesentliche Wirkung des Aufsichtsrechts betrifft die im Zivilrecht bedeutsame Typenprägung[227]. Hervorzuheben ist in diesem Zusammenhang die Auswirkung der reformierten Finanzmarktrichtlinie auf die Typizität der Beratungsmodelle und die sich daraus zwangsläufig ergebende Unterscheidung

---

[224] Hierzu bereits eingehend § 13, S. 187ff. (sub dd).

[225] *Assmann*, in: FS U.H. Schneider, S. 37, 43.

[226] Deutlich etwa *Herresthal* ZBB 2012, 89, 95; *ders.* WM 2014, 773, 780; s. auch *Harnos* BKR 2014, 1, 6 sowie *Lang/Kühne* WM 2009, 1301, 1307: „Dogmatische Spitzfindigkeiten und Auslegungsschwierigkeiten wären auf diese Weise mit einem Schlag beseitigt".

[227] Vgl. auch *Herresthal* WM 2014, 773, 774.

zwischen nicht unabhängigen und „unabhängigen“ Anlageberatern. Hiernach muss der persönlichen Empfehlung eines Finanzinstruments die Information darüber vorweggehen, ob der Ratgeber „unabhängig“ berät oder nicht und ob die Empfehlung auf einer „umfangreichen“ oder „eher beschränkten Analyse“ verschiedener Arten von Finanzinstrumenten basiert, Art. 24 Abs. 4 MiFID II. Wird die Beratung erklärtermaßen „unabhängig“ erbracht, ist in jedem Fall eine „ausreichende Palette“ von auf dem Markt angebotenen Finanzprodukten zu bewerten, die hinsichtlich ihrer Art und Anbieter „hinreichend gestreut“ sind und die sich nicht ausschließlich auf Finanzinstrumente beschränkt, die von Anbietern emittiert oder zur Verfügung gestellt werden, zu denen die beratende Wertpapierfirma in enger Verbindung steht, Art. 24 Abs. 7 MiFID II. Durch das an die erklärte „Unabhängigkeit“ der Beratung überdies geknüpfte unbedingte Provisions- und Zuwendungsverbot stehen sich *de facto* auch künftig Honorarberater und Provisionsberater exklusiv gegenüber. In der zivilrechtlichen Dogmatik wird sich diese Typizität notwendig wiederfinden. Ein konkreter Niederschlag ist ebenso bei den Arten von Rechtsbeziehungen wie beim Umfang und Inhalt der Beratungspflicht zu erwarten. Klarzustellen bleibt, dass die völlige inhaltliche Parallelisierung aufsichtsrechtlicher und zivilrechtlicher Verhaltenspflichten auch keine notwendige Folge dieser Typisierung ist[228].

III. Zivilrecht der Kapitalanlageberatung

1. Absatzorientierte bzw. provisionsbasierte Beratung

a) Dogmatik der Haftungsgrundlagen und Rechtsnatur der Beratungspflicht

aa) Quasi-vertragliche Vertrauenshaftung statt Beratungsvertrag

Eine an die Durchführung eines Kapitalanlagenerwerbsgeschäfts gekoppelte Beratungspflicht ist auch dem geltenden Kapitalanlegerzivilrecht, im Gegensatz zum Arzt- und Anwaltsrecht, fremd[229]. Erst mit dem Abschluss eines gesonderten Beratungsvertrags kann daher eine, in der Regel als Hauptleistungspflicht zu qualifizierende, Beratungspflicht zur Entstehung gelangen. Im Regelfall der nicht „unabhängigen“ Beratung kommt indes, wie bereits eingehend ausgeführt[230], entgegen der Rechtsprechung ein Beratungsvertrag nicht zustande. Stattdessen entsteht ein gesetzliches Schuldverhältnis, das den Ratgeber zur Anwendung gehöriger Sorgfalt durch Einhaltung beratungstypischer Verhal-

---

[228] A.A. *Herresthal* WM 2014, 773, 777, 778, dessen abzulehnende „aufsichtsrechtlich orientierte Rechtsfortbildung“ letztlich auf eine weitgehende Parallelisierung von Aufsichts- und Zivilrecht hinausläuft, sofern kein ausdrücklicher abweichender Parteiwille besteht.

[229] Vgl. schon *Hopt*, Der Kapitalanlegerschutz im Recht der Banken, S. 445.

[230] § 13, S. 131 ff. (sub b).

tensstandards verpflichtet. Dieses vorvertragliche Schuldverhältnis entsteht nicht notwendig im Verhältnis zum tatsächlichen Ratgeber, sondern ist nach richtigem Verständnis analog § 164 BGB dem Wertpapierdienstleistungsunternehmen, für das ein beratender Vermittler agiert, zuzurechnen[231].

Unter dem reformierten Aufsichtsrecht treten solche Ratgeber dem Anleger zu Beginn des Beratungsgesprächs bei aufsichtsrechtskonformem Verhalten als nicht „unabhängige“ Berater gegenüber. Das pflichtenauslösende Moment ist allerdings nicht schon in der Aufnahme eines Beratungsgesprächs zu sehen[232]. Maßgeblich ist vielmehr, dass der Ratgeber den Ratnehmer zu einer bestimmten Disposition zu veranlassen sucht, indem er diesem gegenüber eine konkrete, dem äußeren Eindruck nach auf den individuellen Ratnehmer zugeschnittene Anlageempfehlung ausspricht. Insoweit besteht ein Gleichlauf zwischen Zivil- und Aufsichtsrecht. Auch letzteres knüpft die entscheidenden, im Rahmen der Anlageberatung zu beachtenden Wohlverhaltensregeln erst an die Abgabe einer Empfehlung und nicht etwa bereits an die Einleitung eines Beratungsgesprächs[233]. In gleicher Weise finden die besonderen zivilrechtlichen Verhaltensanforderungen bei generischen oder an die Öffentlichkeit gerichteten konkreten Empfehlungen keine Anwendung. Die Beratungsstandards konkretisieren die allgemeine und im vorliegenden Fall ausschließlich vermögensbezogene Schutz- und Rücksichtnahmepflicht, § 241 Abs. 2 BGB. Bei der Beratungspflicht handelt es sich um eine „Beratungssorgfaltspflicht“.

Für die Haftung des Kapitalanlageberaters gilt somit ein zweispuriges System vertraglicher und quasivertragsrechtlicher Haftung mit unterschiedlicher inhaltlicher Ausgestaltung. Für den Kapitalanlageberater, der lediglich als beratender Verkäufer oder als gebundener Vermittler auftritt, gilt ein objektivierter haftungsbewehrter Verhaltensmaßstab. Es handelt sich beim beratenden Verkäufer um einen Fall der gesetzlichen Vertrauenshaftung kraft Geschäftsverbindung gem. § 311 Abs. 2 S. 2 BGB, beim beratenden gebundenen Vermittler um einen Fall der gesetzlichen Sachwalterhaftung gem. § 311 Abs. 3 S. 2 BGB. Von einem Vertrag, der die Erbringung einer Beratungsleistung als Hauptleistung zum Gegenstand hat, ist erst auszugehen, wenn sich der Ratgeber die Beratung besonders vergüten lässt, wenn er sich als vom Entscheidungsverhalten des Ratnehmers wirtschaftlich unabhängiger Ratgeber geriert oder wenn er aus der Sicht eines objektiven Empfängers andere, über die gesetzlichen Sorgfaltsanforderungen hinausgehende Pflichten übernehmen will, insbe-

---

[231] Zum Ganzen eingehend § 13, S. 146 [sub (3)].

[232] Gegen *Forschner*, Wechselwirkungen von Aufsichtsrecht und Zivilrecht, S. 155, der Gegenteiliges aufgrund der Vertragskonstruktion der Rechtsprechung annehmen will. Tatsächlich dürfte es kaum wahrscheinlich sein, dass der BGH selbst aus einem abgebrochenen Beratungsvorgang die vollen haftungsrechtlichen Konsequenzen ziehen würde, geschweige denn den Ratgeber als zur Leistung verpflichtet ansehen würde.

[233] A.A. *Forschner*, Wechselwirkungen von Aufsichtsrecht und Zivilrecht, S. 155 f.

sondere eine fortgesetzte Beratung im Anschluss an einen Anlagenerwerb verspricht.

bb) Konkurrierende deliktsrechtliche Haftungsgrundlagen

(1) § 823 Abs. 1 BGB?

Dass eine deliktische Haftung des Ratgebers auch unter § 823 Abs. 1 BGB denkbar ist, versteht sich für den Bereich der Arzthaftung von selbst und wurde auch im Zusammenhang mit der Haftung des Rechtsanwalts aufgezeigt[234]. Eine Haftung wegen fehlerhafter Kapitalanlageberatung scheidet dagegen schon deshalb aus, weil es sich beim insoweit allein betroffenen Vermögen nicht um eines der geschützten Primärrechtsgüter handelt[235]. Etwas anderes ergibt sich auch nicht daraus, dass der Anleger typischerweise im Zusammenhang mit dem Abschluss eines empfohlenen Anlagenerwerbsgeschäfts im Wege der Einbringung seines Kapitals über ein ihm zustehendes Forderungsrecht disponiert. Man mag schon darüber streiten, ob der Eingriff in die Forderungszuständigkeit tatsächlich zu einer deliktischen Haftung führen kann[236]. Ein weitergehender deliktischer Forderungsschutz für fahrlässig herausgeforderte Selbstschädigungen würde die gesetzgeberisch klar artikulierte Grenze der deliktischen Vermögensschadenhaftung jedenfalls vollends verwischen.

(2) § 823 Abs. 2 BGB i.V.m. den anlegerschützenden Wohlverhaltenspflichten des WpHG?

(a) Überblick über den Stand der Diskussion

Die überwiegende Auffassung in der Literatur erkannte den Regelungen des Aufsichtsrechts, soweit sie neben der Funktionsfähigkeit des Kapitalmarkts auch Anlegerschutz bezwecken[237], zunächst schlechthin oder doch zumindest im Einzelfall die Schutzgesetzeigenschaft i. S. d. § 823 Abs. 2 BGB zu[238]. Die Rechtsprechung konnte diese Frage zunächst offen lassen[239] und hat sie später

---

[234] § 15, S. 347 (sub 1).

[235] Vgl. auch Erman/*Ehmann*, BGB, 12. Aufl. 2008, § 675 Rn. 9; Soergel/*Hönn*, BGB, § 826 Rn. 172.

[236] Befürwortend etwa *v. Caemmerer*, in: FS Rabel, Bd. I, S. 333, 355 f.; *Canaris*, in: FS Steffen, S. 85, 96; dem folgend auch MünchKommBGB/*Wagner*, § 823 Rn. 223 ff. mit Nw. zum Meinungsstand; s. auch Soergel/*Spickhoff*, BGB, § 823 Rn. 88.

[237] Zu diesen Regelungszielen des europäischen Rechts statt vieler *Veil*, in: ders., Europäisches Kapitalmarktrecht, § 2 Rn. 3 ff.

[238] *Schwark*, in: Bankrechtstag 1995, S. 109, 122 ff.; *Köndgen* NJW 1996, 558, 569; *ders.* ZBB 1996, 361; *Hopt* ZHR 159 (1995), 135, 160; *Balzer* ZBB 1997, 260, 263; *Veil* WM 2007, 1821, 1826; *Schwintowski*, in: ders., Bankrecht, § 17 Rn. 23; *Fuchs*, in: ders., Wertpapierhandelsgesetz, § 31d Rn. 60; *Reich* WM 1997, 1601, 1604; *Schödermeier* WM 1995, 2053, 2054 f.; *Gaßner/Escher* WM 1997, 93, 96; *Lang/Kühne* WM 2009, 1301, 1307; wohl auch *Horn* ZBB 1997, 139, 149 f.

[239] Vgl. BGH NJW 2002, 62, 64; NJW-RR 2004, 484; NJW 2005, 2917, 2919.

in Ansehung einzelner aufsichtsrechtlicher Regelungen[240] und schließlich für die hier interessierenden §§ 31 ff. WpHG allgemein verneint[241]. Dem ist die Literatur inzwischen wohl mehrheitlich gefolgt[242]. Auch der BGH erkennt diesen Vorschriften zwar ausdrücklich eine anlegerschützende Funktion zu, sieht aber keine Anhaltspunkte dafür, dass es dem Willen des Gesetzgebers entspreche, an ihre Verletzung auch eine deliktische Einstandspflicht zu knüpfen[243]. Die allgemeine Wertentscheidung des Gesetzgebers gegen eine allgemeine deliktische Haftung für primäre Vermögensschäden spreche vielmehr dagegen, diese durch „eine ausufernde Annahme von Schutzgesetzen" zu unterlaufen[244].

(b) Konsequenzen der Anerkennung einer Schutzgesetzeigenschaft

Die Anerkennung der Schutzgesetzeigenschaft der anlegerschützenden Wohlverhaltenspflichten hätte zunächst zur Folge, dass neben die vertragliche bzw. quasivertragliche Haftung ein eigenständiges deliktsrechtliches Haftungsregime mit konkreten gesetzlichen Verhaltensanforderungen treten würde. Unter der bis zum 31. Oktober 2007 geltenden Fassung des WpHG hätte dies dazu geführt, dass eine unmittelbare Haftung auch solcher Personen begründet worden wäre, die nach den allgemeinen Regeln nicht in unmittelbare Rechtsbeziehungen zum Anlageinteressenten treten, sondern deren schuldhaft pflichtwidriges Verhalten dem Schuldner der Beratungspflicht lediglich nach § 278 BGB zugerechnet werden würde. Denn nach § 32 Abs. 2 WpHG aF war es auch den Angestellten eines Wertpapierdienstleistungsunternehmens verboten, einem Kunden Finanzinstrumente zu empfehlen, die nicht mit seinen Interessen übereinstimmten. Nach den allgemeinen zivilrechtlichen Grundsätzen würde eine Eigenhaftung des nur fahrlässig handelnden Angestellten dagegen grundsätzlich an den hohen Voraussetzungen der §§ 311 Abs. 3, 826 BGB scheitern. Es bestand damit die Gefahr einer Einebnung der qualifizierten Anforderungen an die Eigenhaftung von Vertretern über den Umweg des § 823 Abs. 2 BGB. Das nach den Vorgaben der europäischen Finanzmarktrichtlinien reformierte Aufsichtsrecht kennt als Adressaten indes nur mehr noch das Wertpapierdienstleistungsunternehmen selbst[245]. Der nur fahrlässig handelnde Angestellte würde daher im Fall einer Anerkennung der Schutzgesetzeigenschaft nicht mehr ohne weiteres neben dem Wertpapierunternehmen samtverbindlich haften. Allerdings sieht das Aufsichtsrecht weiterhin Verbotstatbestände vor, denen zivilrechtliche Pflichten im Rahmen vertraglicher oder quasivertraglicher

[240] Vgl. für § 32 Abs. 2 Nr. 1 WpHG aF. BGH NJW 2008, 1734, 1735 f.

[241] BGH NZG 2013, 1226, 1228; s. auch bereits BGH NJW 2012, 66, 71.

[242] Vgl. *Podewils/Reisich* NJW 2009, 116, 120; *Schäfer* WM 2007, 1872, 1875 ff.; s. auch *Witte/Hillebrand* DStR 2009, 1759, 1765.

[243] BGH NZG 2013, 1226, 1227.

[244] BGH NJW 2008, 1734, 1736.

[245] Hierzu § 16, S. 385 (sub c); unberücksichtigt von *Müchler* WM 2012, 974, 982.

Schuldverhältnisse nicht notwendig entsprechen. Zu nennen ist die Regelung des § 31d WpHG, der dem Wertpapierunternehmen die Annahme von Zuwendungen von Dritten vergleichsweise rigoros untersagt bzw. eine weitgehende Offenlegung gegenüber dem Kunden fordert. Das unterschiedliche Anlegerschutzniveau im Aufsichts- und Zivilrecht wurde etwa deutlich im Zusammenhang mit dem Verkauf von Indexzertifikaten im Wege des Eigengeschäfts und der dabei bisher üblichen Handelsspanne. Während solche Gewinnmargen im Festpreisgeschäft oder ein vom Emittenten gewährter Rabatt auf den Emissionspreis bisweilen aufsichtsrechtlich als zumindest offenlegungsbedürftige Zuwendung qualifiziert werden[246], hat der BGH eine vergleichbare zivilrechtliche Aufklärungspflicht im Zusammenhang mit dem beratenden Vertrieb verneint[247].

Eine weitere Konsequenz der Anerkennung der Schutzgesetzeigenschaft betrifft die Kompetenzverteilung zwischen dem EuGH und den mitgliedstaatlichen Gerichten. Während die Auslegungshoheit für das gemeinschaftsrechtlich präformierte Aufsichtsrecht unproblematisch dem EuGH gebührt, liegt das für eine an die anlegerschützenden Vorschriften anknüpfende zivilrechtliche Haftung nicht ohne weiteres auf der Hand. Es wurde bereits in anderem Zusammenhang ausgeführt, dass der Vorrang des Gemeinschaftsrechts aufgrund der funktionalen Ausrichtung des gemeinschaftsrechtlichen Kompetenzgefüges nicht zu einer gemeinschaftsrechtskonformen Auslegung konkurrierenden nationalen Rechts nötigt[248]. Im vorliegenden Fall käme es zwar zu einer unmittelbaren Anwendung gemeinschaftsrechtlich präformierter Rechtsvorschriften. Gegen eine Auslegungshoheit des EuGH lässt sich allerdings anführen, dass die Vorgaben der Finanzmarktrichtlinien ausschließlich eine aufsichtsrechtliche Implementierung fordern und der EuGH die Gestaltungshoheit der Mitgliedstaaten für das Zivilrecht ausdrücklich anerkannt hat[249]. Es wäre daher nur konsequent anzunehmen, dass Gesetzgebung und Rechtsprechung vom Vorrang des Gemeinschaftsrecht und der Auslegungshoheit des EuGH frei wären, wenn sie sich für die Anknüpfung einer zivilrechtlichen Haftung an die aufsichtsrechtlichen Umsetzungsregelungen entschieden. Mit der Konsequenz einer im Detail unterschiedlichen Interpretation im Rahmen der aufsichtsrechtlichen Rechtsanwendung einerseits und der deliktischen Parallelhaftung andererseits ließe sich gewiss leben, zumal sich die Wertpapierfirmen aufgrund der (quasi)vertraglichen Haftung ohnehin verschiedenen eigenständigen Haftungskonzepten gegenüber sehen.

---

[246] Vgl. *Sethe*, in: FS Nobbe, S. 769, 784 ff.; ablehnend *Herresthal* ZBB 2012, 89, 99; *Koller*, in: Assmann/Schneider, Wertpapierhandelsgesetz, § 31d Rn. 8; offen gelassen von BGH NZG 2013, 1226, 1227.

[247] BGH NZG 2013, 1226, 1227; kritisch etwa *Harnos* BKR 2014, 1, 3 ff.

[248] Vgl. *Heese* NJW 2012, 572, 576.

[249] § 16, S. 416 [sub (1)].

(c) Befürwortung eines Regel-/Ausnahmeverhältnisses

Im Grundsatz sprechen die besseren Gründe derzeit gegen die Annahme einer Schutzgesetzeigenschaft der (auch) anlegerschützenden aufsichtsrechtlichen Pflichten. Die Gegenauffassung übersieht, dass damit zugleich grundlegend die Entscheidung verbunden ist, den privaten Anleger nach dem Vorbild des U.S.-amerikanischen *private attorney general* den öffentlichen Aufsichtsbehörden zur Seite zu stellen. Die Annahme, der einzelne Anleger sei im Regelfall weit besser als die Aufsichtsbehörden in der Lage, aufsichtsrechtliche Verstöße aufzudecken[250] und diese einer auch generalpräventiv wirkenden Sanktionierung zuzuführen, hat gewiss manches für sich. Allerdings erscheint es vorzugswürdig, das Ob und Wie der auch privaten Durchsetzung von aufsichtsrechtlich verankerten Verhaltensregeln für jeden Einzelfall zu entscheiden anstatt das Aufsichtsrecht mehr oder weniger rigoros in das Zivilrecht zu übertragen. Die Rechtsprechung hat im Rahmen der vertraglichen Haftung des Kapitalanlageberaters insoweit bereits den richtigen Weg eingeschlagen, indem sie sich im Einzelfall für und gegen eine Übertragung der aufsichtsrechtlichen Wertungen bei der Pflichtenkonkretisierung entscheidet. Für die von der Gegenauffassung befürwortete weitreichende zivilrechtliche Folgewirkung des Aufsichtsrechts fordert der BGH zu Recht eine dahin gehende gesetzgeberische Tendenz, die sich tatsächlich nicht feststellen lässt. Es ist vielmehr davon auszugehen, dass sich der Gesetzgeber im Einklang mit den Vorgaben des europäischen Richtlinienrechts auf das Aufsichtsrecht beschränken wollte.

Von einer Schutzgesetzeigenschaft *de lege lata* auszugehen ist allerdings bei der mit dem Anlegerschutz- und Funktionsverbesserungsgesetz vom 5. April 2011[251] eingefügten Pflicht, dem Kunden im Falle der Anlageberatung ein sich auf die Kaufempfehlung beziehendes Produktinformationsblatt zur Verfügung zu stellen, vgl. § 31 Abs. 3a WpHG[252]. Die Begründung des Gesetzentwurfs geht ausdrücklich davon aus, dass die Verletzung dieser Pflicht auch zivilrechtliche Haftungsansprüche aus Schutzgesetzverletzung gem. § 823 Abs. 2 BGB zur Folge haben kann[253]. Damit hat der Gesetzgeber hinreichend zum Ausdruck gebracht, die Durchsetzung dieser Pflicht nicht allein von der Wirksamkeit einer mit systematischen Stichproben agierenden Aufsicht abhängig zu machen, sondern dessen Durchsetzung zugleich und unabhängig von einer gleichsinnigen richterlichen Fortbildung (quasi)vertraglicher Pflichten dem Anleger zu überantworten. Die auch hier für § 31 Abs. 3a WpHG vertretene Schutzgesetzeigenschaft führt jedenfalls dann zu einem Anspruch des Anlegers auf Rückabwicklung des Anlagengeschäfts, wenn diesem die für das Informa-

---

[250] Vgl. *Köndgen* ZBB 1996, 361.

[251] BGBl. 2011 I, S. 538.

[252] Gegen *Preuße/Schmidt* BKR 2011, 265, 271; *Schlee/Maywald* BKR 2012, 320, 326; *Podewils* ZBB 2011, 169, 174; *Müchler* WM 2012, 974, 982f.

[253] BT-Drucks. 17/3728, S. 21 r. Sp.

tionsblatt vorgeschriebenen Informationen nicht auf vergleichbare Art und Weise, d.h. kurz und verständlich und gleichfalls rechtzeitig vor Abschluss des Geschäfts zur Verfügung gestellt wurden[254]. Alles andere würde den Zweck der Regelung einerseits und die vom Gesetzgeber beabsichtigte ergänzende private Rechtsdurchsetzung andererseits konterkarieren.

(3) § 826 BGB

(a) Anwendbarkeit und praktische Bedeutung

Die Einschlägigkeit konkurrierender deliktischer Haftungsgrundlagen beschränkt sich im Bereich der Kapitalanlageberatung damit im Grundsatz auf den Tatbestand des § 826 BGB. Mit Rücksicht auf die hohen Anforderungen, die Rechtsprechung und Literatur an die Kapitalanlageberatung im Bereich der vertraglichen und quasivertraglichen Haftung etabliert haben, ist die praktische Bedeutung des § 826 BGB vergleichsweise zwar eher gering[255]. Aufgrund seiner Nähe zum Betrugsvorwurf und seiner Immunität gegenüber allen denkbaren Möglichkeiten einer Haftungsfreizeichnung erweist sich die Regelung allerdings unter dem Gesichtspunkt der Verhaltenssteuerung gleichwohl als besonders effektiv[256]. Schon vor diesem Hintergrund ist nicht davon auszugehen, dass der Anwendungsbereich des § 826 BGB von den aufsichtsrechtlichen Wohlverhaltenspflichten ausgeschlossen wird[257].

(b) Überblick über Haftungsvoraussetzungen und Rechtsfolgen

Im Rahmen der vorliegenden Abhandlung soll der Schwerpunkt im Einklang mit der praktischen Bedeutung auf der vertraglichen und quasivertraglichen Haftung des Ratgebers liegen. Die tatbestandlichen Voraussetzungen und die Rechtsfolgen einer Haftung des Kapitalanlageberaters aus § 826 BGB sollen daher im Folgenden nur skizziert werden. Im Ausgangspunkt macht es zunächst einmal keinen Unterschied, ob die Schädigung unmittelbar auf das Verhalten des Anspruchsgegners zurückzuführen ist oder erst infolge einer Disposition eingetreten ist, die der Anspruchsteller im berechtigten Vertrauen auf eine sorgfältige Beratung hin getroffen hat[258]. Unproblematisch sind sonach die Fälle, in denen im Zusammenhang mit einer Beratung von einer arglistigen Täuschung des Ratnehmers auszugehen ist. Beispielhaft sei auf den Vertrieb

---

[254] Entgegen *Preuße/Schmidt* BKR 2011, 265, 271 reicht es für die Annahme fehlender Kausalität nicht aus, wenn der Anleger stattdessen allgemein „vollständig und richtig" über sämtliche Produktmerkmale aufgeklärt wurde.

[255] Vgl. auch MünchKommBGB/*Wagner*, § 823 Rn. 68.

[256] Vgl. *Hopt*, in: FS Gernhuber, S. 169, 174; s. auch MünchKommBGB/*Wagner*, § 823 Rn. 66.

[257] Anders für die §§ 44–48 BörsG und § 13 VerkaufsprospektG *Schwark* ZGR 1983, 162, 183; ablehnend statt vieler Soergel/*Hönn*, BGB, § 826 Rn. 185.

[258] Zur Auskunftshaftung entsprechend MünchKommBGB/*Wagner*, § 823 Rn. 66; s. auch BGH WM 1956, 1229.

von CMS Spread Ladder Swap-Verträgen verwiesen, bei dem regelmäßig verschleiert wurde, dass das Finanzprodukt unter Zuhilfenahme komplexer Berechnungsformeln gezielt so gestaltet wurde, dass die Wahrscheinlichkeiten der Zinswette klar zu Gunsten der Bank stehen[259]. Im Übrigen handelt nach ständiger Rechtsprechung auch derjenige sittenwidrig i.S.d. § 826 BGB, „der seine Berufspflichten in einem Maße grob fahrlässig und leichtfertig verletzt, daß sein Verhalten als bedenken- und gewissenlos zu bezeichnen ist“[260]. Für die hier interessierenden Fälle ist gerade typisch, dass der Ratgeber sein Wissen um das blinde Vertrauen des Ratnehmers ausnutzt, um diesen zu einem bestimmten Entscheidungsverhalten zu veranlassen. Die Typizität dieser Fallgestaltungen macht weitere Feststellungen zur subjektiven Seite entbehrlich[261]. Die wissentliche Empfehlung eines evident nicht bedarfsgerechten Anlageprodukts begründet den Vorwurf des Sittenverstoßes dabei ebenso wie etwa eine leichtfertig unterlassene oder lückenhafte Risikoaufklärung[262].

Unklar ist allerdings, welche Berufspflichten für die Bestimmung der deliktischen Haftung des Kapitalanlageberaters heranzuziehen sind. In Betracht kommen zum einen diejenigen Pflichten, die das zivilgesetzliche Leitbild der Kapitalanlageberatung prägen. Zum anderen wäre auch hier an die aufsichtsrechtlichen Wohlverhaltenspflichten zu denken. In der Literatur wird teilweise angenommen, dass diese Pflichten entweder zur Konkretisierung der Haftung aus § 826 BGB heranzuziehen[263] oder weitergehend als deliktische Verkehrspflichten zum Schutz fremden Vermögens anzuerkennen sind[264], ohne ihnen notwendig zugleich die Eigenschaft eines Schutzgesetzes zuzuschreiben[265]. Die Frage kann nicht offen gelassen werden, denn es wurde bereits eingehend dargelegt, dass sich aus den eigenständigen Regeln des Aufsichts- und Zivilrechts im Einzelfall divergierende berufsmäßige Verhaltensanforderungen ergeben können. Die Verbotstatbestände und Verhaltensanforderungen des Aufsichtsrechts richten sich unmittelbar lediglich an die Wertpapierunternehmen[266]. Der vorsätzlich falsch beratende Angestellte einer Bank wäre auf diesem Wege haftungsrechtlich nicht zur Verantwortung zu ziehen, während das Wertpapierunternehmen selbst hiernach haftet, wenn es seine Angestellten vorsätzlich oder

[259] Instruktiv zur systematischen Verschleierung gezielt erzeugter ungleicher Beurteilungshorizonte OLG Stuttgart BKR 2010, 208, 210; zur Sittenwidrigkeit solcher Zinswettgeschäfte s. schon eingehend § 5, S. 55ff. (sub c, d).

[260] BGH NJW 1992, 2821, 2822; s. auch BGH WM 1956, 1229; NJW 1991 32, 33.

[261] Vgl. schon RGRK/*Steffen*, BGB, § 826 Rn. 29.

[262] Vgl. BGH NJW-RR 1999, 843: vorsätzlich sittenwidrige Schädigung von Anlegern bei Warenterminoptionsgeschäften durch Unterlassen hinreichender Risikoaufklärung.

[263] Soergel/*Hönn*, BGB, § 826 Rn. 185.

[264] *Horn* ZBB 1997, 139, 150; dem folgend *Balzer* ZBB 1997, 260, 264; *Lang* WM 2000, 450, 457.

[265] *Horn* ZBB 1997, 139, 150; *Balzer* ZBB 1997, 260, 264.

[266] Anders noch unter der alten Rechtslage, vgl. *Horn* ZBB 1997, 139, 150.

leichtfertig zur Falschberatung anhält. Der entsprechende Beweis wird praktisch allerdings mitunter nur schwer zu erbringen sein[267]. Mit einer Anknüpfung an die aufsichtsrechtlichen Berufspflichten allein wären hinreichende Anreize zu sorgfältigem Verhalten daher kaum zu setzen. Andererseits wäre es auch verfehlt, die aufsichtsrechtlichen Pflichten bei der Bestimmung der deliktischen Berufshaftung gänzlich unberücksichtigt zu lassen. Anders als im Rahmen des § 823 Abs. 2 BGB steht eine Einbeziehung der §§ 31 ff. WpHG nicht im Widerspruch zu den gesetzlichen Grenzen einer Haftung für reine Vermögensschäden. Die im Anwendungsbereich der *actio doli* geltenden Verhaltensanforderungen werden von dieser Wertentscheidung im Grundsatz schon nicht betroffen. Richtigerweise wird man daher von einem Zusammenspiel der zivilrechtlichen und aufsichtsrechtlichen Berufspflichten des Kapitalanlageberaters auszugehen haben.

Im Weiteren muss eine vorsätzliche Schädigung vorliegen, der Ratgeber also wenigstens mit der Möglichkeit eines Schadenseintritts gerechnet und diesen billigend in Kauf genommen haben[268]. Dass zwischen der beratenden Einflussnahme und dem geltend gemachten Schaden Kausalität bestehen und dieser vom Schutzzweck des § 826 BGB umfasst sein muss, versteht sich von selbst[269]. Insgesamt ist der Anleger so zu stellen, wie er bei ordnungsgemäßer Beratung gestanden hätte. Das schließt neben der Rückabwicklung des Anlagenerwerbsgeschäfts regelmäßig den Ersatz entgangenen Gewinns aufgrund einer nicht wahrgenommenen alternativen Investition ein[270]. Der Mitverschuldenseinwand findet grundsätzlich keine Anwendung, da er sich mit der Funktion der zur Konkretisierung des Haftungstatbestandes herangezogenen berufsbezogenen Beratungspflichten nicht verträgt[271].

b) Pflichtumfang

aa) Entscheidungsfreiheit des Kapitalanlegerberaters

Unter Berücksichtigung der Rechtsprechung des BGH beschränkt sich die gegenständliche Reichweite der Beratungssorgfaltspflicht auf das vom Ratgeber selbst definierte Anlagen- bzw. Vertriebsprogramm. Dieser entscheidet, ob er lediglich über die individuelle Eignung eines bestimmten Finanzinstruments berät oder ein nach eigenem Ermessen zusammengestelltes diversifiziertes An-

---

267 S. aber BGH NJW 1984, 1688: Initiatoren des Warenterminoptionshandels hatten vorsätzlich verhindert, dass die Angestellten einer Anlagevermittlungsgesellschaft ihre Aufklärungspflichten gegenüber den Kunden erfüllten; vgl. auch BGH VersR 1994, 1354; NJW 1994, 997 f.

268 Vgl. BGH NJW 1991, 32, 33; s. auch BGH WM 1962, 933, 935 und bereits RG JW 1929, 3149, 3150.

269 Hierzu nur Soergel/*Hönn*, BGB, § 826 Rn. 175.

270 Hierzu eingehend § 16, S. 450 (sub aa).

271 Hierzu noch eingehend § 16, S. 452 f. (sub dd).

lageprogramm zur Grundlage der Beratung macht. Dabei bleibt es dem Anlageberater unbenommen, ausschließlich über hauseigene Produkte und über Produkte verbundener Anbieter zu beraten. Eine Pflicht, Fremdprodukte in die Beratungsgrundlage einzubeziehen oder gar anstelle eigener Produkte zu empfehlen, wäre mit dem Wesen des beratenden Verkaufs bzw. der nicht „unabhängigen" Beratung unvereinbar und wird folgerichtig bisher auch vom BGH im Rahmen solcher Beratungsverträge abgelehnt[272]. Nur wenn die Bank oder der gebundene Anlageberater selbst gegenüber dem Anlageinteressenten damit hervortritt, dass er auch Produkte konkurrierender Anbieter in sein Anlagenprogramm aufgenommen hat, ist von einer im Umfang entsprechend erweiterten Beratungspflicht auszugehen. Entsprechendes gilt, wenn der Anlageinteressent seine Erwartung, auch über Konkurrenzprodukte beraten zu werden, hinreichend deutlich zum Ausdruck gebracht hat und der Anlageberater die Beratung insoweit nicht ablehnt[273]. Nach der hier vertretenen Auffassung kommt in solchen Fällen allerdings ein Beratungsvertrag zustande, weil der Anlageberater vom Standpunkt eines objektiven Empfängers damit den Willen zum Ausdruck bringt, über die gesetzlich ohnehin bestehenden Schutzpflichten hinaus weitergehende Beratungspflichten zu übernehmen[274].

bb) Keine zivilrechtliche Bedeutung aufsichtsrechtlicher Vorabinformationspflichten

Der BGH geht bisher davon aus, dass ein solcher Anlageberater den Ratnehmer nicht besonders darüber zu informieren hat, dass er Produkte von Fremdanbietern im Rahmen seiner Bewertung unberücksichtigt lässt[275]. Aus der vom Interessengegensatz her gedachten Perspektive des Kaufs handelt es sich schließlich insoweit um eine Selbstverständlichkeit. Das reformierte Aufsichtsrecht geht mit seinen ausdifferenzierten, an die Aufnahme des Beratungsgesprächs geknüpften Informationspflichten ganz offenbar von der gegenteiligen Wertung aus: Hiernach muss der Kunde vor der Beratung darüber informiert werden, ob die Beratung „unabhängig" erbracht wird oder nicht, ob sie sich auf eine „umfangreiche" oder „eher beschränkte" Analyse verschiedener Arten von Finanzinstrumenten stützt, insbesondere ob sich die Beratung auf eigene oder von verbundenen Unternehmen angebotene Produkte beschränkt und schließlich ob auch eine „regelmäßige Beurteilung" der Eignung der Finanzinstrumente angeboten wird, Art. 24 Abs. 4 MiFID II[276].

---

272 BGH NJW 2007, 1876, 1878; dem folgend OLG Stuttgart, Urteil vom 15. Juli 2009 – 9 U 164/07 –, juris; gleich für anlageorientierte Versicherungsprodukte, vgl. OLG Hamm NJW-RR 2008, 415, 416.

273 BGH NJW 2007, 1876, 1878.

274 Hierzu eingehender § 16, S. 456 f. (sub a).

275 Vgl. BGH NJW 2007, 1876, 1878.

276 Hierzu eingehend § 16, S. 400 f. [sub (1)].

Für das Zivilrecht stellt sich die Frage, ob es angezeigt und zulässig ist, vergleichbare Informationspflichten im Wege der Rechtsfortbildung in das gesetzliche Leitbild der Anlegerberatung zu integrieren. Das wird man allerdings selbst dann abzulehnen haben, wenn sich der Anlageberater unter Verstoß gegen die aufsichtsrechtlichen Vorgaben nicht einmal darüber erklärt, ob er als „unabhängiger" oder nicht „unabhängiger" Ratgeber fungiert[277]. Es wurde bereits dargelegt, dass die von der Rechtsprechung postulierte Annahme einer *rechtsgeschäftlichen* Haftung des Verkaufsberaters als solche nicht trägt. Vom Standpunkt eines objektiven Empfängers ist nicht davon auszugehen, dass ein Berater, der Gegenteiliges nicht erklärt, als „unabhängig" wahrgenommen wird. Richtigerweise kann ein Anlageinteressent auch bei einem sich möglicherweise verändernden Markt, auf dem stärker als bisher auch Honorarberatung angeboten wird, nicht ohne weiteres davon ausgehen, es mit einem „unabhängigen" Kapitalanlageberater zu tun zu haben. Alles andere wäre mit der Realität des Anlageberatungsmarkts nicht zu vereinbaren, auf dem der „unabhängige" Ratgeber bisher praktisch keine Rolle spielt und auch künftig nicht dominieren dürfte.

Gleiches gilt für die Frage nach der Bandbreite der Verkaufsberatung. Im Zweifel muss der verständige Anleger davon ausgehen, dass der sich nicht als „unabhängig" gerierende Berater ausschließlich über eigene Produkte oder solche verbundener Anbieter berät. Ein abweichender Vertrauenstatbestand, der Grundlage der gesetzlichen Haftung ist, lässt sich vor diesem Hintergrund redlicher Weise nicht begründen.

Man muss sich im Übrigen klarmachen, dass die Annahme solcher Informationspflichten überhaupt nur Sinn machen würde, wenn man an ihre Verletzung zugleich wirksame zivilrechtliche Haftungsfolgen knüpfen würde. Insoweit käme gegen die Bank lediglich ein auf Rückabwicklung des unter Verstoß gegen diese Informationspflicht zustande gebrachten Anlagegeschäfts gerichteter Schadensersatzanspruch gem. § 280 Abs. 1 BGB in Betracht. Ein selbständiger Anlagevermittler wäre entsprechend zu verpflichten, den Anlagebetrag Zug-um-Zug gegen die Rückübertragung des Anlageprodukts zu erstatten. Beides ließe sich ohne die gleichzeitige Zuerkennung einer Beweislastumkehr hinsichtlich der Entscheidungskausalität praktisch nicht bewerkstelligen. Der Anscheinsbeweis würde nicht greifen, weil in diesen Fällen mehrere objektiv vernünftige aufklärungsrichtige Verhaltensweisen existieren[278]. In der unbesehenen Übertragung der aufsichtsrechtlichen Vorabinformationspflichten auf das Zivilrecht läge damit letztlich ein systemwidriges Bekenntnis zum *private law enforcement*. Dagegen ist es vorzugswürdig, die Einhaltung der beschrie-

[277] A.A. *Herresthal* WM 2014, 773, 779, der die Informationspflichten des noch geltenden § 31 Abs. 4b WpHG zum Inhalt des Privatrechtsverhältnisses machen will.

[278] Zum Ganzen allgemein § 13, S. 301 ff. (sub cc).

benen Vorabinformationspflichten allein mit den Mitteln des Aufsichtsrechts sicher zu stellen.

c) Pflichtinhalt

aa) Exploration

(1) Bewertungs- und aufklärungsrelevante ratnehmerbezogene Umstände

Die Beratungssorgfaltspflicht verlangt vom Anlageberater zunächst die Ermittlung der für die Bewertung und Aufklärung relevanten ratnehmerbezogenen Umstände (*know your customer*). Zu den bewertungsrelevanten Umständen zählen im Allgemeinen die konkreten Anlageziele des Kunden und dessen Risikopräferenzen[279], soweit sich diese nicht bereits aus dem Anlageziel selbst (z.B. Altersvorsorge) ergeben. Auf dieser Grundlage sind weiter die wirtschaftlichen Verhältnisse des Anlegers zu explorieren, namentlich die Einkommens- und Vermögenslage und der laufende und künftige Bedarf liquider Mittel. Die auch aufklärungsrelevanten Umstände betreffen den Wissensstand und die Erfahrung des Kunden im Bereich von Anlagegeschäften und in Bezug auf die als Empfehlungsgegenstand in Betracht kommenden Anlageprodukte[280]. Auch wenn die im Anwendungsbereich des WpHG geltende aufsichtsrechtliche Explorationspflicht im Wesentlichen deckungsgleich zu sein scheint[281], bleibt es dabei, dass die Reichweite der zivilrechtlichen Explorationspflicht zivilrechtsautonom zu bestimmen ist.

BGH und herrschende Lehre vertreten allerdings die Ansicht, dass die personenbezogene Explorationspflicht, namentlich die Pflicht zur Ermittlung der Risikobereitschaft, dann entfalle, wenn der beratenden Bank diese Umstände bereits bekannt sind. Grundlage hierfür soll namentlich eine langjährige Geschäftsbeziehung sein[282]. Dem ist in dieser Pauschalität nicht zu folgen. Gerade die Risikobereitschaft eines Anlegers ist keine statische, unveränderliche Größe. Der Umstand, dass ein Ratnehmer im einen Fall geneigt war, ein bestimmtes geschäftstypisches Risiko einzugehen, mag ein gewisses Indiz dafür sein, dass dies in einem anderen Fall auch so ist. Für einen zwingenden Schluss trägt dieser Umstand indes nicht. Sinn und Zweck der Beratung ist es nun gerade, dem Ratnehmer eine auf die aktuellen Präferenzen zugeschnittene Empfehlung

---

[279] BGH NJW 2011, 1949, 1951 – CMS Spread Ladder Swap; NJW 1993, 2433 – Bond Anleihe; s. auch *Heinsius* ZHR 145 (1981), 177, 189.

[280] BGH NJW 1993, 2433 – Bond Anleihe; NJW-RR 2000, 1497, 1498 – Fokker Anleihe; zum Ganzen auch *Hannöver*, in: Bankrechts-Handbuch, § 110 Rn. 46; s. bereits *Hopt*, Der Kapitalanlegerschutz im Recht der Banken, S. 437 f.; umfassender auch MünchKommHGB/*Nobbe-Zahrte*, Anlageberatung Rn. 87 ff.

[281] § 31 Abs. 4 WpHG i.V.m. § 6 WpDVerOV; s. auch Art. 25 Abs. 2 MiFID II.

[282] BGH NJW 2011, 1949, 1951 – CMS Spread Ladder Swap; NJW 1993, 2433 – Bond Anleihe; *Hannöver*, in: Bankrechts-Handbuch, § 110 Rn. 47; *Lang*, Informationspflichten bei Wertpapierdienstleistungen, § 9 Rn. 16.

zu geben. Dann kann es aber auch nur richtig sein, dass sich der Anlageberater zu vergewissern hat, ob sich an der bisherigen Risikobereitschaft etwas geändert hat.

Der Ermittlung des wahren Wissensstandes des Kunden im Besonderen bedarf es nach der Rechtsprechung des BGH zudem dann nicht, wenn dieser „mit deutlichen Vorstellungen" von einem spezifischen Anlagegeschäft und dessen Finanzierung an den Anlageberater herantritt. Im konkreten Fall hatte der Kunde gemeinsam mit seinem Vermögensberater eine Bank aufgesucht, um ausländische Wertpapiere zu erwerben. Die Beratung durch die Bank beschränkte sich daher von vorneherein auf die sachgerechte Auswahl aus dem entsprechenden Anlageprogramm[283]. Richtigerweise wird man dem Umstand, dass der Kunde im konkreten Fall bereits beraten war, die entscheidende Bedeutung beimessen. Der Umstand, dass ein Kunde allgemein bestimmte Vorstellungen äußert, entbindet den Anlageberater von einer Ermittlung des Wissensstands im Übrigen nicht.

Die Ermittlung als solche erfolgt durch Befragung des Kunden. In diesem Zusammenhang darf sich der Anlageberater auf die Richtigkeit der Angaben des Kunden verlassen. Lediglich dann, wenn sich eine Unrichtigkeit aufdrängt oder die Angaben unvollständig bleiben, ist der Anlageberater dazu verpflichtet, sich durch weitere Nachfragen um deren Ausräumung zu bemühen[284]. Eine darüber hinausgehende Verifizierung schuldet der Anlageberater aber nicht. Es stellt sich dann allerdings die Frage, ob die erlangten Informationen ausreichen, um überhaupt eine bedarfsgerechte Empfehlung abgeben zu können.

(2) Bewertungs- und aufklärungsrelevante objektbezogene Umstände

Der Anlageberater muss die Produkte, die er im Rahmen seiner Beratung berücksichtigt oder berücksichtigen muss, kennen (*know your product*)[285]. Neben der allgemeinen Funktionsweise des jeweiligen Produkts geht es im Bereich der Kapitalanlageberatung vor allem auch um die für die Risikobewertung maßgeblichen wirtschaftlichen Umstände. In der Praxis greifen Anlageberater in erster Linie auf Emissionsprospekte und die einschlägige Wirtschaftspresse, vielfach zudem auf besondere kostenpflichtige Brancheninformationsdienste zurück. Nach Ansicht des BGH hängen Umfang und Reichweite der Explorationspflichten im Ausgangspunkt davon ab, ob die beratende Bank das betreffende Anlageprodukt in ihr Anlageprogramm aufgenommen hat. Jedenfalls dann sei diese dazu verpflichtet, das Anlageprodukt auch einer eigenen Prüfung zu unterziehen, und könne sich nicht auf eine bloße Plausibilitätsprüfung

---

283 BGH NJW 1996, 1744f.

284 *Horn* ZBB 1997, 139, 150, s. auch *Hannöver*, in: Bankrechts-Handbuch, § 110 Rn. 48.; vgl. noch § 31 Abs. 6 WpHG.

285 Hierzu bereits *Hopt*, Der Kapitalanlegerschutz im Recht der Banken, S. 436f.; s. auch MünchKommHGB/*Nobbe-Zahrte*, Anlageberatung Rn. 131ff.

des Emissionsprospekts beschränken[286]. Die Bank hat die darin enthaltenen Angaben vielmehr kritisch zu hinterfragen und auf ihre Validität hin zu überprüfen[287]. Das gilt namentlich für die Wirtschaftlichkeit einer Kapitalanlage und die Bonität des Kapitalsuchenden[288]. Die sich hieran anschließende Frage, ob dabei Brancheninformationsdienste zwingend zu berücksichtigen sind, war dabei lange Zeit umstritten[289]. Der BGH hat schließlich bestätigt, dass die Auswertung vorhandener Veröffentlichungen in der Wirtschaftspresse zwar zu den objektbezogenen Explorationspflichten zählt und der Bank zeitnahe und gehäufte negative Berichte namentlich in der *Börsenzeitung*, der *Financial Times Deutschland*, dem *Handelsblatt* und der *Frankfurter Allgemeinen Zeitung* bekannt sein müssen. Umgekehrt habe eine Bank aber nicht notwendig alle Berichte in einzelnen Brancheninformationsdiensten zu kennen, zumal es sich auch bei diesen nicht um allgemein anerkannte Publikationen handle, „deren Seriosität und Qualität über jeden Zweifel erhaben ist". Einen vereinzelten negativen Bericht habe die Bank grundsätzlich nur dann zur Grundlage der Bewertung und Aufklärung zu machen, wenn er ihr positiv bekannt ist[290].

Bisweilen vermittelt die Rechtsprechung den Eindruck, der Anlageberater könne sich seiner Explorationspflicht bereits dadurch entziehen, dass er seine unzureichende Informiertheit oder bestehende Zweifel stattdessen dem Anleger gegenüber offen legt[291]. Dem ist, wie schon grundlegend ausgeführt wurde[292], nicht zu folgen[293]. Die Ersetzung der Explorationspflicht durch eine Pflicht zur Aufklärung über explorationslückenbedingte Risiken hätte die Umkehr der beratungstypischen Risikozuweisung zur Folge. Zur Vermeidung eines Beratungsstillstandes lässt sich eine explorationsersetzende Aufklärung erst annehmen, wenn die Beseitigung von Explorationslücken tatsächlich unmöglich oder für den Anlageberater mit einem unzumutbaren Aufwand verbunden ist. Die Zumutbarkeitsgrenze wird man grundsätzlich zurückhaltend und bei der Anlageberatung konkret einerseits mit Rücksicht auf das Interesse des Ratgebers an der Befolgung des Rates, andererseits mit Rücksicht auf die

---

286 BGH NJW 2012, 66, 68; NJW 2008, 2700, 3701; s. bereits BGH NJW 1993, 2433, 2434 – Bond Anleihe.

287 Für den Effektenberater allgemein *Hopt*, Der Kapitalanlegerschutz im Recht der Banken, S. 436 f.

288 BGH NJW 2012, 66, 68; NJW-RR 2010, 115, 116; NJW 2008, 3700, 3701; NJW 1993, 2433, 2434 – Bond Anleihe; BGH WM 1993, 1238, 1239; WM 2000, 526, 427; WM 2005, 1219, 1220; WM 2009, 739, 740.

289 Vgl. BGH NJW 2008, 3700, 3702 mwN.

290 BGH NJW 2008, 3700, 3702.

291 Vgl. BGH WM 1993, 1238, 1239; WM 2000, 526, 427; WM 2005, 1219, 1220; WM 2009, 739, 740.

292 § 13, S. 164 (sub d).

293 Aus der Perspektive des Aufsichtsrechts wie hier *Koller*, in: Assmann/Schneider, Wertpapierhandelsgesetz, § 31 Rn. 156.

Bedeutung der Information für die Bewertung des Anlageprodukts zu bestimmen haben.

bb) Empfehlung

(1) Empfehlungsmaßstab

Die Beratungssorgfaltspflicht folgt dem Grundsatz der Selbstbestimmungsberatung. Maßstab der Empfehlung sind daher die Präferenzen und Ziele des Anlegers[294], wobei es jedenfalls nach dem ganz überwiegend geltenden Verständnis keine Rolle spielt, ob diese auch aus objektiver Sicht vernünftig erscheinen[295]. Auf dieser Grundlage muss die Empfehlung auf die persönlichen Verhältnisse des Anlegers zugeschnitten, d.h. in den Worten des BGH „anlegergerecht" sein[296]. Fremdbestimmungsberatung, d.h. ein „unvernünftige" Anlegerpräferenzen überspielendes[297], an objektiven Kriterien ausgerichtetes Empfehlungsverhalten stünde nach richtigem Verständnis unter einem besonderen verfassungsrechtlich indizierten Rechtfertigungsvorbehalt[298]. Grundlage könnte insoweit der Schutz der sozialen Sicherungssysteme sein, denen im Rahmen des Sozialstaatsprinzips durchaus Verfassungsrang zuzugestehen ist[299]. Allerdings wäre wohl wenigstens zu fordern, dass eine an den individuellen Präferenzen ausgerichtete Empfehlungspraxis in signifikantem Ausmaß ruinöse Anlegerentscheidungen nach sich zieht[300]. Die Entscheidung über einen objektivierten Empfehlungsmaßstab wird man zudem beim Gesetzgeber zu veror-

---

[294] Hierzu eingängig etwa *Mülbert* ZHR 177 (2013), 160, 166f.; s. auch *Bamberger*, in: Handbuch zum deutschen und europäischen Bankrecht, § 50 Rn. 109f., 129.

[295] BGH NJW 2002, 62, 63; zur Parallelwertung im Aufsichtsrecht s. noch *Koller*, in: Assmann/Schneider, Wertpapierhandelsgesetz, § 31 Rn. 151; *Beck*, in: FS Uwe H. Schneider, S. 89, 101; zur Inkaufnahme „irrationalen" Entscheidungsverhaltens *Mülbert* ZHR 177 (2013), 160, 188; aus der Perspektive des Aufsichtsrechts gleich *Buck-Heeb*, Kapitalmarktrecht, Rn. 587 mwN. zum Diskussionsstand; a.A. *Servatius* ZfIR 2014, 677, 680f.: Kunde könnte Bank beauftragen, „ihn gleichsam vor sich selbst zu schützen".

[296] BGH NJW 1993, 2433 – Bond Anleihe; s. bereits BGH NJW 1982, 1095, 1096: Ratnehmer „wünscht eine auf seine persönlichen Verhältnisse zugeschnittene Beratung"; s. auch MünchKommHGB/*Nobbe-Zahrte*, Anlageberatung Rn. 119.

[297] Davon kann allerdings nicht schon die Rede sein, wenn der Kunde das Risiko nicht zutreffend einschätzen kann oder Anlageziel und Risikobereitschaft nicht miteinander harmonieren, vgl. hierzu *Horn*, in: FS Schimansky, S. 653, 661. Eine solche Defizite ausgleichende Beratung dient nach richtigem Verständnis immer noch der selbstbestimmten Freiheitsausübung; zur Grenzziehung s. bereits § 5, S. 44 (sub I).

[298] Vgl. bereits § 5, S. 44f. (sub I); s. auch aus verfassungsrechtlicher Sicht eingehend *Schmolke*, Grenzen der Selbstbindung im Privatrecht, S. 42ff., 87ff.; weitergehend *Servatius* ZfIR 2014, 677, 680f.: „Pflicht zur verantwortungsbewussten Beratung".

[299] Vgl. auch *Schmolke*, Grenzen der Selbstbindung im Privatrecht, S. 268.

[300] Vgl. auch *Sommermann*, in: v. Mangoldt/Klein/Starck, GG, Art. 20 Abs. 1 Rn. 120.

ten haben[301], der Fremdbestimmungsberatung auf dem privaten Anlagemarkt in ein gesetzliches Vorsorgekonzept integrieren könnte.

(2) Bewertungs- und Prognosespielraum

Auch dem Anlageberater steht der beratungstypische Bewertungs- und Prognosespielraum zu[302]. Es ist daher zu fragen, ob die konkrete Empfehlung gemessen an den Präferenzen und Zielen des Anlegers und den auf dieser Grundlage einzubeziehenden persönlichen Verhältnissen aus der *ex-ante*-Perspektive objektiv *vertretbar* war[303]. Maßgeblich ist der Informationsstand, wie er bei ordnungsgemäßer Exploration hätte zugrunde gelegt werden müssen[304]. Dabei ist grundsätzlich von einem weiten Vertretbarkeitsspielraum auszugehen[305], was sich auch vor dem Hintergrund versteht, dass der Anlageberater im Rahmen der Beratung durchaus auch eigene Absatzinteressen verfolgen darf[306]. Der Anlageberater hat dem Anleger daher von vorneherein nicht das für diesen am besten geeignete Produkt zu empfehlen. Es besteht gerade keine Optimierungspflicht.

Vor diesem Hintergrund handelt es sich bei den fehlerhaften Empfehlungen regelmäßig um klare Fehleinschätzungen. Ein solcher Evidenzfall lag etwa auch der Bond-Entscheidung des BGH zugrunde. Die Anleger hatten ihre Ersparnisse bisher ausschließlich in „sicheren" Anlageprodukten, d.h. Sparkonten, Bundesschatzbriefen und Sparkassenbriefen angelegt. Im konkreten Fall hatte die Bank den Erwerb ausländischer Industrieanleihen empfohlen. Dabei verfügte diese zu allem Überfluss nicht einmal über die notwendigen Informationen, um das konkrete Risiko einschätzen zu können[307]. Während die Empfehlung des Erwerbs einer Auslands-Industrieanleihe an einen Anleger, der eine sichere Altersanlage wünscht, nicht anlegergerecht wäre, ist eine solche Empfehlung ohne Weiteres vertretbar, wenn der Kunde beabsichtigt, renditeorientiert zu investieren und hierzu begrenzt risikobereit ist[308]. Als im konkreten

[301] Zu dessen erheblicher Einschätzungsprärogative s. BVerfGE 80, 60, 80; aus der Lit. *Sommermann*, in: v. Mangoldt/Klein/Starck, GG, Art. 20 Abs. 1 Rn. 120.

[302] Zum Ganzen allgemein § 13, S. 166 ff. (sub c); wie hier *Bamberger*, in: Handbuch zum deutschen und europäischen Bankrecht, § 50 Rn. 117; eher zurückhaltend *Koller*, in: Assmann/Schneider, Wertpapierhandelsgesetz, § 31 Rn. 156: Gewisser Beurteilungsspielraum lässt sich nicht vermeiden.

[303] BGH, Urteil vom 29. April 2014 – XI ZR 477/12 –, juris Rn. 12; BGH NJW 2012, 66, 68; NJW-RR 2010, 115, 117; NJW 2009, 3429, 3433; NJW 2006, 2041; s. auch *Nobbe*, in: Horn/Schimansky, Bankrecht 1998, S. 235, 248; MünchKommHGB/*Nobbe-Zahrte*, Anlageberatung Rn. 119.

[304] Zur Risikobegrenzungsfunktion der Explorationspflicht bereits § 13, S. 160 (sub a).

[305] Ebenso bereits *Canaris*, Bankvertragsrecht, Rn. 101: „verhältnismäßig weiter Wertungs- und Beurteilungsspielraum".

[306] Hierzu grundlegend § 13, S. 167 ff. (sub bb).

[307] BGH NJW 1993, 2433, 2434 – Bond Anleihe.

[308] BGH NJW-RR 2000, 1497, 1498 f. – Fokker Anleihe.

Empfehlungszeitpunkt vertretbar wertete der BGH die Empfehlung des Erwerbs von Anteilen an einem offenen Immobilienfonds gegenüber einem Anleger, dem es auf den Erwerb einer „risikoarmen" Anlage ankam[309]. Die Empfehlung einer unternehmerischen Beteiligung entspricht demgegenüber wiederum nicht dem Ziel einer sicheren Geldanlage[310].

Von einer Pflicht zum Abraten von jedweder Investition wird man auszugehen haben, wenn die für die Beurteilung der Bedarfsgerechtigkeit einer Anlage notwendigen persönlichen Verhältnisse nicht in ausreichendem Umfang aufgeklärt werden konnten[311]. Soweit es die Empfehlung eines konkreten Anlageprodukts betrifft, hat der Anlageberater abzuraten, wenn er keine hinreichenden Informationen zur Beurteilung des Anlageprodukts oder über die ihm innewohnenden Risiken in Erfahrung bringen konnte[312].

cc) Aufklärung

(1) Handlungsbezogene Aufklärung

(a) Aufklärung über den Empfehlungsgegenstand

Mit Rücksicht auf den Gegenstand der Empfehlung hat der Anlageberater über alle Produkteigenschaften und Risiken aufzuklären, die für die Entscheidung des Anlegers Bedeutung haben können. Der BGH hat insoweit den Begriff der „anlegergerechten" Beratung geprägt[313]. Der Umfang und der Inhalt der Aufklärung sind hiernach abhängig von den zuvor zu ermittelnden Kenntnissen und der Erfahrung des Anlegers[314]. Die Aufklärung über die allgemeinen Produkteigenschaften und die Funktionsweise eines Anlageprodukts lässt sich ein gutes Stück weit bereits im Wege der aufsichtsrechtskonformen Übergabe des Produktinformationsblatts bewerkstelligen, vgl. § 31 Abs. 3a WpHG. Zu berücksichtigen ist allerdings, dass es sich insoweit zwar um ein „leicht verständliches" Informationsblatt handeln soll, das dennoch standardisiert ist und damit den konkreten Ratnehmerhorizont nicht notwendig erreichen muss, so dass der Anlageberater ggf. bereits von sich aus und nicht erst auf Nachfrage weitergehende Erläuterung schulden kann. So ist der Anlageberater etwa verpflichtet, über die Existenz und die Höhe sog. Innenprovisionen aufzuklären, weil diese aus dem Anlagevermögen entnommen werden und damit Einfluss

---

309 BGH, Urteil vom 29. April 2014 – XI ZR 477/12 –, juris Rn. 13.

310 BGH NJW 2010, 3292, 3294.

311 Ebenso wohl *Hannöver*, in: Bankrechts-Handbuch, § 110 Rn. 50; s. auch § 31 Abs. 4 S. 2 WpHG; hierzu statt vieler *Koller*, in: Assmann/Schneider, Wertpapierhandelsgesetz, § 31 Rn. 149.

312 BGH NJW 1993, 2433 f. – Bond Anleihe; s. auch *Arendts* WM 1993, 229, 234.

313 BGH NJW 1993, 2433 – Bond Anleihe.

314 *Hannöver*, in: Bankrechts-Handbuch, § 110 Rn. 55, 62.

auf die Werthaltigkeit der Anlage haben[315]. Voraussetzung ist insoweit allerdings eine signifikante Höhe der Innenprovision, die weithin bei 15% angesiedelt wird[316].

In Bezug auf die Risikoaufklärung differenziert der BGH zwischen allgemeinen Risiken, zu denen etwa die Konjunkturlage und die Entwicklung des Börsenmarktes zählen, und speziellen Risiken, die dem jeweiligen Anlageobjekt anhaften, wie etwa ein besonderes Kurs-, Zins- und Währungsrisiko[317]. Zu diesen Risiken gehören etwa auch kritische Bewertungen und Stellungnahmen in der Wirtschaftspresse, jedenfalls, wenn es sich nicht um ganz vereinzelte Stellungnahmen handelt[318]. Insgesamt geht die Pflicht zur Risikoaufklärung weit. Nach überwiegender Auffassung ist selbst über das allgemeine Insolvenzrisiko aufzuklären, wenn die Rückzahlbarkeit von der Bonität des Emittenten im Zeitpunkt der Fälligkeit abhängig ist[319].

Insgesamt hängen die aufklärungsbedürftigen Umstände maßgeblich von den Eigenheiten des empfohlenen Anlageproduktes ab[320], wie etwa der Umstand einer erschwerten Handelbarkeit des Anlageobjekts[321]. Im Zusammenhang mit der Empfehlung des Erwerbs von Anteilen an einem offenen Immobilienfonds ist der Anleger nach Ansicht des BGH über die Möglichkeit einer zeitweiligen Aussetzung der Anteilsrücknahme[322] durch die Fondsgesellschaft aufzuklären[323]. Im besonderen Fall der Empfehlung eines CMS Spread Ladder Swap-Vertrags, der nach der hier vertretenen Ansicht typischerweise dem Verdikt der Sittenwidrigkeit anheimfällt[324], geht der BGH, der Komplexität des Produkts entsprechend, von einer besonders umfangreichen Risikoaufklärung aus, die sich auf das der Höhe nach nicht begrenzte Verlustrisiko ebenso be-

---

[315] BGH NJW 2012, 66, 70; NJW 2011, 3227, 3228; NJW 2004, 2228, 2229; kritisch etwa *Kiethe* NZG 2001, 107, 112f.

[316] Vgl. BGH NJW 2004, 1732, 1734f.; weitergehend unter dem Gesichtspunkt eines für den Anlageberater bestehenden Interessenkonflikts jetzt BGH WM 2004, 1382, 1385f.; s. hierzu bereits eingehender § 13, S. 182ff. (sub bb) sowie § 16, S. 443ff. [sub (b)].

[317] BGH NJW 1993, 2433 – Bond Anleihe; s. auch MünchKommHGB/*Nobbe-Zahrte*, Anlageberatung Rn. 217ff.

[318] BGH NJW 1993, 2433, 2434 – Bond Anleihe.

[319] OLG Braunschweig WM 1996, 1484, 1485; a.A., weil Umstand als allgemein bekannt vorausgesetzt, *Hannöver*, in: Bankrechts-Handbuch, § 110 Rn. 59; offen gelassen von OLG Nürnberg BB 1998, 498.

[320] Hierzu eingehender MünchKommHGB/*Nobbe-Zahrte*, Anlageberatung Rn. 222ff.; s. auch *Bamberger*, in: Handbuch zum deutschen und europäischen Bankrecht, § 50 Rn. 141ff.

[321] OLG Oldenburg ZIP 2002, 2252, 2253.

[322] Vgl. jetzt § 98 KAGB.

[323] BGH, Urteil vom 29. April 2014 – XI ZR 477/12 –, juris Rn. 20ff.; hierzu *Servatius* ZfIR 2014, 677ff.; ebenso bereits OLG Frankfurt BKR 2013, 290, 291f.; *Merk* BKR 2013, 294; a.A. OLG Schleswig WM 2013, 2258, 2262ff.: Rücknahme der Anteilsaussetzung jedenfalls bis zum Beginn der Finanzkrise 2008 nur theoretisches Risiko; s. auch *Stumpf/Kotte* BB 2013, 1613, 1617.

[324] Hierzu eingehend § 5, S. 58ff. (sub d).

zieht wie auf die in dem Produkt angelegte Unausgewogenheit der Chancen-Risikoverteilung[325].

(b) Aufklärung über Handlungsalternativen

Im Rahmen der absatzorientierten bzw. provisionsbasierten Beratung besteht nach richtigem Verständnis grundsätzlich keine Pflicht, den Anleger über Handlungsalternativen, d.h. über andere, im Grundsatz ebenfalls anlegergerechte Produkte aufzuklären. Soweit es dabei um Produkte konkurrierender Anbieter geht, versteht sich das nach dem zum Pflichtumfang Gesagten von selbst. Entsprechendes gilt grundsätzlich, soweit es um alternative Produkte aus dem Anlageprogramm des Anlageberaters geht. Von einer Pflicht zur Aufklärung über ebenfalls geeignete Alternativen wird man insoweit allenfalls dann ausgehen können, wenn der Anlageberater diese im Zusammenhang mit der konkreten Anlageempfehlung von sich aus ins Spiel gebracht hat.

(c) Art und Weise der Aufklärung

Die Aufklärung hat wahrheitsgemäß, vollständig und *für den Kunden* verständlich zu erfolgen[326]. Insoweit besteht grundsätzlich kein Beurteilungsspielraum[327], es sei denn, die Aufklärung bezieht sich auf die Einschätzung von Risiken[328]. Auch im Bereich der Kapitalanlageberatung ist durchaus erkennbar, dass sich im Zuge der Konkretisierung dieser Trias die verhaltenswissenschaftlich gestützten Erkenntnisse über die Begrenztheit der menschlichen Informationsaufnahme- und Verarbeitungskapazitäten zunehmend Bahn brechen. Gewisse, wenn schon nicht ausdrücklich auf die bereits vorhandenen verhaltenswissenschaftlichen Erkenntnisse zurückgeführte Tendenzen bestehen auch mit Blick auf die beim Ratnehmer angelegten und nicht selten durch den entsprechend geschulten Ratgeber systematisch missbrauchten typischen Heuristiken und Urteilsverzerrungen, wobei insoweit sicherlich noch erhebliches Forschungspotenzial besteht.

Allerdings ist festzustellen, dass diese Entwicklung im Bereich des Aufsichtsrechts stärker vorangeschritten ist als im Rahmen der parallel bestehenden zivilrechtlichen Verhaltenspflichten. Geradezu mustergültig bestimmt das Kapitalanlegeraufsichtsrecht, dass dem Kunden „ein kurzes und leicht verständliches Informationsblatt über jedes Finanzinstrument zur Verfügung zu stellen [ist], auf das sich eine Kaufempfehlung bezieht", § 31 Abs. 3a WpHG. Dabei darf dieses bei den insoweit näher definierten „nicht komplexen" Finanzprodukten nicht mehr als zwei DIN-A4-Seiten und bei allen übrigen Finanzinstrumenten

325 BGH NJW 2011, 1949, 1951, 1952 – CMS Spread Ladder Swap.

326 Vgl. statt aller *Roth*, in: Assmann/Schütze, Handbuch des Kapitalanlagerechts, § 11 Rn. 79.

327 BGH NJW 2012, 66, 68; NJW-RR 2000, 1497, 1498; NJW 2006, 2041.

328 Beispiel: BGH NJW-RR 2010, 115, 117: Mietausfallrisiko.

nicht mehr als drei DIN-A4-Seiten umfassen. Entscheidend ist auch, dass sich das Informationsblatt „jeweils nur auf ein Finanzinstrument beziehen und keine werbenden oder sonstigen [...] Informationen" enthalten darf, die nicht unmittelbar dem Aufklärungszweck dienen, § 5a WpDVerOV. Demgegenüber tendiert der BGH im Rahmen der zivilrechtlichen Beratungspflicht bei bestimmten komplex strukturierten Finanzprodukten dazu, die Aufklärungspflichten auch aus Kundensicht deutlich zu überspannen. Selbst im Zusammenhang mit der Beratung über hoch komplexe Produkte wie einen CMS Spread Ladder Swap-Vertrag etwa sei durch die Aufklärung zu gewährleisten, „dass der Kunde im Hinblick auf das Risiko des Geschäfts im Wesentlichen den gleichen Kenntnis- und Wissensstand hat wie die ihn beratende Bank"[329]. In der Literatur wurde diese Forderung zu Recht als unrealistisch kritisiert[330]. Nach der hier vertretenen Ansicht ist das Beratungsmodell in diesen Fällen schon der verfehlte Regulierungsansatz[331]. Im Übrigen muss man sich klarmachen, dass eine die individuellen Verarbeitungskapazitäten überstrapazierende Aufklärung ihren Zweck im Grunde in gleicher Weise verfehlt, wie eine von vorneherein unvollständige Aufklärung. Der vom Aufsichtsrecht eingeschlagene Weg einer stärkeren Selektion zwischen den wirklich wichtigen und im Sinne der Verarbeitbarkeit eher zu vernachlässigenden Informationen lässt sich daher durchaus auf das Maß der zivilrechtlich geschuldeten Aufklärung übertragen. Vor diesem Hintergrund ist es nicht grundsätzlich verfehlt, wenn der BGH meint, dass eine Aufklärungspflicht über solche Umstände entfallen kann, die in einem rechtzeitig übergebenen Anlageprospekt enthalten sind, sofern der Anlageberater davon ausgehen kann, dass der Kunde diesen gelesen und verstanden hat[332]. Diese Einschränkung sollte allerdings erst dann greifen, wenn eine weitergehende mündliche Aufklärung die Informationsverarbeitungskapazitäten des Kunden zu übersteigen droht.

Im Übrigen ist die Art und Weise der Aufklärung durch den Anlageberater kritisch daraufhin zu überprüfen, ob dieser sich die typischen Heuristiken und Urteilsverzerrungen des Kunden, namentlich die *confidence heuristic* des Anlegers[333], zu Nutze macht. Das betrifft vor allem Aussagen im Hinblick auf die anlagetypischen Risiken. Der BGH hält sich insoweit bisher eher zurück, hat aber etwa die Erklärung, dass ein „Kursrisiko" nicht bestehe, vor dem Hintergrund des bei Industrieanleihen bestehenden Risikos der Insolvenz des Emittenten als irreführend angesehen[334].

329 BGH NJW 2011, 1949, 1952 – CMS Spread Ladder Swap.

330 Vgl. *Köndgen* BKR 2011, 283, 284; *Lehmann* JZ 2011, 749, 750; sowie die Nw. § 5, Fn. 63.

331 Zum Ganzen § 5, S. 62 f. (sub ff).

332 BGH NJW-RR 2010, 1623, 1625; NJW-RR 2007, 621, 622.

333 Hierzu *Price/Stone*, 17 Journal of Behavioral Decision Making, 39 ff. (2004); s. bereits § 15, S. 363 [sub (3)] sowie allgemein § 7, S. 87 f. (sub 4).

334 BGH NJW 1993, 2433, 2434 – Bond Anleihe.

(2) Ratgeberbezogene Aufklärung

(a) Grundannahme

Das vom Anlageberater geschuldete Verhalten schließt die Pflicht ein, sich – bei aller legitimen Verfolgung eines eigenen Absatzinteresses im Übrigen – allein an den Kundeninteressen auszurichten. Nicht bereits von vorneherein vermeidbare Interessenkonflikte sind dem Kunden nach ständiger Rechtsprechung ausdrücklich offen zu legen[335]. Das gilt allerdings nur, sofern diese für ihn nicht schon erkennbar sind. Der Zweck dieser ratgeberbezogenen Aufklärungspflicht wird darin gesehen, dass dem Anleger in Kenntnis eines bestehenden Interessenkonflikts die Einschätzung ermöglicht werden soll, ob sich der Berater bei der Auswahl eines angelegergerechten Produkts tatsächlich allein von den Interessen des Anlegers hat leiten lassen oder die konkrete Kapitalanlage möglicherweise nur deshalb an Stelle einer besser geeigneten empfiehlt, weil ihm im Falle des erfolgreichen Geschäftsabschlusses etwa eine besonders hohe Provision winkt[336]. Unerheblich ist hiernach folglich, ob der Anlageberater im konkreten Fall eine vertretbare anlegergerechte Empfehlung abgegeben und den Anleger hinreichend über den Empfehlungsgegenstand und die mit seinem Erwerb verbundenen Risiken aufgeklärt hat, so dass sich diese ratgeberbezogene Aufklärungspflicht als selbständiges Element der beratungstypischen Verhaltenspflicht darstellt und ihre Verletzung für sich allein Haftungsfolgen zeitigt[337].

(b) Überblick über den Stand der Diskussion

Die Pflicht zur Aufklärung über bestehende Interessenkonflikte ist für den Bereich der rechtsgeschäftlichen oder rechtsgeschäftsähnlichen Beziehungen mit Fremdinteressenwahrungspflicht alles andere als neu. Allerdings hat sich in den vergangenen Jahren grundlegend das Verständnis darüber geändert, welche Umstände für den Entschluss des Anlegers typischerweise von Bedeutung sein sollen, worüber sich ein Ratnehmer aufgrund der Gesamtumstände bereits im Klaren ist oder zu sein hat und wie eindringlich dieser auf das konkrete Ausmaß eines Interessenkonflikts hingewiesen werden muss[338]. Während diese Entwicklung für den Bereich der Beratung der Angehörigen der klassischen Professionen noch im Grunde ausgeblieben ist[339], handelt es sich bisher eher um ein Kennzeichen der modernen Hybridformen der Beratung, die sich durch den Einzug des Interessewahrungsgedankens in die traditionell eher als Rechts-

335 BGH NJW 2011, 1949, 1952 – CMS Spread Ladder Swap.

336 BGH NJW 2009, 1416, 1417; NJW 2007, 1876, 1878.

337 Zum Ganzen bereits grundlegender § 13, S. 181 (sub aa).

338 Vgl. hierzu auch *Pearson*, 28 Sydney Law Review, 99, 125 (2006): „There has been an important shift in societal expectations regarding disclosure of fees and commissions".

339 Zu einer an sich durchaus möglichen konsequenten Fortentwicklung s. die Ausführungen § 13, S. 184ff. (sub cc).

verhältnisse des Interessengegensatzes verstandenen Bereiche auszeichnen. Dabei lässt sich diese Entwicklung wohl in keinem anderen Rechtsgebiet in einer Deutlichkeit nachweisen, wie das im Bereich der Kapitalanlageberatung möglich ist.

Eher an dem einen äußeren Ende des Gradmessers lag noch die von *Hopt* im Rahmen seiner grundlegenden Arbeit zum Kapitalanlegerschutz im Recht der Banken abgegebene Einschätzung[340]. Auch dieser anerkannte bereits eine Pflicht zur Aufklärung über objektiv bestehende Interessenkonflikte und bestimmte ihre Reichweite aus dem Zweck der Individualpublizität. Durch diese solle der Anleger in die Lage versetzt werden, „selbstverantwortlich die für ihn richtige Entscheidung zu treffen"[341]. Dabei nahm *Hopt* allerdings an, dass der Anleger durch den Grundsatz der Priorität des Anlegerinteresses bereits hinreichend geschützt sei. Hiernach dürfe die Bank dem Kunden überhaupt nur ein Anlageprodukt empfehlen, wenn dies „im Kundeninteresse angezeigt" ist[342]. Eine zusätzliche Hinweispflicht könne daher überhaupt nur angenommen werden, wenn ein Interessenkonflikt von solchem Gewicht bestehe, dass für den Anleger vernünftigerweise Anlass besteht, sich von vorneherein an eine andere Bank zu wenden. Als Beispiel nannte er den Fall, dass der Bankier „eine völlig aus dem Rahmen des Üblichen fallende Bonifikation angenommen hat"[343]. Unterhalb dieser Schwelle bringe dem Anleger eine Aufklärungspflicht dagegen „keinen nennenswerten Nutzen" und würde die Berufsfreiheit der Banken ungleich belasten. Nicht aufklärungsbedürftig sei etwa das Bestehen geschäftlicher Beziehungen zwischen der beratenden Bank und der die empfohlene Anlage emittierenden Gesellschaft. Das allgemeine Verdienstinteresse und der Umstand, dass es sich um ein Eigengeschäft der Bank handle, gehörten schließlich zu den Interessenkonflikten, die der Anleger selbst ohne weiteres erkennen könne[344].

Vergleichsweise weit am anderen Ende des Gradmessers zu verorten sind das geltende und das zu reformierende Kapitalanlegeraufsichtsrecht, dem die Rechtsprechung und Literatur im Rahmen der richterlichen Fortbildung der zivilrechtlichen Verhaltensstandards zunehmend auf der Spur sind und das Teilen der Literatur noch längst nicht weit genug geht. Der Stand der Diskussion, die bereits eingehend behandelt wurde[345], stellt sich zusammenfassend wie folgt dar: Der BGH geht unter dem Eindruck der aufsichtsrechtlichen Pflicht zur Offenlegung erlaubter Zuwendungen gem. § 31d Abs. 1 WpHG auch im

[340] Vgl. ebenso *Canaris*, Bankvertragsrecht, 2. Aufl., Rn. 1891.
[341] *Hopt*, Der Kapitalanlegerschutz im Recht der Banken, S. 441, 446.
[342] *Hopt*, Der Kapitalanlegerschutz im Recht der Banken, S. 442.
[343] *Hopt*, Der Kapitalanlegerschutz im Recht der Banken, S. 447.
[344] *Hopt*, Der Kapitalanlegerschutz im Recht der Banken, S. 446.
[345] § 13, S. 182 ff. (sub bb); s. auch den Überblick über die anfängliche Entwicklung der Rechtsprechung bei *Habersack* WM 2010, 1245 ff.

Bereich der zivilrechtlichen Beratungspflicht davon aus, dass Zuwendungen von dritter Seite dem Kunden als solche sowie der Höhe nach offen zu legen sind. Dabei beschränkt sich der BGH nicht auf die dem Anwendungsbereich des WpHG unterfallenden Anlageprodukte, legt diese Pflicht bisher allerdings lediglich den Kreditinstituten auf, während im Hinblick auf die „freien" Anlageberater weiterhin der Grundsatz gelte, dass der Interessenkonflikt für den Kunden hier auf der Hand liege[346]. Im Übrigen soll es auf die Rechtsnatur der Zuwendung letztlich nicht mehr ankommen. Namentlich ist die lange Zeit geltende Differenzierung zwischen stets offen zu legenden verdeckten Rückvergütungen und allenfalls unter bestimmten Voraussetzungen und letztlich aus anderen Gründen[347] zu offenbarenden verdeckten Innenprovisionen nach aktueller Rechtsprechung des BGH hinfällig[348]. Teile der Literatur sehen in der Pflicht zur Offenlegung von Zuwendungen und der bisherigen Ablehnung einer Pflicht zur Offenlegung von Art und Ausmaß einer Gewinnspanne einen Wertungswiderspruch und fordern auch in diesem Bereich eine vergleichbare weitgehende Offenlegung[349].

Die wenigen, gegenüber diesem Trend betont kritischen Stellungnahmen bezweifeln vor allem die tatsächliche Bedeutung der hiernach inhaltlich geschuldeten Aufklärung für den Anlageentschluss. Während es ohne weiteres verständlich sei, dass der Entschluss des Kunden maßgeblich auf der Grundlage der Kenntnis von Art und Ausmaß der mit dem Anlagegeschäft zusammenhängenden Risiken gebildet werde, spreche die tägliche Erfahrung dagegen, dass es für die Anlegerentscheidung tatsächlich auf die Kenntnis von Art und Ausmaß des Verdienstes des Ratgebers ankomme[350].

(c) Stellungnahme

Eine Bewertung der gegenwärtigen Entwicklung muss einerseits das tatsächlich berechtigte Maß solcher Aufklärungspflichten hinterfragen, andererseits die damit verbundenen Folgen für die Risikozuweisung im Bereich der Beratung berücksichtigen. Soweit es den berechtigten Umfang der Offenlegung von vergütungsbedingten Interessenkonflikten angeht, dürfte die Wahrheit letztlich, wie so oft, zwischen den beiden dargestellten Extremen liegen. Natürlich ist es dem durchschnittlichen Anleger klar, dass ein Anlageberater, der für seine Beratung nicht gesondert vergütet wird, eigene Absatzinteressen verfolgt. Völlig unerheblich ist insoweit, ob dieser Anlageberater als Verkäufer der Kapitalanlage in Erscheinung tritt und damit im Wege einer Handelsspanne Gewinn er-

---

346 BGH NJW 2011, 3227, 3228 f.

347 Hierzu bereits § 13, S. 182 (sub bb).

348 BGH WM 2014, 1382, 1385 f.

349 Vgl. etwa *Hoffmann/Bartlitz* ZIP 2014, 1505, 1511 f.; *Koller* ZBB 2007, 197, 199; *Geßner* BKR 2010, 89, 95 f.; *Maier* VuR 2009, 369, 371; *Märker* NJOZ 2010, 524, 528.

350 *Hannöver*, in: Bankrechts-Handbuch, § 110 Rn. 75.

zielt oder lediglich als ihr Vermittler agiert und seinen Verdienst durch Provisionszahlungen generiert[351]. Wenn der Umstand ihrer nicht ausdrücklichen Offenlegung bisweilen als „schmiergeldähnlich“[352] stigmatisiert wird, erscheint dies einigermaßen lebensfremd. *Hannöver*, ein erklärter Kritiker der gegenwärtigen Entwicklung, weist in diesem Zusammenhang darauf hin, dass die Kunden für diesen Umstand gerade durch das Bekanntwerden der Kickback-Rechtsprechung sensibilisiert wurden[353]. Darin liegt freilich ein Zirkelschluss. Denn wenn sich das allgemeine Bewusstsein, dass der Anlageberater im Zuge der Empfehlung Absatzinteressen verfolgt, erst im Zusammenhang mit der Anerkennung solcher Aufklärungspflichten eingestellt hätte, spräche tatsächlich alles dafür, diese als richtig zu befinden und beizubehalten. Man wird vielmehr davon auszugehen haben, dass das Bewusstsein vom Bestehen eines allgemeinen Verdienstinteresses gerade unabhängig von der Entwicklung dieser Aufklärungspflichten vorhanden ist. Die erfolgte oder nicht erfolgte explizite Aufklärung über den Umstand einer Zuwendung von dritter Seite ist für den Anlageentschluss wohl tatsächlich in aller Regel ebenso gänzlich unerheblich, wie die nach der Rechtsprechung nicht geschuldete, von Teilen der Literatur aber geforderte explizite Aufklärung über die Existenz einer Gewinnspanne und deren Höhe. Für eine zivilrechtlich haftungsbewehrte Aufklärungspflicht besteht insoweit kein Raum[354].

Das bedeutet umgekehrt nicht, dass auch das Ausmaß des Verdienstes für den Entschluss des Anlegers stets unbeachtlich sein muss und dass die Schwelle entschlusswesentlicher Umstände so niedrig liegt, wie sie etwa *Hopt* seiner Zeit gezogen hat. Spätestens dann, wenn mit der Empfehlung eines konkreten Anlageprodukts ein so erheblicher Verdienstvorteil verbunden ist, dass ein ausschließlich interessengerichtetes Empfehlungsverhalten objektiv nicht mehr wahrscheinlich ist, wird sich auch der Anleger für diesen Umstand interessieren und durchaus im einen oder anderen Fall seinen Entschluss davon abhängig machen. Man kann nun trefflich darüber streiten, ob es hierzu der Aufklärung über das konkrete Ausmaß der betreffenden Gewinnspanne oder der betreffenden Zuwendung bedarf oder ob es selbst dann nicht vielmehr ausreicht, wenn der Anlageberater zu erklären hat, dass er am Absatz der empfohlenen Kapitalanlage signifikant mehr verdient als wenn er ein anderes, ebenfalls bedarfsgerechtes Produkt empfohlen hätte. Daher bleibt festzuhalten, dass Aufklärungspflichten über Interessenkonflikte im Rahmen der Beratung durchaus eine grundsätzliche Berechtigung haben können, dass allerdings die Rechtspre-

---

351 Ebenso *Habersack* WM 2010, 1245, 1252.

352 *Nobbe* WuB I G 1 Anlageberatung 5.10, S. 125; s. auch *Habersack* WM 2010, 1245, 1252: „anrüchig“.

353 *Hannöver*, in: Bankrechts-Handbuch, § 110 Rn. 75.

354 Tendenziell auch *Habersack* WM 2010, 1245, 1253.

chung und mit ihr weite Teile der Literatur im Bereich der Kapitalanlageberatung insoweit das rechte Maß verloren zu haben scheinen.

Nun besteht das eigentliche Problem solcher Offenlegungspflichten darin, dass ihre Verletzung von Kapitalanlegern tatsächlich regelmäßig nur als willkommener Vorwand dafür genutzt wird, einen erlittenen Kursverlust in systemwidriger Weise nachträglich dem Anlageberater zuzuweisen. Man kann sich nur darüber wundern, dass der BGH und mit ihm die überwiegende Literatur bisher keinen Anstoß an der Tatsache genommen haben, dass Kapitalanleger, die über die mit dem Anlagegeschäft verbundenen Risiken umfassend aufgeklärt wurden, zunehmend die Rückabwicklung des Anlagenerwerbs erreichen, weil ihnen nicht bewusst gewesen sei, dass der über fremde Produkte beratende Anlageberater mit der Empfehlung eigene Absatzinteressen verfolgt, und sie der Empfehlung bei Kenntnis von Art und Ausmaß dieses Interessenkonflikts nicht gefolgt wären[355]. Ganz im Gegenteil hat der BGH dieses Vorgehen mit der Anerkennung einer Beweislastumkehr für die an sich vom Anleger zu beweisende und in solchen Fällen praktisch weder beweisbare noch widerlegbare Entscheidungskausalität unlängst auf breiter Basis erst ermöglicht[356]. Es wurde ebenfalls bereits am Beispiel der Kapitalanlageberatung dargelegt, dass vergleichbare Klagen unter dem geltenden U.S.-amerikanischen Recht regelmäßig aus diesem Grund am Erfordernis der *loss causation* scheitern[357].

Nach der vorliegend vertretenen Auffassung sollte die Vermeidung und Offenlegung von Interessenkonflikten vor diesem Hintergrund in erster Linie mit den Mitteln des Aufsichtsrechts verwirklicht werden[358]. Dabei gebührt der Vermeidung gegenüber der Offenlegung schon deshalb der Vorrang, weil die bloße Offenlegung an dem Bestehen des Interessenkonflikts nichts ändert und der Ratnehmer lediglich darüber spekulieren kann, ob sich der abstrakt bestehende Interessenkonflikt im konkreten Fall tatsächlich auswirkt. Das nach den Vorgaben der zweiten Finanzmarktrichtlinie zu reformierende Kapitalanlegerrecht geht mit dem Verbot vergütungsbedingter und sonstiger Anreize gegenüber den Mitarbeitern von Wertpapierfirmen insoweit durchaus in die richtige Richtung[359]. Auch aus dem vorliegend interessierenden Blickwinkel ist es weitergehend angezeigt, ein allgemeines Provisionsannahmeverbot nach dem Vorbild des Rechts des Vereinigten Königreichs einzuführen[360]. Über Interessenkonflikte, die das Aufsichtsrecht nicht bereits untersagt, sollte ein Anlageberater zivilrechtlich nur dann Aufklärung schulden, wenn und soweit tatsächlich eine

---

355 Deutlich in dieser Richtung bereits *Edelmann* BB 2010, 1163.

356 Vgl. BGH NJW 2012, 2427, 2430; zum Ganzen eingehend § 13, S. 299 (sub bb).

357 § 13, S. 192 ff. [sub (b)].

358 Gegen *Kumpan*, der im Zentrum eine Steuerung durch Zivilrecht sieht, vgl. Der Interessenkonflikt im deutschen Privatrecht, S. 579 ff., 588 ff.

359 Vgl. Art. 24 Abs. 10 MiFID II und § 16, S. 396 (sub cc).

360 Hierzu § 16, S. 409 (sub dd).

überwiegende Wahrscheinlichkeit dafür besteht, dass der betreffende Umstand entschlusswesentlich ist. Davon wird man bei vergütungsbedingten Interessenkonflikten im Bereich der Kapitalanlageberatung typischerweise auszugehen haben, wenn der Anlageberater am Abschluss eines Geschäfts über den Empfehlungsgegenstand signifikant mehr verdient als im Falle der Empfehlung eines anderen bedarfsgerechten Produkts.

dd) Dokumentationspflicht und Karenzzeiterfordernis

Nach § 34 Abs. 2a WpHG hat ein Wertpapierunternehmen über jede Anlageberatung bei einem Privatkunden ein schriftliches Protokoll anzufertigen und dem Kunden eine Ausfertigung grundsätzlich vor einem auf der Beratung beruhenden Geschäftsabschluss zur Verfügung zu stellen. Die unter Geltung der ersten Finanzmarktrichtlinie richtlinienüberschießend eingeführte Regelung soll zum einen den Aufsichtsbehörden ermöglichen, dem verbreiteten interessewidrigen Verkaufsgebaren von Anlageberatern auf die Spur zu kommen. Daneben soll aber auch der Kunde in die Lage versetzt werden, das Beratungsgespräch auszuwerten, um „auf der Grundlage des Protokolls eine fundierte Anlageentscheidung zu treffen“[361]. Dem Kunden bleibt es allerdings freigestellt, im Rahmen einer telefonischen Beratung etwa den sofortigen Geschäftsabschluss herbeizuführen. Nur für diesen Fall hatte der Rechtsausschuss den Gesetzentwurf um ein Recht zum Rücktritt von dem aufgrund der Beratung geschlossenen Vertrag ergänzt[362], über das der Kunde zu belehren ist. Das Rücktrittsrecht ist innerhalb einer Woche ab dem nachträglichen Zugang des Protokolls auszuüben und an die Voraussetzung gebunden, dass das Protokoll nicht richtig oder nicht vollständig ist[363]. Neben der Verbesserung einer selbstbestimmten Freiheitsausübung vor dem Geschäftsabschluss bezweckt die Regelung auch eine verbesserte Durchsetzung von Ansprüchen bei Falschberatung nach dem Geschäftsabschluss. Insoweit ist § 34 Abs. 2b WpHG von Bedeutung, wonach der Kunde einen Anspruch auf Herausgabe einer Ausfertigung des Protokolls hat.

Regelungstechnisch handelt es sich um eine besonders missglückte Vermischung von aufsichtsrechtlichen und privatrechtlichen Regelungsgehalten, wie sie das Aufsichtsrecht im Übrigen grundsätzlich nicht kennt[364]. Soweit es den Beweiszwecken dienenden Herausgabeanspruch und das nur an die *nachträgliche* Aushändigung des Protokolls anknüpfende Rücktrittsrecht betrifft, handelt es sich nach wohl allgemeiner Ansicht um Regelungen des Privatrechts[365].

---

[361] BT-Drucks. 16/12814, S. 27 l. Sp.

[362] Vgl. BT-Drucks. 16/13672, S. 22 l. Sp.

[363] Zu den Rechtsfolgen des Rücktritts s. *Leuering/Zetzsche* NJW 2009, 2856, 1860.

[364] Zur verfehlten Lehre von der Doppelnatur s. eingehender § 16, S. 411 (sub a).

[365] Vgl. statt vieler *Möllers*, in: Kölner Kommentar zum WpHG, § 34 Rn. 113 ff., 116 ff., 134 ff.

Von einer (auch) privatrechtlichen Rechtsnatur ist folgerichtig zudem auszugehen, soweit es die Pflicht zur Aushändigung des Protokolls *vor* dem Geschäftsabschluss betrifft[366]. Da die zweite Finanzmarktrichtlinie im Grundsatz lediglich eine aufsichtsrechtliche Maximalharmonisierung anstrebt[367], könnte der deutsche Gesetzgeber die Regelung auch künftig beibehalten.

Allerdings mutet der Gesetzgeber dem Kunden im Regelfall der Vorabaushändigung zu, das Protokoll „sofort vor Geschäftsabschluss [zu] überprüfen und dann ggf. von dem Geschäft Abstand [zu] nehmen"[368], während er bei nachträglicher Protokollüberlassung immerhin eine Woche Zeit hat, um Unrichtigkeiten und Unvollständigkeiten auszuschließen. Dabei ist auch bedeutsam, dass die Richtigkeit und Vollständigkeit des Protokolls im Zusammenhang mit der Ausübung des Rücktrittsrechts von der Wertpapierfirma zu beweisen ist, so dass es sich praktisch um ein voraussetzungsloses Lösungsrecht handelt[369]. Auch die Rechtsprechung erkennt ein die selbstbestimmte Entscheidung sicherndes Karenzzeiterfordernis zwischen Beratung und Geschäftsabschluss im Rahmen der Beratungspflichten des Anlageberaters nicht an. Sie hat sich bisher vielmehr lediglich mit den an die Beratung zu stellenden inhaltlichen Vorgaben beschäftigt. Das übrige Aufsichtsrecht geht dagegen bereits in diese Richtung. In Bezug auf das Produktinformationsblatt ist vorgeschrieben, dass dieses dem Kunden im Falle der Anlageberatung *rechtzeitig* vor dem Abschluss eines Geschäfts zur Verfügung zu stellen ist, § 31 Abs. 3a WpHG, wobei bisher unklar bleibt, was darunter genau zu verstehen ist. Richtigerweise wird man von einem Zeitraum auszugehen haben, der die inhaltliche Auseinandersetzung mit dem Produktinformationsblatt tatsächlich ermöglicht. Die sofortige Herbeiführung eines Geschäftsabschlusses lässt sich daher allenfalls im Hinblick auf schlichte Anlageprodukte vertreten. Jedenfalls bei komplexen Finanzinstrumenten scheint es erwägenswert, auch das zivilrechtliche Aufklärungserfordernis um ein Karenzzeiterfordernis zu erweitern[370]. Auf diesem Wege dürfte es vielen Kunden im Übrigen auch leichter fallen, sich dem im Rahmen eines Verkaufsgesprächs regelmäßig erzeugten Abschlussdruck zu entziehen. Zuvor bietet es sich allerdings an, entsprechende verhaltenswissenschaftliche Studien durchzuführen, um präzisere Vorstellungen darüber zu gewinnen, ob und in welchem Umfang ein solches Karenzzeiterfordernis typischerweise tatsächlich hilfreich ist. Wenn man dann so weit gehen wollte, wäre

366 Wie hier *Möllers*, in: Kölner Kommentar zum WpHG, § 34 Rn. 134; a.A. etwa *Koller*, in: Assmann/Schneider, Wertpapierhandelsgesetz, § 34 Rn. 4.

367 Hierzu eingehend § 16, S. 413 ff. (sub aa).

368 BT-Drucks. 16/13672, S. 22 l. Sp.

369 Vgl. § 34 Abs. 2a S. 6 WpHG; vgl. insoweit auch *Leuering/Zetzsche* NJW 2009, 2856, 1860: *de facto* Widerrufsrecht.

370 Hierzu grundlegender bereits § 13, S. 203 ff. (sub 7); s. auch *Bamberger*, in: Handbuch zum deutschen und europäischen Bankrecht, § 50 Rn. 123: nach Umständen des Falles.

die Verletzung des Karenzzeiterfordernisses in ihren Rechtsfolgen wie eine fehlerhafte Aufklärung zu behandeln.

d) Anspruch auf Schadensersatz: Haftungsvoraussetzungen und Rechtsfolgen

aa) Rechtsgrundlage, Differenzhypothese und typische Schadenskategorien

Der Kapitalanlageberater, der seine Beratungssorgfaltspflicht schuldhaft verletzt, hat gem. § 280 Abs. 1 BGB den aus der Verletzung entstandenen Vermögensschaden zu ersetzen. Nach der allgemeinen Differenzhypothese ist der Anleger vermögensmäßig so zu stellen, wie er bei ordnungsgemäßer Beratung gestanden hätte. Hiernach kann der Anleger geltend machen, dass er bei pflichtgemäßer Beratung ein alternatives, gewinnbringendes Anlagegeschäft getätigt hätte, § 252 BGB[371]. Im praktischen Regelfall beschränkt sich dieser indes lediglich darauf, die empfohlene Kapitalanlage bei pflichtgemäßer Beratung nicht erworben zu haben, § 249 Abs. 1 BGB. Nach der Rechtsprechung des BGH richtet sich der – von einem Vermögensschaden abhängige[372] – Wiederherstellungsanspruch nicht lediglich auf den Ausgleich des Minderwerts einer Kapitalanlage, sondern auf den Ersatz der durch ihren Erwerb eingetretenen Einbußen[373]. Der Schuldner des Anspruchs ist daher verpflichtet, dem Anleger den Betrag zu erstatten, den dieser für den Erwerb der Kapitalanlage aufgewendet hatte[374]. Die erworbene Kapitalanlage selbst wird erst im Rahmen der Vorteilsausgleichung bedeutsam. Hiernach ist der Geschädigte grundsätzlich verpflichtet, sich die Vorteile anrechnen zu lassen, die ihm durch das schädigende Ereignis zugeflossen sind[375]. Sofern der Anleger über die erworbene Anlage noch verfügt, ist diese Zug-um-Zug gegen Rückzahlung des Anlagebetrags herauszugeben[376]. In der Praxis kommt es allerdings vielfach vor, dass der Anleger das nicht bedarfsgerechte Anlageprodukt weiterveräußert, bevor sich der Schuldner bereit erklärt, den Anlagebetrag zurückzuzahlen bzw. bevor dieser hierzu rechtskräftig verurteilt wurde. In diesem Fall tritt der Weiterveräußerungserlös im Rahmen der Vorteilsausgleichung an die Stelle der Herausgabepflicht und ist mit dem Rückzahlungsanspruch zu verrechnen. Darauf, ob der Anleger vor oder nach der Weiterveräußerung Kenntnis von der fehler-

---

[371] OLG Stuttgart, Urteil vom 16. Februar 2005 (9 U 171/03), juris Rn. 53 f.; s. auch *Witte/Hillebrand* DStR 2009, 1759, 1765.

[372] Vgl. BGH NJW 2010, 3292, 3293: Erwerb einer den konkreten Anlagezielen und Vermögensinteressen nicht entsprechenden Anlage als Vermögensschaden; zum Streitstand eingehend § 13, S. 217 ff. [sub (2)].

[373] BGH NJW 2013, 450, 451; NJW 2004, 1868, 1869 f.

[374] BGH NJW 2013, 450, 451.

[375] BGH NJW-RR 2009, 603, 604; NJW 1982, 1145, 1146.

[376] BGH NJW 2013, 450, 451; NJW-RR 2009, 603, 604; s. allgemein BGH NJW 1958, 1232, 1234.

haften Beratung erlangt hat, soll es nach der Rechtsprechung des BGH nicht ankommen. Insbesondere bestehe keine Pflicht, die veräußerten Wertpapiere zurückzuerwerben, um diese im Rahmen der Vorteilsausgleichung zurückübertragen zu können[377].

bb) Pflichtverletzung und Vertretenmüssen

Im Zuge der verhaltensgerichteten Anforderungen an die Beratungssorgfaltspflicht kommen verschiedene, voneinander unabhängige Pflichtverletzungen in Betracht[378], die der Anlageberater gem. § 276 BGB jeweils zu vertreten haben muss. Da die zivilrechtlichen Anforderungen an die Kapitalanlageberatung das Ergebnis fortgesetzter gerichtlicher Rechtsfortbildung sind, kommt dem Rechtsirrtum des Anlageberaters in diesem Zusammenhang eine besondere praktische Bedeutung zu[379]. Ein Rechtsirrtum schließt eine Haftung des Kapitalanlageberaters wegen Vorsatzes aus[380], wegen einer fahrlässig begangenen Pflichtverletzung indes nur, wenn er unvermeidbar war. In diesem Zusammenhang legt die Rechtsprechung allgemein wie auch im Bereich der Kapitalanlageberatung strenge Maßstäbe an. Von dem Kapitalanlageberater wird erwartet, dass dieser die Rechtslage einschließlich der höchstrichterlichen Rechtsprechung sorgfältig prüft und notfalls Rechtsrat einholt. Fahrlässig handelt in diesem Zusammenhang, wer mit der *Möglichkeit* rechnen musste, dass das Gericht einen abweichenden rechtlichen Standpunkt einnimmt[381]. Von einem unverschuldeten Rechtsirrtum sei dagegen auszugehen, wenn die Rechtslage „besonders zweifelhaft und schwierig" ist und es noch an einer einheitlichen Linie in der Rechtsprechung mangelt[382].

cc) Kausalität und Zurechnung

Der geltend gemachte Schaden muss nach den allgemeinen Grundsätzen auf der Verletzung der Beratungssorgfaltspflicht beruhen und in den Schutzbereich der verletzten Pflicht fallen. Besteht die Pflichtverletzung in einem Explorationsfehler, so fordert ihr Schutzzweck, dass sich dieser Fehler auf die mit der Empfehlung oder der Aufklärung bestehenden Verhaltenspflichten ausgewirkt haben muss[383]. Das ist nur dann der Fall, wenn der Anlageberater bei ordnungsgemäßer Exploration hätte erkennen können, dass das empfohlene Anla-

---

377 BGH NJW 2013, 450, 451; zur Bedeutung der Veräußerung im Rahmen des Mitverschuldens s. § 16, S. 453 (sub dd).

378 Hierzu bereits § 13, S. 208 f. (sub 5).

379 Vgl. zum Ganzen eingehender *Veil* WM 2009, 2193 ff.

380 BGH NJW 2010, 2339; NJW 2007, 1876, 1879; s. bereits BGH NJW 1977, 1875, 1878.

381 BGH WM 2014, 1382, 1384; NJW 2010, 2339 f.

382 BGH WM 2014, 1382, 1384.

383 Instruktiv hierzu BGH NJW 2012, 66, 68; s. auch OLG Stuttgart ZIP 2012, 1798, 1799.

geprodukt nicht bedarfsgerecht ist oder wenn in diesem Rahmen ein Risiko offenbar geworden wäre, über das der Anleger aufzuklären gewesen wäre[384]. Allgemein muss die Beratungspflichtverletzung für den Entschluss des Anlegers, der den geltend gemachten Vermögensschaden unmittelbar herbeigeführt hat, ursächlich gewesen sein. Besteht die Pflichtverletzung in der unterlassenen Aufklärung über verdeckte Rückvergütungen und hat der Anleger verschiedene Anlagegeschäfte getätigt, soll eine Rückabwicklung nach Ansicht des BGH grundsätzlich nur in Ansehung der Geschäfte in Betracht kommen, für das die verschwiegene Rückvergütung unmittelbar in Aussicht stand. Eine Rückabwicklung aller Geschäfte kommt nur in Betracht, wenn der Kunde den Geschäftskontakt bei gehöriger Aufklärung insgesamt abgebrochen hätte[385].

Die eigenverantwortliche Umsetzung der Empfehlung ist dem Anlageberater regelmäßig auch zurechenbar. Der erforderliche Zurechnungszusammenhang ist nach hier vertretener Ansicht zum einen aber dann abzulehnen, wenn mit der Umsetzung der Empfehlung in zeitlicher Hinsicht vernünftiger Weise nicht mehr zu rechnen war[386], zum anderen dann, wenn der Anleger die empfohlene Kapitalanlage nicht bestimmungsgemäß beim Anlageberater selbst oder einem von diesem in Bezug genommenen Leistungsanbieter erworben hatte[387].

dd) Mitverschulden

In Ansehung des Mitverschuldens ist zunächst auf die grundsätzlichen Ausführungen zu verweisen[388]. Hiernach bleibt sowohl mit Blick auf die Empfehlung als auch die geschuldete Aufklärung der Einwand, der Anleger habe dem Anlageberater nicht vertrauen dürfen, weil die fehlende Bedarfsgerechtigkeit der Anlage oder die Unrichtigkeit bzw. Unvollständigkeit der Aufklärung für diesen erkennbar gewesen sei, grundsätzlich funktional unberücksichtigt[389]. Hinzuweisen ist darauf, dass der BGH in seiner früheren Rechtsprechung zur Anlagevermittlung und Anlageempfehlung noch grundlegender danach differenziert hatte, ob der Anleger erkennen musste, dass der Anlageberater diesem als Verkäufer gegenüber steht und vornehmlich eigene Interessen verfolgt. Der Umstand, dass ein Anlageberater für seine Beratung unmittelbar kein Entgelt fordert oder dem Anleger gegenüber werbend auftritt, sollte hiernach zur Folge haben, dass der Anleger einem solchen Berater nicht in gleicher Weise vertrau-

---

[384] BGH NJW 2012, 66, 68; NJW-RR 2010, 115, 116; NJW 2008, 3700, 3701; zum Ganzen eingehender § 13, S. 224 ff. [sub (1)].

[385] BGH NJW 2007, 1876, 1879; zum Ganzen kritisch § 13, S. 187 ff. (sub dd) und § 16, S. 445 ff. [sub (c)].

[386] Hierzu § 13, S. 230 ff. [sub (c)].

[387] Zum Ganzen eingehend § 13, S. 233 f. [sub (d)].

[388] § 13, S. 240 ff. (sub ee), S. 250 f. (sub cc).

[389] BGH NJW 2011, 1949, 1954 – CMS Spread Ladder Swap; s. auch BGH NJW 2010, 3292, 3294; NJW 2004, 1868, 1870; im Ansatz schärfer *Bamberger*, in: Handbuch zum deutschen und europäischen Bankrecht, § 50 Rn. 178.

en durfte, wie einem erklärterweise im Lager des Anlegers stehenden sachkundigen Berater. In den vorliegend interessierenden Fällen des beratenden Verkaufs bzw. der beratenden Vermittlung von Anlageprodukten sollte der Anleger somit eher damit zu rechnen haben, dass bestimmte Umstände im Vertriebsinteresse nicht besonders herausgehoben werden, so dass der Einwand des Mitverschuldens funktional gerade nicht ohne Weiteres ausgeschlossen war[390]. Diese Rechtsprechung steht im Widerspruch zu der weitgehenden Interessenwahrungspflicht, wie sie heute auch für den beratenden Vertrieb von Kapitalanlagen gilt. Folgerichtig ist der BGH längst, wenn auch mehr stillschweigend, von dieser Linie abgerückt.

Zu berücksichtigen bleibt allerdings, dass es sich bei der Haftung des Kapitalanlageberaters in den vorliegenden Fällen nach der hier vertretenen Ansicht um einen Fall der gesetzlichen Vertrauenshaftung handelt. Bereits der Haftungstatbestand kommt daher nicht zustande, wenn sich Anleger und Verkaufsberater ohne signifikantes Wissens- und Erkenntnisgefälle gegenüber stehen[391]. Im Übrigen ist der Mitverschuldenseinwand immer dann beachtlich, wenn sich dem Anleger die Unvertretbarkeit der Empfehlung oder die Unrichtigkeit der Aufklärung regelrecht aufdrängen musste, wobei dies nach zutreffender Ansicht des BGH nicht bereits dann der Fall ist, wenn ein erheblicher Widerspruch erst durch Hinzunahme eines Emissionsprospekts erkennbar wird[392].

Die Verletzung der Schadensminderungspflicht gem. § 254 Abs. 2 S. 1 BGB hat im Bereich der Kapitalanlageberatung bisher keine praktische Bedeutung erlangt. So soll es etwa unerheblich sein, wenn der Anleger die erworbene Kapitalanlage veräußert, nachdem er von der fehlerhaften Beratung Kenntnis erlangt hat. Der BGH begründet dies damit, dass dem Anleger nach Treu und Glauben nicht zugemutet werden könne, durch das Halten der Kapitalanlage weitere Risiken einzugehen[393].

ee) Verjährung

Mit Rücksicht auf die Verjährung des Anspruchs bleibt zusammenfassend[394] festzuhalten, dass der nach § 199 BGB zu bestimmende Beginn der Verjährung für jede Pflichtverletzung gesondert zu prüfen ist. Hinsichtlich der Annahme einer grob fahrlässigen Unkenntnis von den anspruchsbegründenden Umständen ist grundsätzlich Zurückhaltung geboten. Dies folgt zum einen aus dem Sinn und Zweck der Beratungspflicht, zum anderen sind auch insoweit verhaltenswissenschaftliche Erkenntnisse zu berücksichtigen. Hiernach ist von grober

---

[390] Vgl. zum Ganzen instruktiv BGH NJW 1982, 1095, 1096f.; s. auch *Lutter*, in: FS Bärmann, S. 605, 625 f.; *Coing* WM 1980, 206, 210.

[391] Vgl. schon § 13, S. 253 f. (sub 2).

[392] BGH NJW 2010, 3292, 3295; zum Ganzen schon eingehend § 13, S. 251 (sub cc).

[393] BGH NJW 2013, 450, 452; WM 2011, 1529, 1531.

[394] Zum Ganzen eingehend § 13, S. 245 f. (sub ff).

Fahrlässigkeit nicht schon auszugehen, wenn sich die für die Pflichtverletzung maßgeblichen Umstände ohne weiteres dem ausgehändigten Anlageprospekt entnehmen lassen. Denn der typische Kunde misst den Erklärungen des Anlageberaters regelmäßig größere Bedeutung bei. Nach dem Sinn und Zweck der Beratungssorgfaltspflicht kann es dem Kunden nicht vorgeworfen werden, wenn er den Angaben des Ratgebers vertraut und sich nicht um deren Abgleich mit Prospektangaben bemüht[395]. Für nicht vorwerfbar hält es der BGH überdies, wenn der Anleger das Bekanntwerden einer Pflichtverletzung nicht zum Anlass nimmt, um den Prospekt nachträglich zu studieren, obwohl auf diesem Wege weitere Pflichtverletzungen erkennbar geworden wären[396].

e) Haftungsausschluss und Haftungsbeschränkung

Auch im Hinblick auf mögliche Haftungsfreizeichnungen ist auf die allgemeinen Ausführungen Bezug zu nehmen[397]. Da es sich bei der Haftung des Anlageberaters in den hier diskutierten Fällen nach richtigem Verständnis um einen Fall der gesetzlichen Vertrauenshaftung handelt, wäre in diesem Zusammenhang zunächst zu fragen, ob der Anlageberater einen einmal entstandenen Vertrauenstatbestand durch spiegelbildliches Verhalten wieder zerstört hat. Von weitaus größerer praktischer Bedeutung ist ein einseitiger Verzicht auf die Erfüllung einzelner Elemente der Beratungssorgfaltspflicht, namentlich ein Verzicht des Ratnehmers auf eine empfehlungsbegleitende Aufklärung. Eine formularmäßige Freizeichnung von der Beratungssorgfaltspflicht wäre mit dem wesentlichen Grundgedanken der rudimentär kodifizierten gesetzlichen Vertrauenshaftung unvereinbar, § 307 Abs. 2 Nr. 1 BGB. Entsprechendes gilt für eine Haftungsfreizeichnung, selbst wenn sich diese auf einfache Fahrlässigkeit beschränkt[398].

f) Ausgleichssicherung

Mit Blick auf die Ausgleichssicherung stellt sich zunächst die Frage nach der Verantwortlichkeit für unselbständig und selbständig in der Anlageberatung tätige Mitarbeiter. Dem ist für die Kapitalanlageberatung bereits im Rahmen der allgemeinen Ausführungen umfassend nachgegangen worden[399].

---

[395] Vgl. BGH NJW 2010, 3292, 3295 f. unter Ablehnung der überwiegenden Rechtsprechung der Oberlandesgerichte.

[396] BGH NJW-RR 2010, 1623, 1624.

[397] § 13, S. 253 (sub 2).

[398] Im Ergebnis bereits BGH NJW 1954, 1193, 1194: Freizeichnung von der Haftung aus bankmäßigen Auskünften verstößt gegen Treu und Glauben; zur Unwirksamkeit der Beschränkung auf grobe Fahrlässigkeit und Vorsatz s. auch OLG Düsseldorf NJW-RR 1991, 308, 309; OLG Frankfurt WM 1996, 665, 668 sowie *Balzer* ZBB 1997, 260, 267.

[399] Hierzu § 13, S. 259 ff. (sub c).

Hinsichtlich der praktisch bedeutsamen Pflichthaftpflichtversicherung erweist sich die geltende Rechtslage als defizitär. Allgemein beschränkt sich das geltende deutsche Recht im Rahmen der Zulassung von Bankgeschäften und Finanzdienstleistungen, wie etwa der Anlageberatung, auf ein Anfangskapital von (lediglich) 50.000 Euro. Eine Vermögensschadenhaftpflichtversicherung von mindestens 500.000 Euro für jeden Versicherungsfall und eine Versicherungssumme von mindestens 750.000 Euro ist insoweit lediglich als Äquivalent von Bedeutung, vgl. § 33 Abs. 1 KWG. Der Abschluss einer Vermögensschadenversicherung für ihre Mitarbeiter wurde für die Wertpapierfirmen weder im Zuge der ersten noch im Zuge der zweiten Finanzmarktrichtlinie vorgesehen. Dahinter steht offenbar die Vorstellung, dass die Vermögensinteressen der Anleger nach den im Übrigen geltenden Anforderungen der Finanzmarktrichtlinien hinreichend geschützt sind[400]. Lediglich in den Fällen, in denen die Mitgliedstaaten von der Möglichkeit Gebrauch machen, bestimmte Personen von den Vorgaben der Finanzmarktrichtlinien vollständig auszunehmen[401], fordert die zweite Finanzmarktrichtlinie ein bestimmten Anforderungen genügendes System für die Entschädigung von Anlegern oder die Verpflichtung zum Abschluss einer Berufshaftpflichtversicherung, die gleichwertigen Schutz bietet, vgl. Art. 3 Abs. 2 MiFID II. Der deutsche Gesetzgeber hatte bereits von der inhaltsgleichen Ausnahme der ersten Finanzmarktrichtlinie Gebrauch gemacht und Unternehmen, die Anlageberatung lediglich im Hinblick auf Anteile an inländischen Investmentvermögen erbringen, entsprechend privilegiert[402]. Kompensatorisch ist solchen Finanzanlagenvermittlern die Zulassung zu versagen, wenn der Nachweis einer Berufshaftpflichtversicherung nicht erbracht werden kann, § 34f Abs. 2 Nr. 3 GewO. Die Mindestversicherungssumme beträgt dabei 1.130.000 Euro für jeden Versicherungsfall, aber lediglich 1.700.000 Euro für alle Versicherungsfälle eines Jahres, § 9 Abs. 2 FinVermV.

g) Beweisrecht

Die für das Beweisrecht der Anlageberatung geltenden Grundsätze und Besonderheiten wurden bereits im Rahmen der allgemeinen Ausführungen umfassend dargelegt[403]. Zusammenfassend bleibt festzuhalten, dass der Kunde die Verletzung der Beratungspflicht beweisen muss. Die Wertpapierfirma, die sich das Handeln ihres Angestellten oder das ihres selbständigen Vermittlers zurechnen lassen muss, trifft insoweit allerdings eine sekundäre Darlegungslast. Die Verletzung der dem Anlageberater obliegenden Beweiszwecken dienenden

[400] Vgl. auch Erwägungsgründe 42, 49 MiFID II.
[401] Vgl. Art. 3 Abs. 1 MiFID II.
[402] Hierzu § 16, S. 386 ff. (sub bb).
[403] Hierzu eingehend § 13, S. 269 ff. (sub XI).

Dokumentationspflicht ist Grundlage einer beweiserleichternden Vermutung. In diesem Zusammenhang ist hervorzuheben, dass aus dem Umstand, dass der Anleger das Beratungsprotokoll selbst auch unterzeichnet, für diesen keine beweisrechtlichen Nachteile folgen dürfen. Im Hinblick auf den Nachweis der Entscheidungskausalität greift nach hier vertretener Ansicht eine über den bloßen Anscheinsbeweis hinausgehende Beweislastumkehr. Auf die zutreffende Rechtsprechungsänderung des BGH ist insoweit nochmals hinzuweisen[404]. In diesem Zusammenhang bleibt allerdings vorerst unklar, ob der BGH die Beweislastumkehr auch auf solche Fälle anwenden wird, in denen ein lediglich in Bezug auf bestimmte Anlagenkäufe fehlerhaft aufgeklärter Anleger behauptet, er hätte bei gehöriger Aufklärung auch von anderen Geschäftsabschlüssen Abstand genommen[405].

2. „Unabhängige" Beratung bzw. Honoraranlageberatung

a) Abschluss eines Beratungsvertrags

Nach dem zu den Haftungsgrundlagen Gesagten ist vom Abschluss eines Beratungsvertrags entgegen der Rechtsprechung nicht schon auszugehen, wenn eine Bank eigene Produkte oder Produkte anderer Anbieter empfiehlt, mit denen sie eine Vertriebsvereinbarung getroffen hat. Gleiches gilt für den beratenden Vertrieb selbständiger und gleichwohl vertraglich an bestimmte Anbieter gebundener Vermittler. Es müssen vielmehr Umstände hinzutreten, auf Grund deren der Ratgeber gegenüber dem Anlageinteressenten nicht lediglich als Verkäufer von Kapitalanlagen oder als ein im Lager des Verkäufers stehender Vermittler erscheint[406].

Nach der aus dem Aufsichtsrecht auf das Zivilrecht ausstrahlenden Typenprägung wird es sich dabei im Allgemeinen um solche Ratgeber handeln, die sich gegenüber dem Anlageinteressenten als „unabhängige" Anlageberater gerieren. Denn bei aufsichtsrechtlich korrektem Verhalten wird sich der Ratgeber entweder als „unabhängiger" Berater oder als nicht unabhängig zu erkennen geben[407] und damit nur im letztgenannten Fall in aller Deutlichkeit als bloßer Verkaufsberater agieren. Die Aufnahme des Beratungsgesprächs durch einen sich als „unabhängig" gerierenden Kapitalanlageberater ist Grundlage für die Annahme eines konkludent geschlossenen Beratungsvertrags. Die Zuordnung des Beratungsvertrags zu einem der Vertragstypen des BGB wird man maßgeblich von der Art der getroffenen Vergütungsvereinbarung abhängig machen.

---

[404] BGH NJW 2012, 2427, 2430; zustimmend auch *Schwab* NJW 2012, 3274, 3276; kritisch mit Blick auf die „materiell-rechtlich nicht ganz zweifelsfreien Aufklärungspflichten" *Mülbert* ZHR 177 (2013), 160, 198; zum Ganzen eingehend § 13, S. 299 (sub bb).

[405] Vgl. BGH NJW 2007, 1876, 1879.

[406] Hierzu eingehend § 13, S. 135 [sub (3)].

[407] § 16, S. 400f. [sub (1)].

Regelmäßig dürfte ein erfolgsunabhängiges Beratungshonorar vereinbart werden, so dass der Beratungsvertrag dem Typus des Dienstvertrags zuzuordnen ist. Soll der Anlageinteressent eine Vergütung lediglich erfolgsabhängig, also im Falle des späteren Erwerbs einer empfohlenen Kapitalanlage schulden, kommt ein Maklervertrag mit Beratungspflicht zustande. Auch Mischformen sind denkbar, wobei dann allerdings eine auch unabhängig vom Erfolg vereinbarte Vergütung nur individualvertraglich zulässig sein dürfte[408]. Die Beratungspflicht ist in allen Fällen Hauptleistungspflicht des Vertrags, die naturaliter einklagbar und, da es sich um eine vertretbare Leistung handelt, auch durchsetzbar ist, § 887 ZPO. Neben dem Beratungsvertrag mit dem sich als „unabhängig" gerierenden Ratgeber kommt ein Beratungsvertrag mit dem Verkäufer der empfohlenen Kapitalanlage nicht zustande. Es fehlt insoweit regelmäßig jedenfalls an einem Handeln zugleich im fremden Namen.

b) Pflichtumfang

Der von dem erklärterweise „unabhängigen" Anlageberater geschuldete Pflichtumfang ist nach der hier vertretenen Auffassung zum Verhältnis von Aufsichts- und Zivilrecht[409] nicht notwendig dem vom Aufsichtsrecht beschriebenen Pflichtenumfang gleichzusetzen[410]. Indes bleibt das Aufsichtsrecht selbst insoweit bereits derart allgemein, dass dieses als Grundlage einer Inspiration für die Auslegung der vertraglichen Willenserklärungen bzw. als Grundlage eines ungeschriebenen gesetzlichen Leitbildes des Beratungsvertrags in der Kapitalanlageberatung ohnehin wenig tauglich ist. Wenn man einmal nur von der zweiten Finanzmarktrichtlinie ausgeht, muss der „unabhängige" Anlageberater künftig eine „ausreichende Palette" auf dem Markt angebotener Finanzinstrumenten bewerten, die hinsichtlich ihrer Art und ihres Emittenten „hinreichend gestreut" sein müssen. Auf eigene Anlageprodukte oder solche verbundener Unternehmen darf sich der „unabhängige" Berater dabei nicht beschränken, vgl. Art. 24 Abs. 7 MiFID II. Dem geltenden Versicherungsvertragsrecht ist eine vergleichbare Regelung bekannt. Hiernach ist auch der Versicherungsmakler verpflichtet, seinem Rat eine „hinreichende Zahl" von auf dem Markt angebotenen Versicherungsverträgen und von Versicherern zu Grunde zu legen, § 60 Abs. 1 VVG.

Für den Anlageberatungsvertrag käme man auf der Grundlage des objektiven Empfängerhorizonts ohne weiteres zu einer ähnlichen Grundlinie. Ein durchschnittlicher Kunde, der sich einem erklärterweise „unabhängigen" Anlageberater gegenüber sieht, erwartet, dass dieser ein repräsentatives, nicht un-

---

408 Vgl. einerseits BGH NJW 1985, 2477, 2478 und andererseits BGH NJW 1983, 2817, 2819.

409 Hierzu eingehend § 16, S. 413 ff. (sub b, c).

410 A.A. *Herresthal* WM 2014, 773, 780.

erhebliches Marktspektrum bewerten wird. Für den Versicherungsmakler wird allerdings weitergehend vertreten, dass dieser, ungeachtet der im Begriff der „hinreichenden Zahl“ zum Ausdruck gebrachten Begrenzung, „*alle* ernsthaft in Betracht kommenden Versicherungsprodukte *sämtlicher* Anbieter“ zu berücksichtigen habe[411]. Dem wird man indes schon nicht einmal für das Versicherungsrecht folgen können. Eine umfängliche Berücksichtigung aller im Grundsatz bedarfsgerechten Handlungsoptionen zählt zu den wesentlichen Kennzeichen der beratenden Profession[412]. Die für den Versicherungsmakler vertretene umfassende Berücksichtigung aller Produkte sämtlicher Anbieter trifft daher für den tatsächlich unabhängigen Versicherungsberater zu. Ungeachtet aller im Bereich der modernen Hybridformen der Beratung zu beobachtenden Professionalisierungstendenzen wird man dagegen weder einem sich als „unabhängig“ gerierenden Versicherungsvermittler, noch einem Anlageberater zumuten können, den gesamten Markt beratungsmäßig abzudecken.

Die Rechtsprechung wird daher nicht umhin kommen, die Beratungsgrundlage des „unabhängigen“ Kapitalanlageberaters auf dem Gradmesser zwischen der professionstypischen umfassenden Berücksichtigung und der verkaufstypischen Beschränkung auf eigene Produkte weitergehend zu konkretisieren und dabei letztlich auch zu quantifizieren. Eine allgemeine Aussage dürfte insoweit schwerlich möglich sein, schon weil der Markt nicht für jedes Anlageziel eine vom Umfang identische Produktpalette anbietet.

c) Pflichtinhalt, Rechtsbehelfe, Haftungsvoraussetzungen und Rechtsfolgen

Hinsichtlich Pflichtinhalt, Rechtsbehelfen, Haftungsvoraussetzungen und Rechtsfolgen kann zunächst weitgehend an die Beratungssorgfaltspflicht des absatzorientiert beratenden Kapitalanlageberaters und an die allgemeinen Ausführungen zur Beratungspflicht angeknüpft werden. Weitergehend ist der Anlageberater in den vorliegenden Fällen allerdings dazu verpflichtet, über die pflichtgemäß berücksichtigten weiteren bedarfsgerechten Handlungsalternativen aufzuklären. Der gesteigerte Pflichtenumfang des erklärterweise „unabhängigen“ Anlageberaters schlägt sich im Rahmen der komplementären Aufklärungspflichten auch deshalb nieder, weil nur auf diesem Wege sicher gestellt werden kann, dass sich der Pflichtenumfang nicht im Rahmen des dem Anlageberater notwendigerweise einzuräumenden Ratgeberermessen verliert[413]. Zu den erheblichen Interessenkonflikten, über die der Anlageberater nach hier vertretener Ansicht *ausnahmsweise* aufzuklären hat, zählt der Umstand, dass die-

---

[411] Vgl. MünchKommVVG/*Reiff*, § 60 Rn. 17; ähnlich, erleichternd aber bei Standardprodukten *Matusche-Beckmann*, in: Beckmann/Matusche-Beckmann, Versicherungsrechts-Handbuch, § 5 Rn. 290; *Michaelis*, in: Schwintowski/Brömmelmeyer, VVG, § 60 Rn. 5; *Fetzer* jurisPR-VersR 5/2007 Anm. 4, Teil 3.

[412] Hierzu § 4, S. 39 (sub b).

[413] Hierzu eingehend § 13, S. 224 ff. [sub (b)].

ser im konkreten Fall ein eigenes Produkt oder das eines verbundenen Unternehmens empfiehlt[414]. Andere, für den absatzorientierten Anlageberater typischerweise bestehende Interessenkonflikte sind nach dem reformierten Aufsichtsrecht demgegenüber bereits grundlegend untersagt. Das betrifft zum einen das Provisionsannahme- und -behaltsverbot sowie interessewidrige Anreizmechanismen im Verhältnis der Wertpapierfirmen zu ihren Mitarbeitern, vgl. Art. 24 Abs. 7 b), 10 MiFID II.

Der Honorarberatungsvertrag ist seiner Rechtsnatur nach Dienstvertrag[415]; die Beratungspflicht ist klagbare Hauptleistungspflicht. Ein auf Rückzahlung des Beratungshonorars gerichteter Anspruch kommt daher lediglich in den Fällen der Nichtleistung, nicht aber bei bloßer Schlechtleistung in Betracht. Der Nichtleistung ist eine fehlerhafte Beratung nach hier vertretener Ansicht gleichzustellen, wenn der Anlageberater über die Exploration und interne Bewertung hinausgehend keinerlei Aktivitäten entfaltet[416]. Auch im Rahmen der erklärterweise „unabhängigen" Beratung steht der Anspruch des Kunden auf Schadensersatz aus § 280 Abs. 1 BGB im Zentrum. Die allgemeinen Grundsätze sind insoweit zu übertragen[417].

3. „Regelmäßige" Beurteilung erworbener Kapitalanlageprodukte

Nach Umsetzung der zweiten Finanzmarktrichtlinie wird sich der Anlageberater vor Beginn der Beratung auch darüber zu erklären haben, ob er dem Kunden eine „regelmäßige Beurteilung" der Eignung der dem Kunden empfohlenen Finanzinstrumente anbietet, Art. 24 Abs. 4a) MiFID II. Dass ein lediglich absatzorientierter und damit unentgeltlich beratender Anlageberater eine solche weitergehende Pflicht übernimmt, ist praktisch eher unwahrscheinlich. Wenn überhaupt, dann wird sich der Anlageberater eine solche fortgesetzte Beratung gesondert vergüten lassen. Auch im Zusammenhang mit diesem dritten aufsichtsrechtlich geprägten Typus der Kapitalanlageberatung kommt daher regelmäßig ein Beratungsvertrag mit dem Kunden zustande.

Das Versprechen, eine „regelmäßige Beurteilung" anzubieten, ist wiederum zivilrechtsautonom auszulegen. Was in diesem Zusammenhang unter „regelmäßig" zu verstehen ist, dürfte letztlich maßgeblich von den Anlegerpräferenzen und von der Art des empfohlenen und erworbenen Finanzinstruments abhängig zu machen sein. Die geschuldeten Beurteilungsintervalle sind bei auf längerfristiges Halten angelegten Anlageprodukten folgerichtig größer, als bei auf kurzfristige Renditen abzielenden Investitionen. Der verständige Empfänger eines solchen Versprechens wird in jedem Fall erwarten können, dass sich

[414] Insoweit wie *Herresthal* WM 2014, 773, 782.
[415] Hierzu grundlegend § 13, S. 149 ff. (sub bb).
[416] Zum Ganzen eingehend § 13, S. 212 ff. (sub b).
[417] Zum Ganzen § 13, S. 215 ff. (sub c).

der Anlageberater in bestimmten Zeitabständen vergewissert, ob die im Zeitpunkt der Empfehlung für die Bedarfsgerechtigkeit der Anlage sprechenden Umstände weiterhin bestehen. Der Anlageberater hat daher immer wieder aufs Neue die empfehlungsrelevanten objektbezogenen Umstände zu ermitteln und sich in den einschlägigen Medien über bewertungsrelevante Entwicklungen zu informieren[418]. Eine fortgesetzte lückenlose Überwachung der Bedarfsgerechtigkeit schuldet auch er dagegen nicht.

[418] Hierzu eingehend § 16, S. 435 ff. [sub (2)].

§ 17 Kaufrecht

I. Einführung

Das Risiko, dass der Käufer einen für seine Zwecke geeigneten Kaufgegenstand identifiziert und dass sich der erworbene Kaufgegenstand für die Zwecke des Käufers überhaupt oder sogar von allen am Markt angebotenen Produkten am besten eignet, trägt im Ausgangspunkt der Käufer allein. Das Kaufrecht kennt folglich keine allgemeine (vorvertragliche) Beratungspflicht des Verkäufers[1]. Die grundlegende Zuweisung des Auswahlrisikos an den Käufer findet ihre theoretische Rechtfertigung in der Interessenstruktur, die dem Kauf als Prototyp des Austauschvertrags zugrunde liegt[2]. Das Wesen des Austauschvertrags kennzeichnet das Bestehen und der Erhalt eines Interessengegensatzes. Die Vertragsparteien ringen nach traditionellem Verständnis mit- oder besser: gegeneinander um die bestmögliche Verwirklichung ihrer Interessen. Das beiderseitige Streben zum eigenen Vorteil ist damit grundlegend legitimiert und findet seine Grenzen erst in der eigenen Leistungspflicht, den daraufhin ausgerichteten Sorgfaltsanforderungen und einer rudimentär geschuldeten Rücksichtnahme auf die Interessen des Gegenübers, die Treu und Glauben mit Rücksicht auf die Verkehrssitte erforderlich werden lässt[3]. Das Motiv des Erwerbers oder sogar sein Bedürfnis nach Motivherausbildung kann und muss, so scheint es, in diesem System rechtlich weithin unbeachtlich bleiben; Eigenverantwortung der Vertragsparteien ist Grundlage und Wesen des vertraglichen Pflichtenprogramms.

Der Interessengegensatz wird beim Kaufvertrag im Kern verwirklicht durch einen zumindest gedanklichen Rückgriff auf das überkommene und durch entsprechende verkäuferseitig motivierte Parteivereinbarung praktisch weiterhin erstrebte Prinzip des *caveat emptor*, also den weitgehenden Ausschluss von Sach- und Rechtsmängelhaftung. Im Übrigen ist das Risiko, dass sich der Kaufgegenstand für die Zwecke des Käufers eignet, dem Käufer insoweit zugewiesen, als das gesetzlich unabdingbare Gewährleistungsrecht dieses nicht auf den

---

[1] *Eckert/Maifeld/Matthiessen*, Handbuch des Kaufrechts, Rn. 434; zur nachvertraglichen Beratung gleich Bamberger/Roth/*Faust*, BGB, § 433 Rn. 48.

[2] *Weller* ZBB 2011, 191, 196 f.; s. auch BGH NJW 2001, 2021.

[3] Statt vieler Staudinger/*Martinek*, BGB, Neubearb. 2006, Vor. § 662 Rn. 24.

Verkäufer verlagert[4]. Schließlich wird das Prinzip der Eigenverantwortung gesichert durch eine gewisse Reserve gegenüber der Begründung von (vorvertraglichen) Aufklärungspflichten bis zu den äußersten Grenzen der arglistigen Täuschung[5]. Vor diesem Hintergrund gilt es als legitim, dass der Verkäufer auch sein vorvertragliches Verhalten im Grundsatz allein an den eigenen Absatz- und Gewinninteressen ausrichtet. Darin und nicht etwa in der Zuweisung eines für den Vertragspartner geeigneten Produkts liegt die Funktion der beim Kauf tatsächlich stattfindenden Beratung oder begrifflich treffender: der Absatzstrategie des beratenden Verkaufs[6].

Vor diesem Hintergrund wird zunächst verständlich, dass die Rechtsprechung seit jeher Zurückhaltung gegenüber einer vom allgemeinen Grundsatz abweichenden Risikozuweisung geübt hat. Im Grundsatz galt und gilt, dass kein vernünftiger Kunde davon ausgehen können soll, dass er von einem Verkäufer tatsächlich interessenwahrend beraten wird. Einem Käufer muss vielmehr klar sein, dass es dem Verkäufer im Zweifel allein darauf ankommt, seine Produkte abzusetzen und Gewinn zu erwirtschaften[7]. In gleicher Weise wie es dem Verkäufer dabei zugestanden wird, in Ansehung der Eigenschaften der von ihm vertriebenen Produkte zu marktschreierischen und vielfach stark wirklichkeitsverzerrenden Anpreisungen zu greifen, soll sich der Verkäufer durchaus auch ein Stück weit als Interessenwahrer des Käufers gerieren und diesem den Eindruck vermitteln dürfen, der Kaufgegenstand sei für die Bedürfnisse und Zwecke des Käufers bestens geeignet. Dabei ist ihm ohne weiteres die Verwendung von Begriffen gestattet, die wie der des „Beraters" oder des „Beratungsgesprächs" den falschen Eindruck von Fremdinteressenwahrung in besonderer Weise erzeugen[8].

---

[4] BGH NJW 1979, 1818, 1819; NJW 2004, 2301, 2302; *Flume*, Das Rechtsgeschäft, S. 510; Staudinger/*Beckmann*, BGB, Neubearb. 2004, § 433 Rn. 101; s. auch *Grunewald*, Kaufrecht, § 7 I Rn. 16; zu diesem Dogma auch MünchKommBGB/*Finkenauer*, § 313 Rn. 73; zum Sonderfall des Verwendungszweckfortfalls eingehender Rn. 252 f., 262.

[5] Zur Auflösung dieses Dogmas s. den Überblick über die Aufklärungspflichten des Verkäufers bei *Grunewald*, Kaufrecht, § 6 I Rn. 10.

[6] Zur Funktion solcher Verkaufs„beratung" auch *Krüger* NJW 2013, 1845, 1846.

[7] *Krüger* NJW 2013, 1845, 1846.

[8] Vgl. *Krüger* NJW 2013, 1845, 1846.

II. Beratender Verkauf und kaufvertragliches Gewährleistungsrecht

1. Überblick über die Rechtslage unter dem alten Schuldrecht

a) Abschließendes Gewährleistungsrecht, kaufvertragliche Nebenpflicht oder selbständiger Beratungsvertrag

Das kaufrechtliche Gewährleistungsrecht gilt traditionell als ein grundsätzlich abschließendes System der Risikoverteilung zwischen Käufer und Verkäufer. Die Erwartungen, die der Käufer im Hinblick auf die Eigenschaften der Kaufsache berechtigterweise haben kann, sind im Grundsatz hiernach allein dem kaufrechtlichen Gewährleistungsrecht zu entnehmen. Das findet sich bestätigt vor allem einerseits im Ausschluss der Regeln über die Anfechtung wegen des Fehlens einer verkehrswesentlichen Eigenschaft nach Gefahrübergang[9] und andererseits im Hinblick auf die Grenzen der spontan zu erfüllenden ungeschriebenen Aufklärungspflichten des Verkäufers. Allgemein besteht bekanntlich im geschäftlichen Verkehr eine Pflicht zur Aufklärung über dem anderen Teil unbekannte Umstände, wenn diese für dessen Entschluss erkennbar von wesentlicher Bedeutung sind und die Aufklärung ohne weiteres möglich und zumutbar ist[10]. Soweit es jedoch um Mängel oder andere Eigenschaften der Kaufsache geht, lehnte bereits die überwiegende Auffassung unter dem alten Schuldrecht die Geltung solcher *praeter legem* entwickelten vorvertraglichen Aufklärungspflichten mit Hinweis auf den Wertungsvorrang des Kaufmängelgewährleistungsrechts ab[11], und zwar unabhängig davon, ob die Voraussetzungen der Sachmängelgewährleistungshaftung im konkreten Fall vorlagen[12].

Der Grundsatz der Sperrwirkung des Gewährleistungsrechts wurde unter Geltung des alten Schuldrechts von der überwiegenden Auffassung zugunsten einer Anwendung der *culpa in contrahendo* in drei Fällen durchbrochen. Das betraf zunächst schlechthin die Fälle einer *vorsätzlichen* vorvertraglichen Täuschung über dem Gewährleistungsrecht unterfallende Sacheigenschaften[13]. Hier wie auch in anderem Zusammenhang galt, dass ein solcher Verkäufer den Schutz klar umgrenzter besonderer Haftungstatbestände nicht verdient und neben dem Ersatz des Erfüllungsinteresses auch für den Vertrauensschaden

---

[9] Hierzu statt vieler *Larenz*, Schuldrecht II/1, § 41 II e; Soergel/*Huber*, BGB, 12. Aufl. 1991, § 459 Rn. 190 ff.; eingehender zum Konkurrenzverhältnis unter dem reformierten Kaufrecht *Schur* AcP 204 (2004), 883, 997 ff.

[10] BGH st., vgl. nur NJW 1974, 849, 851; NJW 1979, 2243; NJW 2001, 2021.

[11] BGH st., vgl. NJW 1973, 1234; WM 1976, 740; NJW 1983, 2697; NJW 1986, 918, 919; NJW 1990, 1659, 1660; NJW 1991, 2556; s. bereits RGZ 135, 339, 346; 161, 330, 337; aus der Lit. s. nur *Müller*, in: FS Hadding, S. 199, 200 ff.; kritisch etwa *Lorenz*, Der Schutz vor dem unerwünschten Vertrag, S. 394 ff.

[12] Hierzu MünchKommBGB/*Emmerich*, § 311 Rn. 93.

[13] Beispiel: OLG Rostock OLGR 2006, 925.

aufkommen soll[14]. Bei lediglich fahrlässigem Verhalten beschränkte sich die Durchbrechung dagegen auf zwei spezifische Fallgruppen. Zum einen ging es um den Unternehmenskauf und die in diesem Rahmen bedeutsame Haftung aufgrund unrichtiger Angaben über die Ertragsfähigkeit oder die Vermögenslage im Übrigen[15]. Hierzu wurden Umsatz- und Ertragsangaben großzügig vom Sachmangelbegriff und dem Begriff der zusicherungsfähigen Eigenschaft ausgenommen[16], so dass man – im Ergebnis freilich wenig überzeugend – bereits geneigt sein könnte, insoweit nicht von einer eigentlichen Ausnahme zu sprechen. In diesem Zusammenhang sollte es wertungsmäßig zudem keinen Unterschied machen, ob sich der Erwerb durch Übertragung des Unternehmens selbst, d.h. im Wege der Singularsukzession sämtlicher Wirtschaftsgüter (*asset deal*) oder mittels eines Erwerbs (nahezu) aller Gesellschaftsanteile (*share deal*) vollzieht[17]. Das dispositive Gesetzesrecht hatte als Grundlage der Risikozuweisung allerdings in diesen Fällen praktisch rasch ausgedient. An seine Stelle sind umfangreiche Vertragswerke und die Praxis einer eingehenden vorgelagerten Unternehmensprüfung (*due dilligence*) getreten[18].

Zum anderen ging es um die hier interessierenden und auch praktisch bedeutsamen Fälle, in denen der absatzfördernden Beratung des Verkäufers rechtliche Bedeutung zugeschrieben wurde. Die hierzu vom BGH vertretene Linie lässt sich auf die folgenden Grundsätze zusammenfassen: Beschränkte sich das Verhalten des Verkäufers auf fahrlässig unzutreffende Erklärungen, die sich auf die Eigenschaften des anvisierten Kaufgegenstandes bezogen, hatte der Verkäufer also nicht im eigentlichen Sinne beraten, wurden die Regelungen der Sachmängelgewährleistung insoweit als abschließend angesehen[19]. Erteilte der Verkäufer dagegen „im Rahmen eingehender Vertragsverhandlungen und auf Befragen des Käufers einen ausdrücklichen Rat“, kam bei fahrlässiger Falschberatung eine Haftung aus der Verletzung einer *„im Rahmen des Kaufvertrags übernommenen Nebenpflicht“* neben etwa bestehenden Gewährleistungsansprüchen in Betracht, also selbst dann, wenn sich das Verschulden des Verkäufers auf unzutreffende Angaben über Sacheigenschaften bezog[20]. Die bloße Abgabe einer individualisierten Erwerbsempfehlung war für sich genommen

---

[14] BGH NJW 2002, 208, 210; NJW 1997, 2813, 2814; NJW 1992, 2564, 2566; NJW-RR 1988, 10, 11; für einen ausnahmslosen Vorrang der §§ 459 ff. BGB dagegen *Mertens* AcP 203 (2003), 818, 830.

[15] Vgl. BGH NJW 1977, 1536 f.; zum Ganzen *Huber* AcP 202 (2002), 179, 180 ff.

[16] Vgl. BGH NJW-RR 1989, 306, 307; s. auch BGH NJW 1970, 653, 655; NJW 1977, 1538, 1539.

[17] Hierzu im Überblick *Merkt/Göthel*, in: Reithmann/Martiny, Internationales Vertragsrecht, Rn. 4391 ff.

[18] Zu Bedeutung und Funktion der *due diligence* im Rahmen des Gewährleistungsrechts etwa *Merkt* BB 1995, 1041 ff.; s. auch *ders.* WiB 1996, 145 ff.

[19] BGH st., vgl. NJW 1984, 2938 mwN.

[20] Statt vieler BGH NJW 1984, 2938; s. auch BeckRS 1958, 31198158; NJW 1962, 1196, 1197; NJW 1983, 2697, 2698.

allerdings noch nicht haftungsbegründend. Voraussetzung war weiter, dass der Verkäufer „die Stellung einer Vertrauensperson einnimmt“, weil er „von dem nicht genügend fachkundigen Käufer als Berater oder Fachmann angesehen wird“[21]. Der vom BGH verwendete etwas unglückliche Begriff der „kaufvertraglichen Nebenpflicht“ war dabei dahin zu verstehen, dass es sich um eine gesetzliche Haftung unter dem Gesichtspunkt des Verschuldens bei Vertragsschluss handeln sollte[22]. Der Begriff sollte letztlich zutreffend zum Ausdruck bringen, dass sich Beratung und Kauf typischerweise als geschäftliche Einheit darstellen[23].

Dementsprechend sollte es für die weitergehende Annahme eines *selbständigen Beratungsvertrags* regelmäßig besonderer und außergewöhnlicher Umstände bedürfen, aufgrund derer das beratende Verhalten des Verkäufers „nicht lediglich als Teil seiner Absatzbemühungen“ anzusehen war[24]. Die beratende Tätigkeit müsse sich „so sehr verselbständigt haben, dass sie gewissermaßen als eine andersartige, auf eigener tatsächlicher und rechtlicher Grundlage beruhende Aufgabe des Verkäufers erscheint und als vertragliche Verpflichtung eigener Art neben dem Kaufvertrag steht“[25]. Für die Abgrenzung zur bloßen kaufvertraglichen Nebenpflicht maßgeblich sei, ob „Inhalt, Umfang, Intensität und Bedeutung für den Käufer deutlich über das hinausgeht, was im allgemeinen seitens des Verkäufers für die sachgemäße Anwendung oder den Einsatz des Kaufgegenstandes in beratender oder empfehlender Weise, *auch in Erfüllung einer entsprechenden Verpflichtung*, geleistet wird“[26]. Ein selbständiger Beratungsvertrag wurde umso eher angenommen, „je größer der Wissensvorsprung des als Fachmann in Anspruch genommenen Verkäufers gegenüber dem ratsuchenden Käufer ist, je intensiver die Beratung erfolgt und je bedeutsamer sie für die Kaufentscheidung des Beratenen und deren erkennbare wirtschaftliche Folgen ist“. Der Annahme der Eigenständigkeit der Beratung stand dann nicht entgegen, wenn sie auch in diesen Fällen unentgeltlich erfolgte oder – mit Blick auf eine verdeckte Einpreisung in den Kaufpreis – jedenfalls nicht besonders vergütet wurde[27].

Die praktische Bedeutung der Abgrenzung zwischen einer unselbständigen Nebenpflicht zur Beratung und der Pflicht zur Beratung aus einem selbständi-

---

21 Grundlegend BGH BeckRS 1958, 31198158; s. auch BGH NJW 1983, 2697, 2698; WM 1985, 1167 – Wäscherei; NJW 1997, 3227, 3228 – Irokoholz I.

22 Vgl. BGH NJW 2004, 2301, 2302.

23 Vgl. BGH WM 1985, 1167.

24 BGH DB 2004, 2472.

25 BGH DB 2004, 2472, 2473.

26 BGH NJW 1999, 3192, 3194 – Irokoholz II. Mit dem hier kursiv gesetzten Zusatz dürfte der BGH die besagte unselbständige kaufvertragliche Nebenpflicht im Blick haben.

27 Vgl. BGH DB 2004, 2472, 2473.

gen Beratungsvertrag beschränkte sich letztlich auf die Verjährung[28]. Hier war sie allerdings erheblich. Während für Ansprüche aus der Verletzung der Pflichten aus einem selbständigen Beratungsvertrag die frühere Regelverjährung von dreißig Jahren zur Anwendung kam (§ 195 BGB aF)[29], tendierte der BGH dazu, Ansprüche aus der Verletzung einer unselbständigen Nebenpflicht zur Beratung der rechtspolitisch allgemein als verfehlt angesehenen Regelung zur Verjährung von Gewährleistungsansprüchen zu unterwerfen, § 477 BGB aF[30]. Die konkrete rechtliche Einordnung des absatzfördernden Verkäuferverhaltens war letztlich Tatfrage und erforderte die umfassende Würdigung der konkreten Umstände des jeweiligen Einzelfalls. Die nachfolgenden Beispiele aus der Rechtsprechung zum alten Schuldrecht machen deutlich, warum der BGH in solchen Fällen gegenüber einer Durchbrechung des Vorrangs des Gewährleistungsrechts aufgeschlossen war, worin die Pflichtverletzungen des beratenden Verkäufers liegen können und schließlich wo die Grenze zwischen den über das Gewährleistungsrecht hinausgehenden Haftungsgründen des beratenden Verkäufers in etwa verlaufen sollte.

b) Haftung des beratenden Verkäufers aus der Verletzung einer kaufvertraglichen Nebenpflicht

Insgesamt blieb die Zahl der höchstrichterlichen Entscheidungen, in denen eine außergewährleistungsrechtliche Haftung des beratenden Verkäufers unter Geltung des alten Schuldrechts angenommen wurde, streng genommen[31] im unteren zweistelligen Bereich[32]. In der überwiegenden Mehrzahl der dokumentierten Fälle, in denen der beratende Verkäufer neben dem Gewährleistungsrecht

[28] Vgl. BGH NJW 2004, 2301, 2302; s. auch MünchKommBGB/*Emmerich*, 5. Aufl. 2007, § 311 Rn. 129.

[29] BGH NJW 1997, 3227, 3228 – Irokoholz I.

[30] Grundlegend BGH NJW 1965, 148, 150; s. auch BGH NJW 1984, 2938, 2939; NJW 1983, 2697, 2698; NJW 1983, 392. Zur ausnahmsweisen Anwendung der 30jährigen Verjährungsfrist des § 195 BGB aF s. den Überblick bei BGH NJW 1997, 3227, 3228: bei unselbständiger Beratungspflicht nur, wenn sich der Beratungsfehler nicht auf eine Eigenschaft der Kaufsache bezog; s. auch BGH NJW 1985, 2472, 2473.

[31] In der Kommentarliteratur findet sich bisweilen auch hier eine nicht hinreichende Differenzierung zwischen der Verletzung punktueller Informations- und Aufklärungspflichten und echter Beratung, vgl. Palandt/*Grüneberg*, BGB, § 311 Rn. 16 mit unzutreffendem Hinweis etwa auf BGH NJW 1975, 824.

[32] Zur Haftung des beratenden Verkäufers grundlegend BGH BeckRS 1958, 31198158; s. weiter NJW 1962, 1196 – Kreissäge; NJW 1983, 392; NJW 1983, 2697; NJW 1984, 2938; NJW 1985, 2472; NJW 2004, 2301 – Werbebanden (jeweils unselbständige Nebenpflicht); NJW 1997, 3227 – Irokoholz I und NJW 1999, 3192 – Irokoholz II (selbständige Beratungspflicht); DB 2004, 2472 (selbständige Beratungspflicht naheliegend); s. auch BGH WM 1976, 740 (unselbständige Beratungspflicht *in casu* abgelehnt); zu Beratungspflichten speziell im Zusammenhang mit Immobilienerwerb zu Anlagezwecken s. BGH NJW 1999, 638; NJW 2001, 2021, NJW 2003, 1811; NJW 2004, 64; NJW 2005, 820; WuM 2005, 205; zur Haftung des beratenden Herstellers BGH NJW-RR 1990, 1301; NJW-RR 1992, 1011; NJW

haften sollte, nahm der BGH die Verletzung einer bloßen „kaufvertraglichen Nebenpflicht" an bzw. hielt eine solche für möglich. Dem entspricht die Aussage, dass bei der Beratung des Käufers durch den Verkäufer in aller Regel nur eine „unselbständige nebenvertragliche Verpflichtung" in Betracht komme[33]. Der Vorwurf gegenüber dem beratenden Verkäufer lag in diesen Fällen zumeist darin, einen für die individuellen Zwecke des Käufers nicht geeigneten Kaufgegenstand empfohlen zu haben. Im berühmten *Kreissägenfall* des BGH[34] hatte sich der Käufer vor dem Abschluss des Kaufvertrags bei einem Angestellten des Verkäufers erkundigt, ob sich die anvisierte Kreissäge an einem bestimmten Ort aufstellen lässt. Tatsächlich war die Maschine für den Aufstellungsort deutlich zu groß; die entsprechende Einschätzung des Angestellten war leichtfertig. Ganz ähnlich verhielt es sich im *Wäscherei-Fall*[35]. Hier hatte sich der Käufer im Zuge des Erwerbs zweier Waschautomaten von einem Handelsvertreter wohl auch darüber beraten lassen, ob die anvisierten Geräte mit den vorhandenen Anschlüssen kompatibel sind. Später stellte sich heraus, dass der erworbene Trockner zum Zwecke der Entlüftung einen Kamin mit einem größeren Querschnitt benötigt. In einem im Jahr 1965 entschiedenen Fall[36] hatte sich der Käufer durch einen bei der Herstellerfirma angestellten Ingenieur über eine zweckmäßige und preisgünstige Beheizung eines im Bau befindlichen Fabrikationssaales beraten lassen. Die Wärmeabgabeleistung der auf Empfehlung hin erworbenen *Nachtstrom-Speicheröfen* stellte sich im Nachhinein nicht als ausreichend heraus. In einem anderen Fall[37] ersuchte der Käufer den Hersteller nach der Empfehlung für eine für seinen Betrieb geeignete EDV-Anlage nebst der dazugehörigen Software. Die empfohlene Anlage war jedoch für die Bedürfnisse des Käufers unzureichend.

Der einen beratenden Verkäufer treffende Vorwurf muss sich indes nicht notwendig darauf richten, eine unvertretbare Empfehlung abgegeben zu haben. Bisweilen begründete sich die Haftung allein daraus, dass dieser den Käufer im Rahmen der Beratung nicht vollständig über entscheidungswesentliche Eigenschaften oder Risiken des Kaufgegenstandes aufgeklärt hatte. Im Jahr 1983 hatte sich der BGH mit dem Verkauf eines *Kunstharz-Dispersionsklebers* zu beschäftigen[38]. Der Käufer, der Inhaber eines Fachgeschäfts für die Verlegung von Fußböden war, hatte sich zuvor anlässlich des ihm erteilten Zuschlags für die Durchführung von Bodenbelagsarbeiten in einem Institutsneubau durch den Verkaufsberater eines Klebstoffherstellers darüber beraten lassen, welcher

2001, 2630; aus der Rechtsprechung der Instanzgerichte s. OLG Hamm NJW-RR 1991, 28; LG Tübingen NJW-RR 1989, 1504.

[33] BGH NJW 1997, 3227, 3229 – Irokoholz I.

[34] BGH NJW 1962, 1196 – Kreissäge.

[35] BGH NJW 1985, 2472 – Wäscherei.

[36] BGH NJW 1965, 148 – Nachtstrom-Speicheröfen.

[37] BGH NJW 1984, 2938.

[38] BGH NJW 1983, 2697 – Kunstharz-Dispersionskleber.

Klebstoff sich zur Verklebung von Mipolam-Fußbodenplatten eignet. Der empfohlene und erworbene Klebstoff war zwar objektiv fehlerfrei und für die Zwecke des Käufers geeignet. Allerdings wurde dieser im Rahmen der Beratung nicht darüber aufgeklärt, dass die besondere Feuchtigkeitsempfindlichkeit des Klebers entweder eine spezielle Verlegetechnik in Gestalt des „Verschweißens" oder das Verhindern eines Wasserzutritts während der 48-stündigen Abbindezeit erforderte. Die besondere Feuchtigkeitsempfindlichkeit, die bei Wasserzutritt zum Verlust der Klebefähigkeit führt, war, so der BGH, ein für den vertraglich vorausgesetzten Gebrauch erhebliches „Risiko" des Klebers[39].

Auch der im Jahr 2004 entschiedene *Werbebandenfall* des BGH[40] ist – auf den ersten Blick[41] – hier einzuordnen. Ein Hersteller von Werbeartikeln für Sport und Sportereignisse hatte von einem Veranstalter regionaler Fußballturniere den Auftrag zur Lieferung von Werbebanden erhalten, die mithilfe von bereits anderweitig bestellten Metallstützen am Rand eines Fußballfeldes aufgestellt werden sollten. Hierzu ließ sich der so beauftragte Werbebandenhersteller von einem Händler von Metall- und Kunststofferzeugnissen über das am besten geeignete Material für die Herstellung von Banden unter Verwendung der spezifischen Metallstützen beraten. Nach der Verarbeitung des empfohlenen Materials und der Installation der Werbebanden wölbten sich diese infolge der starken Sonneneinstrahlung (Bi-Metall-Effekt) und fielen aus den Halterungen. Obschon dies nicht mit wünschenswerter Klarheit deutlich wird, ging der BGH offenbar davon aus, dass das empfohlene Material in Kombination mit den bereits anderweitig erworbenen Metallstützen aus der *ex ante*-Perspektive nicht zwingend ungeeignet war. Es stellte sich vielmehr die Frage, ob der Verkäufer seine Pflicht zur Aufklärung über objektiv bestehende Zweifel an der uneingeschränkten Eignung der Ware verletzt hatte. Dies lehnte der BGH *in casu* letztlich ab, weil die Gefahr eines Bi-Metall-Effekts dem beklagten Händler, anders als etwa einem Hersteller, nicht habe bekannt sein müssen.

Die praktische Bedeutung der beschriebenen, neben dem Gewährleistungsrecht angesiedelten Haftung des Verkäufers erklärte sich unter dem alten Schuldrecht folglich nicht allein daraus, dass der BGH außerhalb der Kaufsache liegende Umstände weithin aus dem Fehlerbegriff ausklammerte. Obschon er insoweit beim Eigenschaftsbegriff tendenziell großzügiger war, lagen die Anforderungen an die Annahme einer Zusicherung doch wiederum vergleichsweise hoch[42]. Es ging offensichtlich auch darum, dem Verkäufer ausnahmsweise neben dem Gewährleistungsrecht spontan zu erfüllende Aufklärungspflichten über entschlusswesentliche Sacheigenschaften aufzuerlegen. An der rechtspolitisch allgemein als zu kurz empfundenen Verjährung der gewährleis-

[39] BGH NJW 1983, 2697, 2698.
[40] BGH NJW 2004, 2301 – Werbebanden.
[41] Vgl. noch § 17, S. 475 (sub b).
[42] Zum Ganzen MünchKommBGB/*H.P. Westermann*, 3. Aufl. 1997, § 459 Rn. 18.

tungsrechtlichen Ansprüche, die den BGH bekanntlich zu anderen Kunstgriffen, wie dem „Weiterfresserschaden" bewogen hat[43], wurde *in diesen Fällen* dagegen gerade kein Anstoß genommen.

c) Haftung des beratenden Verkäufers aus einem selbständigen Beratungsvertrag

Der selbständige Beratungsvertrag mit dem absatzfördernd beratenden Verkäufer ist – sieht man von den Fällen des Immobilienerwerbs zu Anlagezwecken, die nach hier vertretener Auffassung gesonderter Betrachtung bedürfen[44], einmal ab – in der Rechtsprechung bereits unter dem alten Schuldrecht eine Seltenheit geblieben. Stellvertretend für diesen Haftungsgrund steht der *Iroko-Tropenholz-Fall*, der den BGH gleich zweimal in den Jahren 1997 und 1999 beschäftigt hat[45]. Bei dem damaligen Käufer handelte es sich um einen mittelständischen Hersteller hochwertiger Gartenmöbel und Zaunanlagen. Nachdem dieser die im Zuge seiner Herstellung notwendigen Holzlackierarbeiten zunächst im Ausland hatte durchführen lassen und es dabei zu Problemen mit der Lackierung von aus Iroko-Tropenholz gefertigten Erzeugnissen gekommen war, entschloss er sich zur Anschaffung und zum Betrieb einer eigenen Lackieranlage. In diesem Zusammenhang nahm der Käufer Kontakt zu der Tochtergesellschaft eines weltweit tätigen Chemiekonzerns auf, von der er zuvor bereits einige der zum Einsatz gebrachten Lacke bezogen hatte. Diese Gesellschaft betrieb als Lackhersteller auch ein eigenes „anwendungstechnisches Zentrum", in dem Versuche mit unterschiedlichen Beschichtungsverfahren durchgeführt werden konnten. In der Folgezeit kam es zu einer intensiven Zusammenarbeit der Parteien, in deren Rahmen die Lackherstellerin – ohne sich dafür besonders vergüten zu lassen – diverse Versuche über die Verwendung ihrer Lacke mit dem Irokoholz des Käufers durchführte, diesem Empfehlungen zum Einsatz verschiedener Beschichtungsverfahren gab und detaillierte Verarbeitungshinweise einschließlich auf den Bedarf des Käufers abgestimmter „technischer Richtlinien" erstellte. Nachdem der Käufer eine den Empfehlungen der Herstellerin entsprechende Lackieranlage erworben hatte, gingen die Parteien eine längerfristige Lieferbeziehung über Lackerzeugnisse ein. In der Folgezeit kam es allerdings zu Farbabplatzungen bei den Produkten, die der Käufer nach diesen Vorgaben hergestellt hatte. Er machte daraufhin gegenüber der Lackherstellerin deutlich, dass die Behebung der aufgetretenen Probleme für ihn existenzielle Bedeutung habe. Ein von der Herstellerin mit Untersuchungen vor Ort beauftragter Anwendungstechniker schlug sodann Änderun-

---

43 Grundlegend BGH NJW 1977, 379, 380 – Schwimmerschalter; zum Ganzen statt vieler MünchKommBGB/*Wagner*, § 823 Rn. 190 ff.

44 Hierzu eingehender § 17, S. 477 f. (sub III).

45 BGH NJW 1997, 3227 – Irokoholz I; NJW 1999, 3192 – Irokoholz II.

gen beim Beschichtungsverfahren vor. Nachdem es weiterhin zu zahlreichen Reklamationsfällen gekommen war, kam ein vom Käufer eingesetzter Gutachter zu dem Ergebnis, dass die empfohlenen Beschichtungsverfahren von vorneherein untauglich gewesen seien und dass es aller Voraussicht nach früher oder später bei allen auf diese Weise lackierten Irokoholz-Produkten zu vergleichbaren Farbabplatzungen kommen werde. Der Grund hierfür sei in den besonderen Inhaltsstoffen des Iroko-Tropenholzes zu suchen, die eine Versiegelung der Holzoberfläche notwendig machten. In der Fachliteratur sei das Problem seit rund 30 Jahren bekannt.

Der BGH musste das Verfahren auch im Anschluss an seine zweite Befassung zurückverweisen. Er ging allerdings davon aus, dass zwischen den Parteien ein selbständiger Beratungsvertrag zustande gekommen war, weil die beratende Tätigkeit der Lackherstellerin „nach Inhalt, Umfang, Intensität und Bedeutung für [den Käufer] deutlich über das hinausging, was im allgemeinen seitens des Verkäufers für die sachgemäße Anwendung oder den Einsatz des Kaufgegenstandes in beratender oder empfehlender Weise [...] geleistet wird". Auf der Grundlage dieses Beratungsvertrags habe die Herstellerin den Käufer umfassend über die mit der Beschichtung von Irokoholz verbundenen Risiken und mögliche Gegenmaßnahmen aufklären müssen[46].

Auf den ganz ähnlich gelagerten *Melaminharz-Leim-Fall* aus dem Jahr 1958[47] wurde bereits in anderem Zusammenhang hingewiesen[48]. Dort hatte ein Leimhersteller einem Kaufinteressenten geraten, ein bestimmtes seiner Produkte zu verwenden, um mit diesem Holzplatten zu verleimen, die als Verschalungen bei Betonarbeiten zum Einsatz kommen sollten. Auch dieser Empfehlung gingen gemeinsame Versuche von Hersteller und Käufer voraus. Im Nachhinein wurden die Holzplatten von den Abnehmern des Käufers als fehlerhaft beanstandet und es stellte sich heraus, dass der Leim, ungeachtet der in die gegenteilige Richtung weisenden Versuche des Herstellers, nach dem damaligen Stand der Wissenschaft als für den konkreten Fall nicht geeignet angesehen wurde. Der BGH nahm an, dass dem Hersteller die Empfehlung des Leims gleichwohl nicht hätte vorgeworfen werden können, wenn er den Käufer auch über dessen Zusammensetzung und die hierzu bestehende fachwissenschaftliche Meinung aufgeklärt hätte *und* aus den angestellten Versuchen ohne Fahrlässigkeit den Schluss auf eine bessere Erkenntnis hätte ziehen können[49]. Während die dogmatische Einordnung der Beratungspflicht im

---

[46] BGH NJW 1999, 3192, 3194 – Irokoholz II; etwas vorschnell ging später das im *Irokoholz*-Fall mehrfach aufgehobene OLG Stuttgart von einem selbständigen Beratungsvertrag aus, vgl. NJW-RR 2010, 236, 237.

[47] BGH BeckRS 1958, 31198158 – Melaminharz-Leim; zu dieser Parallele auch BGH NJW 1997, 3227, 3229 – Irokoholz I.

[48] Vgl. § 13, S. 170f. [sub (3)].

[49] BGH BeckRS 1958, 31198158 – Melaminharz-Leim.

Melaminharz-Leim-Fall noch offen bleiben konnte, war sie im *Iroko-Tropenholz-Fall* aufgrund des Ablaufs der kurzen Verjährungsfrist des § 477 BGB aF entscheidend.

Weitergehenden Aufschluss über die für die Annahme eines selbständigen Beratungsvertrags tragenden Beweggründe gibt schließlich ein im Jahr 2004 entschiedener Fall[50], in dem es abermals um Beschichtungsarbeiten ging. Der Käufer betrieb selbst einen Handel mit Gartenmöbeln aus Kunststoff. Als er von einer Brauerei einen Großauftrag zur Lieferung von Tischen und Stühlen aus Holz für den Außenbereich erhielt, entschloss er sich dazu, diese selbst herzustellen. Mangels der erforderlichen Erfahrung mit der Beschichtung von zur Verwendung im Freien bestimmten Hölzern wandte er sich an ein Fachgeschäft für Farben und Lacke. Der Verkäufer holte daraufhin Erkundigungen bei verschiedenen Farbherstellern ein und empfahl dem Käufer schließlich bestimmte Lasuren. Nach der Auslieferung der mit den empfohlenen Lasuren behandelten Möbel trat an diesen ein erheblicher Pilzbefall auf. Es stellte sich heraus, dass die vom Verkäufer empfohlenen Lasuren für den Einsatz im Freien ungeeignet waren, weil sie gegenüber typischem Pilzbefall keinen Schutz boten. Für den BGH, der die Rechtssache im Übrigen an das Berufungsgericht zurückverweisen musste, lag auch im vorliegenden Fall der Abschluss eines selbständigen Beratungsvertrags nahe. Die über die gewöhnlichen Absatzbemühungen hinausgehende beratende Tätigkeit begründete der BGH mit der „außerordentlichen wirtschaftlichen Tragweite" des Vorhabens. Dem Verkäufer sei klar gewesen, dass die Folgen einer fehlerhaften Beratung „den Wert der Farbe um ein Vielfaches übersteigen würden und, von der Rufschädigung abgesehen, für den Betrieb des [Käufers] unter Umständen von existenzieller Bedeutung sein würden"[51].

2. Rechtslage nach der Schuldrechtsmodernisierung

a) Überblick über den Stand der Diskussion

Im Zuge der Schuldrechtsmodernisierung wurde das Gewährleistungsrecht ganz erheblich zugunsten des Käufers verschärft. Vor allem wurde der Begriff des Sachmangels erweitert, die Voraussetzungen für einen Anspruch auf Schadensersatz erheblich herabgesetzt und die Verjährung von Gewährleistungsansprüchen auf ein vernünftiges Maß heraufgesetzt. Der Gesetzgeber hat das Problem der Konkurrenzen zu anderen Rechtsinstituten im Zuge der generalklauselartigen Kodifikation der Haftung aus vorvertraglichem Verschulden zwar gesehen, neben der konkreten tatbestandlichen Ausgestaltung des Instituts aber auch die Beantwortung dieser Frage ausdrücklich der Rechtsprechung

---

50 BGH DB 2004, 2472.
51 BGH DB 2004, 2472, 2473.

überlassen[52]. Vor diesem Hintergrund gibt die Reform Anlass, die überkommenen Ausnahmen vom Vorrang des Gewährleistungsrechts zu hinterfragen. Der BGH hat sich bereits für den Fall der Verletzung singulärer vorvertraglicher Aufklärungspflichten ausdrücklich für eine Fortgeltung des tradierten Konkurrenzverhältnisses ausgesprochen[53]. Hiernach sei ein grundsätzlicher Vorrang des Sachmangelgewährleistungsrechts nach Gefahrübergang weiterhin geboten, weil durch die Anwendung der Grundsätze zum Verschulden bei Vertragsschluss der eingeführte Vorrang der Nacherfüllung unterlaufen werde. Gleiches gelte mit Blick auf den Ausschluss gewährleistungsrechtlicher Ansprüche bei grob fahrlässiger Unkenntnis des Käufers, § 442 Abs. 1 S. 2 BGB. Eine Ausnahme bleibe aber bei arglistigem Verhalten des Verkäufers gerechtfertigt, wenn dieser also einen für den Vertragsschluss wesentlichen Umstand vorsätzlich verschweigt oder vorsätzlich falsch darstellt. In dieser Konstellation bestehe nicht die Gefahr der Umgehung vertragsrechtlicher Wertungen, denn dem Käufer schade seine grob fahrlässige Unkenntnis nicht, vgl. § 442 Abs. 1 S. 2 BGB. Zudem sei das Interesse des Käufers an einer sofortigen Rückabwicklung des Kaufvertrags in diesem Fall regelmäßig vorrangig vor dem Nacherfüllungsinteresse des Verkäufers[54]. Die Literatur ist in dieser Frage bekanntlich gespalten. Während einige den Rückgriff auf die Grundsätze zum Verschulden bei Vertragsschluss nach Gefahrübergang generell ablehnen, soweit es um Verhaltenspflichten des Verkäufers in Bezug auf die Beschaffenheit der Kaufsache geht[55], stehen andere auf dem Standpunkt, beide Haftungssysteme bestünden auch dann stets nebeneinander[56].

Dagegen hatte der BGH bisher noch keine Gelegenheit, sich zu der hier interessierenden Fallgruppe der Beratungspflichten des Verkäufers zu äußern. Es ist der durchaus ausufernden allgemeinen Übergangsregelung des Art. 229 § 5 S. 1 EGBGB geschuldet, dass auch in den bisher einschlägigen Entscheidungen im Nachgang zum Inkrafttreten der Schuldrechtsreform das alte Recht anzuwenden war. Der Entscheidung des BGH zur Verletzung punktueller vorvertraglicher Aufklärungspflichten lässt sich eine Absage gegenüber der Fortgeltung der

---

[52] Vgl. BT-Drucks. 14/6040, S. 161 f.

[53] Grundlegend BGH NJW 2009, 2120, 2122; fortgeführt von BGH NJW 2010, 858, 859; zust. Palandt/*Grüneberg*, BGB, § 311 Rn. 16; Palandt/*Weidenkaff*, BGB, § 437 Rn. 51a f.; ebenso Erman/*Grunewald*, BGB, Vor. § 437 Rn. 15 ff.; Jauernig/*Berger*, BGB, § 437 Rn. 34; MünchKommBGB/*H.P. Westermann*, § 437 Rn. 58; *Huber* AcP 202 (2002), 179, 228 Fn. 165; *Lorenz* NJW 2006, 1925, 1926; *ders.* NJW 2007, 1, 4.

[54] BGH NJW 2009, 2120, 2122; zur Nachrangigkeit der Nacherfüllung s. BGH NJW 2007, 835, 837; s. noch BGH NJW 2006, 1960, 1961.

[55] Bamberger/Roth/*Sutschet*, BGB, § 311 Rn. 79; Erman/*Kindl*, BGB, § 311 Rn. 85 f.; Jauernig/*Stadler*, BGB, § 311 Rn. 38; *Stürner/Medicus*, in: Prütting/Wegen/Weinreich, BGB, § 311 Rn. 58 ff.; *Roth* JZ 2006, 1026; *Schulze/Ebers* JuS 2004, 462, 463.

[56] Bamberger/Roth/*Faust*, BGB, § 437 Rn. 190; MünchKommBGB/*Emmerich*, § 311 Rn. 96 f.; *ders.*, Das Recht der Leistungsstörungen, § 7 Rn. 35; *Derleder* NJW 2004, 969, 974 f.; *Häublein* NJW 2003, 388, 391 ff.

bisherigen Rechtsprechung nicht entnehmen. Indem der BGH wohl nicht ohne Bedacht ausführt, eine Ausnahme sei „zumindest" und „jedenfalls" bei vorsätzlichem Verhalten geboten[57], hat er die Tür für die Fortführung auch dieser Bereichsausnahme vom Vorrang des Gewährleistungsrechts allemal offen gehalten.

In der Literatur wird überwiegend auch unter dem geltenden Recht an der Bereichsausnahme festgehalten[58]. Nach der Gegenansicht ist das neue Gewährleistungsrecht gegenüber einer Haftung aus fehlerhafter vorvertraglicher Beratung vorrangig. Ein Rückgriff auf andere Rechtsinstitute, namentlich das der *culpa in contrahendo*, setze voraus, dass sich die Beratung auf „nicht leistungsbezogene Umstände" beziehe[59]. Grundlage dieser Ansicht ist die Annahme, dass die von der Rechtsprechung entwickelte Haftung des beratenden Verkäufers aus nebenvertraglicher Pflichtverletzung oder selbständigem Beratungsvertrag lediglich dazu gedient habe, „Engpässe des Gewährleistungsrechts" zu umgehen. Es handle sich um ein „Instrument des Ausgleichs von Lücken und Defiziten des Sachmängelgewährleistungsrechts" vergleichbar etwa den unter dem alten Schuldrecht systemwidrig zuerkannten deliktsrechtlichen Ansprüchen bei sog. Weiterfresserschäden. Im Verhältnis zwischen Käufer und beratendem Verkäufer bestehe dagegen nunmehr in der Sache für eine konkurrierende Haftung kein Bedürfnis mehr, da sich die Begehren des fehlerhaft beratenen Käufers mit den gewährleistungsrechtlichen Rechtsbehelfen hinreichend befriedigen ließen[60]. Eine selbständige Haftung wegen fehlerhafter Beratung kommt nach dieser Ansicht im Übrigen nur in Betracht, wenn ein klarer Rechtsbindungswille des beratenden Verkäufers oder Herstellers dahin besteht, für die Ordnungsgemäßheit der Beratung (zusätzlich zu den Regeln über die Gewährleistung) zu haften. Konstruktiv seien solche Fälle letztlich aber sowohl in Zweipersonenverhältnissen wie in Mehrpersonenverhältnissen über die Regeln der *culpa in contrahendo* zu lösen. Für die Annahme eines Vertrags bestehe dagegen kein Bedürfnis mehr[61].

---

[57] BGH NJW 2002, 2120, 2122.

[58] Erman/*Kindl*, BGB, § 311 Rn. 88; Jauernig/*Berger*, BGB, § 437 Rn. 34; MünchKommBGB/*Emmerich*, § 311 Rn. 103; *Kluth/Böckmann/Grün* MDR 2003, 241, 246; im Ergebnis auch Palandt/*Grüneberg*, BGB, § 311 Rn. 16; unter Berücksichtigung von § 434 Abs. 2 S. 2 BGB auch Jauernig/*Stadler*, BGB, § 311 Rn. 38; ohne weiteres auch OLG Celle BauR 2011, 698 f.

[59] *Schaub* AcP 202 (2002), 757, 806. Streng genommen wird jedoch unter dem auf punktuelle (Rechts-)auskünfte beschränkten Ausgangsbeispiel die Beratung im eigentlichen Sinne entgegen der gesetzten Themenstellung schon nicht behandelt, vgl. *Schaub* aaO., 760.

[60] *Schaub* AcP 202 (2002), 757, 758 f.

[61] *Schaub* AcP 202 (2002), 757, 806 f.

b) Stellungnahme

Zwischen den zur alten Rechtslage dargestellten Fallgruppen ist klar zu differenzieren. Für die Fälle, in denen der BGH unter der alten Rechtslage von der Verletzung einer kaufvertraglichen Nebenpflicht zur Beratung ausgegangen ist, wird man tatsächlich anzunehmen haben, dass die Haftungskonstruktion mit der Reform des Gewährleistungsrechts ihre Berechtigung verloren hat. Diese Schlussfolgerung ist nicht auf die Problematik des beratenden Verkaufs beschränkt. Unter dem alten Schuldrecht ging der BGH etwa davon aus, dass eine pflichtwidrig nicht zur Verfügung gestellte Montageanleitung Ansprüche aus der Verletzung kaufvertraglicher Nebenpflichten begründet[62]. Nach dem reformierten Recht begründet zwar ausdrücklich nur eine fehlerhafte Montageanleitung einen Mangel der Kaufsache, § 434 Abs. 2 S. 2 BGB. Man wird das gänzliche Fehlen einer für die gewöhnliche Verwendung notwendigen Montageanleitung im Ergebnis aber nicht anders behandeln können[63]. Ob man insoweit die genannte Regelung entsprechend anwendet[64] oder unmittelbar auf § 434 Abs. 1 BGB abstellt[65], ist dabei von untergeordneter Bedeutung[66].

Vieles spricht dafür, dass auch sämtliche bisher über die *culpa in contrahendo* gelösten Beratungsfälle nun mehr oder minder zwanglos zu einer gewährleistungsrechtlichen Haftung führen[67]. Sowohl in den *Kreissägen- und Wäscherei-Fällen* wie in dem Fall zu den *Nachtstrom-Speicheröfen* eignet sich der Kaufgegenstand nicht für die nach dem Vertrag vorausgesetzte Verwendung, § 434 Abs. 1 Nr. 1 BGB. Der Umstand, dass die Größe des Aufstellortes keine Beschaffenheit der Kreissäge ist, ist unter dem geltenden Recht unerheblich[68]. Denn an die Stelle des restriktiven Kriteriums des Sachbezugs ist das deutlich weiter gefasste und von den physikalischen Eigenschaften der Kaufsache unabhängige[69] Kriterium des Verwendungsbezugs getreten[70].

---

[62] BGH NJW-RR 2005, 866, 867.

[63] A.A. *Oetker/Maultzsch*, Vertragliche Schuldverhältnisse, S. 55; *Tröger* JuS 2005, 503, 510: tw. Nichterfüllung.

[64] Erman/*Grunewald*, BGB, § 434 Rn. 58.

[65] *Brand* ZGS 2003, 96, 97.

[66] Praktisch erheblich bleibt diese Einordnung gleichwohl, denn im Fall des § 434 Abs. 2 S. 2 BGB scheidet ein Sachmangel aus, wenn die Sache fehlerfrei montiert wurde.

[67] Tendenziell auch *Kluth/Böckmann/Grün* MDR 2003, 241, 245 f.

[68] MünchKommBGB/*H.P. Westermann*, § 434 Rn. 19; Bamberger/Roth/*Faust*, BGB, § 434 Rn. 51; auf der Grundlage einer Beschaffenheitsannahme im Ergebnis gleich *Weiler* ZGS 2002, 249, 255; a.A. *Canaris*, in: Karlsruher Forum 2002, S. 5, 64.

[69] A.A. Erman/*Grunewald*, BGB, § 434 Rn. 17.

[70] Zu dessen Grenzen am Beispiel falscher Auskünfte über die steuerrechtlichen Folgen des Erwerbsgeschäfts s. etwa *Canaris*, in: Karlsruher Forum 2002, S. 5, 65: „Spätestens hier stößt sogar die extremste Fassung des subjektiven Fehlerbegriffs an die Grenze ihrer Leistungsfähigkeit, weil sich insoweit von einer Vereinbarung über die Beschaffenheit (!) der Kaufsache oder von deren mangelnder Eignung für die vertraglich vorausgesetzte Verwendung (!) keinesfalls mehr sinnvoll sprechen lässt". Zu einem Fall mit Verwendungsbezug s.

Für den *Kunstharz-Dispersionskleber-Fall* und den *Werbebandenfall* gilt im Ergebnis Entsprechendes. Der Vorwurf wurde allerdings nicht dahin formuliert, einen für die zweckentsprechende Verwendung ungeeigneten Kaufgegenstand empfohlen zu haben, sondern dahin, den Käufer nicht über die zur zweckentsprechenden Verwendung wesentlichen Sacheigenschaften aufgeklärt zu haben. Unter der geltenden Rechtslage liegt auch in solchen Fällen ein Sachmangel vor. Der *Kunstharz-Dispersionskleber-Fall* lässt sich zwanglos dem Topos der fehlenden oder mangelhaften *Bedienungs*anleitung[71] zuordnen. Dieser Umstand begründet heute einen Sachmangel nach § 434 Abs. 1 BGB[72]. Die große Mehrzahl, wenn nicht alle der unter dem Begriff der Beratungspflicht diskutierten sachbezogenen Aufklärungspflichten, werden auf diesem Wege unmittelbar zum Gegenstand des Gewährleistungsrechts. Im *Werbebandenfall* ist bei genauerem Hinsehen tatsächlich davon auszugehen, dass sich die Sache nicht einmal für die nach dem Vertrag vorausgesetzte Verwendung eignete, § 434 Abs. 1 Nr. 2 BGB. Denn das empfohlene Material war mit den bereits vorhandenen Metallstützen nicht kompatibel, so dass der Vorwurf unvollständiger Aufklärung im Grunde neben der Sache lag. Die These, dass sich mit der Reform des Gewährleistungsrechts das Bedürfnis für die Fallgruppe der Haftung des beratenden Verkäufers aus der Verletzung einer unselbständigen kaufrechtlichen Nebenpflicht im Grunde erledigt hat, wird schließlich durch die Praxis bestätigt. Unter dem reformierten Recht findet sich – soweit ersichtlich – bisher kaum höchstrichterliche Rechtsprechung zur Themenstellung, die an die bisherige Rechtsprechungslinie unbesehen anknüpft[73].

Aus dem Umstand allein, dass das Gewährleistungsrecht den Interessen des Käufers in aller Regel nunmehr hinreichend Rechnung trägt, lässt sich eine Sperrwirkung des Gewährleistungsrechts indes nicht begründen. Entscheidend ist vielmehr, dass die Beibehaltung des bisherigen Konkurrenzverständnisses mit wesentlichen Wertungen des Gewährleistungsrechts nicht in Einklang zu bringen ist. Eher unproblematisch dürfte noch der gem. § 438 BGB abweichende Verjährungsbeginn sein, denn insoweit käme eine entsprechende Anwen-

---

aber MünchKommBGB/*H.P. Westermann*, 3. Aufl. 1997, § 459 Rn. 20: Übereinstimmung eines Hauses mit den steuerrechtlichen Grundsätzen über die Anerkennung von Einliegerwohnungen.

[71] Zur Abgrenzung von Montage- und Bedienungsanleitung instruktiv Bamberger/Roth/*Faust*, BGB, § 434 Rn. 96.

[72] OLG München MDR 2006, 1338, 1339; Jauernig/*Berger*, BGB, § 434 Rn. 19; Bamberger/Roth/*Faust*, BGB, § 434 Rn. 62 sowie Rn. 96 zur Ablehnung der Analogie zu § 434 Abs. 2 S. 2 BGB; *Brüggemeier* WM 2002, 1376, 1378; a.A. *Krebber* AcP 201 (2001), 333, 362: nur ausnahmsweise leistungssichernde Nebenpflicht.

[73] Bei BGH NJW 2004, 2301; MDR 2004, 1175; NJW-RR 2005, 866 und selbst bei NJW 2013, 1873 war noch altes Recht anzuwenden; vgl. hierzu die – mit dem Stichtag des 1. Januar 2002 durchaus ausufernde – allgemeine Übergangsregelung des Art. 229 § 5 S. 1 EGBGB. Zur Fortgeltung der bisherigen Rechtsprechung lediglich OLG Celle BauR 2011, 698 f.

dung auf die Haftung aus der Verletzung einer vorvertraglichen Beratungssorgfaltspflicht in Betracht. Eine solche konkurrierende Haftung würde jedoch neben dem Vorrang der Nacherfüllung vor allem auch den gewährleistungstypischen Haftungsausschluss bei grob fahrlässiger Unkenntnis des Käufers unterlaufen, § 442 Abs. 1 S. 2 BGB[74]. Es wurde eingehend dargestellt, dass an die Annahme eines Mitverschuldens eines Ratnehmers aus funktionaler Sicht erhöhte Anforderungen gelten[75]. Mit den auch insoweit schärferen Anforderungen des Gewährleistungsrechts lässt sich eine Konkurrenz beider Rechtsinstitute nach richtigem Verständnis nicht vereinbaren.

Dagegen bleiben die Fälle, in denen der BGH einen vom Kaufvertrag selbständigen vorgeschalteten Beratungsvertrag angenommen hat, auch künftig jenseits des Gewährleistungsrechts bedeutsam. Zwar wird das Gewährleistungsrecht auch in diesen Fällen tatsächlich vielfach den berechtigten Interessen des beratenen Käufers wirksam Rechnung tragen, zumal sich das Verjährungsproblem längst nicht mehr in vergleichbarer Schärfe stellt. Entscheidend ist jedoch, dass sich diese Fälle von der Typizität der absatzbegleitenden Beratung so weit entfernt haben, dass die Annahme einer abschließenden Behandlung durch das Gewährleistungsrecht im Grunde eher fern liegt. Das entscheidende Kriterium der wirtschaftlichen Tragweite einer absatzübersteigenden Beratung wurde am Beispiel der dargestellten Fälle mehr als deutlich.

Ihre rechtsdogmatische Grundlage findet die Haftung bei dieser – immer auch noch absatzfördernden – Beratung allerdings entgegen der Rechtsprechung des BGH typischerweise nicht in einem konkludent geschlossenen Beratungsvertrag, sondern in der quasi-vertraglichen Vertrauenshaftung[76]. Das gilt unabhängig davon, ob die Beratung durch den Verkäufer im Zweipersonenverhältnis oder durch den Hersteller im Dreipersonenverhältnis erfolgt. Zur Begründung ist auf die allgemeinen Ausführungen zu verweisen[77]. Vom Abschluss eines Beratungsvertrags ist nur auszugehen, wenn die Parteien des Beratungsverhältnisses einen über die gesetzliche Haftung hinausgehenden Regelungswillen haben, typischerweise also wenn die Parteien ein Beratungshonorar oder eine unabhängige, d.h. von den Absatzinteressen des Ratgebers losgelöste Beratung vereinbaren.

Auf die inhaltlichen Anforderungen, die an die Beratung zu stellen sind, sind die allgemeinen Ausführungen zur Beratungssorgfaltspflicht zu übertragen[78]. Dabei trifft den Ratgeber vor allem auch die beratungstypische Explorationspflicht. Im Rahmen der an den beratenden Verkäufer gerichteten objektiven

---

[74] Vgl. auch BGH NJW 2009, 2120, 2122.

[75] § 13, S. 240 ff. (sub ee).

[76] Im Ergebnis wie hier *Schaub* AcP 202 (2002), 757, 806 f.; a.A. *Kluth/Böckmann/Grün* MDR 2003, 241, 247.

[77] § 13, S. 133 ff. [sub (3)].

[78] § 13, S. 158 ff. (sub V).

Sorgfaltsanforderungen ist im Einklang mit der bisherigen Rechtsprechung eine differenzierte Betrachtung des berufstypischen Verkehrskreises geboten. Namentlich im Hinblick auf den Umfang und die Intensität der komplementären Aufklärung ist regelmäßig zwischen beratenden Herstellern, Fachhändlern und gewöhnlichen Verkäufern im Massengeschäft zu differenzieren[79], wobei in den letztgenannten Fällen die Annahme einer neben dem Gewährleistungsrecht stehenden Haftung wegen fehlerhafter Beratung kaum praktisch werden dürfte.

III. Konvergenz von Anlegerberatung und beratendem Verkauf von Immobilien zu Anlagezwecken

Der praktisch besonders bedeutsame beratende Verkauf von Immobilien zu Anlagezwecken bedarf gesonderter Betrachtung. Dieser fällt in die Zuständigkeit des für das Immobilienrecht zuständigen 5. Senats des BGH, der auf diese Fälle in ständiger Rechtsprechung die Rechtsfigur des selbständigen Beratungsvertrags anwendet, und zwar unabhängig davon, welches Ausmaß die Beratung im konkreten Fall erlangte hatte[80]. Die rechtskonstruktive Beliebigkeit der Rechtsprechung tritt hier besonders deutlich hervor. Voraussetzung für den Vertragsschluss ist hiernach, dass der Käufer mit dem Kauf einen Anlagezweck verfolgt und der Verkäufer diesem im Rahmen eingehender Vertragsverhandlungen eine konkrete Erwerbsempfehlung erteilt[81]. In der Praxis werden solchen Käufern zumeist Berechnungsbeispiele vorgelegt, aus denen sich die Kosten und die finanziellen Vorteile des Erwerbs ergeben sollen. Für die Annahme einer konkludenten Erwerbsempfehlung ist das in aller Regel ausreichend[82].

Ein solcher Beratungsvertrag verpflichtet den Verkäufer im Kern „zu richtiger und vollständiger Information über die tatsächlichen Umstände, die für den Kaufentschluss des Interessenten von wesentlicher Bedeutung sind oder sein können“[83]. Mit Rücksicht auf den Anlagezweck handelt es sich typischerweise um sämtliche Aufwendungen, die erforderlich sind, um das Objekt erwerben zu können sowie um den sich anschließenden Unterhaltungsaufwand[84]. Die richtige und vollständige Aufklärung über den Unterhaltsaufwand muss das Alter und den Zustand der Immobilie, bestehende Rücklagen und absehbare

---

[79] Vgl. BGH 2004, 2301, 2302 – Werbebanden.

[80] Deutlich BGH NJW 2005, 820, 822: „Wie lange die Beratung gedauert hat, kann für die Qualität der Beratung bedeutsam sein; für das Zustandekommen eines Beratungsvertrags ist sie [sic] dagegen unerheblich“.

[81] BGH WuM 2005, 205, 206; BGH NJW 2005, 820, 822.

[82] BGH WuM 2005, 205, 206; NJW 2004, 64, 65; NJW 2003, 1811, 1812; NJW 2001, 2021; NJW 1999, 638, 639.

[83] BGH WuM 2005, 205, 207.

[84] BGH NJW 2004, 64, 66.

Instandhaltungskosten berücksichtigen. Besondere Bedeutung kommt in diesem Rahmen auch den Steuervorteilen und der Prognose über die Ertragsentwicklung zu, namentlich in Bezug auf Mieteinnahmen[85]. Damit der Erwerber die Werthaltigkeit der Immobilie als Anlage beurteilen kann, sind verdeckte Innenprovisionen zumindest dann offen zu legen, wenn deren Anteil 15% des Gesamtaufwands übersteigt[86].

Die Nähe dieser kaufrechtlichen Fallgruppe mit den übrigen Fällen der Kapitalanlageberatung wird hiernach mehr als deutlich und findet Ausdruck nicht zuletzt in klaren Bezugnahmen auf die Rechtsprechung des 11. Senats[87]. Nach der hier vertretenen Auffassung handelt es sich auch insoweit typischerweise nicht um Vertragsfälle, sondern um solche der quasi-vertraglichen Vertrauenshaftung. Es gelten daher auch hier die zur Beratungssorgfaltspflicht gemachten allgemeinen Ausführungen[88]. Inhaltlich sollten sich die Anforderungen an den Ratgeber noch stärker an der Rechtsprechung zur Anlegerberater über Finanzinstrumente orientieren. Auch solche Ratgeber trifft daher in erheblichem Umfang die beratungstypische Explorationspflicht[89]. Im Ergebnis kann es schwerlich einen Unterschied machen, ob einem Anleger ein Investment in Finanzinstrumente des Kapitalmarktes oder unmittelbar in Immobilien empfohlen wird. Neben einer weitergehenden Konvergenz der zivilrechtlichen Anforderungen an die Beratung liegt vor diesem Hintergrund auch eine dem geltenden Kapitalanlegerrecht vergleichbare[90] aufsichtsrechtliche Überformung des beratenden Vertriebs von Immobilien zu Anlagezwecken nahe. Neben Mindestanforderungen an die Qualifikation und die persönliche Eignung des Anlageberaters geht es im Kern auch insoweit um die organisatorische Sicherung des Interessenvorrangs des Anlegers.

---

85 BGH WuM 2005, 205, 207.

86 BGH NJW 2005, 820, 822.

87 Vgl. den Hinweis auf BGH NJW 1993, 2433 in BGH WuM 2005, 205, 207; sowie den Hinweis auf BGH NJW 2004, 1732 in BGH NJW 2005, 820, 822.

88 § 13, S. 129 ff. (sub 2), S. 248 ff. (sub 3).

89 Hierzu allgemein § 13, S. 160 ff. (sub 2) und im Zusammenhang mit der Kapitalanlageberatung § 16, S. 434 ff. (sub aa).

90 § 16, S. 382 ff. (sub II).

Kapitel VI

Zusammenfassung

Kapitel I: Einführung

Zivilrechtliche Beratungspflichten und die Haftung für fehlerhaften Rat haben seit einigen Jahren Hochkonjunktur. Die enorme und ständig zunehmende praktische Bedeutung der Themenstellung ist vor allem auch eine Folge des Einflusses des gemeinschaftsrechtlichen Wirtschaftsliberalismus, der weitaus stärker auf die selbstregulative Kraft des Marktes und die Eigenverantwortung des Einzelnen setzt, als das unter dem überkommenen deutschen wirtschafts- und sozialpolitischen Grundverständnis der Fall war (S. 1 ff.). Kennzeichen der Wirtschaftspolitik der Gemeinschaft sind der Abbau von Produktinhaltsregulierung und Marktzutrittsschranken und die Förderung von Innovation und grenzüberschreitendem Waren- und Dienstleistungsverkehr (S. 3 ff.). Ein systematischer Missbrauch berufsrechtlicher Freiheiten geht mit solcher Deregulierung zwangsläufig einher (S. 5 ff.). Mit dem beginnenden Rückzug des deutschen Staates aus der sozialen Sicherung seiner Bürger und ihrer teilweisen Privatisierung wird von dieser Entwicklung längst nicht mehr nur der gewöhnliche Bereich der Konsumgüter erfasst (S. 4 f.). Informations-, Erläuterungs- und Aufklärungspflichten und zunehmend Beratungspflichten, verstanden auch als Verhaltensanforderungen an eine überobligatorisch erbrachte Beratung, zählen zu den typischen Begleiterscheinungen solcher Deregulierung und sollen der ihr immanenten Gefährdung der Interessen der Nachfragerseite entgegengesetzt werden (S. 7 f.).

Kapitel II: Grundlagen

Durch Informationspflichten im weiteren Sinne sollen die eigenverantwortliche Auswahl bedarfsgerechter Leistungen und damit letztlich auch der Wettbewerb gefördert werden; ihnen kommt insoweit eine gemeinsame Grundfunktion zu. Sie unterscheiden sich voneinander zunächst einmal graduell. Während sich die Informationspflicht auf eine typisierte Übermittlung von produkt- oder leistungsbezogenen Eigenschaftsdaten beschränkt, dienen die modernen Erläuterungs- und Aufklärungspflichten tendenziell dazu, Informationen stärker auf den individuellen Verständnishorizont zuzuschneiden (S. 14 ff.). Obschon die modernen Beratungspflichten zugleich Aufklärungspflichten enthalten, besteht zwischen ihnen und den übrigen Informationspflichten nicht lediglich ein graduell-quantitativer, sondern vielmehr ein funktional-qualitativer Unterschied. Denn nur den Ratgeber trifft die Pflicht, die individuellen Bedürfnisse des Ratnehmers zu erforschen; nur er teilt sich auf der Grundlage der Abgabe einer konkreten Empfehlung die Auswahlverantwortung mit dem Ratnehmer und hat die Empfehlung an den Interessen des Ratnehmers auszurichten (S. 19f.). Während der Fokus der Aufklärung ganz im Sinne *Kants* auf der Eigenverantwortung des Einzelnen liegt, entfernt sich die Beratung augenscheinlich ein Stück weit vom überkommenen Aufklärungsideal. Doch Beratung wohnt nach heutigem Verständnis stets auch Aufklärung inne. Denn der Ratnehmer soll, obschon er sich durch einen anderen leiten lässt, im Rahmen des tatsächlich Möglichen und Zumutbaren in die Lage versetzt werden, den Entscheidungsvorschlag des Ratgebers einer eigenen Bewertung zu unterziehen (S. 20f.).

Als Strukturmerkmal der Beratung lässt sich eine typische strukturelle Ungleichgewichtslage identifizieren, die regelmäßig mit gewissen tatsächlichen Abhängigkeiten einhergeht. Während dieser Umstand für die Begründung eines Beratungsverhältnisses nicht als konstitutiv anzusehen sein kann, wirken sich Existenz und Umfang einer strukturellen Ungleichgewichtslage auf die Konkretisierung der Verhaltenspflichten des Ratgebers wie auch auf ein beim Ratnehmer zu berücksichtigendes Mitverschulden aus (S. 30f.). Als weiteres zentrales Strukturmerkmal ist die Interessenbindung des Ratgebers zu nennen, wobei diese innerhalb der herausgearbeiteten Phänotypen der Beratung graduell abnimmt. Deren Ausmaß ist wiederum im Rahmen der Verhaltenspflichten zu berücksichtigen (S. 31 ff.). Im Begriff der Rechtsgütergeprägtheit der Beratung kommt die Abhängigkeit der Verhaltenspflichten des Ratgebers von der wertsetzenden Bedeutung des von der Beratung betroffenen Freiheitsrechts zum Ausdruck; der Begriff der Geschäftsadäquanz mahnt eine entsprechende Berücksichtigung des Beratungsgegenstandes und damit des jeweiligen Geschäftstyps an (S. 33f.). Das Verständnis der Beratung als prozesshaftes Geschehen macht schließlich die konstitutiven Elemente der Beratung und zugleich ihre Beziehung zueinander deutlich. Bereits in diesem Verständnis angelegt ist eine Unterscheidung zwischen Beratungsfehlern im Ergebnis und Beratungsfehlern im Verfahren, wobei letztere eine Haftung des Ratgebers nicht notwendig rechtfertigen (S. 35f.).

Als Phänotypen der Beratung lassen sich die unabhängige Beratung, die Beratung durch Angehörige klassischer Professionen, die Vertragsberatung, der beratende Verkauf und solche Fälle identifizieren, die sich zwischen diesen hergebrachten Typen bewegen und als moderne Hybridformen der Beratung bezeichnet werden können. Kennzeichen der praktisch kaum bedeutsamen unabhängigen Beratung ist die Trennung von Beratung und Leistung und eine durch institutionelle Rahmenbedingungen gesicherte Unabhängigkeit des Ratgebers vom Entscheidungsverhalten des Ratnehmers (S. 37 f.). Demgegenüber knüpft die Beratung durch Angehörige klassischer Professionen nicht nur an das überkommene Professionsverständnis an. Während die Interessenbindung des Ratnehmers auch in diesen Fällen eine Absicherung durch eine professionelle Ethik und berufsrechtliche Rahmenbedingungen erfährt, sind Beratung und Leistungserbringung voneinander typischerweise nicht getrennt (S. 38 ff.).

Die Vertragsberatung beschreibt die interessengebundene Beratung nur auf der Grundlage eines privatautonomen Willensakts; sie kommt ohne institutionelle Rahmenbedingungen aus (S. 40). Beim beratenden Verkauf geht es um „Beratung" im Rahmen eines gesetzlich gesicherten Interessengegensatzes, zu begreifen als eine Vertriebstechnik zur Optimierung der Verdienstinteressen (S. 40 f.). Die sich in ihrer Ausgestaltung im Fluss befindlichen modernen Hybridformen der Beratung sind dem Selbstverständnis der Ratgeber nach als Rechtsverhältnisse im Interessengegensatz zu sehen, die in neuerer Zeit zunehmend Professionalisierungstendenzen und einer fortschreitenden Auflösung des Interessengegensatzes unterworfen werden (S. 41 f.).

Die Beratungspflicht selbst kann Beratungspflicht im engeren Sinne und bloße Beratungssorgfaltspflicht sein. Die Beratungspflicht im engeren Sinne entsteht durch ihre vertragliche Übernahme oder weil das Gesetz eine Beratung unter bestimmten Voraussetzungen vorschreibt. Die Beratungssorgfaltspflicht beschreibt demgegenüber beratungstypische Verhaltenspflichten, die im Falle einer überobligatorisch tatsächlich erbrachten Beratung bestehen (S. 42 f.).

Aus der individuellen Perspektive des Ratnehmers kommt Beratung zum einen eine Steuerungsfunktion, zum anderen eine Risikoübernahmefunktion zu. In der Steuerungsfunktion kommt der dem Ratgeber zugeschriebene Einfluss auf das Entscheidungsverhalten des Ratnehmers zum Ausdruck. Im insoweit auch verfassungsrechtlich präformierten Regelfall der Selbstbestimmungsberatung hat sich der Ratgeber in den Grenzen seiner eigenen Interessenbindung an den Zielen und Präferenzen des Ratnehmers auszurichten. Die Fremdbestimmungsberatung in Reinform, die ein objektiviertes Ratnehmerinteresse oder konfligierende Interessen Dritter oder der Allgemeinheit zum Maßstab erhebt, bleibt demgegenüber die rechtfertigungsbedürftige Ausnahme (S. 44 f.). Die Risikoübernahmefunktion beschreibt die mit der Empfehlung einhergehende Verlagerung des Auswahlrisikos auf den Ratgeber. Von dieser abzugrenzen ist eine der Beratung fremde Garantiefunktion, die sich auf das handlungsimmanente Risiko oder eine handlungsimmanente Ungewissheit bezieht. Die Unsicherheit der Entscheidung bleibt, anders als das Auswahlrisiko, dem Ratnehmer allein zugewiesen. Auf dieser Grundlage sind die Verhaltensanforderungen an den Ratgeber möglichst so auszugestalten, dass es nicht *de facto* zu einer solchen Garantieübernahme kommt (S. 45 ff.).

Beratung, die den beschriebenen individualschützenden Funktionen dient, stößt dabei naturgemäß an Grenzen. Zu den systemimmanenten Grenzen der

Steuerungsfunktion zählt ein notwendiges Maß einer vom Ratnehmer zu fordernden Eigenverantwortung, die sich als Kehrseite der im Zuge der Beratung geförderten Selbstbestimmung versteht. Daneben ist eine normativierende Typisierung der vom Ratgeber im Rahmen der komplementären Aufklärung zu berücksichtigenden entscheidungserheblichen Umstände unausweichlich. Da die Entscheidung des Ratnehmers letztlich immer eine individuelle Bilanzentscheidung bleibt, sind die Unaufklärbarkeit entscheidungserheblicher Umstände und ihrer Wirkweise im Rahmen des Entscheidungsprozesses in gewissem Umfang nicht zu vermeiden. Umgekehrt folgt aus dem Prinzip der individuellen Bilanzentscheidung, dass vor einer Einschränkung der Haftung wegen fehlerhafter Beratung unter Normzwecküberlegungen tendenziell Zurückhaltung geboten ist (S. 47 ff.). Dem Ideal der Selbstbestimmungsberatung entspricht schließlich das Bemühen um einen Ausgleich des zwischen Ratnehmer und Ratgeber typischerweise bestehenden strukturellen Ungleichgewichts. Ein solcher Ausgleich lässt sich häufig mit Rücksicht etwa auf kognitive Restriktionen, ein bisweilen nur eingeschränkt überbrückbares Erfahrungs- und Kenntnisgefälle oder schlicht unter Berücksichtigung von Zumutbarkeitsgesichtspunkten tatsächlich nur begrenzt erreichen (S. 49). Das dem Ratgeber notwendigerweise einzuräumende Bewertungs- und Prognoseermessen kennzeichnet demgegenüber eine immanente Grenze der Risikoübernahmefunktion der Beratung (S. 49 f.).

Eine zu weitgehende Verrechtlichung von Beratungsvorgängen könnte sich nachteilig auswirken. Im Bereich der Beratung durch Angehörige klassischer Professionen ist die Gefährdung der notwendigen Vertrauensbeziehung zwischen Ratgeber und Ratnehmer zu nennen, die bisher allerdings von den betroffenen Berufsgruppen eher als Vorwand zur Sicherung berufsrechtlicher Freiheiten gegenüber den berechtigten Belangen des Ratnehmers instrumentalisiert wurde (S. 50 f.). Im Bereich der modernen Hybridformen der Beratung wird demgegenüber der systematische Rückzug aus der bisher überobligatorischen Beratung befürchtet. Sollten solche Befürchtungen tatsächlich begründet sein, wäre auch über die Einführung von an den Vertrieb gebundenen Beratungspflichten im engeren Sinne nachzudenken (S. 51 f.). Schließlich eignen sich Beratungspflichten und die an ihre Verletzung geknüpften Sanktionen nicht als Substitut jedweder Produktinhaltsregulierung. Damit ist nochmals der Zusammenhang zwischen Beratung und der Deregulierung von Märkten angesprochen. Produktinhaltsregulierung und Beratungspflichten sind im Ausgangspunkt funktional verschieden. Mag nun erstere im Widerspruch zu einem neoliberalen Zeitgeist stehen, der die regulative Kraft des Marktes tendenziell überschätzt, handelt es sich insoweit doch letztlich nur um eine Momentaufnahme, deren vorläufiges Ende mit der Stärkung der präventiven und reaktiven Produktintervention von ESMA und mitgliedstaatlichen Aufsichtsbehörden eingeleitet worden sein könnte (S. 52 ff.). Schließlich lässt sich am Beispiel der

Kapitalanlageberatung über CMS Spread Ladder Swap-Verträge die Inadäquanz der Beratungslösung gegenüber einer Produktinhaltsregulierung nachweisen. An die Rechtsprechung wurde in diesem Zusammenhang die Forderung gerichtet, § 138 BGB als Instrument zur Bewirkung des Marktaustritts schlechthin gemeinschädlicher Produkte fortzuentwickeln (S. 55 ff.).

Die Entwicklung und die inhaltliche Ausgestaltung von Beratungspflichten sind stets im systematischen Kontext des jeweils einschlägigen Teilrechtsgebiets zu sehen. Die für ein typisches Beratungsbedürfnis maßgeblichen Faktoren der Optionenvielfalt und Optionenkomplexität sind etwa dem Arzt- und Anwaltsrecht immanent und nehmen dort entwicklungsbedingt stetig zu. Vor allem im Bereich der Finanz- und Versicherungsprodukte haben die gemeinschaftsrechtlich radizierte Marktliberalisierung und der staatliche Rückzug aus der sozialen Sicherung den ohnehin bestehenden Beratungsbedarf verschärft (S. 64 ff.). Objektive Produktstandards in Gestalt gesetzlicher Leitbilder und objektiver Gewährleistungstatbestände entsprechen einer typisierten Bedarfseinschätzung und erleichtern dadurch vielfach auch die selbständige individuelle Auswahl. Wo solche Regelungsinstrumente tatsächlich nicht geeignet sind oder als im Widerspruch zu den Zielen der Marktderegulierung gesehen werden, wird das Bedürfnis nach einer beratungsweisen Sicherung der individuellen Bedarfseinschätzung wiederum befördert (S. 66 f.).

Die Existenz funktionsnaher Rechtsinstitute zur Beratungspflicht lässt sich nicht leugnen. Die allgemeine zivilrechtliche Wahrheitspflicht, die am objektiven Empfängerhorizont ausgerichtete Auslegung von Willenserklärungen und das AGB-rechtliche Transparenzgebot sind im Bereich des vorvertraglichen Auswahl- und Entscheidungsprozesses allerdings wenig hilfreich (S. 67 ff.). Reine Informations- und Aufklärungspflichten sind für die Entscheidungsfindung bisweilen durchaus förderlich, bleiben hinter einer weitaus stärker auf den individuellen Empfängerhorizont zugeschnittenen Beratung allerdings deutlich zurück (S. 69 ff.). Eine Pflicht zur Warnung vor nicht bedarfsgerechten Leistungen mit und ohne Leistungsverweigerungspflicht, wie sie etwa das Kapitalanlegeraufsichtsrecht und das Verbraucherkreditrecht vorsehen, kann, da sie an eine individuelle Bedarfsermittlung anknüpft, eine bedarfsgerechte Auswahlentscheidung erleichtern, bleibt insgesamt allerdings auf halbem Wege zur Beratungspflicht stehen (S. 71 f.). Vergleichbares gilt für das Sachmangelgewährleistungsrecht mit seinem subjektiven Fehlerbegriff und die gewohnheitsrechtliche Erfüllungshaftung des Versicherungsrechts (S. 72 f.).

Die modernen Verhaltenswissenschaften stellen die zentrale Grundannahme der neoklassischen ökonomischen Entscheidungstheorie und ihre heuristische Tragfähigkeit in Frage. Zu ihren wesentlichen und zugleich für das behandelte Thema relevanten Erkenntnissen zählen das begrenzte Eigeninteresse, die begrenzte Selbstdisziplin, das Bestehen und das Ausmaß kognitiver Restriktionen sowie zahlreiche und teils ineinander übergehende Erscheinungsformen begrenzter Rationalität (S. 74ff.). Für die Bedeutung des begrenzten Eigeninteresses ist zwischen dem Grundfall der Selbstbestimmungs- und dem Ausnahmefall der Fremdbestimmungsberatung zu differenzieren; im Rahmen der Selbstbestimmungsberatung weitergehend danach, ob die Beratung außerhalb oder innerhalb eines qualifizierten persönlichen Näheverhältnisses erfolgt. Hiernach ist im Allgemeinen davon auszugehen, dass ein erkanntes Eigeninteresse des Ratgebers einen gewissen Selbstschutzinstinkt des Ratnehmers aktiviert, denn Ratnehmer folgen den Empfehlungen solcher Ratgeber signifikant weniger. Intuitiv spricht allerdings vieles dafür, dass dieser wünschenswerte Effekt in den Fällen der Beratung innerhalb qualifizierter Näheverhältnisse ausbleibt. Einer ausnahmsweise legitim auf Fremdbestimmung abzielenden Beratung kommt ein gleichgerichtetes begrenztes Eigeninteresse entgegen (S. 76ff.). Die begrenzte Selbstdisziplin führt vor allem zu einer Kollision von kurzfristigen und längerfristigen Präferenzen und wirkt sich für die letztgenannten nachteilig aus. Die praktische Bedeutung dieses Befundes liegt namentlich im Bereich der ärztlichen Beratung sowie im Bereich der Anleger- und Versicherungsnehmerberatung (S. 78). Demgegenüber beanspruchen die kognitiven Restriktionen in Gestalt begrenzter Informationsverarbeitungskapazitäten im Bereich der Beratung, mit der Informationsvermittlung stets einhergeht, allgemeine Geltung (S. 79). Entsprechendes gilt für die zahlreichen, unter dem Begriff der begrenzten Rationalität zusammengefassten Heuristiken und Urteilsverzerrungen (S. 79ff.).

Normative Konsequenzen können aus den verhaltenswissenschaftlichen Erkenntnissen durchaus gezogen werden. Ein im Rahmen der Beratungspflichten interessanter und im Einzelfall durchaus vielversprechender Ansatz liegt in dem Bemühen um eine gezielte Neutralisierung einer auf der Grundlage der verhaltenswissenschaftlichen Erkenntnisse in gewissem Umfang berechenbar gewordenen Irrationalität. Das betrifft vor allem einen im Hinblick auf Risiken bestehenden strukturellen Überoptimismus. Zu berücksichtigen wäre allerdings die Belastbarkeit der verhaltenswissenschaftlichen Erkenntnisse im Einzelfall und der auf diesem Wege erhöhte Beratungs- und Dokumentationsaufwand (S. 81 ff.). Die stattdessen weithin befürwortete ungezielte Neutralisierung der Befunde mittels einer verbesserten Allgemeinbildung der betroffenen Kreise überzeugt demgegenüber letztlich ebenso wenig, wie die Einführung individueller Marktzugangsvoraussetzungen in Gestalt etwa eines Anlegertests (S. 83ff.). Eine in der Breite eher vielversprechende normative Antwort auf die Befunde der deskriptiven Verhaltenswissenschaften liegt dagegen ganz allgemein in der Abkehr vom reinen Informationsmodell zugunsten des Beratungsmodells. Denn es spricht manches dafür, dass der Einfluss berufsmäßiger Ratgeber, die hinreichende Sicherung ihrer Qualifikation immer vorausgesetzt, eine vorhandene begrenzte Selbstdisziplin und die Folgen struktureller Irrationalität in nicht unerheblichem Maß ausgleichen kann. Dagegen dürfte auch ein

Ratgeber den bestehenden kognitiven Restriktionen durch die Art und Weise der Informationsvermittlung nur begrenzt etwas entgegenzusetzen haben. Ergänzend könnten sich obligatorische Wartezeiten zwischen Beratung und dem Vollzug der auf diese hin getroffenen Entscheidungen positiv auswirken (S. 85ff.). Beratungspflichten sind indes Mittel einer tendenziellen Überwindung solch berechenbarer Irrationalität und Gefahr ihrer Perpetuierung und Ausweitung zugleich. Darin dürfte gerade der Zweck eines regulatorisch ungezügelten beratenden Verkaufs zu sehen sein. Ein aus bestehenden Interessenkonflikten resultierender Ratgebermissbrauch stellt daher die wohl größte regulatorische Herausforderung in Beratungsverhältnissen dar. Die weithin auf eine bloße Offenlegung bestehender Interessenkonflikte beschränkte regulatorische Reserve ist dabei bereits *prima vista* kaum vielversprechend und sollte weitaus stärker zugunsten des Ausbaus des Interessenvorrangs und der Vermeidung von Interessenkonflikten zurücktreten (S. 87f.).

Kapitel III: Überblick über die geltende Rechtslage

Die Haftung des Ratgebers findet im deutschen Zivilrecht ihren systematischen Ausgangspunkt allem Anschein nach in § 675 Abs. 2 BGB, der bestimmt, dass derjenige, der einem anderen einen Rat [...] erteilt, unbeschadet der sich aus einem Vertragsverhältnis, einer unerlaubten Handlung oder einer sonstigen gesetzlichen Bestimmung ergebenden Verantwortlichkeit, zum Ersatz des aus der Befolgung des Rates [...] entstehenden Schadens nicht verpflichtet ist. Das heute vorherrschende Verständnis der *ratio* der Norm und ihrer Bedeutung im Rahmen der Zivilrechtsdogmatik der Beratung lässt sich mit ihrer Entstehungsgeschichte im Wesentlichen in Einklang bringen. Es handelt sich um eine Regelung ohne Regelungsgehalt, um eine bloße Klarstellung dahin, dass nicht die Beratung als solche Grundlage der Haftung des Ratgebers sein kann, sondern nur ein Haftungsregime, das an die Abgabe einer Empfehlung Haftungsfolgen knüpft. Das ursprüngliche Bedürfnis für eine solche Klarstellung erklärt sich zum einen aus vereinzelten Forderungen nach einer Ratgeberhaftung bereits für *culpa lata* im gewöhnlichen deliktischen Verkehr und versteht sich zum anderen im Zusammenhang der allgemeinen Entscheidung des Reformgesetzgebers gegen eine deliktische Haftung für fahrlässig verursachte Vermögensschäden (S. 93ff.). Für die heutige Rechtsanwendung ist die Regelung dagegen mehr irreführend als hilfreich und sollte gestrichen werden (S. 106f.).

Der natürliche Sprachgebrauch scheidet bis heute den „guten Rat" im fremden von der Beratung als Absatzstrategie im eigenen Interesse. Angelegt war diese Differenzierung im Grunde bereits in der bis zum Inkrafttreten des BGB geltenden Rechtslage in Gestalt der Privilegierung der Ratserteilung in „außercontractlichen Verhältnissen". Dabei war offenbar schon dem gemeinen Recht ein, nicht notwendig einem eigentlichen Erwerbsgeschäft vorgeschalteter, stillschweigend geschlossener Haftungsvertrag bekannt, dessen Fortgeltung dem Willen beider Reformkommissionen entsprach. Die tatsächlich zwischen Vertrag und Delikt liegende Haftungstheorie versteht sich als ein noch auf halbem Wege zur *culpa in contrahendo* stehen gebliebener Kompromiss. Der Siegeszug letzterer in der Rechtsprechung der Folgejahrzehnte wäre für die Praxis längst Anlass gewesen, sich von der Vertragsfiktion des gemeinen Rechts zu verabschieden (S. 105 f.).

Kapitel IV: Allgemeine Dogmatik

Die Beratungspflicht als Pflicht zur Beratung entsteht kraft vertraglicher Vereinbarung oder kraft Gesetzes, wenn Leistungen *per se* oder unter bestimmten Voraussetzungen nicht ohne begleitende Beratung angeboten oder erbracht werden sollen (S. 127 ff.). Eine vertragliche Beratungsleistungspflicht ist ungeachtet der erfolgsbezogenen Momente der Beratung ausnahmslos als Pflicht mit dienstvertraglichem Charakter zu qualifizieren (S. 148 ff.). Lediglich haftungsbewehrte beratungstypische Verhaltensanforderungen können zudem durch eine absatzorientierte überobligatorische Ratserteilung ausgelöst werden, wobei das geltende Recht das haftungsauslösende Moment typischerweise in der Abgabe einer konkreten Handlungsempfehlung innerhalb eines beratungstypischen Kommunikationsprozesses sieht (S. 129 f.). Eine solche Beratungssorgfaltspflicht findet ihre Grundlage weder in einem (konkludenten) punktuellen Haftungsvertrag noch in einem Rahmenvertrag, sondern nach richtigem Verständnis in der gesetzlichen Vertrauenshaftung kraft Geschäftsverbindung, §§ 311 Abs. 2 bzw. Abs. 3, 241 Abs. 2 BGB (S. 131 ff.).

Mit Blick auf die zeitliche und gegenständliche Dimension beratungstypischer Leistungs- und Verhaltenspflichten ist zwischen punktueller und umfassender Beratung sowie Dauerberatung zu unterscheiden. Nachsorgende Beratungspflichten sind selbst in den Fällen der Beratung durch Angehörige klassischer Professionen eher die Ausnahme und in den Fällen bloßer Beratungssorgfaltspflichten nach geltender Rechtslage schlechthin abzulehnen (S. 154 f.).

Der Pflichtenumfang des Ratgebers hängt zum einen vom Beratungsprogramm, zum anderen von der Zuweisung der Entscheidungszuständigkeit ab. Das Beratungsprogramm wird konkretisiert durch die dem Ratgeber zugewiesene oder von diesem in Anspruch genommene fachliche Zuständigkeit, durch das Beratungsthema sowie das vom Ratgeber zu berücksichtigende Optionenspektrum. Innerhalb des Beratungsprogramms ist die Entscheidungszuständigkeit unterhalb der Metaebene häufig schlüssig dem Ratgeber übertragen. Das betrifft namentlich die Beratung durch Angehörige klassischer Professionen (S. 156 ff.).

Die Beratungspflicht lässt sich als ein an den Ratgeber gerichtetes Bündel von Verhaltenspflichten beschreiben. Zu den konstitutiven Elementen zählen die Exploration ratnehmer- und transaktionsbezogener Umstände, die fachspezifische Prüfung, die pflichtgemäße Abgabe einer konkreten, nicht notwendig auch begründeten Handlungsempfehlung sowie eine bedürfnisabhängige handlungsbezogene Aufklärung. Darüber hinaus kommen eine Pflicht zur Aufklärung über entscheidungserhebliche ratgeberbezogene Umstände, zur Begründung der ausgesprochenen Empfehlung, zur Dokumentation der Beratung mit unterschiedlicher Zielrichtung sowie die Pflicht zur Einhaltung einer Wartezeit vor der Umsetzung einer empfohlenen Handlungsoption in Betracht (S. 158 f.). Allgemeingültige Aussagen über Geltung, Struktur und Inhalt der Elemente von Beratungspflichten stehen immer unter dem Vorbehalt einer weitergehenden Konkretisierung und Modifizierung vor dem Hintergrund der wertsetzenden Bedeutung des von der Beratung jeweils betroffenen Freiheitsrechts, der Eigenheiten des Geschäftstyps und der bereichsspezifischen Risikozuweisung (S. 127).

Die Exploration schafft die Voraussetzungen einer bedarfsgerechten Empfehlung und Aufklärung. Neben dieser Hilfsfunktion handelt es sich um ein Instrument zur Begrenzung der Ratgeberverantwortlichkeit, denn die Pflichtgemäßheit der Beratung beurteilt sich allein nach Maßgabe einer pflichtgemäßen Exploration (S. 160). Die Exploration bezieht sich einerseits auf ratnehmerbezogene, andererseits auf transaktionsbezogene Umstände. Die beratungsrelevanten ratnehmerbezogenen Umstände betreffen die Ziele und Präferenzen des Ratnehmers, die vom Beratungsgegenstand abhängigen beurteilungsrelevanten personenbezogenen Umstände sowie den Ratnehmerhorizont, der maßgeblich ist für die Einschätzung der zwischen Ratnehmer und Ratgeber bestehenden Ungleichgewichtslage (S. 160 ff.). Für die Art und Weise der ratnehmerbezogenen Exploration gilt im Grundfall der Selbstbestimmungsberatung die Regel, dass sich der Ratgeber auf die Angaben des Ratnehmers verlassen darf, wenn Anhaltspunkte für deren Unrichtigkeit oder Unvollständigkeit nicht vorliegen (S. 162 ff.). Die von der Person des Ratnehmers unabhängigen bewertungsrelevanten Umstände betreffen Art, Umfang und Risiken der im Rahmen der Beratung zu berücksichtigenden Handlungsoptionen. Im Gegensatz zur ratnehmerbezogenen Exploration erstreckt sich die Pflicht des Ratgebers insoweit auch im Grundfall der Selbstbestimmungsberatung auf eine hinreichende Verifizierung (S. 163 f.). Die Exploration ist im Verhältnis zur Risikoaufklärung grundsätzlich vorrangig. Nur soweit sie unmöglich ist, in den Fällen eines zeitlichen Handlungsdrucks oder wenn die Exploration mit Rücksicht auf das von der Beratung betroffene Freiheitsrecht einen unzumutbaren Aufwand erfordert, tritt an ihre Stelle eine Pflicht zur explorationslückenbedingten Risikoaufklärung (S. 164).

Die Empfehlung beschreibt einen konkreten, in Gestalt des Abratens nicht notwendig statusverändernden Handlungsvorschlag. Sie hat sich im Grundfall der Selbstbestimmungsberatung an den Zielen und Präferenzen des Ratnehmers auszurichten, im Ausnahmefall der Fremdbestimmungsberatung an den vorrangigen Allgemein- oder Drittinteressen. Die Empfehlung muss auf der Grundlage pflichtgemäßer Exploration insoweit wenigstens bedarfsgerecht sein (S. 165 f.). Dabei kommt dem Ratgeber ein Bewertungs- und Prognosespielraum zu. Dieser dient im Fall der Beratung unter absolutem Interessenvorrang allein dazu, den Ratgeber von den objektiv existierenden Unsicherheiten freizustellen (S. 166 f.). Soweit dem Ratgeber die Verfolgung eigener Absatzinteressen gestattet ist, verwirklicht sich das Absatzinteresse auch in einer sachgerechten Ausgestaltung des Ratgeberermessens (S. 167 ff.). Seine Grenzen findet das Ratgeberermessen allgemein im Maßstab der Vertretbarkeit und – nach Maßgabe tatsächlich existierender Evidenz sowie möglicher Evidenzklassen – zudem im Maßstab der Evidenzbasiertheit. Die Handhabung der Ermessensgrenzen sollte allerdings hinreichend Raum für Innovation und Erkenntnisgewinn belassen. Eine Empfehlung ist daher nicht notwendig am Maßstab vorhandener Evidenz auszurichten, wenn eine Aufklärung über die Risiken einer nicht evidenzgeleiteten Vorgehensweise interessengerecht erscheint (S. 169 ff.).

Die Aufklärungspflichten des Ratgebers dienen der Ermöglichung einer selbstbestimmten Auswahlentscheidung. Bezugspunkt der Aufklärung können der Empfehlungsgegenstand einschließlich alternativer Handlungsoptionen oder gleichsam entscheidungsrelevante ratgeberbezogene Umstände sein (S. 171 f.). Die Aufklärung beurteilt sich im Gegensatz zur Empfehlung grundsätzlich am Maßstab der Richtigkeit und Vollständigkeit; ein evidenzgeleiteter Beurteilungsspielraum besteht lediglich hinsichtlich der Beurteilung der Eintrittswahrscheinlichkeit existierender Risiken (S. 173). Die handlungsbezogenen Aufklärungspflichten gründen auf einer Vermutung der Aufklärungsbedürftigkeit des Ratnehmers, die nach Maßgabe einer pflichtgemäßen Exploration des Ratnehmerhorizonts inhaltlich an diesem auszurichten sind. Dabei lässt sich dem Problem begrenzter Informationsverarbeitungskapazitäten durch ein Wechselspiel zwischen *ad hoc* zu erfüllenden Aufklärungspflichten und einer Nachfragelast des Ratnehmers Rechnung tragen (S. 173 f.).

Die handlungsbezogene Aufklärungspflicht bezieht sich auf die entscheidungsrelevanten Eigenschaften und immanenten Risiken der empfohlenen Handlungsoption einschließlich der Eintrittswahrscheinlichkeiten, sowie auf zulässigerweise verbliebene explorationslückenbedingte Risiken (S. 174 f.). Abhängig vom Umfang der Beratungspflicht und der Interessenbindung des Ratgebers tritt eine inhaltlich entsprechende Pflicht zur Aufklärung über ebenfalls bedarfsgerechte Handlungsalternativen hinzu (S. 175 f.). Die aufklärungsübersteigende Begründung der Empfehlung, verstanden als eine Erklärung des

Ratgebers darüber, wie die Empfehlung aus dessen Sicht auf die Ziele und Präferenzen des Ratnehmers abgestimmt wurde, entspricht zumeist der Ratgeberpraxis, ist als Rechtspflicht *de lege lata* aber eine Ausnahmeerscheinung. Als zivilrechtlich haftungsbewehrte Pflicht des Ratgebers ist sie jedenfalls abzulehnen (S. 176 ff.).

Ratgeberbezogene Aufklärungspflichten werden zumeist im Zusammenhang mit Interessenkonflikten diskutiert, können sich unter Umständen aber auch auf Qualifikationsdefizite beziehen. Auch ihre Funktion wird in der Förderung der Entschließungsfreiheit gesehen; nach richtigem Verständnis handelt es sich insoweit um einen Fall der Risikoaufklärung (S. 181). Der Blick auf die geltende Rechtslage bei der Kapitalanlageberatung zeigt die innere und äußere Widersprüchlichkeit der bisherigen Diskussion um derartige Aufklärungspflichten. Die hinter der Kickback-Rechtsprechung stehende Grundwertung wäre an sich auf Gewinnmargen im Rahmen der Kapitalanlageberatung und über diese hinaus auf andere zur Interessenwahrung verpflichtete Ratgeber zu übertragen (S. 184 ff.). Der weitere Blick auf das Kapitalanlegerrecht hat überdies gezeigt, dass die Aufklärungsbedürftigkeit von Anlegern nach geltender Rechtslage tendenziell überschätzt wird. Zudem ist die Entschlusswesentlichkeit der von der Kickback-Rechtsprechung geforderten Offenlegung grundsätzlich zweifelhaft. Ungeachtet dessen sind zivilrechtlich haftungsbewehrte ratgeberbezogene Aufklärungspflichten grundsätzlich abzulehnen. Soweit sich solche Pflichten auf tatsächlich vermeidbare Interessenkonflikte beziehen, sind sie Ausdruck einer halbherzigen Professionalisierung. Als Instrument zur Interessenwahrung sind sie schlechthin untauglich (S. 188 ff.). Zivilrechtlich haftungsbewehrte Aufklärungspflichten über Interessenkonflikte führen schließlich *de facto* zu einer grundsätzlich inakzeptablen Fehlzuweisung der an sich vom Ratnehmer zu tragenden handlungsimmanenten Risiken. Anstatt das Kursrisiko auf den Anlageberater zu verlagern, sollte sich die Rechtsprechung an der in den USA geltenden gegenteiligen Rechtslage orientieren (S. 190 ff.). Interessenkonflikte sollten weitaus stärker als bisher mit den Mitteln des Aufsichts- und Berufsrechts vermieden werden. Im Übrigen sollten Aufklärungspflichten über nicht oder nicht zumutbar vermeidbare Interessenkonflikte dem Aufsichtsrecht vorbehalten bleiben. Lediglich dort, wo das aufsichts- und berufsrechtliche Instrumentarium versagt, lassen sich zivilrechtlich haftungsbewehrte Parallelpflichten unter Inkaufnahme einer Risikofehlzuweisung rechtfertigen (S. 198 f.).

Eine Pflicht zur Dokumentation der Beratung kann als Arbeitshilfe das pflichtgemäße Verhalten des Ratgebers fördern, die Einhaltung aufsichts- und berufsrechtlicher Pflichten kontrollfähig machen, die für den Ratnehmer bestehende strukturelle Beweisnot mildern und schließlich bereits dazu dienen, die Entschließungsfreiheit des Ratnehmers zu fördern. Im letztgenannten Fall ist die Dokumentationspflicht vergleichbar den Aufklärungspflichten im Zusammenhang mit der Steuerungsfunktion der Beratung zu sehen (S. 199 f.). Das geltende Recht erkennt die selbstbestimmungsfördernde Funktion der Dokumentation ansatzweise wohl nur im Bereich des Versicherungsrechts an. Ihre allgemeingültige Einführung in das Zivilrecht der Beratung ist gegenwärtig mit Rücksicht auf den frühen Zeitpunkt, zu dem eine solche Dokumentation zu erfolgen hätte, und dem daraus resultierenden Aufwand nicht angezeigt (S. 200 ff.).

Ein die selbstbestimmte Entscheidung förderndes Karenzzeiterfordernis ist im geltenden Recht die Ausnahme. Seine eigentliche Bedeutung liegt im Bereich der ärztlichen Aufklärung, bei der die Einhaltung einer Karenzzeit einerseits notwendig ist, mit Rücksicht auf den durch verhaltenswissenschaftliche Studien belegten Befund einer „Entaktualisierung" aber auch zum Problem werden kann. In den Fällen der Trennung von Ratgeber und Leistungserbringer stößt ein Karenzzeiterfordernis an Praktikabilitätsgrenzen (S. 203 ff.).

Der zur Beratung verpflichtete Ratgeber verletzt seine Beratungspflicht bei Missachtung des Pflichtenumfangs, bei pflichtwidriger Exploration, bei Abgabe einer unvertretbaren Handlungsempfehlung sowie bei unterlassener, unrichtiger oder unvollständiger Aufklärung. Das Unterlassen der Abgabe einer Handlungsempfehlung ist pflichtwidrig, wenn dies nach Lage der Dinge nicht vertretbar war (S. 206). In den Fällen der Beratungssorgfaltspflicht hängt das beratungstypische Pflichtenprogramm dagegen von der Abgabe einer konkreten Handlungsempfehlung ab. Eine unterlassene Handlungsempfehlung begründet daher folgerichtig keinen Pflichtenverstoß (S. 207). Die Einhaltung der beratungstypischen Verhaltensanforderungen beurteilt sich ausnahmslos aus der *ex-ante*-Perspektive (S. 207). Der objektiv-abstrakte Sorgfaltsmaßstab ist nach den allgemeinen Grundsätzen berufsspezifisch zu konkretisieren (S. 207 f.). Die Mehrheit von Beratungspflichtverletzungen kann im Rahmen der Rechtsfolgen, der Verjährung sowie mit Rücksicht auf die Beweislage bedeutsam sein (S. 208 f.).

Hinsichtlich möglicher Rechtsbehelfe ist zwischen der Beratungsleistungspflicht und lediglich haftungsbewehrten Beratungspflichten zu unterscheiden. Im Falle der Schlechterfüllung einer Leistungspflicht zur Beratung besteht kein Anspruch auf Nacherfüllung. Allerdings ist der Ratgeber bei geschuldeter Dauerberatung zur „Gutarbeit" verpflichtet. Diese Pflicht ist Ausdruck seiner fortgesetzten Leistungspflicht. Vergleichbares folgt aus der Natur des Beratungsrechtsverhältnisses bei gegenständlich umfassenderen allgemeinen Beratungsmandaten (S. 210 f.). Von der Schlechterfüllung der Beratungspflicht bleibt der Anspruch auf das Beratungshonorar nach geltender Rechtslage grundsätzlich unberührt. Ein „mangelbedingter" Minderwert der Beratungsleistung soll auch nicht im Wege des Schadensersatzes geltend gemacht werden können. Ein rückwirkender Fortfall des Vergütungsanspruchs kommt daher nur ausnahmsweise unter den Voraussetzungen des § 628 BGB in Betracht. Zudem ist eine, nicht notwendig von einer Verletzung der Beratungspflicht abhängige, Verwirkung des Honoraranspruchs analog § 654 BGB denkbar. Die rigide Grundregel „Lohn für schlechte Dienste“ sollte im Bereich der Beratung durch eine wertungsmäßige Gleichstellung von Schlecht- und Nichtleistung behutsam korrigiert werden (S. 212 ff.).

Der Anspruch auf Schadensersatz infolge fehlerhafter Beratung gründet nach richtigem Verständnis umfassend auf § 280 Abs. 1 BGB. Der Ratnehmer ist hiernach so zu stellen, wie er bei pflichtgemäßer Beratung stünde (S. 215 ff.). Zu den typischen Begehrenskategorien zählen der Ausgleich der vermögensmäßigen Folgen der Befolgung der Empfehlung, namentlich die Rückabwicklung eines auf die fehlerhafte Beratung hin geschlossenen, vermögensmäßig nachteiligen Vertrags, der Ersatz entgangenen Gewinns und entgangener sonstiger Vermögensvorteile eines beratungsrichtigen Verhaltens sowie der Ersatz eines auf der fehlerhaften Beratung beruhenden immateriellen Schadens (S. 217 ff.).

Die Kausalität und der Zurechnungszusammenhang zwischen der fehlerhaften Beratung und dem geltend gemachten Schaden bringen verschiedene beratungstypische Problemstellungen mit sich. Pflichtverletzungen im Beratungsumfang, im Vorbereitungsstadium der Exploration oder im Rahmen der internen Bewertung begründen die Haftung des Ratgebers allein nicht. Der Zusammenhang zwischen diesen und dem geltend gemachten Schaden setzt vielmehr voraus, dass sich aus diesem Grund entweder die Empfehlung als unvertretbar oder die geschuldete Aufklärung als defizitär darstellt (S. 224 ff.). Gegenüber dem Vorwurf eines empfehlungsrelevanten Explorationsfehlers kann der Ratgeber den Einwand der hypothetischen unterlassenen Mitwirkung des Ratnehmers erheben (S. 228 f.).

Der kausale Entschluss des Ratnehmers ist dem pflichtwidrig beratenden Ratgeber grundsätzlich zuzurechnen (S. 229 f.). Von einer Unterbrechung des Zurechnungszusammenhangs ist allerdings auszugehen, wenn mit dem Entscheidungsverhalten des Ratnehmers in zeitlicher Hinsicht vernünftigerweise nicht mehr zu rechnen war (S. 230 ff.). Überdies ist die Einstandspflicht des Ratgebers für Beratungsfehler an die tatsächliche Befolgung der Empfehlung zu binden, wenn der Ratgeber ein eigenes Absatzinteresse verfolgen und sich auf die Beratung über eigene Produkte und Leistungen beschränken darf (S. 233 f.).

Der Ratgeber muss sich die Folgen der Beeinträchtigung der Entscheidungsfreiheit des Ratnehmers nach dem Grundgedanken der Bilanzentscheidung grundsätzlich umfassend zurechnen lassen. Daher ist etwa regelmäßig unerheblich, ob sich im konkreten Fall ein Risiko verwirklicht hat, über das der Ratnehmer zutreffend aufgeklärt worden war (S. 235 ff.). Im Übrigen ist der Haftungsumfang unter dem Gesichtspunkt der Rechtsgüter- und Interessengerichtetheit der Beratungspflicht einzuschränken (S. 238 f.). Dies führt indes nach richtigem Verständnis bei der Verletzung vermögensorientierter Beratungspflichten nicht zu einem generellen Ausschluss der Haftung auf Schmerzensgeld (S. 239 f.).

Die allgemeinen Grundsätze zum Mitverschulden sind im Lichte des Zwecks der Beratungspflicht einzuschränken (S. 240 ff.). Ohne weiteres beachtlich ist der Einwand des Mitverschuldens noch, wenn der Ratnehmer seine Obliegenheiten zur Mitwirkung an der Exploration verletzt hat. Regelmäßig besteht in solchen Fällen indes bereits keine Beratungspflichtverletzung, da sich die Pflichtgemäßheit der Beratung von vorneherein auf der Grundlage einer pflichtgemäßen Exploration beurteilt. Auf den Mitverschuldenseinwand kommt es dagegen an, wenn der Ratgeber im Rahmen der Exploration auch die Verifikation der Angaben des Ratnehmers schuldet (S. 241). Demgegenüber kann dem Ratnehmer grundsätzlich nicht zum Vorwurf gemacht werden, einer unvertretbaren Empfehlung gefolgt zu sein oder sich auf eine unrichtige oder unvollständige Aufklärung verlassen zu haben. Die Schutzwürdigkeit des Ratnehmers geht dabei konkret im Rahmen vertraglicher Beratungspflichten weiter als auf der Grundlage der Vertrauenshaftung (S. 242 f.). Daneben ist eine beratungsspezifische Auslegung des kenntnisabhängigen Verjährungsbeginns geboten (S. 245 f.).

Für die Frage der Disponibilität der Beratungspflicht als solcher oder einzelner ihrer Elemente sowie in Ansehung von Haftungsfreizeichnungen ist zwischen Selbst- und Fremdbestimmungsberatung einerseits sowie zwischen vertraglich begründeten Beratungspflichten und solchen kraft Vertrauenshaftung andererseits zu differenzieren (S. 251 ff.). Während die individuelle Disposition über Pflichten zur Selbstbestimmungsberatung grundsätzlich möglich ist, scheiden formularmäßige Dispositionen und Haftungsfreizeichnungen grundsätzlich aus (S. 252 ff.).

Im Rahmen der Haftungsverwirklichung sind zu berücksichtigen die Zurechnung von Beratungspflichtverletzungen im Rahmen organisatorischer Zusammenschlüsse (S. 256 ff.), die Grundsätze der Repräsentantenhaftung (S. 258 f.), die – de *lege lata* korrekturbedürftige – Verantwortlichkeit für unselbständige und selbständige Ratgeber nach § 278 BGB (S. 259 ff.) sowie die Haftung aufgrund Organisations- und Überwachungsverschuldens sowie der Verletzung von Warnpflichten (S. 264 f.). Von Bedeutung sind überdies das Bestehen einer Pflichtversicherung (S. 265 f.) und die sich in diesem Zusammenhang ergebenden insolvenzrechtlichen Privilegien des Ratnehmers (S. 266 f.).

Die Einholung einer „zweiten Meinung" kennzeichnet einen eigenständigen Beratungsvorgang. Funktional handelt es sich typischerweise um ein Mittel der Qualitätskontrolle. In fremden Angelegenheiten entscheidenden Ratnehmern dient sie vornehmlich der Haftungsverlagerung (S. 267). Die bestehenden Kostenrisiken und Missbrauchsgefahren dämpfen indes überhöhte Erwartungen an die qualitätssichernde Funktion „zweiter Meinungen" (S. 268). Die Einholung einer solchen entlastet den Erstratgeber haftungsrechtlich grundsätzlich nicht. Allerdings beansprucht der grundsätzlich funktional ausgeschlossene

Mitverschuldenseinwand in den Fällen sich widersprechender Ratgeber weitergehend Geltung (S. 269).

Die Haftungsverwirklichung steht und fällt überdies mit einem den beratungsspezifischen Besonderheiten gerecht werdenden Beweisrecht (S. 269 f.). Der Beweis der Pflichtverletzung obliegt im Ausgangspunkt dem Ratnehmer (S. 270 f.), wobei hinsichtlich des Vertretenmüssens *de facto* eine Beweislastumkehr entgegen § 280 Abs. 1 S. 2 BGB nicht Platz greift (S. 271 ff.). Zugunsten des Ratnehmers streitet eine beweiserleichternde Vermutung, wenn der Ratgeber eine zu Beweissicherungszwecken bestehende Dokumentationspflicht verletzt (S. 276 ff.). Die Unterschrift des Ratnehmers unter ein Beratungsprotokoll wirkt sich dabei beweisrechtlich nicht zu seinen Lasten aus (S. 279 ff.). Im Übrigen obliegt dem Ratgeber eine sekundäre Bestreitens- und Darlegungslast (S. 284 ff.), und es greifen die allgemeinen Beweismittelerleichterungen bei Vier-Augen-Gesprächen (S. 288 ff.). Die hypothetische pflichtgemäße Mitwirkung des Ratnehmers an der Exploration des Ratgebers wird widerlegbar vermutet (S. 296 f.). Entsprechendes gilt nach richtigem Verständnis für das hypothetische Entscheidungsverhalten des Ratnehmers. Der beim Bestehen mehrerer vernünftiger Handlungsalternativen nicht durchgreifende Anscheinsbeweis wird dem Zweck der Beratungspflichten dagegen nicht gerecht (S. 297 ff.).

Das Zivilrecht der Beratung wird flankiert durch die Sicherung der Beratungsqualität im Wege des Berufs- und Aufsichtsrechts. Bedeutsam sind insoweit die im Wege der Berufszulassung verwirklichten Anforderungen an die fachliche Qualifikation und an die persönliche Eignung des Ratgebers (S. 306 f.) sowie die organisatorische Begrenzung von Interessenkonflikten, wobei insoweit vergütungsbedingte Interessenkonflikte im Zentrum stehen (S. 308 ff.). Die Analyse der zur Begrenzung konfligierender Eigen- und Drittinteressen zur Verfügung stehenden Instrumente hat allgemein (S. 311 ff.) und konkretisiert am Beispiel des Anwalts- (S. 331 ff.) und Kapitalanlegerrechts (S. 390 ff.) erheblichen Forschungs- und Reformbedarf offen gelegt. Die Bedeutung konkreter beratungstypischer berufs- und aufsichtsrechtlicher Verhaltenspflichten bleibt bisher im Wesentlichen auf den Bereich der modernen Hybridformen der Beratung beschränkt (S. 322 f., 396 ff.). Für das Verhältnis von Berufs- bzw. Aufsichts- und Zivilrecht ist auch insoweit vom Grundsatz der Eigenständigkeit des Zivilrechts auszugehen. Eine jenseits des allgemeinen Kohärenzgebots liegende Bindung der Zivilgerichte ist allgemein (S. 323 ff.) und auch im Fall des geltenden Kapitalanlegeraufsichtsrechts (S. 419) abzulehnen.

Kapitel V: Ausgewählte Teilrechtsgebiete

Anwaltsrecht

Die allgemeine Dogmatik der Beratung findet sich im Bereich des Anwaltsrechts als Beispiel für die Beratung durch Angehörige klassischer Professionen und im Bereich der Kapitalanlageberatung als Beispiel der modernen Hybridformen der Beratung einerseits und der Vertragsberatung andererseits bestätigt (S. 327 ff., 381 ff.). Allerdings hat das Aufsichtsrecht der Anwaltsberatung Defizite sowohl im Bereich der Anforderungen an die Qualifikation in Gestalt der Fortbildung (S. 330 f.) als auch im Bereich der organisatorischen Absicherung des Interessenvorrangs offenbart. Letzteres betrifft systemimmanente vergütungsbedingte Fehlanreize wie auch eine Gefährdung der anwaltlichen Unabhängigkeit, wie sie für Angestelltenverhältnisse üblich geworden ist (S. 333 ff.). Die Durchsetzung des Berufsrechts leidet unter einer weithin ineffektiven Selbstverwaltung, die mittels staatlicher Aufsicht weitergehend effektuiert werden sollte (S. 342).

Das geltende Zivilrecht der anwaltlichen Beratung fügt sich in die vorliegend entwickelte Beratungspflichtenlehre im Wesentlichen ein. Der Grundsatz des „sichersten Wegs", wie er in der Rechtsprechung traditionell formuliert wird, darf allerdings nicht dahin missverstanden werden, dass der beratende Rechtsanwalt stets auch den „sichersten Weg" zu empfehlen hat. Die Empfehlung eines „weniger sicheren Wegs" hält sich durchaus im Rahmen des Ratgeberermessens, ruft allerdings erhöhte empfehlungsbegleitende Aufklärungspflichten auf den Plan (S. 356 ff.). Im Rahmen der Anforderungen an die Art und Weise der Aufklärung sollten verhaltenswissenschaftliche Erkenntnisse stärker Berücksichtigung finden (S. 363 ff.). Die von der Rechtsprechung vereinzelt anerkannten ratgeberbezogenen Aufklärungspflichten in Bezug auf Interessenkonflikte greifen bestehende Defizite des anwaltlichen Berufsrechts auf und sollten *de lege ferenda* zugunsten berufsrechtlicher Aufklärungspflichten aufgegeben werden (S. 365 ff.). Entgegen der überwiegenden Auffassung ist auch beim Rechtsanwalt *de lege lata* von einer beweisrechtlich motivierten Pflicht zur Dokumentation der anwaltlichen Beratung auszugehen (S. 378 f.). Überdies greift im Hinblick auf die Entscheidungskausalität nicht lediglich der Anscheinsbeweis, sondern die allgemein für das Beweisrecht der Beratung angenommene weitergehende normativ motivierte Beweislastumkehr (S. 379).

Kapitalanlegerrecht

Das nach den Vorgaben der zweiten Finanzmarktrichtlinie zu reformierende Kapitalanlegeraufsichtsrecht bringt zwar gewisse Verbesserungen im Bereich der präventiven Vermeidung von Interessenkonflikten mit sich (S. 390 ff.). Allerdings verdient das Modell der „unabhängigen" Beratung, wie es von der Richtlinie letztlich ausgestaltet wurde, durchaus das Verdikt eines Etikettenschwindels (S. 406 f.). Anstelle eines auf die „unabhängige" Beratung beschränkten Provisionsbehaltensverbots wäre ein generelles Provisionsannahmeverbot nach dem Vorbild des Vereinigten Königreichs angezeigt gewesen (S. 409). Eine unmittelbare Wirkung auf das Zivilrecht ist den aufsichtsrechtlichen Verhaltensvorgaben im Übrigen auch weiterhin und entgegen der jüngeren Tendenzen in Rechtsprechung und Literatur nicht zuzuschreiben (S. 417 ff.). Das unter dem Begriff der „Fernwirkung" diskutierte Verhältnis zwischen Aufsichts- und Zivilrecht ist nach richtigem Verständnis vielmehr auf ein allgemeines Kohärenzgebot und eine Prägung auch des zivilrechtlichen Beratungstypus beschränkt (S. 420 ff.). Daher ist auch im Bereich des Zivilrechts zwischen einer absatzorientierten bzw. provisionsbasierten Beratung (S. 423 ff.), einer „unabhängigen" bzw. Honoraranlageberatung (S. 456 ff.) sowie einer „Dauerberatung" (S. 459 f.) zu unterscheiden.

Während es sich bei der absatzorientierten Beratung entgegen der Rechtsprechung regelmäßig um einen Fall der quasi-vertraglichen Vertrauenshaftung handelt, kommt in den anderen Fällen typischerweise ein Beratungsvertrag zustande (S. 423 ff., 456 f., 459). Im Übrigen liegt auch das geltende Zivilrecht der Kapitalanlegerberatung im Wesentlichen auf der Linie der vorliegend entwickelten Beratungspflichtenlehre. Allerdings sollte den Erkenntnissen der Verhaltenswissenschaften auch hier im Hinblick auf die Art und Weise der empfehlungsbegleitenden Aufklärung größere Aufmerksamkeit teilhaftig werden (S. 441 f.). Zu bekräftigen ist die schon grundlegend geäußerte Kritik an den in der Rechtsprechung anerkannten ausufernden ratgeberbezogenen Aufklärungspflichten, die eine Fehlzuweisung handlungsimmanenter Risiken zur Folge haben (S. 443 ff.). Entgegen einer vereinzelt vertretenen Ansicht ist daher auch davon abzusehen, zivilrechtliche Vorabinformationspflichten anzuerkennen, die den im Zuge der zweiten Finanzmarktrichtlinie erweiterten aufsichtsrechtlichen Vorabinformationspflichten über die Frage der „Unabhängigkeit" des Anlageberaters und der inhaltlichen Bandbreite der Beratung entsprechen. Vom Standpunkt eines objektiven Ratnehmers ist im Zweifel nicht davon auszugehen, dass ein unmittelbar unentgeltlich erbrachter Rat „unabhängig" erfolgt oder dass dabei mehr als nur eigene Produkte oder solche verbundener Unternehmen berücksichtigt werden (S. 432 ff.). Der Pflichtumfang bei der erklärterweise als „unabhängig" erbrachten Kapitalanlegerberatung verlangt schließlich nicht nach einer erschöpfenden Berücksichtigung aller am Markt in Betracht kommenden Handlungsoptionen. Die Beratungsgrundlage ist vielmehr auf dem Gradmesser zwischen der professionstypischen umfassenden Berücksichtigung und der verkaufstypischen Beschränkung auf eigene Produkte geschäftsadäquat zu konkretisieren (S. 457 f.).

Kaufrecht

Im Bereich des Kaufrechts fällt die von der Rechtsprechung unter dem alten Schuldrecht neben dem Gewährleistungsrecht anerkannte Haftung beratender Verkäufer aus der Verletzung einer „kaufvertraglichen Nebenpflicht" nach richtigem Verständnis nunmehr dem Vorrang des Gewährleistungsrechts anheim (S. 474 ff.). Dagegen kommt in den Fällen, in denen die Rechtsprechung bereits unter dem alten Schuldrecht (S. 469 ff.) vom Abschluss eines dem späteren Kaufvertrag vorgeschalteten selbständigen Beratungsvertrags ausgegangen ist, auch unter der geltenden Rechtslage eine Haftung des Verkäufers neben dem Gewährleistungsrecht in Betracht. Für die Abgrenzung zwischen einer vom Gewährleistungsrecht abschließend erfassten absatzfördernden Beratung und einer jenseits des Gewährleistungsrechts rechtserheblich werdenden absatzfördernden Beratung ist im Kern auf die wirtschaftliche Tragweite der Investitionsentscheidung des Käufers abzustellen (S. 471). Rechtsdogmatisch gilt auch insoweit, dass eine absatzfördernde Beratung des Verkäufers grundsätzlich in der quasi-vertraglichen Vertrauenshaftung gründet. Der Abschluss eines Beratungsvertrags setzt wiederum einen über die ohnehin bestehende gesetzliche Haftung hinausgehenden Regelungswillen der Parteien voraus (S. 476). Die allgemeine Beratungspflichtenlehre beansprucht im Rahmen der inhaltlichen Ausformung der Beratungspflichten beim beratenden Verkauf Geltung. Dabei muss die berufstypische Konkretisierung der Sorgfaltsanforderungen im Einklang mit der Rechtsprechung zwischen Herstellern, Fachhändlern und Verkäufern im Massengeschäft differenzieren (S. 476 f.). Der beratende Verkauf von Immobilien zu Anlagezwecken wird von der Rechtsprechung bereits *de lege lata* tendenziell weitergehend nach den Regeln der Kapitalanlageberatung behandelt. Daher bringt bereits die Abgabe einer konkreten Erwerbsempfehlung beratungstypische Verhaltenspflichten zur Entstehung. Eine im Grundsatz dem Kapitalanlegerrecht vergleichbare aufsichtsrechtliche Überformung liegt *de lege ferenda* nahe (S. 477 f.).

Literaturverzeichnis

Aaron, Richard I.: Bankruptcy Law Fundamentals, Westlaw, Stand Juni 2006.

Ahlers, Dieter: Ahndung schuldhafter Verletzung der Fortbildungspflicht, BRAK-Mitt. 1995, 46.

Ahrens, Martin / Simon, Jürgen: Umwelthaftung, Risikosteuerung und Versicherung, Berlin 1996.

Akerlof, George A.: The Market for „Lemons", 84 Quarterly Journal of Economics, 488 (1970).

–, Social Distance and Social Decisions, 65 Econometrica, 1005 (1997).

Altmann, Steffen / Falk, Armin / Marklein, Felix: Eingeschränkt rationales Verhalten: Evidenz und Implikationen, in: Fleischer, Holger / Zimmer, Daniel (Hrsg.), Beitrag der Verhaltensökonimie (Behavioral Economics) zum Handels- und Wirtschaftsrecht, Frankfurt 2011, S. 63.

Arendts, Martin: Beratungs- und Aufklärungspflichten über das einem Wertpapier erteilte Rating – zugleich eine Besprechung der Gerichtsentscheidungen zu den Bond-Anleihen, WM 1993, 229.

Arens, Peter: Dogmatik und Praxis der Schadensschätzung – Ein Diskussionsbeitrag zur Auslegung des § 287 ZPO, ZZP 88 (1975), 1.

Ariely, Dan: Predictably Irrational: The Hidden Forces That Shape Our Decisions, New York 2008.

Ariely, Dan / Gneezy, Uri / Loewenstein, George / Mazar, Nina: Large Stakes and Big Mistakes, 76 Review of Economic Studies, 451 (2009).

Arnott, Robert D. / Berkin, Andrew L. / Ye, Jia: How Well Have Taxable Investors Been Served In The 1980s and 1990s?, 26 Journal of Portfolio Management, 84 (2000).

Assmann, Heinz-Dieter: The Broker-Dealer's Liability for Recommendations, Frankfurt am Main, 1982.

–, Die Pflicht von Anlageberatern und Anlagevermittlern zur Offenlegung von Innenprovisionen, ZIP 2009, 2125.

–, Interessenkonflikte und Inducements im Lichte der Richtlinie über Märkte für Finanzinstrumente (MiFID) und der MiFID-Durchführungsrichtlinie, ÖBA 2007, 40.

–, Das Verhältnis von Aufsichtsrecht und Zivilrecht im Kapitalmarktrecht, Festschrift für Uwe H. Schneider, Köln 2011, S. 37.

Assmann, Heinz-Dieter / Schütze, Rolf A.: Handbuch des Kapitalanlegerrechts, 3. Auflage, München 2007.

Assmann, Heinz-Dieter / Schneider, Uwe: Wertpapierhandelsgesetz, Kommentar, 6. Auflage, Köln 2012.

Bachof, Otto: Über öffentliches Recht, Festgabe aus Anlaß des 25jährigen Bestehens des Bundesverwaltungsgerichts, München 1978, S. 1.

Badle, Alexander: Betrug und Korruption im Gesundheitswesen – Ein Erfahrungsbericht aus der staatsanwaltschaftlichen Praxis, NJW 2008, 1028.
Bakos, Yannis / Marotta-Wurgler, Florencia / Trossen, David R.: Does Anyone Read the Fine Print? – Consumer Attention to Standard Form Contracts, 43 Journal of Legal Studies, 1 (2014).
Balz, Manfred: Insolvenzverfahren für Verbraucher?, ZRP 1986, 12.
Balzer, Peter: Der Vorschlag der EG-Kommission für eine neue Wertpapierdienstleistungsrichtlinie, ZBB 2003, 177.
–, Rechtsfragen des Effektengeschäfts der Direktbanken, WM 2001, 1533.
–, Anlegerschutz bei Verstößen gegen die Verhaltenspflichten nach §§ 31 ff. Wertpapierhandelsgesetz, ZBB 1997, 260.
–, Aktuelle Rechtsprechung zum Discount Broking, Die Bank 2001, 51.
–, Zur Haftung des Vermögensverwalters aus Verletzung der Aufklärungspflicht, ZIP 2001, 232.
Bamberger / Roth: Kommentar zum Bürgerlichen Gesetzbuch, hrsg. von Heinz Georg Bamberger und Herbert Roth, 3. Auflage, München 2012.
Bauer, Axel: Medizinische Ethik am Beginn des 21. Jahrhunderts, Heidelberg, Leipzig 1998.
Baum, Harald / Hellgardt, Alexander / Fleckner, Andreas / Roth, Markus: Perspektiven des Wirtschaftsrechts, Berlin 2008.
Baumbach / Hopt: Handelsgesetzbuch, Kommentar, 36. Auflage, München 2014.
Baumbach / Lauterbach / Albers / Hartmann: Zivilprozessordnung, Kommentar, 73. Auflage, München 2015.
Baumgärtel, Gottfried / Laumen, Hans-Willi / Eyinck, Bernhard: Handbuch der Beweislast, 3. Auflage, Köln 2008.
Baur, Fritz: Hypothetische Inzidentprozesse, Festschrift für Karl Larenz zum 70. Geburtstag, München 1973, S. 1063.
Bausch, Stephan: Beratung und Beratungshaftung von Banken im Lichte der Pilotentscheidungen zu Lehman-Zertifikaten, NJW 2012, 354.
–, Zur Frage des Schadenersatzes wegen Fehlberatung im Rahmen von hochspekulativen Swap-Geschäften zwischen Banken und privatrechtlich organisierten Tochterunternehmen von Kommunen, BKR 2009, 304.
Bearden, William O. / Etzel, Michael J.: Reference Group Influence on Product and Brand Purchase Decisions, 9 Journal of Consumer Research, 183 (1982).
Beck, Heiko: Das Chamäleon Anlegerschutz oder „Worüber reden wir eigentlich?", Festschrift für Uwe H. Schneider, Köln 2011, S. 89.
Becker, Gary S.: Der ökonomische Ansatz zur Erklärung des menschlichen Verhaltens, 2. Auflage, Tübingen 1993.
Beckmann, Roland M. / Matusche-Beckmann, Annemarie: Versicherungsrechts-Handbuch, 2. Auflage, München 2009.
Beck'scher Online-Kommentar ZPO: Hrsg. von Volkert Vorwerk und Christian Wolf, Stand 15. Juni 2014, München 2014.
Beck'scher Online-Kommentar GewO: Hrsg. von Johann-Christian Pielow, Stand 1. Oktober 2014, München 2014.
Beenken, Matthias / Sandkühler, Hans-Ludger: Das neue Versicherungsvermittlungsgesetz – Die Umsetzung der EU-Versicherungsvermittlerrichtlinie, München 2007.
Begner, Jörg: Die Verordnung über den Einsatz von Mitarbeitern in der Anlageberatung, als Vertriebsbeauftragte oder als Compliance-Beauftragte und über die Anzei-

gepflichten nach § 34d des Wertpapierhandelsgesetzes (WpHG-Mitarbeiteranzeigeverordnung), BKR 2012, 95.
Benicke, Christoph: Wertpapiervermögensverwaltung, Tübingen 2006.
Bergmann, Stefanie: Truth in Lending?: eine vergleichende Analyse der Offenlegungs- und Haftungsbestimmungen im amerikanischen und deutschen Verbraucherkreditrecht, Diss., Münster 1999.
Bettermann, Karl August: Vom Rechtsschutz und Rechtsweg des Bürgers gegen Rundfunk-Rufmord – Bemerkungen zu BGHZ 66, 182, NJW 1977, 513.
Bhattacharya, Utpal / Hackethal, Andreas / Kaesler, Simon / Loos, Benjamin / Meyer, Steffen: Is Unbiased Financial Advice to Retail Investors Sufficient? Answers from a Large Field Study, 25 Review of Financial Studies, 975 (2012).
Binder, Jens-Hinrich: Nachsorgende Vertragspflichten? – Begründung und Reichweite fortdauernder Schutzpflichten nach Leistungsaustausch in Schuldverhältnissen, AcP 211 (2011), 587.
Bindhardt, Walther/ Jagenburg, Walter: Die Haftung des Architekten und seine strafrechtliche Verantwortung, 8. Auflage, Düsseldorf 1981.
Bleutge, Peter: Die Hilfskräfte des Sachverständigen – Mitarbeiter ohne Verantwortung?, NJW 1985, 1185.
Bliesener, Dirk: Aufsichtsrechtliche Verhaltenspflichten beim Wertpapierhandel, Berlin 1998.
Blomeyer, Wolfgang / Rolfs, Christian / Otto, Klaus: Betriebsrentengesetz, Kommentar, 5. Auflage, München 2010.
Böckenförde, Ernst-Wolfgang: Vom Ethos der Juristen, Berlin 2010.
Bödeker, Vinzenz: Anlegerschutz und „Grauer Kapitalmarkt“ – Ein Überblick über die jüngsten Aktivitäten des Gesetzgebers, GWR 2011, 278.
Böhm, Michael: Regierungsentwurf zur Verbesserung der Durchsetzbarkeit von Ansprüchen aus Falschberatung, BKR 2009, 221.
Boemke, Burkhard / Ulrici, Bernhard: BGB Allgemeiner Teil, 2. Auflage, Berlin 2014.
Bonaccio, Silvia / Dalal, Reeshad S.: Advice taking and decision-making: An integrative literature review, and implications for the organizational sciences, 101 Organizational Behavior and Human Decision Processes 127 (2006).
Borgmann, Brigitte: Die Rechtsprechung des BGH zum Anwaltshaftungsrecht bis April 2010, NJW 2010, 1924.
–, Die Rechtsprechung des BGH zum Anwaltshaftungsrecht von Juli 2012 bis Juli 2013, NJW 2013, 3343.
–, Die Rechtsprechung des BGH zum Anwaltshaftungsrecht von Mai 2010 bis Juni 2011, NJW 2011, 3133.
Borgmann, Brigitte / Jungk, Antje / Grams, Holger: Anwaltshaftung, 4. Auflage, München 2005.
Bormann, Jens: Die Deregulierung des Rechtsberatungsmarktes und die Gefährdung der anwaltlichen Unabhängigkeit, ZZPInt 8 (2003), 3.
Brand, Oliver: Probleme mit der IKEA-Klausel, ZGS 2003, 96.
Braun, Johann: Zur schadenersatzrechtlichen Problematik des hypothetischen Inzidentprozesses bei Regreßklagen gegen den Anwalt, ZZP 96 (1983), 89.
–, Zur Schadensermittlung im Rahmen eines Regreßprozesses gegen einen Rechtsanwalt wegen fehlerhafter Prozeßführung, JZ 1997, 259.
Braun, Anton: Berufshaftpflichtversicherungen, BRAK-Mitt. 2002, 150.

Breidenbach, Stephan: Die Voraussetzungen von Informationspflichten beim Vertragsschluß, München 1989.
Breilmann, Anja / Fuchs, Karl: Bankenregulierung, Insolvenzrecht, Kapitalanlagegesetzbuch, Honorarberatung, Bericht über den Bankenrechtstag am 28. Juni 2013 in Berlin, WM 2013, 1437.
Brickmann, Lester: Contingency Fee Abuses, Ethical Mandates, and the Disciplinary System: The Case Against Case-by-Case Enforcement, 53 Washington & Lee Law Review, 1339 (1996).
Brinckmann, Karl Heinrich Ludwig: Lehrbuch des Handelsrechts, Heidelberg 1853.
Brinkhaus, Josef: Gesetz über Kapitalanlagegesellschaften, Kommentar, München 2003.
Britzelmaier, Bernd / Geberl, Stephan / Kaufmann, Hans-Rüdiger / Menichetti, Marco: Regulierung oder Deregulierung der Finanzmärkte, Heidelberg 2002.
Brocker, Till: Aufklärungspflichten der Bank bei Innenprovisionsgestaltungen, BKR 2007, 365.
Brüggemeier, Gert: Haftungsrecht, Berlin 2006.
–, Das neue Kaufrecht des Bürgerlichen Gesetzbuches – Eine kritische Bestandsaufnahme, WM 2002, 1376.
Brügmann, Walter: Widerrechtlichkeit des ärztlichen Eingriffs und Aufklärungspflicht des Arztes, NJW 1977, 1473.
Brüss, Manfred: Honorarberatung wird zur Wahlmöglichkeit herabgestuft – Wer Provisionen offenlegt, kann sie weiterhin behalten, VW 2012, 1536.
Bruns, Alexander: Privatversicherungsrecht, München 2015.
–, Zivilrichterliche Rechtsschöpfung und Gewaltenteilung, JZ 2014, 162.
–, Das Verbot der quota litis und die erfolgshonorierte Prozeßfinanzierung, JZ 2000, 232.
–, Die Zukunft des Notariats in Europa – Dienstleistung oder vorsorgende Rechtspflege?, EuZW 2010, 247.
Buck-Heeb, Petra: Kapitalmarktrecht, 7. Auflage, Heidelberg 2014.
–, Der Anlageberatungsvertrag, Die Doppelrolle der Bank zwischen Fremd- und Eigeninteresse, WM 2012, 625.
–, Zur Aufklärungspflicht von Banken bezüglich Gewinnmargen, BKR 2010, 1.
–, Vom Kapitalanleger- zum Verbraucherschutz. Befund und Auswirkungen auf das Recht der Anlageberatung, ZHR 176 (2012), 66.
–, Verhaltenspflichten beim Vertrieb – Zwischen Paternalismus und Schutzlosigkeit der Anleger, ZHR 177 (2013), 310.
Bunte, Hermann-Josef: Besprechung der 2. Auflage Bankvertragsrecht von Claus-Wilhelm Canaris, WM 1983, 430.
Bydlinski, Peter: Die „Beraterhaftung“ der Banken im österreichischen Recht, Festschrift für Walther Hadding, Berlin 2004, S. 759.
Bydlinski, Franz: Über listiges Schweigen beim Vertragsabschluss, JBl 1980, 393.
Calabresi, Guido: The Cost of Accidents: A Legal and Economic Analysis, New Haven 1970.
Callies, Christian / Ruffert, Matthias: EUV/AEUV: das Verfassungsrecht der Europäischen Union mit Europäischer Grundrechtecharta, Kommentar, 4. Auflage, München 2011.
Camerer, Colin / Thaler, Richard H.: Anomalies, Ultimatums, Dictators and Manners, 9 Journal of Economic Perspective, 209 (1995).

Camerer, Colin / Issacharoff, Samel / Loewenstein, George / O'Donoghue, Ted / Rabin, Matthew: Regulation for Conservatives – Behavioral Economics and the Case for "Asymmetric Paternalism", 151 University of Pennsylvania Law Review, 1211 (2003).
Canaris, Claus-Wilhelm: Die Vertrauenshaftung im deutschen Privatrecht, München 1971.
–, Bankvertragsrecht, 3. Auflage, Berlin 1988 (sofern nicht anders angegeben).
–, Die Reichweite der Expertenhandlung gegenüber Dritten, ZHR 163 (1999), 206.
–, Die Schadensersatzpflicht der Kredititstitute für eine unrichtige Finanzierungsbestätigung als Fall der Vertrauenshaftung, Festschrift für Herbert Schimansky, Köln 1999, S. 43.
–, Der Schutz obligatorischer Forderungen nach § 823 I BGB, Festschrift für Erich Steffen, Berlin 1995, S. 85.
–, Die Vermutung „aufklärungsrichtigen Verhaltens" und ihre Grundlagen, Festschrift für Walther Hadding, Berlin 2004, S. 3.
–, Die Neuregelung des Leistungsstörungs- und des Kaufrechts – Grundstrukturen und Problemschwerpunkte, in: Karlsruher Forum 2002: Schuldrechtsmodernisierung, Karlsruhe 2003, S. 5.
–, Sondertagung Schuldrechtsmodernisierung – Die Reform des Rechts der Leistungsstörungen, JZ 2001, 499.
Chab, Bertin: Neue Regressprobleme im strafrechtlichen Mandat, AnwBl 2005, 497.
Chapman, Gretchen / Johnson, Eric: Anchoring, Activation, and the Construction of Values, 79 Organizational Behavior and Human Decision Processes, 115 (1999).
Charness, Gary / Dufwenberg, Martin: Promises and Partnership, 74 Econometrica, 1579 (2006).
Chater, Nick / Huck, Steffen / Inderst, Roman: Consumer Decision-Making in Retail Investment Services: A Behavioural Economics Perspective, Final Report, November 2010.
Chen, Carl R. / Steiner, Thomas L. / Whyte, Ann Marie: Does Stock Option-based Executive Compensation Induce Risk-taking? An Analysis of the Banking Industry, 30 Journal of Banking & Finance, 915 (2006).
Chernev, Alexander: Extremeness Aversion and Attribute Balance Effects in Choice, 31 Journal of Consumer Research, 249 (2004).
Choi, Stephen: Regulating Investors Not Issuers: A Market-Based Proposal, 88 California Law Review, 279 (2000).
Clasen, Jochen: Reforming European Welfare States. Germany and the United Kingdom compared, Oxford 2005.
Claussen, Carsten Peter: Bank- und Börsenrecht, 4. Auflage, München 2008.
Coester-Waltjen, Dagmar: Parteiaussage und Parteivernehmung am Ende des 20 Jahrhunderts, ZZP 113 (2000), 269.
Coing, Helmut: Haftung aus Prospektwerbung für Kapitalanlagen in der neueren Rechtsprechung des Bundesgerichtshofes, WM 1980, 206.
Coles, Jeffrey L. / Daniel, Naveen D. / Naveen, Lalitha: Managerial Incentives and Risk-taking, 79 Journal of Financial Economics, 431 (2006).
Combe, Arno / Helsper, Werner: Pädagogische Professionalität: Untersuchungen zum Typus pädagogischen Handelns, Frankfurt am Main 1996.
Cramer, Jörg-E. / Rudolph, Bernd: Handbuch für Anlageberatung und Vermögensverwaltung, Frankfurt am Main 1995.

Crawford, Jeffrey L. / Haaland, Gordon A.: Predecisional Information Seeking and Subsequent Conformity in the Social Influence Process, 23 Journal of Personality and Social Psychology, 112 (1972).
Danco, Anne: Die Novellierung der Verbraucherkreditrichtlinie, WM 2003, 853.
Dannecker, Gerhard: Die Straflosigkeit der Korruption niedergelassener Vertragsärzte als Herausforderung für den Gesetzgeber, ZRP 2013, 37.
Dauner-Lieb, Barbara / Heidel, Thomas / Lepa, Manfred / Ring, Gerhard: Das neue Schuldrecht, Heidelberg 2002.
Dauner-Lieb, Barbara / Langen, Werner: Bürgerliches Gesetzbuch, Kommentar, 2. Auflage, Baden-Baden 2012.
Dauner-Lieb, Barbara / Konzen, Horst / Schmidt, Karsten: Das neue Schuldrecht in der Praxis, Köln 2003.
De Lousanoff, Oleg: Der europäische Rechtsanwalt zwischen Rechtspflege und Dienstleistung, ZZP 115 (2002), 357.
Demling, L.: Ärztliches Handeln im Lichte und Schatten der Rechtsprechung, MedR 1983, 207.
Demmler, Horst: Grundlagen der Mikroökonomie, 4. Auflage, München 2000.
Derleder, Peter: Sachmängel- und Arglisthaftung nach neuem Schuldrecht, NJW 2004, 969.
Derleder, Peter / Knops, Kai-Oliver / Bamberger, Heinz Georg: Handbuch zum deutschen und europäischen Bankrecht, 2. Auflage, Berlin 2009.
Dernburg, Heinrich: Pandekten, Band II, Obligationenrecht, Heft II, 7. Auflage, Berlin 1903.
Deutsch, Erwin: Allgemeines Haftungsrecht, 2. Auflage, Köln 1996.
–, Die Fahrlässigkeit im neuen Schuldrecht, AcP 202 (2002), 889.
–, Der Zeitpunkt der ärztlichen Aufklärung und die antezipierte Einwilligung des Patienten, NJW, 1979, 1905.
Diop, Denis / Steinbrecher, Alexander: Ein Mediationsgesetz für Deutschland: Impuls für die Wirtschaftsmediation?, BB 2011, 131.
Dörner, Heinrich: Versicherungsrechtliche Aufklärungspflichten, in: Karlsruher Forum 2000: Aufklärungspflichten, Karlsruhe 2001, S. 39.
Dörner, Heinrich / Staudinger, Ansgar: Kritische Bemerkungen zum Referentenentwurf eines Gesetzes zur Reform des Versicherungsvertragsrechts, WM 2006, 1710.
Dohmen, Michael: Informations- und Beratungspflichten vor Abschluss des Versicherungsvertrags, Diss., Frankfurt am Main 2007.
Dreher, Meinrad: Die Versicherung als Rechtsprodukt: die Privatversicherung und ihre rechtliche Gestaltung, Tübingen 1991.
Drexl, Josef: Die wirtschaftliche Selbstbestimmung des Verbrauchers, Tübingen 1998.
Druckman, James N.: Using Credible Advice to Overcome Framing Effects, 17 Journal of Law, Economics, and Organization, 62 (2001).
Duve, Christian / Keller, Moritz: MiFID: Die neue Welt des Wertpapiergeschäfts oder: Glauben Sie nicht, Sie könnten ohne weiteres Wertpapiere kaufen, BB 2006, 2477.
–, Die neue Welt des Wertpapiergeschäfts, Transparenz und Marktintegrität für einen europäischen Kapitalmarkt, BB 2006, 2537.
Ebenroth / Boujong / Joost / Strohn: Handelsgesetzbuch, hrsg. von Detlev Joost und Lutz Strohn, Band 1, 3. Auflage, München 2014.
Eberhard, Eichenhofer / Rische, Herbert / Schmähl, Winfried: Handbuch der gesetzlichen Rentenversicherung – SGB VI, 2. Auflage, Köln 2012.

Eckert, Hans-Werner / Maifeld, Jan / Matthiessen, Michael: Handbuch des Kaufrechts, München 2007.
Edelmann, Hervé: Die Kickback-Rechtsprechung – ein Irrweg?, BB 2010, 1163.
Eich, Alexander: Zur Diskussion – Die kontrollierte Qualität anwaltlicher Leistung – oder: Die Fortbildungspflicht des Anwalts, MDR 1988, 177.
Eichenhofer, Eberhard / Rische, Herbert / Schmähl, Winfried: Handbuch der gesetzlichen Rentenversicherung, 2. Auflage, Köln 2012.
Eidenmüller, Horst: Effizienz als Rechtsprinzip, 3. Auflage, Tübingen 2005.
Einsele, Dorothee: Bank- und Kapitalmarktrecht, 2. Auflage, Tübingen 2010.
–, Über die Pflicht der Banken zur schriftlichen Dokumentation der Erfüllung ihrer Beratungs- und Aufklärungspflichten gegenüber den Kapitalanlegern, JZ 2006, 1082.
Eisenhardt, Kathleen M.: Agency Theorie: An Assessment and Review, 14 The Academy of Management Review, 750 (1989).
Ellenberger, Jürgen: Die neuere Rechtsprechung des Bundesgerichtshofes zu Aufklärungs- und Beratungspflichten bei der Anlageberatung, WM 2001, Sonderbeilage Nr. 1, 2.
Ellscheid, Günter: Die Verrechtlichung sozialer Beziehungen als Problem der praktischen Philosophie, Neue Hefte der Philosophie 17: Recht und Moral, Göttingen 1979, S. 37.
Emmerich, Volker: Das Recht der Leistungsstörungen, 6. Auflage, Müchen 2005.
Engel, Christoph / Englerth, Markus / Lüdemann, Jörn / Spieker, Indra: Recht und Verhalten: Beiträge zu Behavioral Law and Economics, Tübingen 2007.
Erman, Walter: Bürgerliches Gesetzbuch, Kommentar, 14. Auflage, Köln 2014.
Exner, Stefan: Der Unternehmensberatungsvertrag, Köln 1992.
Fehr, Ernst / Gächter, Simon: Fairness and Retaliation: The Economics of Reciprocity, 14 Journal of Economic Perspectives, 159 (2000).
Fetzer, Udo: Das neue Recht für Versicherungsvermittler – Teil 3, jurisPR-VersR 5/2007 Anm. 4.
Feuerich, Wilhelm E. / Weiland, Dag: Bundesrechtsanwaltsordnung, Kommentar, 8. Auflage, München 2012.
Fikentscher, Wolfgang: Schuldrecht, 9. Auflage, Berlin 1997.
Fikentscher, Wolfgang / Heinemann, Andreas: Schuldrecht, 10. Auflage, Berlin 2006.
Fischer, Gero: Tendenzen der Rechtsprechung des BGH zum Anwaltshaftungsrecht, NJW 1999, 2993.
Fischer, Thomas: Strafgesetzbuch und Nebengesetze, Kommentar, 55. Auflage, München 2008.
Fischhoff, Baruch: Hindsight is not equal to foresight: The effect of outcome knowledge on judgment under uncertainty, 1 Journal of Experimental Psychology, 288 (1975).
Fischhoff, Baruch / Beyth, Ruth: "I Knew It Would Happen" – Remembered Probabilities of Once-Future Things, 13 Organizational Behavior and Human Performance, 1 (1975).
Fleischer, Holger: Informationsasymmetrie im Vertragsrecht, München 2001.
–, Behavioral Law and Economics im Gesellschafts- und Kapitalmarktrecht – ein Werkstattbericht, Festschrift für Ulrich Immenga, München 2004, S. 575.
–, Die Richtlinien über Märkte für Finanzinstrumente und das Finanzmarkt-Richtlinien-Umsetzungsgesetz, Entstehung, Grundkonzeption, Regelungsschwerpunkte, BKR 2006, 389.

–, Konkurrenzprobleme um die culpa in contrahendo: Fahrlässige Irreführung versus arglistige Täuschung, AcP 200 (2000), 91.

–, Empfiehlt es sich im Interesse des Anlegerschutzes und zur Förderung des Finanzplatzes Deutschland das Kapitalmarkt- und Börsenrecht neu zu regeln?, Gutachten F für den 64. Deutschen Juristentag, München 2002.

–, Der Financial Services and Markets Act 2000: Neues Börsen- und Kapitalmarktrecht für das Vereinigte Königreich, RIW 2001, 817.

Fleischer, Holger / Schmolke, Klaus Ulrich / Zimmer, Daniel: Verhaltensökonomik als Forschungsinstrument für das Wirtschaftsrecht, in: Fleischer, Holger / Zimmer, Daniel (Hrsg.), Beitrag der Verhaltensökonimie (Behavioral Economics) zum Handels- und Wirtschaftsrecht, Frankfurt am Main 2011, S. 9.

Flume, Werner: Das Rechtsgeschäft, 3. Auflage, Berlin 1979.

Forschner, Julius: Wechselwirkungen von Aufsichtsrecht und Zivilrecht, Diss., Tübingen 2013.

Franck, Jens-Uwe: Bessere Kreditkonditionen für Verbraucher durch mehr Regulierung? Zum Paradigmenwechsel im Vorschlag für eine neue Verbraucherkreditrichtlinie vor dem Hintergrund der ökonomischen Theorie, ZBB 2003, 334.

Frankfurter Kommentar zur Insolvenzordnung: Hrsg. von Klaus Wimmer, 6. Auflage, Köln 2011.

Franz, Einiko: Das Versicherungsvertragsrecht im neuen Gewand – Die Neuregelungen und ausgewählte Probleme, VersR 2008, 298.

Friedländer, Adolf / Friedlaender, Max: Kommentar zur Rechtsanwaltsordnung vom 1. Juli 1878, 3. Auflage, München 1930.

Friedrich, Thomas A.: Heftiger Streit um ein europaweites Provisionsverbot, VW 2012, 650.

Fuchs, Andreas: Wertpapierhandelsgesetz, Kommentar, München 2009.

Fuhrmann, Markus: Rechtsstellung des angestellten Rechtsanwalts, Baden-Baden 1989.

Fullenkamp, Josef: Kick-Back – Haftung ohne Ende?, NJW 2011, 421.

Gaede, Bertold: Die Haftung der Banken für Kreditauskünfte, Paderborn 1970.

–, Die vertragliche Haftung der Banken für Kreditauskünfte, NJW 1972, 926.

Gaier, Reinhard: Berufsrechtliche Perspektiven der Anwaltstätigkeit unter verfassungsrechtlichen Gesichtspunkten, BRAK-Mitt. 2006, 2.

Gaier, Reinhard / Wolf, Christian / Göcken, Stephan: Anwaltliches Berufsrecht, Kommentar, 2. Auflage, Köln 2014.

Ganten, Hans: Neue Ansätze im Architektenrecht?, NJW 1970, 687.

Gaßner, Otto / Escher, Markus: Bankpflichten bei der Vermögensverwaltung nach Wertpapierhandelsgesetz und BGH-Rechtsprechung, WM 1997, 93.

Gaul, Hans Friedhelm: Zur Frage nach dem Zweck des Zivilprozesses, AcP 168 (1968), 27.

Geberth, Silvia: Intensiv diskutierte Reform der Abschlussprüfung verabschiedet, AG 2014, R127.

Gehrlein, Markus: Warum kaum Parteibeweis im Zivilprozeß?, ZZP 110 (1997), 451.

Geier, Bernd M. / Schmitt, Christian: MiFID- Reform: der neue Anwendungsbereich der MiFID II und MiFIR, WM 2013, 915.

–, Überarbeitung der Finanzmarktrichtlinie – Auswirkungen auf den Vertrieb von Finanzinstrumenten, insbesondere bezüglich der Beratung, EWS 2012, 264.

Gernhuber, Joachim: Das Schuldverhältnis, Handbuch des Schuldrechts, Band 8, Tübingen 1989.
Gerold, Wilhelm / Schmidt, Herbert: Rechtsanwaltsvergütungsgesetz, Kommentar, 21. Auflage, München 2013.
Geßner, Timm: Retrozessionen im Fokus der neueren Judikatur, BKR 2010, 89.
Giesen, Dieter: Arzthaftungsrecht – Die zivilrechtliche Haftung aus medizinischer Behandlung in der Bundesrepublik Deutschland, in Österreich und der Schweiz, 4. Auflage, Tübingen 1995.
–, Anmerkung zum Urteil des BGH vom 1. Oktober 1987, IX ZR 117/86, JZ 1988, 660.
Girotto, Frank: Die Rechtsanwaltsgesellschaft mit beschränkter Haftung, Bonn 2002.
Glatz, Christian: Der Arzt zwischen Aufklärung und Beratung: eine Untersuchung über ärztliche Hinweispflichten in Deutschland und den Vereinigten Staaten, Berlin 1998.
Glück, Christian Friedrich: Ausführliche Erläuterung der Pandecten, Fünfzehnten Theils erste Abteilung, Erlangen 1813.
Gößmann, Wolfgang / van Look, Frank: Die Banküberweisung nach dem Überweisungsgesetz, WM 2000, Sonderbeilage Nr. 1, S. 3.
Golann, Dwight / Folberg, Jay: Mediation: The Roles of Advocate and Neutral, 2. Auflage 2011.
Gould, John P.: The Economics of Legal Conflicts, 2 Journal of Legal Studies, 279 (1971).
Gounalakis, Georgios: Formularmäßige ärztliche Aufklärung im Lichte des AGB-Gesetzes, NJW 1990, 752.
Grabitz / Hilf: Das Recht der Europäischen Union, hrsg. von Martin Nettesheim, 40. Ergänzungslieferung, München 2009.
Grigoleit, Hans Christoph: Vorvertragliche Informationshaftung, Diss., München 1997.
–, Anlegerschutz – Produktinformationen und Produktverbote, ZHR 177 (2013), 264.
–, Neuere Tendenzen zur schadensrechtlichen Vertragsaufhebung, NJW 1999, 900.
–, Grenzen des Informationsmodells. Das Spread-Ladder-Swap-Urteil des BGH im System der zivilrechtlichen Informationshaftung, in: Matthias Habersack, Peter Mülbert, Gerd Nobbe, Arne Wittig (Hrsg.), Anlegerschutz im Wertpapiergeschäft – Verantwortlichkeit der Organmitglieder von Kreditinstituten, Bankrechtstag 2012, Berlin 2013, S. 25; zitiert: Bankrechtstag 2012.
Grinblatt, Mark / Titman, Sheridan / Wermers, Russ: Momentum Investment Strategies, Portfolio Performance, and Herding: A Study of Mutual Fund Behavior, 85 American Economic Review, 1088 (1995).
Groß, Claudia: Multi-Level-Marketing, Wiesbaden 2008.
Grunewald, Barbara: Kaufrecht, Handbuch des Schuldrechts, Band 6, Tübingen 2006.
–, Zur Haftung von Fachleuten im Zivilrechtsverkehr, JZ 1982, 627.
–, Die Unabhängigkeit des Rechtsanwalts, AnwBl 2004, 463.
–, Die Beweislastverteilung bei der Verletzung von Aufklärungspflichten, ZIP 1994, 1162.
Gsell, Beate: Schmerzensgeld und vertragliche Anwaltshaftung, Anmerkung zur Entscheidung des BGH vom 09. Juli 2009, IX ZR 88/08, ZJS 2011, 389.
Güth, Werner / Schmittberger, Rolf / Schwarze, Bernd: An Experimental Analysis Of Ultimatum Bargaining, 3 Journal of Economic Behavior and Organization, 367 (1982).

Gundermann, Peter / Nieding, Klaus: Der CMS Spread Ladder Swap als Anlagefalle für Kommunen, der gemeindehaushalt 2007, 265.
Haas, Franz Josef: Das Deutsche Anwaltsinstitut – ein Beispiel für die Notwendigkeit berufsständischer Aus- und Fortbildungsarbeit, 25 Jahre Bundesrechtsanwaltskammer: Eine Schrift zum 1. Oktober 1984, BRAK-Schriftenreihe, Band 6, München 1984, S. 135.
Habersack, Matthias: Die Pflicht zur Aufklärung über Rückvergütungen und Innenprovisionen und ihre Grenzen, WM 2010, 1245.
Hackethal, Andreas / Haliassos, Michael / Jappelli, Tullio: Financial advisors: A case of babysitters?, 36 Journal of Banking & Finance, 509 (2012).
Hadding, Walther: Zur Abgrenzung von Unterrichtung, Aufklärung, Auskunft, Beratung und Empfehlung als Inhalt bankrechtlicher Pflichten, Festschrift für Herbert Schimansky, Köln 1999, S. 67.
Häberle, Peter: „Wirtschaft" als Thema neuerer verfassungsstaatlicher Verfassungen, Jura 1987, 577.
Häublein, Martin: Der Beschaffenheitsbegriff und seine Bedeutung für das Verhältnis der Haftung aus culpa in contrahendo zum Kaufrecht, NJW 2003, 388.
Hanau, Peter: Die Kausalität der Pflichtwidrigkeit, Göttingen 1971.
Hanisch, Hans: Rechtszuständigkeit der Konkursmasse: die Wiederentdeckung selbständiger Rechtsbeziehungen der Konkursmasse in rechtsvergleichender Sicht, Frankfurt 1973.
Hanson, Jon D. / Kysar, Douglas A.: Taking Behavioralism Seriously: The Problem of Market Manipulation, 74 New York University Law Review, 630 (1999).
Harnos, Rafael: Die Reichweite und zivilrechtliche Bedeutung des § 31d WpHG, zugleich eine Besprechung des BGH-Urteils vom 17. September 2013, XI ZR 332/12, BKR 2014, 1.
Hart, Dieter: Evidenzbasierte Medizin und Recht: Haftungsrecht, in: Lehrbuch Evidenzbasierte Medizin, hrsg. von Regina Kunz, Günter Ollenschläger, Hans-Heinrich Raspe, Günther Jonitz und Norbert Donner-Banzhoff, 2. Auflage, Köln 2007, S. 393.
Hartmann, Rainer: Honorarordnung für Architekten und Ingenieure, Baden-Baden 2012.
Hartmann, Peter: Hinweispflicht des Anwalts bezüglich Wertgebühren, NJW 2004, 2484.
Hartung, Wolgang: Ist die Vertretung widerstreitender Interessen künftig erlaubt? Ein Beitrag zur Neufassung des § 3 BORA, NJW 2006, 2721.
–, Die anwaltliche Fortbildungspflicht, MDR 2001, 1038.
Hattenhauer, Hans: Europäische Rechtsgeschichte, 4. Auflage, Heidelberg 2004.
–, Allgemeines Landrecht für die Preußischen Staaten von 1794, 3. Auflage, Berlin, Neuwied 1996.
Havighurst, Clark / Blumstein, James / Brennan, Troyen: Health Care Law and Policy, 2. Auflage 2007.
Hazen, Thomas Lee: Treatise on the Law of Securities Regulation, Stand: Januar 2013.
–, Are Existing Stock Broker Standards Sufficient? Principles, Rules and Fiduciary Duties, 2010 Columbia Business Law Review, 710 (2010).
Hedderich, Katharina Sophie: Pflichtversicherung, Diss., Tübingen 2011.
Heese, Michael: Gläubigerinformation in der Insolvenz, Diss., Tübingen 2008.
–, Außergerichtliche Streitschlichtung im Anwaltsrecht in Deutschland und dem Vereinigten Königreich, SchiedsVZ 2011, 30.

–, Offene Preisdiskriminierung und zivilrechtliches Benachteiligungsverbot – eine Zwischenbilanz, NJW 2012, 572.
–, Der Versicherungsfall und seine Vortäuschung im deutschen und U.S.-amerikanischen Beweisrecht, ZZP 123 (2010), 49.
–, Die Rolle des dogmatischen Denkens im Zivilprozessrecht – Diskussionsbericht, ZZP 127 (2014), 333.
–, Das neue Mediationsgesetz – Diskussionsbericht, ZZP 127 (2014), 371.
–, Die Steuerung des Zivilprozesses durch das Kosten- und Streitwertrecht im Vergleich mit dem Anglo-Amerikanischen System – Diskussionsbericht, ZZP 128 (2015), 99.
Heese, Michael / Rapp, Julian: Referendarexamensklausur – Zivilrecht: Deliktsrecht und Zivilprozessrecht – Von Schwalben, Sickergruben und Vandalen, JuS 2013, 1110.
Heese, Michael / Rapp, Julian / Thönissen, Stefan: „Bahnfahrt mit Hindernissen", JA 2014, 251.
Heinemann, Klaus: Die Beweislastverteilung bei positiven Forderungsverletzungen, Köln 1988.
–, Baustein anwaltlicher Berufshaftung – die Beweislast, NJW 1990, 2345.
Heinrichs, Helmut: AGB-Gesetz und Kreditwirtschaft – Ausgewählte Probleme der Inhaltskontrolle, in: Walther Hadding, Klaus J. Hopt (Hrsg.), Verbraucherkreditrecht, AGB-Gesetz und Kreditwirtschaft, Bankrechtstag 1990, Frankfurt am Main 1991, S. 101; zitiert: Bankrechtstag 1990.
Heinsius, Theodor: Pflichten und Haftung der Kreditinstitute bei der Anlageberatung, ZBB 1994, 47.
–, Anlageberatung durch Kreditinstitute, ZHR 145 (1981), 177.
Hellner, Thorwald / Steuer, Stephan: Bankrecht und Bankpraxis, Loseblattsammlung, Köln, Stand Dezember 2010.
Henrich, Dieter: Vorvertrag, Optionsvertrag, Vorrechtsvertrag, Berlin 1965.
Henssler, Martin / Deckenbrock, Christian: Der (Teil-)Vergütungsanspruch des Rechtsanwalts im Falle vorzeitiger Mandatsbeendigung im Normgefüge des § 628 BGB, NJW 2005, 1.
–, Neue anwaltliche Betätigungsverbote bei Interessenkonflikten, NJW 2008, 1275.
Henssler, Martin / Prütting, Hanns: Bundesrechtsanwaltsordnung, Kommentar, 3. Auflage, München 2010.
Herresthal, Carsten: Die vertragsrechtlichen Folgen der Honoraranlageberatung nach dem WpHG, WM 2014, 773.
–, Die Weiterentwicklung des informationsbasierten Anlegerschutzes in der Swap-Entscheidung des BGH als unzulässige Rechtsfortbildung, ZIP 2013, 1049.
–, Die Grundlage und Reichweite von Aufklärungspflichten beim Eigenhandel mit Zertifikaten, ZBB 2012, 89.
–, Die Rechtsprechung zu Aufklärungspflichten bei Rückvergütungen auf dem Prüfstand des Europarechts, WM 2012, 2261.
–, Die Pflicht zur Aufklärung über Rückvergütungen und die Folgen ihrer Verletzung, ZBB 2009, 348.
Hesse, Konrad: Verfassungsrecht und Privatrecht, Heidelberg 1988.
Hesse, Hans Albrecht: Berufe im Wandel, 2. Auflage, Stuttgart 1972.
Heuer, Heiko / Saxinger, Raimund: Synthetische Indexfonds, Die Bank 1992, 83.
Hill, Charlotte: The Retail Distribution Review, 99 Compliance Officer Bulletin, 12 (2012).
Hillgruber, Christian: Der Schutz des Menschen vor sich selbst, Diss., München 1992.

–, Das Prinzip der Selbstverantwortung – verfassungsrechtliche Grundlagen und Grenzen, in: Riesenhuber, Karl (Hrsg.), Das Prinzip der Selbstverantwortung: Grundlagen und Bedeutung im heutigen Privatrecht, Tübingen 2011, S. 165.

Hinske, Norbert: Die tragenden Grundideen der deutschen Aufklärung. Versuch einer Typologie, in: Gründer, Karlfried / Rotenstreich, Nathan: Aufklärung und Haskala in jüdischer und nichtjüdischer Sicht, Heidelberg 1990, S. 67.

Hirte, Heribert: Berufshaftung – Ein Beitrag zur Entwicklung eines einheitlichen Haftungsmodells für Dienstleistungen, München 1996.

HK-BGB: Historisch-kritischer Kommentar zum BGB, hrsg. von Mathias Schmoeckel, Joachim Rückert, Reinhard Zimmermann, Band 3, Teilband 2, Tübingen 2013.

Höckmayr, Gergana: Wandel der Beratungsqualität auf dem Versicherungsvermittlungsmarkt, Münchner Reihe, Beiträge zu wirtschaftswissenschaftlichen Problemen der Versicherung, Band 66, Karlsruhe 2012.

Höffe, Otfried: Immanuel Kant, 7. Auflage, München 2007.

Hönn, Günther: Kompensation gestörter Vertragsparität: ein Beitrag zum inneren System des Vertragsrechts, München 1982.

Hofmann, Christian: Die Pflicht zur Bewertung der Kreditwürdigkeit, NJW 2010, 1782.

Hoffmann, Markus: Die Reform der Verbraucherkredit-Richtlinie (87/102/EWG), Berlin 2007.

Hoffmann, Jochen / Barlitz, David: Zeitenwende: Aufklärungspflicht auch über Innenprovisionen – zugleich Besprechung BGH vom 3. Juni 2014, XI ZR 147/12, ZIP 2014, 1505.

Hohloch, Gerhard: „Vertrauenshaftung" – Beginn einer Konkretisierung, zugleich eine Besprechung von BGHZ 70, 337, NJW 1979, 2369.

Hollerbach, Alexander: Selbstbestimmung im Recht, Sitzungsberichte der Heidelberger Akademie der Wissenschaften, Philosophisch-Historische Klasse, Heidelberg 1996.

Honsell, Heinrich: Probleme der Haftung für Auskunft und Gutachten, JuS 1976, 621.

–, Die Erosion des Privatrechts durch das Europarecht, ZIP 2008, 621.

Honsell, Heinrich / Mayer-Maly, Theo / Selb, Walter: Römisches Recht, 4. Auflage, Berlin, Heidelberg 1987.

Hoppe, Jürgen F.: Der Zeitpunkt der Aufklärung des Patienten – Konsequenzen der neuen Rechtsprechung, NJW 1998, 782.

Hopt, Klaus: Der Kapitalanlegerschutz im Recht der Banken, München 1975.

–, Funktion, Dogmatik und Reichweite der Aufklärungs-, Warn- und Beratungspflichten der Kreditinstitute, Festschrift für Joachim Gernhuber, Tübingen 1993, S. 169.

–, Grundsatz- und Praxisprobleme nach dem Wertpapierhandelsgesetz, insbesondere Insidergeschäfte und Ad-hoc-Publizität, ZHR 159 (1995), 135.

–, Nichtvertragliche Haftung außerhalb von Schadens- und Bereicherungsausgleich – Zur Theorie und Dogmatik des Berufsrechts und der Berufshaftung, AcP 183 (1983), 608.

Horn, Norbert: Europäisches Finanzmarktrecht, München 2003.

–, Die Aufklärungs- und Beratungspflichten der Banken, ZBB 1997, 139.

–, Der Ausschluß von Aufklärung und Beratung im Anlegerschutzrecht, Festschrift für Herbert Schimansky, Köln 1999, S. 653.

Horn, Norbert / Schimansky, Herbert: Bankrecht 1998, Köln 1998.

Hueck, Alfred / Nipperdey, Hans Carl: Lehrbuch des Arbeitsrechts, Band I, 7. Auflage, Berlin 1963.

Hückstädt, Walther: Die Haftung des Ratgebers nach gemeinem Rechte und nach dem Rechte des Bürgerlichen Gesetzbuchs für das deutsche Reich, Diss., Greifswald 1901.

Huber, Ulrich: Die Praxis des Unternehmenskaufs im System des Kaufrechts, AcP 202 (2002), 179.

–, Die Haftung des Vertragshändlers gegenüber seinem Abnehmer nach neuem Kaufrecht, Festschrift für Peter Ulmer, Berlin 2003, S. 1165.

Huber, Konrad: Verkehrspflichten zum Schutz fremden Vermögens, Festschrift für Ernst von Caemmerer, Tübingen 1978, S. 359.

Ihle, Jörg: Der Informationsschutz des Versicherungsnehmers, Diss., Hamburg 2006.

Iossa, Elisabetta / Palumbo, Guiliana: Over-Optimism and Lender Liability in the Consumer Credit Market, 62 Oxford Economic Papers, 374 (2010).

Jacoby, Hugo: Die Crediterkundigung, Diss., Berlin 1891.

Jauernig: Bürgerliches Gesetzbuch, Kommentar, hrsg. von Rolf Stürner, 15. Auflage, München 2014.

Jodlbauer, Barbara / Jonas, Eva: Forecasting clients' reactions: How does the perception of strategic behavior influence the acceptance of advice? 27, International Journal of Forecasting, 121 (2011).

Jolls, Christine / Sunstein, Cass R. / Thaler, Richard: Behavioral Approach to Law and Economics, 50 Stanford Law Review, 1471, (1998).

Jolls, Christine / Sunstein, Cass R.: Debiasing through Law, 35 Journal of Legal Studies, 199 (2006).

Jooß, Alexander: Rückvergütungen vs. Innenprovisionen, WM 2011, 1260.

Jost, Fritz: Vertragslose Auskunfts- und Beratungshaftung, Baden-Baden 1991.

Jung, Mathias: Die Auswirkungen der 6 KWG-Novelle auf Anlagevermittler, (Börsen-)Makler und Vermögensverwalter, BB 1998, 649.

Jungermann, Helmut / Pfister, Hans-Rüdiger / Fischer, Katrin: Die Psychologie der Entscheidung – Eine Einführung, 3. Auflage, Heidelberg 2010.

Jungmann, Carsten: Aktuelle insolvenzrechtliche Probleme der Kreditwirtschaft, Anlegerschutz bei strukturierten Produkten – Bericht über den Bankrechtstag am 29. Juni 2007 in Hannover, WM 2007, 1537.

Jungk, Antje: Zur Hinweispflicht des Rechtsanwalts einer Sozietät, wenn ein anderer Sozius den Gegner häufig vertritt, BRAK-Mitt. 2008, 56.

Juris PraxisKommentar BGB: Juris PraxisKommentar BGB, hrsg. von Maximilian Herberger u.a., 6. Auflage, Saarbrücken 2012–1013.

Kahneman, Daniel / Knetsch, Jack L. / Thaler, Richard H.: Anomalies: The Endowment Effect, Loss Aversion, and Status Quo Bias, 5 Journal of Economic Perspectives, 193 (1991).

Kahneman, Daniel / Slovic, Paul / Tversky, Amos: Judgment under Uncertainty: Heuristics and Biases, Cambridge 1982.

Kaiser, Torsten: Die Schlechtleistung im Dienstvertragsrecht – Geld für nichts?, JA 2012, 279.

Kant, Immanuel: Beantwortung der Frage: Was ist Aufklärung?, Berlinische Monatsschrift 1784, 481.

Kaser, Max / Knütel, Rolf: Römisches Privatrecht, 19. Auflage, München 2008.

Katzenmeier, Christian: Arzthaftung, Tübingen 2002.

Kennedy, Duncan: Form and Substance in Private Law Adjudication, 89 Harvard Law Review 1685 (1976).

Kern, Christoph A.: Typizität als Strukturprinzip des Privatrechts, Tübingen 2013.

Kern, Bernd-Rüdiger / Laufs, Adolf: Die ärztliche Aufklärungspflicht, Berlin 1983.
–, Handbuch des Arztrechts, 4. Auflage, München 2010.
–, Zur Frage der Haftung und des Umfanges der Aufklärungspflicht von Ärzten, JZ 1984, 631.
Kiethe, Kurth: Kapitalanlagen in Immobilien – Aufklärungspflicht über Innenprovisionen?, NZG 2001, 107.
Kilian, Matthias: Die Globalisierung der Rechtsberatung – Interessenkonflikte und Chinese Walls, WM 2000, 1366.
Kind, Sandra: Die Grenzen des Verbraucherschutzes durch Information, Diss., Berlin 1998.
Kirchberg, Christian: Anwaltschaft heute – Anspruch und Wirklichkeit, BRAK-Mitt. 2006, 7.
Kirchner, Christian: Ökonomische Theorie des Rechts: überarbeitete und ergänzte Fassung eines Vortrages gehalten vor der Juristischen Gesellschaft zu Berlin am 16. Oktober 1996, Berlin 1997.
Klein, Nico C.: Honorarberatung als „die einzig wahre Lösung“?, WM 2011, 2117.
Kleine-Cosack, Michael: Bundesrechtsanwaltsordnung mit Berufs- und Fachanwaltsordnung, Kommentar, 6. Auflage, München 2009.
–, Haftungsrisiko bei vorzeitiger Mandatsbeendigung – Offenlegungspflicht für Rechtsanwälte bei Mandatsübernahme?, AnwBl 2008, 278.
Klöhn, Lars: Kapitalmarkt, Spekulation und Behavioral Finance, Diss., Berlin 2006.
–, Schadensersatz wegen unzureichender Aufklärung über Zinsswap-Geschäfte („Deutsche Bank“), Anmerkung zum Urteil des BGH vom 22. März 2011, XI ZR 33/10, ZIP 2011, 762.
–, Wertpapierhandelsrecht diesseits und jenseits des Informationsparadigmas – Am Beispiel des „verständigen Anlegers“ im Sinne des deutschen und europäischen Insiderrechts, ZHR 177 (2013), 349.
Kluth, Peter / Böckmann, Julius / Grün, Anselm: Beratungshaftung – Bewertungskriterien für rechtsverbindliche Aussagen beim Sachkauf, MDR 2003, 241.
Koch, Jens: Grenzen des informationsbasierten Anlegerschutzes. Die Gratwanderung zwischen angemessener Aufklärung und information overload, BKR 2012, 485.
Köhler, Helmut: Kritik der Regel „protestatio facto contraria non valet“, JZ 1981, 464.
Kölner Kommentar zum WpHG: Hrsg. von Heribert Hirte / Thomas M. J. Möllers, 2. Auflage, Köln 2014 (sofern nicht anders angegeben).
Köndgen, Johannes: Selbstbindung ohne Vertrag: Zur Haftung aus geschäftsbezogenem Handeln, Tübingen 1981.
–, Wieviel Aufklärung braucht ein Wertpapierkunde?, ZBB 1996, 361.
–, Grenzen des informationsbasierten Anlegerschutzes – zugleich Anmerkung zum Urteil des BGH vom 22. März 2011, XI ZR 33/10, BKR 2011, 283.
–, Die Entwicklung des privaten Bankrechts in den Jahren 1999–2003, NJW 2004, 1288.
–, Die Entwicklung des privaten Bankrechts in den Jahren 1992–1995, NJW 1996, 558.
Köndgen, Johannes / Sandmann, Klaus: Strukturierte Zinsswaps vor den Berufungsgerichten: eine Zwischenbilanz, ZBB 2010, 77.
König, Christian: Mögliche Änderungen durch die Richtlinie über Wohnimmobilienkreditverträge im deutschen Recht – Ergebnisse der politischen Einigung der Trilog-Parteien, WM 2013, 1688.
Koch, Ludwig / Kilian, Matthias: Anwaltliches Berufsrecht, München 2007.

Koller, Ingo: Die Abdingbarkeit des Anlegerschutzes durch Information im europäischen Kapitalmarktrecht, Festschrift für Ulrich Huber, Tübingen 2006, S. 821.
–, Zu den Grenzen des Anlegerschutzes bei Interessenkonflikten – zugleich eine Besprechung von BGH, Urteil vom 19. Dezember 2006, XI ZR 56/05, ZBB 2007, 197.
–, Wertpapierberatung und Verkauf im Licht des WpHG, ZBB 2011, 361.
Kollhosser, Helmut: Gewohnheitsrechtliche Erfüllungshaftung und alternative Regelungen, r + s 2001, 89.
Korobkin, Russell B. / Ulen, Thomas S.: Law and Behavioral Science: Removing the Rationality Assumption from Law and Economics, 88 California Law Review, 1051 (2000).
Krebber, Sebastian: Die vertragliche Pflicht des Verkäufers zur Übergabe einer Gebrauchsanweisung, AcP 201 (2001), 333.
Krenzler, Michael: Rechtsdienstleistungsgesetz: Handkommentar, Baden-Baden 2010.
–, Vom Untergang des Anwaltsstandes – zugleich eine berufspolitische Bewertung des Beschlusses des BVerfG vom 3. Juli 2003, BRAK-Mitt. 2003, 249.
Kroeber-Riel, Werner / Weinberg, Peter / Gröppel-Klein, Andrea: Konsumentenverhalten, 9. Auflage, München 2009.
Krüger, Ulrich: Aufklärung bei Kapitalanlagen – Nebenpflicht statt Beratungsvertrag, NJW 2013, 1845.
Kübler, Friedrich: Müssen Anlageempfehlungen anlegergerecht sein? Zum Stellenwert der amerikanischen „suitability"-Doktrin im deutschen Recht, Festschrift für Helmut Coing, Band II, München 1982, S. 193.
Kümpel, Siegfried / Wittig, Arne: Bank- und Kapitalmarktrecht, 4. Auflage, Köln 2011.
Kuhlen, Jan / Tiefensee, Johannes: Zum Entwurf eines Gesetzes zur Förderung und Regulierung einer Honorarberatung über Finanzinstrumente, VuR 2013, 49.
Kumpan, Christoph: Der Interessenkonflikt im deutschen Privatrecht, 2014.
Kumpan, Christoph / Hellgardt, Alexander: Haftung der Wertpapierdienstleistungsunternehmen nach Umsetzung der EU-Richtlinie über Märkte für Finanzinstrumente (MiFID), DB 2006, 1714.
Kunkel, Wolfgang: Die römischen Juristen: Herkunft und soziale Stellung, Nachdruck der 2. Auflage 1967, Köln 2001.
Kwaschik, Annett: Die Parteivernehmung und der Grundsatz der Waffengleichheit im Zivilprozess, Diss., Tübingen 2004.
Laby, Arthur: Fiduciary Obligations of Broker-Dealers and Investment Advisers, 55 Villanova Law Review, 701 (2010).
–, Reforming the Regulation of Broker-Dealers and Investment Advisers, 65 Business Lawyer, 395 (2010).
Lammel, Siegbert: Zur Auskunftshaftung, AcP 179 (1979), 337.
Lang, Norbert: Doppelnormen im Recht der Finanzdienstleistungen, ZBB 2004, 289.
Lang, Volker: Informationspflichten bei Wertpapierdienstleistungen, München 2003.
–, Die Beweislastverteilung im Falle der Verletzung von Aufklärungs- und Beratungspflichten bei Wertpapierdienstleistungen, WM 2000, 450.
Lang, Volker / Balzer, Peter: Zur Pflicht des Anlageberaters zur Aufklärung über an ihn fließende Provisionen auch außerhalb des Anwendungsbereichs des WpHG, ZIP 2009, 456.
Lang, Volker / Bausch, Stephan: Aufklärungspflicht über Gewinnmargen und Handelsspannen?, WM 2010, 2101.

Lang, Volker / Kühne, Andreas Otto: Anlegerschutz und Finanzkrise – noch mehr Regeln?, WM 2009, 1301.

Lange, Andreas A.: Anmerkung zur Entscheidung des Bundesgerichtshofs vom 22. März 2011, XI ZR 33/10, BB 2011, 1678.

Lange, Hermann / Schiemann, Gottfried: Schadensersatz, 3. Auflage, Tübingen 2003.

Langen, Markus: Anmerkung zum Urteil des OLG Celle vom 30. September 2009, 3 U 45/09, DB 2009, 2710.

Langenbucher, Katja: Anlegerschutz. Ein Bericht zu theretischen Prämissen und legislativen Instrumenten, ZHR 177 (2013), 679.

Larenz, Karl: Geschäftsgrundlage und Vertragserfüllung: die Bedeutung „veränderter Umstände" im Zivilrecht, 3. Auflage, München 1963.

–, Lehrbuch des Schuldrechts, Band I, Allgemeiner Teil, 14. Auflage, München 1987.

–, Lehrbuch des Schuldrechts, Band II, Halbband 1, Besonderer Teil, 13. Auflage, München 1986.

Larenz, Karl / Wolf, Manfred: Allgemeiner Teil des Bürgerlichen Rechts, 9. Auflage, München 2004.

Laufs, Adolf / Katzenmeier, Christian / Lipp, Volker: Arztrecht, 6. Auflage, München 2009.

Laufs, Adolf / Kern, Bernd-Rüdiger: Handbuch des Arztrechts, 4. Auflage, München 2010.

Laux, Helmut / Gillenkirch, Robert M. / Schenk-Mathes, Heike Y.: Entscheidungstheorie, 8. Auflage, Berlin, Heidelberg 2012.

Lehmann, Michael: Vertragsanbahnung durch Werbung, München 1981.

Lehmann, Matthias: Zinsswaps der öffentlichen Hand: Vertragswirksamkeit und Beratungspflichten, BKR 2008, 488.

–, Zum Schadensersatz bei Beratungspflichtverletzungen der Bank im Zusammenhang mit Zinsswap-Verträgen, Anmerkung zum BGH-Urteil vom 22. März 2011, XI ZR 33/10, JZ 2011, 749.

Leibfried, Peter / Häuptli, Daniel: Vorschläge der Europäischen Kommission zur Regulierung der Abschlussprüfung, Sicht der Wissenschaft: Zusammenfassung empirischer Erkenntnisse über Beratungsverbot und externe Rotation, Der Schweizer Treuhänder, Heft 1–2/2012, S. 8.

Leisch, Franz Clemens: Informationspflichten nach § 31 WpHG, Diss., München 2004.

Leenen, Detlef: BGB Allgemeiner Teil: Rechtsgeschäftslehre, Berlin 2011.

Lenenbach, Markus: Kapitalmarktrecht und kapitalmarktrelevantes Gesellschaftsrecht, 2. Auflage, Köln 2010.

Lessmann, Herbert: Schlechte Dienstleistung und Vergütung (insbes. bei sog. freien Diensten), Festschrift für Ernst Wolf, Köln 1985, S. 395.

Leuring, Dieter / Zetzsche, Dirk: Die Reform der Schuldverschreibungs- und Anlageberatungsrechts – (Mehr) Verbraucherschutz im Finanzmarktrecht?, NJW 2009, 2856.

Lieb, Manfred: Anmerkung zum Urteil des BGH vom 14. Oktober 1971, VII ZR 313/69, JZ 1972, 442.

–, Vertragsaufhebung oder Geldersatz ? Überlegungen über die Rechtsfolgen von culpa in contrahendo, Festschrift der Rechtswissenschaftlichen Fakultät zur 600-Jahr-Feier der Universität zu Köln, Köln 1988, S. 251.

Locher, Horst: Das private Baurecht, 7. Auflage, München 2005.

Loff, Detmar / Hahne, Klaus: Vermögensverwaltung und Anlageberatung unter MiFID II, Neuregelungen, Gestaltungsmöglichkeiten und deren steuerliche Implikationen, WM 2012, 1512.

Looschelders, Dirk / Pohlmann, Petra: Versicherungsvertragsgesetz, Kommentar, 2. Auflage, Köln 2011.

Lorenz, Egon: Die „gewohnheitsrechtliche" Erfüllungshaftung des Versicherers im bisherigen und im zukünftigen Versicherungsvertragsrecht, Festschrift für Claus-Wilhelm Canaris zum 70. Geburtstag, Bd. 1, München 2007.

Lorenz, Stephan: Der Schutz vor dem unerwünschten Vertrag – Eine Untersuchung von Möglichkeiten und Grenzen der Abschlusskontrolle im geltenden Recht, München 1997.

–, Haftungsausfüllung bei der culpa in contrahendo – Ende der „Minderung durch cic"?, NJW 1999, 1001.

–, Vertragsaufhebung wegen culpa in contrahendo: Schutz der Entscheidungsfreiheit oder des Vermögens, ZIP 1998, 1053.

–, Arglist und Sachmangel – Zum Begriff der Pflichtverletzung in § 323 V 2 BGB, NJW 2006, 1925.

–, Schuldrechtsreform 2002: Problemschwerpunkte drei Jahre danach, NJW 2005, 1889.

–, Fünf Jahre „neues" Schuldrecht im Spiegel der Rechtsprechung, NJW 2007, 1.

Lorenz, Werner: Das Problem der Haftung für primäre Vermögensschäden bei der Erteilung einer unrichtigen Auskunft, Festschrift für Karl Larenz zum 70. Geburtstag, München 1973, S. 575.

Luther, Bernhard: Die Haftung des Ratgebers nach dem gemeinen Recht und nach dem Recht des Bürgerlichen Gesetzbuchs für das Deutsche Reich, Borna-Leipzig 1905.

Lutter, Marcus: Zur Haftung des Emissionsgehilfen im grauen Kapitalmarkt, Festschrift für Johannes Bärmann, München 1975, S. 605.

Mäsch, Gerald: Besonderes Schuldrecht: Vertragliche Übernahme des Winterdienstes, JuS 2013, 1033.

–, Eine Wende in der Rechtsprechung des BGH zur Anwaltshaftung, NJW 2001, 1547.

Märker, Klaus: Fehlerhafte Anlageberatung beim Vertrieb von Lehman-Zertifikaten – eine Zwischenbilanz, NJOZ 2010, 524.

Magdalinski, Karl: Die Haftung des Ratgebers, Diss., Göttingen 1894.

Maier, Arne: Die aktuelle Rechtsprechung der Landgerichte zu den Aufklärungspflichten beratender Banken beim Vertrieb von Lehman-Zertifikaten, VuR 2009, 369.

Mansel, Heinz-Peter: Reziprozität und Utilität als Auslegungselemente bei konkludentem Vertragsschluß – am Beispiel unentgeltlicher Informationsgewährung, Gedächtnisschrift für Alexander Lüderitz, München 2000, S. 487.

Marotta-Wurgler, Florencia: Does Contract Disclosure Matter?, 168 Journal of Institutional and Theoretical Economics, 94 (2012).

Martinek, Michael / Theobald, Uwe: Grundfälle zum Recht der Geschäftsführung ohne Auftrag, JuS 1997, 992.

Matusche-Beckmann, Annemarie: Berufsrecht und zivilrechtliche Beratungs- und Informationspflichten für Versicherungsvermittler, NVersZ 2002, 385.

Maunz / Dürig: Grundgesetz, Kommentar, hrsg. von Roman Herzog, Matthias Herdegen, Rupert Scholz, Hans H. Klein, Stand 71. Ergänzungslieferung, München 2014; zitiert: *Bearbeiter*, in: Maunz/Dürig, GG.

Medicus, Dieter: Bürgerliches Recht, 20. Auflage, Köln 2004.

–, Verschulden bei Vertragsverhandlungen, in: Gutachten und Vorschläge zur Überarbeitung des Schuldrechts, Band 1, Köln 1981, S. 479.

Merk, Sebastian: Zum Aufklärungserfordernis über die Möglichkeit der zeitweiligen Aussetzung der Rücknahme von Anteilen an einem Immobilien-Sondervermögen gem. § 81 InvG (nachfolgend: § 257 KAGB) – Anmerkung zur Entscheidung des OLG Frankfurt/M., Urteil vom 13. Februar 2013, 9 U 131/11, BKR 2013, 294.

Merkt, Hanno: Due Diligence und Gewährleistung beim Unternehmenskauf, BB 1995, 1041.

–, Rechtliche Bedeutung der „due diligence" beim Unternehmenskauf, WiB 1996, 145.

Mertens, Bernd: Culpa in contrahendo beim zustande gekommenen Kaufvertrag nach der Schuldrechtsreform, AcP 203 (2003), 818.

Messerschmidt, Burkhard / Voit, Wolfgang: Privates Baurecht, 2. Auflage, München 2012.

Miettinen, Johanna: Die vorvertraglichen Pflichten des Versicherers, Diss., Karlsruhe 2005.

–, Information und Beratung – oder doch lieber Aufklärung? – Kritik zum Referentenentwurf „Erstes Gesetz zur Neuregelung des Versicherungsvermittlerrechts", VersR 2005, 1629.

Möller, Mirko: Die Fortbildungspflicht des (Fach-)Anwalts – Überlegungen zu Umfang, Gegenstand und Nachweispflicht, NJW 2014, 2758.

Möllers, Thomas M. J.: Vermögensbetreuungsvertrag, graue Vermögensverwaltung und Zweitberatung – Vertragstypen zwischen klassischer Anlageberatung und Vermögensverwaltung, WM 2008, 93.

Möllers, Thomas M. J. / Ganten, Ted: Die Wohlverhaltensrichtlinie des BAWe im Lichte der neuen Fassung des WpHG, eine kritische Bestandsaufnahme, ZGR 1998, 774.

Möllers, Thomas M. J. / Kernchen, Eva: Information Overload am Kapitalmarkt – Plädoyer zur Einführung eines Kurzfinanzberichts auf empirischer, psychologischer und rechtsvergleichender Basis, ZGR 2011, 1.

Möllers, Thomas M. J. / Poppele, Mauritz: Paradigmenwechsel durch MiFID II: divergierende Anlegerleitbilder und neue Instrumentarien wie Qualitätskontrolle und Verbote, ZGR 2013, 437.

Möllers, Thomas M. J. / Wenninger, Thomas: Zu den Aufklärungspflichten eines Wertpapierdienstleistungsunternehmens – verdeckte Rückvergütungen, LMK 2007, 220857.

Moloney, Niamh: The Investor Model Underlying the EU's Investor Protection Regime: Consumers or Investors?, 13 European Business Organization Law Review, 169 (2012).

Mommsen, Friedrich: Erörterungen aus dem Obligationenrecht, Zweites Heft, Über die Haftung der Contrahenten bei der Abschließung von Schuldverträgen, Braunschweig 1879.

Motzke, Gerd / Wolff, Rainer: Praxis der HOAI, 3. Auflage, München 2004.

Müchler, Henny: Die neuen Kurzinformationsblätter – Haftungsrisiken im Rahmen der Anlageberatung, WM 2012, 974.

Müchler, Henny / Trafkowski, Uwe: Honoraranlageberatung: Regulierungsvorhaben im deutschen und europäischen Recht, ZBB 2013, 101.

Mülbert, Peter O.: Anlegerschutz bei Zertifikaten – Beratungspflichten, Offenlegungspflichten bei Intressenkonflikten und die Änderungen durch das Finanzmarkt-Richtlinie-Umsetzungsgesetz (FRUG), WM 2007, 1149.

–, Auswirkungen der MiFID-Rechtsakte für Vertriebsvergütungen im Effektengeschäft der Kreditinstitute, ZHR 172 (2008), 170.
–, Anlegerschutz und Finanzmarktregulierung – Grundlagen, ZHR 177 (2013), 160.
Müller, Gerd: Abschied von der Haftung des Verkäufers aus culpa in contrahendo oder Wiedergeburt?, Festschrift für Walther Hadding, Berlin 2004, S. 199.
Müller, Klaus Peter: Europa und die USA im Wettbewerb um Kapitalmarkteffizienz, Die Bank 2001, 836.
Müller, Pius: Vom Berufsethos des Arztes, München 1954.
Müller-Feldhammer, Ralf: Vertragserfüllung und Haftung des Unternehmensberaters, NJW 2008, 1777.
Münchener Kommentar zum Bürgerlichen Gesetzbuch: Hrsg. von Jürgen Säcker und Roland Rixecker, 6. Auflage, München 2012–2013 (sofern nicht anders angegeben); zitiert: MünchKommBGB/*Bearbeiter.*
Münchener Kommentar zum Handelsgesetzbuch: Hrsg. von Walther Hadding, Ulrich Brink und Gerd Nobbe, 3. Auflage, München 2010- 2014; zitiert: MünchKomm-HGB/*Bearbeiter.*
Münchener Kommentar zum Strafgesetzbuch: Hrsg. von Wolfgang Joecks und Klaus Miebach, 2. Auflage, München 2014; zitiert: MünchKommStGB/*Bearbeiter.*
Münchener Kommentar zum Versicherungsvertragsgesetz: Hrsg. von Theo Langheid, Manfred Wandt u.a., München 2009- 2011; zitiert: MünchKommVVG/*Bearbeiter.*
Münchener Kommentar zur Zivilprozessordnung: Hrsg. von Thomas Rauscher und Wolfgang Krüger, 4. Auflage, München 2012–2013; zitiert: MünchKommZPO/*Bearbeiter.*
Murray, Peter / Stürner, Rolf: German Civil Justice, Durham 2004.
Musielak, Hans-Joachim: Die „gefestigte Rechtsprechung" des Bundesgerichtshofs zum Zustandekommen eines Auskunftsvertrages mit einer Bank, WM 1999, 1593.
–, Haftung für Rat, Auskunft und Gutachten, Berlin 1974.
Nebelung: Gutschriften auf dem Konto pro Diverse, NJW 1959, 1068.
Nikolaus, Max / d'Oleire, Stefan: Aufklärung über „Kick-backs" in der Anlageberatung: Anmerkungen zum BGH-Urteil vom 19. Dezember 2006, WM 2007, 2129.
Nobbe, Gerd: Zur Aufklärungspflicht über Rückvergütungen. Anmerkung zum Urteil des Oberlandesgerichts Dresden vom 24. Juli 2009, 8 U 1240/08, WuB I G 1 Anlageberatung 5.10.
–, Verantwortlichkeit der Bank bei der Vergabe von Krediten und der Hereinnahme von Sicherheiten, ZBB 2008, 78.
Oberhammer, Paul: Parteiaussage, Parteivernehmung und freie Beweiswürdigung am Ende des 20. Jahrhunderts, ZZP 113 (2000), 295.
OECD: Renten auf einen Blick 2013, OECD- und G20-Länder – Indikatoren, 2014.
Oechsler, Jürgen: Gerechtigkeit im modernen Austauschvertrag, Tübingen 1997.
Oetker, Hartmut / Maultzsch, Felix: Vertragliche Schuldverhältnisse, 4. Auflage, Berlin, Heidelberg 2013.
Offermann-Burckart, Susanne: Zwischen Qualitätssicherung, Marketing und Berufsfreiheit, AnwBl 2008, 763.
Ossenbühl, Fritz: Die Freiheiten des Unternehmers nach dem Grundgesetz, AöR 115 (1990), 1.
Palandt: Bürgerliches Gesetzbuch, 73. Auflage, München 2014 (sofern nicht anders angegeben).

Parrett, Matt: An Analysis of the Determinants of Tipping Behavior: A Laboratory Experiment and Evidence from Restaurant Tipping, 73 Southern Economic Journal, 489 (2006).

Paulus, Rainer: Dogmatik der Verteidigung, NStZ 1992, 305.

Pearson, Gail: Risk and the Consumer in Australian Financial Services Reform, 28 Sydney Law Review, 99 (2006).

Pfeifer, Klaus-Gerhard: Einführung der Dokumentationspflicht für das Beratungsgespräch durch § 34 Abs. 2a WpHG, BRK 2009, 485.

Pfeiffer, Thomas: Was kann ein Verbraucher? Zur Relevanz von Informationsverarbeitungskapazitäten im AGB-Recht und darüber hinaus, NJW 2011, 1.

Pikart, Heinz: Die Rechtsprechung des Bundesgerichtshofs zum Bankvertrag, WM 1957, 1238.

Podewils, Felix: Beipackzettel für Finanzprodukte – Verbesserte Anlegerinformation durch Informationsblätter und Key Investor Information Documents?, ZBB 2011, 169.

Podewils, Felix / Reisich, Dennis: Haftung für „Schrott"-Zertifikate? – Aufklärungs- und Beratungspflichten nach BGB und WpHG beim Erwerb von Zertifikaten, NJW 2009, 116.

Pohlmann, Petra: Beweislast im Versicherungsrecht, in: Karlsruher Forum 2008, Karlsruhe 2009, S. 55.

Poser, Norman S.: Liability of Broker-Dealers for Unsuitable Recommendations to Institutional Investors, 2001 Brigham Young University Law Review, 1493 (2001).

Pragal, Oliver: Das Pharma-Marketing um die niedergelassenen Kassenärzte: Beauftragtenbestechung gemäß § 299 StGB!, NStZ 2005, 133.

Prentice, Robert: Whither Securities Regulation? Some Behavioral Observations Regarding Proposals For Its Future, 51 Duke Law Journal, 1397 (2002).

Preuße, Thomas / Schmidt, Maike: Anforderungen an Informationsblätter nach § 31 Abs. 3a WpHG, BKR 2011, 265.

Price, Paul C. / Stone, Eric R.: Intuitive Evaluation of Likelihood Judgment Producers: Evidence for a Confidence Heuristic, 17 Journal of Behavioral Decision Making, 39 (2004).

Prölss, Jürgen: Beweiserleichterungen im Schadensersatzprozess, Karlsruhe 1996.

Prölss, Erich / Martin, Anton: Versicherungsvertragsgesetz, Kommentar, 28. Auflage, München 2010.

Prütting, Hanns: Gegenwartsprobleme der Beweislast, München 1983.

Prütting / Wegen / Weinreich: BGB Kommentar, hrsg. von Hanns Prütting, Gerhard Wegen, und Gerd Weinreich, 9. Auflage, Köln 2014.

Raape, Leo: Die Beweislast bei positiver Vertragsverletzung, AcP 147 (1941), 217.

Rabin, Matthew: Incorporating Fairness into Game Theory and Economics, 83 American Economic Review, 1281 (1983).

Rachlinski, Jeffrey J.: The Uncertain Psychological Case for Paternalism, 97 Northwestern University Law Review, 1165 (2003).

Raiser, Ludwig: Das Recht der Allgemeinen Geschäftsbedingungen, Hamburg 1935.

–, Vertragsfunktion und Vertragsfreiheit, Festschrift zum hundertjährigen Bestehen des deutschen Juristentages, Band I, Karlsruhe 1960, S. 101.

–, Vertragsfreiheit heute, JZ 1958, 1.

Raspe, Heiner: Evidence based medicine: Modischer Unsinn, alter Wein in neuen Schläuchen oder aktuelle Notwendigkeit?, ZaeF 1996, 553.

Redeker, Konrad: Vom Sinn unseres anwaltlichen Standesrechts, NJW 1987, 304.
Rehm, Gebhard M.: Aufklärungspflichten im Vertragsrecht, Diss., München 2003.
Reich, Norbert: Informations-, Aufklärungs- und Warnpflichten beim Anlagengeschäft unter besonderer Berücksichtigung des „execution-only-business" (EOB), WM 1997, 1601.
Reich, Norbert / Micklitz, Hans-W.: Europäisches Verbraucherrecht, 4. Auflage, Baden-Baden 2003.
Reiff, Peter: Die Umsetzung der Versicherungsvermittlerrichtlinie in das deutsche Recht, VersR 2004, 142.
Reinelt, Ekkehart: Haftung aus Prospekt und Anlageberatung bei Kapitalanlagefonds NJW 2009, 1.
Reiter, Julius F. / Methner, Olaf: Grundsatzentscheidung zur Haftung wegen Beratungsverschuldens beim geschlossenen Immobilienfonds („Dreiländerfonds DLF 94/17" - Finanzdienstleister AWD) – Anmerkung zu OLG Celle, Urteile vom 15. August 2002, 11 U 291/01 und 11 U 341/01, VuR 2002, 398.
Reithmann , Christoph / Dieter, Martiny: Internationales Vertragsrecht, 7. Auflage, Köln 2010.
RGRK BGB: Das Bürgerliche Gesetzbuch mit besonderer Berücksichtigung der Rechtsprechung des Reichsgerichts und des Bundesgerichtshofs, Kommentar, 12. Auflage, Berlin 1974- 2002; zitiert: RGRK/*Bearbeiter* BGB.
RGRK HGB: Kommentar zum Handelsgesetzbuch, früher hrsg. von Mitgliedern des Reichsgerichts, 2. Auflage, Berlin 1963; zitiert: *RGRK/Bearbeiter HGB.*
Richter, Andreas / Schiller, Jörg: Entlohnung und Regulierung unabhängiger Versicherungsvermittler, Festschrift für Bernd Rudolph, Frankfurt am Main 2009, S. 319.
Rick, Markus B.: Die Hinweispflicht nach § 49b Abs. 5 BRAO, AnwBl 2006, 648.
Riedel, Fritz / Sußbauer, Heinrich: Bundesrechtsanwaltsgebührenordnung, Kommentar, 8. Auflage, München 2000.
Riehm, Thomas: Pflichtverletzung und Vertretenmüssen – zur Dogmatik der §§ 280 ff. BGB, Festschrift für Claus-Wilhelm Canaris, München 2007, S. 1079.
Riesenhuber, Karl: Information – Beratung – Fürsorge. Kritische Bemerkungen zum Vorschlag einer neuen Verbraucherkreditrichtlinie, ZBB 2003, 325.
Ring, Gerhard: Die Partnerschaftsgesellschaft mit beschränkter Berufshaftung für Angehörige freier Berufe (insbesondere Rechtsanwälte), WM 2014, 237.
Rinsche, Franz-Josef / Fahrendorf, Klaus / Terbille, Michael: Die Haftung des Rechtsanwalts, 7. Auflage, Köln 2005.
Römer, Wolfgang: Die Entwicklung der BGH-Rechtsprechung zum Versicherungsvertragsrecht seit der Deregulierung und künftige Tendenzen, NVersZ 2002, 532.
–, Zu ausgewählten Problemen der VVG-Reform nach dem Referentenentwurf vom 13. März 2006 (Teil 1), VersR 2006, 740.
Römermann, Volker: Zu den Voraussetzungen der Haftung des Anwalts gegenüber seinem Mandanten für Beratungsfehler, NJW 2007, 2489.
Rohe, Mathias: Privatautonomie im Verbraucherkreditrecht wohin? – Zum Richtlinienvorschlag zur Harmonisierung der Rechts- und Verwaltungsvorschriften der Mitgliedstaaten über den Verbraucherkredit, BKR 2003, 267.
Roller, Reinhold / Hackenberg, Christian: Die Darlegungs- und Beweislastverteilung in Haftungsprozessen im Wertpapier(-neben-)dienstleistungsrecht, VuR 2005, 127.
Rosenberg, Leo / Schwab, Karl Heinz / Gottwald, Peter: Zivilprozessrecht, 17. Auflage, München 2010.

Roth, Herbert: Arglistige Täuschung bei einem Mangel, JZ 2006, 1026.
Roth, Markus: Der allgemeine Bankvertrag, WM 2003, 480.
Roth, Marianne: Die Parteivernehmung als Voraussetzung eines fairen Zivilverfahrens nach Artikel 6 I EMRK, ZEuP 1996, 490.
Roth, Wulf-Henning: Die „Lehman-Zertifikate"-Entscheidungen des BGH im Lichte des Unionsrechts – Anmerkungen zu den Urteilen des BGH vom 27. September 2011 und 26. Juni 2012, ZBB 2012, 429.
Rott, Peter: Mitverantwortung des Kreditgebers bei der Kreditaufnahme – Warum eigentlich nicht?, BKR 2003, 851.
–, Die neue Verbraucherkredit-Richtlinie 2008/48/EG und ihre Auswirkungen auf das deutsche Recht, WM 2008, 1104.
Rümker, Dietrich: Aufklärungs- und Beratungspflichten der Kreditinstitute aus der Sicht der Praxis, in: Walther Hadding, Klaus J. Hopt, Herbert Schimansky (Hrsg.), Aufklärungs- und Beratungspflichten der Kreditinstitute – Der moderne Schuldturm?, Bankrechtstag 1992, Berlin 1993, S. 29; zitiert: Bankrechtstag 1992.
Ruland, Franz: Das neue Rentenversicherungsrecht des SGB VI, NJW 1992, 1.
Samuelson, William / Zeckhauser, Richard: Status Quo Bias in Decision Making, 1 Journal of Risk an Uncertainty, 7 (1988).
Schäfer, Hans Bernd.: Ökonomische Analyse von Aufklärungspflichten, in: Claus Ott / Hans-Bernd Schäfer, Ökonomische Probleme des Zivilrechts, Berlin 1991, S.117.
Schäfer, Frank A.: Wertpapierhandelsgesetz, Börsengesetz, Verkaufsprospektgesetz, Kommentar, Stuttgart, Berlin, Köln 1999.
Schäfer, Frank A. / Schäfer, Ulrike: Zur Frage der Aufklärungspflicht der anlageberatenden Bank im Zusammenhang mit der Zahlung von Rückvergütungen durch eine Kapitalanlagegesellschaft, BKR 2007, 163.
–, Sind die §§ 31 ff. WpHG n.F. Schutzgesetze i.S.v. § 823 Abs. 2 BGB?, WM 2007, 1872.
Schäfer, Frank A. / Sethe, Rolf / Lang, Volker: Handbuch der Vermögensverwaltung, München 2012.
Schanz, Günther: Handbuch Anreizsysteme, Stuttgart 1991.
Scharf, Ulrich: Beruf: Rechtsanwalt, BRAK-Mitt. 2006, 11.
Schaub, Renate: Beratungsvertrag und Sachmängelgewährleistung nach der Schuldrechtsmodernisierung, AcP 202 (2002), 757.
Schautes, Dirk Christoph: Anwaltliche Unabhängigkeit: eine rechtsvergleichende Untersuchung des deutschen und US-amerikanischen Berufsrechts, Diss., Bonn 2005.
Schiemann, Gottfried: Kein Schmerzensgeldanspruch bei Schlechterfüllung eines Anwaltsvertrages, wenn dieser nicht den Schutz der Rechtsgüter aus § 253 Abs. 2 BGB betrifft, Anmerkung zum Urteil des BGH vom 09. Juli 2009, IX ZR 88/08, JZ 2011, 526.
Schimansky, Herbert / Bunte, Hermann-Josef /Lwowski, Hans-Jürgen: Bankrechts-Handbuch, 4. Auflage, München 2011.
Schlee, Alexander / Maywald, Ian M.: PIB: Ein neues Risiko im Rahmen der Prospekthaftung?, BKR 2012, 320.
Schlosser, Peter: EMRK und Waffengleichheit im Zivilprozeß, NJW 1995, 1404.
–, Anwaltsrechtliches Verbot der Vertretung widerstreitender Interessen, NJW 2002, 1376.
Schmid, Hugo: Die Grundlagen der ärztlichen Aufklärungspflicht, NJW 1984, 2601.

Schmidt, Karsten: Die Sozietät als Sonderform der BGB-Gesellschaft – Wandlung einer klassischen Rechtsform im Lichte der Rechtsprechung, NJW 2005, 2801.
Schmidt-Rimpler, Walter: Grundfragen einer Erneuerung des Vertragsrechts, AcP 147 (1941), 130.
–, Zum Vertragsproblem, Festschrift für Ludwig Raiser, Tübingen 1974, S. 3.
Schmolke, Klaus Ulrich: Grenzen der Selbstbindung im Privatrecht, Tübingen 2014.
Schödermeier, Martin: Nachforschungspflichten einer Bank als Vermögensverwalterin zur Person ihres Kunden, WM 1995, 2053.
Schöpflin, Martin: Die Parteianhörung als Beweismittel, NJW 1996, 2134.
Scholz, Franz: Kommentar zum GmbH-Gesetz, 11. Auflage, Köln 2012–2014.
Schroeter, Ulrich G.: Das Recht zur zweiten Andienung im System des Schuldrechts, AcP 207 (2007), 28.
Schubert, Werner: Unredliches Verhalten Dritter bei Vertragsanschluß, AcP 168 (1968), 470.
–, Die Vorlagen der Redaktoren für die erste Kommission zur Ausarbeitung des Entwurfs eines Bürgerlichen Gesetzbuchs, Teil 2, Besonderer Teil, unveränd. Nachdruck, Berlin 1980.
Schulz, Stefan / Steigleder, Klaus / Fangerau, Heiner / Paul, Norbert: Geschichte, Theorie und Ethik der Medizin: Eine Einführung, Frankfurt am Main 2006.
Schulz, Volker: Nichtmaterielle Anreize als Instrument der Unternehmensführung, Diss., Wiesbaden 2000.
Schulze, Reiner: Grundprobleme der Dritthaftung bei Verletzung von Auskunfts- und Beratungspflichten in der neueren Rechtsprechung, JuS 1983, 81.
Schulze, Reiner / Ebers, Martin: Streitfragen im neuen Schuldrecht, JuS 2004, 462.
Schumacher, Rolf: Vertragsaufhebung wegen fahrlässiger Irreführung unerfahrener Vertragspartner, Bonn 1979.
Schur, Wolfgang: Eigenschaftsirrtum und Neuregelung des Kaufrechts, AcP 204 (2004), 883.
Schwab, Martin: Die Vermutung aufklärungsrichtigen Verhaltens bei mehreren hypothetischen Entscheidungsmöglichkeiten, NJW 2012, 3274.
Schwark, Eberhard: Die Verhaltensnormen der §§ 31 ff WpHG, in: Walther Hadding, Klaus J. Hopt, Herbert Schimansky (Hrsg.), Das zweite Finanzmarktförderungsgesetz in der praktischen Umsetzung, Bankrechtstag 1995, Berlin, New York 1996, S. 109; zitiert: Bankrechtstag 1995.
–, Zur Haftung der Emissionsbank bei Aktienemissionen – börsen-, bilanz und gesellschaftsrechtliche Aspekte, ZGR 1983, 162.
–, 100 Bände BGHZ: Bank- und Wertpapierrecht, ZHR 151 (1987), 325.
–, Das neue Kapitalmarktrecht, NJW 1987, 2041.
Schwark, Eberhard / Zimmer, Daniel: Kapitalmarktrechtskommentar, 4. Auflage, München 2010.
Schwennicke, Andreas: Die Dokumentation der Erfüllung von Verhaltenspflichten nach § 31 Abs. 2 WpHG durch die Bank, WM 1998, 1101.
Schwintowski, Hans-Peter: Bankrecht, 3. Auflage, Köln 2011.
Schwintowski, Hans-Peter / Brömmelmeyer, Christoph: Praxiskommentar zum Versicherungsvertragsrecht, 2. Auflage, Münster 2011.
Selter, Wolfgang: Haftungsrisiken von Vorstandsmitgliedern bei fehlendem und von Aufsichtsratsmitgliedern bei vorhandenem Fachwissen, AG 2012, 11.

Servatius, Wolfgang: Beraterpflichten beim Vertrieb offener Immobilienfonds, ZfIR 2014, 677.

Sethe, Rolf: Anlegerschutz im Recht der Vermögensverwaltung, Köln 2005.

–, Die Zulässigkeit von Zuwendungen bei Wertpapierdienstleistungen, Festschrift für Gerd Nobbe, Köln 2009, S. 769.

–, Treuepflichten der Banken bei der Vermögensanlage, AcP 212 (2012), 80.

Seyfried, Thorsten: Die Richtlinie über Märkte für Finanzinstrumente (MiFID), Neuordnung der Wohlverhaltensregeln, WM 2006, 1375.

Shavell, Steven: Suit, Settlement, and Trial: A Theoretical Analysis Under Alternative Methods for the Allocation of Legal Costs, 11 Journal of Legal Studies, 55 (1982).

Shleifer, Andrei: Inefficient Markets – An Introduction to Behavioral Finance, Oxford 2000.

Siems, Mathias: Die neue Verbraucherkreditrichtlinie und ihre Folgen, EuZW 2008, 454.

Silberer, Günter: Warentest, Informationsmarketing, Verbraucherverhalten, Berlin 1979.

Siller, Christian: Rechtsfragen des Discount-Broking, Diss., Köln 1999.

–, LG Köln – Beratungsausschluß beim Discount-Broking, WiB 1997, 881.

Simonson, Itamar / Tversky, Amos: Choice in Context: Tradeoff Contrast and Extremeness Aversion, 29 Journal of Marketing Research, 281 (1992).

Slobodenjuk, Dimitri: Vertragliche Anwaltspflichten – überspanntes Haftungsrisiko?, NJW 2006, 113.

Sniezek, Janet A. / van Swol, Lyn M.: Trust, Confidence, and Expertise in a Judge-Advisor System, 84 Organizational Behavior and Human Decision Processes, 288 (2001).

Soergel: Bürgerliches Gesetzbuch, Kommentar, hrsg. von Wolfgang Siebert, 13. Auflage, Stuttgart 1999–2014 (sofern nicht anders angegeben).

Spindler, Gerald: Aufklärungspflichten im Bankrecht nach dem „Zins-Swap-Urteil" des BGH, NJW 2011, 1920.

–, Aufklärungspflichten eines Finanzdienstleisters über eigene Gewinnmargen? – Ein „Kick-Back" zu viel, WM 2009, 1821.

–, Organhaftung in der AG – Reformbedarf aus wissenschaftlicher Perspektive, AG 2013, 889.

Spindler, Gerald / Kasten, Roman: Der neue Rechtsrahmen für den Finanzdienstleistungssektor – die MiFID und ihre Umsetzung – Teil I, WM 2006, 1749; Teil II, WM 2006, 1797.

Staudinger: J. von Staudingers Kommentar zum Bürgerlichen Gesetzbuch, Berlin, Bearbeitungsstand wie angegeben.

Steding, Rolf: Unternehmensberatung und deren vertragliche Gestaltung, Betrieb und Wirtschaft 2002, 698.

Steffen, Erich / Pauge, Burkhard: Arzthaftungsrecht: neue Entwicklungslinien der BGH-Rechtsprechung, 10. Auflage, Köln 2006.

Stein / Jonas: Kommentar zur Zivilprozessordnung, 22. Auflage, Tübingen 2002–2013; zitiert: Stein/Jonas/*Bearbeiter.*

Steindorff, Ernst: Zur Aufklärungspflicht des Arztes gegenüber Krebskranken, JZ 1960, 139.

Stempel, Jeffrey W.: Stempel on Insurance Contracts, Loseblattsammlung, Stand 2009.

Steuer, Stephan: Haftung für fehlerhafte Anlageberatung – Eine unendliche Geschichte, Festschrift für Herbert Schimansky, Köln 1999, S. 793.

Stieper, Malte: Der Beweis negativer Tatsachen, insbesondere der Neuheit von Immaterialgütern im Verletzungsprozess, ZZP 123 (2010), 27.

Stöbener, Angela Regina: Informations- und Beratungspflichten des Versicherers nach der VVG-Reform, ZVersWiss 96, 2007, 465.

Stoll, Hans: Vertrauensschutz bei einseitigen Leistungsversprechen, Festschrift für Werner Flume zum 70. Geburtstag, Köln 1978, S. 741.

–, Haftungsfolgen fehlerhafter Erklärungen beim Vertragsschluss, Festschrift für Stefan Riesenfeld, Heidelberg 1983, S. 275.

–, Die Beweislastverteilung bei positiven Vertragsverletzungen, Festschrift für Fritz von Hippel, Tübingen 1967, S. 517.

–, Tatbestände und Funktionen der Haftung für culpa in contrahendo, Festschrift für Ernst v. Caemmerer, Tübingen 1978, S. 433.

–, Zum Vertrauensschaden bei arglistiger Täuschung im Rahmen von Vertragsverhandlungen, JZ 1999, 95.

–, Haftungsverlagerung durch beweisrechtliche Mittel, AcP 176 (1976), 145.

Streinz, Rudolf: EUV/AEUV, Vertrag über die Europäische Union und Vertrag über die Arbeitsweise der Europäischen Union, 2. Auflage, München 2012.

Stürner, Rolf: Markt und Wettbewerb über alles? – Gesellschaft und Recht im Fokus neoliberaler Marktideologie, München 2007.

–, Die Aufklärungspflicht der Parteien des Zivilprozesses, Tübingen 1976.

–, Die Rolle des dogmatischen Denkens im Zivilprozess, ZZP 127 (2014), 271.

–, Parteipflichten bei der Sachverhaltsaufklärung im Zivilprozeß – zugleich ein Beitrag zur Lehre von der Beweisvereitelung, ZZP 98 (1985), 237.

–, Die Zivilrechtswissenschaft und ihre Methodik – zu rechtsanwendungsbezogen und zu wenig grundlagenorientiert?, AcP 214 (2014), 7.

–, Zugang zum Recht durch Erfolgshonorar? – Eine Kritik der verfassungsgerichtlichen Entscheidung, NJW-Sonderheft, 4. Hannoveraner ZPO-Symposium, 2008, S. 9.

Stürner, Rolf / Bormann, Jens: Der Anwalt – vom freien Beruf zum dienstleistenden Gewerbe? Kritische Gedanken zur Deregulierung des Berufsrechts und zur Aushöhlung der anwaltlichen Unabhängigkeit, NJW 2004, 1481.

Stumpf, Wolf / Kotte, Madlen: Offene Immobilienfonds als Adressat von Anlegerklagen – Resümee und Ausblick, BB 2013, 1613.

Suchanek, Andreas / Lin-Hi, Nick: Eine Betrachtung von Anreizen aus unternehmensethischer Perspektive, ZfCM 2011, Sonderheft 3, 12.

Sunstein, Cass R. / Thaler, Richard H.: Libertarian Paternalism Is Not an Oxymoron, 70 University of Chicago Law Review, 1159 (2003).

Sutter-Somm, Thomas: Parteianhörung und Parteivernehmung am Ende des 20. Jahrhunderts aus schweizerischer Sicht, ZZP 113 (2000), 327.

Thaler, Richard H.: Toward a Positive Theory of Consumer Choice, 1 Journal of Economic Behavior & Organisation, 39 (1980).

Thaler, Richard H. / Sunstein, Cass R.: Nudge: Improving Decisions about Health, Wealth, and Happiness, New Haven 2008.

Thibaut, Anton Friedrich Justus: System des Pandekten-Rechts, Band 1, 9. Ausgabe, Jena 1846.

Thole, Christoph: Die Haftung des gerichtlichen Sachverständigen nach § 839a BGB, Diss., Köln 2004.

–, Das neue Mediationsgesetz – Mediation im und an der Schnittstelle zum Zivilprozess, ZZP 127 (2014), 339.
Thompson, Robert B.: Securities Regulation in an Electronic Age: The Impact of Cognitive Psychology, 75 Washington University Law Review, 779 (1997).
Tichy, Luboš / Holländer, Pavel / Bruns, Alexander: Die Begründung von Gerichtsentscheidungen, Prag 2011.
Towfigh, Emanuel Vahid / Petersen, Nils: Ökonomische Methoden im Recht, Tübingen 2010.
Traeger, Ludwig: Der Kausalbegriff im Straf- und Zivilrecht, Marburg 1904.
Tröger, Tobias: Arbeitsteilung und Vertrag: Verantwortlichkeit für das Fehlverhalten Dritter in Vertragsbeziehungen, Tübingen 2012.
–, Grundfälle zum Sachmangel nach neuem Kaufrecht, JuS 2005, 503.
Tversky, Amos / Kahneman, Daniel: Loss Aversion in Riskless Choice: A Reference-Dependent Model, 106 Quarterly Jounal of Economics, 1039 (1991).
–, The Framing of Decisions and the Psychology of Choice, 211 Science, 453 (1981).
Ulen, Thomas S.: Firmly Grounded: Economics in the Future of the Law, 1997 Wisconsin Law Review, 433 (1997).
Ulmer, Peter: Der Vertragshändler, München 1969.
Ulmer, Peter / Brandner, Hans Erich / Hensen, Horst-Diether: AGB-Recht, Kommentar, 11. Auflage, Köln 2011.
v. Bar, Christian: Verkehrspflichten: richterliche Gefahrsteuerungsgebote im deutschen Deliktsrecht, Köln 1980.
v. Bühren, Hubert W. / v. Bühren, Hubert M.: Haftung und Haftpflichtversicherung der rechtsberatenden Berufe, r+s 2004, 89.
v. Caemmerer, Ernst: Bereicherung und unerlaubte Handlung, Festschrift für Ernst Rabel, Band I, Tübingen 1954, S.333.
v. Gelder, Alfons: Schutzpflichten zugunsten Dritter im bargeldlosen Zahlungsverkehr?, WM 1995, 1253.
v. Gierke, Klaus: Die Dritthaftung des Rechtsanwalts, Essen 1984.
v. Heymann, Ekkehardt: Die neuere Rechtsprechung zur Bankenhaftung bei Immobilien-Kapitalanlagen, NJW 1999, 1577.
v. Jhering, Rudolph: Culpa in Contrahendo, Jahrbücher für die Dogmatik des heutigen römischen und deutschen Rechts (Jhering Jahrbücher), 4. Band, 1861.
–, Zweck im Recht, Band I, 2. Auflage, Leipzig 1884.
v. Mangoldt / Klein / Starck: Kommentar zum Grundgesetz, hrsg. von Christian Starck, 6. Auflage, München 2010; zitiert: *Bearbeiter*, in: v. Mangoldt/Klein/Starck, GG.
v. Savigny, Carl: System des heutigen römischen Rechts, Band 3, Berlin 1840.
v. Völderndorff, E. Freiherr: Haftung aus kaufmännischen Creditempfehlungen, Archiv für Theorie und Praxis des allgemeinen deutschen Handels- und Wechselrechts (Busch's Archiv) 1877, Band 35, S. 1.
v. Westphalen, Friedrich / Thüsing, Gregor: Vertragsrecht und AGB-Klauselwerke, 35. Ergänzung Februar 2014, München 2014.
Veil, Rüdiger: Anlageberatung im Zeitalter der MiFID, Inhalt und Konzeption der Pflichten und Grundlagen einer zivilrechtlichen Haftung, WM 2007, 1821.
–, Aufklärung und Beratung über die fehlende Einlagensicherung von Lehman-Zertifikaten? Eine Analyse der zivil- und aufsichtsrechtlichen Pflichten bei der Anlageberatung, WM 2009, 1585.

–, Aufklärungspflichten über Rückvergütungen – zur Beachtlichkeit von Rechtsirrtümern im Bankvertragsrecht, WM 2009, 2193.
–, Vermögensverwaltung und Anlageberatung im neuen Wertpapierhandelsrecht – eine behutsame Reform der Wohlverhaltensregeln?, ZBB 2008, 34.
–, Europäisches Kapitalmarktrecht, 2. Auflage, Tübingen 2014.
Veil, Rüdiger / Lerch, Marcus: Auf dem Weg zu einem Europäischen Finanzmarktrecht: Die Vorschläge der Kommission zur Neuregelung der Märkte für Finanzinstrumente, Teil I, WM 2012, 1557; Teil II, WM 2012, 1605.
Völtz, Jürgen: § 49b BRAO – Eine vergessene Reform?, BRAK-Mitt. 2004, 103.
Vogeler, Marcus: Das anwaltliche Erfolgshonorar, JA 2011, 321.
Vollkommer, Max: Anwaltshaftungsrecht, München 1989.
Vollkommer, Max / Greger, Reinhard / Heinemann, Jörn: Anwaltshaftungsrecht, 4. Auflage, München 2014.
Wagner, Fred: Diskussionsbericht zur Jahrestagung 1996 des Deutschen Vereins für Versicherungswissenschaft e.V., VW 1996, 529.
Wagner, Gerhard: Prozessverträge: Privatautonomie im Verfahrensrecht, Tübingen 1998.
–, Prävention und Verhaltenssteuerung durch Privatrecht – Anmaßung oder legitime Aufgabe?, AcP 206 (2006), 352.
–, Haftung und Versicherung als Instrumente der Techniksteuerung, VersR 1999, 1441.
–, Tort Law and Liability Insurance (Tort and Insurance Law, Vol. 16), Wien 2005.
–, Heuristiken und Urteilsverzerrungen in Konfliktsituationen, ZZP 121 (2008), 5.
–, Grundstrukturen eines deutschen Mediationsgesetzes, RabelsZ 74 (2010), 794.
Wagner, Klaus-R.: Der stillschweigende Anlagevermittlungs- / -beratungsvertrag, DStR 2003, 1757.
–, Neue Entwicklungen zur Anlagevermittler-/ Anlageberaterhaftung (Teil II), DStR 2004, 1883.
Wahrendorf, Volker: Die Prinzipien der Beweislast im Haftungsrecht, Köln 1976.
Walter, Gerhard: Freie Beweiswürdigung, Tübingen, 1979.
–, Der Anwendungsbereich des Anscheinsbeweises, ZZP 90 (1977), 270.
Weber, Rolf: Rahmenverträge als Mittel zur rechtlichen Ordnung langfristiger Geschäftsbeziehungen, ZStR NF 106 (1987), 403.
Weiler, Frank: Culpa in Contrahendo, Anfechtung und Kaufrecht – alte Konkurrenzfragen in neuem Licht, ZGS 2002, 249.
Weinstein, Neil D.: Unrealistic Optimism About Future Life Events, 39 Journal of Personality and Social Psychology, 806 (1980).
Weißler, Adolf: Geschichte der Rechtsanwaltschaft, Leipzig 1905.
Weller, Marc-Philippe: Die Dogmatik des Anlagaberatungsvertrags – Legitimation der strengen Rechtsprechungslinie von Bond bis Ille ./. Deutsche Bank, ZBB 2011, 191.
Weßling, Heinrich: Theorie der klinischen Evidenz, Diss., Wien, Berlin 2011.
Westermann, Harm Peter: Vertragsfreiheit und Typengesetzlichkeit im Recht der Personengesellschaften, Heidelberg 1970.
Wiechers, Ulrich: Aktuelle Rechtsprechung des XI. Zivilsenats des Bundesgerichtshofs, WM 2012, 477.
Wiedemann, Herbert: Das Rechtsinstitut der culpa in contrahendo bedarf keines zusätzlichen Tatbestandsmerkmals „Schaden“, JZ 1998, 1176.
Wied-Nebbling, Susanne / Schott, Hartmut: Grundlagen der Mikroökonomik, 3. Auflage, Berlin, Heidelberg 2005.

Wiegand, Annette: Die „Sachwalterhaftung" als richterliche Rechtsfortbildung, Diss., Berlin 1991.

Wienecke, Laurenz: Discount-Broking und Anlegerschutz, Diss., Baden-Baden 1999.

Wilburg, Walter: Entwicklung eines beweglichen Systems im bürgerlichen Recht, Graz 1951.

Winkeljohann, Norbert / Scholz, Thomas / Eibelshäuser, Beate: Tendenz zur Überregulierung durch den Regulierungsvorschlag zur Abschlussprüfung – Ist eine weitere Begrenzung von Nicht-Prüfungsleistungen durch den Abschlussprüfer in Deutschland notwendig?, DB 2012, 529.

Witte, Jürgen Johannes / Hillebrand, Kim: Haftung für die nicht erfolgte Offenlegung von Kick-Back-Zahlungen, eine Bestandsaufnahme, DStR 2009, 1759.

Wolf, Manfred: Rechtsgeschäftliche Entscheidungsfreiheit und vertraglicher Interessenausgleich, Tübingen 1970.

–, Zur Aufklärungspflicht der beratenden Bank über die eigene Gewinnmarge, EWiR 2009, 763.

Wolf, Manfred / Neuner, Jörg: Allgemeiner Teil des Bürgerlichen Rechts, 10. Auflage, München 2012.

Wolf, Manfred / Lindacher, Walter F. / Pfeiffer, Thomas: AGB-Recht, Kommentar, 6. Auflage, München 2013.

Wolff, Ernst: Die Haftung des Ratgebers, Diss., Berlin 1899.

Yaniv, Ilan: Receiving other people's advice: Influence and benefit, 93 Organizational Behavior and Human Decision Processes, 1 (2004).

Yaniv, Ilan / Kleinberger, Eli: Advice Taking in Decision Making: Egocentric Discounting and Reputation Formation, 83 Organizational Behavior and Human Decision Processes, 260 (2000).

Zahnen, Joseph: Die Haftung des Ratgebers, Diss., Freiburg 1899.

Zeuner, Albrecht: Haftung für Gutachten und sachverständigen Rat, Karlsruher Forum 1988, VersR 1989, Beiheft, S. 3.

Zingel, Frank / Rieck, Daniela: Die neue BGH-Rechtsprechung zur Offenlegung von Rückvergütungen, BKR 2009, 353.

Zoller, Michael: Regulierungswut bei der Anlageberatung, NJW-Editorial Heft 29/2014.

Zuck, Rüdiger: Zur Qualität anwaltlicher Leistungen, BRAK-Mitt. 1985, 63.

–, Rundschau – Kurze Beiträge Blick in die Zeit – Qualitätssicherung anwaltlicher Dienstleistungen, MDR 1986, 816.

Zugehör, Horst: Anwaltsverschulden, Gerichtsfehler und Anwaltshaftung, NJW 2003, 3225.

Zugehör, Horst / Fischer, Gero / Vill, Gerhard / Fischer, Detlev / Rinkler, Axel / Chab, Bertin: Handbuch der Anwaltshaftung, 3. Auflage, Münster 2011 (sofern nicht anders angegeben).

Sachregister

Jus Privatum

Beiträge zum Privatrecht – Alphabetische Übersicht

Ackermann, Thomas: Der Schutz des negativen Interesses. 2007. *Band 122.*
Adolphsen, Jens: Internationale Dopingstrafen. 2003. *Band 78.*
Alexander, Christian: Schadensersatz und Abschöpfung im Lauterkeits- und Kartellrecht. 2010. *Band 147.*
Althammer, Christoph: Steitgegenstand und Interesse. 2012. *Band 168.*
Arnold, Stefan: Vertrag und Verteilung. 2014. *Band 182.*
Assmann, Dorothea: Die Vormerkung (§ 883 BGB). 1998. *Band 29.*
Bachmann, Gregor: Private Ordnung. 2006. *Band 112.*
Barnert, Thomas: Die Gesellschafterklage im dualistischen System des Gesellschaftsrechts. 2003. *Band 82.*
Bayer, Walter: Der Vertrag zugunsten Dritter. 1995. *Band 11.*
Beater, Axel: Nachahmen im Wettbewerb. 1995. *Band 10.*
Bechtold, Stefan: Die Grenzen zwingenden Vertragsrechts. 2010. *Band 149.*
Beckmann, Roland Michael: Nichtigkeit und Personenschutz. 1998. *Band 34.*
Benecke, Martina: Gesetzesumgehung im Zivilrecht. 2004. *Band 94.*
Berger, Christian: Rechtsgeschäftliche Verfügungsbeschränkungen. 1998. *Band 25.*
Berger, Klaus: Der Aufrechnungsvertrag. 1996. *Band 20.*
Bergmann, Andreas: Die Geschäftsführung ohne Auftrag als Subordinationsverhältnis. 2010. *Band 152.*
Binder, Jens-Hinrich: Regulierungsinstrumente und Regulierungsstrategien im Kapitalgesellschaftsrecht. 2012. *Band 162.*
Bitter, Georg: Rechtsträgerschaft für fremde Rechnung. 2006. *Band 107.*
Bittner, Claudia: Europäisches und internationales Betriebsrentenrecht. 2000. *Band 46.*
Bodewig, Theo: Der Rückruf fehlerhafter Produkte. 1999. *Band 36.*
Braun, Johann: Grundfragen der Abänderungsklage. 1994. *Band 4.*
Brinkmann, Moritz: Kreditsicherheiten an beweglichen Sachen und Forderungen. 2011. *Band 156.*
Brors, Christiane: Die Abschaffung der Fürsorgepflicht. 2002. *Band 67.*
Bruns, Alexander: Haftungsbeschränkung und Mindesthaftung. 2003. *Band 74.*
Buchner, Benedikt: Informationelle Selbstbestimmung im Privatrecht. 2006. *Band 114.*
Busche, Jan: Privatautonomie und Kontrahierungszwang. 1999. *Band 40.*
Calliess, Gralf-Peter: Grenzüberschreitende Verbraucherverträge. 2006. *Band 103.*
Casper, Matthias: Der Optionsvertrag. 2005. *Band 98.*
Dauner-Lieb, Barbara: Unternehmen in Sondervermögen. 1998. *Band 35.*
Dethloff, Nina: Europäisierung des Wettbewerbsrechts. 2001. *Band 54.*
Dreier, Thomas: Kompensation und Prävention. 2002. *Band 71.*
Drexl, Josef: Die wirtschaftliche Selbstbestimmung des Verbrauchers. 1998. *Band 31.*
Eberl-Borges, Christina: Die Erbauseinandersetzung. 2000. *Band 45.*
Ebert, Ina: Pönale Elemente im deutschen Privatrecht. 2004. *Band 86.*
Eichel, Florian: Künftige Forderungen. 2014. *Band 185.*
Einsele, Dorothee: Wertpapierrecht als Schuldrecht. 1995. *Band 8.*
Ekkenga, Jens: Anlegerschutz, Rechnungslegung und Kapitalmarkt. 1998. *Band 30.*
Ellger, Reinhard: Bereicherung durch Eingriff. 2002. *Band 63.*

Escher-Weingart, Christina: Reform durch Deregulierung im Kapitalgesellschaftsrecht. 2001. *Band 49.*
Fischer, Christian: Topoi verdeckter Rechtsfortbildungen im Zivilrecht. 2007. *Band 123.*
Füller, Jens T.: Eigenständiges Sachenrecht. 2006. *Band 104.*
Gebauer, Martin: Hypothetische Kausalität und Haftungsgrund. 2007. *Band 127.*
Geibel, Stefan J.: Treuhandrecht als Gesellschaftsrecht. 2008. *Band 132.*
Giesen, Richard: Tarifvertragliche Rechtsgestaltung für den Betrieb. 2002. *Band 64.*
Gödicke, Patrick: Formularerklärungen in der Medizin. 2008. *Band 135.*
Götting, Horst-Peter: Persönlichkeitsrechte als Vermögensrechte. 1995. *Band 7.*
Gruber, Urs Peter: Methoden des internationalen Einheitsrechts. 2004. *Band 87.*
Gsell, Beate: Substanzverletzung und Herstellung. 2003. *Band 80.*
Haar, Brigitte: Die Personengesellschaft im Konzern. 2006. *Band 113.*
Habersack, Mathias: Die Mitgliedschaft – subjektives und ‚sonstiges' Recht. 1996. *Band 17.*
Haedicke, Maximilian: Rechtskauf und Rechtsmängelhaftung. 2003. *Band 77.*
Hähnchen, Susanne: Obliegenheiten und Nebenpflichten. 2010. *Band 146.*
Haertlein, Lutz: Exekutionsintervention und Haftung. 2008. *Band 131.*
Hanau, Hans: Der Grundsatz der Verhältnismäßigkeit als Schranke privater Gestaltungsmacht. 2004. *Band 89.*
Hassemer, Michael: Heteronomie und Relativität in Schuldverhältnissen. 2006. *Band 118.*
Hau, Wolfgang: Vertragsanpassung und Anpassungsvertrag. 2003. *Band 83.*
Heermann, Peter W.: Drittfinanzierte Erwerbsgeschäfte. 1998. *Band 24.*
Heese, Michael: Beratungspflichten. 2015. *Band 193.*
Heinemann, Andreas: Immaterialgüterschutz in der Wettbewerbsordnung. 2002. *Band 65.*
Heinrich, Christian: Formale Freiheit und materielle Gerechtigkeit. 2000. *Band 47.*
Hellwege, Phillip: Allgemeine Geschäftsbedingungen, einseitig gestellte Vertragsbedingungen und die allgemeine Rechtsgeschäftslehre. 2010. *Band 148.*
Helms, Tobias: Gewinnherausgabe als haftungsrechtliches Problem. 2007. *Band 129.*
Henssler, Martin: Risiko als Vertragsgegenstand. 1994. *Band 6.*
Hergenröder, Curt Wolfgang: Zivilprozessuale Grundlagen richterlicher Rechtsfortbildung. 1995. *Band 12.*
Hess, Burkhard: Intertemporales Privatrecht. 1998. *Band 26.*
Hölzle, Gerrit: Verstrickung durch Desinformation. 2012. *Band 164.*
Hofer, Sibylle: Freiheit ohne Grenzen. 2001. *Band 53.*
Huber, Peter: Irrtumsanfechtung und Sachmängelhaftung. 2001. *Band 58.*
Jacobs, Matthias: Der Gegenstand des Feststellungsverfahrens. 2005. *Band 97.*
Jacoby, Florian: Das private Amt. 2007. *Band 117.*
Jakob, Dominique: Schutz der Stiftung. 2006. *Band 111.*
Jänich, Volker: Geistiges Eigentum – eine Komplementärerscheinung zum Sacheigentum? 2002. *Band 66.*
Janda, Constanze: Migranten im Sozialstaat. 2012. *Band 167.*
Jansen, Nils: Die Struktur des Haftungsrechts. 2003. *Band 76.*
Jung, Peter: Der Unternehmergesellschafter als personaler Kern der rechtsfähigen Gesellschaft. 2002. *Band 75.*
Junker, Abbo: Internationales Arbeitsrecht im Konzern. 1992. *Band 2.*
Kähler, Lorenz: Begriff und Rechtfertigung abdingbaren Rechts. 2012. *Band 165.*
Kaiser, Dagmar: Die Rückabwicklung gegenseitiger Verträge wegen Nicht- und Schlechterfüllung nach BGB. 2000. *Band 43.*
Katzenmeier, Christian: Arzthaftung. 2002. *Band 62.*

Kern, Christoph A.: Typizität als Strukturprinzip des Privatrechts. 2013. *Band 170.*
Kindler, Peter: Gesetzliche Zinsansprüche im Zivil- und Handelsrecht. 1996. *Band 16.*
Kleindiek, Detlef: Deliktshaftung und juristische Person. 1997. *Band 22.*
Kleinschmidt, Jens: Delegation von Privatautonomie auf Dritte. 2014. *Band 186.*
Klimke, Dominik: Die Vertragsübernahme. 2010. *Band 150.*
Kling, Michael: Sprachrisiken im Privatrechtsverkehr. 2008. *Band 140.*
Klöhn, Lars: Das System der aktien- und umwandlungsrechtlichen Abfindungsansprüche. 2009. *Band 143.*
Koch, Jens: Die Patronatserklärung. 2005. *Band 99.*
Koch, Raphael: Mitwirkungsverantwortung im Zivilprozess. 2013. *Band 174.*
Körber, Torsten: Grundfreiheiten und Privatrecht. 2004. *Band 93.*
Kolbe, Sebastian: Mitbestimmung und Demokratieprinzip. 2013. *Band 172.*
Koppenfels-Spies, Katharina von: Die cessio legis. 2004. *Band 106.*
Krause, Rüdiger: Mitarbeit in Unternehmen. 2002. *Band 70.*
Kreße, Bernhard: Die Auktion als Wettbewerbsverfahren. 2014. *Band 176.*
Kroppenberg, Inge: Privatautonomie von Todes wegen. 2008. *Band 130.*
Kumpan, Christoph: Der Interessenkonflikt im deutschen Privatrecht. 2014. *Band 183.*
Lakkis, Panajotta: Gestaltungsakte im internationalen Rechtsverkehr. 2007. *Band 128.*
Lehmann, Matthias: Finanzinstrumente. 2009. *Band 145.*
Leistner, Matthias: Richtiger Vertrag und lauterer Wettbewerb. 2007. *Band 119.*
Leuschner, Lars: Das Konzernrecht des Vereins. 2011. *Band 160.*
Lieder, Jan: Die rechtsgeschäftliche Sukzession. 2014. *Band 188.*
Lipp, Volker: Freiheit und Fürsorge: Der Mensch als Rechtsperson. 2000. *Band 42.*
Löhnig, Martin: Treuhand. 2006. *Band 109.*
Lohse, Andrea: Unternehmerisches Ermessen. 2005. *Band 100.*
Looschelders, Dirk: Die Mitverantwortlichkeit des Geschädigten im Privatrecht. 1999. *Band 38.*
Luttermann, Claus: Unternehmen, Kapital und Genußrechte. 1998. *Band 32.*
Madaus, Stephan: Der Insolvenzplan. 2011. *Band 157.*
Mäsch, Gerald: Chance und Schaden. 2004. *Band 92.*
Mankowski, Peter: Beseitigungsrechte. Anfechtung, Widerruf und verwandte Institute. 2003. *Band 81.*
Maultzsch, Felix: Streitentscheidung und Normbildung durch den Zivilprozess. 2010. *Band 155.*
McGuire, Mary-Rose: Die Lizenz. 2012. *Band 161.*
Meier, Sonja: Gesamtschulden. 2010. *Band 151.*
Meller-Hannich, Caroline: Verbraucherschutz im Schuldvertragsrecht. 2005. *Band 101.*
Merkt, Hanno: Unternehmenspublizität. 2001. *Band 51.*
Mock, Sebastian: Die Heilung fehlerhafter Rechtsgeschäfte. 2014. *Band 177.*
Möllers, Thomas M.J.: Rechtsgüterschutz im Umwelt- und Haftungsrecht. 1996. *Band 18.*
Möslein, Florian: Dispositives Recht. 2011. *Band 159.*
Muscheler, Karlheinz: Die Haftungsordnung der Testamentsvollstreckung. 1994. *Band 5.*
– Universalsukzession und Vonselbsterwerb. 2002. *Band 68.*
Nietsch, Michael: Freigabeverfahren. 2013. *Band 173.*
Oechsler, Jürgen: Gerechtigkeit im modernen Austauschvertrag. 1997. *Band 21.*
Oetker, Hartmut: Das Dauerschuldverhältnis und seine Beendigung. 1994. *Band 9.*
Ohly, Ansgar: „Volenti non fit iniuria" – Die Einwilligung im Privatrecht. 2002. *Band 73.*

Omlor, Sebastian: Geldprivatrecht. 2014. *Band 184.*
Oppermann, Bernd H.: Unterlassungsanspruch und materielle Gerechtigkeit im Wettbewerbsprozeß. 1993. *Band 3.*
Peifer, Karl-Nikolaus: Individualität im Zivilrecht. 2001. *Band 52.*
Peters, Frank: Der Entzug des Eigentums an beweglichen Sachen durch gutgläubigen Erwerb. 1991. *Band 1.*
Peukert, Alexander: Güterzuordnung als Rechtsprinzip. 2008. *Band 138.*
Piekenbrock, Andreas: Befristung, Verjährung, Verschweigung und Verwirkung. 2006. *Band 102.*
Podszun, Rupprecht: Wirtschaftsordnung durch Zivilgerichte. 2014. *Band 181.*
Preuß, Nicola: Zivilrechtspflege durch externe Funktionsträger. 2005. *Band 96.*
Raab, Thomas: Austauschverträge mit Drittbeteiligung. 1999. *Band 41.*
Rehberg, Markus: Das Rechtfertigungsprinzip. 2014. *Band 178.*
Reiff, Peter: Die Haftungsverfassungen nichtrechtsfähiger unternehmenstragender Verbände. 1996. *Band 19.*
Repgen, Tilman: Die soziale Aufgabe des Privatrechts. 2001. *Band 60.*
Reymann, Christoph: Das Sonderprivatrecht der Handels- und Verbraucherverträge. 2009. *Band 139.*
Riehm, Thomas: Der Grundsatz der Naturalerfüllung. 2015. *Band 191.*
Röthel, Anne: Normkonkretisierung im Privatrecht. 2004. *Band 91.*
Rohe, Mathias: Netzverträge. 1998. *Band 23.*
Sachsen Gessaphe, Karl August Prinz von: Der Betreuer als gesetzlicher Vertreter für eingeschränkt Selbstbestimmungsfähige. 1999. *Band 39.*
Sack, Rolf: Das Recht am Gewerbebetrieb. 2007. *Band 116.*
Saenger, Ingo: Einstweiliger Rechtsschutz und materiellrechtliche Selbsterfüllung. 1998. *Band 27.*
Sandmann, Bernd: Die Haftung von Arbeitnehmern, Geschäftsführern und leitenden Angestellten. 2001. *Band 50.*
Schäfer, Carsten: Die Lehre vom fehlerhaften Verband. 2002. *Band 69.*
Schaub, Renate: Sponsoring und andere Verträge zur Förderung überindividueller Zwecke. 2008. *Band 136.*
Schinkels, Boris: Normsatzstruktur des IPR. 2007. *Band 124.*
Schmidt, Jessica: Der Vertragsschluss. 2013. *Band 175.*
Schmolke, Klaus U.: Grenzen der Selbstbindung im Privatrecht. 2014. *Band 179.*
Schnorr, Randolf: Die Gemeinschaft nach Bruchteilen (§§ 741 – 758 BGB). 2004. *Band 88.*
Schroeter, Ulrich G.: Ratings – Bonitätsbeurteilungen durch Dritte im System des Finanzmarkt-, Gesellschafts- und Vertragsrechts. 2014. *Band 180.*
Schubel, Christian: Verbandssouveränität und Binnenorganisation der Handelsgesellschaften. 2003. *Band 84.*
Schubert, Claudia: Wiedergutmachung immaterieller Schäden im Privatrecht. 2013. *Band 171.*
Schürnbrand, Jan: Organschaft im Recht der privaten Verbände. 2007. *Band 125.*
Schulze, Götz: Die Naturalobligation. 2008. *Band 134.*
Schur, Wolfgang: Leistung und Sorgfalt. 2001. *Band 61.*
Schwab, Martin: Das Prozeßrecht gesellschaftsinterner Streitigkeiten. 2005. *Band 95.*
Schwarze, Roland: Vorvertragliche Verständigungspflichten. 2001. *Band 57.*
Schweizer, Mark: Beweiswürdigung und Beweismaß. 2015. *Band 189.*
Seiler, Wolfgang: Verbraucherschutz auf elektronischen Märkten. 2006. *Band 108.*
Servatius, Wolfgang: Gläubigereinfluss durch Covenants. 2008. *Band 137.*
Sieker, Susanne: Umgehungsgeschäfte. 2001. *Band 56.*
Sosnitza, Olaf: Besitz und Besitzschutz. 2003. *Band 85.*

Stadler, Astrid: Gestaltungsfreiheit und Verkehrsschutz durch Abstraktion. 1996. *Band 15.*
Stamm, Jürgen: Die Prinzipien und Grundstrukturen des Zwangsvollstreckungsrechts. 2007. *Band 126.*
Stieper, Malte: Rechtfertigung, Rechtsnatur und Disponibilität der Schranken des Urheberrechts. 2009. *Band 144.*
Stoffels, Markus: Gesetzlich nicht geregelte Schuldverhältnisse. 2001. *Band 59.*
Stürner, Michael: Der Grundsatz der Verhältnismäßigkeit im Schuldvertragsrecht. 2010. *Band 153.*
Sutschet, Holger: Garantiehaftung und Verschuldenshaftung im gegenseitigen Vertrag. 2006. *Band 110.*
Taeger, Jürgen: Außervertragliche Haftung für fehlerhafte Computerprogramme. 1995. *Band 13.*
Tamm, Marina: Verbraucherschutzrecht. 2011. *Band 158.*
Thomas, Stefan: Die Haftungsfreistellung von Organmitgliedern. 2010. *Band 154.*
Tillmanns, Kerstin: Strukturfragen des Dienstvertrages. 2007. *Band 121.*
Tröger, Tobias: Arbeitsteilung und Vertrag. 2012. *Band 163.*
Trunk, Alexander: Internationales Insolvenzrecht. 1998. *Band 28.*
Uffmann, Katharina: Interim Management. 2015. *Band 190.*
Unberath, Hannes: Die Vertragsverletzung. 2007. *Band 120.*
Veil, Rüdiger: Unternehmensverträge. 2003. *Band 79.*
Verse, Dirk A.: Der Gleichbehandlungsgrundsatz im Recht der Kapitalgesellschaften. 2006. *Band 115.*
Wagner, Gerhard: Prozeßverträge. 1998. *Band 33.*
Waltermann, Raimund: Rechtsetzung durch Betriebsvereinbarung zwischen Privatautonomie und Tarifautonomie. 1996. *Band 14.*
Weber, Christoph: Privatautonomie und Außeneinfluß im Gesellschaftsrecht. 2000. *Band 44.*
Weller, Marc-Philippe: Die Vertragstreue. 2009. *Band 142.*
Wendehorst, Christiane: Anspruch und Ausgleich. 1999. *Band 37.*
Wiebe, Andreas: Die elektronische Willenserklärung. 2002. *Band 72.*
Wielsch, Dan: Zugangsregeln. 2008. *Band 133.*
Wilhelmi, Rüdiger: Risikoschutz durch Privatrecht. 2009. *Band 141.*
Wimmer-Leonhardt, Susanne: Konzernhaftungsrecht. 2004. *Band 90.*
Würdinger, Markus: Insolvenzanfechtung im bargeldlosen Zahlungsverkehr. 2012. *Band 169.*
Würthwein, Susanne: Schadensersatz für Verlust der Nutzungsmöglichkeit einer Sache oder für entgangene Gebrauchsvorteile? 2001. *Band 48.*
Zech, Herbert: Information als Schutzgegenstand. 2012. *Band 166.*
Zetzsche, Dirk A.: Prinzipien der kollektiven Vermögensanlage. 2015. *Band 192.*
Zimmermann, Martin: Das Aktiendarlehen. 2014. *Band 187.*

Ein Gesamtverzeichnis der Reihe erhalten Sie gerne vom Verlag
Mohr Siebeck, Postfach 2040, D–72010 Tübingen.
Aktuelle Informationen im Internet unter www.mohr.de